# FORMAÇÃO SOCIAL
DO BRASIL

Dados Internacionais de Catalogação na Publicação (CIP)
(Câmara Brasileira do Livro, SP, Brasil)

Neves, Erivaldo Fagundes
  Formação social do Brasil : etnia, cultura e poder / Erivaldo Fagundes Neves. – Petrópolis, RJ : Vozes, 2019.

  Bibliografia.

  1ª reimpressão, 2020.

  ISBN 978-85-326-6204-0

  1. Brasil – Aspectos políticos 2. Brasil – Civilização 3. Brasil – Colonização 4. Brasil – Condições econômicas 5. Brasil – Condições sociais 6. Brasil – História I. Título.

19-27371 CDD-981

Índices para catálogo sistemático:
1. Brasil : História social   981

Iolanda Rodrigues Biode – Bibliotecária – CRB-8/10014

Erivaldo Fagundes Neves

FORMAÇÃO SOCIAL DO BRASIL

Etnia, cultura e poder

Petrópolis

© 2019, Editora Vozes Ltda.
Rua Frei Luís, 100
25689-900 Petrópolis, RJ
www.vozes.com.br
Brasil

Todos os direitos reservados. Nenhuma parte desta obra poderá ser reproduzida ou transmitida por qualquer forma e/ou quaisquer meios (eletrônico ou mecânico, incluindo fotocópia e gravação) ou arquivada em qualquer sistema ou banco de dados sem permissão escrita da editora.

CONSELHO EDITORIAL

Diretor
Gilberto Gonçalves Garcia

Editores
Aline dos Santos Carneiro
Edrian Josué Pasini
Marilac Loraine Oleniki
Welder Lancieri Marchini

Conselheiros
Francisco Morás
Ludovico Garmus
Teobaldo Heidemann
Volney J. Berkenbrock

Secretário executivo
João Batista Kreuch

Editoração: Maria da Conceição B. de Sousa
Diagramação: Sheilandre Desenv. Gráfico
Revisão gráfica: Alessandra Karl
Capa: Felipe Souza | Aspectos
Ilustração de capa: "Famile allant à la messe" (Família indo à missa). Jean-Baptiste Debret, 1846.

ISBN 978-85-326-6204-0

Editado conforme o novo acordo ortográfico.

Este livro foi composto e impresso pela Editora Vozes Ltda.

Agradecimentos

A Ivone Freire Costa, pelo apoio material e intelectual; a Antônio Propheta Neto, pelas sugestões literárias; e a Kátia Lorena Novaes Almeida, pela contribuição historiográfica.

Sumário

Introdução, 9

1 Itaocas, itaquatiaras, sambaquis – Registros de horizontes culturais pré-históricos do Brasil, 23

2 Origens dos portugueses e formação de Portugal, 61

3 Tupis, guaranis, jês – Culturas indígenas e impactos da colonização portuguesa no Brasil, 101

4 Guineanos, iorubás, bantos – Escravismo antigo, escravidão mercantil e resistência cultural negra, 135

5 Franceses e flamengos, tapuias e negros – Impasses da colonização do Brasil nos séculos XVI e XVII, 163

6 Burocratas, missionários, militares – Dispositivos jurídico-políticos e socioculturais da colonização, 197

7 Exuberância, ostentação, persuasão – Expressões culturais da Contrarreforma e manifestações intelectuais da colonização, 211

8 Engenhos, fazendas e minas – Economias exportadoras, abastecimento interno e mercado colonial, 233

9 Rebeldes conservadores e revolucionários liberais – Colonizados e colonizadores em conflito, 273

10 Poderes oligárquicos regionais e formação do Estado Nacional Monárquico, 297

11 Menoridade imperial e regências eletivas; golpe da maioridade e estabilidade monárquica, 357

12 Escolarização, literatura e historiografia, 393

13 Crise monárquica, transição republicana e consolidação territorial, 437

14 Transição tardia para a Modernidade, 471

15 Etnicidade, pluriculturalismo e multilateralidade na formação sociopolítica brasileira, 487

Conclusões, 519

Fontes e referências bibliográficas, 543

Índice, 625

Introdução

A História lida com atividades humanas do passado pelo prisma contemporâneo, ancorada em instrumentais analíticos do presente. Nesta perspectiva, este estudo pretende focalizar aspectos das etnias, das culturas e das atividades políticas brasileiras, nas diversas etapas da sua evolução histórica, na tentativa de contribuir para a compreensão do conturbado cotidiano de tantas violências, vilanias, transgressões sociais e políticas, como se tais circunstâncias expressassem o modo de ser brasileiro. Sua elaboração resultou de pesquisa histórica de fontes documentais, e principalmente bibliográficas, que circunstancia temporal e espacialmente os acontecimentos, de modo diferente da antropológica, que é mais afeita à interpretação das características do objeto de análise, e da sociológica, que se dedica mais ao comportamento dos agentes sociais. Pretende apresentar uma visão panorâmica dos principais aspectos da formação e do desenvolvimento socioeconômicos do Brasil, com a articulação de etnias, culturas e poderes, para evidenciar antecedentes da colonização portuguesa, destacar fatores relevantes na formação da nacionalidade e ressaltar os desempenhos de pessoas e de segmentos sociais de diferentes ascendências étnicas e procedências culturais, na relação com as distintas instâncias de poder no desenvolvimento da sociedade brasileira. Nesta tarefa se tentará oferecer uma versão histórica do Brasil pelos prismas da Bahia e do Nordeste, diferente das mais difundidas, que focalizam perspectivas do Sudeste, por considerar que o epicentro dos empreendimentos colonizadores se encontrava essencialmente na Bahia e em Pernambuco, nos dois primeiros séculos de vigência do sistema colonial mercantilista português e manteve-se nos três subsequentes, por coerência geográfica. Contudo, se procurará ater aos fatos nas suas circunstâncias temporais e espaciais, com o propósito apenas de suscitar o debate historiográfico, sem cultos a regionalismos, em uma avaliação que procura expor mazelas políticas e contravenções sociais; tenta evitar ufanismos e preservar os sentimentos cívico e de brasilidade.

A ideia de etnia será tomada como a constituição de um grupo social identificado pela língua falada e vivência comum de hábitos, tradição e territorialidade, que constituem a essencialidade das relações sociais cotidianas. Estes fatores orientam as experiências pessoais, definem as personalidades individuais e delineiam os modos de vida de uma população, com interesses coletivos e vínculos de solidariedade. A representação mental de etnia distingue uma coletividade humana diferenciada por especificidades socioculturais, manifestadas nos modos de vida, que podem advir de uma base biológica e ser definida como raça, cultura ou associação desses dois fatores, embora nessa perspectiva recebesse restrições dos que consideram essa expressão imprecisa, por esconder diferentes possibilidades e significados. Já a noção de cultura será entendia como uma manifestação individual ou coletiva dos modos de pensar a sociedade, de captar os seus sentimentos e reações e de tomar iniciativas, que se expressam nas relações interpessoais e intergrupais através de afetos, cultos, culinária, indumentária, artes, artesanato, arquitetura e outras formas de interação social.

Classifica-se a cultura de erudita ou formal, quando transmitida metodologicamente através do sistema de ensino, de prédicas religiosas, de proselitismos políticos ou de recursos similares das instituições do Estado e da sociedade; de espontânea, quando apreendida aleatoriamente no convívio social; e de apelativa ou banal, quando produzida ou divulgada com propósitos comerciais. Deve-se, todavia, distinguir a dimensão da cultura como uma decorrência de condicionamentos inconscientes, transmitidos na vivência social cotidiana, dos resultados de estudos do folclore ou ciência sociocultural, que se dedica ao conhecimento vulgar das experiências sociais cotidianas[1]. A cultura de uma população relaciona-se com as condições naturais oferecidas pelo meio. O ambiente influencia os modos de vida humana através do clima, do solo, da vegetação, do relevo, da hidrografia, da pluviosidade. No Brasil, as condições ambientais facilitaram a adaptação dos colonizadores portugueses, que tinham experiências de outros contatos com diferentes povos, em diversidades fisiográficas continentais[2].

A significação de poder será tratada como a capacidade ou a possibilidade de agir e produzir efeitos, tanto na perspectiva individual ou na dimensão de grupos humanos quanto na extensão a objetos ou a fenômenos naturais. No sentido social a possibilidade de recebe contornos mais precisos e seu espaço conceitual estende-se desde a capacidade geral de agir, até a habilidade de determinar o com-

---

1. NEVES, E.F. Modos de pensar sentir e agir: expressões culturais da Chapada Diamantina. In: BAHIA/Secretaria do Planejamento/Superintendência de Estudos Econômicos e Sociais da Bahia/Secretaria da Cultura. *Panorama cultural da Bahia contemporânea.* Salvador: SEI, 2012, p. 167-189.

2. DIEGUES JÚNIOR, M. *Etnias e culturas no Brasil.* Rio de Janeiro: Biblioteca do Exército, 1980, p. 27-32. • PAIVA, E.F. *Escravidão e universo cultural na colônia:* Minas Gerais, 1716-1789. Belo Horizonte: UFMG, 2006, p. 31-114.

portamento humano, nas circunstâncias em que o homem seja, além de sujeito, também objeto do poder social[3].

O povo brasileiro, como uma nação, manifesta os seus legados culturais em uma heterogeneidade de expressões que singulariza os seus modos de ser e de se ver numa perspectiva histórica. Nestas circunstâncias, deve ser apresentado pelo prisma da complexidade da colonização de populações nativas e naturalizadas, através das estratégias de sobrevivência, dos pactos sociais, das potencialidades econômicas regionais, das reiteradas tentativas de conquista por potências mercantis europeias, das permanentes guerras contra os povos indígenas e das frequentes rebeliões de segmentos oprimidos da sociedade. A significação desses fenômenos históricos sempre foi minimizada por narrativas apoteóticas e interpretações superficiais que apresentaram o Brasil como uma herança portuguesa, na qual a unidade geográfica e política, a forma de governo e a construção das instituições estatais e sociais seriam dádivas da colonização, sem as interveniências, social, cultural, política econômica e militar da sua heterogênea população[4].

A produção historiográfica assim desenvolvida expressa a concepção clássica, mais referenciada no espaço que no tempo de sucessão dos acontecimentos narrados, associa-se à tradição e à memória coletiva e despreza diferença entre o passado e presente. Embora se pretendam totalizantes, esses discursos procuram sistematizar uma história oficial, caracterizada por regionalismos consagradores de elites locais e de uma história fundamentalmente regional e fragmentada. Eles demarcam espaços, definem especificidades das regiões e hegemonias culturais em exercícios de exaltação patriótica. Os mais divergentes enfoques da história do Brasil, na segunda metade do século XIX, unificam-se na ideia de vastidão territorial como patrimônio geográfico invejável e contornam as inconveniências da história com o épico discurso geográfico e na perspectiva de um futuro esplendoroso. Como fundamento da construção historiográfica a geografia pode oferecer uma visão unitária e homogênea do nacional e ensejar uma apreensão do espaço como diferença e contradição, na dimensão do regional, para aflorar ambiguidades subestimadas ou ignoradas no âmbito do projeto unificador do nacional[5].

---

3. STOPPINO, M. Poder. In: BOBBIO, N.; MATTRUCCI, N. & PASQUINO, G. *Dicionário de Política*. Vol. II. 5. ed. Brasília/São Paulo: UnB/Imprensa Oficial do Estado, 2000, p. 933-943.

4. OLIVEIRA, J.P. El nacimiento del Brasil: revisión de un paradigma historiográfico. *Corpus* – Archivos Virtuales de la Alteridad Americana, III, 1, jan.-jun./2013 [Disponível em https://corpus-archivos.revues.org/192 – Acesso em 29/06/2016].

5. GUIMARÃES, M.L.S. Nação e civilização nos trópicos: o Instituto Histórico e Geográfico Brasileiro e o projeto de uma história nacional. *Estudos Históricos*, I, 1988, p. 5-27. Rio de Janeiro. • ARAÚJO, R.B. Ronda noturna: narrativa, crítica e verdade em Capistrano de Abreu. *Estudos Históricos*, I, 1988, p. 28-54. Rio de

A historiografia estabeleceu, na década de 1930, um quadro de análise que limitou as perspectivas temáticas do estudo da época colonial e que o relegara a um plano subordinado a uma tessitura de redes de poder, interesses e parentescos entre o centro e as várias regiões do ultramar português[6]. Uma delas vislumbrou a sociedade colonial brasileira com ênfase nas manifestações culturais; outra, com destaque das interações sociais; e uma terceira, com enfoque nas relações econômicas entre a metrópole e colônia. A partir da década de 1960, abriram-se novas possibilidades de interpretação desse mais longo período da história do Brasil, com o debate da capacidade das metrópoles ibéricas exercerem um controle tão rígido sobre suas colônias americanas[7].

O patrimonialismo português que se transferiu para a colonização do Brasil teve raízes medievais, nas relações socioeconômicas denominadas de senhorialismo, embora fosse mais flexível. Desdobrou-se no exercício fragmentado da administração colonial e passou aos poderes locais oligárquicos, que deram sustentação política à colonização, através do controle das instituições do Estado e da sociedade e do comando das milícias e ordenanças. Promoveu a expansão mercantil, mas dificultou o desenvolvimento manufatureiro, que decorreu de estímulos, favores, privilégios, sem que a empresa individual, baseada racionalmente no cálculo, isenta de intervenções governamentais, desenvolvesse autonomamente. Somente os países revolvidos pelo feudalismo (a Inglaterra, com seus prolongamentos nos Estados Unidos, Canadá e Austrália, a França, a Alemanha e o Japão) expandiram a economia industrial e o sistema capitalista. Na transição a Rússia estabeleceu o socialismo.

A península Ibérica, desprovida de bases essencialmente feudais e com os seus sistemas coloniais, não conheceu as plenas relações capitalistas na sua expressão industrial. Resíduos dos estamentos feudais permaneceram nestas economias e desenvolveram-se naturalmente nas suas organizações sociais, nas quais o mercado não dominou todo o processo de produção e distribuição de bens. Famílias tradicionais e circuitos de políticos profissionais próximos do poder e a gravitar em torno dele, teriam se dedicado à conquista de vantagens materiais e sociais exclusivas, de modo que os estamentos como órgãos do estado

---

Janeiro: SCHWARCZ, L.M. *O espetáculo das raças*: cientistas, instituições e questão racial no Brasil – 1870-1930. São Paulo: Companhia das Letras, 1993, p. 129-184. • LUCA, T.R. *A Revista do Brasil*: um diagnóstico para a (N)ação. São Paulo: Unesp, 1999, p. 86-124. • NEVES, E.F. *Crônica, memória e história*: formação historiográfica dos sertões da Bahia. Feira de Santana: Uefs, 2017, p. 13-34.

6. BICALHO, M.F. Da colônia ao império: um percurso historiográfico. In: SOUZA, L.M.; FURTADO, J.F. & BICALHO, M.F. (orgs.). *O governo dos povos*. São Paulo: Alameda, 2009, p. 91-105.

7. SOUZA, G.F.C. *Tratos & mofatras*: o grupo mercantil do Recife colonial (c. 1634-c. 1759). Recife: Ufpe, 2012, p. 38-39.

governavam e as classes, enquanto categorias socioeconômicas negociavam, num arranjo político-econômico da burguesia com a nobreza, que viabilizou a formação do Estado Nacional moderno e tudo que dele adveio[8].

O Império português fundamentou-se na concepção de sociedade como um corpo articulado, naturalmente ordenado e hierarquizado por vontade divina, no qual competia ao rei distribuir mercês, conforme as funções, direitos e privilégios de cada um e aplicar a justiça em nome do bem comum[9]. Estes fundamentos de Estado e de gestão política, que se denominaram de monarquia corporativa, prevaleceram até pelo menos o início da gestão pombalina, em meados do século XVIII e, em consequência, uma imensa hierarquia de funcionários estendeu-se ao Brasil e ocupou todas as instituições do estado e da sociedade. A produção de açúcar, a extração de madeiras, a pecuária, a exploração de minas, enfim, todas as atividades socioeconômicas obedeciam aos interesses fiscais do Estado. A consciência do homem, suas palavras e suas expressões políticas estavam submetidas a censores ligados à Igreja e ao Estado, através do padre como agente eclesiástico e do funcionário público como representante governamental. A burguesia enobreceu-se através da compra de cargos, o pardo mestiço se afidalgou com o uniforme das milícias paramilitares e o controle do seu grupo social, que se somavam à hierarquia dos poderes colonizadores. O velho patrimonialismo português, constituído numa ordem estamental, permaneceu, embora reciclado e mais burocratizado no seu estilo e na sua dependência do poder monárquico. Esta sociedade colonial não se caracterizou apenas por funcionários públicos, agentes religiosos e estamentos sociais. Ela se manteve articulada a uma classe social que, simultaneamente, influenciou o estamento e dele recebeu a configuração de sociedade e a formatação política do patrimonialismo, do qual emanava a ordem estamental e burocrática, que se apoiava em um contexto econômico definido pela expansão comercial e intercontinental portuguesa. A burguesia mercantil, limitada nos seus objetivos e vinculada ao rei de Portugal, foi incapaz de emancipar-se desta tutela[10].

Na transição para o século XIX, além das ideias revolucionárias e das colonialistas, havia pensamentos intermediários, que não se ajustavam perfeitamente ao sistema colonial e ao consenso da época, nem aos fundamentos da inquietação

---

8. FAORO, R. *Os donos do poder*: formação do patronato político brasileiro. 3. ed. rev. Porto Alegre: Globo, 2001, p. 40-41 [1. ed., 1958].

9. MATTOS, H.M. A escravidão moderna nos quadros do Império português: o Antigo Regime em perspectiva atlântica. In: FRAGOSO, J.; BICALHO, M.F. & GOUVÊA, M.F. (orgs.). *O Antigo Regime nos trópicos*: a dinâmica imperial portuguesa (séculos XVI-XVIII). Rio de Janeiro: Civilização Brasileira, 2001, p. 141-162.

10. FAORO, R. *Os donos do poder*..., p. 40-41, 62, 235-236.

revolucionária. Correspondiam à versão colonial do reformismo ilustrado, que tinha em Luís dos Santos Vilhena (1744-1814)[11], um dos mais eloquentes representantes. Seria, simultaneamente, um agente intelectual da colonização e um crítico do sistema colonial, ambiguidade que evidenciava uma ordem socioeconômica em crise[12].

Formou-se o Estado Nacional no Brasil com uma economia de retaguarda, em compartilhamento com as de outras nações latino-americanas, que emergiram no mesmo impulso da crise do Antigo Sistema Colonial Mercantilista dos estados absolutistas ibéricos. Os movimentos políticos e sociais reciclaram este sistema com a hegemonia inglesa e a emergência norte-americana. A inserção das novas nações latino-americanas no contexto mundial orientou-se, no plano econômico, pela Revolução Industrial que impôs, através de vicissitudes de mercado, o abandono dos monopólios mercantilistas, a instauração da livre-concorrência e uma nova divisão internacional do trabalho, que atribuiu a estas novas economias nacionais a exportação de alimentos e de matérias-primas industriais e a importação de manufaturas. No plano ideológico guiaram-se pelas novas ideias e experiências revolucionárias difundidas pela independência das Treze Colônias Inglesas da América do Norte (1776) e pela Revolução Francesa (1787-1789), nas quais as elites políticas se referenciaram para se adaptarem às novas circunstâncias socioeconômicas[13].

Os movimentos emancipacionistas brasileiros, particularmente os de Minas Gerais (1789), da Bahia (1798) e de Pernambuco (1817), manifestaram-se no contexto político e sob a influência ideológica da independência das Treze Colônias Inglesas da América do Norte e da Revolução Francesa. A ruptura com Portugal aconteceu na conjuntura de influência do Congresso de Viena (1815-1816), realizado com os objetivos de se restaurarem as monarquias destituídas na Europa por Napoleão Bonaparte, e de se organizar a Santa Aliança para oferecer

---

11. VILHENA, L.S. *Cartas de Vilhena* – Notícias soteropolitanas e brasílicas. 2. ed. Rio de Janeiro: Arquivo Nacional, 1987 [original de 1802. 1. ed.: Recopilação de notícias soteropolitanas e brasílicas contidas em 20 cartas, que da cidade do Salvador, Bahia de Todos os Santos escreve um a outro amigo em Lisboa. 2 vol. Bahia: Imprensa Oficial do Estado, 1921]. Sobre Vilhena, cf. OLIVEIRA, W.F. Cartas econômico-políticas sobre a agricultura e o comércio da Bahia: um documento precioso. In: BRITO, J.R.; CÂMARA, M.F.; BRANCO, J.D.G.F.C. & BULCÃO, J.I.S. *Cartas político-econômicas sobre a agricultura e o comércio da Bahia*. Salvador: Fieb, 2004, p. 12-46 [1. ed., 1821].

12. MOTA, C.G. *Ideia de revolução no Brasil, 1789-1801*: estudo das formas de pensamento. Petrópolis: Vozes, 1979, p. 59.

13. COSTA, W.P. A economia mercantil escravista nacional e o processo de construção do Estado no Brasil (1808-1850). In: SZMRECZANYI, T. & LAPA, J.R.A. (orgs.). *História econômica da Independência e do Império*. São Paulo: Hucitec/Fapesp, 1996, p. 147-159. • NOVAIS, F.A. *Portugal e Brasil na crise do Antigo Sistema Colonial (1777-1808)*. São Paulo: Hucitec, 1979, p. 57-116.

apoio militar e financeiro aos monarcas que se sentissem ameaçados. Qualquer avaliação dessas ocorrências de relevantes significados históricos deve se atinar para o fato de que o vocábulo "revolução" ainda não continha a conotação posteriormente recebida. Na época da Revolução Francesa significava mutação, movimento, tanto aplicável ao mundo físico quanto aos movimentos sociais. Uma publicação dessa ocasião apresenta a ideia de revolução como um movimento impactante, causador de alterações como os terremotos, que promovia mudanças políticas[14]. Os movimentos emancipacionistas da América de colonização espanhola a partir de 1810 e o pernambucano de 1817 alteraram a evolução do conceito de revolução no Brasil e o associado, prioritariamente, à ideia de supressão radical da ordem vigente. Consequentemente, na conjuntura da Independência do Brasil, o conceito de revolução operava de modo mais ativo e politizado, todavia, ainda sem a dimensão adquirida depois da Revolução Russa de 1917, de ruptura sistêmica, com a destituição da classe dominante e conquista do poder pela subalterna, numa inversão da ordem socioeconômica[15]. A revolução define, por conseguinte, uma radical transformação social por um conflito interclasses, que estabelece uma nova ordem, dialeticamente gestada com a sua negação ou antagonismo, a contrarrevolução, com a qual interage no novo ordenamento da sociedade. Já a reforma realiza-se através de arranjos econômicos e acordos políticos que preservam a ordem social e a condução das atividades políticas pelo segmento governante, embora admita ascensão de representantes dos grupos sociais excluídos e a integração deles ao poder, num novo pacto social.

Na semântica da colonização portuguesa havia uma sequência de termos para designar movimentos sociais, enquanto a palavra *povo* identificava um conjunto da população de um território e também classificava os estratos da base da pirâmide social: *assuado* exprimia um ajuntamento de pessoas com o objetivo de atingir a ordem pública e promover ofensas a uma autoridade; *conjuração* expressava uma conspiração contra o governo colonial ou metropolitano; *insurreição* designava uma população revoltada com objetivos específicos e imediatos, na qual se poderiam incluir escravos; *levante* caracterizava uma desordem ou indisciplina militar; *motim* significava congregação de muita gente insatisfeita, por motivação política; *rebelião* constituía uma mobilização popular com ameaça de caos social ou guerra civil; *revolta* traduzia uma convulsão social, que causasse danos ou depredações; *sedição* exprimia um ajuntamento

---

14. BLUTEAU, R. *Diccionario da Lingua Portugueza*. Lisboa: Oficina de Simão Thaddeo Ferreira, t. II, MDCLXXXIX (1789), p. 345-346 [reformado e acrescentado por Antônio de Morais Silva].

15. PIMENTA, J.P.G. A independência do Brasil como revolução: história e atualidade de um tema clássico. *História da Historiografia*, III, set./2009, p. 53-82. Ouro Preto.

de indivíduos armados, com a deliberação de perturbar a ordem pública; *tumulto* designava uma revolta popular[16].

A Revolução Francesa difundiu uma nova linguagem política, percebida e assimilada pelos seus contemporâneos. As Cortes de Cádis, que elaboraram e promulgaram a constituição espanhola de 1810, fizeram-se fonte e modelo para os países hispânicos, Portugal, Brasil e outras nações. Desde então, passaram-se a ouvir e ler palavras como *pátria, nação, constituição, liberdade,* que antes não se viam expressas nas leis, nem pronunciadas pelos legisladores. A novidade não se encontraria nas palavras, mas na utilização delas como referências jurídicas em assembleias políticas[17].

No início do século XIX, o liberalismo político oscilava em fluxos e refluxos, enquanto o vitorioso liberalismo econômico assegurava o domínio internacional das grandes potências que se industrializavam. Como expressão de um sistema de doutrinas políticas, econômicas e sociais dessa época, as ideologias se encontravam em ebulição. Quando eclodiu o movimento emancipacionista brasileiro, debatiam-se ideias liberais, conservadoras e radicais, nas alternativas monárquica e republicana, respaldadas pela multiforme maçonaria, uma organização secreta, de atuação política, originária de guildas mercantis assumidas e reconfiguradas pela burguesa revolucionária francesa de finais do século XVIII. Entretanto, faltavam no Brasil partidos políticos articulados organicamente e ideologicamente bem fundamentados. Os manifestantes aglutinavam-se em frágeis facções superficialmente organizadas, desprovidas de ideologias, como expressões doutrinárias das classes sociais. Apenas se referenciavam em ideias gerais sobre experiências e teorias diversas. Durante as lutas emancipacionistas, segmentos intermediários da estratificação social, fundamentados no nacionalismo aliaram-se às oligarquias agrárias[18]. Na Bahia esta aliança defrontou-se com forças do exército português na Guerra da Independência (1822-1823). Os emancipacionistas brasileiros buscavam suas fundamentações ideológicas em leituras de pensadores europeus de diferentes tendências e nacionalidades[19]. O

---

16. SCHWARCZ, L.M. & STARLING, H.M. *Brasil*: uma biografia. São Paulo: Companhia das Letras, 2015, p. 133-134.

17. GUERRA, F.-X. A nação moderna: nova legitimidade e velhas identidades. In: ISTVÁN, J. (org.). *Brasil*: formação do Estado e da Nação. São Paulo/Ijuí: Hucitec/Fapesp/Unijuí, 2003, p. 33-60.

18. RODRIGUES, J.H. *Independência*: revolução e contrarrevolução – Vol. I: A evolução política. Rio de Janeiro: Francisco Alves, 1975, p. 1-68.

19. Entre os quais: Charles de Montesquieu (1688-1755), Voltaire ou François Marie Arouet (1694-1778), Jean-Jacques Rousseau (1712-1778), Jean Denis (1753-1827), Dominique de Fout de Pradt (1759-1837), Jean Baptist de Say (1767-1832), Niccolo Machiavelli (1469-1527), Gaetano Filangieri (1752-1788), John Locke (1632-1704), Adam Smith (1723-1790), Edmund Burke (1728-1797), Jeremy Bentham (1748-1832), Thomas Malthus (1766-1834), David Ricardo (1722-1823).

termo *nacionalismo* não nasceu com a Revolução Francesa, entretanto, *nacionalidade* e *nacionalismo* fizeram-se componentes culturais peculiares, criados por volta de finais do século XVIII, e este novo conceito associou-se às revoluções norte-americana e francesa. Muito antes da Revolução Francesa, o conceito de nação como referente de um grupo humano unido pelos vínculos comunitários, aparecia em obras de ampla difusão nos ambientes culturais alemães, franceses e espanhóis, entretanto, não incluía a existência estatal independente. A palavra *nação* serviria para traduzir deferentes palavras latinas, como *república, gentes*[20].

A ideia de nação expressa um anseio por vínculos comunitários permanente num contexto histórico de prevalência de amplas relações societárias, cujo sentimento mais forte é o de pertencimento espacial. A instituição nacional estabelece-se entre o Estado e a sociedade civil, como mediação ideológica, que oferece aos cidadãos a impressão de pertencerem a uma comunidade política maior. Entretanto, há nacionalismos como o catalão, o escocês, o basco, que se estabelecem como minorias, com autonomia cultural, em um estado multinacional. A identidade nacional é uma construção política e cultural, sem realidade objetiva fixa, complementada por relações sociais que estabelecem o ambiente e a possibilidade de pensá-la[21].

No processo de formação dos estados nacionais, nas sociedades de livre-concorrência bem-sucedidas na acumulação mercantil e no desenvolvimento tecnológico, quando faltava uma poderosa classe dominante capaz de regular as relações sociais através de mecanismos do mercado, competia aos estados tomar a iniciativa de unificar os fluxos econômicos, extinguir privilégios do passado, consolidar um comando nacional político e econômico, principalmente através da burocracia. No Brasil, que se deparou com grandes obstáculos na formação e consolidação do poder nacional, em consequência das condições de país de capitalismo frustrado pela persistência do trabalho escravo, ou tardio em decorrência da relutância das oligarquias antiburguesas em produzir manufaturas, o predomínio do Estado refletiu a debilidade política dos segmentos sociais que disputavam o poder e a fraqueza das instituições de representação política. Isto resultou na frequente associação de escalões da burocracia dominante, formada majoritariamente de magistrados, treinados nas tradições mercantilistas e absolutistas do Antigo Regime português, com a elite política, composta por representantes das oligarquias regionais. Os magistrados se pactuavam com os

---

20. CHIARAMONTE, J.C. Metamorfoses do conceito de nação durante o século XVII e XVIII. In: ISTVÁN, J. (org.). *Brasil*: formação do Estado e da Nação. São Paulo/Ijuí: Hucitec/Fapesp/Unijuí, 2003, p. 61-91.

21. RICUPERO, B. *O Romantismo e a ideia de nação no Brasil (1830-1870)*. São Paulo: Martins Fontes, 2004, p. 3-81.

senhores de engenho, fazendeiros, mineradores e comerciantes em arranjos que tivessem uma aparência de ordem, embora fossem extremamente injustos, porque a escravidão dificultava que essa elite vivesse de rendas, de serviços prestados por assalariados e camponeses para se disponibilizar aos postos militares e administrativos do Estado[22].

De modo semelhante, outra interpretação identifica a construção do Estado Monárquico brasileiro como resultado da ação de uma articulada elite senhorial que orbitava o príncipe regente que se fez imperador Pedro I (1798-1834) e seu sucessor Pedro II (1825-1891). Na proporção em que se construía o Estado, constituía-se como elite dirigente, que instituiu a centralidade político-administrativa através das reformas conservadoras da década de 1840, quando o imperador Pedro II atingiu a maioridade cronológica e assumiu o pleno controle da coordenação política nacional. Esta elite construtora do Estado Nacional Monárquico foi capaz de impor uma condução política que submeteu os grupos regionais e se fez dirigente nacional, através da centralização conservadora[23].

Nas economias predominantemente agrárias como a brasileira estes grupos sociais controladores das instituições estatais e sociais foram forçados a promover arranjos políticos como o liberalismo, a monarquia constitucional ou o regime republicano nos países que não dispunham de uma representação da realeza da antiga metrópole colonizadora. No Brasil a aglutinação dos agentes políticos ao redor do príncipe regente favoreceu a unidade nacional, a centralização monárquica, a manutenção do tráfico de africanos com o apoio da Santa Aliança, contra as pressões britânicas, e o trabalho escravo como forma específica de privatização do controle político das instituições públicas e das relações sociais. Com este controle, a elite oligárquica que orbitava o poder dificultou a demarcação das terras públicas, a consequente identificação das que já se encontravam apropriadas e a instituição e cobrança do imposto territorial. Nestas circunstâncias, a escravidão também favoreceu a unidade nacional, a monarquia, e a ordem social fundamentada na violência privada, que resistia ao desarmamento da sociedade e ao monopólio da violência pelo poder central. Após a opção forçada de Pedro I pelo Reino de Portugal, em 1831, instituíram-se as sucessivas e instáveis regências, durante a menoridade do príncipe herdeiro do Império, desmobilizaram o Exército Nacional em reação à rebeldia de segmentos subalternos contra antigos privilégios da oficialidade e criaram a Guarda Nacional,

---

22. CARVALHO, J.M. *A construção da ordem*: a elite imperial; *teatro de sombras*: a política imperial. Rio de Janeiro: Civilização Brasileira, 2003, p. 229-236.

23. MATTOS, I. *O tempo Saquarema*. São Paulo/Brasília: Hucitec/INL, 1987, p. 9-101.

organizada nos padrões das milícias coloniais, na condição de força paramilitar controlada pelos poderes oligárquicos agrários locais, para a manutenção da ordem social interna[24].

Diferente das interpretações do Estado Monárquico centralizador, que atribui à elite dirigente de formação colonial o controle das atividades políticas, neutralizou as ações liberais, inibiu rebeliões sociais com a repressão e manteve a unidade territorial através de uma relativa autonomia das províncias, uma vertente historiográfica vislumbrou, em meados do século XIX, um pacto federalista resultado de negociações entre o governo central e os provinciais. As elites regionais elaboraram projetos de poderes locais, e a nacional estabeleceu a sua hegemonia através da centralização política do Estado brasileiro, com a articulação dos poderes regionais. A formalização deste pacto federalista, negociado entre o poder central e os provinciais, constituiu-se um arranjo institucional estratégico de construção do Estado, caracterizado pela coexistência de autonomia dos governos provinciais e central[25].

As ponderações sobre esta continuidade histórica se embasarão na historiografia específica, com a pretensão de discorrer, de modo objetivo, sobre o desenvolvimento étnico, cultural e político, durante a formação do Estado Nacional Monárquico e a consolidação do republicano oligárquico agrário, quando se reafirmou uma suposta vocação agrícola do Brasil, originária dos fundamentos fisiocratas de François Quesnay (1696-1774), contrários ao empreendimento em indústrias, que resistiram à diversificação da economia e persistiram no controle monopolizado das instituições do Estado e da sociedade.

Por se tratar de um compêndio historiográfico, este estudo não comporta narrativas minuciosas nem análises detalhadas de aspectos específicos da história social e política dos diversos períodos de formação e desenvolvimento do Brasil. Ocupar-se-á, essencialmente, das informações básicas e indicações de fontes do estudo temático destas especificidades brasileiras. A pesquisa historiográfica seguirá um roteiro de análise de textos históricos que recomenda identificar e inserir os autores na historiografia dos seus respectivos tempos e lugares; avaliar as repercussões acadêmicas e sociais dos seus estudos; caracterizar aspectos gerais das suas perspectivas analíticas; e distinguir as suas contribuições

---

24. COSTA, W.P. A economia mercantil escravista nacional e o processo de construção do Estado no Brasil (1808-1850)..., p. 147-159. • NEVES, E.F. *Uma comunidade sertaneja*: da sesmaria ao minifúndio [um estudo de história regional e local]. 2. ed. rev. e ampl. Salvador/Feira de Santana: Edufba/Uefs, 2008, p. 227-259 [1. ed. 1998].

25. DOLHNIKOFF, M. Elites regionais e construção do Estado Nacional. In: JANCSÓ, I. (org.). *Brasil*: formação do Estado e da Nação. São Paulo/Ijuí: Hucitec/Fapesp/Unijuí, 2003, p. 431-468.

para o conhecimento da História do Brasil. Com estes referentes metodológicos, pretende-se discutir as composições dos poderes oligárquicos regionais; a construção do Estado Nacional Monárquico; a manutenção da unidade territorial; o despótico, breve e conturbado reinado de Pedro I (1822-1831); as instáveis regências que lhe sucederam durante a menoridade do primogênito sucessor hereditário; a precoce e longa gestão imperial de Pedro II (1840-1889); as reformas político-institucionais que ele promoveu; a formação das culturas literária e historiográfica; a gradual extinção do sistema de trabalho escravo; a crise do regime monárquico; o estabelecimento do modelo republicano de governo sob o controle das oligarquias agrárias regionais; a ruptura da hegemonia política das oligarquias regionais, em consequência da superprodução cafeeira; e o compartilhamento do poder republicano por uma nascente burguesia urbana, formada nas atividades comerciais de produtos agropecuários e do abastecimento da agricultura, da mineração e dos centros urbanos, que passaram a investir na produção de bens de consumo de tecnologia simples, para aliviar as pressões financeiras sobre a pauta das importações de manufaturas, e na continuidade, iniciou a formação industrial.

Através de tópicos temáticos e cronológicos, se tentará esboçar esse panorama geral da colonização do Brasil pelos portugueses, da formação do Estado Nacional, da mudança do regime monárquico para o republicano e da tardia transição para a Modernidade, numa tentativa de se condensar os cinco séculos de amálgama étnica e sincretismo cultural que se urdiram na vivência cotidiana da miscigenada população brasileira, na formação de uma nacionalidade que manteve a unidade territorial e linguística em heterogeneidade cultural, desigualdade social, diversidade econômica e complexidade política, de modo a:

- reunir informações sobre a origem do homem americano, dos antecedentes pré-históricos da população nativa, dos principais sítios arqueológicos, seus resíduos materiais, sistemas visuais pré-históricos de comunicação social e horizontes culturais identificados no Brasil;
- caracterizar em linhas gerais, etnias e culturas que deram origem a Portugal, aos portugueses e seus legados para o Brasil;
- identificar as mais destacadas etnias e culturas indígenas encontradas pelos colonizadores e discutir aspectos dos impactos da colonização, da legislação indigenista colonial, da investida colonizadora e a reação indígena;
- distinguir os principais grupos étnicos africanos migrados compulsoriamente pelo tráfico de escravos para o Brasil durante a colonização;
- avaliar as consequências, no Brasil, da união dos reinos ibéricos, com invasões estrangeiras e rebeliões internas, após o sumiço jovem monarca português, d. Sebastião, nas areias de Marrocos;

- delinear um quadro geral dos aparatos jurídico, político e administrativo da colonização, com uma abordagem das instituições e hierarquias de poderes;
- esboçar os contornos básicos dos modos barrocos de se pensar, se expressar e se comportar, como manifestação culta da colonização, no domínio eclesiástico e as expressões intelectuais da nascente oligarquia colonial expressa através de efêmeros movimentos acadêmicos, coordenados pela metrópole;
- distinguir os tipos humanos produzidos pelas atividades agrárias, pecuaristas e mineradoras como agentes da colonização e elementos da sua desconstrução;
- avaliar em linhas gerais, as manifestações de insatisfação, as tentativas de rebelião e identificar os seus agentes; as formas de repressão metropolitana, a transferência da sede do reino de Portugal para o Brasil e as suas consequências;
- situar as oligarquias regionais que instituíram o Estado Nacional Monárquicas nos contextos nativista e emancipacionista e caracterizar suas relações com o príncipe herdeiro da monarquia portuguesa;
- comparar o projeto constitucional da Assembleia Nacional Constituinte de 1823, com a Constituição apresentada pelo Conselho de Estado e outorgada por Pedro I em 1824;
- avaliar a consolidação de uma monarquia simultaneamente, oligárquica e liberal, depois das regências e do golpe da maioridade imperial;
- delinear as reformas liberais de extinção gradual do trabalho escravo, através da Lei de Terras de 1850, da importação de colonos europeus e outros arranjos jurídicos, executadas por conservadores;
- distinguir as mais expressivas manifestações culturais espontâneas do Brasil e o desenvolvimento da educação formal;
- destacar as coordenadas fundamentais da formação literária brasileira e da historiografia nacional;
- avaliar o comportamento de oligarquias agrárias recicladas que, aliadas a militares e intelectuais, destituíram o imperador, estabeleceram o regime republicano e o monopólio do poder pelos barões do café;
- delinear as circunstâncias da tardia formação de indústrias e transição brasileira para a Modernidade;
- avaliar a pluralidade étnica, a diversidade cultural e a heterogeneidade social que se desenvolveram no Brasil, sob a hegemonia econômica do capital urbano-industrial e preeminência política do confronto ideológico entre o nacionalismo e o liberalismo.

1 | Itaocas, itaquatiaras, sambaquis
Registros de horizontes culturais pré-históricos do Brasil

1.1 Arqueologia e Pré-História

Na sistematização da Arqueologia como um conhecimento científico, determinaram-se como seus objetos de estudo apenas artefatos resultantes de ações humanas, que constituíssem fatos arqueológicos reconhecíveis pelo trabalho de escavação e restauração de arqueólogos. Até meados da década de 1960, consideravam-se como propósitos desse campo de conhecimento, descrever e classificar objetos antigos. Na evolução desta disciplina acadêmica, redefiniram-se os seus interesses para a cultura material que busca compreender as relações sociais e suas transformações[1].

Na década de 1970, sob a influência da antropologia cultural, surgiu uma alternativa teórico-metodológica, denominada de Nova Arqueologia ou Escola Processual, preocupada com a operacionalidade da transição do material arqueológico de um passado diligente para um presente estático, as limitações dos registros arqueólogos e as formas de conhecê-los, estudá-los e interpretá-los. Para este segmento de estudiosos mais críticos, o objetivo da Arqueologia seria uma interpretação menos limitada aos pensamentos político, econômico e social dominantes, e este comportamento levou à tendência de gênero, mais preocupada com aspectos sexuais e cognitivos, dedicada a exterioridades da cultura antiga, resultantes da mente humana, como percepção, descrição e classificação cosmológica[2].

---

1. FUNARI, P.P. *Arqueologia*. 3. ed. São Paulo: Contexto, 2015, p. 13-25.
2. BICHO, N.F. *Manual de arqueologia pré-histórica*. Lisboa: Ed. 70, 2012, p. 17-81.

Na perspectiva desta Escola Processual, se a Arqueologia haveria de ser uma disciplina acadêmica e uma ciência, deveria ser um tipo de estudo, e não apenas o estudo de um tipo de conhecimento[3]. Os seus fundamentos básicos resumem-se em: 1) opção pela natureza exploratória, não mais descritiva; 2) analisar os processos culturais; 3) usar estatística para testar hipóteses, construir modelos e deduzir suas consequências; 4) identificar e caracterizar padrões culturais através da teoria geral de sistemas e exercitar os subsistemas tecnológico, social e econômico; 5) resolver questões específicas; 6) desenvolver a perspectiva ecossistêmica para estabelecer relações entre cultura e meio ambiente; e 7) obter coleções tratadas por testes estatísticos que permitam generalizações, mediante rigoroso método de amostragem[4].

A Arqueologia desenvolveu-se através do estudo de vestígios materiais remotos, obtidos em coletas e escavações, na busca de informações sobre formas de vidas, ou conjuntos de ideias compartilhadas com distantes ancestrais; e a Pré-História, com o apoio desta e de outras ciências, recebeu como atribuição o estudo da evolução das sociedades humanas que antecederam à escrita sistematizada em sinais padronizados. Esses conhecimentos em conjunto possibilitaram a interpretação dos modos de vida de grupos humanos de passados longínquos e próximos, entendidos como articulações de crenças, artes, valores, leis, usos, costumes e conhecimentos, assimilados na vivência social, adaptados às circunstâncias vividas, que instrumentalizaram as transformações sociais. As investigações arqueológicas de restos humanos, animais e vegetais com acompanhamentos cronológicos revelaram traços evolutivos de sociedades humanas pretéritas. Um objeto arqueológico resultado da cultura material (instrumento, artefato, fragmento ou registro gráfico) corresponde a um documento sobre determinado grupo humano pré-histórico, com informações sobre sua organização social, costumes, mitos, rituais, lutas e padrões alimentares[5].

Classificam-se e qualificam-se os sítios arqueológicos pela localização geográfica, suas estruturas e vestígios encontrados: os *sítios de artes rupestres* localizam-se em abrigos rochosos ou grutas nas entradas de cavernas, nos matacões, em grandes pedras soltas e em pedras que margeiam cursos d'água; as

---

3. DUNNELL, R.C. *Classificação em arqueologia*. São Paulo: USP, 2006, p 151.
4. ROBRAHN-GONZÁLEZ, E.M. Arqueologia em perspectiva: 150 anos de prática e reflexão no estudo de nosso passado. *Revista USP*, XLIV, dez./1999-fev./2000, p. 10-31. São Paulo.
5. PESSIS, A.-M. & MARTÍN, G. Arte pré-histórica do Brasil: da técnica ao objeto. In: BARCINSKI, F.W. (org.). *Sobre a arte brasileira nos anos 1960*. São Paulo: WMF Martins Fontes/Sesc, 2014, p. 22-61. • PROUS, A. Arqueologia, Pré-História e História. In: TENÓRIO, M.C. (org.). *Pré-História da Terra Brasilis*. Rio de Janeiro: UFRJ, 1999, p. 19-32.

aldeias ceramistas encontram-se onde havia moradias de povos antigos; os *geoglifos* constituem-se grandes figuras desenhadas no chão; os *conjuntos megalíticos* apresentam-se como monumentos pré-históricos edificados com blocos de pedra, com finalidades religiosas, funerárias ou astronômicas e podem conter relógios solares, urnas mortuárias e outros objetos em formatos de tigelas e figuras antropomórficas; os *sambaquis* ou *concheiros* são formados por acúmulo de materiais orgânicos, calcários, conchas e ossos, nos quais se encontram zoólitos e outros resíduos depositados por seres humanos. Todavia, sítios arqueológicos não caracterizam apenas locais ocupados por seres humanos em passado remoto. O homem produz vestígios do seu modo de vida o tempo todo. Em consequência, existem também os *sítios históricos*, locais de vivência humana posterior à ocupação portuguesa do território brasileiro, onde se encontram cacos de louça, faiança, vidro, cerâmica, restos de ferramentas e peças líticas[6].

Dividiu-se a Pré-História, o mais vasto período da evolução humana, em quatro longos períodos: o primeiro, desde 2.000.000 de anos até cerca de 12.000 anos atrás, quando indivíduos aglutinados em hordas nômades de caçadores e coletadores de alimentos direto da natureza, teriam utilizado instrumentos de pedra, quase em estado natural; o segundo, entre 12.000 e 9.000 anos antes do presente, quando ocorrera uma transição do clima glacial para o pós-glacial, os humanoides teriam dominado o fogo e produzido luz e calor, cozinhado alimentos, preparado instrumentos de pedra, osso e madeira, com alguma elaboração, cultivado plantas, domesticado animais, sedentarizado, organizado em tribos e formado núcleos populacionais; o terceiro, entre 9.000 e 5.500 anos atrás, quando grupos humanos sedentarizados teriam formado comunidades, desenvolvido a agricultura, a pecuária e a fundição de metais; e o último, quando se teria aperfeiçoado a fusão de metais, passado a fabricar instrumentos mais elaborados, a produzirem peças cerâmicas, a fazerem representações gráficas, a organizarem-se em estratos sociais mais complexos.

O *Homo Sapiens* surgira na África tropical há cerca de 200.000 anos e há pouco mais de 50.000 anos iniciara a migração para outros continentes. Outra espécie de hominídeo, o *Homo Neanderthalensis*, surgira no frígido norte da Europa, há cerca de 180.000 a 150.000 anos. A Austrália fora ocupada entre 60.000 e 45.000 anos atrás. Há vestígios humanos na Europa com 36.000 anos e na América, com 12.000 anos. Antes da fase inicial do Neolítico, na Europa, Ásia e África, entre 9.000 e 5.500 anos antes do presente, e nas Américas, de 7.000 a 2.000 anos atrás, houvera uma fase Paleoíndia, entre 12.000 e 10.000 anos antes

---

6. BUCO, C.A. *Sítios arqueológicos brasileiros*. Santos: Ed. Brasileira de Arte e Cultura, 2014, p. 22.

da contemporaneidade, quando grupos humanos teriam adentrado o continente americano. Na Europa, após o período Neolítico, alcançara-se a Idade dos Metais, quando ao abrandamento do frígido clima no planeta, definira a formação de etnias dos grupos humanos, que se teria evoluído na produção de instrumentos e desenvolvido a agricultura[7].

1.2 Aspectos da Pré-História da América

De modo semelhante ao que se estabeleceu para a humanidade, dividiu-se a Pré-História da América em cinco grandes períodos, sem delimitações cronológicas precisas: o *lítico*, que engloba as mais antigas culturas de caçadores nômades, estendera-se até o princípio da era pós-glacial, quando teriam desaparecido as grandes espécies quaternárias, como o mamute e o mastodonte; no *arcaico*, povos nômades, em paralelo à caça, teriam desenvolvido atividades de pesca e de coleta de frutos, evoluído as pontas dos instrumentos líticos e alguns bandos teriam iniciado o polimento de instrumentos de pedra; o *formativo*, correspondente ao início da sedentarização de grupos populacionais, teria proporcionado o desenvolvimento da agricultura e a produção de objetos cerâmicos; o *clássico* se caracterizara pelo principiar das civilizações urbanas; e o *pós-clássico*, pelo início dos impérios e das organizações militares[8].

O período definido como pré-histórico na Europa difere do que se apresenta para a América. Enquanto os europeus tomam como referência a escrita padronizada, nas Américas os estudos pré-históricos limitam-se na conquista e ocupação continental pelos europeus, quando se iniciaram massacres étnicos, escravização, colonização, miscigenação e os processos de dominação que impuseram uma cultura alienígena como padrão[9]. Um dos temas mais controvertidos na Arqueologia do Novo Mundo seria o início do povoamento continental. Por se encontrarem os mais remotos vestígios de hominídeos na África, supõe-se que a partir desse continente os humanoides teriam ocupado todo o planeta. Entretanto, permanece controvertida a gênese do homem americano: partira da Sibéria pelo Alasca; saíra da Austrália e chegara ao norte do continente pela sequência de ilhas do Pacífico; migrara da África para a América do Sul, via oceano Atlântico; deixara o sul da África ou a Austrália através da Antártica e atingira

---

7. BELTRÃO, M.C.M.C. *Ensaio de arqueologia*: uma abordagem transdisciplinar. Rio de Janeiro: M.C.M. Coutinho Beltrão, 2000, p. 3-7.

8. LAMING-EMPERAIRE, A. & BAUDEZ, C. América. In: LEROI-GOURHAN, A. et al. *La Pré-História*. Barcelona: Labor, 1974, p. 126-146.

9. FUNARI, P.P. & NOELI, F.S. *Pré-História do Brasil*. São Paulo: Contexto, 2012, p. 15-30.

a Terra do Fogo e a Patagônia; tivera origem autóctone e passara para a África antes da sua suposta separação da América do Sul, e nesta alternativa imaginária, hordas de humanoides teriam feito o percurso do povoamento de sul para norte, o que implicaria a inversão do que se atribui ao Novo Mundo, que se tornaria o mais antigo dos continentes.

Numa perspectiva mais concisa, duas correntes de pensamento confrontam-se no debate sobre a ocupação humana do continente americano. Uma ortodoxa, coesa, formulada na década de 1950, admite a presença humana na América, apenas por volta de 12.000 anos antes do presente. Esta linha explicativa referencia-se em um modelo norte-americano conhecido como *Clovis First* ou horizonte *Clóvis*, em consequência de um sítio arqueológico do Novo México, Estados Unidos, no qual se encontraram artefatos de pedra lascada apropriados para a caça de animais de grande porte, como mamutes e mastodontes. A partir destes achados, arqueólogos norte-americanos construíram este modelo, definido durante algumas décadas, como paradigma explicativo do povoamento continental, segundo o qual, um contingente humano, de tipo mongoloide, penetrara no continente há aproximadamente 12.000 anos. A via de acesso teria sido um suposto corredor de terra, a Beríngia, formado entre a Sibéria e o Alasca devido a um rebaixamento do nível do mar, em decorrência da glaciação. Através deste corredor imaginário, livre de gelo, esta população teria chegado até *Clóvis*, de onde se disseminara por todo o continente. Apegados a esta referência, os defensores desta hipótese teriam se valido do poder econômico e da influência de instituições acadêmicas norte-americanas para desacreditarem a pesquisa arqueológica desenvolvida na América do Sul[10]. Adeptos do *modelo Clóvis* defendem a tese da entrada do homem no hemisfério por volta de 9.000 anos atrás, e atribuem as discordâncias a informações esporádicas, inconclusivas da presença humana na América entre 40.000 e 12.000 passados[11].

A outra linha explicativa, heterodoxa e heterogênea, entende que a ocupação do continente ocorrera antes da época proposta pelo *modelo Clóvis*, embora haja divergências quanto ao tempo desta ocorrência. Uns aceitam a existência de sitios potencialmente anteriores a esta referência temporal e outros admitem a possibilidade da presença humana no continente há mais de 100.000 anos[12].

---

10. ARANTES, J.T. No rastro do povo de Luzia – Entrevista com Walter Neves. *Le Monde Diplomatique Brasil*, 13/11/-20/12/2015.

11. MEGGERS, B.J. *A América pré-histórica*. Rio de Janeiro: Paz e Terra, 1979, p. 23.

12. LIMA, T.A. O povoamento inicial do continente americano: migrações, contextos, datações. In: SILVA, H.P. & RODRIGUES-CARVALHO, C. (orgs.). *Nossa origem* – O povoamento das Américas: visões multidisciplinares. Rio de Janeiro: Vieira & Lent, 2006, p. 77-103.

Somente se confrontou o modelo norte-americano da década de 1950, três decênios depois, quando começaram a surgir em profusão, achados com datações anteriores a 12.000 e ficou impossível negar a existência de povos pré-Clóvis nas Américas, fato reforçado pelas novas pesquisas em morfologia craniana e a de reconstrução facial, a partir de material ósseo[13]. Estabeleceu-se na década de 1980, o *modelo de três migrações*, que supõe a entrada de caçadores especializados no continente americano, que seguiriam animais migrantes, via estreito de Bering, no final do Pleistoceno, entre 27.000 e 11.000 antes do presente, em três levas populacionais distintas: a *Ameríndia*, que teria dado origem a todos os indígenas continentais, enquanto as outras duas, mais tardias, teriam originado apenas os *Aleutas-Esquimós* ou *Escaleutas*, da região periártica e o restrito grupo de índios *Na-Dene*, da costa oeste da América do Norte[14].

O homem fora uma das raras espécies terrestres a se dispersar por todo o globo. Sua presença seria antiga em todos os continentes. Até a década de 1970 não se admitia que a espécie humana tivesse chegado à Austrália antes de 7.000 anos atrás, pois esse continente nunca fora ligado à Ásia. Mesmo em épocas de níveis mais baixos dos oceanos, teriam existido braços de mar que separariam a Austrália da Ásia. Com o desenvolvimento das pesquisas descobriram-se sítios que demonstram a presença humana na Austrália há pelo menos 50.000 anos, o que obrigou a admitir-se que o homem pré-histórico dominara a navegação oceânica. Além disto, o pressuposto de que grupos humanos somente teriam passado para as Américas a pé, pela Beríngia, atrás de rebanhos de animais migrantes, não faria justiça à capacidade intelectual humana e igualaria o homem americano a um descendente de animal, não mais capaz que mastodontes e bisões, que teriam migrado para o continente americano por esta via. A migração pela Beríngia teria exigido o desenvolvimento de tecnologias para se suportar o frio intenso, um processo mais difícil de se criarem recursos para a navegação[15]. Por volta de 30.000 anos atrás, pequenos grupos de caçadores teriam penetrado na América do Sul, cujo povoamento somente se completara há cerca de 10.000 anos antes do presente. No entanto, os sítios arqueológicos datados de mais de 10 milênios são raríssimos no território sul-americano, entretanto, a partir de 9.000

---

13. SILVA, H.P. & RODRIGUES-CARVALHO, C. A busca pelos primeiros americanos. In: SILVA, H.P. & RODRIGUES-CARVALHO, C. (orgs.). *Nossa origem – O povoamento das Américas: visões multidisciplinares*. Rio de Janeiro: Vieira & Lent, 2006, p. 11-17.

14. NEVES, W.A. Origens do homem nas Américas: fósseis *versus* moléculas? In: SILVA, H.P. & RODRIGUES-CARVALHO, C. *Nossa origem...*, p. 45-76.

15. GUIDON, N. As ocupações pré-históricas do Brasil (excetuando a Amazônia). In: CUNHA, M.C. (org.). *História dos índios no Brasil*. São Paulo: Companhia das Letras, 1992, p. 37-52.

anos atrás, multiplicam-se, numa evidência de que já estava densamente povoado[16]. As populações sul-americanas conhecidas pela Arqueologia como *paleoíndias*, não apresentariam o mesmo padrão de morfologia craniana, característico dos povos mongoloides do nordeste asiático. Haveria identidades morfológicas entre os primeiros sul-americanos, conhecidos como australianos e africanos com alguns fósseis centro-asiáticos de final do Pleistoceno, o que sugere a possibilidade de populações não mongoloides terem também chegado à América, antes da entrada dos primeiros mongoloides. A morfologia dos paleoíndios sul-americanos indicaria mais afinidades com os grupos australianos e africanos e, em menor grau, com os polinésios, enquanto populações pré-históricas posteriores e grupos étnicos da Terra do Fogo se associariam com os asiáticos orientais[17].

Uma tentativa de se explicar quando e como se dera a transição de uma morfologia não mongoloide para outra tipicamente mongoloide, com o emprego de técnicas uni, bi e multivariadas aplicadas a 13 variáveis craniométricas, e uso de um banco de dados de 502 esqueletos sul-americanos de diferentes épocas, desde o paleoíndio até o século XIX da nossa era, constatara que significativa diversidade de morfologias cranianas ocorrera na América do Sul entre 9.000 e 8.000 anos atrás. Nesta transição, os paleoíndios apresentariam uma morfologia associada numa dimensão extracontinental aos africanos e australianos atuais, enquanto populações sul-americanas mais tardias apresentariam clara semelhança a grupos mongoloides asiáticos. Estes resultados permitiriam sugerir um novo modelo de ocupação continental por povos pré-históricos, denominado, inicialmente, de "modelo de quatro migrações", modificado para "modelo de dois componentes biológicos principais", em oposição ao tripartite anterior. O continente parece ter sido inicialmente ocupado por povos não mongoloides, cuja morfologia se aproximaria dos australianos e africanos atuais e, talvez por volta de 11.500 anos antes do presente, chegara uma segunda leva mongolizada, que alcançara a Terra do Fogo em época ainda indeterminada[18]. Embora haja convicções de que o *Homo Sapiens* ocupara a Austrália há cerca de 40.000 anos, não há consenso quanto à chegada do homem à América, via terrestre, pelo estreito de Bering, quando ocorrera um rebaixamento oceânico suficiente para emergir o istmo. Há avaliações de chegada humana à América entre 27.000 e 12.000 anos e nestas alternativas não se poderia mais rechaçar a existência de culturas pré-Clóvis. Credita-se a falta de

---

16. PROUS, A. *Arqueologia brasileira*. Brasília: UnB, 1992, p. 120.

17. NEVES, W.; ZANINI, M.C.; MUNFORD, D. & PUCCIANELLI, H.M. O povoamento da América à luz da morfologia craniana. *Revista USP*, XXXIV, jun.-ago./1997, p. 96-105. São Paulo [Dossiê do surgimento do homem na América].

18. NEVES, W.A. Origens do homem nas Américas... p. 45-76.

evidências da atividade humana à insuficiência das pesquisas, à raridade de sítios deixados por uma população esparsa e ao fato de se caracterizar a cultura material destes povos através de instrumentos líticos extremamente toscos[19].

Em outra perspectiva, no Parque Nacional Serra da Capivara, Piauí, a maior concentração conhecida de sítios arqueológicos e o mais amplo acervo de pinturas rupestres do continente, se teriam identificado vestígios humanos de 50.000 anos, tempo suficiente para se revirarem teorias anteriores sobre o povoamento continental[20]. Indícios e evidências indicam que o povoamento inicial da América do Sul fora heterogêneo, multiespacial e pluritemporal. Iniciara nos vales dos grandes rios, tomados como rotas de interiorização e formara grupamentos de sítios com longas sequências de estratos num corte geológico e áreas de ocupação associadas às oscilações sazonais de climas que teriam agregado e dispersado grupos humanos, no final do Pleistoceno e início do Holoceno[21].

Dataram-se fósseis humanos na Colômbia, com idades entre 6.000 e 11.000 anos e no México, com cerca de 10.000 anos. Apesar de pairarem dúvidas sobre a origem antrópica, no abrigo peruano de Pikimachay, província de Ayacucho, em três conjuntos de camadas haveria vestígios pleistocênicos atribuídos ao homem. No sítio arqueológico de Monte Verde, sul do Chile, os vestígios da presença humana são datados de mais de 12.300 anos e material lítico disperso associado a datas de 33.000 anos. O sítio de Querero, norte de Santiago, fornecera material com datação de 11.600 e 10.900 anos de antiguidade. Na costa do Equador dataram sítios com idade de 11.200 e 9.000 anos. Há quem acredite que na transição do Pleistoceno para o Holoceno, por volta de 12.000 anos, toda a América do Sul estivesse povoada[22]. O mais antigo esqueleto humano do continente americano, encontrado no início da década de 1970, na Lapa Vermelha IV, complexo arqueológico de Lagoa Santa, no vale do rio das Velhas, em Minas Gerais, submetido ao processo de recomposição facial por computação gráfica, revelou tratar-se de uma jovem mulher, de morfologia negroide, que vivera entre

---

19. PROUS, A. O povoamento da América visto do Brasil: uma perspectiva crítica. *Revista USP*, XXXIV, jun.-ago./1997, p. 8-21. São Paulo.

20. PESSIS, A.-M. *Imagens da Pré-História*: Parque Nacional Serra da Capivara. São Raimundo Nonato/Rio de Janeiro: Fumdham/Petrobras, 2003, p. 9.

21. BUENO, L. & DIAS, A. Povoamento inicial da América do Sul: contribuições do contexto brasileiro. *Estudos Avançados*, XXIX, jan.-abr./2015, p. 83. São Paulo.

22. OLIVEIRA, J.P. Os indígenas na fundação da colônia: uma abordagem crítica. In: FRAGOSO, J. & GOUVÊA, M.F. (orgs.). *O Brasil colonial*: 1443-1580. Vol. 1. Rio de Janeiro: Civilização Brasileira, 2014, p. 167-228. • PROUS, A. O povoamento da América visto do Brasil... In: LIMA, T.A. O povoamento inicial do continente americano... • GUIDON, N. As ocupações pré-históricas do Brasil (excetuando a Amazônia)...

11.000 e 11.500 anos atrás, a que se denominou de Luzia[23]. Desta preciosidade fóssil, desaparecida em um incêndio que destruiu o Museu Nacional do Rio de Janeiro, em 2 de setembro de 2018, restam apenas réplicas e talvez, fragmentos em meio a cinzas.

1.3 Fundamentos de Pré-História do Brasil

A Pré-História do Brasil, em cujo território habitaram inicialmente povos ágrafos e nômades, estende-se até o início do século XVI, quando chegaram os portugueses colonizadores. A carta de Pero Vaz de Caminha ao rei de Portugal com a informação do achamento de terras no Atlântico Sul seria o registro inaugural da História do Brasil. Todavia, antes deste registro factual, deve-se considerar a sua longa Pré-História, comprovada por uma infinidade de fósseis escavados, de artefatos coletados, de pinturas e gravuras rupestres que se decifram, enfim, um universo de remotos sinais de atividades humanas para se investigarem e se interpretarem.

Embora, desde as crônicas coloniais registram-se vestígios materiais em forma de artes rupestres e restos humanos, animais e vegetais fossilizados em várias partes do território brasileiro[24], os primeiros estudos da Arqueologia no Brasil resultaram de iniciativas diletantes, em consequência de achados ocasionais realizados de modos especulativos, amadores e descontínuos, por curiosos e colecionadores de antiguidades, que apresentaram as primeiras explicações sobre o seu passado pré-histórico brasileiro[25]. Coube ao dinamarquês Peter Wilhelm Lund (1801-1880), botânico de formação e paleontólogo autodidata, a realização das primeiras escavações, entre 1835 e 1844, em mais de 800 grutas e abrigos rochosos de Lagoa Santa, Minas Gerais, onde encontrou fósseis de dezenas de espécies extintas do período Pleistoceno. Ao encerrar as suas atividades arqueológicas, Lund presenteou o rei dinamarquês com uma coleção de fósseis, composta por mais de

---

23. PILO, L.B. & NEVES, W.A. *O povo de Luzia*: em busca dos primeiros americanos. São Paulo: Globo, 2008.

24. Um cronista registrou, em 1618, a existência de grafismo na serra da "Copaoba", junto ao rio "Araçoajepe", capitania da Paraíba (BRANDÃO, A.F. [atribuído a]. *Diálogo das grandezas do Brasil*. Recife: Imprensa Universitária, 1966, p. 22-25 [2. ed. integral, segundo o apócrifo de Leiden, aumentada, por José Antônio Gonçalves Mello]). Os naturalistas bávaros, no final da colonização portuguesa encontram fósseis de animais e pinturas rupestres em várias localidades do Brasil, principalmente na Bahia (SPIX, J.B. *Viagem pelo Brasil...* 3 vol.). No final do Império, Teodoro Sampaio encontrou, entre Monte Alto e Caetité, sudoeste da Bahia, fragmentos de gigantescas ossadas, parecidas com restos de fêmur de megatérios (SAMPAIO, T. O rio São Francisco: trechos de um diário de viagem. *Revista do IHGB*, CLXVII, 1933, p. 285-377. Rio de Janeiro [separata publicada pela Imprensa Nacional em 1936]). A preguiça-gigante, uma espécie que vivera na transição do Mioceno para o Pleistoceno, mediria cerca de 6m de comprimento.

25. GUIDON, N. As ocupações pré-históricas do Brasil (excetuando a Amazônia)...

20.000 itens, que permanecem expostos no Museu Nacional da Dinamarca, em Copenhague. Alegou problemas de saúde como motivo do abandono das pesquisas, entretanto, supõe-se que os resultados das suas investigações abalaram as suas convicções, referenciadas no Livro do Gênesis[26].

Os fósseis humanos descobertos por Lund nos sítios cavernosos de Lagoa Santa foram objeto de investigação, ainda no século XIX, por diversos pesquisadores, entre os quais, João Batista Lacerda (1845-1915) e José Rodrigues Peixoto (1849-1925), que examinaram, em 1876, um crânio doado por Lund ao Instituto Histórico e Geográfico Brasileiro e o julgaram muito próximo da arcada craniana dos índios do grupo Botocudo (Aimoré), que estudavam. No curso do século XX, intensificaram-se os estudos de fósseis das cavernas de Lagoa Santa: o francês Paul Rivet (1876-1943), examinou ossos fossilizados descobertos por Lund e consignou que se encontraria o tipo étnico paleoamericano de Lagoa Santa em todo o continente e que seria estreitamente aparentado ao *hipsidolicocéfalo* da Melanésia (Nova Guiné e arquipélagos do Leste)[27]. Os naturalistas bávaros, Johnn Baptist von Spix e Carl Friedrich Philipp von Martius, ao passarem por Vila Nova da Rainha (Bonfim), centro-norte da Bahia, em princípios de 1819, com uma expedição de estudos geofísicos, zoológicos e botânicos, encontraram em caldeirões e tanques numerosas ossadas dispersas de animais que classificaram de *antediluvianos* e recolheram um maxilar inferior, uma vértebra dorsal e parte de uma omoplata de mastodonte[28].

Iniciaram-se os estudos sequenciados da Arqueologia no Brasil, um conhecimento que aguçava a curiosidade de monarcas europeus, por iniciativa do imperador Pedro II, que contribuiu para se reunirem coleções e se construir um acervo de História Natural no Museu Real, criado em 1818, transformado no Museu Nacional em 1889 e para o estabelecimento, em 1861, do Museu Paraense, em Belém, Pará, através do qual, Emílio Goeldi realizou as primeiras escavações, entre 1880 e 1900, em um sítio arqueológico da ilha de Marajó no qual estudou, de modo pioneiro, a evolução da cerâmica marajoara.

Entre 1926 e 1929, quando era grande a controvérsia sobre a antiguidade do homem no continente americano, o Museu Nacional promoveu escavações

---

26. PROUS, A. *Arqueologia brasileira...*, p. 5-23. • LUNA FILHO, P.E. *Peter Wilhelm Lund: o auge das suas investigações e a razão para o término das suas pesquisas.* São Paulo: USP, 2007, p. 24 [Tese de doutorado]. • NEVES, W. No rastro do povo de Luzia – Entrevista concedida a José Tadeu Arantes. *Le Monde Diplomatique Brasil*, 13/11-20/12/2015.

27. PROUS, A. *O povoamento da América visto do Brasil...* • LUNA FILHO, P.E. *Peter Wilhelm Lund...*, p. 26-30.

28. SPIX, J.B. *Viagem pelo Brasil, 1817-1820...* Vol. II, p. 210.

em Lagoa Santa, sem resultados práticos significativos. Em 1931, etnógrafos norte-americanos escavaram um cemitério pré-histórico em Descalvado, Mato Grosso. Logo depois colecionadores publicaram notas sobre elementos fósseis encontrados em sambaquis destruídos para uso das conchas na pavimentação de estradas. De 1920 a 1935 os interesses científicos voltaram-se mais para a formação étnica do povo brasileiro e as culturas antigas ficaram relegadas a plano secundário[29].

De forma diletante, o engenheiro Theodoro Fernandes Sampaio (1855-1937), no início do século XX, já ensaiava estudos arqueológicos[30]. Antes, porém, Sampaio examinou um alinhamento de rochas em Monte Alto, depois Palmas de Monte Alto na Bahia, em 1879. A sua reputação técnica e científica não o isentou de críticas por omitir informações sobre esse registro megalítico, somente reveladas em 1922, quando ele organizou o verbete sobre Arqueologia em uma publicação comemorativa do centenário da Independência do Brasil[31]. Esse registro megalítico de Monte Alto foi examinado, em 1940, pelo engenheiro Herman Krause, que realizou trabalhos topográficos e forneceu algumas referências geodésicas sobre o local, cujo estudo permaneceu inédito e foi parcialmente descrito em 1996, por uma publicação avulsa[32]. Nesse mesmo ano de 1996, o fenômeno foi estudado por uma equipe de pesquisadores do Museu Nacional (UFRJ) e da Universidade Federal do Paraná (UFPR), que desenvolveu pesquisas de arqueoastronomia no interior da Bahia na companhia da Maria Beltrão, coordenadora do Projeto Central[33].

No monumento megalítico de Monte Alto, que se situa nas coordenadas de 14º 20' 56" S; 43º 03' 54" O, altitude 1.020m, estudaram certos alinhamentos de rochas, limitados por um riacho. Não haveria necessidade de estas rochas se

---

29. GUIDON, N.; PESSIS, A.-M. & MARTÍN, G. O povoamento pré-histórico do Nordeste do Brasil. Clio Arqueológica, I, 6, 1990, p. 123-124. Recife. • GUIDON, N. A arte pré-histórica da área arqueológica de São Raimundo Nonato: síntese de dez anos de pesquisas. Clio Arqueológica, II, 1985, p. 3-80. Recife. • GUIDON, N.; PESSIS, A.-M. & MARTÍN, G. Linha de pesquisa: O povoamento pré-histórico do Nordeste do Brasil... • PROUS, A. Arqueologia brasileira..., p. 5-23. • GUIDON, N. Interior: arqueologia da região do Parque Nacional da Serra da Capivara, Piauí. Clio Arqueológica, XXI, 2, 2006, p. 228-235. Recife. • MARTÍN, G. Pré-História do Nordeste do Brasil. 5. ed. Recife. Ufpe, 2013, p. 37-40. • JUSTAMAND, M. As pinturas rupestres do Brasil: memória e identidade ancestral. Revista Memorare, I, 2, jan.-abr./2014, p. 118-141. Tubarão.

30. SAMPAIO, T. Inscrições lapidares indígenas no vale do Paraguaçu. Anais de V Congresso Brasileiro de Geografia, XI, 1918, p.6-32. Bahia.

31. IHGB. Dicionário Histórico, Geographico e Etnographico do Brasil. Rio de Janeiro: Imprensa Nacional, 1922 [Vol. I: Introdução geral [Brasil]; Vol. II: Estados].

32. MOURA, W.T. História da formação e vida de Palmas de Monte Alto. Palmas de Monte Alto: [Ed. do autor], 1996.

33. BELTRÃO, M. & LIMA, T.A. O Projeto Central Bahia: os zoomorfos da Serra Azul e da Serra de Santo Inácio. Revista do Patrimônio Histórico e Artístico Nacional, XXI, 1986, p. 146-157. Rio de Janeiro.

encontrarem tão próximas umas das outras para constituírem alinhamento, pois seria possível visualizar diversas delas em uma mesma linha reta, nem poderiam servir como um curral, devido às médias de suas alturas de 0,70m, e da separação entre elas de 2,55m. Efetuou-se o levantamento topográfico planialtimétrico dos alinhamentos e determinaram-se as suas coordenadas geodésicas. Contaram 260 blocos rochosos que formariam diversas linhas retas, com diferentes azimutes, na totalidade de 930m de comprimento. Alguns desses blocos se encontrariam caídos, enquanto outros estariam removidos do local, talvez por caçadores de tesouro. Pelos dados obtidos nos levantamentos, se os alinhamentos fossem preenchidos com os blocos rochosos, que possivelmente foram removidos, se obteria um total de 365 blocos, aproximadamente. Esse número sugeriria que os blocos poderiam corresponder ao número de dias de um ano. Os alinhamentos de Monte Alto não se orientariam para nenhum ponto astronomicamente relevante (nascer ou pôr do sol ou de estrelas brilhantes) e a estranha figura desenhada pelas rochas não parece associar-se a nenhum animal ou vegetal[34]. Talvez esse alinhamento de rochas seja remanescente de instalações da jazida de salitre, explorada no século XVIII[35].

Na década de 1940, o alemão Carlos Fidelis Ott (1908-1997), professor de Etnologia da Faculdade de Filosofia, Ciências Humanas e Letras que se incorporaria à Ufba, atuou como arqueólogo amador, entre as décadas de 1940 e 1960 nos sertões da Bahia[36]. Em seus estudos caracterizou povos indígenas e discorreu sobre desenhos rupestres encontrados em Buraco d'Água, então, município de Campo Formoso. Após 1950, vários professores universitários de expressivas produções intelectuais, todavia, sem formação arqueológica, atuaram em estudos de Arqueologia na Bahia: Vital do Rego, Thales de Azevedo, Pedro Agostinho e outros. Os resultados das pesquisas desenvolvidas, até a década de 1990, pouco oferecem para as investigações arqueológicas subsequentes, por se terem negligenciado na sistematização das informações, perderem-se partes significativas da

---

34. AFONSO, G.B. & NADAL, C.A. Arqueoastronomia no Brasil. In: MATSUURA, O.T. (org.). *História da astronomia no Brasil (2013)*. Recife: Mast/MCTI/Cape/Secretaria de Ciência e Tecnologia de Pernambuco, 2014 [Vol. I: Brasil holandês].

35. NEVES, E.F. Apresentação (e notas): o caminho do salitre. In: NEVES, E.F. & MIGUEL, A. (orgs.). *Caminhos do sertão: ocupação territorial, sistema viário e intercâmbios coloniais dos sertões da Bahia*. Salvador: Arcádia, 2007, p. 127-136.

36. OTT, C. Contribuição à arqueologia baiana. *Boletim do Museu Nacional*. Rio de Janeiro, vol. V, 1944. Rio de Janeiro. • OTT, C. *Vestígios de cultura indígena no sertão da Bahia*. Salvador: Secretaria de Educação e Saúde/Museu da Bahia, 1945. • OTT, C. Os maratoás. *Anais do I Congresso de História da Bahia*, III, 1950, p. 277-290. Salvador. • OTT, C. *Pré-História da Bahia*. Salvador: Progresso, 1958. • OTT, C. *As culturas pré-históricas da Bahia* – Vol. I: A cultura material. Salvador: Bigraf, 1993.

documentação escrita sobre os sítios pesquisados e a cultura material coletada nos trabalhos de campo[37].

Embora antecedessem estudos pré-históricos exploratórios e as iniciativas dos museus, Nacional e Paraense, as primeiras investigações etnográficas e arqueológicas significativas que persistiram no Brasil tiveram início com escavações na Amazônia, na Bahia e em Pernambuco, realizadas por Carlos Estevão Oliveira (1880-1946), que descobriu e escavou, em 1935 e 1937, a Gruta do Padre, em Petrolândia, sobre a cachoeira de Itaparica[38]. Os anos de 1950 a 1965 foram marcados pela criação de centros universitários de pesquisas arqueológicas, com a colaboração de profissionais estrangeiros.

Apesar de a ditadura estabelecida pelo golpe de estado de 1964 desativar cursos de graduação em Arqueologia, desenvolveram-se a partir de então, as atividades de pós-graduação em programas de História, Antropologia e áreas afins. Em paralelo, surgiram os centros de pesquisa, iniciaram-se os esforços de unificação do vocabulário e dos métodos da investigação arqueológica e instalaram-se laboratórios para medir a radioatividade residual do carbono-14 (^{14}C), um sistema criado em 1952. Através do método radiocarbono pode-se medir a radioatividade residual em matérias orgânicas. O teor dos ossos em carbono radioativo decresce com o tempo e permite datar a época de ocorrência desde a morte do ser que constituiu aquele osso. Seria possível até identificar pigmentos que contenham uma quantidade mínima de matéria orgânica[39].

Através do Instituto do Patrimônio Histórico e Arquitetônico Nacional – Iphan, com apoio financeiro da norte-americana Smithsonian Fundation, representada pelo casal Clifford Evans e Betty Meggers, elaborou-se no Museu Paraense Emílio Goeldi, entre 1965 e 1971, o Projeto Nacional de Pesquisas Arqueológicas – Pronapa, para promover prospecções e testes com o objetivo de se elaborar um quadro geral das culturas brasileiras. Em 1970, Nièdre Guidon, da École de

---

37. COSTA, C. Sítios de representação rupestre da Bahia (1950 1990). levantamento dos sítios primários dos acervos icnográficos das coleções arqueológicas do Museu de Arqueologia e Etnologia da Universidade Federal da Bahia (MAE/Ufba). OHUN – Revista Eletrônica do Programa de Pós-Graduação em Artes Visuais da Escola de Belas Artes da Ufba, II, 2, 2005, p. 51-70 [Disponível em www.revista-ohun.ufba.br/pdf/carlos_costa.pdf – Acesso em 07/12/2015. • SANTOS, J.M. *Cultura e etnicidade dos povos indígenas do São Francisco afetados por barragens*: um estudo de caso dos Tuxá de Rodelas, Bahia. Brasil. Salvador: Ufba, 2008, p. 219-234 [Tese de doutorado].

38. ESTÊVÃO, C. O ossuário da Gruta do Padre em Itaparica e algumas notícias sobre remanescentes indígenas do Nordeste. *Boletim do Museu Nacional*, XIV/XVII, 1938/1941, p. 151-240. Rio de Janeiro: Imprensa Nacional [1942, Biblioteca Digital Curt Nimuendaju] [Disponível em http://biblio.etnolinguistica.org/estevao_1942_ossuario / http://etnolinguistica.wdfiles.com/local-files/biblio%3Aestevao-1942-ossuario/estevao_1942_ossuario.pdf – Acesso em 23/12/2015]. • MARTÍN, G. *Pré-História do Nordeste do Brasil*..., p. 37-40.

39. PROUS, A. *Arte pré-histórica do Brasil*. Belo Horizonte: C / Arte, 2007, p. 125.

Hautes Etudes en Sciences Sociales, de Paris, iniciou pesquisas na Serra da Capivara, sudoeste do Piauí. Sob a sua direção, uma equipe franco-brasileira principiou as pesquisas em 1973. Nesse mesmo ano, uma Missão Franco-Brasileira, que resultou de convênio entre o Centre National de la Recherche Scientifique, o Museu Nacional e a Universidade Federal de Minas Gerais, iniciou investigações arqueológicas em Lagoa Santa, sob a coordenação de Annette Laming-Emperaire. Outra missão franco-brasileira, integrada por pesquisadores da Mission Archéologique du Piauí, da Universidade de São Paulo, da Universidade Estadual de Campinas, da Universidade Federal de Pernambuco e da Universidade Federal do Piauí lançou as bases para a criação do Parque Nacional Serra da Capivara em 1980, e em 1986 instituiu a Fundação Museu do Homem Americano – Fumdham, para criar reservas técnicas e acolher o material coletado, estabelecer um museu que expusesse os resultados das pesquisas, preservar as pinturas rupestres e o meio ambiente e buscar proteção governamental para o Parque Nacional Serra da Capivara e sua densa concentração de sítios arqueológicos pré-históricos, que guardam vestígios de culturas materiais dos mais relevantes do gênero. Este parque recebeu o reconhecimento pela Unesco como Patrimônio Cultural da Humanidade em 1991 e tombamento pelo Iphan em 1993[40].

Valentín Calderón iniciou a pesquisa arqueológica sistematizada no Nordeste do Brasil. As suas classificações e interpretações de identidade gráfica das artes rupestres estenderam-se para outros tipos de vestígio arqueológico, como os cerâmicos e os líticos. O conceito de tradição que ele aplicou aos estudos arqueológicos brasileiros, as primeiras classificações, a identificação, a caracterização e as formulações das tradições culturais tiveram origens nas investigações por ele realizadas na Bahia, e se consolidaram-se através das pesquisas e reflexões teórico-metodológicas de Anne-Marie Pessis e Nièdre Guidon, para a serra da Capivara, no Piauí e de Gabriela Martín, para Pernambuco e Rio Grande do Norte[41]. Na região Nordeste do Brasil implementaram-se as pesquisas a partir da década de 1960. Três decênios depois das experiências de Carlos Estevão, o arqueólogo espanhol Valentín Calderón empreendeu novas escavações na Gruta do Padre, sobre a cachoeira de Itaparica, onde conseguiu materiais arqueológicos significativos e datações radiocarbônicas que teriam mais de 7.000 anos de antiguidade.

---

40. BUCO, C.A. *Sítios arqueológicos brasileiros...*, p. 16. • PESSIS, A.-M. *Imagens da Pré-História*: Parque Nacional Serra da Capivara. São Raimundo Nonato/Rio de Janeiro: Fumdham/Petrobras, 2003, p. 22.

41. ETCHEVARNE, C. *Escrito na pedra*: cor, forma e movimento nos grafismos rupestres da Bahia. Organização Odebrecht. Rio de Janeiro: Versal, 2007, p. 55-59.

Calderón imigrou para o Brasil em 1949, e na condição de professor do Instituto de Cultura Hispânica da Universidade Federal da Bahia, depois do Instituto de Ciências Sociais, desenvolveu levantamentos, prospecções e escavações arqueológicas em Piripiri, borda da baía de Todos os Santos, na ilha de Itaparica, no litoral norte, no litoral sul, na Chapada Diamantina e em outras unidades da federação brasileira. Destas atividades divulgou relatórios de pesquisas e publicou artigos em periódicos[42]. Contudo, o seu principal estudo focaliza o ossuário, o grafismo e os objetos líticos e cerâmicos encontrados na Gruta do Padre, durante a década de 1960, com o apoio do Pronapa, quando estabeleceu o conceito de tradição Itaparica de caçadores/coletores pré-históricos do semiárido e obteve as primeiras datações carbônicas da região, de 7.600 a 2.300 anos atrás. Além da definição desta tradição cultural, Calderón identificou uma subtradição rupestre em Lençóis e Morro do Chapéu, na Bahia, que denominou de Central, filiada à tradição Realista, com o predomínio de figuras zoomorfas sobre as antropomorfas[43]. Em 1970, Nièdé Guidon, iniciou as investigações sistematizadas, no sudoeste do Piauí, continuadas a partir de 1973, por pesquisadores da Missão Franco-brasileira, em associação com outras instituições, através das quais estabeleceu laboratórios de pesquisas e desenvolveu projetos, na tentativa de explicar

---

42. CALDERÓN, V. A fase Aratu no recôncavo e litoral norte do Estado da Bahia. *Pronapa*, vol. 3, 1967-1968. • *Publicações avulsas do Museu Paraense Emílio Goeldi*, XIII, 1968, p. 161-162. Belém. • CALDERÓN, V. A pesquisa arqueológica nos Estados da Bahia e Rio Grande do Norte. *Dédalo*, XVII/XVIII, 1973, p. 25-32. São Paulo. • CALDERÓN, V. Breve notícia sobre a arqueologia de duas regiões do Estado da Bahia. *Pronapa*, vol. 4, 1968-1969. • *Publicações avulsas do Museu Paraense Emílio Goeldi*, XV, 1971, p. 163-178. Belém. • CALDERÓN, V. Breve notícia sobre a arqueologia de duas regiões do Estado da Bahia. *Pronapa*, vol. 5, 1969-1970. • *Publicações avulsas do Museu Paraense Emílio Goeldi*, XXIV, 1974, p. 163-168. Belém. • CALDERÓN, V. Contribuições para o conhecimento da arqueologia do recôncavo sul do Estado da Bahia. *Pronapa*, vol. 5, 1969-1970. • *Publicações avulsas do Museu Paraense Emílio Goeldi*. Belém, XXVI, 1974, p. 141-156. Belém. • CALDERÓN, V. Investigações sobre a arte rupestre no planalto da Bahia: as pinturas da Chapada Diamantina. *Universitas*, VI/VII, 1971, p. 217-227. Salvador. • CALDERÓN, V. Nota prévia sobre arqueologia das regiões central e sudoeste do Estado da Bahia. *Pronapa*, vol. 2, 1966-1967. • *Publicações avulsas do Museu Paraense Emílio Goeldi*, X, 1969, p. 135-152. Belém. • CALDERÓN, V. Nota prévia sobre três fases da arte rupestre no Estado da Bahia. *Estudos de Arqueologia e Etnologia*, I, 1983, p. 5-23. Salvador: Ufba. • CALDERÓN, V. Nota prévia sobre arqueologia das regiões Central e Sudoeste do Estado da Bahia. *Pronapa*, vol. 2, 1966-1967. • *Publicações avulsas do Museu Paraense Emílio Goeldi*, 10, X, 1969, p. 135-152. Belém. • CALDERÓN, V. Notícias preliminares sobre as sequências arqueológicas do Médio São Francisco e da Chapada Diamantina, Estado da Bahia. *Pronapa*, vol. 1, 1965-1966. • *Publicações avulsas do Museu Paraense Emílio Goeldi*, VI, p. 107-120. Belém. • CALDERÓN, V. O sambaqui da Pedra Oca – Relatório de pesquisa. Salvador: Instituto de Ciências Sociais/Ufba, 1964. • CALDERÓN, V. A pesquisa arqueológica nos Estados da Bahia e Rio Grande do Norte. *Dédalo*, XVII/XVIII, 1973, p. 25-32. São Paulo. • CALDERÓN, V.; JACOME, Y.D.B.A. & SOARES, I.D.C. *Relatório das atividades de campo realizadas pelo Projeto Sobradinho de salvamento arqueológico*. Salvador: Chesf, 1977.

43. MARTÍN, G. & ASÓN, I. A Tradição Nordeste na arte rupestre do Brasil. *Clio Série Arqueológica*, XIV, 2000, p. 99-109. Recife. • ETCHEVARNE, C. A ocupação humana do Nordeste brasileiro antes da colonização portuguesa. *Revista USP – Dossiê Antes de Cabral; arqueologia brasileira*, XLIV, 1, dez./1999-fev./2000, p. 112-141. Paulo. • COSTA, C. Sítios de representação rupestre da Bahia (1950-1990)... • ETCHEVARNE, C. *Escrito na pedra...* p. 55-59. • MARTÍN, G. *Pré-História do Nordeste do Brasil...*, p. 40-42, 234.

o povoamento do Nordeste do Brasil, antes da colonização portuguesa, com a caracterização de unidades culturais e identificação de grupos étnicos[44].

Determinou-se no Brasil o desenvolvimento de projetos de salvamento arqueológico em áreas a serem alagadas por represas, devastadas por abertura de estradas, reformas urbanas e outras obras civis, cujos resultados nem sempre são divulgados. Na década de 1970, através do Projeto Sobradinho de Salvamento Arqueológico, realizado sob a coordenação de Valentín Calderón e executado por Yara Dulce Bandeira de Ataíde Jacome e Ivan Dórea Cânsio Soares, na cota de inundação do lago da barragem de Sobradinho, encontraram-se pinturas e gravuras rupestres, objetos líticos e restos de cerâmica, que forneceram os primeiros dados dos sítios arqueológicos e dos registros rupestres da região. Teriam realizado prospecções e recolhido, aproximadamente, uma tonelada de material arqueológico, depositado no laboratório do Museu de Arqueologia e Etnologia do MAE/Ufba, contudo, seus resultados permaneceram inéditos[45].

As pesquisas de Calderón, na Gruta do Padre, tiveram continuidade através do Projeto Itaparica de Salvamento Arqueológico, em 1983, sob a coordenação, do lado pernambucano, de Gabriela Martín, do Núcleo de Estudos Arqueológicos da Ufpe, e da margem baiana do rio, de Pedro Agostinho, do MAE/Ufba, que descobriram pinturas e gravuras rupestres, objetos líticos e cerâmicos, abrigos e sepultamentos[46]. Na década de 1990, Com o patrocínio da Petrobras, desenvolveu-se o Projeto Salvamento Arqueológico na Área da Refinaria do Nordeste, Ipojuca – PE, Brasil[47]. Através de convênio entre o Conselho Nacional de Pesquisa – CNPq, o Museu Paraense Emílio Goeldi e a Companhia Vale do Rio Doce, na década de 1980, para se estudar o impacto ambiental causado pela implantação de um projeto para exploração de minério de ferro, fez-se o levantamento zoobotânico, geológico e arqueológico da região de Carajás, sul do

---

44. GUIDON, N.; PESSIS, A.-M.; MARTÍN, G. Linha de pesquisa: o povoamento pré-histórico do Nordeste do Brasil... • GUIDON, N. A arte pré-histórica da área arqueológica de São Raimundo Nonato... • GUIDON, N. Interior: arqueologia da região do Parque Nacional da Serra da Capivara, Piauí. *Clio Arqueológica*, XXI, 2, 2006, p. 228-235. Recife. • MARTÍN, G. Pré-História do Nordeste do Brasil..., p. 37-40. • FUNARI, P.P. Arqueologia..., p. 25-27.

45. COSTA, C. Sítios de representação rupestre da Bahia (1950-1990)... • KESTERING, C. Registros rupestres da área arqueológica de Sobradinho, BA. *Clio Arqueológica*, XV, 2002, p. 131-156. Recife. • MARTÍN, G. Pré-História do Nordeste do Brasil..., p. 42.

46. MARTÍN, G. O povoamento pré-histórico do vale do São Francisco (Brasil). *Clio Arqueológica*, 13, 1998, p. 9-40. Recife. • COSTA, C. Sítios de representação rupestre da Bahia (1950-1990)... • SANTOS, J.M. *Cultura e etnicidade dos povos indígenas do São Francisco afetados por barragens* – Um estudo de caso dos Tuxá de Rodelas, Bahia. Salvador, Ufba, 2008 [Tese de doutorado].

47. LUNA, S. & NASCIMENTO, A. Salvamento arqueológico na área da refinaria do Nordeste, Ipojuca, PE. *Clio Arqueológica*, XXIV, 1, 2009, p. 177-187. Recife.

Pará. O Subprojeto de Salvamento Arqueológico, na década de 1990, enfatizou o levantamento dos sítios arqueológicos do alto Itacaiunas, da bacia do médio Parauapebas e do rio Novo. Mais de 10 grutas e abrigos rochosos submetidos a inspeção técnica revelaram vestígios de sociedades de caçadores-coletadores pré-ceramistas[48].

Desde a década de 1960 instituíram-se no Brasil, cursos de pós-graduação em arqueologia e ampliou-se a formação pós-graduada no exterior, de modo a se redimensionar a pesquisa arqueológica brasileira. Programaram-se, sistematicamente, as pesquisas arqueológicas no Nordeste a partir dos anos de 1970. Em Pernambuco, iniciativas de Gabriela Martín, resultaram no Núcleo de Estudos Arqueológicos da Ufpe, seguido por outros em várias universidades regionais. No Piauí, Niède Guidon desenvolveu estudos arqueológicos em São Raimundo Nonato, que originaram a Fundação Museu do Homem Americano e outros centros de pesquisas.

Na Bahia, embora iniciassem as pesquisas sistematizadas na década de 1960, a fragmentação dos estudos dificultou o seu desenvolvimento, retomado através do Museu de Arqueologia e Etnologia da Ufba, o Núcleo Avançado de Pesquisas Arqueológicas de Porto Seguro e da formação de grupos de pesquisadores nas quatro universidades estaduais (UEFS, Uesb, Uneb e Uesc) e nas novas instituições federais (UFRB, UFSB, Ufob)[49]. Além das pesquisas para elaboração de estudos de final de cursos de pós-graduação, os novos profissionais iniciaram o desenvolvimento de projetos individuais e coletivos. Vários projetos de pesquisa passaram a investigar sítios arqueológicos em diversas regiões da Bahia. O Projeto Serra Geral, com atuações no Leste de Goiás e no Sudoeste da Bahia, sob a coordenação de Pedro Ignácio Schmitz, da Universidade do Vale do Rio dos Sinos, Rio Grande do Sul, localizou, próximo ao rio São Francisco, 10 sítios com pinturas rupestres[50]. O Projeto Central, sob a coordenação de Maria Beltrão, do Museu Nacional do Rio de Janeiro, englobou a planície calcária, as serras quartzíticas da Chapada Diamantina e a Região Oeste da Bahia. Iniciado em 1982, com o apoio da Financiadora de Estudos e Projetos – Finep e do Conselho Nacional de

---

48. MAGALHÃES, M.P. *Arqueologia de Carajás* – A presença pré-histórica do homem na Amazônia. Rio de Janeiro: Companhia Vale do Rio Doce, 1994.

49. MORALES, W.F. *Brasil Central*: 12.000 anos de ocupação humana no médio curso do Tocantins. São Paulo/Porto Seguro: Annablume/Acervo do Centro de Referência em Patrimônio e Pesquisa, 2008. • SILVA, J.P. (org.). *Territórios e ambientes da serra de Monte Alto*: região Sudoeste da Bahia. Vitória da Conquista: Uesb, 2012.

50. BARBOSA, A.S. Projeto Serra Geral. *Anais do I Simpósio de Pré-História do Nordeste*. Clio Arqueológica, IV, 1987, p. 35-38. Recife. • SILVA, J.P. (org.). *Territórios e ambientes da serra de Monte Alto...* • COSTA, C. Sítios de representação rupestre da Bahia (1950-1990)...

Desenvolvimento Científico e Tecnológico – CNPq, identificou cerca de 400 sítios arqueológicos, numa área, inicialmente, de 270.000km², reduzida para 100.000km², indicadores dos caminhos do homem na região, desde o Pleistocênico. Nestas investigações encontraram sepulturas milenares, artefatos de argila, de osso, de rocha e de minerais, vestígios de fogueiras, objetos de arte e escritas rupestres. Em 1995, esse projeto criou o Museu Arqueológico de Central com o acervo resultante das pesquisas e em parceria com a Prefeitura do município de Luís Eduardo Magalhães, instituiu, em 2004, o Museu da Terra, para abrigar exposições de fotos e reproduções de pinturas rupestres[51].

Um projeto (Homem e Natureza nas Representações Gráficas Rupestres do Estado da Bahia) vencedor do Prêmio Clarival Prado Valadares, patrocinado pela Organização Odebrecht, produziu um amplo estudo de grafismos rupestres[52], cuja pesquisa visitou 229 locais com pintura e gravuras rupestres, em 57 municípios baianos. Esta investigação revelou um acervo extraordinário das variações de signos gráficos pintados ou gravados sobre suportes rochosos fixos de abrigos, grutas, paredões, lajedos, em diversas regiões, demonstrativo das formas de comunicação visual utilizadas pelas primitivas populações das caatingas e dos serrados, dos vales e planaltos da Bahia, em épocas diversas, desde o Pleistoceno. Na Chapada Diamantina as ocorrências mais frequentes destes registros localizam-se onde há maior número de cavernas.

1.4 Tradições culturais pré-históricas identificadas no Brasil

As pinturas e gravuras rupestres encontradas em abrigos e paredes rochosas, nas proximidades de cursos d'água no Brasil, correspondem a várias tradições ou horizontes culturais. Define-se por tradição cultural arqueológica, um conjunto de características refletidas em diferentes sítios ou regiões, associadas pela similitude, de modo que cada uma delas atribua ao complexo cultural de grupos étnicos diferenças que se transmitiram e difundiram gradualmente modificados, através do tempo e do espaço[53]. O conceito de tradição define um grupo de elementos e técnicas distribuídas por uma determinada região de persistência temporal

---

51. BELTRÃO, M.C.M.C. *Ensaio de Arqueologia...*, p. 90-92. • BELTRÃO, M.C.M.C. & ZARONI, L. A região arqueológica de Central, Bahia – Vol. 1: Abrigo da Lesma: os artefatos líticos. *Clio Arqueológica*, I, 8, 1992, p. 7-33. Recife. • COSTA, C. Sítios de representação rupestre da Bahia (1950-1990)... • BELTRÃO, M. *O Alto Sertão*: anotações. Rio de Janeiro: Casa da Palavra, 2010. • BOAVENTURA, E.M. (org.). *Maria Beltrão e a arqueologia na Bahia – O Projeto Central*. Salvador: Quarteto, 2014.

52. ETCHEVARNE, C. *Escrito na pedra*...

53. CALDERÓN, V. Nota prévia sobre três fases da arte rupestre no Estado da Bahia...

e indicação de uma mesma unidade cultural[54], ou unidade de análise entre as divisões estabelecidas para a arte rupestre a partir da síntese das manifestações gráficas representadas de forma similar, que se registram numa área arqueológica. Estes horizontes se dividem em subtradições de culturas, que formam as representações rupestres de um grupo desvinculado da sua tradição e adaptado a um meio geográfico e ecológico alternativo, constituídos de novos elementos definidores. E uma subtradição se fraciona em estilos, que corresponde a subdivisões de uma subtradição, com variações de técnica de representação gráfica, uma obra unitária de um grupo limitado cronologicamente ou uma interpretação subjetiva da macrotemática das grandes tradições rupestres[55].

Na Amazônia as datações mais antigas da ocupação humana teriam pouco mais de 11.000 anos e nas manifestações gráficas destacam-se cabeças humanas gravadas em corredeiras e rios ou abrigos, da tradição Guiano-amazônica. As cerâmicas, marajoara e tapajônica, duas das mais antigas do gênero, caracterizam-se pela primorosa elaboração, decoração gravada, pintada ou plástica dos vasilhames e grande variedade de tamanhos e formas. No vale do Tapajós encontraram esculturas com representações de personagens abraçadas pelas costas por uma figura zoomorfa de traços felinos em posição dominante. E na região Centro-oeste são mais comuns as representações de cervídeos, de peixes, onças, tatus e aves[56].

Há numerosas tradições culturais rupestres identificadas no território brasileiro. Alice Aguiar identificou a tradição Agreste em sítios de Cariris Velhos, Paraíba, uma das manifestações de grupos de caçadores e coletadores, com subtradições no vale do São Francisco, que apresentam grandes figuras antropomorfas, poucas zoomorfas, em composição ou isoladas, com raros grafismos de ação, que retratam caçadas. Não raro, as representações de antropomorfos apresentam aspecto grotesco e figuras de pássaros com asas abertas e longas. Identificou-se, inicialmente, no final da década de 1960, em restos representativos de povos da enseada de Aratu, interior da baía de Todos os Santos, em Belisção, Inhambupe no litoral norte, em São Desidério, Catolândia e Barreiras no Oeste da Bahia, e, posteriormente, em outras regiões do Brasil. Caracterizavam pela formação de aldeias com populações densas e ocupações demoradas. Estas culturas produziram uma cerâmica roletada, sem decoração, de superfícies alisadas ou com

---

54. DIAS, A.S. Diversificar para poblar: el contexto arqueológico brasileño en la transición Pleistoceno-Holoceno. *Rupestreweb*: Arte Rupestre en America Latina, III, 2015 [Disponível em http://www.rupestreweb.info/arqueobrasil.htm – Acesso em 19/12/2015.

55. MARTÍN, G. & ASÓN, I. A Tradição Nordeste na arte rupestre do Brasil...

56. PROUS, A. O povoamento da América visto do Brasil... • MARTÍN, Gabriela. O litoral...

engodos de grafite; usavam urnas funerárias piriformes, de 70/75cm de altura e tigelas como opérculos para cobrir os vasilhames fúnebres, de panelas semiesféricas de bordas onduladas. Faziam enterramentos primários em urnas, fora dos núcleos habitacionais; construíam aldeias circulares com as ocas em torno de uma praça central, em lugares de elevação suave. Tinham a subsistência baseada na mandioca, balanceada com milho, feijão e amendoim; empregavam lâminas alongadas de machado, picotadas e polidas e machados pesados de granito polido; usavam grandes rodelas de fuso de pedra e de cerâmica, que indicam fiação de redes ou tecidos grossos; cachimbos tubulares ou em forma de funil; fragmentos de rocha polida com depressões artificiais, utilizadas para esmagar grãos[57].

Reconheceu-se esta tradição no Piauí, em Pernambuco, na Paraíba, no Rio Grande do Norte, no Ceará, em Minas Gerais e em Goiás. As figuras aparecem gravadas em posições estáticas, sem indicar qualquer movimento. Os abundantes grafismos apresentam morfologias diversificadas. Os puros são figuras desprovidas de traços identificadores que impedem uma interpretação pela simples análise visual; os de composição permitem o reconhecimento pela visualização; e os de ação, aparecem formados por cenas de caça, dança ou luta[58]. Identificada por Calderón, no riacho Guipe, baía de Aratu, próximo de Salvador, a tradição Aratu seria dos séculos IX a XVII da nossa era. Aparecem isoladas ou em pequenos conjuntos dominados por uma ou duas grandes figuras antropomorfas, eventualmente, rodeadas por poucos grafismos zoomorfos ou pinturas carimbadas na parede, inclusive impressões de mãos e conjuntos de pontos. Na Bahia obtiveram-se datações da tradição Aratu entre os anos 1.000 e 1500 do nosso calendário, em aldeias jês anteriores às ocupações tupi-guaranis que os expulsaram do litoral para os sertões antes da ocupação portuguesa. Constatam-se áreas de influência da cultura Aratu em todas as regiões Nordeste, Sudeste e Centro-oeste, em formas modificadas. Etnicamente se poderia relacionar os indígenas da cultura Aratu aos das tradições "tapuias" ou não tupis, expulsas pelos invasores tupis. Além dos grandes grupos aratu e tupi, outros povos teriam habitado o litoral do Nordeste e desaparecido muito tempo antes da chegada dos portugueses,

---

57. COSTA, C. Sítios de representação rupestre da Bahia (1950-1990)... • MARTÍN, G. Pré-História do Nordeste do Brasil..., p. 203-209. • FERNANDES, L.A. Uma revisão da tradição Aratu na Bahia. *Clio Arqueologia*, XXVII, 1, 2012. Recife. • ETCHEVARNE, C. A ocupação humana do Nordeste brasileiro antes da colonização portuguesa... • MORALES, W.F. *Brasil Central*... p. 35-37.

58. AGUIAR, A. A Tradição Agreste: estudo sobre arte rupestre em Pernambuco. *Clio Arqueológica*, III, 1986, p. 7-98. Recife. • PESSIS, A.-M. Identidade e classificação dos registros gráficos pré-históricos do Nordeste do Brasil. *Clio Arqueológica*, I, 8, 1992, p. 35-68. Recife. • ETCHEVARNE, C. A ocupação humana do Nordeste brasileiro antes da colonização portuguesa... • KESTERING, C. Registros rupestres da área arqueológica de Sobradinho, BA... • PESSIS, A.-M. *Imagens da Pré-História*..., p. 86-88. • ETCHEVARNE, C. *Escrito na pedra*..., p. 31.

entre os quais, se destacaria uma cultura que se instalara sobre palafitas no lago Cajari, no Maranhão[59].

Planilha VI – Datas de Carbono-14 para a Tradição Aratu na Bahia, por anos BP

Anos BP	Localidades
608 + ou – 50	Beliscão
870 + ou – 90	Recôncavo
1360 + ou – 50	Litoral Norte
1081 + ou – 250	São Desidério

Fonte: MARTÍN, G., 2013: 207.

A tradição Itaparica de caçadores e coletadores da Pré-História foi, primeiramente, documentada por Valentín Calderón, em 1969, quando registrava instrumentos líticos na Gruta do Padre, rio São Francisco. Material arqueológico vinculado à fabricação de instrumentos líticos comprova a existência de caçadores-coletadores desta tradição com alcance inter-regional[60]. Ainda não se diagnosticou a tradição cultural do conjunto de escritas rupestres da Pedra do Ingá, na Paraíba, que seria análogo a diversas gravuras rupestres e poderiam pertencer à mesma matriz. Entretanto, estas itacoatiaras apresentam brandas modificações gráficas, técnicas seletivas de acordo com as unidades ecológicas e estas adaptações podem indicar relacionamentos com padrões de subsistência. Talvez se pudesse falar em subtradição Ingá, da tradição Itacoatiara[61].

Nièdè Guidon reconheceu a tradição Nordeste, na serra da Capivara, como a mais antiga do continente. Suas pinturas têm datações comprovadas de 12.000 a 6.000 anos. Haveria centenas de abrigos com artes rupestres desta tradição cultural no Parque Nacional Serra da Capivara, estudados por pesquisadores da Fundação Museu do Homem Americano, com subtradições no Rio Grande do Norte, na Bahia, em Sergipe, na Paraíba, em Pernambuco, no Ceará e em Mato Grosso. Expandido a partir do Piauí, pelo rio São Francisco, Chapada Diamantina e rio Seridó, em conjuntos harmoniosos de figuras humanas, de animais e de plantas, em estilos que as caracterizam pelos efeitos narrativos das representações em posições que sugerem movimento, com riqueza de adornos, traços

---

59. MARTÍN, G. Pré-História do Nordeste do Brasil... p. 207.

60. COSTA, C. Sítios de representação rupestre da Bahia (1950-1990)... • ETCHEVARNE, C. A ocupação humana do Nordeste brasileiro antes da colonização portuguesa...

61. SANTOS, J.S. Estudos da Tradição Itacoatiara na Paraíba: subtradição Ingá? Campina Grande: Cópias & Papéis, 2014, p. 34.

finos, firmes e seguros, na reprodução de atividades do cotidiano e de cenas de cerimônias, lutas, caçadas, danças e relações sexuais.

Neste grafismo predomina a policromia, com realce da cor vermelha, entremeada de azul, amarela, ocre, preta e cinza. São frequentes os grafismos emblemáticos, arranjos gráficos nos quais se reconhecem os componentes, porém não se identifica o tema da representação. O grupo mais antigo desta tradição caracteriza-se pelo modo vital da elaboração das figuras e das cenas representadas, que transmitem ideias de movimento, de alegria e de ludismo. Figuras humanas e de animais são representadas no ápice do movimento, no momento do salto, com diversidade de posturas e gestos[62].

A região do Seridó envolve vários municípios do Rio Grande do Norte e da Paraíba. Sua arte rupestre apresenta marcantes semelhanças com as da tradição Nordeste do Parque Nacional Serra da Capivara. Isto sugere que fluxos migratórios originários do Piauí chegaram a essa região, na dispersão de grupos da tradição Nordeste que se iniciou há 9.000 anos e formou a subtradição Seridó. Nas pinturas rupestres dessa região, encontradas em vários abrigos, há cenas de cerimônias nas quais duas figuras humanas adultas, que aparentemente protegeria ou entregaria uma criança, tema também encontrado na Serra da Capivara, sudoeste Piauí; na Chapada Diamantina, Bahia; e no vale do Peruaçu, noroeste de Minas Gerais. Embora as representações do sertão do Seridó se tipificassem pela maior riqueza de detalhes e atributos, essa região apresenta ocupações com indicações de curtas temporadas, como fogueiras e urnas funerárias compostas de pouca densidade de material arqueológico[63].

No norte da Chapada Diamantina e na Serra da Capivara há conjuntos de pinturas com diferenças morfológicas e técnicas, provisoriamente denominados por uns de tradição Astronômica e por outros de tradição Geométrica, embora faltem indicadores que assegurem uma origem comum de seus autores. O Projeto Central, coordenado por Maria Beltrão, os interpretou como vestígios culturais de povos capazes de representar pictoricamente as trajetórias do sol e da lua, e desenvolver sistemas de contagem, que teriam elaborado calendários

---

62. PESSIS, A.-M. Registros rupestres, perfil gráfico e grupo social. *Clio Arqueológica*. Recife, IX, 1983, p. 7-14. Recife. • MARTÍN, G. & ASÓN, I. A Tradição Nordeste na arte rupestre do Brasil... • PESSIS, A.-M. Um mergulho no passado... • PROUS, A. *Arte pré-histórica do Brasil*..., p. 33-34. • ETCHEVARNE, C. *Escrito na pedra*... p. 26-30. • ETCHEVARNE, C. A ocupação humana do Nordeste brasileiro antes da colonização portuguesa... • JUSTAMAND, M. As pinturas rupestres do Brasil... • BUENO, L. & DIAS, A. Povoamento inicial da América do Sul...

63. MARTÍN, G. O litoral: os povos do litoral Nordeste na pré-história. In: Arqueologia pré-histórica do Brasil: textos de divulgação científica. *Clio Arqueologia*, XXI, 2, 2006, p. 204-216. Recife.

lunares, solares e lunissolares, com um período dividido em 12 partes, inclusive um sistema de marcar curtos espaços temporais[64].

A tradição São Francisco, identificada por Maria Beltrão ao longo do rio de mesmo nome, foi reconhecida em Minas Gerais, Bahia, Sergipe, Goiás, Mato Grosso e Tocantins, na qual os grafismos abstratos (geométricos) sobressaem-se pela quantidade. Os zoomorfos e antropomorfos correspondem a 80% e 100% das sinalizações. Utilizaram com intensidade a técnica de bicromia nas figuras pintadas. Entres os zoomorfos destacam-se os peixes, pássaros, cobras, sáurios e talvez tartarugas. Não há cervídeos. No vale do Peruaçu, os desenhos da tradição São Francisco são geométricos, lineares, policromos e ocupam todo o espaço disponível. Nos milhares de anos desta tradição, em cinco períodos sucessivos, evoluíram em estilos marcados por diferentes formas, cores e temas. Havia figuras bicromáticas e quadricromáticas.

A posse do território não foi contínua, porque há um conjunto temático diferente, com técnica típica de uma região distante cerca de uma centena de quilômetros a nordeste, marcado por figuras antropomorfas. Os sucessores desta tradição denominados de Piolhos de Urubu pintaram suas figuras pretas sobre os grafismos anteriores, com representação de coqueiros, campos de milho e animais como tamanduá, peixes e tucanos. Em Montalvânia, Minas Gerais e Central, na Bahia, haveria pinturas desta tradição cultural que parecem representar sol, lua, estrelas associadas a linhas em ziguezague, grades, pontos, representações de lagartos e pássaros em voo[65]. A tradição São Francisco distingue-se pela associação contrastante dos pigmentos e a intensidade das cores. As figuras bicromáticas e tricromáticas, às vezes, encontram-se no mesmo painel, com variantes de vermelho, amarelo, branco e preto, que proporcionam considerável impacto visual[66].

A tradição Realista, também denominada de Naturalista, identificada por Valentín Calderón na Chapada Diamantina, Bahia, caracteriza-se pelo esforço realizado em todas as fases para reproduzir figuras antropomorfas ou zoomorfas com a maior fidelidade, de modo a identificar facilmente, as ações que se realizavam. Identificada também por Calderón, a tradição Simbolista seria das mais difundidas no Brasil, encontrada na Caverna do Bode, Serra Solta, em Curaçá, em Petrolina e em diversas localidades entre Irecê e Morro do Chapéu. Apresenta

---

64. BELTRÃO, M.C.M.C. *Ensaio de Arqueologia...* p. 109-137. • PESSIS, A.-M. *Imagens da Pré-História...*, p. 88. • ETCHEVARNE, C. *Escrito na pedra...* p. 33-34. • BELTRÃO, M. *O Alto Sertão...* p. 51.

65. PROUS, A. *Arqueologia brasileira...*, p. 525. • PROUS, A. *Arte pré-histórica do Brasil...*, p. 29-43.

66. ETCHEVARNE, C. *Escrito na pedra...*, p. 33.

motivos isolados sem correlação aparente. Superpostos e misturados, sem conservar nenhuma harmonia, apresentam variações quanto à forma. Pode ser simples círculos, espirais, complicados desenhos lineares altamente elaborados. Tem características geométricas ou grosseiramente figurativas e deve corresponder a povos marginais, de cultura muito primitiva[67].

A tradição mais extensa em ocupação territorial, a Tupiguarani, expandiu-se pouco tempo antes da chegada dos europeus. Para alguns pesquisadores teve como ponto de partida algum local entre o Paraguai e a Bolívia; para outros, a porção central do continente americano, e seguiu diferentes direções. Do Nordeste e do Norte migraram para o interior. Os interessados no povoamento da região Amazônica têm como referência básica os grupos Tupis e Arawak, cujos troncos linguísticos formaram-se há cerca de 5.000 anos, em algum ponto da Amazônia central, e a matriz cultural Tupi, por volta de 2.500 anos atrás, vinculada aos grupos da tradição Policroma Amazônica, cujos vestígios cerâmicos estão entre os mais antigos da América do Sul.

O grupo Guarani deslocou-se do norte para a desembocadura do rio da Prata, pelas bacias do Paraná, Paraguai e Uruguai. A tradição Tupiguarani ocupou todo o litoral, desde o Pará ao Rio Grande do Sul e pelo interior, os territórios de Tocantins, Goiás, Mato Grosso, Mato Grosso do Sul e Minas Gerais, com presença também no Uruguai, Argentina, Paraguai, Peru e Bolívia[68]. A cerâmica da tradição Tupiguarani tem como características predominantes, a produção de tigelas em forma de calota de esfera e vasos esferoides com bordas extrovertidas, que também podem apresentar perfil cambado e reforçado externamente. Não possui elementos de pressão tipos alças ou asas. O material lítico que acompanha a cerâmica nos sítios arqueológicos consiste, principalmente, em lâminas de machados trapezoidais, polidos pequenas dimensões e adornos labiais em forma de T (tombetás), lascas retocadas de faca ou raspadores, pequenas lascas cortantes ou perfurantes[69].

Caçadores e coletadores da tradição Umbu, caracterizados pela presença de pontas de projétil lítico com lascas recompostas dispersaram-se há cerca de 9.000 anos, pela planície sul e encostas do planalto da floresta subtropical[70] e exploraram os recursos da mata atlântica, numa ruptura cultural com o contexto

---

67. CALDERÓN, V. Nota prévia sobre três fases da arte rupestre no Estado da Bahia...
68. MORALES, W.F. *Brasil Central*: 12.000 anos de ocupação humana no médio curso do Tocantins..., p. 44-51.
69. BROCHADO, J.P. A tradição cerâmica Tupiguarani na América do Sul. *Clio*, III, 1980, p. 47-60. Recife.
70. DIAS, A.S. *Diversificar para poblar*...

pampeano. A partir de 8.000 anos antes do presente, uma terceira frente populacional ocupou a planície litorânea com estratégias de exploração especializada de recursos aquáticos e sistemas de mobilidade restritos[71]. Identificada em Mato Grosso, Goiás, Tocantins e Norte de Minas Gerais, a tradição Una, de pequena expansão, produziu vasilhames médios e pequenos, em formas globulares e cônicas, tigelas rasas e potes com gargalo; e a Ura, também pouco expressiva, foi identificada em Mato Grosso, Goiás e Tocantins[72].

1.5 Sistemas visuais pré-históricos de comunicação social

Denominam-se de itaquatiaras (itacoatiaras) ou pinturas rupestres os vestígios arqueológicos em forma de sistemas visuais de comunicação social, formados por elementos gráficos nos paredões, cavernas e abrigos de apresentação das comunidades pré-históricas. O Brasil é um dos países onde há mais grafismos conhecidos. Estas pinturas e gravuras rupestres caracterizam vestígios arqueológicos, do mesmo modo que os objetos líticos e cerâmicos, os sepultamentos e outras manifestações da cultura material. Há regiões rupestres em quase todo o território brasileiro, embora destacam-se, pelos significados unitários e concentrações de sítios, a região Nordeste, a Amazônia, os cerrados goianos e o vale do alto São Francisco, em Minas Gerais[73]. A bibliografia registra cerca de 117 sítios arqueológicos com 359 datações de 13.000 a 7.000 anos distribuídas por todo o território brasileiro. Um pioneiro conjunto de evidências de 12.000 a 11.000 anos teria ocupado a floresta tropical e o cerrado e pelos sistemas fluviais, alcançado o Norte, o Nordeste e o Centro-oeste do Brasil. Povos caçadores e coletadores da tradição Itaparica distribuíram-se por vastos territórios demarcados pelos estilos regionais de objetos líticos e artes rupestres. Entre 11.000 e 8.000 anos antes do presente, uma segunda frente populacional, culturalmente relacionada à primeira, estabeleceu-se no sul do continente e expandiu-se pela bacia do Prata, em direção ao norte e à mata atlântica. Povos de origens culturais e biológicas distintas das populações continentais e padrões comportamentais típicos do período Arcaico distribuíram-se desde a foz do Amazonas ao litoral do Rio Grande do Sul[74].

Encontram-se artes rupestres pintadas em paredões rochosos ou gravadas em blocos graníticos com datações entre 9.000 e 7.000 anos, em Boquete,

---

71. BUENO, L. & DIAS, A. Povoamento inicial da América do Sul...

72. MORALES, W.F. *Brasil Central*..., p. 37-40.

73. PESSIS, A.-M. Registros rupestres... • PESSIS, A.-M. Um mergulho no passado. • PESSIS, A.-M. & MARTÍN, G. Arte pré-histórica do Brasil..., p. 22-61.

74. BUENO, L. & DIAS, A. Povoamento inicial da América do Sul...

próximo de Januária, Minas Gerais e Pedra Furada, Piauí, com evidência de preparação de pigmentos desde 11.000 anos em vários sítios de Minas Gerais e do Amazonas[75]. Na toca da Bastiana haveria representações das tradições Nordeste e Agreste, datadas indiretamente em mais de 29.000 anos[76]. Em razão dos limites para as análises do Carbono-14, as datações mais antigas teriam se limitado a cerca de 50.000 anos. Com a utilização de novas técnicas e equipamentos inovados, a Australian National University, de Sidnei, datou amostras de Pedra Furada, antes de idade calculada em 48.000 anos, com resultados superiores a 56.000 anos. Isto sugeriria que o homem já habitasse esse sítio há cerca de 60.000 anos ou mesmo antes disto. O laboratório do Centre National de La Recherche Scientifique de Gif-sur-Yvette, na França, datou pelo método de termoluminescência, pedras aquecidas provenientes de camadas nas quais houve fogueiras e utensílios paleolíticos, que alcançaram datas entre 140.000 e 120.000 anos. Este método permite datar o momento em que certos elementos minerais, como a sílica, foram aquecidos ou cristalizaram-se pela última vez[77].

Nas peças líticas destas camadas mais antigas, analisadas em laboratório da Texas A. & M. University, nos Estados Unidos, encontraram e fotografaram marcas de utilização pelo homem pré-histórico, o que demonstra serem instrumentos fabricados há cerca de 100.000 anos antes do presente. Haveria, portanto, evidências da ocupação da América do Sul há, pelo menos, 100.000 anos, e isto exige novas propostas para a origem dos grupos humanos e para os caminhos por eles palmilhados para alcançarem o continente[78]. A diversidade cultural que caracterizou os primeiros caçadores-coletadores indica que o povoamento inicial do território continental ocorreu em uma época longínqua. Apesar da multiplicidade de contextos pleistocênicos e da ausência de provas concretas de atividades humanas, no Norte, no Nordeste e no Centro-oeste do Brasil, encontram-se evidências arqueológicas de ocupações estáveis de caçadores-coletadores em ambientes tropicais e semiáridos, com datações entre 12.300 e 8.050 anos representadas por artefatos líticos caracterizados pela produção sobre lâminas com retoques unifacial e associados à tradição Itaparica[79]. As pinturas dos sítios

---

75. PROUS, A. *O povoamento da América visto do Brasil*...

76. BUCO, C.A. *Sítios arqueológicos brasileiros*..., p. 17.

77. PROUS, A. *O povoamento da América visto do Brasil*...

78. GUIDON, N. As ocupações pré-históricas do Brasil (excetuando a Amazônia)... • GUIDON, N. Interior: arqueologia da região do Parque Nacional da Serra da Capivara, Piauí...

79. DIAS, A.S. *Diversificar para poblar*...

arqueológicos do Parque Serra da Capivara diversificam-se tanto nas temáticas e técnicas quanto na disposição das figuras nos suportes rochosos, como no resultado da realização em diferentes épocas por grupos étnicos diversos e configurarem representações gráfica da Pré-História regional[80]. Uma das mais conhecidas artes rupestres do Brasil, a Pedra Lavrada de Ingá, Paraíba, constitui-se em um bloco com largura de 24m e 3 de altura, no meio de riacho Ingá do Bacamarte, que o divide em dois braços. Seus grafismos não reconhecíveis estão dispostos em planos contínuos, elaborados em cuidadosa técnica, com desenhos de sulcos largos e profundos[81].

Diferente das evidências de povoamento inicial heterogêneo, multidirecional e pluritemporal da América do Sul, os contextos arqueológicos brasileiros na transição Pleistoceno-holoceno, dos quais se destacariam Boqueirão da Pedra Furada (Piauí), os abrigos Santa Elina (Mato Grosso), Lapa Vermelha IV (Minas Gerais), Alice Böer (São Paulo) e Itaboraí (Rio de Janeiro), indicariam ocupação populacional estável, com estratégias generalizadas de sobrevivência. As diferenças regionais seriam evidentes na produção lítica e nos temas e estilos da arte rupestre, com indicações da diversidade de opções adaptativas e das transformações climáticas que teriam modelado o mosaico ambiental brasileiro ao longo do Holoceno.

As unidades paisagísticas do território baiano variariam conforme o substrato geológico modelado durante milênios, em consequência de alterações químicas, físicas, e mecânica das rochas e pelo desenvolvimento de espécies vegetais condizentes com o regime de chuvas. Esta variação nos sistemas de relevo atuais demonstraria a complexidade dos mecanismos que atuaram na sua modelação, desde bilhões de anos. Em tempos geológicos mais recentes, sobretudo, no Quaternário, as atividades modeladoras teriam se restringido aos efeitos erosivos das intempéries, resultantes das variações climáticas que comandariam as atividades eólicas, pluviais, fluviais e térmicas. Os destacados relevos do centro-norte da Bahia formariam um imenso mosaico de rochas de diferentes origens e composições, já constituído quando da chegada das primeiras ondas migratórias humanas, que já as teriam encontrado com, aproximadamente, as mesmas feições atuais.

---

80. PESSIS, A.-M. *Imagens da Pré-História...*, p. 80-81.

81. PESSIS, A.-M. A transição do saber na arte rupestre do Brasil. *Clio Arqueológica*, XXI, 2, 2006, p. 239-249. Recife. • MARTÍN, G. *Pré-História do Nordeste do Brasil...*, p. 293.

Planilha I – Pinturas rupestres da Chapada Diamantina, por município, caverna, tipologia e caracterização

Município	Tipologia/caverna	Caracterização
	*Por instrumento utilizado*	
Morro do Chapéu	Abrigo do Sol	Pintura de dedo
Morro do Chapéu	Toca do Pepino	Pincéis finos
Oliveira dos Brejinhos	Pedra Furada	Pincéis grossos
Morro do Chapéu	Toca do Pepino	Pincéis grossos
	*Por pigmentação*	
Morro do Chapéu	Pedra do Boiadeiro	Amarelo
Utinga	Pedra da Figura	Vermelho
Morro do Chapéu	Toca da Figura	Amarelo
Lençóis	As Paridas I	Amarelo
Morro do Chapéu	Pedra do Boiadeiro	Branco
Morro do Chapéu	Abrigo do Sol	Branco
Morro do Chapéu	Bocaina	Preto
	*Por objeto desenhado*	
Iraquara	Torrinha II	Galhos e folhas
Utinga	Pedra da Figura	Plantas e árvores
Morro do Chapéu	Toca da Figura	Plantas e árvores
Oliveira dos Brejinhos	Pedra do Tapuio	Cactáceas
Piatã	Três Morros	Galhos e folhas
Macaúbas	Pé do Morro	Galhos e folhas
	*Por apresentação dos corpos desenhados*	
Morro do Chapéu	Toca do Pepino	Corpos frontais
Morro do Chapéu	Toca do Pepino	Perfil
Morro do Chapéu	Toca do Pepino	Destaque de boca e olhos
Morro do Chapéu	Pingadeira	Destaque de boca e olhos
Utinga	Pedra da Figura	Destaque de boca e olhos
Morro do Chapéu	Toca da Figura	Com movimento e repouso
Morro do Chapéu	Toca da Figura	Corpo geometrizado
Morro do Chapéu	Pedra do Boiadeiro	Corpo geometrizado
Palmeiras	Matão de Baixo	Palmas de mão
Piatã	Lapa dos Tapuias	Plantas de pés
Macaúbas	Pé do Morro	Mãos
Macaúbas	Pé do Morro	Quadrúpedes (figura cheia)

Continua.

Desenhos de animais		
Palmeiras	Matão de Baixo	Lagartiformes
Palmeiras	Matão de Cima	Lagartiformes
Utinga	Pedra da Figura	Quadrúpedes (figuras cheias)
Morro do Chapéu	Toca da Figura	Quadrúpedes (figuras contornadas)
Morro do Chapéu	Toca da Figura	Aves pernaltas
Morro do Chapéu	Pedra do Boiadeiro	Aves pernaltas
Lençóis	As Paridas IV	Aves pernaltas
Desenhos de pontos, linhas e traços		
Érico Cardoso	Pequizeiro	Linhas retas e curvas
Morro do Chapéu	Bocaina	Pontos e traços
Oliveira dos Brejinhos	Pedra do Tapuio	Pontos e traços
Iraquara	Torrinha I	Pontos e traços
Lençóis	As Paridas I	Composições elaboradas

Fonte: ETCHEVARNE, C. *Escrito na pedra...*, p. 116-140.

Há grutas na Bahia com enormes salões na entrada, como a de Brejões, em Morro do Chapéu, cuja abertura teria 123m de altura e 60 de largura. Muitas se estendem por vários quilômetros, algumas com rios subterrâneos, como o rio Pratinha em Iraquara. Entretanto, para a ocupação humana teriam aproveitado as de pouca profundidade, como a de Santo Antônio, em Mirangaba[82].

Planilha II – Monumentos com pinturas rupestres no médio São Francisco, por município, suporte e representação

Município	Monumento	Suporte	Representações
Guanambi (1)	Pedra do Índio	Matacão (Pedra solta)	Antropomorfos, zoomorfos, fitomorfos, geométricos
Iuiu (1)	Toca do Índio	Gruta	Antropomorfos, zoomorfos, fitomorfos, geométricos
Palmas de Monte Alto (3)	Bela Vista	Matacão (Pedra solta)	Zoomorfos, geométricos
	Brejo Comprido	Afloramento com abrigo	Antropomorfos, zoomorfos, geométricos
	Sambaíba	Cânion	Antropomorfos, geométricos
Sebastião Laranjeiras (1)	Cidade de Pedra	Afloramento com abrigo	Antropomorfos, zoomorfos, fitomorfos, geométricos
Licínio de Almeida (1) (Serra Geral)	Pedra Arenosa	Gruta	Antropomorfos, zoomorfos, fitomorfos, geométricos

Fonte: ETCHEVARNE, C. *Escrito na pedra...*, p. 247-373.

---

82. ETCHEVARNE, C. *Escrito na pedra...*, p. 80-94.

Planilha III – Monumento com pinturas rupestres no serra geral, por município, monumento, suporte e representação

Município	Monumento	Suporte	Representações
Licínio de Almeida (1)	Pedra Arenosa	Gruta	Antropomorfos, zoomorfos, fitomorfos, geométricos

Fonte: ETCHEVARNE, C. *Escrito na pedra...*, p. 247-373.

Planilha IV – monumentos com pinturas rupestres na Chapada Diamantina, por município, suporte e representação

Município	Monumento	Suporte	Representações
Érico Cardoso (1)	Pequizeiro	Paredão	Antropomorfos, zoomorfos, fitomorfos, geométricos
Macaúbas (3)	Carrapato	Afloramento com abrigo	Antropomorfos, zoomorfos, geométricos
	Pajeú	Afloramento com abrigo	Antropomorfos, zoomorfos, fitomorfos, geométricos
	Pé do Morro	Paredão	Antropomorfos, zoomorfos, fitomorfos, geométricos
Paramirim (3)	Gameleira	Cânion	Antropomorfos, zoomorfos, geométricos
	Pedra Branca	Afloramento com abrigo	Antropomorfos, zoomorfos, geométricos
	Pedra do Queixinho	Afloramento com abrigo	Antropomorfos, zoomorfos, geométricos
Guanambi (1)	Pedra do Índio	Matacão (Pedra solta)	Antropomorfos, zoomorfos, fitomorfos, geométricos
Ituaçu (1)	Lapa do Bode	Gruta	Antropomorfos, zoomorfos, geométricos
Iuiu (1)	Toca do Índio	Gruta	Antropomorfos, zoomorfos, fitomorfos, geométricos
Palmas de Monte Alto (3)	Bela Vista	Matacão (Pedra solta)	Zoomorfos, geométricos
	Brejo Comprido	Afloramento com abrigo	Antropomorfos, zoomorfos, geométricos
	Sambaíba	Cânion	Antropomorfos, geométricos
Sebastião Laranjeiras (1)	Cidade de Pedra	Afloramento com abrigo	Antropomorfos, zoomorfos, fitomorfos, geométricos
Licínio de Almeida (1)	Pedra Arenosa	Gruta	Antropomorfos, zoomorfos, fitomorfos, geométricos

Fonte: ETCHEVARNE, C. *Escrito na pedra...*, p. 247-373.

    Cada grupo humano teria um padrão de comportamento, de gestos e de traços culturais próprios. Os indivíduos que produziam registros rupestres revelavam elementos das culturas dos grupos aos quais pertenciam. A organização social do grupo influenciaria os gestos e os hábitos do autor de um artefato, uma pintura, uma gravura[83]. As pinturas rupestres seriam encontradas na Bahia apenas em ambientes de iluminação natural, como as entradas de cavernas. Se os ambientes foram constitutivos das paisagens atuais, o quadro paisagístico natural pode não ter sido o mesmo durante o Quaternário final (transição Pleistoceno-holoceno), quando ocorrera no espaço que seria território do Brasil, grande dispersão da espécie *Homo Sapiens*. Entre as unidades ambientais constituídas pelo sistema de relevo e pela cobertura vegetal haveria situações topográficas que seriam adequadas à instalação humana ou à utilização como suportes para pinturas ou gravuras e estas ocorrências espeleológicas foram aproveitadas de diferentes formas, conforme os seus artífices e a função das representações. Em consequência, as formas topográficas, a textura das rochas, o acesso, a iluminação, a visibilidade, e a coloração dos suportes rochosos intervieram na escolha do local das representações.

Planilha V – Pinturas rupestres do médio São Francisco,
por município, caverna, tipologia e caracterização

Município	Tipologia/caverna	Caracterização
Desenhos de animais		
Sebastião Laranjeiras	Cidade de Pedra	Lagartiformes
Desenhos de pontos, linhas e traços		
Iuiu	Toca do Índio	Pontos e traços

Fonte: ETCHEVARNE, C. *Escrito na pedra...*, p. 116-140.

Nos cânions (ou boqueirões) formaram-se corredores ou desfiladeiros que se poderiam ajustar como vias de passagem ou locais de moradias temporárias. Alguns deles serviram, parcialmente, como suportes de pinturas, do modo que ocorreram em Poções, Gentio do Ouro; Barragem da Aguada, em Brotas de Macaúbas; Fonte Grande, em Uibaí; e Laranjeira, em Juazeiro. Nas bases de paredões, em contato com o solo, formaram-se abrigos de tetos convexos, que também serviram de suporte para pinturas e gravuras, semelhantes às de Moro do Jatobá e da Serra Prem, em Santa Terezinha; dos abrigos de Malhada Grande, Rio das Pedras e Rio de Sal, em Paulo Afonso; da Pedra do Índio, em Uauá; da Pedra Riscada, em Canudos; da Pedra da Onça, em Monte Santo; e da Pedra do Índio, em Matina. Os lajedos gravados estariam sempre próximos de rios ou fontes, o que faz supor uma definição espacial padronizada, da forma em que se

---

83. KESTERING, C. Registros rupestres da área arqueológica de Sobradinho, Ba...

encontram nos sítios de Lajedo Bordado em Morro do Chapéu; de Sodrelândia em Ipupiara; e de Fazenda Caraibeiras I, em Santa Brígida. Nos interiores das grutas podem existir blocos com algumas superfícies planas e alisadas, utilizadas como suportes de incisões, no estilo semelhante aos dos sítios de Tamarindo em Serra do Ramalho e de Mangabeiras em Brotas de Macaúbas. Registram-se em paredes de abrigos gravuras somente sobre rochas areníticas duras ou em calcários, do tipo encontrado no sítio Moita dos Porcos, em Caetité, cujas incisões lineares por raspagem, correspondem ao tipo e esquema gráfico identificados em Itaquatiara, Rodelas. Nos calcários menores, as gravuras podem se associar a pinturas, como as existentes em Serrote do Velho Chico, Curaçá[84]. Nos painéis rupestres da Bahia seriam comuns as cores vermelha, amarela, branca e preta, nuançadas cromáticas de todas elas, em particular da vermelha. As figuras humanas (antropomorfos) seriam frequentes nas tradições, Nordeste e Agreste, comuns na Bahia, geralmente em paredões de abrigos de arenito e raras ou inexistentes em ambientes calcários. Os desenhos de animais (zoomorfos) seriam mais frequentes nos dois ambientes topográficos. As figuras humanas identificadas pelas cabeças, troncos e extremidades, que eventualmente ressaltariam identificadores sexuais ou exageradas órbitas oculares. Do mesmo modo, os zoomorfos aparecem isolados ou agrupados. Os grafismos de espécies vegetais (fitomorfos) surgem em menor escala, nas formas, realista da tradição Nordeste e sintetizada das tradições Agreste e São Francisco. Há um registro de raiz tubercular, semelhante à mandioca e ocorrências de palmáceas. Em alguns sítios encontram-se apenas folhas isoladas.

Denominam-se genericamente de motivos geométrico, as modalidades de grafismos com representações da geometria ocidental, pintadas ou esboçadas em pontos, linhas e áreas de superfície, embora pudessem ocultar outro conteúdo narrativo e naturalístico, ou sentido estético e expressão ambiental, diferente do proposto pelo intérprete acadêmico. A linha se apresenta como um dos elementos geométricos mais recorrentes, em especial a reta, com traços largos. Do mesmo modo, encontram-se frequentes traçados de linhas simples, horizontais e verticais, paralelas e transversais, em cruzes, asteriscos, ziguezagues ou acasteladas, associados às tradições Agreste e São Francisco. Também se vêm desenhos de campos cheios, que contornam figuras e deixam os seus interiores formados por campos pintados e sem pintura, com triângulos e losangos[85].

---

84. ETCHEVARNE, C. *Escrito na pedra...*, p. 94-103.
85. Ibid., p. 120-147.

1.6 Depósitos de resíduos culturais pré-históricos

Na primeira metade do século XIX, quando Peter Wilhelm Lund realizava suas pesquisas em Lagoa Santa, a maioria dos cientistas de cultura bíblica ainda não admitia uma antiguidade humana que tivesse coexistido com uma fauna já extinta. As primeiras investigações sistematizadas resultaram de exames de sambaquis, os amontoados de conchas de moluscos e ossos de peixes comidos pelos indígenas pré-históricos do litoral, que os usavam também como depósitos de lixo e cemitérios. Consultado, em 1852, Lund comparou os sambaquis brasileiros com similares já estudados na Dinamarca, e a sua opinião foi fundamental para o reconhecimento posterior da origem artificial desses depósitos de resíduos alimentares, de outros restos, de locais de enterramentos e do significado arqueológico destas ocorrências. Esta informação, por se contrapor aos fundamentos da origem criacionista do homem, permaneceu inédita até a década de 1870, quando os primeiros curiosos teriam admitido a existência de concheiros de origem humana. Nestas circunstâncias culturais, Charles Darwin (1809-1882) publicou *A origem das espécies através da seleção natural*, obra com a qual apresentou a sua teoria evolucionista em 1859, apesar de ainda postergar, até 1871, a divulgação da sua perspectiva sobre a evolução do homem, em *A origem do homem e a seleção sexual*, por considerar que a sociedade não estaria preparada para o debate de teorias tão opostas à dominante concepção teológica de origem da humanidade[86].

Os sambaquis, fontes relevantes para o conhecimento de populações pré-históricas, que se destroem para uso das conchas na fabricação de cal e pavimentação de estradas constituem indicações de remotos assentamentos humanos, formados depois do Pleistoceno, encontram-se entre restingas e os mais antigos alcançam cronologias de 7.000 a 6.000 anos no Nordeste e de 5.000 a 2.000 anos na região Sul. Em um dos sambaquis mais conhecidos, o de Pedra Oca, no bairro de Piripiri, subúrbio de Salvador, estudado inicialmente por Valentín Calderón, coletaram-se artefatos de pedra, de osso e de conchas, seixos naturais, com sinais de uso para bater, triturar e moer alimentos, corantes, pedras de amolar e alisadores. O sambaqui de Pedra Oca, datado de 3.000 anos atrás, constitui um dos mais antigos identificados no Nordeste do Brasil, uma referência dos primeiros ceramistas e agricultores estabelecidos na região. Também

---

86. BICHO, N.F. *Manual de arqueologia pré-histórica...*, p. 25-44. • FUNARI, P.P. & NOELI, F.S. *Pré-História do Brasil...*, p. 11-23.

se encontraram sambaquis fluviais, nos rios João da Tiba, em Santa Cruz Cabrália, e Brunhem, em Porto Seguro[87].

O elevado número de 238 datações indica idade de 6.500 anos para sambaquis encontrados no litoral do Paraná. Em 18 datações do sambaqui Jabuticabeira II, em Jaguaruna, Rio de Janeiro, não se constatou indício de abandono do sítio, que permaneceu ativo durante mais de 1.000 anos. Estudos dos sambaquis de Ilha da Boa Vista I, II, III e IV, também no Rio de Janeiro, indicam que os moradores lá permaneceram por pelo menos três séculos e meio[88]. Outra fonte informa que na faixa litorânea do Centro-sul do Brasil, se encontram sambaquis com vestígios de sucessivas culturas pescadoras e coletadoras que viveram entre 8.000 e 1.000 anos atrás, indicados por utensílios, armas, instrumentos, adornos, restos alimentares, cinzas, carvões, sepultamentos e resquícios de antigas cabanas nas quais, aparentemente, se comiam, dormiam, circulavam, trabalhavam, divertiam e sepultavam os mortos. Encontram-se sambaquis em interiores de baías, estuários e lagos, particularmente ricos em peixes, moluscos e crustáceos. Em Santa Catarina há destes amontoados de conchas que atingem até 30m de altura. Os moluscos eram fundamentais para a alimentação de populações caçadoras-coletadoras, embora a fauna terrestre também fosse consumida em caráter complementar e secundário, do mesmo modo que vegetais, embora fosse impossível detalhar sua natureza devido a dificuldade de preservação de matérias orgânicas nos solos arqueológicos. Entretanto, a existência de artefatos destinados a moer ou triturar, como pilões, almofarizes ou mós sugerem o processamento de vegetais[89].

Habitantes de sambaquis produziram esculturas de pedra com representações de animais e de pessoas, cuja maior parte apresenta uma depressão ventral ou lateral supostamente para moer ou apresentar alguma substância[90]. Nestes sítios arqueológicos de populações litorâneas encontra-se eficiente arsenal tecnológico para a captura de pescado, formado com pontas ósseas presas a extremidades de hastes de madeira, algumas peças perfurariam a caça, outras com a extremidade arrebitada, fisgaria o peixe. Fabricavam-se estes artefatos com espinhos de peixe, esporões de arraia e longos ossos de aves e de mamíferos

---

87. MARTÍN, G. Amazônia: de nômades a sedentários na floresta tropical. *Clio Arqueológica*, XXI, 2, 2006, p. 250-259. Recife. • ETCHEVARNE, C. A ocupação humana do Nordeste brasileiro antes da colonização portuguesa...

88. GASPAR, M. *Sambaqui*: arqueologia do litoral brasileiro. Rio de Janeiro: Zahar, 2000.

89. LIMA, T.A. Nos mares do Sul: a Pré-História do litoral Centro-meridional brasileiro. In: Arqueologia pré--histórica do Brasil – Textos de divulgação científica. *Clio Arqueológica*, XXI, 2, 2006, p. 217-227. Recife.

90. PROUS, A. *Arte pré-histórica do Brasil*..., p. 49-61.

(macacos, porcos-do-mato, veados). Dentes de porcos-do-mato, tubarões e jacarés transformavam-se em pingentes, adornos e colares[91].

Produziu-se toda a cultura material recuperada nos sambaquis com matérias-primas abundantes na orla marítima, tipos de rochas básicas, quartzos, conchas, ossos e dentes de animais. Confeccionavam-se adornos, pendentes, colares e pulseiras de conchas, ossos, dentes de mamíferos e de tubarões. Faziam-se instrumentos para cortar, raspar e perfurar, com lascas de pedra. Projéteis utilizados na captura de animais recebiam pontas de ossos de mamíferos, aves, peixes e conchas. Os sambaquis do Centro-sul do Brasil indicam um sistema de subsistência baseado em recursos marinhos abundantes e estáveis, que favorecia um relativo sedentarismo e uma considerável expansão populacional; sugerem a elaboração de um projeto construtivo, que envolvia grande esforço, cooperação e empenho para marcar diferenciações sociais e hierárquicas; necessitam de formas de expressão artística, através de esculturas de pedra ou de osso, os zoólitos, que sugerem cerimoniais, autoridades e lideranças; precisavam de redes de troca e difusão ideológica de grande alcance; dependiam do controle de uma elite sobre a produção e distribuição de bens de valor simbólico. Tais características alertam para a complexidade social emergente entre esses povos pré-históricos pescadores-coletatores[92].

1.7 Principais sítios arqueológicos conhecidos no Brasil

A evolução do homem primitivo no Brasil, em diferentes ambientes, teve as dimensões da diversidade cultural e da inovação técnica. As relações entre os grupos humanos e o ambiente foram estratégias de sobrevivência diante dos desafios ambientais e das mudanças naturais. O desequilíbrio entre o tamanho da megafauna do território do Brasil e a espécie humana interferiu nas suas formas de organização social. Os grupos humanos reuniram-se em pequenos bandos para melhor reagir às ameaças de espécies gigantes, que se favoreciam pelas condições climáticas e abundante vegetação. Entretanto, nas impactantes mutações climáticas de finais do Pleistoceno desapareceu a megafauna, cujos vestígios encontram-se em fósseis preservados em cavernas e formações calcárias. No período Holoceno sobreviveram apenas as espécies de menor porte, adaptadas às novas condições ambientais[93].

---

91. GASPAR, M. *Sambaqui...*, p. 48-56.
92. LIMA, T.A. Nos mares do Sul...
93. PESSIS, A.-M. Um mergulho no passado: a renovação de um pacto. In: Arqueologia pré-histórica do Brasil – Textos de divulgação científica. *Clio Antropológica*, XXI, 2, 2006, p. 196-204. Recife.

Nas ossadas fossilizadas que Peter Wilhelm Lund recolheu em meados do século XIX, há restos de 31 seres humanos, além de outros 19 gêneros e 32 espécies já extintas. Em Cerca Grande, Lagoa Vermelha, Santana do Riacho e Caieiras, Minas Gerais, dataram-se abrigos utilizados como cemitérios, de 9.000 a 8.000 anos atrás e alguns esqueletos isolados de 10.000 a 9.000 anos. Mais numerosos e convincentes são os achados com datações entre 10.000 e 9.000 anos, nos estados de Pernambuco, Piauí, Bahia, Goiás, Minas Gerais, Mato Grosso e Rio Grande do Sul. No abrigo de Santa Elina, na serra das Araras, Mato Grosso, a ocupação humana, bem documentada, data de 10.120 anos e carvões de 23.000 a 22.000 anos antes do presente, possivelmente, a mesma idade de ossos de preguiça gigante e algumas lascas atípicas de calcário[94].

No sítio Alice Böer, perto de Rio Claro, SP, um raspador unifacial, uma lasca e duas pontas pendunculadas receberam datação de 14.200 anos antes do presente[95]. Na caverna Lapa Vermelha IV, em Lagoa Santa, Minas Gerais, encontraram carvões datados de 55.000 a 15.000 anos e provas da presença humana entre 11.000 e 10.000 anos antes do presente[96]. Descobriu-se nesse sítio a ossada de "Luzia", que ali viveu há cerca de 11.000 anos. No subvale do Peruaçu, região do São Francisco, Noroeste de Minas Gerais, há um conjunto pictórico com mais de 6.000 gravuras, no qual se constatou provas da ocupação humana de 12.000 e 11.000 anos. Em Central, Chapada Diamantina, na Bahia, há figuras de animais extintos, cenas de caça e ritualísticas de até 12.000 anos[97]. Há sítios arqueológicos na Amazônia brasileira com datações carbônicas de 11.300 anos[98]. A presença do homem está suficientemente documentada entre 12.000 e 11.000 anos na Lapa do Boquete, perto de Januária e na Lapa do Dragão, perto de Montalvânia, ambas em Minas Gerais, e no abrigo Lapa do Sol, em Mato Grosso[99]; no complexo arqueológico de Pedra Furada, Parque Nacional Serra da Capivara, em São Raimundo Nonato, Piauí, encontraram vestígios humanos em amostras de objetos paleolíticos, seixos e carvões com datações de até 50.000 anos[100].

---

94. PROUS, A. O povoamento da América visto do Brasil...

95. GUIDON, N. As ocupações pré-históricas do Brasil (excetuando a Amazônia)...

96. PROUS, A. O povoamento da América visto do Brasil...

97. BUCO, C.A. *Sítios arqueológicos brasileiros...*, p. 18.

98. NEVES, W. No rastro do povo de Luzia – Entrevista concedida a José Tadeu Arantes...

99. BELTRÃO, M.C.M.C. *Ensaio de Arqueologia...*, p. 11-23. • PROUS, A. O povoamento da América visto do Brasil...

100. GUIDON, N. As ocupações pré-históricas do Brasil (excetuando a Amazônia)... • PROUS, A. O povoamento da América visto do Brasil... • NEVES, W. No rastro do povo de Luzia...

As pesquisas realizadas na Serra da Capivara, desde 1973, oportunizaram a descoberta de mais de 700 sítios arqueológicos, dos quais 590 com pinturas rupestres. Descobriram-se sítios com sepultamentos e antigas aldeias, com o solo impregnado de fragmentos cerâmicos e utensílios paleolíticos e neolíticos. Até cerca de 9.000 e 8.000 anos atrás, grandes rios correriam nessa região, ainda recoberta de florestas tropicais úmidas. Uma abundante vegetação perenifólia assegurara a alimentação da megafauna, composta de preguiças gigantes, tigres dentes de sabre, mastodontes, tatus gigantes, lhamas e cavalos, que teriam convivido com espécies de pequeno porte, fontes de alimentação dos grupos humanos cuja presença nessa região há evidências que remontam a 100.000 anos antes do presente. Com base nestas pesquisas, supõe-se que a entrada do *Homo Sapiens* no continente americano fizera-se em fluxos, saídos de diferentes lugares por caminhos diversos, inclusive a via marítima, e as primeiras vagas teriam entrado entre 150.000 e 100.000 anos atrás. O nível do mar variara em distintas épocas, com avanços e recuos das glaciações que, em algumas eras, atingira 150m abaixo do nível atual e proporcionara o afloramento de grande número de ilhas[101].

No sítio do Boqueirão da Pedra Furada já se fizeram 63 datações carbônicas, em laboratórios da Europa, dos Estados Unidos e da Austrália. Os vestígios da cultura material indicaram a existência de uma primeira cultura que atravessou milênios, cujos instrumentos cortantes e pontiagudos, dos tipos, faca, raspadores, perfuradores, são produzidos com quartzo e quartzito, apresentam características similares às achadas no Paleolítico da Austrália e do Japão. São peças líticas pouco trabalhadas, talhadas conforme as necessidades momentâneas, utilizadas e logo abandonadas. Restos humanos encontrados na toca do Garrincho e na toca do Elias receberam datações de 12.000 a 10.000 anos antes do presente. Escavações na toca do Caldeirão dos Rodrigues I e na toca do Sítio do Meio confirmaram estas conclusões. A existência da arte rupestre situa-se entre 22.000 e 17.000 anos; o aparecimento de cerâmica ocorreu por volta de 8.900 anos antes do presente, e o polimento da pedra iniciou-se há 9.200 anos[102].

---

101. GUIDON, N. Interior: arqueologia da região do Parque Nacional da Serra da Capivara, Piauí...

102. GUIDON, N. As ocupações pré-históricas do Brasil (excetuando a Amazônia)... • PROUS, A. O povoamento da América visto do Brasil... • NEVES, W. No rastro do povo de Luzia...

2 Origens dos portugueses e formação de Portugal

2.1 Referentes sociais da península Ibérica

A população ibérica descendeu dos povos iberos, um ramo primitivo da etnia celta. Teria a tez morena e os cabelos crespos, que caracterizariam os sículos do sul da península Itálica, procedidos da mesma origem camita ou afro-semita dos tuaregues e berberes, coptas e egípcios, aos quais se filiariam os sículos e os lígures, povos que invadiram a Europa e se estabeleceram, ainda na Pré-História, na Gália e península Itálica. Os fenícios, descendentes de semitas colonizaram as penínsulas Itálica e Ibérica. Há várias hipóteses sobre as origens dos lusitanos, estabelecidos na península Ibérica. Os iberos, também de origem incerta, talvez da África mediterrânea, ocuparam quase toda a península e miscigenaram-se com os celtas, um ramo indo-germânico, chegado durante a primeira metade do segundo milênio e se distribuído pela Europa central e ocidental.

Na sequência, gregos e fenícios colonizaram a península Ibérica, ocupada depois por cartagineses. Durante a segunda Guerra Púnica (218-201 a.C.), entre Roma e Cartago, legiões romanas, comandadas por Cornélio Cipião, tomaram o território peninsular, que abastecia de alimentos e reforçava com soldados as forças cartaginesas. Na condição de província romana, a Lusitânia teve sua capital em *Emmérita Augusta* (Mérida). Liderados por Viriato (181-139 a.C.), os lusitanos resistiram bravamente aos ataques das legiões de Mário e de Sertório. Desconhece-se o local de nascimento de Viriato, um pastor miscigenado de celtas, iberos e outros povos, que se fez líder guerrilheiro da Lusitânia contra os invasores romanos, que conquistara a península Ibérica dos fenícios (cartagineses). Espanhóis creem que nascera entre os rios Tomes e Douro; portugueses acreditam ser originário da serra da Estrela. Há quem vislumbre ser Viriato um título, não um nome próprio. Tem-se como certo ter lutado contra as legiões romanas na serra da Estrela. Supõe-se que Viriato participou do início das guerras contra as regiões romanas, nos anos de 154-153 a.C. Entretanto, a mais remota referência escrita sobre ele seria de Apiano (c. 95-c. 165), historiador romano de origem grega, autor da *História romana*, que se fundamentou nos historiadores gregos, Políbio (203 a.C.-120 a.C.), conhecedor da história das guerras e da colonização da Lusitânia pelos romanos, e em Deodoro da Sicília (90 a.C.-30 a.C.). Viriato foi citado no Senado de Roma mais de uma vez, como um grande inimigo. Não poderia ser ignorado pela história das guerras romanas que saqueavam a Lusitânia e escravizavam a sua população. A cidade espanhola de Zamora ergueu-lhe, em 1904, uma estátua sobre um bloco de granito.

Em Roma superestimaram a capacidade desse guerreiro celtibero, de lutar e de suportar frio e fome, para minimizarem os fracassos militares e políticos das legiões que apoiavam a colonização da península Ibérica. A mitologia luso--espanhola casou Viriato em um cenário de luxo e riquezas, com Tangina, filha de Astolpas ou Astipas, um abastado proprietário de terras das margens do Tejo, aliado dos romanos. A noiva o escolhera, vislumbrada pelas suas façanhas guerreiras. Viriato teria se limitado a comparecer à solenidade, seguido por alguns dos seus combatentes, e diante do luxo e da ostentação, teria declarado que não haveria riqueza que arrebatasse a conquista das armas. A literatura descreve um apoteótico diálogo de Viriato com Astolpas, apresentado com agente romano, que pretenderia governar a Lusitânia, com o qual teria rompido relações. Todavia, depois de vencer as legiões de Quintus Fávius Maximus Sevilhanos, em 140 a.C. o guerrilheiro celtibero aceitou um acordo de paz com os romanos e o Senado de Roma atribuiu-lhe o título de *amicus populi romani*, embora a autonomia lusitana implicasse riscos para a estabilidade romana, apesar da romanização da população peninsular, exceto os vascones, que viviam entre o rio Ebro e os Pirineus, identificados depois como bascos. Essa romanização teria convencido a Viriato de que o direito provincial romano prevalecia e a Lusitânia se rendeu à administração de Roma.

Os muçulmanos, depois de invadirem, em 711, e dominarem todo o sul e o centro da península Ibérica, avançaram para o norte. Povos das montanhas da Cantábria, liderados pelo visigodo Pelayo que se refugiou entre eles, entrincheirados nos desfiladeiros da Cantábria, os derrotaram na Batalha de Covadonga, em 722, e iniciaram a longa reconquista do território Ibérico.

A colonização romana legou à miscigenada população ibérica um conjunto de subsídios cultuais, sobretudo, linguísticos, que resistiram três séculos de domínio visigodo, povo germânico que instituiu o cristianismo, consolidado e radicalizado em mais de quatro séculos de resistência à ocupação muçulmana, até a conquista de Lisboa em 1147, embora mouros islamizados permanecessem no sul da península, até a conquista do Algarves em 1249; e, finalmente, a extinção dos reinos muçulmanos no território peninsular pelos castelhanos em 1492, depois de quase oito séculos de resistência cristã.

A língua portuguesa derivou-se da fusão do latim romano com o dialeto galaico, outros falares nativos e da assimilação de elementos de diferentes idiomas invasores; e o direito português tomou como base o canônico e o romano, associados às tradições jurídicas de outros povos que integraram a formação social peninsular, particularmente, visigodos. Nestas circunstâncias, os povos da península Ibérica formaram-se com mais características étnicas dos ancestrais mestiços do norte da África que dos europeus continentais[1].

2.2 Formação do Reino de Portugal

O Reino de Portugal resultou de sucessivas guerras durante a reconquista cristã do território ocupado por mouros islamizados e de disputas territoriais e políticas entre portugueses e castelhanos. Nas lutas contra o invasor prevaleceram as múltiplas e sucessivas ações militares de incursões rápidas e ataques fulminantes, denominadas de correrias contra a mourama, embora ocorressem, eventualmente, batalhas em campo aberto, como as denominadas surtidas guerreiras de Afonso I de Leão nas regiões de Braga, Porto, Chaves e Viseu. No século IX o conde Vilmar Peres realizou a presúria[2] do Porto e transformara este núcleo urbano em um centro autonomista dos condes portucalenses, nobres da

---

1. MARTINS, A.H.O. *História da civilização Ibérica*. 13. ed. Lisboa: Guimarães, 2007, p. 31-37. • MATTOSO, J. *Identificação de um país*: ensaios sobre as origens de Portugal, 1096-1325. 5. ed. rev. e atual. Lisboa: Estampa, 1995 [1. ed., 1985] [Vol. I: Oposição. 5. ed., p. 29-77]. • LEMOS, M.M. *Dicionário de História Universal*. Mira-Sintra/Mem Martins: Inquérito, 2001, p. 635. • ALVAR, J. (dir.). *Diccionario Espasa – História de España y América*. Madri: Espasa Calpe, 2002, p. 369 e 882. • MUÑOS, M.P. *Viriato*: o herói lusitano que lutou pela liberdade do seu povo. Lisboa: A Esfera dos Livros, 2006. • KRUTA, V. *Os celtas*. São Paulo: Martins Fontes, 1989. • HAYWOOD, J. *Os celtas*: da idade do bronze aos nossos dias. Lisboa: Ed. 70, 2009, p. 7-87. • REIS, A.C. *Nova história de Portugal*. Lisboa: Notícias, 1990, p. 15-26.

2. Denominou-se *presúria* a um movimento social de apropriações individuais de terras conquistadas dos mouros. Essa denominação e as suas variantes *presura* e *apresúria*, originaram-se da expressão latina *pressura*, ação de apertar, pressão. As presúrias marcaram a primeira fase da reconquista do território ibérico; as sesmarias, a segunda, embora estes dois recursos de apropriação fundiária coexistissem no norte peninsular, sobretudo, de Portugal, quando declinavam as presúrias e consolidavam-se as sesmarias. Cf. VITERBO, J.S.R. *Elucidário*... Vol. I, p. 537; Vol. II, p. 485, 559-562. • MARQUES, A.H.O. Sesmarias. In: SERRÃO, J. (dir.). *Nova história da expansão portuguesa*. Vol. V. Lisboa: Estampa, 1992, p. 542-543. • SILVA, M.B.N. Sociedade, instituições e cultura. In: JOHNSON, H. & SILVA, M.B.N. (coords.). *O Império luso-brasileiro, 1500-1620*. Vol. I. Lisboa: Estampa, 1992, p. 303-551 [Nova história da expansão portuguesa, sob direção de J.S.A. Oliveira Marques]. • NEVES, E.F. *Estrutura fundiária e dinâmica mercantil*: Alto Sertão da Bahia, séculos XVIII e XIX. Salvador/Feira de Santana: Edufba/Uefs, 2005, p. 55-68.

região intermediária dos vales do Douro e do Minho. Afonso VI de Leão e Castela (1065-1109) conquistou Toledo e ampliou os seus domínios até o curso do Tejo. Após uma derrota sofrida em Zalaca, recebeu, através de interveniência da Igreja, o apoio dos condes franceses Raimundo e Henrique de Borgonha. Em recompensa, além de se casarem com suas filhas, os condes receberam títulos fundiários. Henrique de Borgonha foi recompensado com o Condado Portucalense. Depois da sua morte, a viúva Tereza assumiu o poder e foi destituída pela nobreza, por se associar a um fidalgo da Galícia. Substituiu-lhe o filho Afonso Henriques (1105-1185), que promoveu imediatas campanhas militares contra a política de integração a Castela e Leão, movida por Afonso VII (1127-1135) e se intitulou rei de Portugal. Através do arcebispo dom[3] João Peculiar, de Braga, vinculou o seu condado à Santa Sé, contemplada com a construção de mosteiros e doações territoriais ao clero e às ordens religiosas. Entretanto, a organização de Portugal como um reino somente se consumou na Conferência de Zamora, em 5 de outubro de 1143, depois que Afonso VII reconheceu a realeza de Afonso Henriques e o papa Alexandre II (1061-1073) concedeu a Portugal as honras de reino e a Afonso Henriques a dignidade de rei, pela bula *Manifestis Probatum*, de 23 de maio de 1179[4].

Urdiu-se a formação política e institucional do Reino de Portugal em sucessivas guerras, tanto contra os muçulmanos quanto os castelhanos, iniciadas pela Batalha de São Mamede (1128), junto ao castelo de Guimarães, onde as forças da nobreza portucalense destituíram dona Tereza e a substituíram pelo seu filho Afonso Henriques. Na Batalha de Ourique (1139), num episódio mal documentado, Afonso Henriques (1134-1185) teria vencido os mouros. Na Tomada de Santarém (1147), Afonso Henriques ocupara essa praça-forte dos mouros em um assalto noturno. Na Conquista de Lisboa (1146) Afonso Henriques sitiou a cidade dominada pelos muçulmanos e recorreu ao auxílio de cruzados que navegavam para Jerusalém. Depois de longo cerco os mouros sitiados renderam-se. No Fossado de Triana (1178), Sancho, depois Sancho I (1185-1211), partira de Coimbra para atacar o centro de comando do poder almóada na península Ibérica, em Sevilha. Depois de confiná-los nas muralhas, saqueou os arrabaldes de Triana e destruiu tudo que não conseguiu transportar.

---

3. O título nobiliárquico ou eclesiástico *dom* indica nacionalidade portuguesa, e *don*, castelhana.
4. REIS, A.C. *Nova história de Portugal*..., p. 27-33. • MARTINS, A.H.O. *História da civilização Ibérica*..., p. 49-67. • ALVAR EZUERRA, J. (dir.). *Historia de España y América* [Diccionario Espasa]. Madri: Espasa Calpe, 2002, p. 610-611. • LEMOS, M.M. *Dicionário de História Universal*..., p. 503.

Toda a região ao sul do Tejo, exceto Évora, foi reconquistada pelos muçulmanos em 1190 e 1191, que fustigavam Lisboa em ataques terrestres e marítimos. O que restava de Almada e de Palmela foi tomado dos almóadas em 1193 e 1194, por forças cristãs, comandadas pela Ordem de Santiago. Em 1195 uma coligação liderada por Alfonso VIII de Castela (1158-1214), com forças leonesas e portuguesas, foi derrotada em Alarcos pelas investidas almóadas de 1196 e 1197. Em 1212, outra coligação de Alfonso VIII, que reunia suas forças com as leonesas, aragonesas, navarras e portuguesas, venceu os muçulmanos em Las Navas de Tolosa. Finalmente, uma poderosa força naval e terrestre, novamente com o apoio de cruzados, depois de longo cerco conquistou Alcácer em 1217 e a transferiu para o controle de Ordem de Santiago. Depois de longo cerco, iniciado em 1246 e continuado com operações de desgaste até 1248, a cidade de Sevilha rendera-se às forças cristãs. Integrada ao Reino de Algarves, Faro se constituía num expressivo centro de poder muçulmano e fora submetida a cerco das forças de Afonso III (1248-1279). A queda de Sevilha e as conquistas portuguesas das décadas de 1230 e 1240 debilitaram o poder muçulmano na península Ibérica. Sitiados, os mouros de Faro renderam-se em troca de suas vidas e dos seus bens, em 1249[5].

A unificação dos reinos de Castela e Leão (1230) representou uma ameaça ao equilíbrio de poderes nos outros reinos ibéricos, e a morte de Sancho IV (1284-1295) em 1395 oportunizou uma coligação de Jaime I (1213-1276) de Aragão, Muhammad II (1273-1302) de Granada e d. Diniz (1279-1325) de Portugal, numa rara aliança de cristãos e muçulmanos na península, que marchou para Valladolid, confrontou-se com o jovem herdeiro Sancho IV (1295-1312) e sua mãe Maria de Molina. Não prevaleceram, no primeiro momento, as convicções ideológicas, entretanto, outros interesses mudariam o curso dos acontecimentos: Jaime II conquistou Múrcia, Muhammad II tomou as praças-fortes de Quesada, Alcaudete e atacou Jaén, d. Diniz partiu da cidade de Guarda, em direção a Ciudad Rodrigo juntou suas forças às de d. Joan e de d. Alfonso de la Cerda, que se opunham à coroação de d. Sancho, e aos contingentes aragoneses comandados por Pedro Coronel em Simancas. Tentou negociar, entretanto, a rainha-mãe se recusara a conhecer os termos do acordo. Ao longo da fronteira luso-espanhola ocorreram conflitos. Granadinos invadiram o Alentejo e, proveniente de Sevilha, uma frota atacou Lisboa. Em Simancas, os exércitos aliados não dispunham de forças suficientes para cercarem Valladolid, principalmente depois das deserções de alguns nobres castelhanos. Os portugueses recuaram para a margem esquerda

---

5. MARTINS, M.G. *De Ourique a Aljubarrota*: a guerra na Idade Média. Lisboa: A Esfera dos Livros, 201, p. 37-193.

do Douro e regressaram para Portugal. D. Juan também retirou suas forças para Leão e d. Alfonso de la Cerda, para Aragão[6].

Afonso IV de Portugal (1325-1357) envolveu-se numa guerra contra o seu genro Alfonso XI de Castela e Leão (1312-1350). Mobilizou um exército, que estacionou entre Elvas e Portalegre de onde atacou Badajós em 1336 e sofreu uma derrota. Ao regressar para suas fronteiras, saqueou e destruiu o que não conseguiu levar. Nesse mesmo ano, d. Pedro, conde de Barcelos, irmão bastardo de Afonso IV, invadiu a Galícia em reação à movimentação de tropas castelhanas ao noroeste de Portugal, comandadas pelo arcebispo de Compostela, d. Juan Fernandez de Lima. Ao se defrontarem com o exército inimigo as forças castelhanas, estacionaram e recusaram as provocações, de modo a levarem os portugueses a desistirem da luta e regressarem para Portugal. Em paralelo, uma esquadra portuguesa deslocou-se para o litoral da Andaluzia, com o objetivo de atacar a vila de Lepe. Queimaram-se olivais, cortaram-se figueiras e vinhas, pilharam a vila e destruíram tudo quanto esteve ao alcance. Em reação, Alfonso XI atacou Portugal em três frentes: de Ciudad Rodrigo, comandada por Pero Fernandez de Gusmán para ocupar a região de Beira; da Galícia, d. Juan e d. Fernán Rodriguéz de Castro atacaram o Minho; de Badajós, o próprio rei Alfonso XI, penetrou em Portugal pelo Alentejo. Uma rápida e violenta campanha revanchista ativou tensões e estimulou novos confrontos[7].

O rei castelhano Pedro I morreu em combate contra tropas do seu meio-irmão Enrique de Trastámara, na batalha de Montiel (1369), durante a Guerra dos Cem Anos (1337-1453) e seus apoiadores, refugiados em Portugal, pediram a Fernando I (1367-1383), que na condição de bisneto de Sancho IV, reclamasse o trono de Castela e Leão. Em pouco tempo mobilizaram-se forças que ocuparam a Galícia, Enrique II (1369-1379), com apoio francês, avançou sobre a Galícia e Fernando I recuou para Porto. E para se vingar das derrotas sofridas, pactuou-se com a Inglaterra, entretanto, Enrique II antecipou-se à ofensiva luso-anglicana e invadiu Portugal, em 1372, com o objetivo de conquistar a capital portuguesa, que se encontrava desprovida de defesa eficiente. Contava apenas com a velha cerca moura para suportar a ofensiva em parte da cidade, na qual escasseavam alimentos. Portugal vivia a crise de desabastecimento que

---

6. NOTÁRIO, R. *As grandes batalhas da história de Portugal*. Lisboa: Marcador, 2013, p. 9-29.

7. GOMES, R.C. *D. Fernando*. Lisboa: Tema e Debates, 2008, p. 85-198.

deu origem à Lei das Sesmarias[8]. O cerco de Lisboa manteve-se na monotonia de eventuais escaramuças de sitiantes ou sitiados, até que a mediação da Santa Sé restabeleceu a paz[9].

Vagou o trono de Portugal com a morte de d. Fernando, que não deixou herdeiro masculino legítimo e a sua filha Beatriz, casada com d. Juan I, de Castela e Leão (1379-1390), ameaçava a união dinástica destes dois reinos. O pretendente português, d. João, Mestre de Avis, enfrentou as forças castelhanas, em 1384, com um exército numericamente inferior, comandado pelo inexperiente Nuno Álvares Pereira, com idade de apenas 23 anos, que obteve uma surpreendente vitória, de significativo efeito moralizador para Portugal. Derrotado, d. Juan I organizou um poderoso exército em Castela e Leão, e deslocou uma frota naval de Sevilha para a desembocadura do Tejo. Contaria ainda com apoios em alguns castelos de Portugal. Sitiou Lisboa de maio a setembro de 1384. João de Avis organizou a defesa da cidade. Enviou uma esquadra para Porto, em busca de reforços. Sob o comando do alcaide de Coimbra, a reforçada esquadra navegou para a foz do Tejo. Em Lisboa, d. Juan I foi contido pelas muralhas da cidade. A extensa e sólida Cerca Fernandina, muito alta e construída num estilo medieval, interrompida por mais de 30 portas e cerca de 80 torres defensivas, o impediu de tomá-la num assalto direto. Na foz do Tejo a esquadra portuguesa foi atacada e perdeu três naus, mas conseguiu romper o bloqueio, abastecer a cidade sitiada

---

8. D. Fernando I instituiu, com a Lei das Sesmarias, um sistema de repartição de terras, para estimular o povoamento de áreas incultas ou conquistadas dos árabes, desenvolverem a agricultura e expandir a produção de alimentos. Sancionou-se a lei das sesmarias em 26 de julho de 1375, que se perpetuou nos códigos portugueses, através das instruções de d. João e de d. Duarte, das Ordenações Afonsinas, que vigoraram até 1514, das Manuelinas (1514-1603) e das Filipinas, que a partir de 1603, que vigoraram no Brasil até 1916. Associado às capitanias hereditárias, d. João III transferiu este regime jurídico de repartição fundiária para o Brasil, em 1534, a fim de promover a ocupação territorial do contorno litorâneo. Através desse sistema, os capitães donatários recebiam sem foro nem direito algum, apenas o pagamento do dízimo à Ordem de Cristo sobre a produção, 50 léguas de costa, embora fossem reais proprietários de 20% das terras. Os capitães donatários, seus herdeiros e sucessores deveriam distribuir, sem qualquer ônus, a título de sesmarias, 80%, cujos sesmeiros se obrigariam a ocupá-las no prazo máximo de cinco anos. As terras não aproveitadas no tempo estipulado tornavam-se devolutas, i. é, devolvidas ao senhorio original, a coroa portuguesa. Embora a distribuição de terras fosse do seu livre-arbítrio, os contemplados com uma donataria não poderiam fazê-la à própria mulher ou ao filho primogênito. Cf. VITERBO, J.S.R. *Elucidário...* Vol. II, p. 559-562. • MARQUES, A.H.O. *Introdução à história da agricultura em Portugal*: a questão cerealífera durante a Idade Média. 3. ed. Lisboa: Cosmos, 1978, p. 89-110. • RAU, V. *Sesmarias medievais portuguesas*. 3. ed. Lisboa: Presença, 1982, p. 89-142 [1. ed. 1946]. • PORTO, C. *Estudo sobre o sistema sesmarial*. Recife: Imprensa Universitária, 1965, p. 39-40. • PORTO, C. *O sistema sesmarial no Brasil*. Brasília: UnB, [s.d.], p. 27-28. • FAORO, R. *Os donos do poder...* • SILVA, L.O. *Terras devolutas e latifúndio*: efeitos da lei de 1850. Campinas: Edunicamp, 1996, p. 38. • NEVES, E.F. *Posseiros, rendeiros e proprietários*: estrutura e dinâmica agromercantil no Alto Sertão da Bahia (1750-1850). Recife: Ufpe, 2003, p. 94-129 [Tese de doutorado].

9. GOMES, R.C. *D. Fernando...*, p. 85-198.

e restabelecer contato com a outra margem do rio, antes da chegada de reforços castelhanos. Sem que ocorresse nenhum confronto significativo, d. Juan I levantou o cerco e desistiu da batalha[10].

Durante a Guerra dos Cem Anos desenvolveram-se táticas bélicas e Castela estabeleceu uma aliança com a França. Consciente de que Portugal não acompanhou esta evolução militar, em 1384 o Mestre de Avis pediu auxílio a Ricardo II da Inglaterra e organizou um exército formado, em grande parte, de agricultores obrigados à prestação de serviço militar pelas terras recebidas. Em 1385 chegaram a Portugal 600 soldados ingleses, veteranos de guerra e o rei castelhano que aspiraria ao trono português projetou novo cerco a Lisboa. Entretanto, o Mestre de Avis foi aclamado rei, como d. João I. Em Castela D. Juan I recorreu à França, que lhe enviou 2.000 cavaleiros armados. A importância estratégica dos portos e dos recursos navais portugueses interessava a todos os reinos centro-ocidentais da Europa. Após concentrar as suas forças de mais de 20.000 homens em Ciudad Rodrigo, Juan I invadiu Portugal.

No posto de Condestável do Reino, Nuno Álvares Pereira mobilizou as tropas portuguesas a partir do Porto de Mós, com o tempo suficiente para escolher o terreno e ocupá-lo antes do inimigo. Preferiu um pequeno planalto, dividido em duas partes iguais por uma proeminência e ladeado por linhas de água, que seriam obstáculos naturais a eventuais ataques inimigos pelos flancos. Informado dessa estratégia, d. Juan I decidiu esperar que os portugueses tomassem a iniciativa e abandonassem a posição vantajosa, depois se deslocou um pouco para o sul. O exército português lhe antecedeu e novamente escolheu o terreno. O rei castelhano ordenou o ataque e suas tropas lançaram-se a galope contra o inimigo e se amontoaram nos obstáculos e precipícios previamente preparados pelos portugueses. Estabeleceu-se uma enorme confusão, cavalos e cavaleiros cairiam uns sobre os outros. Cerca de 1.000 franceses foram capturados. D. Juan I decidiu avançar o grosso de suas tropas, composta de 3.000 cavaleiros castelhanos e seus aliados portugueses. Novamente foi obrigado pelas circunstâncias do terreno a concentrar as tropas, que se afunilaram, tornaram-se alvos fáceis para os arqueiros e besteiros lusitanos e caíram no vale da morte. Diante do desastre, os castelhanos debandaram-se. Os portugueses fizeram cerca de 5.000 prisioneiros e deixaram algo no entorno de 4.000 mortos. A população perseguiu os fugitivos e outros 5.000 combatentes foram massacrados. Juan I ainda pensava no projeto de anexação de Portugal a Castela e de vingança desta derrota de

---

10. MARTINS, M.G. *De Ourique a Aljubarrota...*, p. 155-268.

Aljubarrota, mas terminou a expectativa de hegemonia peninsular castelhana. Em 1411 os dois reinos peninsulares assinaram o tratado de paz de Ayllon, que permitiu a elaboração de projetos do desenvolvimento náutico[11].

Formaram-se os poderes locais em Portugal através dos concelhos, com o significado de sínodos, assembleias, concílios. O concelho foral constituiu-se como uma câmara, composta por homens bons, para fazerem ou deliberarem o que se determinava no seu respectivo foral, diferente das juntas e chamamentos, que se faziam para outros fins[12]. O longo período de guerras proporcionou a constituição dos concelhos municipais, como fatores de solidariedade, que persuadiram os soberanos a reconhecerem a autonomia de muitos deles. As condições de ameaça externa constante, que determinaram a existência de muitas instituições municipais, obrigaram a uma coesão interna forte e esta, por sua vez, levou à criação de um aparelho penal rigoroso. Depois da guerra, a administração da justiça e o funcionamento dos diversos órgãos e magistraturas municipais transformaram-se a serviço de uma economia de produção e de trocas, que assegurou ao rei e aos senhores dos concelhos a possibilidade de cobrarem uma parcela dos respectivos rendimentos[13].

A formação dos Estados Nacionais trouxe consigo o fenômeno das minorias. A partir da Revolução Francesa e do estabelecimento de estados laicos, as lutas religiosas perderam a força e o sentido da tradição medieval, e as nações transformaram-se em comunidades linguísticas e culturais homogêneas, compostas por grupos sociais heterogêneos. Nestas circunstâncias, formaram-se segmentos sociais minoritários, cujos integrantes passaram a sofrer discriminação pela maioria da população e a desenvolverem forte sentimento de solidariedade grupal. Essas minorias seriam setores subordinados de complexas sociedades de estados possuidores de traços culturais e físicos específicos pelos quais os setores dominantes da sociedade demonstram pouco apreço, constituem unidades conscientes de si próprias, articuladas pelos traços específicos comuns e incapacidades específicas por eles provocadas. Forma-se um grupo social através de ação discursiva e intencional de seus componentes. Surge, portanto, como uma criação intencional, coletiva e comunicativa de agentes históricos[14]. Nesse processo,

---

11. NOTÁRIO, R. *As grandes batalhas da história de Portugal...*, p. 31-43. • MARTINS, M.G. *De Ourique a Aljubarrota...*, p. 269-485.
12. VITERBO, J.S.R. *Elucidário...* Vol. II, p. 120-121.
13. MATTOSO, J. *Identificação de um país...* Vol. I, p. 425-453.
14. COSTA, M.A.A. *Ciganos: histórias de vida.* Coimbra: Minerva, 2006, p. 84-97.

a exclusão social tem, antes de tudo, um significado econômico, resultante da competição individual e coletiva. A etnia, a cor da pele, o formato do cabelo, enfim, os traços físicos e culturais instrumentalizam a disputa pelo poder político e domínio econômico.

2.3 Judeus em diáspora

As rígidas diretrizes das Ordenações Manuelinas (1510) transferidas para as Filipinas (1602) estabeleceram a estratificação da sociedade portuguesa em nobres e peões[15]. Como estamento privilegiado, a nobreza formou-se com os senhores de terras, capazes de comandarem exércitos em defesa do reino, que possuíam castelos ou palacetes mobilhados, cavalos, carruagens e armas, vestiam-se com esmero e portavam espadas; não exerciam atividades manuais nem mantinham comércio; deveriam ter sangue puro, sem qualquer mistura de cristão-novo, judeu, árabe, cigano ou negro. Se fossem presos não sofreriam torturas, açoites, degredo, nem baraço com pregão[16]. No reinado de d. Manoel (1595-1621), Portugal passou a seguir as diretrizes do Tribunal do Santo Ofício (Inquisição), que julgava judeus e mouros, gentes de "sangue impuro" e os obrigava a se converterem ao cristianismo ou a abandonarem o país. Os mouros ocupavam posições inferiores na sociedade, nas condições de artífices ou agricultores. Os judeus gozavam de melhor situação, nas condições de comerciante, médico, filósofo, professor ou artista. Nestas circunstâncias, até os convertidos (cristãos-novos) sofriam discriminações. Passou-se a excluir judeus de cargos militares (1588), municipais (1611), da magistratura (1609-1636), dos estudos universitários (1605), das ordens religiosas (1550), das irmandades e confrarias (1618) e das ordens militares (1620). Os nobres (de nascimento e de privilégios concedidos) procuraram se livrar de uma burguesia rica, culta e monopolizadora do poder. Em consequência, Portugal perdeu recursos financeiros e talentos científicos, comerciais e administrativos, nas fugas de judeus e cristãos-novos, inclusive para o Brasil, onde se disfarçavam na tentativa de viverem em paz[17].

O conceito de pureza de sangue no século XV em Portugal se confundia com o de fidelidade religiosa e significava católico não corrompido por ascendência

---

15. PORTUGAL/Ordenações do Reino. *Ordenações Filipinas*. Lisboa: Fundação Calustre Gulbenkian, 1985 [Livro V, vários títulos].

16. Baraço: corda que laçava um acusado, quando peão, pelo pescoço para submetê-lo a açoites públicos, denunciar os seus crimes e anunciar a sua sentença; pregão: condução de um acusado pelas ruas, enquanto o arauto lia a sua acusação e anunciava a pena lhe imputada.

17. MESGRAVIS, L. *História do Brasil Colônia*. São Paulo: Contexto, 2015, p. 113-115.

judaica ou moura. Posteriormente, obscureceu o componente islâmico, disfarçado nos termos de raças proibidas, raças impuras e cristãos-novos, com a inclusão de ciganos, negros e indígenas[18]. As consequências dessa política de drástica discriminação social e de concentração da renda repercutiram mais intensamente nas sociedades colonizadas nas quais, particularmente entre os segmentos mais excluídos, estes modos de pensar, sentir e expressar difundiam-se em maior amplitude, através de fraudes, roubos e furtos, como alternativas de se satisfazerem necessidades humanas mínimas e de se amenizarem tensões coletivas. Nos estratos superiores expressavam-se por meio do tráfico clandestino de minérios, da sonegação de tributos civis e dízimos eclesiásticos, dos desvios de recursos de obras públicas. No mundo colonial, alguns destes migrantes mouros, judeus e ciganos, que dispunham de recursos financeiros ou conseguiam amealhar bens, estabeleciam-se como senhores de engenhos, fazendeiros ou comerciantes. Aos despossuídos que não lograssem êxitos, restava-lhes vender a própria força de trabalho e consorciarem-se com negras, índias, cafuzas, mamelucas ou mulatas, que viviam em condições semelhantes ou escravizadas e deste caldeamento étnico surgiam gerações miscigenadas, de culturas sincréticas, diferentes dos fundamentos morais propostos pela sociedade colonizadora, que se estratificavam como basilares da formação social brasileira.

O Tribunal do Santo Ofício não se instalou no Brasil, embora mantivesse agentes nos núcleos de povoamento, em particular naqueles em que se alocavam degredados. No bispado da Bahia, atuaram 799 familiares, 37 comissários, 14 qualificadores, 12 notários, num total de 862 agentes inquisitoriais. Somente neste bispado, entre 1704 e 1757 teriam ocorrido 229 juramentos de oficiais do Santo Ofício. Entre os comissários estabelecidos na Bahia, o cônego João Calmon (1668-1737) teria se destacado pelo volume de sua correspondência para a Mesa Inquisitorial de Lisboa, acuidade de seus pareceres e atuação na vida eclesiástica arquidiocesana. Os comissários agiam como pontas de lança dos inquisidores, seus prepostos plenipotenciários, que deveriam informar qualquer fato contrário às normas eclesiásticas ao Tribunal[19].

Denominam-se de judeus os habitantes da Judeia, de origem semita, também chamados de hebreus. Posteriormente, essa designação se estendeu a todos os povos de Israel, que vivessem na Palestina, uma província da Síria, ocupada, no ano de 63 do calendário gregoriano, pelos romanos que, em reação à

---

18. RUSSELL-WOOD, A.J.R. *História do Atlântico português*. São Paulo: Unesp, 2014, p. 68-69.
19. MOTT, L. *Bahia*: inquisição e sociedade. Salvador: Edufba, 2010, p. 43-62.

resistência cultural nativa, destruíram o templo de Jerusalém no ano 70 e induziram os povos judeus à dispersão pelo mundo, em um movimento migratório conhecido como diáspora. Desde a Antiguidade fenícia, durante o Império Romano, nos tempos de Tito e Vespasiano, mais intensamente, na Idade Média, representantes dessa etnia migraram para a península Ibérica, onde os descendentes, de longa convivência entre populações nativas, invasores visigodos e mouros, relacionamentos com cristãos e muçulmanos, foram denominados de *sefardis* (*sefaradis* ou *sefardistas*) e seus descendentes apelidados injuriosamente de *marranos*[20]. Até os batizados sofriam estigmas pela suspeita de se conservarem leais ao judaísmo. Para fugirem das perseguições que lhes movia a Inquisição espanhola (1478-1834), os sefardis migraram da península Ibérica[21] para a Europa ocidental, norte da África, Turquia, Bálcãs e Américas, em maior fluxo para o México e o Brasil.

Durante a Idade Média, os judeus habitavam áreas sob o domínio católico, como o Império Bizantino e o Reino Visigodo da península Ibérica, onde sofriam frequentes perseguições, que os segregavam das comunidades cristãs. O papa Paulo IV (1555-1559) decretou que todos os judeus que passassem a viver nos estados papais deveriam ser confinados em guetos. No primeiro gueto, estabelecido em Veneza, fechavam-se os portões durante a noite e somente se permitiam saídas com um passe especial[22]. Além de marcas nas roupas, os judeus eram obrigados a viver em áreas específicas nos centros urbanos, submetidos a toques de recolher e ainda culpabilizados por tudo que não se conseguisse explicar, como crises hídricas, desabastecimentos alimentares, epidemias e, em consequência, sofriam massacres. Soberanos interessados nos confiscos de bens de comunidades judaicas incentivavam as perseguições, sobretudo, através da Inquisição católica, durante a Idade Moderna. No reino visigodo de Toledo, cristãos reprimiam judeus que recebiam tratamento cordial dos muçulmanos nos *reinos taifas* de Al Andaluz, constituídos principados independentes, emirados ou pequenos reinos, após a derrocada do califa Hisham III (da dinastia omíada) e da extinção do Califado de Córdoba, em 1031. Entretanto, a intransigência dos

---

20. FAIGUENBOIM, G.; VALADARES, P. & CAMPAGNANO, A. *Dicionário Sefaradi de sobrenomes*. São Paulo: Fraiha, 2003, p. 22-38. • VAINFAS, R. *Jerusalém colonial*: judeus portugueses no Brasil holandês. Rio de Janeiro: Civilização Brasileira, 2010, p. 21-84.

21. SILVA, K.V. & SILVA, M.H. Judaísmo. *Dicionário de Conceitos Históricos*. São Paulo: Contexto, 2005, p. 247-251.

22. NOVINSKY, A.; LEVY, D.; RIBEIRO, E. & GORENSTEIN, L. *Os judeus que construíram o Brasil...*, p. 55.

almorávidas[23] e, sobretudo dos *almóadas*[24], motivou a dispersão deles pelos reinos cristãos do norte da península Ibérica.

Entre os séculos XI e XIII, os judeus habitavam em núcleos urbanos, dedicados às atividades artesanais e mercantis. Nesse período houve uma convivência pacífica entre cristãos e judeus, após a qual, sob acusações de deicidas (assassinos de Jesus Cristo) e usurários (agiotas), as relações entre cristãos e judeus se deterioraram e estes passaram a sofrer restrições sociais a partir do século XII, quando lhes obrigaram a viver em "judiarias". Nos reinos cristãos de Navarra, Aragão, Castela, Sevilha, estes guetos foram atacados e mais de 4.000 judeus mortos. Calcula-se que cerca de 100.000 teriam abandonado a península Ibérica, onde a população judaica declinou em 1390, para algo no entorno 200.000 indivíduos. Extinguiram-se as judiarias na França em 1791, quando se reconheceu a igualdade dos direitos civis e políticos, e em toda a Europa, no curso do século XIX. Em Portugal, durante a Idade Média, havia mourarias[25] fora das muralhas dos núcleos urbanos, mas em cidades maiores como Lisboa, Porto, Évora, havia judiarias intramuros. Na cidade de Toledo, a mais expressiva da península Ibérica cristã, os judeus eram dependentes dos monarcas, embora gozassem de liberdade jurídica, administrativa e religiosa[26].

Necessidades financeiras dos estados nacionais europeus forçaram a lenta concessão de igualdade de direitos aos judeus e a abolição das diferenças sociais. Essas circunstâncias se deveriam também às suas condições de desterritorializados, que não possuíam seu próprio país e ao fato de alguns deles exercerem funções de consultores financeiros, assistentes em tratados de paz, mensageiros

---

23. Os almorávidas, militantes de uma facção islâmica difundida entre berbere, durante os séculos XI e XII, originária de tribos do deserto do Saara seguidoras dos ensinamentos religiosos de Abdalá Ben Yassim, e militares de Iussufo Ben Taxufine. Em 1082 dominaram o Magreb e passaram para Al Andaluz, na península Ibérica, onde apoiaram os príncipes árabes espanhóis, atacados pelos cristãos, que foram repelidos para os limites do Tejo. Os almorávidas permaneceram na península Ibérica e anexaram vários principados muçulmanos. Em 1117 atacaram Coimbra e retiraram-se para o norte da África. Cf. ALVAR EZUERRA, J. (dir.). *Historia de España y América* [Diccionario Espasa]. Madri: Espasa Calpe, 2002, p. 49.

24. Os almôadas ou almôades integravam outra facção, também berbere e islamizada, de adeptos da unidade divina, sucessora dos almorávidas, dirigida por Abdalá Mamúne, que se autoproclamou califa e ocupou o Magreb em 1145; em 1150 invadiu Al Andaluz e anexou toda a península muçulmana em 1172, com a imposição de uma intolerância religiosa inusitada. Reprimiu brutalmente uma revolta de judeus em 1665. Seu poder discricionário começou a declinar com uma derrota militar em 1212 e se extinguiu em 1231. Cf. ALVAR EZUERRA, J. (dir.). *Historia de España y América...*, p. 48.

25. Bairros que segregavam judeus. Na cidade de Salvador, Bahia existiu uma mouraria fora das muralhas originais, no início da colonização portuguesa, cujo bairro conservou esta denominação.

26. ALVAR EZUERRA, J. (dir.). *Historia de España y América...*, p. 658-659. • LEMOS, M.M. *Dicionário de História Universal...*, p. 561-562.

e intermediários diplomáticos[27]. Nessas circunstâncias, teriam participado ativamente da expansão intercontinental do comércio após a Idade Média, através de financiamentos, a partir de conexões de rotas mercantis como Gênova, Veneza, Antuérpia, Amsterdã e de empreendimentos comerciais. Cristóvão Colombo nasceu em Gênova ou Savona, no ano de 1447, ou seria judeu luso-espanhol cristianizado, que não conhecia qualquer dialeto ou forma de expressão italiana. Falava, em família, o ladino, idioma dos judeus sefarditas[28].

Ao se iniciar a colonização do Novo Mundo, os judeus cristianizados já se encontravam integrados à vanguarda dos negócios intercontinentais, embora ainda controlados ou observados. O governo português arrendou o Brasil logo após o descobrimento, ao cristão-novo Fernando de Noronha. Para fugirem das tensões impostas pela vigilância eclesiástica, cristãos-novos se transferiam para os sertões[29]. O Brasil recebeu incontáveis contingentes de marranos, de cristãos-novos, e de judeus que se refugiavam nos sertões para evitarem as perseguições religiosas e discriminações sociais. As solidões do sertão abrigariam todos os tipos de perseguidos ou vigiados. Cristãos-novos dedicavam-se no Brasil a todas as atividades econômicas, em particular às mais rentáveis, de modo que, miscigenados com povos de outras origens ou conservados como grupo étnico, integraram-se na formação social brasileira até que o advento do liberalismo lhes permitisse estabelecer livremente as sinagogas.

Dos aproximadamente 60.000 indivíduos processados e 1.300 queimados pelo Santo Ofício português entre 1536 e 1821, 80% seriam criptojudeus ou católicos simulados. Nas duas visitações deste tribunal ao Brasil (1591-1595 e 1618) os acusados de infrações mais graves foram mandados para julgamento em Portugal, sem que houvesse nenhum auto de fé na colônia. Muitos judeus portugueses e de outros países viveram na Bahia, uns para fugirem da perseguição religiosa, outros pelas oportunidades comerciais que se ofereciam. Este tribunal de repressão religiosa prendeu no Brasil 1.076 indivíduos e queimou 22 deles em Lisboa. Dos 249 residentes na Bahia, cinco foram queimados pelo crime de judaísmo[30].

---

27. SILVA, K.V. & SILVA, M.H. Judaísmo. *Dicionário de Conceitos Históricos...*, p. 247-251.
28. ABECASSIS, F. *Cristóvan Colón: uma biografia crítica*. Lisboa: Prefácio, 2010, p. 11-12.
29. SOUZA, M. Prefácio: um dicionário para refrescar a memória brasileira. In: FAIGUENBOIM, G.; VALADARES, P. & CAMPAGNANO, A.R. *Dicionário Sefaradi de sobrenomes*. São Paulo: Fraiha, 2003, p. 11-19.
30. NOVINSKY, A. *Cristãos Novos na Bahia*. São Paulo: Perspectiva, 1972. Apud MOTT, L. Cristãos-novos na Bahia. *A Tarde*, 29/04/2017, p. A2. Salvador.

A comunidade judaica do Brasil holandês (1630-1654) compunha-se majoritariamente de judeus portugueses emigrados para Amsterdã, na tentativa de se livrarem dos rigores da Inquisição[31]. Mais de $^3/_4$ da população da Bahia no século XVII seriam constituídos de cristãos-novos e, no Rio de Janeiro, este mesmo percentual da população branca corresponderia aos descendentes de judeu[32]. Apesar dessa forte presença no Brasil, os judeus sofreram hostilidades até finais do século XVIII[33]. Pode-se periodizar a história dos judeus no Brasil, durante o período colonial, em quatro fases: a) 1500-1595, estabelecimento dos cristãos-novos até a primeira visitação da Inquisição no Brasil; b) 1595-1624, segunda visitação da Inquisição no Brasil até o início das invasões holandesas; c) 1624-1654, invasões holandesas no Brasil e a livre-expressão do judaísmo onde os flamengos dominavam; criação das primeiras comunidades judaicas; d) 1654-1774, expulsão dos holandeses e destruição das comunidades judias; perseguição aos cristãos-novos em todo o Brasil, até a política do Marquês de Pombal, em relação à Inquisição, que eliminou as diferenciações entre cristãos-velhos e cristãos-novos[34].

2.4 Ágrafos e errantes ciganos

Os antecedentes mais remotos que se conhecem dos ciganos dão conta de que se originaram do norte da Índia, onde trabalhariam como menestréis, mercenários, metalúrgicos e serviçais[35]. Pertenciam ao tronco indo-europeu de fala romani, uma língua derivada do grupo sânscrito. Os primeiros grupos desta etnia atravessaram o estreito de Bósforo por volta do ano 1000 e rapidamente dispersaram-se por toda a Europa. Desta vaga adviera a população *gitana* da península Ibérica, do mesmo modo que os *manouches* e os *roms* do eixo Bálcãs-Cárpagos-Báltico, núcleo de migrações ulteriores, que se concentraram nas regiões da maldo-valáquias e Transilvânia, correspondentes, aproximadamente, à Romênia onde vive a maior concentração de povos *roms*[36].

---

31. MELLO, E.C. *O Brasil holandês (1630 1654)*. São Paulo: Penguin Classics, 2010, p. 263 [Seleção, introdução e notas de Evaldo Cabral de Mello].

32. NOVINSKY, A.; LEVY, D.; RIBEIRO, F. & GORENSTEIN, L. *Os judeus que construíram o Brasil...* p. 123 e 146.

33. WEHLING, A. & WEHLING, M.J.C.M. *Formação do Brasil colonial*. Rio de Janeiro: Nova Fronteira, 1994, p. 232.

34. FALBEL. N. *Judeus no Brasil*: estudos e notas. São Paulo: Humanitas/Edusp, 2008, p. 23-24. Há outra periodização em: SEREBRENICK, S. & LIPINER, E. *Breve história dos judeus no Brasil*. Rio de Janeiro: Biblos, 1962, p. 9-12.

35. GODWIN, P. Ciganos: uma sina à parte. *National Geographic – Portugal*, I, abr./2001, p. 4-31. Lisboa.

36. COURTIADE, M. Secretário da União Romani Internacional da Europa – Prefácio. In: AUZIAR, C. *Os ciganos*: ou o destino selvagem dos *roms* do Leste. Lisboa: Antígona, 2001, p. 9-33.

Essa estirpe surgiu pela primeira vez na Europa ocidental, no curso do século XIV, e se apresentou como peregrinos que liam a sina na palma da mão, atividade simbólica lucrativa, numa época de muitas superstições. Os seus chefes autodenominavam-se condes, príncipes e capitães, expressões de valor exterior ao universo cultural *zíngaro*, como evidência do talento, no jogo das relações do nós *versus* eles, da linguagem dos conquistadores na sociedade hospedeira[37]. Na alteridade definida pelas adversidades étnico-culturais a desfaçatez e a dissimulação fizeram parte das estratégias de convivência, como forma de se afirmar ou tentar reduzir as diferenças. Na borda do mar Negro, após um período de relativa tolerância, por razões mal conhecidas, os *roms* foram escravizados, em geral como artesãos. A permanência deles nessa região se deveria, entre outros fatores, à necessidade de força de trabalho. Ficaram, portanto, contidos nas adversidades de um ambiente de medo e de desprezo pela sua magia, sua pele escura resultante de uma amálgama primitiva entre ciganos, tártaros e outros povos muçulmanos. Um artigo do código civil romeno, vigente até a segunda metade do século XIX, determinou a imediata escravização dos ciganos que fossem encontrados na Moldávia e na Valáquia. Além dos escravizados existia na Romênia uma pequena percentagem de ciganos músicos e de grupos de escravos evadidos, chamados *netoti*, ou seja, dementes, *roms* fugidos da escravidão, sobreviventes em estado selvagem nas montanhas que, em meados do século XIX, fizeram guerrilhas contra o poder local, até quando se extinguiu o trabalho escravo entre romenos. A Igreja sempre considerou herético o costume se ler a sina (ou a sorte); e a sociedade, culturalmente sedentária, classificou o seu nomadismo de conduta antissocial. Nessas circunstâncias, o comportamento cigano em confronto com essas reações sociais teria provocado a generalização contra eles dos sentimentos de curiosidade, desconfiança, repulsa e medo[38].

Outra versão dá conta de que os *callí* (ciganos da península Ibérica) relacionavam-se com um povo descendente de tribos sumério-semitas, de um reino fronteiro ao Egito. Anexado por Tutmés III[39], parte da sua população fugira, tornara-se nômade e nesta condição chegara às colônias gregas e fenícias da península Ibérica[40].

---

37. FONSECA, I. *Enterrem-me de pé*: os ciganos e a sua jornada. Lisboa: Teorema, 2003, p. 22.
38. COURTIADE, M. Secretário da União Romani Internacional da Europa – Prefácio. In: AUZIAS, C. *Os ciganos...*, p. 9-33.
39. Faraó que governou o Egito um milênio e meio antes dos tempos atuais.
40. COSTA, M.A.A. *Ciganos...*, p. 157-158.

Em diferentes épocas proibiram aos ciganos na Europa, usarem suas indumentárias típicas, falarem o romani, viajarem, casarem-se na própria etnia. O período de mais de cinco séculos de escravidão que, por diversos modos, dispersaram-se famílias, submeteram-se escravos a condições desumanas de trabalhos e convívio social degradante, deixou sequelas nas relações entre *roms* e *gadje* ou *gadjos* (no Brasil, *gadjão*), como os ciganos denominam os não ciganos, sobretudo, nas sociedades que praticaram a escravidão, entre descendentes de senhores escravistas e de escravizados. Após a diáspora os *romas*, como são também designados em Portugal, permaneceram nômades, e a partir da Romênia disseminaram-se por toda a Europa, e desta, para o Novo Mundo, durante a colonização mercantilista, como condenados à pena de degredo colonial, em geral, por furto e blasfemia. Seriam *roms* fugitivos da escravidão romena e seus descendentes. Quase sempre errantes estes *romas* dedicaram-se no Brasil colonial, com maior frequência, ao comércio de cavalos e de escravos. Os que dispunham de melhores recursos financeiros investiram no mercado imobiliário, na agropecuária e na agiotagem; os menos aquinhoados, mantiveram-se no comércio de animais de montaria, utensílios, quinquilharias, produção artesanal de utilidades domésticas e bugigangas. Das manifestações culturais ciganas destacam-se os cancioneiros e os requebros da dança flamenca.

A pesquisa histórica sobre ciganos esbarra na escassez de fontes documentais. Os raros estudos situam-se, quase sempre, no domínio da Antropologia, produzidos com base em observações, entrevistas e análises culturais dedutivas[41]. O pouco que se elaborou com recursos metodológicos da História resultou de fontes indiretas, como processos de crimes, que fornecem informações individuais de ciganos, raramente como grupo étnico ou organização social. Os contratos comerciais não identificam as etnias das partes envolvidas. Documentos de registros eclesiásticos (batismos, crismas, casamentos, óbitos) não os alcançam em conjunto, porque poucos se submetem a estes rituais cristãos e da sociedade civil, e quando o fazem não se identificam como tais, embora se anotasse, no início do século XIX, talvez sem o domínio dos fatos, que ciganos obedeceriam, no Brasil, a preceitos cristãos modificados[42].

Por resistirem às práticas culturais do Ocidente, os ciganos isolaram-se na Europa Ocidental; por falarem o romani, uma língua ágrafa, ficaram sem registros históricos próprios, apenas com a preservação das suas tradições através

---

41. MOTA, Á.V.-B. (org.). *Ciganos*: antologia de ensaios. Brasília: Thesaurus, 2004, p. 11-13.

42. DEBRET, J.B. (1768-1848). *Viagem pitoresca e histórica ao Brasil*. Vol. II. Belo Horizonte/São Paulo: Itatiaia/Edusp, 1989, p. 107.

da prática cotidiana e da transmissão oral, e nessas circunstâncias transportaram-se para o Novo Mundo. Pelo fato de não disporem de forma gráfica, para registrarem atividades, recorreram a expressões de outras línguas ou se serviram de vocábulos do seu ou de outros idiomas, que dificultam a comunicação e os registros da memória histórica[43]. O que há de registro das vivências sociais ciganas em Portugal e no Brasil permite pouco mais que apenas os identificarem como um grupo étnico específico, o que seus usos e costumes já possibilitam, sem, contudo, oportunizar uma análise histórica consistente das suas origens, evolução e cotidiano comunitário. Cabe mais à Antropologia a tarefa de estudá-los a partir dos traços culturais perceptíveis pelo mundo *gadjão*. A tradição da oralidade reservou ao seu restrito meio os saberes ancestrais, as normas e os valores consuetudinários.

Os primeiros degredados desta etnia chegaram à América de colonização portuguesa no século XVI, alguns dos quais foram denunciados à Inquisição, quando da primeira visitação do Santo Ofício, entre 1591 e 1595 na Bahia e em Pernambuco[44]. Na Bahia, em 1591-1592, três ciganas foram submetidas ao licenciado Heitor Furtado de Mendonça, visitador da Inquisição de Lisboa. A primeira, Bianca Fernandes, declarou-se cristã-velha, natural de Lisboa, com 50 anos de idade, casada com o cigano Rodrigo Solis. Seria filha de Francisco Álvares e de Maria Fernandes, também ciganos, residente na cidade da Bahia e confessou que, havia 10 anos, "estando agastada", perante pessoas que não se lembraria mais de quem se tratava, dissera "com muita cólera" que renegava Deus. Mas dessa blasfêmia logo se arrependera e fora se confessar, cumprira a penitência que lhe dera e, àquela corte, pedia de novo perdão e misericórdia[45]. Outra cigana, Violante, natural de *São Filiçes dos Gallegos* [sic], filha de Francisco Escudeiro, português, cristão-velho, e de sua mulher Maria Violante, cigana, de 40 anos, viúva de Francisco Fernandes, ferreiro, cigano, que viera degredada do reino por furtos de burros, confessou que dois meses antes, "por agastamento", ao passar por umas ribeiras e se molhar dissera que arrenegava Deus. Repetira esta blasfêmia duas vezes, na presença da cigana Angelina, sua inimiga. Porque chovia muito, bradara que Deus urinava sobre ela e que lhe queria afogar. Disto também pedia perdão. Mas o apelo por misericórdia não lhe livrou de processo e degredo fora da cidade. E como retornou antes do prazo determinado, teve a

---

43. FONSECA, I. *Enterrem-me de pé...*, p. 19.

44. ARAÚJO, N. *1591: a Santa Inquisição na Bahia e outras histórias*. Rio de Janeiro: Nova Fronteira, 1991, p. 7-113. • SILVA, M.B.N. Ciganos. In: ARAÚJO, N. (coord.). *Dicionário da História da Colonização Portuguesa no Brasil*. Lisboa: Verbo, 1994, p. 163.

45. VAINFAS, R. (org.). *Confissões da Bahia*: Santo Ofício da Inquisição de Lisboa. São Paulo: Companhia das Letras, 1997, p. 99-100.

pena agravada. Foi açoitada pelas ruas e degredada com ameaça de piores castigos, caso voltasse[46].

A terceira cigana, Apolônia de Bustamante, submetida ao inquisidor do Santo Ofício, identificou-se como natural de Évora, filha de Francisco Mendonça, cigano, e de sua mulher, Maria Bustamante, também cigana. Teria idade de 30 anos, casada com Alonso de la Paz, castelhano e viera para a Bahia degredada por furto. Declarou que, haveria 14 anos, amancebara-se com o cigano Francisco Coutinho, com quem vivera sete anos. Neste período, por ele lhe dar muito má vida, ela, "com ira e agastamento", dissera arrenegar de Deus umas 40 vezes. Também pelos caminhos do Alentejo e Andaluzia andara muitas vezes a blasfemar, e "sendo repreendida", "não se desdizia". Somente se calara quando o conde dos ciganos lhe repreendera. Costumava repetir: "dou-me aos diabos, os diabos me levem já". Nas quaresmas, quando se confessava dizia ao confessor ser casada com Francisco Coutinho e com essas falsas confissões, recebera o Sacramento. Nos últimos seis ou sete anos, depois que viera degredada para a Bahia, casara-se com Alonso de la Paz e, muitas vezes dissera: "o diabo me leve". Por isto pedia perdão. Mandaram-lhe guardar em segredo e se confessar de toda a sua vida no Colégio da Companhia de Jesus. Apolônia de Bustamante confessou mais: em Portugal e Castela e lhe pareceria também na capitania da Bahia, ao caminhar na chuva, lamas e enxurradas, dissera: *"bendito sea el carajo de mi señor Jesu Christo, que ahora mija sobre mi"*, mas por tudo suplicava perdão[47].

Dados de um processo arquivado na Torre do Tombo acrescentam que a cigana Inez Mendes de Andrade, natural da Bahia, moradora no Porto Calvo, filha dos ciganos Francisco de Andrade e de Isabel da Mota, casara-se na Bahia e fugira, após 10 meses para Pernambuco, onde se dissera solteira e contraíra novas núpcias com Simão de Araújo. Encarcerada e transferida para Lisboa, confessara ter-se casado pela primeira vez com 12 anos, mas nunca o dito marido pudera consumar com ela o matrimônio. Em 1691 Inez Mendes de Andrade foi condenada ao degredo na Bahia e morreu depois de sete meses de prisão em Limoeiro[48].

As Ordenações Filipinas[49] vetavam o ingresso de ciganos, armênios, árabes, persas e mouriscos de Granada no Reino de Portugal e seus senhorios ou domínios. Os infratores seriam presos e açoitados com baraço e pregão. Proibiram

---

46. PIERONI, G. *Vadios e ciganos, hereges e bruxas*: os degredados no Brasil Colônia. 2. ed. Rio de Janeiro: Bertrand Brasil, 2002, p. 111-114. • VAINFAS, R. (org.). *Confissões da Bahia...*, p. 128-129.
47. VAINFAS, R. (org.). *Confissões da Bahia...* p. 265-267.
48. PIERONI, G. *Vadios e ciganos, hereges e bruxas...*, p. 112-113.
49. PORTUGAL/Ordenações do Reino. *Ordenações Filipinas*. Lisboa: Fundação Calustre Gulbenkian, 1985 [reprodução *fac-símile* da edição de Cândido de Almeida. Rio de Janeiro, 1870, liv. V; tit. 69, p. 1.217].

também a entrada de pessoas de qualquer nação que acompanhassem ciganos. Quando o acompanhante fosse português seria degredado por dois anos para a África. Em anotação ao código filipino, Cândido Mendes ressaltou que tanto este dispositivo quanto providências legais posteriores que o pretenderam reforçar, revelaram-se improfícuas e listou as leis anticiganas: decretos de 30 de julho de 1618, de 20 de setembro de 1649, de 27 de agosto de 1686, de 28 de fevereiro de 1718, e de 17 de julho de 1745; alvarás de 7 de janeiro de 1606, de 13 de setembro de 1613, de 23 de março de 1621, de 5 de fevereiro de 1649 e de 10 de novembro de 1708[50]. Os efeitos do Decreto de 27 de agosto de 1686 deslocaram o fluxo de desterro de cigano da África para o Brasil[51]. Em alguns catálogos de acervos documentais brasileiros e sobre o Brasil não aparece qualquer alusão a gitano[52]; em outros se encontram escassas citações, quase sempre de indivíduos, com indicações de subjacente desprezo ou rechaço a este povo. Nas notas que os apresentam como grupo social ou étnico, em geral, suas referências aparecem seguidas de pejorativos ou depreciativos. No Catálogo Geral do Arquivo Histórico Ultramarino[53] em Lisboa, nos quase 20.000 documentos sobre a Bahia colonial encontram-se apenas cinco registros da presença cigana no século XVIII, suficientes para revelarem os entendimentos e percepções de homens públicos, responsáveis por um império colonial. No primeiro documento do Arquivo Histórico Ultramarino há informação de que um soldado da guarnição do Terço Velho requereu alvará de fiança do rei João V, para se defender da acusação de assassinato de um cigano, em março de 1739. Alegou que a vítima invadiu a sua casa a atirar com uma *pelota* e ele, em natural defesa, reagiu. Com o auxílio do pai feriu o agressor no peito com uma espada e ele veio a falecer oito dias depois[54].

Os oficiais da Câmara da Cidade da Bahia denunciaram a d. José I, em 1755, que os ciganos degredados no Brasil se multiplicavam e viviam à vontade,

---

50. Ibid., p. 1.217, nota 5.

51. PIERONI, G. *Vadios e ciganos, hereges e bruxas...*, p. 112-113.

52. RAU, V. & SILVA, M.F.G. *Os manuscritos do Arquivo da Casa de Cadaval respeitantes ao Brasil*. Coimbra: Acta Universitatis Conimbrigensis, 1955. • GONZÁLES MARTÍNEZ, E.E. *Guia de fontes manuscritas para a História do Brasil conservadas em Espanha*. Madri: Fundación Mapfre Tavera, 2002.

53. BRASIL/Ministério da Cultura & PORTUGAL/Ministério da Ciência e da Tecnologia/Instituto de Investigação Científica Tropical/Projeto Resgate Barão do Rio Branco. *Catálogo dos códices do Fundo do Conselho Ultramarino Relativos ao Brasil, existentes no Arquivo Histórico Ultramarino*. Brasília/Lisboa, out./2000 [279 CD-rom (63 da Bahia)].

54. AHU_ACU_CU_005_Bahia. Cx. 67, Doc. 5.649. Requerimento de Manoel de Saldanha ao rei [d. João V], que solicitou alvará de fiança para uma vez solto, provar a sua inocência da acusação de homicídio do cigano João de Sacramento. Bahia, [ant. 23/01/1740].

na prática do que lhes proibiam as leis, a falar "geringonças", a andar como vagabundos, com ranchos de famílias inteiras, a comprar e a vender cavalos, sem que essa "maligna nação" jamais fosse punida pelas transgressões praticadas. Os largos sertões lhes oportunizariam toda a libertinagem, furto de cavalos, estímulos de fugas a escravos, e a colonos, aos quais passavam os produtos de roubos. Os missivistas solicitaram ao monarca lusitano que lhes livrassem das extorsões praticadas por essa "danosíssima gente", e determinasse a geral expulsão deles para onde fossem submetidos aos rigores do degredo.

Despachado o processo pelo Conselho Ultramarino para vista, o procurador da Fazenda emitiu minucioso parecer com cruel programa para, em médio prazo, se extinguir a etnia zíngara do Império português. Iniciou com a declaração de não duvidar da prática cigana denunciada pelos oficiais da Câmara da Cidade da Bahia, mas nem por isto lhe parecia que se devessem mandar retirar os degredados do Brasil, porque não os poderia mandar outra vez para o Reino, que necessitaria mais de se preservar desta gente, nem para outra conquista, onde teria o mesmo procedimento e os moradores a mesma justa queixa; se deveria assegurar um lugar em que eles habitassem sem se contemplar uns povos com prejuízo de outros. Recomendou que os separassem de tal forma as famílias ciganas, para que não pudessem mais produzir uma geração inútil, mal-educada e perniciosa; Deveria também mandar rapazes e moças de pouca idade, separados para as conquistas, onde poderiam se aliar com gente de outras castas, o que bastaria para que seus filhos não fossem mais ciganos e tivessem outros costumes, diferente criação e destino. Quanto aos jovens casados, que os mandassem para Angola e lhes tirassem os filhos em pequena idade para servirem nas outras conquistas. Os de maior idade deveriam se empregar em obras públicas e as mulheres, que fossem obrigadas a trabalhar em lugar certo e público. Esta separação executada com cuidado poderia, em poucos anos extinguir essa gente por um modo suave. O procurador da Coroa, em parecer também solicitado pelo Conselho Ultramarino, sugeriu informar ao vice-rei da Bahia, que observasse exatamente as leis, em qualquer caso que os ciganos as transgredissem.

D. José I determinou ao conde dos Arcos, vice-rei do Estado do Brasil (1755-1760) que emitisse parecer e declarasse o meio mais conveniente para obrigar os ciganos a se integrarem à vida civil. O conde Marcos de Noronha informou que alguns ciganos, degredados para a Bahia, se multiplicavam de tal modo, que não mais caberia no bairro da Palma, que por isso recebeu a denominação de Mouraria. Ocupavam também partes de Santo Antônio Além do Carmo e do "recôncavo da cidade", a promover incômodos graves a todos os moradores pelos contínuos furtos de cavalos e escravos.

Parecia difícil fazer com que os ciganos, que sempre viveram à disposição da sua vontade, se submetessem à vida civil, mas considerou conveniente determinar judicialmente a ocupação dos rapazes em misteres que lhes ensinassem os ofícios e artes mecânicas e que os adultos sentassem praça, como soldados e fossem distribuídos por algum tempo nos presídios, de modo que nunca ficassem muitos juntos. As mulheres deveriam ser recolhidas e ocupadas com os afazeres naturais do gênero. Recomendou ainda que se lhes proibissem viver em bairros separados, nem todos juntos, para melhor se prevenir contra os seus roubos e eles se emendarem de todos os desatinos a que seriam propensos; que se lhes vetassem o uso de armas, se lhes intimassem e se lhes impusessem a jura de que, pelas mais leves transgressões eles seriam penalizados por degredo perpétuo nas ilhas de São Tomé, ou do Príncipe, sem que tivessem mais recurso[55].

Com o parecer do vice-rei, o Conselho Ultramarino retornou o processo aos procuradores da Fazenda e da Coroa. O primeiro rebateu os argumentos do vice-rei com a desconfiança de ser possível dar-se remédio eficaz para que os ciganos se adaptassem à vida social, porque seria indecoroso ao Estado e a demora na aplicação dele, prejudicial à sociedade; as penas propostas pelo conde vice-rei seriam proporcionais aos delitos; esta gente deveria ser obrigada por quaisquer meios a se enquadrar na sociedade. O segundo declarou-se de acordo com o parecer do vice-rei, exceto quanto à proibição aos ciganos em transgressão o recurso de apelação ou agravo à Relação do distrito, porque à pena tão grave, como o degredo por toda a vida não se deveria permitir uma execução de sentença de qualquer juiz inferior. Finalmente, por maioria de quatro votos a dois, o Conselho ficou com o parecer do procurador da Fazenda[56], um projeto de erradicação da etnia cigana, como assepsia étnica. Ainda no governo de Marcos de Noronha e Brito, no mesmo ano de 1755, o secretário de Marinha e Ultramar enviou-lhe 11 casais de ciganos para que fossem recolhidos na cadeia e remetidos para o Reino de Angola. As despesas com seus sustentos e transporte para a África ficariam por conta da Procuradoria da Fazenda da Bahia[57]. Vê-se que o governo lusitano punha em prática, ainda que em parte, o projeto do procurador da Coroa, com a dispersão dos gitanos pelos seus domínios, inclusive com a transferência dos custos para a colônia.

---

55. AHU_ACU_CU_005_Bahia. Cx. 125, Doc. 9.761 (Arquivo Histórico Ultramarino), carta dos oficiais da Câmara da Cidade da Bahia ao rei [d. José I], que comunica os procedimentos dos ciganos que são enviados do Reino em degredo. Bahia, 05/07/1755.

56. AHU_ACU_CU_005_Bahia. Cx. 136, Doc. 10.580, consulta do Conselho Ultramarino sobre a informação da Câmara da Bahia a respeito do mau procedimento dos ciganos. Lisboa, 15/07/1758.

57. AHU_ACU_CU_005_Bahia. Cx. 126, Doc. 9.821, ofício ao vice-rei do Brasil que comunica o envio pela nau N.S. da Natividade de 11 casais de ciganos para serem remetidos ao Reino de Angola. Lisboa, 11/09/1755.

Através do último documento do Arquivo Histórico Ultramarino, de 1767, sabe-se que o governador e capitão-general da Bahia, Antônio Rolim de Moura Tavares (conde de Azambuja) comunicou ao Secretário de Estado da Marinha e Ultramar, Francisco Xavier de Mendonça Furtado, que acatou ordem régia de informar alguma irregularidade na conduta do ouvidor da comarca, a respeito do tratamento dispensado aos ciganos, e notificou que ele lhe parecia um bom ministro[58]. O governo metropolitano mantinha os seus prepostos coloniais submetidos a vigilância e conservava-se resoluto na política de fazer os ciganos se integrarem ao convívio social, abandonarem seus valores culturais e a vivência nômade, para se integrarem às práticas sociais da ordem colonizadora.

O Catálogo de Documentos sobre a Bahia, existentes na Biblioteca Nacional, no Rio de Janeiro, dá conta de um requerimento de 1802, dos habitantes da estiva de Jaguaripe, sobre o desvio do rio Oitinga, por uns ciganos que ali teriam comprado terras[59]. Encontram-se também dois ofícios de 1819, do juiz de fora da mesma vila de Jaguaripe, com informação sobre a prisão do cigano Lúcio e seus companheiros, implicados em vários crimes de roubos e mortes[60]. E no suplemento deste mesmo catálogo acha-se um ofício do juiz da vila de Valença ao presidente da Província, que comunica a prisão do cigano Antônio Moreira, pelo roubo de quatro escravos[61].

Em Portugal e no Brasil, ciganos integraram-se à sociedade colonial, miscigenaram-se e abandonaram a cultura original, tanto em consequência de recursos políticos governamentais quanto em decorrência de fatores inerentes ao convívio social, sem promover impactos a integridades da sua etnia nem da sua cultura. Em geral os descendentes ignoraram ou se fizeram passar por desconhecedores desta ancestralidade. No Brasil ocorreu miscigenação de ciganos com diversos segmentos étnicos. No quase secular terreiro de candomblé *Ogum de Cariri-Kilumbu Kayá*, na Roça da Sabina, bairro da Barra, em Salvador, dirigido por várias décadas pela ialorixá Mãe Dadá (Dalva Menezes), que seria neta de cigano. Também o poeta Castro Alves, nascido numa das mais tradicionais famílias das oligarquias formadas durante a colonização, era neto materno de uma cigana.

---

58. AHU_ACU_CU_005_Bahia. Cx. 158, Doc. 12.059, ofício do governador e capitão general da Bahia ao Secretário de Estado da Marinha e Ultramar. Bahia, 26/03/1767.

59. Catálogo de documentos sobre a Bahia, existentes na Biblioteca Nacional, doc. n. 783, p. 137, códice: II – 34, 5, 97. *Anais da Biblioteca Nacional*, vol. 68, 1949. Rio de Janeiro.

60. *Catálogo de documentos sobre a Bahia, existentes na Biblioteca Nacional*, doc. 1.265, p. 220, códice: II – 33, 28, 28.

61. Catálogo de documentos sobre a Bahia, existentes na Biblioteca Nacional, doc. n. 8.542 do CEHB, códice: I – 31, 15, 11. *Anais da Biblioteca* Nacional, vol. 68, 1949. Rio de Janeiro.

A multiplicação de uniões conjugais de ciganos e não ciganos, em vez de contribuir para a desintegração do grupo ou sua assimilação a um mundo de *gadje*, aumentaria a estirpe, porque os filhos destes casamentos, considerados ciganos, em grande parte se integrariam nesta cultura segregada, que cultiva o hábito de mentir, com mais frequência e inventividade do que outros povos. Não uns aos outros, mas aos *gadje*. Entretanto, o fariam sem intenção maliciosa; seria uma arte, um ato divertido, de dar prazer; algo equivalente à criação literária da cultura *gadja*, um exercício de imaginação prazerosa[62]. Nesta ética própria, roubar de um *gadjão* seria também um deleite, uma demonstração de vivacidade; a culpa seria da vítima que não soubera se defender nem zelar do que possuía. Talvez devido à longa história de segregação, sempre a despertar curiosidade, desconfiança ou temor, se teriam preservado tantos segredos e mantiveram-se, majoritariamente, nômades, sem manifestarem o desejo de se estabelecerem num país próprio. A eles lhes faltaria até uma referência territorial, um espaço para reivindicar, um país que identificar como seu.

2.5 Mouros islamizados

Denominaram-se de mouros os antigos habitantes da Mauritânia e, por extensão, a todos os povos camito-semitas islamizados do norte da África, desde o Egito ao Marrocos, entre os quais, berberes, tuaregues, azenegues, miscigenados de antigos colonizadores egípcios, fenícios, gregos e romanos, que eram mestiçados com árabes e etnias africanas e conquistaram a península Ibérica em avanços e recuos, durante quase oito séculos (711-1492) de permanentes enfrentamentos ideológicos e bélicos com os cristãos peninsulares. No ano de 710 do calendário gregoriano, o *califa* Walid pediu autorização a Mussa Bin Nussair, governador de Marrocos, para conquistar a península Ibérica. O governador marroquino mandou Tarif, oficial do seu exército, com 400 soldados averiguar as condições políticas e militares do reino visigodo, que se encontrava em conflitos religiosos e políticos, fomentados pelas divisões étnicas da população descendente de celtas, iberos, romanos, suevos e godos. Em outra versão, após a morte de Vitiza, rei visigodo ibérico, o concílio elegeu o cavaleiro Rodrigo, desta mesma etnia, para sucedê-lo. Essa escolha descontentou os filhos do extinto monarca, que recorreram ao auxílio dos mouros de Marrocos para destituí-lo do trono[63]. As duas versões concluem-se com a invasão do reino cristão ibérico pelos muçulmanos do norte da África.

---

62. FONSECA, I. *Enterrem-me de pé...*, p. 20, 24.
63. REIS, A.C. *Nova história de Portugal...*, p. 24-26.

Quando assumiu o poder, Rodrigo determinou aos seus governadores setoriais que deixassem seus filhos no seu palácio, em Toledo, capital do reino, para instruí-los no estilo da nobreza visigótica. Na condição de hospedeiro, Rodrigo teria violentado a jovem Florinda, filha do conde Juliano que reagira e se aliara a Tarif, delatara-lhe as fragilidades do reino ibérico e mobilizara parte da população em apoio aos mouros islamizados. No comando de uma força invasora de 7.000 combatentes berberes, e com algum apoio da população ibérica, Tarif atravessou o estreito de Gibraltar e tomou as cidades de Córdoba e Toledo, em 1711. O seu sucesso incomodou o governador Mussa Bin Nussair que, no ano seguinte, ocupou Mérida, Sevilha e partiu para Toledo com 10.000 soldados árabes, destituiu Tarif do poder e o substituiu pelo seu filho Abdul Aziz. Em consequência, Mussa Bin Nussair também foi deposto pelo califa de Damasco. No governo do território ocupado (sul da península Ibérica, Leon, Castela, Catalunha, Aragão e Portugal), denominado Andaluzia (Al Andaluz), Abdul Aziz conquistou, em pouco tempo, a simpatia da população e até se casou com a viúva de Rodrigo, o governante visigodo deposto[64].

Derrotados, os visigodos refugiaram-se nas Astúrias, articularam a resistência aos muçulmanos, e sob o comando de Pelayo surpreenderam o exército muçulmano, nos desfiladeiros de Covadonga, em 722. A partir de então, os invasores mantiveram-se ao sul da Cantábria, em um regime politicamente liberal e religiosamente tolerante. Suprimiram a antiga nobreza visigótica, distribuíram-lhes de suas terras e instituíram uma nova categoria social de pequenos proprietários para sustentação do poder islâmico na península[65]. Os lavradores sentiram-se mais livres e passaram a pagar menos tributos; os judeus, perseguidos pelo catolicismo radical dos visigodos, tiveram liberdade religiosa, política e econômica, e passaram a colaborar com os invasores; os escravos que aderissem ao islamismo seriam libertados do cativeiro; e a Andaluzia tornou-se um emirado do califado de Damasco, desvinculado do norte da África. Nessas circunstâncias, os muçulmanos conseguiram a adesão de parte considerável da população ibérica.

O comandante árabe de Córdoba, Abdul Al Rahaman Al Ghafique atravessou os Pirineus em 732, na tentativa de conquistar a Gália, porém, suas tropas foram derrotadas pelas forças de Carlos Martel, na batalha de *Poitiers*, em 732. O comandante Al Ghafique morreu em combate. A partir de então, os árabes dedicaram-se à pacificação da Andaluzia, onde os berberes se julgavam prejudicados na divisão dos territórios conquistados. Em 750, a derrotada dinastia *Omíada*,

---

64. ZAIDAN, A. *Letras e história...*, p. 60-62.
65. LEWIS, B. *Os árabes na história*. Lisboa: Estampa, 1994, p. 131-147.

foi sucedida pela *Abássida*[66] e a capital do califado, transferida para Bagdá. A Andaluzia voltou a ser um emirado submetido ao norte da África[67].

Na faixa norte da península Ibérica, não ocupada pelos muçulmanos, manteve-se o trabalho escravo em coexistência com outras relações de produção até princípios do século XI e a partir de meados dessa centúria, cresceram os contingentes cativos mouros, prisioneiros de guerra. Desde meados do século XI até a conquista de Sevilha (1248), empregavam-se nas atividades urbanas, domésticas e artesanais, escravos de origem moura. Entretanto, em Portugal, no final do século XI e em todo o seguinte, haveria escravos mouros também em áreas rurais, em meios senhoriais e nos mosteiros. A partir do século XII, transferiram-se os escravos mouros dos serviços urbanos para os domínios agrários, embora o sistema dominial português não se adaptasse plenamente ao sistema escravista[68].

O príncipe omíada Abdul Al Rahman, sobrevivente de um massacre sofrido pela sua família, apoiado pelos governantes de Marrocos, fez-se soberano de Andaluzia e dedicou-se à construção de um reino para continuar a tradição do extinto califado de Damasco. Em três décadas Córdoba se transformou numa das principais cidades ocidentais. Seus sucessores mantiveram o desenvolvimento político-cultural e socioeconômico. Sob a dinastia Omíada, que dominou em Damasco entre 661 e 750 e em Córdoba entre 756 e 1031, o emirado[69] de Andaluzia foi elevado a califado[70]. No seu auge, haveria em Córdoba 113.000 domicílios, 70 bibliotecas públicas, 800 escolas, das quais, 27 de ensino público e uma universidade com cerca de 11.000 alunos. Desenvolveram-se centros têxteis, inclusive de seda, em Córdoba, Málaga, Almería e Toledo. Também se teriam desenvolvido os artesanatos de couro e a produção de porcelana[71].

Entre os berberes do norte da África surgiram movimentos islâmicos radicais. Sob a influência religiosa de Abdalá Ben Yasim, que pregava a doutrina rigorosa da escola *malekí*, a mais radical do islamismo e o comando militar Yusuf

---

66. A dinastia hereditária omíada teve 14 califas, reinou em Damasco entre 661 e 750 e foi deposta pelos Abássidas, cuja dinastia teve 37 califas, que seriam descendentes de Abas, tio Maomé, apoiados pelos xiitas. Cf. LEMOS, M.M. *Dicionário de História Universal*..., p. 11 e 765.

67. ZAIDAN, A. *Letras e história*..., p. 62-63.

68. MATTOSO, J. *Identificação de um país*... Vol. I, p. 261-262.

69. Tribo, província ou região muçulmana, sob a chefia de um emir, um governante que seria descendente de Maomé.

70. Território administrado por um califa, que seria sucessor do profeta Maomé, na condição de guia ou líder temporal e espiritual da comunidade islâmica.

71. ZAIDAN, A. *Letras e história*..., p. 67-69.

Bem Tasfin (1061-1106), defensor da guerra santa do Islã, organizou-se o movimento Almorávida, que conquistou o Magreb e se expandiu pelos territórios muçulmanos ibéricos. A conquista da Andaluzia iniciou-se com a solicitação de ajuda aos reis *taifas* de Badajós, Sevilha e Granada, após a ocupação de Toledo, em 1085 pelo monarca castelhano Afonso VI, logo depois derrotado por um exército de berberes e andaluzes. Em 1092 Yusuf conquistou os reinos *taifas* da península; em 1094, El Cid ocupou Valência e em 1118 o monarca aragonês Alfonso I tomou Zaragoza e iniciou o declínio almorávida na península. Em seguida, o movimento sociorreligioso Almóada, de conduta purista, surgiu entre os berberes do norte da África, em 1129 e se expandiu sob a liderança de Abd Al-Um'Min (1130-1163), autoproclamado califa, que ocupou o Magreb em 1145, a Andaluzia em 1172 e formou um poderoso império, com a incorporação dos principais reinos *taifas* de Andaluzia. Adversários dos almorávidas, os almóadas defendiam uma reforma de costumes na mais estrita ortodoxia islâmica. Depois de um período de inusitada intolerância religiosa, foram derrotados por uma coligação que reunia leoneses, castelhanos, navarrinos e aragoneses, em 1212, quando se iniciou o declínio do poder almóada na península Ibérica, mas o seu império sobreviveu em Marrakesh até 1269.

A Reconquista cristã manteve a população em permanente tensão, em decorrência de múltiplos e sucessivos conflitos contra o domínio muçulmano. Evitavam-se batalhas de campo aberto, embora ocorressem violentas refregas. No final do domínio árabe na península Ibérica (711-1492), nem tudo eram hostilidades entre cristãos e mouros. Havia ilhas de tranquilidade no oceano social de tensões e conflitos. Em alguns territórios ocupados, muçulmanos consentiam a cristãos, os "moçárabes", conservarem igrejas e monastérios, manterem administrações próprias, governos eleitos, desde que confirmados pelo emir. De modo semelhante, cristãos de algumas regiões reconquistadas, permitiriam que muçulmanos permanecessem nas suas terras (*aljamas*), isolados da população, mas em liberdade para professarem a religião islâmica, falarem o árabe, manterem instituições políticas e conservarem seus usos e costumes, desde que pagassem o dízimo à Igreja Católica e os impostos ao Estado. Denominavam-se estes mouros tolerados de *mudéjares*[72].

Fez-se a Reconquista portuguesa em etapas marcadas por grandes batalhas: Ourique (1139), Santarém (1147), Lisboa (1147), Faro (1249). A reconquista

---

72. CHORDÁ, F.; MARTÍN, T. & RIVERO, I. *Diccionario de Términos Históricos y Afines*. Madri: Ístimo, 2000, p. 318-319.

espanhola somente se completou com a tomada de Granada e o fim de Al Andaluz, em 1492, quando se descobria a América. Esta longa permanência muçulmana deixou vestígios indeléveis nas culturas ibéricas: os cultivos agrícolas receberam várias espécies orientais; a culinária incorporou condimentos e novos pratos; a linguística e a toponímia assimilaram numerosos vocábulos; o estilo arabesco na arquitetura e nas artes, adornado por entrecruzamentos de linhas, ramagens, flores, entalhes, em superfícies, pinturas, desenhos ou impressos, que lembram as ornamentações árabes de vivas cores, colunas e abóbadas; tipo de composição musical e peças instrumentais, nas quais se encontram expressões melódicas com ondulações semelhantes às emitidas pela música do Oriente Médio[73]. Parte desta herança transferiu-se para o Brasil. Nos sertões, onde houve menor interação social e menos intercâmbios culturais, descendentes de mouros migrados de Portugal conservam valores ancestrais, como se vê no aboio do vaqueiro nordestino e, eventualmente, em algumas expressões musicais do Nordeste. Entretanto, os evidentes traços da cultura árabe consolidaram-se mais na culinária e no vocabulário português, antes do livre estabelecimento de mesquitas no Brasil. Não há como se negar a semelhança de comportamentos do marroquino vendedor ambulante de tapetes nos centros urbanos ibéricos ao do nordestino comerciante de redes pelas ruas de grandes cidades brasileiras.

2.6 Desenvolvimento das navegações e evolução cartográfica

Portugal obteve o reconhecimento da sua independência pelo rei de Castela no tratado de Zamora de 1143, depois de conquistar os territórios do Minho ao Tejo, ocupados em fluxos e refluxos pelos mouros, durante mais de quatro séculos, e receber apoio econômico e militar da Inglaterra e de outros países da Europa e político da Santa Sé[74]. Ancorado nestas alianças os portugueses tiraram proveitos da sua posição geográfica, favorável aos intercâmbios marítimos e terrestres, para manterem-se autônomos e colocarem-se na vanguarda do desenvolvimento mercantil, da formação dos estados nacionais modernos e das navegações intercontinentais.

Os impérios ibéricos associaram-se à igreja e através do Padroado Real Português, a Santa Sé estabeleceu alianças que conferiu ao Reino de Portugal o título de patrono das missões católicas e instituições eclesiásticas nos seus domínios da África, da Ásia e da América. O direito de padroado, instituído no século

---

73. REIS, A.C. *Nova história de Portugal...*, p. 25-26.
74. RUCQUOI, A. *História Medieval da Península Ibérica*. Lisboa: Estampa, 1995, p. 215-309.

XVI, consistia em um conjunto de mercês ou concessões da Igreja a fundadores de ordens, construtores de templos e beneméritos eclesiásticos, que evoluiu para um conjunto de privilégios, inclusive o direito a dotes, títulos honoríficos, lugares destacados nos atos litúrgicos, exposição de brasões nos templos e, em caso de emergência, socorrerem-se com os bens do seu padroado. Essa instituição caracterizava o exercício do poder eclesiástico pelos reis, que pagavam côngruas ao clero e indicavam candidatos a cargos na hierarquia da Igreja. A distribuição de mercês pelo monarca constituía uma estratégia de reforço da fidelidade e sujeição dos vassalos e súditos que, no caso do padroado se estendia a uma instituição, de modo que atribuía preponderância das ordens religiosas sobre o clero secular. Estes fundamentos no Brasil não se constituíam apenas um costume tutelar da catequese indígena, tinham o efeito prático de manter os colonos como parceiros da monarquia portuguesa no empreendimento colonizador de conquistar e ocupar economicamente o novo território[75].

Iniciou-se a expansão intercontinental portuguesa com a conquista de Ceuta, território mouro do norte da África, em 1415. A este feito inicial seguiram-se sucessivas descobertas e conquistas: Gil Eanes transpôs o cabo Bojador em 1434; Afonso Gonçalves Baldaia chegou ao rio do Ouro em 1436; Antão Gonçalves retornou das costas da África com os primeiros cativos em 1441; Nuno Tristão atingiu a foz do rio Senegal em 1445; Álvaro Fernandes descobriu a Guiné em 1446; Pedro de Cintra chegou a Serra Leoa, em 1460; Diogo Cão desembarcou na foz do rio Zaire, em 1483; Bartolomeu Dias dobrou o cabo das Tormentas em 1488; Vasco da Gama atingiu a Índia das especiarias, em 1497[76]. Antes de Vasco da Gama, a serviço do rei de Castela, numa tentativa de se chegar à Índia pelo Ocidente, Cristóvão Colombo descobriu o Novo Mundo em 1492 e os castelhanos ocuparam as ilhas Canárias, em 1496, que foram colonizadas pelo mercador genovês Lazaroto Marcocello, na primeira metade do século XIV.

---

75. OLIVAL, F. *As ordens militares e o Estado Moderno*: honra, mercê e venalidade em Portugal, 1641-1789. Lisboa: Estar, 2001, p. 15-32. • BOXER, C.R. *O império marítimo português*: 1415-1825. Lisboa: Ed. 70/Comissão Nacional para as Comemorações dos Descobrimentos Portugueses, 1992, p. 227-244 [1. ed., 1969]. • ALMEIDA, M.R.C. *Metamorfoses indígenas*: identidade e cultura nas aldeias coloniais do Rio de Janeiro. 2. ed. Rio de Janeiro: FGV, 2013, p. 89-90 [1. ed. 2003]. • TOLEDO, M.F.M. *Desolado sertão*: a colonização portuguesa do sertão da Bahia (1654-1702). São Paulo: USP, 2006, p. 19 [Tese de doutorado].

76. ZURARA, G.E. *Crónica dos feitos da Guiné* (1453). Lisboa: Alfa, 1989, p 27-181. Zurara (ou Azurara) foi cavaleiro da corte de d. Afonso V (1438-1481), exerceu as funções de guarda e conservador da biblioteca do rei, sucedeu a Fernão Lopes como guarda-mor da Torre do Tombo e escreveu, em 1451, a *Crónica da tomada de Ceuta*, em 1453 ou 1460, a *Crónica dos feitos da Guiné*, em 1463, a *Crónica de d. Pedro de Menezes* e, em 1468, a *Crónica do conde d. Duarte de Meneses*. Cf. LEMOS, M.M. *Dicionário de História Universal*..., p. 1.046.

Em finais do século XV e começos do XVI a cosmografia náutica portuguesa fez-se a mais desenvolvida da Europa, em decorrência da introdução da escala de latitudes que deu precisão aos mapas e mais segurança às viagens marítimas e os portugueses passaram a navegar por todos os mares. Isto se deveu à utilização de novos equipamentos astronômicos, emprego de novas técnicas de navegação, elaboração de projetos dos empreendimentos e uma política de sigilo sobre as atividades mercantis e náuticas[77]. Embora alcançasse este elevado nível de desenvolvimento cartográfico, por razões estratégicas, o governo português manteve uma política de resistência à produção de mapas e restrições à divulgação dos que já se dispunham, por considerar que os seus domínios territoriais, em especial o da América do Sul, constituíam objetos da cobiça de governos de outras nações[78], que mantinham informantes e falsários a subornarem cartógrafos lusitanos, entre os quais havia muitos venais.

Após a conquista de Ceuta em 1415, e do seu reconhecimento pelo papa e por governantes europeus, d. João I (1395-1433) impulsionou as navegações, os descobrimentos portugueses e iniciou a colonização das ilhas de Madeira e Açores, nas quais se introduziu a cana-de-açúcar cultivada pela força de trabalho escrava, numa iniciativa experimental da escravidão colonial mercantilista, que se desenvolveria no Brasil. Porém, o sucesso português ao continuar a guerra de conquista territorial em combates pela expansão de mercados, lançar-se ao mar e descobrir uma via alternativa para o intercâmbio com o Oriente, incomodava os castelhanos e mais ainda os genoveses e venezianos, que se sentiram desafiados no controle do comércio de especiarias. As reações genovesas e venezianas tinham fundamentos óbvios. O centro europeu distribuidor de mercadorias deslocava-se da península Itálica para a Ibérica e os capitalistas, de Veneza e Gênova, para Antuérpia e Amsterdã. Em meados do século XVI, Portugal enviou mais de 15 navios, anualmente, à Ásia, que regressaram carregados com mais de 20.000 toneladas de mercadorias e quase dobraria este volume no final desse século.

Cristóvão Colombo manteve-se nas condições de navegador e informante de várias casas reais. D. João II (1481-1495) de Portugal, seguro de que a rota marítima para a Índia seria mais curta pelo contorno da África, teria induzido Colombo a convencer os reis Fernando de Aragão e Isabel de Castela e Leão, que

---

77. DOMINGUES, F.C. Colombo e a política de sigilo na historiografia portuguesa. Separata de *Mare Liberum*, vol. I, 1990, p. 105-116. Lisboa. • CORTESÃO, J. *A política de sigilo nos descobrimentos*. Lisboa: Imprensa Nacional/Casa da Moeda, 1996.

78. COSTA, A.G. Do "Roteiro de todos os sinais da costa" até a "Carta Geral": os mapas sínteses para o território da América Portuguesa e do Brasil Império. *Revista Brasileira de Cartografia*, LXVII, 4, jul.-ago./2015, p. 887-903. Rio de Janeiro.

se unificavam na Espanha, a investirem na via ocidental[79]. Muito tempo antes, Afonso V (1438-1481), pai de d. João II, já havia consultado ao geógrafo florentino Toscanelli sobre a conveniência de se navegar para oeste, como alternativa para se chegar à Índia, e os conhecimentos geográficos de Portugal lhe garantiriam que através do Oriente a viagem seria mais morosa, de modo que os portugueses prosseguiam livremente o seu plano da rota ocidental. Ao regressar da viagem do descobrimento da América, ainda uma suposta ilha, Colombo passou por Lisboa, se encontrou com o rei João II e o deixou repleto de ambições com o sucesso do empreendimento castelhano.

Em consequência, ampliaram-se as disputas entre os reinos de Portugal e de Castela. Em vão, tentaram definir uma linha divisória do mundo descoberto e a descobrir. Recorreram à mediação do papa Alexandre VI (1492-1503), que cedeu a pressões de Fernando V e Isabel II, contra João II de Portugal, que reclamava para si as terras descobertas por Colombo, e outorgou ao reino castelhano três bulas que repetiam para Castela os dispositivos antes atribuídos a Portugal: na *Inter Cætera*, de 3 de maio de 1493, similar à *Romanus Pontifex* de Portugal, concedeu aos reis de Castela o domínio pleno sobre as terras descobertas e por descobrir, no Atlântico, ao Ocidente até às Índias; na *Eximie Devotionis*, da mesma data, com teor idêntico ao da *Inter Cætera* portuguesa, conferiu aos monarcas Fernando e Isabel, nestas mesmas terras atlânticas, iguais privilégios aos dos portugueses na África; e a terceira (segunda *Inter Cætera* espanhola) de um dia após as duas anteriores, que parecia à *Æterni Regis* portuguesa, fixou uma linha imaginária de demarcação entre os domínios de Portugal e de Castela, 100 léguas a oeste das ilhas de Açores e Cabo Verde, de modo que Portugal ficasse com o leste e Castela com o oeste.

Portugal não se conformou com a decisão papal, por desconfiar ou saber da existência de terras mais a oeste e pleiteou estender a linha divisória para 370 léguas. Os monarcas castelhanos cederam e o acordo foi assinado em Tordesilhas, vizinhanças de Valladolid, capital de Castela, em 7 de junho de 1493. Alexandre VI editou ainda a bula *Dudum Siquidem*, em 26 de setembro de 1493, que concedeu a Castela o domínio das terras da Índia, inclusive ao seu oeste, sul e leste, ainda não ocupadas por monarca cristão[80].

---

79. CORTESÃO, A. Espionagem nos descobrimentos. Separata de *Vida Contemporânea*. XVIII, 1935. Lisboa.

80. FLORESCANO, E. Los fundamentos de la propiedad: los títulos originarios de la propiedad de la tierra en la Nueva España. In: CÁRDENAS, E. (comp.). *História económica de México*. México: Fondo de Cultura Económica, 1989, p. 329-375. • ALVAR, J. (dir.). *Diccionario Espasa...*, p. 179. • NEVES, E.F. *Posseiros, rendeiros e proprietários...*, p. 98-133. • NEVES, E.F. *Estrutura fundiária e dinâmica mercantil...*, p. 69-101. • MARIZ, V. *Pelos caminhos da história*: nos bastidores do Brasil Colônia, Império e República. Rio de Janeiro: Civilização Brasileira, 2015, p. 19-32.

Este arbítrio de Alexandre VI resultou no primeiro desacato das pretensões universalistas do poder papal. Vários governantes europeus excluídos dessa partilha do mundo reagiram. Alguns, como o rei da Dinamarca, se recusaram a reconhecer a autoridade do papa para tal arbitragem. Os monarcas ingleses, franceses e holandeses começaram a contestar o acordo ibérico e a reivindicar participação na divisão do globo terrestre[81].

Enquanto debatiam sobre a posse das novas terras descobertas e por descobrir, os monarcas europeus agilizavam os empreendimentos. O florentino Amerigo Vespucci (1454-1512), naturalizado Américo Vespúcio em Castela, teve o seu nome atribuído ao novo continente, foi tripulante da expedição castelhana de Alonso de Hojeda (1468-1515), que partiu de Cádis em 18 de maio de 1499 e regressou em junho de 1500. Nesta viagem descobriu os territórios que seriam Suriname e Pária, percorreu o litoral antes visitado por Colombo e descobriu as ilhas Testigos e Chichibacoa.

Em 1501-1502 Vespúcio esteve novamente no Novo Mundo a serviço de Portugal, na companhia de Nicolau Coelho e conduziu a descoberta do que seria o litoral brasileiro, do Rio Grande do Norte até Cananeia. Numa terceira viagem (1503-1504) comandou um de seis navios de nova armada capitaneada por Gonçalo Coelho[82]. Depois da experiência de Vasco da Gama, que chegou à Índia, em navegação para o Oriente, o governo português aprovisionou cuidadosamente uma armada, bem instrumentalizada para aquisição de especiarias, cuja comercialização na Europa compensasse, ainda que parcialmente, os custos da expedição. Atribuiu-se o seu comando ao fidalgo beirão, capitão-mor Pedro Álvares de Gouveia, depois, auxiliado por vários navegadores experientes. A armada de Cabral, composta de 10 naus e três caravelas, com mais de 1500 homens, deixou a enseada do Tejo, após suntuosa despedida oferecida pelo rei d. Manuel, em 9 de março de 1500. No Atlântico tomou a direção sul e executou como recomendavam as normas da navegação para aquela época do ano, uma larga manobra pelo sudoeste, muito mais ampla que a efetuada por Vasco da Gama, sem se

---

81. WILLIAMS, E. *Capitalismo & escravidão*. São Paulo: Companhia das Letras, 2012, p. 29-30.
82. GUEDES, M.J. O descobrimento do Brasil. Oceanos, XXX, jul.-set./1999, p. 8-16. Lisboa. • COUTO, J. A expedição cabralina: casualidade verso intencionalidade. Oceanos. Lisboa, XXX, jul-set./1999, p. 18-31. Lisboa. • GÓES, S.S. Navegantes do Brasil. Oceanos, XXXIX, jul.-set./1999, p. 40-53. Lisboa. • FARINHA, A.D. A viagem de Pedro Álvares Cabral ao Brasil e à Índia. Oceanos. Lisboa, XXXIX, jul.-set./1999, p. 54-68. Lisboa. • DOMINGUES, F.C. Os navios de Cabral. Oceanos, XXXIX, jul.-set./1999, p. 70-80. Lisboa. • MATOS, J.S. A navegação atlântica dos portugueses em 1500. Oceanos. Lisboa, XXXIX, jul.-set./1999, p. 82-99. Lisboa. • ROCHA. D.N.G.J.P. Américo Vespúcio. In: *Navegações Portuguesas* – Biografias [lista de artigos] [Disponível em http://cvc.instituto-camoes.pt/navegaport/g63.html – Acesso em 10/05/ 2016].

aproximar do litoral africano. Em seguida passou a navegar na direção oeste e a 21 de abril apareceram resíduos orgânicos sobre as águas, numa indicação da proximidade de terras. Na manhã seguinte, aves sobrevoaram os barcos e à tarde, a vanguarda da esquadra avistou uma alta e redonda montanha. Narra a Carta de Caminha e outros dois registros que, ao se aproximarem, divisaram montanhas mais baixas, floresta de grandes árvores e nas praias, crianças, mulheres, e homens nus, gente pouco espantadiça com a chegada da frota naval portuguesa, como se aquele acontecimento lhes fosse corriqueiro.

Num dos três registros destes acontecimentos, o judeu espanhol, mestre João Faras, bacharel, físico e cirurgião, que integrou a expedição de Cabral em 1500, descreveu ao rei d. Manuel as coordenadas geográficas locais, comparadas com referências cartográficas anteriores, numa indicação de prévio conhecimento das terras que oficialmente se descobriam, fez alusão ao Cruzeiro do Sul e a outras constelações e corpos celestes austrais. A terceira testemunha elaborou a Relação do Piloto Anônimo, atribuída ao escrivão João Sá, que também integrou a frota de Cabral, na qual descreveu características ambientais e da população nativa da terra descoberta[83].

Nas circunstâncias de envolvimento de agentes múltiplos e de segredos de estado, discutem-se as possibilidades do achamento dessas terras pela esquadra comandada por Cabral resultarem de ação deliberada ou acidental. Pouco se sabe sobre os acontecimentos do entorno deste evento que marcou o início da inserção do território na cartografia universal e as subsequentes relações de suas populações com o mundo exterior. Estes aludidos documentos relatam aspectos dos acontecimentos, revelam fatos e circunstâncias, contudo, não eliminam as possibilidades de especulações sobre ocorrências tão relevantes, plenas de subterfúgios, tramadas e urdidas em meio a tantos jogos de interesses. As navegações intercontinentais oportunizaram a formação de impérios coloniais e permitiram aos domínios marítimos, espanhol e português estenderem-se pelos cinco continentes, em articulações de fortalezas, feitorias e colônias, conforme as relações que estabeleciam, e se desintegrarem na transição para o século XIX, por não acompanharem o desenvolvimento tecnológico da Revolução Industrial e ficarem caudatários dos acontecimentos.

Denominam-se de portulanos as cartas marítimas medievais que descreviam litorais, portos, profundidade, marés e outras indicações úteis à navegação, aperfeiçoadas pelos portugueses na segunda metade do século XIII. Conhecem-se

---

83. PEREIRA, P.R. *Os três únicos testemunhos do descobrimento do Brasil*. Rio de Janeiro: Lacerda, 1999, p. 31-79.

cerca de uma dúzia de cartas-portulanos, umas datadas e outras que se poderiam datar de, aproximadamente, o primeiro terço do século XIV. As cartas de Marino e as cartas-portulanos teriam demarcado as duas primeiras fases da história da cartografia; a terceira seria a da cartografia portuguesa dos descobrimentos, com a criação da navegação astronômica e a correlata introdução da escala de latitudes; a quarta surgiu com a projeção de Mercator[84] e a determinação cronométricas das latitudes[85]. A cartografia medieval estendeu-se para além das acanhadas fronteiras das terras conhecidas e penetrou em um mundo de monstros e sedutoras fantasias, além de reconhecer territórios virtualmente desconhecidos. Neste mundo sem latitude nem longitude confiáveis, os acidentes de paisagem, os povos e até determinados componentes da fauna e da flora poderiam transformar-se em variáveis de orientação geográfica, como as araras na expedição de Pedro Álvares Cabral. Os mapas medievais são repletos de ilustrações e comentários sobre a fauna, a flora e os habitantes dos locais retratados, como um conjunto significativo de referências para se ocupar parcela razoável do espaço disponível[86].

No auge das rivalidades luso-venezianas pelo controle das especiarias asiáticas, em 1501, Ângelo Trevisan, secretário do embaixador veneziano em Castela queixara-se ao amigo Domênico Malipiero das dificuldades de obter mapas portugueses da Índia. Conseguira apenas um breve relato da viagem de Vasco da Gama a Calicute, que passara ao embaixador. Seria impossível obter-se o mapa dessa viagem porque o rei de Portugal ameaçara de morte a quem facilitasse o acesso a essa informação. Trevisan prometera-lhe, então, que se voltasse vivo para Veneza lhe levaria o tão desejado mapa, não se sabe a que preço. Embora não se saibam que mapas ele teria contrabandeado, de algum modo conseguiu valiosas informações, de circulação proibida em Portugal, sobre a rota para a Ásia. No ano seguinte, agentes venezianos roubaram outro significativo mapa português, o Planisfério de Cantino, que não ficou conhecido pelo nome do incógnito cartógrafo lusitano, mas pelo do agente veneziano que o contrabandeou.

Em 1502, Ercole d'Este, duque de Ferrara, norte da Itália, enviou o seu intermediário de negócios, Alberto Cantino a Lisboa, sob a desfaçatez de adquirir cavalos de raça pura. Na capital portuguesa seu agente pagou 12 ducados de ouro

---

84. A projeção de Mercator foi uma proeminência cilíndrica, com a primeira representação cartográfica de todo o globo terrestre, elaborada por Gerhard Mercator (1512-1594).

85. CORTESÃO, A. *Cartografia portuguesa antiga*. Lisboa: Comissão Executiva das Comemorações do V Centenário da Morte do Infante d. Henrique, 1960, p. 37-44.

86. TEIXEIRA, D.M. Todas as criaturas do mundo: a arte dos mapas como elemento de orientação cartográfica. *Anais do Museu Paulista*: História e Cultura Material, XVII, 1, jan.-jun./2009. São Paulo.

a um cartógrafo para elaborar um mapa do mundo, que contrabandeou para a biblioteca de Ferrara, da qual o transferiram para a de Módena, também norte de Itália, onde se conservou ao longo dos séculos.

O Planisfério de Cantino, de 1502, foi o primeiro mapa português no qual aparece parte do Brasil, ainda com o nome de Vera Cruz, e o meridiano de Tordesilhas, de 1494. Foi traçado sobre várias folhas de pergaminho, coladas lado a lado, em uma tela de 1,050mm x 2,200mm com a representação de todo o mundo então conhecido, profusamente iluminado com símbolos heráldicos e outros signos representativos, desenhados em diferentes fases de sua elaboração. Dois sistemas de rosas dos ventos, tangentes do centro da carta formam uma teia de linhas de rumo cujo traçado seria posterior ao desenho das terras, das linhas e mesmo da inscrição da maioria dos topônimos, que estão interrompidas nestes mesmos locais. Possuí seis troncos de léguas e talvez, pela primeira vez apresentaram as linhas do equador, dos dois trópicos e do círculo polar ártico, o que deixa implícita a existência de uma escala de latitudes, com um valor aproximado de 17,5 léguas por grau. Pode-se ainda ver a linha divisória do tratado de Tordesilhas, com a inscrição: *este he o marco dantre castella e portugual*. Baseados na implícita escala de latitudes, apenas estão representados 257 graus dos 360 de todo o orbe[87].

Também mostra bandeiras castelhano-leonesas onde seriam as Guianas e a Venezuela, em áreas exploradas por Américo Vespúcio às ordens de Alonso de Ojeda, entre maio de 1499 e junho de 1500, quando percorreu a ribeira entre, aproximadamente, onde se constituiu o Suriname e o golfo de Pária. Também se visitou, coetaneamente, a zona intermediária do cabo São Roque e do golfo de Pária-Ilha Trindade, por Vicente Yáñez Pinzón e Diego de Lepe, e na sua parte final, pelo próprio Cristóvão Colombo em julho/agosto de 1498, e não mostram as ribeiras do golfo de Panamá, desconhecidas até a última viagem do descobridor, nos anos de 1502 a 1504. O Planisfério pirateado por Cantino, que ainda esboçou o Brasil como uma ilha e o Atlas de Miller de 1519, que já apresentou a América como um continente, numa evidente evolução cartográfica, seguiu esta mesma tendência. O Atlas Miller ou Atlas de Lopo Homem, produzido em

---

87. PORTUGAL/Ministério de Negócios Estrangeiros/Camões Instituto de Cooperação e da Língua/Centro Virtual Camões. *Planisfério anônimo de 1502 (dito "de Cantino")* [Disponível em http://www.cvc.instituto-ca-moes.pt/cartografia-e-cartografos/planisferio-anonimo-de-1502-dito-decantino.html#.Vx9sKvkrLcs – Acesso em 26/04/2016. • BROTTON, J. *Uma história do mundo em doze mapas.* Rio de Janeiro: Zahar, 2014, p. 107-241. • CASTRO, J.F.M. *História da cartografia e cartografia sistemática.* Belo Horizonte: PUC Minas, 2012, p. 28.

Portugal, conteria uma dezena de cartas náuticas. A entusiástica incorporação de novidades do além-mar pela cartografia quinhentista refletia tendências econômicas, estéticas e a irresistível atração dos europeus dessa época pelo exótico e desconhecido[88].

Desde o planisfério de Cantino a meados do século XVI ampliaram-se, significativamente, as informações sobre o Brasil. De meados do século XVI aos finais do seguinte, na ampla produção cartográfica, ou cosmográfica, como se denominava na época, seguiram-se os mapas que integram os famosos atlas elaborados e repetidamente editados pelas famílias, Reineis (Pedro e Jorge) e Homens (Lopo, Diogo e André), as produções dos Teixeira (Luís Teixeira, Domingos Teixeira, João Teixeira Albernaz I, Pero de Lemos, Pedro Teixeira Albernaz e João Teixeira Albernaz II), dos Sanches (Domingos e Antônio) e dos Miranda (Antônio e José da Costa). Passada a fase dos grandes descobrimentos, quando o globo terrestre ficou conhecido, embora ainda refletisse a cartografia portuguesa que esboçava os contornos costeiros dos territórios, por ordens do governador-geral do Brasil, Luís de Brito Almeida (1572-1578), Luís Teixeira produziu, em 1573, um documento cartográfico síntese do conhecimento sobre a América de colonização portuguesa e minuciosa descrição do seu contorno litorâneo[89], que contém 13 cartas e plantas de cidades, coloridas, iluminadas e como destaque cartográfico apresenta no final, o mapa ou atlas de Luís Teixeira.

O mapa geral do Brasil de Luís Teixeira dispõe de uma extensa legenda ao lado esquerda superior, emoldurada em um quadro com múltiplas bordas. Além das linhas do equador e do trópico de capricórnio, apresenta a linha de demarcação de limites definidos pelo tratado de Tordesilhas, que parte da foz do Amazonas para o estuário do Prata. Apresenta mais de 190 topônimos costeiros, cerca de 20 atlânticos e mais de 30 rios identificados, que representam mais que o dobro das informações do mapa de Diogo Homem, de 1558 e reflete o

---

88. VILAR, E.B. *Os olhos da história*: a cartografia, dos seus inícios às decisivas contribuições do português Planisfério Cantino (1502) [Disponível em http://www.bvg.udc.es/indicepaxinas.jsp – Acesso em 25/04/2016]. • WEHLING, A. Ocupação foi lenta nos dois primeiros séculos. *Folha de S. Paulo* – Folha Online: Brasil 1500 [Disponível em http://www1.folha.uol.com.br/fol/brasil500/imagens6.ht – Acesso em 25/04/2016]. • TEIXEIRA, D.M. Todas as criaturas do mundo: a arte dos mapas como elemento de orientação geográfica. *Anais do Museu Paulista*: História e Cultura Material, XVII, 1, jan.-jun./2009. São Paulo.

89. TEIXEIRA, L. [século XVI, autor presumível]. *Roteiro de todos os sinais na costa do Brasil* – Edição comemorativa do V centenário de Pedro Álvares Cabral. Rio de Janeiro: Instituto Nacional do Livro, 1968 [Reprodução fac-similar do ms. 51-V-38 da Biblioteca da Ajuda; leitura diplomática; comentários e índice de vocábulos. Edição preparada por Max Justo Guedes].

progressivo conhecimento do litoral e do interior. Limitou-se esta identificação da toponímia por racionalização de espaço no mapa para manter a legibilidade[90].

Até a chegada de Georg Marcgrave, o cartógrafo de Nassau a Pernambuco, em 1637, a elaboração cartográfica limitava-se à representação dos contornos litorâneos, sem a preocupação de detalhar os interiores. Interessava-se por conhecer, mapear e denominar os acidentes geográficos do litoral. O governo português não se preocupava em controlar territórios, apenas defender as suas rotas ultramarinas e comerciais. A representação do interior constituía uma metáfora das possibilidades de apropriação do espaço real. Nos mapas traçava-se uma entidade geográfica na qual se dispunham alguns elementos ou signos que remetiam aos direitos de domínio ou titularidade da posse dos territórios. O estabelecimento da *West-Indische Compagnie* em Pernambuco e capitanias vizinhas deu um novo impulso à cartografia terrestre e ao mapeamento dos interiores do Brasil[91].

2.7 Perspectivas portuguesas ao se acharem terras no Atlântico Sul

Quando Cabral aportou no Novo Mundo, encontrou gentios de hábitos primitivos, florestas e animais selvagens. Ainda não se tratava de Brasil como depois se passaria a pensá-lo, senti-lo e vê-lo, um resultado da construção de populações. O Brasil seria este somatório resultado de muitos produtos, reconhecidos pelos brasileiros como único, a sua pátria, que não foi descoberta em 1500, quando europeus e americanos se encontraram e deram início a esta construção[92].

A chegada ao território do Novo Mundo provocou um deslumbramento patriótico aos portugueses que se transformou em pessimismo moral. Os sentimentos evoluíram do arrebatamento épico para a lamentação ética. O orgulho nacional da heroica navegação predominou durante gerações de poetas, memorialistas, cronistas e historiadores, de Luís de Camões (1524-1580) a Alexandre Herculano (1810-1877). Esta percepção apoteótica das explorações marítimas e terrestres afetou a inteligência portuguesa na época do romantismo, embora a receptividade não fosse imediata nem uniforme. Houve contrastes e uma relativa disritmia entre os processos de ideais e culturas dos homens de gabinete e os

---

90. CINTRA, J.P. As capitanias hereditárias no mapa de Luís Teixeira. *Anais do Museu Paulista*: História e Cultura Material, XXIII, 2, jul.-dez./2015 [Disponível em http://www.scielo.br/scielo.php?script=sci_arttext&pid=S0101-47142015000200011 – Acesso em 20/05/2016. São Paulo].

91. KANTOR, Í. O uso diplomático da ilha Brasil: polêmicas cartográficas e historiográficas. *Varia historia*, XXIII, 37, jan.-jun./2007, p. 70-80. Belo Horizonte.

92. SILVA, F.C.T. Conquista e colonização da América Portuguesa: o Brasil Colônia (1500-1750). In: LINHARES, M.Y.L. (org.). *História Geral do Brasil*. 9. ed. Rio de Janeiro: Campus, 1990, p. 33-94.

dos agentes das navegações oceânicas. Os marítimos agiram antecipadamente, enquanto os intelectuais e agentes governamentais trabalhavam os resultados das suas aventuras. A frequência das universidades de Salamanca, Florença, Bordéus, Paris, Lovaina, fora um dos fatores que mais contribuíram para este diferencial, cuja perspectiva fundamentava-se essencialmente na escolástica e no humanismo. A defasagem cultural da população portuguesa em relação à Europa afetou, de algum modo, os intelectuais lusitanos. E os mais atingidos foram os mais evoluídos. A tendência para as soluções ecléticas nascera de fatores conjunturais, como o esgotamento do poder criador das sínteses. Esse ecletismo fora uma predileção de independência filosófica, para se evitar o monolitismo das escolas consagradas. A independência se pautara em fundamentos nominalistas, para os quais, tudo que existe seria individual, particular, portanto, nada poderia ser universal[93].

A narrativa convencional sobre a história do Brasil conteria dois aspectos estilísticos destacáveis, vinculados ao paradigma evolucionista. O primeiro seria o suposto contratempo de finais do século XV, dos relatos sobre as condições precárias e aventureiras da navegação, que contribuiu para se criarem expectativas equivocadas sobre o encontro das terras em Porto Seguro e a relação dos europeus com as populações nativas. Por metonímia, alguns descreveram este encontro como casual, fortuito ou acidental. Por este prisma da evolução, não haveria razão para preocupações com a as concepções da época nem com a possibilidade de alternativas históricas. O segundo aspecto está no fato de a procura por uma racionalidade levar a localizar os personagens e os fatos no processo mais amplo da expansão intercontinental europeia, supostamente inexorável e de sentido unívoco. Numa narrativa mais ampla, o casual levou a uma fatalidade que anulou os agentes históricos, sem que fosse necessário justificá-los ou absorvê-los, de modo que tudo conjuminou no estabelecimento de uma convicção sobre a efemeridade do descobrimento e a insignificância das populações nativas na configuração do mundo colonial que se instauraria. Essa narrativa que apresenta uma história do Brasil em uma suposta sucessão de ciclos econômicos estanques, confundidos com as fases evolutivas da economia, situa os povos indígenas como detentores exclusivos dos recursos naturais, num tempo e num espaço anterior à chegada dos portugueses. Deveriam, portanto, precederem a colonização, porém, entraram na história como inevitáveis, senão, como intrusos[94].

---

93. DIAS, J.S.S. *Os descobrimentos e a problemática cultural do século XVI*. Lisboa: Presença, 1982, p. 13-52.
94. OLIVEIRA, J.P. El nascimiento del Brasil: revisión de un paradigma historiográfico. *Corpus – Archivos Virtuales de la Alteridade Americana*, III, 1, jan.-jun./2013 [Disponível em https://www. corpus-archivos.revues.org/192 – Acesso em 29/06/2016].

Os descobrimentos desencadearam em Portugal um manancial de informações úteis para os homens do mar, com referências da fauna e da flora, fenômenos meteorológicos, correntes marítimas e aéreas, marés e as suas causas, clima, fisiografia, crenças, costumes, raças, seus habitares, comércio, organização civil e militar... de uma vasta área do mundo incógnito ou mal conhecido, cuja observação instigava uma consciência intelectual, intuitiva e prática que interferia na cultura teórica, modificava conceitos e impunha uma nova imagem de Portugal entre as nações. As verdades da ciência estabelecida retrocederam na concepção dos marinheiros portugueses na medida em que as navegações se desenvolviam. A proeza de Gil Eanes desfez mitos como o mar tenebroso, as correntes fatais dos trópicos. Do mesmo modo, as notícias da fauna e da flora do além-mar levaram a revolução cultural dos descobrimentos para a vasta literatura de viagens, desde a carta de Caminha sobre o achamento, que destacou a alteridade da população autóctone e o exotismo da fauna e da flora nativas[95], às ufanistas narrativas românticas que caracterizaram a historiografia portuguesa dos séculos XIX e XX, sobre os descobrimentos.

Ao conquistar e ocupar, social e economicamente, o território do Brasil, os portugueses ainda se orientavam pelo ideário etnocêntrico da cultura mística da Idade Média. A expansão intercontinental caracterizava-se como um empreendimento econômico fundamentado na concepção de guerra santa, numa continuidade das operações militares de conquistas iniciadas pelas Cruzadas contra os muçulmanos. As sociedades ibéricas vislumbravam a humanidade como um bloco monolítico de pensamento verdadeiro, guiado por convicções imutáveis. Desconheciam ou repudiavam qualquer ideia de alteridades em que pessoas e grupos sociais se reconhecessem e se respeitassem mutuamente. Essas circunstâncias os impediam de considerar quaisquer direitos de outrem. Aos povos nativos somente se reconheciam justiças quando submetidas aos padrões jurídicos e normas de conduta da sociedade colonizadora.

As representações sobre os indígenas do Brasil, na fase inicial da colonização, não foram produzidas apenas pelos portugueses. Há relatos e icnografias que refletem sua presença no litoral atlântico e até em contextos europeus. Índios capturados foram levados para a Europa e apresentados em palácios reais franceses e portugueses, como espécie exótica e instrumento de exploração política[96]. Seria inviável compreender a presença indígena na história do Brasil

---

95. DIAS, J.S.S. *Os descobrimentos e a problemática cultural do século XVI...*, p. 53-76.
96. THEVET, A. *Singularidades da França Antártica a que outros chamam de América*. São Paulo: Nacional, 1944. [1. ed. Paris, 1557]. • LÉRY, J. *Viagem à terra do Brasil* (1558). Belo Horizonte: Itatiaia, 2007.

e na contemporaneidade sem o exercício da crítica, em particular sobre três equívocos narrativos e interpretativos, para se ressaltar as suas ineficiências como instrumentos descritivos e analíticos e expor os seus pressupostos políticos e ideológicos. O primeiro entende que todos os discursos relacionados aos indígenas passaram pela dualidade de protetores e predadores, em qualquer período, região ou etnia; o segundo confronta o dilema de se submeter ou resistir, de aceitar a aculturação ou reagir ao próprio extermínio; e o terceiro expõe a suposta clivagem radical e definitiva entre o índio e o não índio, sem admitir mesclas, sobreposição ou alternativas inspiradas no paradigma religioso de pagãos e cristãos. Teve-se que optar pela manutenção do índio e recusa do domínio português ou assumir-se como vassalo do rei de Portugal. Pensou-se a mestiçagem no Brasil como algo racial, que imaginou o índio como descartável na colonização e seu destino uma invisibilidade social. Compreender a diversidade étnica exige incorporar histórias perdidas de famílias, afetos, memórias de dispersões que atravessaram fronteiras étnicas e mostraram, criticamente, os limites da etnicidade.

3 | Tupis, guaranis, jês
Culturas indígenas e impactos da colonização portuguesa no Brasil

3.1 A invasão portuguesa dos territórios indígenas

As sociedades nativas encontravam-se ainda em estágio seminômade, de coleta, caça, e apenas iniciava a agricultura. As estimativas da população indígena da América na época da chegada de Cristóvão Colombo oscilaram de menos de 10 milhões a mais de 100 milhões. Não há referenciais confiáveis para se elaborar cálculos. O mesmo ocorre com a do Brasil, cujos habitantes de 1500 estimavam-se entre um milhão e 10 milhões de índios. A percepção de uma política e de uma consciência histórica na qual os índios deixaram a condição de vítimas para a de sujeitos, apresenta-se como uma novidade historiográfica, embora para os índios parecesse corriqueira. A historiografia apresenta o início da história do Brasil em 1500 e referencia-se em antecedentes europeus. A ancestralidade indígena tem perspectiva pré-histórica que se dissipa no tempo, sem registros nem identidades e, por conseguinte, sem memória própria. Nestas circunstâncias os índios são efêmeros, em transição para a Cristandade, a civilização, a assimilação e o desaparecimento[1].

A colonização portuguesa caracterizou-se pelos violentos métodos de conquista e dominação. Em paralelo à tomada do território e a sua ocupação econômica, instituiu-se a catequese para facilitar a divulgação dos modos etnocêntricos de pensar, de sentir e de comportar-se, que deveriam substituir os usos e os costumes nativos. No equacionamento destas diferenças, o conhecimento das culturas indígenas se fez fundamental, para as políticas de pacificação dos grupos étnicos, de assimilação social e de disponibilização de sua força de trabalho, para

---

1. CUNHA, M.C. Introdução a uma história indígena. In: CUNHA, M.C. (org.). *História dos índios no Brasil*. São Paulo: Companhia das Letras, 1992, p. 9-24.

as instituições colonizadoras e a exploração econômica do território militarmente ocupado. Os colonizadores preocuparam-se, desde os primeiros contatos com os povos nativos, em conhecerem as línguas faladas, para mais rapidamente transmitirem as suas referências socioculturais. Ao se dedicarem à catequese no Brasil, os jesuítas procuraram dominar a comunicação nas línguas nativas. Um dos catequistas colonizadores, José de Anchieta (1534-1597), tomou como referência a gramática latina para homogeneizar dialetos tupis e guaranis em um conjunto de prescrições e regras de uma língua escrita e falada, que denominou de tupi-guarani, ou *nheengatú*, também conhecida como língua geral[2]. Criou, portanto, um código de linguagem intermediário dos falados pelos indígenas e do usado pelos colonizadores.

Estudioso de culturas indígenas, o engenheiro Theodoro Fernandes Sampaio (1885-1937), estudou, no início do século XX, a presença da língua tupi na denominação geográfica nacional e anexou um vocabulário de interpretação toponímica[3]. Em outros estudos[4], Sampaio discorreu sobre aspectos culturais indígenas e num deles alertou para a necessidade de se estudar vestígios das culturas indígenas que teriam contribuído mais efetivamente na formação étnica do sertanejo, em cavernas e sepultamentos.

Um estudo da colonização portuguesa no Brasil deve identificar os povos indígenas encontrados pelos colonizadores e avaliar os impactos da imposição de uma cultura que convertia tudo em mercadorias sobre povos coletadores, caçadores e ceramistas, que produziam apenas para o próprio consumo. Uma fonte indispensável no estudo de povos indígenas brasileiros, o "Mapa etno-histórico de Curt Nimuendaju", elaborado em três versões, das quais se publicou apenas a terceira, em duas edições[5], cuja primeira versão teve produção em 1942, por encomenda do Bureau of American Ethymology (Smithsonian Institution), representado no Brasil pelo casal norte-americano Clifford Evans e Betty J. Meggers, para publicação no Handbook of South American Indians; a segunda, em 1943, para o Museu Paraense Emílio Goeldi; e a terceira, mais completa, em 1944, para o Museu Nacional do Rio de Janeiro acompanhada de estudos sobre o autor,

---

2. ANCHIETA, J. *Arte da gramática da língua mais falada no Brasil*. 5. ed. Salvador: Edufba, 2014 [Apresentação de Fernando Peres] [1. ed. 1595].

3. SAMPAIO, T. *O tupi na geografia nacional*. 5. ed. São Paulo/Brasília: Nacional/IML, 1987 [1. ed. 1901].

4. SAMPAIO, T. Dois artefatos indígenas do Museu Arqueológico do Instituto Geográfico e Histórico da Bahia. *Revista do IGHB*, XLIII, 1916, p. 27-31. Salvador. • SAMPAIO, T. Os Kraôs do rio Preto no Estado da Bahia. *Revista do IHGB*, LXXV, 1, 1912, p. 125, 145-205. Rio de Janeiro. • SAMPAIO, T. *Inscrições lapidares indígenas no vale do Paraguaçu...*, 1918, p. 6-32.

5. IBGE. *Mapa etno-histórico de Curt Nimuendaju*. Rio de Janeiro: Fundação Instituto Brasileiro de Geografia e Estatística/Fundação Nacional Pró-Memória, 1987/2002.

as suas atividades etnográficas e esta relevante obra etno-histórico-geográfica. Trata-se de um dos mais significativos e abrangentes documentos sobre povos indígenas do Brasil, elaborado por um alemão autodidata, que conviveu durante quatro décadas com populações nativas. Curt Nimuendaju produziu, entre outros estudos, um ensaio sobre a cultura Apapocuva-guarani[6], que introduziu na literatura etnológica temas como a terra sem mal, a migração profética e a cosmologia-escatologia que preveria, para um futuro mais ou menos próximo, um cataclismo cósmico do qual se escaparia quem alcançasse o paraíso em vida. Em consequência da colonização portuguesa, os discursos da religiosidade, da mística e do pessimismo teriam se incorporado aos fundamentos dos modos de vida tupi-guarani e se tornado temas favoritos das investigações etnológicas[7].

3.2 Panorama étnico do Brasil no século XVI

Quando os miscigenados colonizadores portugueses chegaram ao território que seria o Brasil, conservavam ainda a cultura etnocêntrica dogmática medieval da guerra santa das Cruzadas contra o *jihad* islâmico, e não admitiam a possibilidade de diferentes modos de vida, de compreensão do mundo material e de comportar-se em sociedade, por não entenderem que cada grupo social constrói a própria história conforme as suas necessidades cotidianas, tanto na dimensão coletiva quanto na perspectiva individual. Desconhecem as alteridades interpessoais e intergrupais, que sempre estabeleceram diferenças e definiram características de cada organismo social. Fundamentados nas teorias corporativas de poder que restabelecia a escolástica reciclada da Idade Média, vislumbravam a humanidade compactada em um bloco cultural homogêneo, de pensamento uniforme e conduta universalmente padronizada. Ao chegarem ao litoral da região posteriormente denominada de Nordeste do Brasil, encontraram intensa movimentação de diferentes grupos étnicos. Grandes áreas achavam-se ocupadas por povos que a Arqueologia os enquadraria na tradição ceramista *tupiguarani*[8]. Na faixa costeira, ao norte, viviam os grupos tupinambás, caetés e potiguares e

---

6. NIMUENDAJU, U.K. *As lendas da criação e destruição do mundo como fundamento da religião dos Apapocuva Guarani* [1914]. São Paulo, Hucitec/USP, 1987. • SUESS, P. (org.). *A conquista espiritual da América Espanhola*: duzentos anos de documentos do século XVI. Petrópolis: Vozes; 1992. • SUESS, P. (org.). *La conquista espiritual de la América Española*: 200 documentos – Siglo XVI. Quito: Abya-Yala, 2002 [Disponível em file:///C:/Users/PC/Searches/Downloads/Estudos/História/América/La%20conquista%20espiritual%20de%20la%20América.pdf – Acesso em 24/01/2017].

7. POMPA, C. *Religião como tradução*: missionários, tupi e "tapuia" no Brasil colonial. Bauru: Edusc, 2003, p. 100.

8. Tupiguarani (sem hífen) significa horizonte cultural; tupi-guarani (com hífen), segmento étnico.

no litoral sul da Bahia, os tupiniquins. Nesta mesma faixa litorânea habitavam grupos não tupis, da família linguística dos *machakales, kamakãs* e *pataxós*[9]. Nas caatingas e cerrados do interior radicaram-se os grupos não tupis de diversas famílias linguísticas, como o dos kariris, do interior do Ceará ao da Bahia, chamados de *tapuias* pelos *tupis*. Na língua tupi a palavra *tapuia* tinha o sentido de bárbaro e os povos tupis a utilizavam para designar todas as nações não tupis[10]. Os colonizadores portugueses assimilaram a denominação como identidade de etnia. Não significa, por conseguinte, um heterônimo, apenas uma categorização transmitida pelos povos tupis[11].

Atribuem-se três possibilidades de procedência aproximada dos grupos étnicos tupi-guaranis: seriam advindos da Amazônia Central, originários dos rios Madeira e Guaporé ou proviriam do Brasil Central. As complexas sociedades tupis se caracterizavam por processos de fragmentação e reconstituição de grupos locais, firmar lideranças de chefes e xamãs e formar um complexo guerreiro na afirmação da sua identidade histórica. Entre eles destacavam-se os *tupiniquins*, habitantes da capitania de São Vicente, cujo principal assentamento na época da chegada dos europeus encontrava-se a aldeia de *Inhapuambuçu*, também conhecida como Piratininga, do chefe Tibiriçá, o mais influente líder indígena da região, na qual os jesuítas estabeleceram um precário colégio, em 1554[12].

No início do século XVI, esses grupos sociais de etnias tupis aliaram-se aos colonizadores na conquista territorial para levarem vantagens nas suas guerras contra povos macro-jês, seus rivais, que conservavam uma cultura material menos expressiva, e os agentes da colonização exploravam estas alianças para expandirem suas conquistas territoriais. Em consequência, avaliavam-se os povos tupis como mais aptos para a interação cultural que os macro-jês, denominados de tapuias pelos tupis, com o significado de irredutíveis e de bárbaros, sem que se estabelecesse qualquer diferenciação entre eles. Os jês, encontrados pelos colonizadores na Bahia, pertenciam a um grupo étnico que os tupis, seus arqui-inimigos, chamavam de *aimoré*[13].

---

9. As denominações de povos indígenas e das suas línguas aparecem grafadas pela fonética ou aportuguesadas (kariri ou cariri), conforme as fontes. Cada autor pode ainda variar na forma gráfica (gê ou jê).

10. ALMEIDA, M.R.C. *Metamorfoses indígenas...*, p. 49.

11. FAUSTO, C. Fragmentos de história e cultura tupinambá. In: CUNHA, M.C. (org.). *História dos índios no Brasil*, p. 381-398. • POMPA, C. *Religião como tradução...*, p. 23.

12. MONTEIRO, J.M. *Negros da terra*: índios e bandeirantes nas origens de São Paulo. São Paulo: Companhia das Letras, 1994, p. 18.

13. GIMÉNEZ, C.B. & COELHO, R.S. *Bahia indígena: encontro de dois mundos* – Verdade do descobrimento do Brasil. Rio de Janeiro: Topbooks, 2005, p. 47-68.

A qualificação de bárbaro transpusera o natural estranhamento e incompreensão decorrentes do choque da alteridade e se coadunara com o conveniente discurso legitimador da opressão, da escravidão e do extermínio[14]. Essa noção de barbárie, exaustivamente difundida em textos de cronistas e correspondências de missionários, fizera parte da lógica construída para a justificativa moral e civil de um processo genocida de assimilação cultural, de escravização da força de trabalho e da exclusão étnica.

O problema dos conflitos morais e éticos exigiria um argumento que contornasse suas contradições internas, liberasse a intervenção colonizadora e sustentasse, juridicamente, os fundamentos da guerra justa e da escravização, duas instituições fundamentais na conquista militar do território, na sua ocupação econômica e no estabelecimento de um modo de produção de mercadorias para abastecer o comércio europeu e promover a acumulação mercantil de capital. Esta intuição da barbárie, sustentada no senso comum de aplicação, recorrente, também à categoria geográfica sertão, como sinônimo de lugar inóspito onde, conforme os discursos coevos, além da falta de caminhos, água e alimento, haveria vegetação agreste, animais ferozes e hostilidades de bárbaros povos selvagens. Os relatos de cronistas e missionários coloniais determinaram a associação indissolúvel entre a noção de barbárie e o entendimento de sertão, que resultaram no senso comum de que as regiões semiáridas não conquistadas, situadas atrás da faixa costeira, seriam domínios de uma imaginária horda étnica, genericamente conhecida como tapuia[15].

As mais remotas referências aos povos expulsos do litoral pelas etnias tupis encontram-se em Fernão Cardim (1540-1623) e Gabriel Soares de Souza (1540-1591), colhidas entre os tupis da Bahia. Em 1639, o cronista neerlandês Elias Herckman (1596-1644) descreveu os tapuias divididos em várias nações, das quais apresentou *caryris, caririwasys, careryjows* e *tarairyous*. Esta última subdividida em duas subnações, dirigidas pelos caciques Janduy e Caracará. Os *tapuias* do segmento *tarairiu* distinguiam-se dos *cariris* e dos *jês*[16].

---

14. DIAS, L.G.V. A Guerra dos Bárbaros: manifestação das forças colonizadoras e da resistência nativa na América Portuguesa. *Revista Eletrônica de História do Brasil*, vol. 1, set./2000, p. 5-15. Juiz de Fora [Disponível em http://www.clionet.ufjf.br/rehb – Acesso em 05/02/2016].

15. GALINDO, M. *O governo das almas*: a expansão colonial no país dos tapuias, 1651-1798. Leiden University, 2004. Apud MONTE, E. & SILVA, E. *Índios do Nordeste*: informações sobre os povos indígenas, 2012, p. 31-40 [Disponível em http://www.indiosnonordeste.com.br – Acesso em 24/02/2016].

16. POMPEU SOBRINHO, T. Os tapuias do Nordeste e a monografia de Elias Herckman. *Revista do Instituto do Ceará*, XLVII, 1934, p. 7-28 [Disponível em http://www.biblio.etnolinguistica.org/pompeu_1934_tapuias – Acesso em 11/02/2016]. • POMPEU SOBRINHO, T. As origens dos índios cariris. *Revista do Instituto do Ceará*,

Antes das invasões flamengas, pouco se sabiam dos tapuias, particularmente dos grupos cariris, cujas informações, fornecidas pelos tupis, seus inimigos, talvez fossem deformadas, como as narrativas e reproduções imagéticas de canibalismo, embora missionários já tivessem estabelecido alguns contatos com estes povos. Durante a ocupação de Pernambuco (1630-1654) pela West-Indische Compagnie – WIC (Companhia das Índias Ocidentais), os flamengos estabeleceram alianças com os tapuias, iniciadas pelos cariris. Em janeiro de 1637, o conde Johan Mauritz van Nassau-Siegen (1604-1679), um dos diretores da WIC, chegou a Recife para assumir o governo do território ocupado. Para convencer os investidores das Províncias Unidas sobre a viabilidade do empreendimento açucareiro, Nassau-Siegen fez-se acompanhado de uma missão artística e científica, que produziu quadros a óleo, gravuras e um conjunto de obras de teores históricos, geográficos, botânicos, zoológicos e etnográficos[17].

Entre os pintores que integraram a expedição do conde Nassau-Siegen, destacaram-se: Albert Eckhout (1610-1666), que produziu telas etnográficas e naturezas-mortas de frutas e vegetais dos trópicos; Frans Janszoon Post (1612-1680), que reproduziu vastos cenários a se perderem de vista, pontilhados de europeus, indígenas, negros e entremeados de casas-grandes e capelas; e o multidisciplinar Georg Marcggraf (1610-1648), que levou para as telas detalhes da vida indígena e do cotidiano da produção açucareira, além de realizar estudos astronômicos e cartográficos[18]. O holandês Eckhout pintou, entre outras obras, oito telas de casais (índio tapuia, índia tapuia, índio tupi, índia tupi, homem negro, mulher negra, homem mulato, mulher mameluca) para representarem as imagens etnográficas de habitantes do Brasil, nas quais substituiu a estética renascentista de beleza idealizada, por imagens mais descritivas e naturalistas de índios, que repercutiram positivamente na Europa pelos detalhes e realismo das figuras retratadas, de modo a complementares informações sobre povos nativos. As telas e painéis do neerlandês Frans Post agradaram a crítica pelo paisagismo, cujas reproduções de cenas brasileiras, nem tão ricas de detalhes, também complementaram informações sobre o ambiente. Ambos teriam procurado produzir

---

LXIV, 1950, p. 314-334 [Disponível em http://www.biblio.etnolinguistica.org/pompeu_1950_ origens – Acesso em 11/02/2016]. • LOPES, F.M. *Índios, colonos e missionários na colonização do Rio Grande do Norte*. Natal: IGH/RN, 2004, p. 263-277 [Ed. esp. para o Acervo Virtual Oswaldo Lamartine de Faria] [Disponível em http:// www.colecaomossoroense.org.br; file:///C:/Users/PC/Searches/Downloads/Estudos/Índios/LOPES,%20 F,%20M.%20Indios-Colonos-e-Missionarios.pdf – Acessado em 10/02/2016].

17. REVIGLIO, L. Frans Post: o primeiro paisagista do Brasil. *Revista do IEB*, 13, [s.d.], p. 7-34. São Paulo [Disponível em http://www.ieb.br/publicacoes/doc/rieb13/_1349115374.pdf – Acesso em 15/02/2016].

18. LEITE, J.R.T. Viajantes do imaginário: a América vista da Europa, séculos XV-XVII. *Revista USP*, 30, 1996, p. 32-44. São Paulo.

representações alegóricas das riquezas e dos povos sob o domínio da WIC, para o palácio de Nassau em Recife, que integraram, depois, a coleção de obras de arte e objetos exóticos (gabinete de curiosidades) do rei Frederick III da Dinamarca, ao qual Nassau oferecera em 1654, quando regressou para a Holanda, após a derrota militar e a subsequente expulsão da West-Indische Compagnie do Brasil.

Ao reproduzir a imagem do índio tapuia, Eckhout representou os altivos e insubmissos guerreiros tarairius, aliados dos flamengos, e a da índia tapuia, para marcar a distância entre a barbárie indígena e a civilização europeia, evidenciada na nudez e no canibalismo explícito em uma perna e um braço, decepados de gente branca. O *índio tapuia*, mostrado nu, exibe um amarrilho peniano, tem o rosto perfurado e usa uma coifa de plumas. Em suas costas leva atado um adorno de penas e nas mãos diversos tipos de arma: algumas flechas, um propulsor de dardos na direita e uma borduna na esquerda. A paisagem em volta não apresenta qualquer vestígio de colonização.

A *índia tapuia* tem a genitália coberta por um punhado de folhas atado à cintura, nas costas traz um cesto de palha, pendurado por uma alça arqueada na cabeça, no qual se vê uma cuia que contém a perna humana mutilada. No braço esquerdo usa uma pulseira de sementes e na mão leva um ramo de folhas. Na mão direita empunha o braço humano. O único vestígio da colonização está representado por um cachorro doméstico, espécie animal introduzida no Brasil pelos portugueses, que lhe acompanha. Homem e mulher calçam sandálias de couro ou de fibra vegetal.

As reproduções do casal de tapuias caracterizam a etnia tarairiu e a representação ou o universo pictórico abrangido pelo quadro do *índio tapuia* e reúne, ao lado de elementos culturais, informações biológicas, com elevado índice de certeza, representadas, iconograficamente, pela primeira vez[19].

A nudez parcial do casal tupi indicaria a interação do seu povo com os colonizadores, reforçada pela presença do homem branco através da criança mestiça nos braços da mãe indígena. O pé de mandioca atrás do *homem tupi* e a bananeira ao lado da *mulher tupi* representariam dois dos componentes básicos da alimentação indígena[20], assimilados pelos colonizadores europeus. De baixa

---

19. VALLADARES, C.P. & MELLO FILHO, L.E. *Albert Eckhout – Pintor de Maurício de Nassau no Brasil, 1634-1644*. Rio de Janeiro/Recife: Livroarte, 1981, p. 116.

20. OLIVEIRA, C.M.S. O Brasil seiscentista nas pinturas de Albert Eckhout e Frans Janszoon Post: documento ou invenção do Novo Mundo? *Atas do Congresso Internacional do Espaço Atlântico do Antigo Regime*: poderes e sociedades. Lisboa, 2005 [Disponível em http://cvc.institutocamoes.pt/eaar/coloquio/comunicacoes/carla_mary_oliveira.pdf – Acesso em 13/02/2016]. • CHICANGANA-BAYONA, Y.A. Os Tupis e os Tapuias de Eckhout: o declínio da imagem renascentista no índio. *Varia Historia*. XXIV, 40, jul.-dez./2008, p. 591-612. Belo Horizonte.

estatura, descalça e busto desnudo, a *mulher tupi* tem a pele amarelada, fisionomia da fronte alta e lábios finos. Exprimiria, no conjunto, comportamento fleumático ou sentimento de resignação[21]. Em outra avaliação, estas pinturas de Albert Eckhout caracterizariam alegorias coloniais da barbárie, da antropofagia, da crueldade, próprias de seres irracionais e, sobretudo, da dominação e da pacificação do selvagem pelo colonizador. O *índio tapuia* expressaria a condição de bárbaro, sem vestígio da colonização. O *índio tupi*, embora exiba arco e longas flechas, símbolos do guerreiro, peito descoberto, porta uma faca de tipo europeu usa calção e a mulher tupi, saia, de tecido europeu, que demonstrariam a pacificação e algum traço de civilização. A riqueza das imagens não se restringiria à dicotomia selvageria e domesticação. Na tela da *mulher tupi* vê-se ao fundo uma casa-grande, situada em uma paisagem que apresenta transformações realizadas pela ação dos colonizadores europeus[22].

As representações do *homem negro* e da *mulher negra*, ambas ao lado de palmeiras e visões do mar ao fundo, exibem robustez física e demonstram sensualidade, que disfarçam a escravidão, da qual também não se vê indícios nos casais anteriores. O trabalho compulsório e outras formas de coerção, tanto de negros quanto de índios e de mestiços (mulatos, mameluco, cafuzo e outros genotípicos híbridos), seriam fundamentais na produção de mercadorias para realizar os objetivos mercantis da WIC.

Na sequência de telas, o nível de "civilidade" revela-se mais complexo de um casal para outro. Da explícita barbárie tapuia passou-se à suposta docilidade tupi, seguida pela exuberância física do casal negro e chegou-se à mestiçagem do *homem mulato* e da *mulher mameluca*, cujos protótipos aparecem vestidos como europeus, embora perfilados descalços e com as pernas expostas, circunstâncias inadmissíveis, então, em uma mulher europeia ou colonizadora branca, para indicar a condição subalterna dos povos nativos[23]. Belas e sensuais, as mulheres mamelucas exibiam condições físicas talvez explicáveis pelos efeitos da heterose ou caldeamento étnico. Gozavam de apreço e, através do casamento ou do concubinato ascendiam na escala social[24].

Frans Post, o outro destacado pintor holandês, chegou a Pernambuco do mesmo modo que Eckhout, na condição de artista oficial de Maurício de Nassau,

---

21. VALLADARES, C.P. & MELLO FILHO, L.E. *Albert Eckhout* – Pintor de Maurício de Nassau no Brasil..., p. 117.
22. RAMINELLI, R. *Imagens da colonização*: a representação do índio de Caminha a Vieira. Rio de Janeiro: Zahar, 1996, p. 84-108. • CHICANGANA-BAYONA, Y.A. Os Tupis e os Tapuias de ECKHOUT...
23. OLIVEIRA, C.M.S. O Brasil seiscentista nas pinturas de Albert Eckhout e Frans Janszoon Post...
24. VALLADARES, C.P. & MELLO FILHO, L.E. *Albert Eckhout* – Pintor de Maurício de Nassau..., p. 119.

aos 25 anos de idade e permaneceu de 1637 a 1644. Esta experiência que o fez primeiro paisagista do Brasil, influenciou toda a sua produção pictórica. Por toda a sua vida expressou o que viu e viveu nesse período de sete anos. Post pintou 18 paisagens com representações das províncias controladas por Nassau, das quais se conhecem apenas sete quadros, que representam o momento excepcional da descoberta paisagística do Brasil. Destes o museu do Louvre possuía quatro e os demais pertencem a uma coleção particular nos Estados Unidos[25]. Uma de suas mais belas obras, a tela *Rio São Francisco*, mostra no primeiro plano, sobre a extremidade de um pequeno promontório, no centro do quadro, uma capivara a contemplar as águas do rio. Um pouco atrás, eleva-se um majestoso mandacaru, cactácea típica das caatingas semiáridas da região, em meio a leve vegetação rasteira, da qual se erguem, em absoluta verticalidade, três hastes com seus pendões de flores ou espigas, que parece não pender para nenhum lado. Expressa uma calmaria, sem qualquer deslocamento de ar. Este cenário, associado aos tons apagados e plúmbeos das águas barrentas do São Francisco e das nuvens, que parecem prenunciarem chuva, exprimem o mormaço sufocante e a incomensurável quietude do verão sertanejo.

Em outra bucólica paisagem, vê-se o *carro de bois*, à distância, entre árvores e canaviais ou pastagens, uma casa-grande, as compridas e baixas construções de senzalas, uma capelinha com o característico alpendre, como aparece em várias obras suas. No primeiro plano, um carro puxado por uma junta de bois de longos chifres, que caracterizavam o mestiço bovino crioulo colonial. O carro e seus condutores parecem avançar lentamente, sem qualquer demonstração de pressa. Negros seminus completam a cena na suposta lida escrava[26]. No centro da paisagem corre um rio de águas amareladas, que separa a fazenda ou engenho do trecho da estrada onde, sonolentamente, segue o carro de bois. Duas frondosas árvores erguem-se no lado direito da tela. Uma exibe folhas verdes, outras flores amarelas e ninhos de pássaros pendem das extremidades de seus galhos, em cujo tronco, na primeira bifurcação, abre-se uma exuberante cepa de bromélias de longas folhas amarelo-acinzentadas. Desse modo, Post pretendera apresentar o cenário e uma particularidade do cotidiano de uma unidade agrária do território dominado pela WIC no Brasil do século XVII.

Cosmógrafo de Nassau, o alemão Georg Marcgrave morreu aos 24 anos, sem deixar nenhuma obra publicada. Nas condições de astrólogo, astrônomo e

---

25. LAGO, B. & LAGO, P.C. A obra de Frans Post. In: VIEIRA, H.; GALVÃO, N.N.P. & SILVA, L.D. (orgs.). *Brasil holandês*: história, memória e patrimônio compartilhado. São Paulo: Alameda, 2012, p. 67-73.

26. REVIGLIO, L. Frans Post: o primeiro paisagista do Brasil...

geógrafo, Nassau o designou para desenhar cartas geográficas com representações de cidades, vilas, povoações, fortalezas, currais, lagoas, fortes, cabos, praias, portos, rios, engenhos, igrejas, conventos, plantações, posição das regiões, suas longitudes e latitudes[27]. Marcgrave notabilizou-se pelo pioneirismo botânico, através da publicação pós-morte de *Históriae rerum naturalium Brasiliae libri Octo*, por Johannes de Laert, em 1648, a primeira obra científica a descrever flora, fauna, região e habitantes do Brasil[28].

O mapa mural *Brasilia qua parte paret belgis*, de Georg Marcgrave, publicado em 1647, adornado com vinhetas de Frans Post, plantas, animais, engenhos e paisagens. Constitui uma representação do Brasil holandês, na parte do território efetivamente sob o domínio batavo ou *belgis*. Este mapa com as dimensões de 163,7 x 102,0cm, na escala aproximada de 1:2.600.000, apresenta a única imagem coetânea do quilombo de Palmares e abrange a costa do Brasil desde o rio Ceará Mirim (Rio Grande do Norte) ao Vasa Barris (Sergipe) e exibe a peculiaridade de ter o norte voltado para a direita, uma característica da cartografia de origem holandesa e alemã[29].

O cronista neerlandês, Elias Herckman excursionou pelos sertões e governou a Paraíba, de 1636 a 1639. Nas suas memórias históricas dessa capitania[30], apresentou os primeiros estudos confiáveis sobre povos indígenas, entretanto, reputa-se como principal obra de descrição histórico do Brasil holandês, a narrativa épica testemunhal de Caspar van Baerle ou Gaspar Barléu (1584-1648)[31], como ficou conhecido do Brasil. Após a expulsão dos flamengos surgiram notícias de vários povos Cariris. Em meados do século XVII, o jesuíta João de Barros fundou as aldeias de Canabrava (Pombal), Natuba (Soure) e Saco dos Morcegos (Mirandela), na ribeira do Itapicuru, Bahia. A expansão da pecuária, com a escravização de indígenas devassou os vales do São Francisco, do Paraíba, do Piauí do Itapicuru, do Maranhão e das Piranhas. De Juazeiro para baixo,

---

27. BARLÉU, G. *História dos fatos recentemente praticados durante oito anos no Brasil*. Belo Horizonte/São Paulo: Itatiaia/USP, 1974, p. 347.

28. MATSUURA, O.T. Um observatório de ponta no Novo Mundo. In: MATSUURA, O.T. (org.). *História da astronomia no Brasil* (2013). Recife: Mast/MCTI/Cape/Secretaria de Ciência e Tecnologia de Pernambuco, 2014, p. 151-196 [Vol. I: Brasil Holandês] [Disponível em http://www.mast.br/pdf_volume_1/um_observatorio_ponta_novo_mundo.pdf – Acessado em 16/11/2016].

29. PEREIRA, L. & CINTRA, J.P. A precisão e a longitude de origem do mapa *Brasilia qua parte paret belgis*, de George Marcgrave [Disponível em http://www.cartografia.org.br/vslbch/trabalhos/73/88a-preci-sao-e-a-longitude-de-origem-do-mapa-brasilia-qua-parte-paret-belgis-de-georg-marcgrave-re_1380223-318.pdf – Acesso em 10/11/2016].

30. HERCKMAN, E. Descripção geral da capitania da Parahyba. *Revista do Instituto Archeologico e Geographico Pernambucano*, V, 31, 1886, p. 239-288. Recife.

31. BARLÉU, G. *História dos fatos recentemente...*

estabeleceram-se, no rio São Francisco, as missões Oracapa, Cavalo, Pambu, Amarius, Rodelas e Packim seguidas depois por outras. Na primeira metade do século XVIII, todo o território da região que se denominaria de Nordeste do Brasil, estava devassado, colonizado, e em consequência, a sua população miscigenada mais com povos tapuias que tupis[32].

3.3 Fundamentos da legislação indigenista colonial

Ao se estabelecer a colonização portuguesa, o Brasil, que estivera subordinado às Ordenações Afonsinas (1446-1512), depois às Manuelinas (1512-1603), ficara submetido às Filipinas, sancionadas em 1595, embora passassem a vigorar a partir de 1603, e de eventuais leis específicas para o atendimento de necessidades locais. Além dessa legislação haveria uma hierarquia de documentos legais, desde os regimentos dos governadores-gerais às cartas régias, alvarás, provisões e outras normas jurídicas. Na elaboração destes dispositivos legais auxiliavam o rei, inicialmente, a Mesa de Consciência e Ordens de 1532, depois o Conselho da Índia, de 1603, substituído pelo Conselho Ultramarino, a partir de 1643. Na colônia os governadores gerais emitiam decretos, alvarás e bandos para executarem as determinações metropolitanas. Na tentativa de se solucionarem problemas que exigissem conhecimentos locais, o rei ordenava a formação de juntas compostas por autoridades da colônia, cujas decisões deveriam lhes enviar para avaliação antes de eventual aprovação.

A política indigenista portuguesa expressava o objetivo de incorporar os povos nativos ao projeto de colonização, através da doutrinação cristã e da imposição de outros fatores da cultura europeia, para se explorar a sua força de trabalho[33]. Assegurava-se a liberdade aos índios que abandonassem os seus usos e costumes e acatassem a condição de aliados instrumentais dos agentes da colonização produtora de mercadorias para o comércio europeu. Aos insubmissos, reservavam-se a repressiva guerra justa e a subsequente escravização aos sobreviventes.

O regime de capitanias hereditárias instaurado em 1532 iniciou uma sequência de atividades guerreiras e outras agressões contra os povos indígenas. A guerra ou violência justa se distinguiu dos ataques sem justificativas legais e preconizava a guerra limitada para intimidação ou castigo, condicionamento das

---

32. POMPEU SOBRINHO, T. Os tapuias do Nordeste e a monografia de Elias Herckman...

33. PERRONE-MOISÉS, B. Índios livres e índios escravos: os princípios da legislação indigenista do período colonial (séculos XVI a XVIII). In: CUNHA, M.C. (org.). *História dos índios no Brasil*, p. 115-132.

relações comerciais e lusitanização ideológica do gentio[34]. No estabelecimento da lavoura açucareira, multiplicaram-se as reações do gentio, os assaltos a núcleos de colonização e, em consequência, a repressão colonizadora, instrumentalizada legalmente para isto. O Regimento de Tomé de Souza, de 1548, instruiu os meios para se submeterem os índios hostis, com destruição das aldeias, eliminação física e escravização. Tomé de Souza (1549-1553) atacou os tupinambás, aliados dos franceses, e escravizou os prisioneiros. Duarte da Costa (1553-1558) recrudesceu a ofensiva. Por qualquer pretexto, se ordenavam massacres como se fizeram no ataque à aldeia da Porta Grande, em maio de 1555, no incêndio de cinco aldeias que levantaram cercas no Rio Vermelho e na destruição de 13 aldeias nos arredores de Salvador, que causaram a morte, o cativeiro e a expulsão de cerca de 3.000 índios. Nessa crescente conduta repressiva, Mem de Sá (1558-1572), a quem o rei d. João III concedeu amplos poderes, destruiu mais de 130 aldeias na guerra do Paraguaçu[35].

O emaranhado de leis indigenistas metropolitanas e coloniais incorreu em contradições e dubiedades que as deixaram ineficazes. Simultaneamente, asseguravam a liberdade dos índios e o poder dos agentes da colonização de escravizá-los. Legislações de 1609, 1680 e 1755 aboliram a escravização indígena, restabelecida ou mantida em situações específicas, como nas circunstâncias da guerra justa. Havia índios aldeados aliados dos colonizadores e outros, seus inimigos, dispersos pelos sertões, e a política indigenista permitia a aplicação das leis convenientes para cada ocasião. Decidiram-se que os índios amigos deveriam se deslocar de suas aldeias para formarem um cinturão de defesa das povoações de colonizadores, onde seriam catequizados e, por conseguinte, aculturados e disponibilizados como força de trabalho.

Durante dois séculos, desde o Regimento de Tomé de Souza (1547) ao Diretório dos Índios (1757), os descimentos ou aldeamentos indígenas significaram o deslocamento de tribos dos sertões, por persuasão de missionários ou de tropas, sem uso da violência, como previam uma provisão régia de 1º de abril de 1680 e um alvará de 21 de agosto de 1582. Uma lei de 1611 definiu o distanciamento conveniente entre uma aldeia indígena e uma povoação de colonizadores. Cartas régias de 6 de dezembro de 1647 e de 6 de março de 1694, e pareceres de Consultas ao Conselho Ultramarino de 2 de dezembro de 1679 e de 16 de fevereiro de 1694 recomendaram o aldeamento em locais estratégicos para

---

34. DIAS, J.S.S. *Os descobrimentos e a problemática cultural do século XVI*. Lisboa: Presença, 1982, p. 182-191.

35. VAINFAS, R. *A heresia dos índios*: catolicismo e rebeldia no Brasil colonial. São Paulo: Companhia das Letras, 1995, p. 47.

defesa, distantes das povoações coloniais. O Regimento das Missões de 1686 determinou que deixassem em suas terras os índios que não quisessem descer dos sertões para as aldeias. Um alvará de 26 de julho de 1596, uma provisão de 8 de julho de 1604 e leis de 1609 e 1611 definiram como propriedade indígena as terras das aldeias, embora se restabelecesse a possibilidade de escravização indígena em uma lei de 1609 e se declarasse a liberdade de todos os índios do Brasil, em outra de 1611[36].

Legalmente, a escravização de aborígenes no Brasil durou pouco tempo, até 1570, quando a extinguiram. Todavia, recorria-se a várias formas de coerção, durante toda a colonização, fundamentadas em leis ou sem qualquer amparo legal. Os indígenas constituíram-se a principal força de trabalho durante quase um século, e após sua substituição por escravos africanos, para se explorarem as vantagens do tráfico atlântico, ainda se encontravam índios escravizados, assalariados e camponeses nos engenhos, nas fazendas e nos serviços domésticos, enfim, em todas as atividades econômicas[37].

Guerrear contra as tribos que resistissem a ação colonizadora portuguesa era uma das principais atribuições dos índios aldeados. Em consequência dos desrespeitos de colonizadores às condições estabelecidas para a utilização da força de trabalho aldeada instituiu-se, em 1566, o cargo de procurador dos índios, muito citado na legislação subsequente, porém, nem sempre nomeado e houve casos de perseguição aos procuradores por defenderem os interesses indígenas. Um alvará de 21 de agosto de 1587 e uma lei de 1º de abril de 1680 determinaram que os ouvidores gerais fiscalizassem o cumprimento da legislação relativa aos índios. Os casos de cativeiro seriam julgados pelas Juntas das Missões, encarregadas por uma carta régia de 3 de fevereiro de 1701, de fiscalizarem as relações de trabalho. Entretanto, os colonizadores reagiram às leis que concedessem liberdade aos indígenas, sob a alegação de falta de força de trabalho e apelavam para a necessidade de salvação das almas e da civilização dos índios. Leis de 1609, 1680 e 1755 consideraram o direito de guerra secundário diante da importância da salvação das almas. Outra de 1680 definiu a guerra justa e o resgate, razões de direito para a escravização de índios[38].

Embora houvesse legislação específica sobre apresamentos e submissões de índios ao trabalho compulsório, alguns desses preceitos legais eram rotineiramente

---

36. PERRONE-MOISÉS, B. Índios livres e índios escravos...

37. SCHWARTZ, S. *Segredos internos*: engenhos e escravos na sociedade colonial. São Paulo: Companhia das Letras, 1988, p. 209-334.

38. PERRONE-MOISÉS, B. Índios livres e índios escravos...

desrespeitados, em particular, no que concernia à escravização, à invasão de aldeamentos e ao não pagamento de serviços prestados por aldeados contratados. Usava-se este conjunto de leis para se justificarem o estabelecimento de alianças, as capturas e os massacres durante as guerras declaradas justas. Um dos mecanismos de dominação mais usado pelos colonizadores foi exploração de conflitos intertribais. Com estas estratégias, os agentes da colonização aproveitaram-se deste aspecto da organização social indígena para promoverem o acirramento das divergências entre povos rivais, estabelecerem alianças com alguns grupos e usá-los em combates contra outros[39].

Os aldeamentos missionários surgiram em meados do século XVI, estimulados pelo governo Mem de Sá (1557-1572) para substituírem a catequese nas tabas ou aldeias indígenas no intuito de os deslocarem e forçarem a sedentarização de diferentes povos reunidos. Restringiram-se as locomoções dos agentes catequéticos e ampliou-se o controle dos índios. Na Bahia aldearam-se, inicialmente, os tupiniquins que viviam entre a baía de Camamu e o Espírito Santo e os tupinambás que ocupavam o território de Camamu a Sergipe. A interiorização dos aldeamentos somente ocorreu a partir do século XVII, quando se conduziram kiriris e paiaiás do sertão para aldeamentos no Paraguaçu e Jaguaripe, a fim de bloquearem o avanço dos irredutíveis guerens/aimorés/botocudos, que dominavam a área interior, intermediária dos rios Doce e de Contas[40].

A categoria espacial sertão tem o mesmo sentido de região interior, território distante do litoral, desde a carta de Caminha e os textos uniformes das cartas de doação das capitanias hereditárias, de 1534. Durante a conquista e ocupação territorial do Brasil, teve o significado de fronteira da colonização, lugar do colonizador procurar minerais e fazer guerras aos índios. O termo conservou estes sentidos negativos, assimilou novos e específicos da situação histórica de conquista e consolidação da atividade colonial, mas sempre numa relação dialética com litoral[41].

---

39. NEVES, J.B.B. *Colonização e resistência no Paraguaçu – Bahia, 1530-1678*. Salvador: Ufba, 2008, p. 54-55 [Dissertação de mestrado].

40. SANTOS, L.M. *Resistência indígena e escrava em Camamu no século XVII*. Salvador: Ufba, 2004, p. 10-17 [Dissertação de mestrado].

41. NEVES, E.F. Introdução. In: NEVES, E.F. & MIGUEL, A. (orgs.). *Caminhos do sertão*: ocupação territorial, sistema viário e intercâmbios coloniais dos sertões da Bahia. Salvador: Arcádia, 2007, p. 9-24. • NEVES, E.F. Sertão como categoria espacial, alteridade sociocultural e interação político-econômica. In: NEVES, E.F. (org.). *Sertões da Bahia*: formação social, desenvolvimento econômico, evolução política e diversidade cultural. Salvador: Arcádia, 2011, p. 51-60. • NEVES, E.F. Sertão recôndito, polissêmico e controvertido. In: KURY, L.B. (org.). *Sertões adentro*: viagens nas caatingas, séculos XVI-XIX. Rio de Janeiro: Andrea Jacobson Estúdio, 2012, p. 15-57 [Versão para o inglês: Chris Hieatt].

Os antigos e sempre discutidos princípios da guerra justa, declarada pelo governador, aconselhado por uma junta de eclesiásticos, militares, legisladores, provedor da fazenda e ouvidor geral, em casos de rebelião ou ataque indígena[42], originários da Antiguidade grega, restabeleceram-se na península Ibérica, durante as lutas contra os mouros e se estenderam ao Brasil como recurso para a escravização indígena. A guerra justa consistiria no reconhecimento da violência contra a recusa à conversão ao cristianismo, o impedimento da propagação da fé cristã, a hostilidade contra vassalos e aliados dos colonizadores e o rompimento de acordos políticos e alianças militares.

A doutrina da guerra justa, evocada no início do século XVI, teve origem em fundamentos aristotélicos da escravidão e foi reelaborada na Universidade de Salamanca, Espanha, pelo dominicano de formação escolástica, Francisco de Vitória (1492-1546), que sintetizou a polêmica entre os dominicanos Juan-Ginès de Sepúlveda (1490-1573) e Bartolomé de las Casas (1484-1566), sobre a conquista da América, o enfrentamento bélico com povos indígenas e a escravização de gentios. Apegado à defesa dos interesses de poderosos, Sepúlveda simplificou as causas éticas que tornariam justa uma guerra em situações excepcionais ou inexistentes e ampliou as vantagens de uma agressão pelos detentores do poder político e da força militar, de modo a justificar a guerra de conquista. Procurou demonstrar que a guerra contra os índios da América seria lícita e até louvável, como necessário ato de justiça, no qual os combatentes mostrariam as suas virtudes e suprimiriam as dos índios, que seriam maus e indignos de viver, porque praticavam a idolatria e seriam bárbaros, incapazes de levar por si mesmos uma vida racional e digna. Deveriam submetê-los ao cativeiro, ensinar-lhes a trabalhar e orientá-los para uma vida sadia, em benefício da sociedade, que neles teria uma força de trabalho a ser aprimorada, por um custo reduzido.

Estas ideias do cônego Sepúlveda provocaram reações, em particular do bispo Las Casas, que convivera com índios na América de colonização espanhola, na condição de jesuíta, antes de se transferir para a ordem dominicana. Apoiado em Tomás de Aquino, Las Casas procurou mostrar que os índios nada teriam a dever aos romanos, gregos, germanos, francos e gauleses, antepassados dos europeus, e menos ainda aos daquele século XVI.

Por considerar este antagonismo um caso de consciência nacional da Espanha, o rei Carlos V (1500-1558) convocou uma reunião dos 14 mais destacados teólogos da Universidade de Salamanca para discutir se poderia recorrer às

---

42. HESPANHA, A.M. A constituição do Império português: revisão de alguns enviesamentos correntes. In: FRAGOSO, J.; BICALHO, M.F. & GOUVÊA, M.F. (orgs.). *O Antigo Regime nos trópicos: a dinâmica imperial portuguesa (séculos XVI-XVIII)*. Rio de Janeiro: Civilização Brasileira, 2001, p. 163-188.

armas para preparar os caminhos da evangelização e da colonização. O debate desdobrou-se em duas seções (agosto de 1550 e agosto de 1551). O embate ideológico ocorreu na capela do convento de São Gregório, em Valladolid, capital castelhana, onde a polarização entre os dois contendores, o clima de passionalidade e a exaustão a que os debatedores foram submetidos pelo forte calor do verão ibérico, dificultaram o andamento das discussões. Resolveu-se que o cônego Sepúlveda apresentasse 12 objeções ao bispo Las Casas, e este, 12 réplicas a ele. Em síntese, Sepúlveda sustentou que seria preciso escravizar para que os índios se convertessem, se tornassem bons e recusassem a idolatria e a todo o mal. Recorreu a argumentos bíblicos, teológicos, canônicos e pontifícios, num esforço para demonstrar que a verdade e a absoluta autoridade divina, levariam ao dever de se impor a fé aos pagãos; seria preciso submetê-los pela guerra para fazê-los súditos do rei; e o papa disporia de poder total, absoluto e universal para autorizar esta guerra de conquista pela evangelização.

A réplica de Las Casas fundamentou-se na exclusão absoluta de toda guerra de conquista, na recusa ao absurdo de se utilizar a violência como meio de encaminhar a fé, que deveria resultar da liberdade e da convicção; na aceitação e defesa da legitimidade do poder de colonizar, homologado pelo papa aos reis cristãos; mas apenas na medida em que promovessem o bem dos povos nativos e ajudassem os missionários a propagar a fé, por meio do respeito à liberdade e aos direitos dos índios.

Francisco de Vitória, outro dominicano notável da Universidade de Salamanca, sintetizou o debate de Sepúlveda e Las Casas, com mais proximidade das ideias do segundo, e abordou o problema da natureza e da legitimidade do poder eclesiástico e civil sob a ótica moderna, de modo que desagradou tanto ao papa quanto ao rei. Carlos V, em correspondência ao prior do convento de Santo Estevão de Salamanca, ao qual Vitória se vinculava, depois de advertir que tratar de semelhantes temas sem o conhecimento dele poderia acarretar em grandes inconvenientes, resultar em desserviço a Deus, desacato à Sé Apostólica e dano ao Reino, proibiu debate ideológico e impressão de texto sobre este assunto[43], numa demonstração antecipada da centralização de poder do Antigo Regime que se gestava na cultura política europeia.

O debate entre Las Casas e Sepúlveda em Valladolid, sobre a inclusão dos índios da América na humanidade, constituiu-se uma das primeiras manifestações de vivência desse movimento contraditório, que já revelou o início da superação do etnocentrismo medieval e o surgimento da necessidade de novas

---

43. JOSAPHAT, C. *Las Casas*: todos os direitos para todos. São Paulo: Loyola, 2000, p. 145-151.

formas de entendimento da alteridade social, uma descoberta da humanidade do outro que demonstrava vigor do movimento desagregador dos sistemas socioeconômicos medievais. A nova ordem de valores que se esboçava fundamentava-se na expropriação dos indivíduos de seus meios de produção e estabelecia a sociedade moderna que conduziria para a venda da força de trabalho, a submissão do indivíduo ao capital e, simultaneamente, o libertaria das amarras familiares e agrárias tradicionais, limitadoras do exercício de vontades individuais. Este movimento instaurou as bases de uma concepção de liberdade individual associada, principalmente, a um processo de preenchimento existencial, embasado na aquisição de mercadorias, e não mais na satisfação dos desígnios morais da comunidade rural. A expansão comercial, através da vivência em pluralidade cultural e do desenvolvimento do indivíduo com a experiência da diversidade e da heterogeneidade social esteve na origem da descoberta da humanidade pelo outro[44], enfim, da alteridade interpessoal.

Pautadas no direito natural ou *direito das gentes*, as reflexões de Francisco de Vitória, inerentes à natureza humana, embora dependesse parcialmente da legitimidade social, repercutiram na Santa Sé e refletiram nas universidades e mosteiros, que fundamentaram a escravização do indígena, respaldada pela teoria da *guerra justa*, receberam aportes jurídicos e teológicos e se estenderam à escravidão do negro no Novo Mundo, no mesmo contexto expansionista do mercantilismo e da colonização[45].

Ainda se fundamentava a guerra justa com os argumentos de salvação da alma e do combate à antropofagia e os jesuítas defenderam a violência em algumas ocasiões, como meio de conversão. O Regimento de Tomé de Souza considerou este recurso prejudicial para o convencimento cristão, por julgar que hostilidades sempre motivam reações[46]. Neste contexto ideológico, o resgate significava comprar um escravo para salvar a sua alma, através da sua cristianização, sem lhe conceder a liberdade. A escravização decorrente do resgate, um preceito legal herdado do direito romano, ancorava-se em regras jurídicas da colonização portuguesa, que consideravam as leis humanas relativas às circunstâncias e o temor do castigo, o flagelo dos homens maus. O fato de alguns senhores tratarem mal os seus escravos caracterizavam um abuso particular, que não faria injusto o

---

44. FERREIRA NETO, E. História e etnia. In: CARDOSO, C.F. & VAINFAS, R. (orgs.). *Domínios da história*: ensaios de teoria e metodologia. Rio de Janeiro: Elsevier, 1997, p. 313-328.

45. NEVES, E.F. *Escravidão, pecuária e policultura*: Alto Sertão da Bahia, século XIX. Feira de Santana: Uefs, 2012, p. 246-251.

46. PERRONE-MOISÉS, B. Índios livres e índios escravos...

comércio (resgate) de escravos[47]. Adveio deste princípio a suposta legitimidade da escravização, originada na compra do negro na África e sua comercialização posterior. A captura de africano por um português (ou alguém de outra nação mercantil) seria crime de agressão e desrespeito às relações diplomáticas com os reinos africanos e, principalmente, contrariaria os interesses comerciais. A legalidade do cativeiro de escravo resgatado encontra-se em regimento de 21 de fevereiro de 1603, em Lei de 1611, em provisão de 17 de outubro de 1673, em alvará de 28 de abril de 1688 e em outros dispositivos legais[48].

Em 1686, instituiu-se o Regimento das Missões do Estado do Grão-Pará e Maranhão, que estabeleceu, entre outros princípios: a administração dos índios aldeados sob o exclusivo controle dos jesuítas; a criação do cargo de procurador dos índios nas duas capitanias; a proibição de residência de colonizadores, exceto missionários, nos aldeamentos; o apoio governamental aos missionários nas entradas ao sertão; a disponibilização da força de trabalho apenas de índios homens de 13 a 50 anos; a liberdade dos índios e o pagamento dos seus serviços por salários estipulados conforme as condições locais. Este Regimento das Missões vigorou até 1757, quando foi substituído pelo Diretório dos Índios.

O governo metropolitano passou a se interessar mais pela colonização do Brasil, a partir de meados do século XVIII, depois do declínio da produção das jazidas de ouro, de diamante e da perda de possessões na África e na Ásia. No reinado de d. José I (1750-1777), quando prevaleceu a política ilustrada do despotismo esclarecido, sob a coordenação de José Sebastião de Carvalho e Mello (1699-1782), o conde de Oeiras, depois marquês de Pombal, empreendeu-se uma série de reformas socioeconômicas e jurídico-políticas de amplo alcance: no âmbito econômico, programou-se a produção colonial, diversificou-se o comércio externo e instituíram-se as companhias de comércio do Pará e Maranhão e de Pernambuco e Paraíba; no setor financeiro, articulou-se a máquina tributária e radicalizou-se o combate ao contrabando; na esfera política, transferiu-se a sede do governo colonial de Salvador para o Rio de Janeiro (1763), anexou-se o Estado do Grão-Pará e Maranhão ao do Brasil (1772)[49] e incorporaram-se as capitanias de Ilhéus, Porto Seguro e Espírito Santo à da Bahia (1761); e no domínio

---

47. COUTINHO, J.J.C.A. *Analyse sobre a justiça do resgate dos escravos da costa da África*. Lisboa: Oficina de João Rodrigues Neves, MDCCCVIII (1808), p. 79.

48. PERRONE-MOISÉS, B. Resgate. In: SILVA, M.B.N. (coord.). *Dicionário da História da Colonização Portuguesa no Brasil*. Lisboa/São Paulo: Verbo, 1994, p. 698-699.

49. Sobre a Companhia de Comércio, cf. DIAS, M.N. *Fomento e mercantilismo*: a Companhia Geral do Grão-Pará e Maranhão (1755-1778). 2 vol. Belém: Universidade Federal do Pará, 1970.

social, reelaborou-se a política indigenista, com a sua adaptação à conjuntura política, social e econômica do Reino de Portugal[50].

Em 6 de junho de 1755, o Marquês de Pombal apresentou um novo arcabouço legislativo que embutiu um programa de "civilização" dos povos indígenas amazônicos. Esta política indigenista consubstanciou-se no *Diretório que se deve observar nas povoações dos índios do Pará e Maranhão*, para o estabelecimento, através da organização e transformação do território, precariamente ocupado, em área de domínio consolidado, que dispusesse de uma rede de povoações e assegurasse a expansão econômica, sob o controle centralizado do governo metropolitano, através de prepostos coloniais. Algumas das determinações deste projeto de colonização evidenciaram os seus objetivos: transformar o estatuto do índio, que passou à condição de vassalo, com os mesmos direitos e deveres dos demais súditos do rei de Portugal; determinar a obrigatoriedade das comunicações sociais somente em língua portuguesa[51] para mais rapidamente se promover a aculturação indígena; estimular casamentos interétnicos, para acelerar a miscigenação; regular a força de trabalho indígena, para incrementar a expansão econômica. A igualdade jurídica possibilitaria o acesso de índios aos quadros eclesiásticos e aos postos militares. A intenção seria formar um grupo de indivíduos que intermediasse ou fizesse a ligação entre as duas sociedades, a colonial e a indígena, tanto pelo nascimento quanto pela formação. Entretanto, diferenças fundamentais separavam os dois conjuntos étnicos. Enquanto nas coletividades ameríndias as diferenciações sociais revelavam-se irrelevantes, por destacarem-se apenas caciques e pajés, na sociedade colonizadora ressaltava-se a estratificação, definida na formação, na organização e nos interesses[52].

Este instrumento legal determinou que cada diretório fosse administrado por um diretor de índios, com a função de "orientar" o processo "civilizatório" e uma hierarquia de funcionários, que deveria promover o aldeamento dos índios. No período de quatro décadas de vigência do Diretório dos Índios (1757-1798), consolidaram-se novas relações de poder, com a interação de agentes da administração, colonizadores e povos indígenas aldeados. Nas povoações, os principais (lideranças) exercem as funções essenciais e se responsabilizavam pela

---

50. CANCELA, F. A presença de não índios nas vilas de índios de Porto Seguro: relações interétnicas, territórios multiculturais e reconfiguração de identidade – reflexões iniciais. *Espaço Ameríndio*, I, 1, jul.-dez./2007, p. 42-61. Porto Alegre.

51. Implicitamente proibiu-se a fala e a escrita na *língua geral*, tupi-guarani, ou *nheengatú* e a condenou à extinção.

52. DOMINGUES, Â. *Quando os índios eram vassalos*: colonização e relações de poder no Norte do Brasil na segunda metade do século XVIII. Lisboa: Comissão Nacional para as Comemorações dos Descobrimentos Portugueses, 2000, p. 40-66.

política de povoamento e ocupação territorial, através do aldeamento de índios e da arregimentação e distribuição da força de trabalho indígena, conforme a demanda do Estado, dos colonizadores e da subsistência das povoações[53]. Na capitania de Porto Seguro criaram-se vilas de índios em 1758, ao se estender a vigência da Lei de 1755 para todo o Estado do Brasil e deliberou-se por este conjunto de medidas administrativas para se transformarem os antigos núcleos de catequese em vilas, quando os dois aldeamentos jesuíticos existentes, a aldeia São João Batista dos Índios e a aldeia Espírito Santo de Índios transformaram-se, respectivamente nas vilas de Trancoso e de Vila Verde; e em 1763, quando d. José I criou a Ouvidoria na Capitania de Porto Seguro, que proporcionou melhores condições de fiscalização e de centralização do poder[54].

3.4 Exterioridades das culturas indígenas no Brasil

Os grupos tupi-guaranis, chegados talvez da Amazônia ao litoral da região brasileira depois denominada de Nordeste, a partir do entorno do ano 1000 do calendário gregoriano, encontraram o território ocupado por grupos ceramistas agricultores, com os quais entraram em conflito. Da Bahia ao Rio Grande do Norte e no sul de Minas Gerais encontram-se vestígios da cerâmica tupiguarani, que ocupa, na estratigrafia arqueológica, uma posição superior sobre as camadas nas quais se detectaram restos de cerâmicas de outras tradições anteriores[55].

Em outra perspectiva, a população indígena brasileira do início da colonização caracterizou-se pela heterogeneidade cultural, particularmente linguística, e se dividiu em dois grandes blocos: o *guarani*, ocupante da bacia Paraná-Paraguai e do litoral sul, entre a lagoa dos Patos, no Rio Grande do Sul e Cananeia; e o *tupi*, que se expandiu pela faixa litorânea, desde Iguape, São Paulo, até o litoral do Ceará. Cronistas coloniais descreveram numerosas denominações de grupos étnicos não tupis, que intercalaram estes dois blocos, porém, apenas alguns deles se destacaram: *charruas* no estuário do rio da Prata; *goitacás* na foz do Paraíba; *aimorés* no sul da Bahia e norte do Espírito Santo; e *tremembés* entre Ceará e Maranhão, expulsos pela expansão *tupi-guarani*[56].

---

53. COELHO, M.C. & SANTOS, R.R.N. "Monstruoso systema [...] intrusa e abusiva jurisdição": O diretório dos Índios no discurso dos agentes administrativos coloniais (1777-1798). *Revista de História*, 168, jan.-jul./2013, p. 100-130. São Paulo.

54. CANCELA, F. A presença de não índios nas vilas de índios de Porto Seguro...

55. ETCHEVARNE, C. A ocupação humana do Nordeste brasileiro antes da colonização portuguesa... • MARTÍN, G. O litoral: os povos do litoral Nordeste na Pré-História. In: MARTÍN, G. *Arqueologia e Pré-história do Brasil: textos de divulgação científica...*, p. 204-216.

56. FAUSTO, C. Fragmentos de história e cultura tupinambá. In: CUNHA, M.C. (org.). *História dos índios no Brasil...*, p. 381-398.

Planilha I – Tradição ceramista tupiguarani, por períodos (Calendário Gregoriano)

Períodos	Tradição cerâmica tupiguarani
200-500	Pré-tupiguarani (talvez, Amazônica)
500-900	Período Arcaico
900-1300	Período Médio
1300-1500	Período Tardio
1500-1800	Período Colonial (contato com o Europeu)

FONTE: MARTÍN, G. O litoral: os povos do litoral Nordeste na pré-história...

Desconhecem-se as origens remotas da cultura *tupiguarani*, que tem na cerâmica o seu elemento diagnóstico. Há registros de um conjunto de tribos no Brasil, Uruguai, Argentina, Paraguai, Bolívia e Peru, que formou o tronco linguístico *tupi*. O segmento étnico *tupi-guaranis* reunia os grupos *guaranis* da bacia do rio da Prata e *tupis*, do litoral do Rio de Janeiro ao do Maranhão (*tupiniquins* e *tupinambás*), além de outros agrupamentos sociais da bacia amazônica. A maioria dos resultados de mais de 90 datações pela irradiação carbônica (^{14}C) e de sete por termoluminescência, indicou para o período entre 1800 e 500 antes do presente. As datações mais numerosas são posteriores ao ano 700 e correspondem a uma multiplicação de sítios, particularmente no sul do Brasil, enquanto outro conjunto, a partir do século XI e, principalmente do século XIII, mostra uma extensão para a zona litorânea. Houve variações comportamentais, como o canibalismo ritual, praticado no litoral de São Paulo ao Maranhão, e ausência dele entre os carijós do litoral catarinense[57]. Esta cultura utilizava a cerâmica para produzir recipientes e outros objetos de uso cotidiano.

Os sítios arqueológicos da tradição tupiguarani oferecem pouquíssimo material lítico. No de Queimada Nova, Piauí, registraram-se 673 ocorrências líticas e 4.700 cerâmicas; nos oito sítios da fase Itacorá, estudados no Projeto Itaipu, Paraná, somaram-se 175 registros líticos para 2.832 cacos cerâmicos. Encontraram raros artefatos paleolíticos. Aparecem mais na bibliografia os polidos, em primeiro lugar os machados, encontrados em todas as fases, mas ausentes em muitos sítios. Principalmente em Santa Catarina e Paraná utilizaram resinas, ossos e dentes para fabricarem adornos labiais. A bibliografia se reporta a resíduos alimentares e ossadas de peixes e conchas, escassos restos de caça que

---

57. A antropofagia dos tupis fora um ritual de vingança, já entre os *tapuias* ou *jês* evidenciaria o endocanibalismo, no qual se devoravam parentes mortos como ritual, para evitarem que seus corpos se apodrecessem, cuidados que não dispensavam aos inimigos. Cf. DIAS, L.G.V. A Guerra dos Bárbaros...

aumentam de volume em pequenos sítios recentes no interior do Rio Grande do Sul. Isto sugere migração para as cabeceiras dos rios, talvez para fugir dos europeus, onde a rarefação da pesca levara a outras opções alimentares, indicadas em resíduos de ossos de tatu, anta, veado, grandes aves e cascas de ovo. A agricultura complementava a dieta, enquanto a criação de pequenos animais não tivera objetivo alimentar[58].

Planilha II – Famílias linguísticas do Brasil, década de 1940

Aruacano	Aruack	Botocudo	Capakura
Chaná	Chibcha	(Borun)	Enimagá
Gê	Ghahibo	Chiquito	Hauarpe
Kahuapama	Kamakã	Guaykurú	Karib
Kariri	Katukina	Karayá	Masakarí
Maskoy	Matako	Kecua	Nambikwára
Otuke	Pano	Múra	Puinave
Puri	Sáliva	Peba	Takana
Timoti	Tukana	Siriáná	Vilela
Waraú	Witóto	Tupí	Záparo
Zamuko			

Fonte: IBGE. *Mapa etno-histórico de Curt Nimuendaju*, 2002 (legenda).

Durante a Pré-História brasileira a coleta de plantas nativas significou valiosa fonte de alimentos de povos indígenas que, sem deixarem a condição de caçadores, não desenvolveram a dualidade cultivador-criador. Somente assumiram a criação de animais em dimensão significativa, por influência dos colonizadores europeus. A cerâmica desenvolveu-se na América em um processo independente, em paralelo ao ocorrido na Europa. A arte do trançado também teve antecedentes remotos. A agricultura de cultivos locais surgiu e lentamente e evoluiu com métodos próprios e condutas milenares de observação, no mais absoluto empirismo. Em todo o continente, difundiram-se, em escalas diferentes, os cultivos do milho, do feijão e da mandioca. O indígena conseguiu transformar a mandioca brava, de vegetal amargo e venenoso, em seu alimento básico e produzir a farinha, que possibilitou um armazenamento prolongado. A relação agricultores-ceramistas complementava-se, embora pudesse existir uma destas atividades desvinculadas da outra[59].

---

58. PROUS, A. *Arqueologia brasileira...*, p. 371-425.
59. PESSIS, A.-M. Tecnologia: inovação técnica e sobrevivência na pré-história. *Clio Arqueológica*, XXI, 2, 2006, p. 270-281. Recife.

Planilha III – Línguas indígenas isoladas, desvinculadas de famílias linguísticas, década de 1940

Arda	Auaké	Chocó
Fulnió	Gamella	Guató
Huari	Itonama	Kaliána
Kanicana	Kapisaná	Kauyava
Máku	Malalí	Masaka
Matanawí	Mirânya	Natú
Opayé-Savánte	Otí-Savánte	Otomaca
Pankararú	Patasó	Sukurú
Tarumã	Trumai	Tsetsehet
Tukuna	Tusá	Tuyoneiri
Turakáre	Yaruro	Yurí

Fonte: IBGE. *Mapa etno-histórico de Curt Nimuendaju*, 2002 (legenda).

Detectou-se mais de 150 sítios arqueológicos no Alto Xingu, classificados como assentamentos circulares de povos ancestrais, associados às tradições *aratu* e *uru*, resultados de migrações e influências diversas. A tradição *aratu* originou-se da região que seria o Nordeste do Brasil, território tradicional dos grupos *macro-jês*; a cultura *uru*, da Amazônia. Talvez nas grandes aldeias do grupo aratu habitassem povos de língua macro-jê que viveram no Brasil centro-oriental, devido à morfologia e localização dos assentamentos e os cultivos de milho e batata. Entretanto, a tradição cerâmica aratu desapareceu antes da chegada dos portugueses, por volta dos séculos X e XI, quando a cerâmica uru tornou-se hegemônica e se expandiu para o leste. A hierarquia, a regionalidade, o sedentarismo e a acomodação interétnica caracterizaram grupos de língua arawak, inclusive no alto rio Negro, onde se desenvolveu um sistema de interdependência regional multilinguístico e multiétnico[60].

As culturas indígenas, das concepções aos sentimentos e atitudes, foram objeto de interesse dos colonizadores, desde os primeiros contatos. Pero Vaz de Caminha descreveu ao rei, com elegância literária, a genitália das índias, e estabeleceu comparações com a das portuguesas[61]. Observou-se atentamente a sexualidade indígena. Catequistas interferiam nos costumes matrimoniais como a poligamia associada ao prestígio guerreiro, o casamento entre tios maternos e filhas de irmãs, a liberdade pré-nupcial contraposta ao ciúme pela mulher casada, o rigor contra o adultério, a hospitalidade sexual, a iniciação de jovens por

---

60. FAUSTO, C. *Os índios antes do Brasil*. Rio de Janeiro: Zahar, 2000, p. 51-68.

61. "...E suas vergonhas tão altas e tão cerradas e tão limpas das cabeleiras que de as nós muito bem olhamos não tinham nenhuma vergonha", relatou Caminha ao rei. Cf. BENNASSAR, B. & MARIN, R. *História do Brasil, 1500-2000*. Lisboa: Teorema, 2000, p. 11.

mulheres mais idosas, os despreocupados casamentos e subsequentes separações e a homossexualidade registrada por alguns cronistas[62].

Missionários, viajantes e cronistas, observadores atentos das culturas indígenas, registraram a ausência de crenças em povos tupinambás, comportamento que caracterizava viveres de outros povos nativos. Há que se ressaltar um axioma difundido desde o século XVI, formulado pelo gramático e cronista colonial, Pero de Magalhães Gândavo, autor de *Regras que ensinam a maneira de escrever e a ortografia da língua portuguesa* (1574) e de *História da Província de Santa Cruz* (1576), que constatou a ausência dos sons representados pelas letras F, L, e R, na língua tupi e completou que os seus falantes não teriam fé, nem lei, nem rei e viveriam sem conta, nem peso nem medida[63].

Os falares indígenas brasileiros abrangiam três grandes famílias linguísticas (*arauaque, tupi* e *caraíba*), além de uma série de famílias menores (*tocana, pano, uitoto, peba, zaparo, yuracare, tchapacura, tchecobo* e outras)[64]. A língua falada constitui o principal identificador das características socioculturais de um grupo humano. Através da etnolinguística identificam-se migrações dos falantes de uma língua e as suas eventuais relações com outros povos. Na década de 1940 já se havia identificado 40 famílias linguísticas no Brasil indígena, mais 33 línguas isoladas e três desconhecidas (*warau, yúma* e *akroá*), esta última já extinta[65].

Outro estudo reuniu as famílias linguísticas de índios do Brasil em quatro grupos distribuídos por vastas áreas: *arawak, karib, tupi*, e *jê*, além de vários menores, concentrados em áreas compactas: *chapacura, guaykuru, katukina, maku, mura, nambikwara, pano, tukano* e *yanomami*. O segmento *jê*, mais recente e diversificado internamente, separou-se do núcleo central há cerca de 3.000 anos, a julgar pelas semelhanças interiores, enquanto o *macro-jê*, ao qual se incluem *kamakã, maxakali, botocudo, pataxó, puri, kariri, ofaié, jeikó, rikbaktsá, guató* e

---

62. CUNHA, M.C. Imagens de índios do Brasil: o século XVI. *Estudos Avançados*, IV, 10, set.-dez./1990. São Paulo.

63. GÂNDAVO, P.M. *A primeira história do Brasil – História da Província de Santa Cruz a que vulgarmente chamamos de Brasil*. Rio de Janeiro: Zahar, 2004, p. 135 [Modernização do texto original de 1576 e notas, Sheila Moura Hue e Ronaldo Menegaz; revisão das notas botânicas e zoológicas, Ângelo Augusto dos Santos; prefácio, Cleonice Berardinelli]. Vários cronistas coloniais reproduziram esse adágio de Gândavo, entre os quais: Gabriel Soares de Souza (1587), Ambrósio Fernandes Brandão (1618), frei Vicente do Salvador (1627), padre Antônio Vieira (1662), padre Simão de Vasconcelos (1663). Cf. ALCIDES, S. *Escritos Três – Revista da Fundação Casa de Rui Barbosa*. Rio de Janeiro, III, 3, 2009, p. 39-53. Rio de Janeiro. • CUNHA, M.C. Imagens de índios do Brasil...

64. POMPEU SOBRINHO, T. Os tapuias do Nordeste e a monografia de Elias Herckman... • POMPEU SOBRINHO, T. As origens dos índios cariris... • LOPES, F.M. *Índios, colonos e missionários na colonização do Rio Grande do Norte*, p. 263-277.

65. IBGE. *Mapa etno-histórico de Curt Nimuendaju...* [Observações e legenda].

talvez, *bororo* e *fulniô*, mantiveram mais distância, deste núcleo, algo entre 5.000 e 6.000 anos antes do presente e, consequentemente, sabem-se menos das suas filiações genéticas.

Planilha IV – Classificação de línguas indígenas do Brasil

Tronco	Famílias	Línguas
Tupi	Tupi-guarani	Tupinambá Guarani Parakanã Kagwahiv Tapirapé Kayabi Araweté e outras
	Tupi-Mondé	Cinta-Larga Gavião Suruí e outras
	Mundurucu	Mundurucu Kurukyá
	Tuparí	Makurap Tuparí
	Outras	...
Não reconstruído	Arawak	Apurinã Baniwa Mehinaku Paresi Wauá e outras
Macro-jê	Jê	Akwen Apinajé Kaingang Kayapó Suyá Timbira e outras
	Bororo	Bororo Imutina
	Karajá	Karajá Javaé Xambioá
	Botocudo	Krenák
	Maxakali e outras	Maxakali Pataxó
Não reconstruído	Karib	Apalaí Kiukuro Makuxi Tiryó Waiwai e outras

Fonte: FAUSTO, C. *Os índios antes do Brasil...*, p. 82-83.

Os povos *macro-tupi* dispersaram-se por volta de 3.000 a 5.000 anos atrás, entre os rios Madeira e Xingu, enquanto a família linguística *tupi-guarani* dividiu-se entre 2.000 e 3.000 anos antes do presente. A dispersão final ocorreu após o ano 1.000 d.C., quando várias línguas do grupo étnico se reuniram sob o nome de *tupiguarani*, uma língua falada pelos *chriguanos* e *guarayos* na Bolívia, *tapietés* e *guaranis* no Paraguai, *kaingwas* entre Paraguai, Argentina e Brasil e pelos povos *tupinambás*, *tupiniquins* e *potiguaras* do litoral brasileiro.

Planilha V – Identificação e localização de famílias linguísticas de povos indígenas do Sertão do Leste quando da chegada dos colonizadores portugueses

Famílias linguísticas	Povos	Localização
Tupis-guaranis	Tupinikim	Faixa de mata atlântica entre a baía de Camamu e Vitória do Espírito Santo
Jê	Kamakã-Mongoió, Mongoió, Menian e Canarim	Entre os rios Peruípe, Itanhém e Mucuri. Descidos e aldeados em Nova Viçosa, Caravelas e São José de Porto Alegre (Mucuri)
	Pataxó/Patacho	Entre os rios de Contas, Pardo, Jucuruçu, Jequitinhonha, Mucuri, São Mateus e Itaúnas
	Monoxó/Manaxó/Mapoxó, Momaxó/Maxakan/Makaxó	Entre os rios Jequitinhonha, Mucuri e Doce
	Kumanaxó/Cumanachó/Comanaxó	Entre os rios Jequitinhonha, Mucuri e São Mateus
	Kutoxó/Cotoxó	Entre os rios Pardo, Jequitinhonha e Doce
	Kutatoi	Ao nordeste da Capitania de Porto Seguro, particularmente no vale do Jucuruçu
	Maxakali/Machacaliz/Machacari/Macachacaliz/Malacaxi/Malakaxeta	Entre os rios, Pardo, Jequitinhonha, Itanhém, Jucuruçu e Doce
	Malali/Malaliz	Entre os rios Jequitinhonha, Mucuri, São Mateus e Doce
	Makoni/Maconé/Macunin/Makunin/Maquri/Bakoani/Macongugi	Entre as bacias dos rios Jequitinhonha, Mucuri, São Mateus e Doce
	Kopoxó/Copoxó/Gotocho	Entre os rios, de Contas, Jequitinhonha, Mucuri e Doce
	Panhame/Bonito/Bonitó	Entre os rios Jequitinhonha, Mucuri e Doce
	Aimoré/Gren/Gueren/Botocudo	Ao norte das Capitanias de Ilhéus e de Porto Seguro (século XVI), rio Doce, nas Capitanias do Espírito Santo e Minas Gerais (séculos XVIII-XX).

Fonte: PARAÍSO, M.H.B. *O tempo da dor e do trabalho...*, p. 38.

Houve ligação genética entre as línguas *tupi*, *karib* e *jê*. Todas derivaram de um remoto ancestral comum. A língua *karib* originou-se da região fronteiriça da Venezuela com a Guiana; o grupo *arawak*, de mais abrangente incluía as línguas *aruan* (*kulina, paumira, yamamadi* e *deni*) do sudoeste amazônico, a *puquina* do entorno do lago Titicaca, na Bolívia e as *toyeri* ou *harakmbet*, de Cuzco, no Peru. Houve ainda famílias linguísticas menores no Brasil, como: *pano, guaykuru, nambikwara, chapkura, mura* e *katukina*, ao sul do Amazonas; *puinave* e *yanomamy*, ao norte. Toda a rede de línguas vinculada ao tronco *macro-jê* concentrou-se nas partes oriental e central do planalto brasileiro e o grupo *jê* localizou-se entre povos com relações mais afastadas ao leste e ao oeste. A primeira separação ocorreu entre os *jês* meridionais (*kaingang* e *xokleng*) e o restante, há cerca de 3.000 anos; a segunda, entre os ramos central e setentrional, 1.000 ou 2.000 anos atrás. Já as diferenciações internas entre os dialetos *timbiras* orientais (*canela, krinkati, pukobiê, kranjé, gavião e krahô*) e entre os falares *kayapó* (*kubenkranken, kubenkrañoti, mekrañoti, kokraimoro, gorotire, xikrin e txukahamãe*) ocorreram por volta da transição do século XV[66]. A perspectiva geográfica expressa nos sentidos topográficos e na capacidade de representar o espaço revelam-se os aspectos dos mais notáveis das culturas ameríndias do Brasil. Estes povos nômades ou seminômades possuíam uma visão telescópica, capaz de vislumbrar ao longe, vultos ou acidentes, que escapavam da vista mais aguda do colonizador europeu, e uma extraordinária memória visual. Destas duas faculdades decorria a enorme percepção espacial e a habilidade de reproduzir, graficamente, em couro, madeira, ou fibras vegetais, caracteres do meio geográfico[67].

A antropofagia constituiu-se uma das exterioridades culturais indígenas mais difundidas por descrições e imagens de cronistas, de viajantes e de artistas europeus dos dois primeiros séculos da colonização portuguesa no Brasil. Porém, estes registros reproduzem a construção da identidade europeia; indicam imaginários sentimentos e comportamentos nas respectivas de alteridades, através de supostas semelhanças e diferenças, afinidades e adversidades, fantasias e realidades; confrontam civilização e barbárie na projeção de uma nação que se formava na pluralidade étnica e cultural, para ressaltar a tutela econômica, social e política de padrões europeus, cuja reprodução, sem crítica, interfere na dimensão inconsciente da autoidentidade brasileira e reafirma a ideia do Brasil como extensão cultural da Europa. Todavia, aos valores culturais e caldeamentos

---

66. URBAN, G. A história da cultura brasileira segundo as línguas nativas. In: CUNHA, M.C. (org.). *História dos índios no Brasil*... p. 87-102.

67. CORTESÃO, J. *Raposo Tavares e a formação territorial do Brasil*. Rio de Janeiro: Ministério da Educação e cultura/Departamento de Imprensa Nacional, 1958, p. 15-16.

étnicos europeus adicionaram-se as composições genéticas e modos de pensar, sentir e agir de povos nativos e africanos, na formação sociocultural brasileira.

Entre os principais difusores da barbárie canibal de índios brasileiros, encontram-se cronistas como André Thevet (1516-1592) e Hans Staden (1525-1576), de conteúdos mais ajustados à ficção literária que à descrição histórica, aos quais se acrescentaram as telas do flamengo Albert Eckhout (1610-1666) e os desenhos ilustrativos do belga Theodor de Bry (1528-1598). Há diferenças, léxica e semântica, entre canibalismo e antropofagia. Define-se como canibal o indivíduo que se alimentaria de carne humana; o antropófago comeria carne de inimigos em rituais de vingança. A palavra canibal, criada por Cristóvão Colombo e difundida por filósofos do século XVI, particularmente Michel de Montaigne, 1533-1592, derivou do termo arawak *cariba*, autodenominação de índios das Antilhas, para exprimir ousado. A antropofagia resultou de uma fantasia do imaginário medieval, sem qualquer atribuição geográfica no Brasil. Antropófagos ou canibais seriam, do mesmo modo, povos que comeriam carne humana, uma condição diferente da praticada pelos povos tupis, que comiam, ritualmente, partes dos corpos de seus inimigos, para manifestarem hostilidade ou vingança[68] e, eventualmente, de familiares, para que não apodrecessem.

Depois de uma curta experiência de 10 semanas na França Antártica de Nicolas Durand de Villegaignon (1510-1571), que invadiu a baía de Guanabara entre 1555 e 1560, o franciscano André Thevet, cosmógrafo do rei Henrique da França, passou a recriar plantas, animais e povos do Novo Mundo através de coleção de artefatos, escritos e imagens. Os artefatos, recolhidos e surrupiados de comunidades indígenas, teriam a dupla função de prova material de seus escritos e de fonte de prestígio ao serem doados a senhores poderosos, que mantinham os gabinetes de curiosidades, antecessores dos museus modernos. Thevet apresentou os nativos da América como indivíduos que não viviam em campos e florestas e nem tinham os corpos recobertos de pelos, como se difundiam na Europa, no início do século XVI. Estes povos depilariam o corpo, inclusive a barba e os pelos pubianos. A sua obra, *Singularidades da França Antártica*, recebeu 20 ilustrações do gravador Jean Cousin e de outros desconhecidos, que apresentaram, conforme sua orientação explícita no prefácio, espécies animais, gêneros vegetais e costumes de povos, especialmente as cenas de guerra e de canibalismo[69]. De modo refreado, Jean de Léry (1536-1613) também contribuiu para a consolidação do estigma da

---

68. LESTRINGANT, F. *O canibal*: grandeza e decadência. Brasília: UnB, 1997, p. 27. • CUNHA, M.C. *Imagens de índios do Brasil...*

69. RAMINELLI, R.J. Escritos, imagens e artefatos: ou a viagem de Thevet à França Antártica. *História*, XXVII, 1, 2008, p. 195-212. São Paulo.

antropofagia indígena, ao narrar que os índios, denominados de selvagens, quando iam à guerra, ou matavam solenemente um prisioneiro para comê-lo, enfeitavam-se com vestes, máscara, braceletes e outros ornatos de penas[70].

As ilustrações de Thevet compensariam a pobreza de estilo dos seus textos e as deficiências das descrições na maioria dos relatos. Ele se fez um representante exemplar de cronista do século XVI, consciente das expectativas do público, ao qual endereçava sua mensagem e explorara com perspicácia o mercado e a melhor maneira de comercializar seu relato de viagem[71]. Na sua descrição, após os combates, os indígenas de toda a América conduziriam os prisioneiros às tabas, onde lhes ofereceriam jovens, eventualmente, a própria filha do cacique, que se encarregariam de prover as suas necessidades. Seriam servidas a eles as melhores carnes, para engordá-los, até que chegasse o dia de se lhes tirarem as vidas. Se nascessem filhos de prisioneiro com mulheres que lhes oferecessem, as crianças seriam alimentadas por algum tempo, depois as devorariam. Nas solenidades de massacres, convidariam amigos para o banquete. As mulheres prisioneiras de guerra receberiam o mesmo tratamento, apenas não lhes dariam maridos. Todos partilhariam dos despojos, servidos com cauim[72].

Um dos mais destacados divulgadores do canibalismo indígena, o soldado mercenário germânico Hans Staden (1524-1576), arcabuzeiro de uma esquadra espanhola, capturado em combates contra indígenas no litoral de São Vicente, em 1554, ficou prisioneiro dos tupinambás durante quase um ano. Depois de regressar à Europa, subsidiou o gráfico Theodor De Bry com informações promovedoras de terror e desprezo, difusora da imagem de bestialidade dos habitantes do Novo Mundo e da ideia de comportamentos animalescos dos nativos[73]. As suas aventuras, publicadas em 1557, teve dezenas de edições em alemão, flamengo, holandês, latim, francês, inglês, português e talvez outras línguas. Esta obra celebrizou-se pelos apelos textuais dramáticos, amplamente ilustrados com cena de cruéis assassinatos a bordoadas e churrascadas humanas. Staden descuidou da reconstituição dos fatos, para delirar sobre uma exagerada brutalidade indígena, cujos apavorantes costumes o assombraram[74] e repassou os seus delírios para De Bry, que os reproduziu em imagens.

---

70. LÉRY, J. *Viagem à terra do Brasil...*, p. 111-121.

71. ZIEBELL, Z. *Terra de canibais*. Brasília: UnB, 2002, p. 87.

72. THEVET, A. *Singularidades da França Antártica a que outros chamam de América...*, p. 238-247.

73. MESGRAVIS, L. *História do Brasil colônia...*, p. 16.

74. FRANCO, F.A.C. Introdução. In: STADEN, H. *Duas viagens ao Brasil*: arrojadas aventuras no século XVI entre antropófagos do Novo Mundo. São Paulo: Sociedade Hans Staden, 1941, p. 5-24.

Sua obra *Collectiones Pregrimatorum in Indiam Occidentalem et Indiam Orientalem*, mais conhecida como *Grands Voyages*, composta de 13 volumes na edição em latim e 14 na alemã, foi concluída em 1634, pelos seus descendentes. Na elaboração de suas ilustrações, De Bry utilizou a técnica da gravura em cobre para permitir maior riqueza de detalhes, embora fosse mais cara que as produzidas com o recurso da xilogravura. Theodore de Bry iniciou a publicação de *Thesaurus de Viagens* em 1590, e através desta técnica inovadora e da escolha de temas polêmicos, como o canibalismo e a idolatria, suas publicações causaram impacto visual e influenciaram outros artistas.

Na relação entre texto e imagens da obra de Theodore de Bry, denotam-se três indicadores para se compreender: o olhar do narrador, que, ao selecionar imagens e textos, devem-se considerar as perseguições religiosas sofridas pelo autor; os temas e autores selecionados; a forma de organização, reordenação e cópia de cada um dos elementos da imagem. Deve-se considerar que, além de ilustrar, os editores também traduziam e alteravam os textos básicos das ilustrações e buscavam, de diversas maneiras, direcionar o olhar do leitor e impor interpretações da obra[75].

Recomendável também o estabelecimento de uma distinção entre as gravuras de ilustração produzidas a partir da transcrição de textos e imagens, como no livro de Staden, e figuras de interpretação baseadas em outros desenhos, elaborados para manipular informações e recriar explicações, como se caracteriza o trabalho gráfico de Theodore de Bry, apoiado em motivos visuais de Léry, que se inspirou na obra de Thevet[76].

Os indígenas preparavam o cauim, uma bebida fermentada pela mistura de um caldo extraído da mandioca com caju, milho, outros vegetais e salivas de jovens índias[77]. Poderiam lhe acrescentar mais açúcar na forma de mel ou frutas e também fungos e outros vegetais que aumentavam seu conteúdo etílico. Devido ao efeito embriagador, estas bebidas fermentadas dos guaranis e tupinambás receberam, equivocadamente, de cronistas quinhentistas e seiscentistas as denominações de *vinho* ou *cerveja*, embora constituíssem diversos tipos de bebidas e o genérico termo *cauim* talvez indicasse apenas o teor alcoólico. Esta denominação em tupinambá e *caguy* em guarani definem, genericamente, qualquer tipo de bebida fermentada embriagante, sem se considerarem os ingredientes nem a for-

---

75. KALIL, L.G.A. Os espanhóis canibais: análise das gravuras do sétimo volume das *Grands Voyages*, de Theodore De Bry. *Tempo*, XVII, 31, 2011, p. 261-283. Campinas.

76. BELLUZZO, A.M.M. *O Brasil dos viajantes...*, p. 53.

77. ALGRANTI, L.M. & MEGIANI, A.P. (orgs.). *O Império por escrito*: formas de transmissão da cultura letrada no mundo ibérico, séculos XVI-XIX. São Paulo: Alameda, 2009, p. 399.

ma de produção. Mulheres serviam este líquido, retirado dos *cambuchis* e *igaçabas*, com cuias de cabaças partidas ao meio, denominadas pelos guaranis de *yvyrakuipe*, em conchas denominadas *yta guasu* (colher grande), ou conchas de moluscos. Os recipientes usados para beber poderiam ser de cabaças ou de cerâmica. Guaranis e tupinambás denominavam os cerâmicos de *caguaba*. Poderiam ter a forma de tigela com borda infletida ou inclinada, com uma curva acentuada e receber pintura nas faces interna e externa. Continham, em média, a capacidade de dois ou três litros e as maiores, até de 10 litros[78].

Numa síntese das informações de cronistas coloniais, motivavam-se as guerras entre os tupinambás, as disputas e conservação de território, tanto contra outros povos indígenas quanto colonizadores; pilhagem de bens econômicos, alimento, mudas de plantas e sementes dos colonizadores; canibalismo, embora citado por muitos, havia rituais antropofágicos que indicam outra perspectiva; e vingança, argumento proposto por Gândavo, seguido por Jean de Léry e André Thevet[79].

Os estudos das culturas indígenas não podem prescindir de informações sobre os movimentos religiosos dos povos tupis, liderados por pajés, feiticeiros, visionários aceitos como profetas, denominados de caraíbas. O horizonte destas manifestações místicas encontra-se na busca da terra sem mal (*tvy maraney*) e no debate deste núcleo central da mitologia tupiguarani, há dúvidas se esta exteriorização cultural expressasse uma concepção exclusiva dos aborígines, ou relacionava-se de alguma forma, com a expansão colonial. Em qualquer interpretação caraíba, a terra sem mal situava-se sempre na direção leste, do mar, do litoral atlântico[80]. O entusiasmo mítico deste paraíso tupi, que estimulou as migrações do interior para a costa atlântica, na busca da terra onde não se morreria, motivou a efervescência religiosa do século XVI, que passou a estimular os fluxos migratórios indígenas em sentido inverso, do litoral para o sertão[81].

Neste universo de cultura catequética colonizadora, no qual afloravam ideias milenaristas transferidas da Europa, surgiram manifestações sociais denominadas de santidades, reprimidas pela Inquisição do Santo Ofício, descritas nos processos inquisitoriais, em correspondências jesuíticas, crônicas coloniais

---

78. NOVELLI, F.S. & BROCHADO, J.P. O cauim e as bebidas dos guaranis e tupinambás: equipamentos, técnicas, preparação e consumo. *Revista do Museu de Arqueologia e Etnologia*, 8, 1998, p. 117-128. São Paulo.

79. FERNANDES, F. *A função social da guerra na sociedade tupinambá*. 3. ed. São Paulo: Globo, 2006, p. 64-66.

80. DIAZ, N.M. La migración Mbya (Guarany). *Dédalo*, XXIV, 1985, p. 147-169. São Paulo. Apud BRANDÃO, C.R. O guarani: índios do sul, religião, resistência e adaptação. *Estudos Avançados*, IV, 10, set.-dez./1990. São Paulo.

81. CALASANS, J. *Fernão Cabral de Ataíde e a santidade de Jaguaripe*. Salvador: Eduneb, 2012, p. 23-36. • VAINFAS, R. *A heresia dos índios*: catolicismo e rebeldia no Brasil colonial. São Paulo: Companhia das Letras, 1995, p. 42.

e obras histográficas posteriores. A expressão santidade teve diversos significados nos textos jesuíticos. Designou o profeta-feiticeiro, os ritos que estes magos oficiavam o conjunto de crenças cultivadas e os movimentos sociais messiânicos por eles deflagrados com a expectativa de advento de uma terra sem males[82].

Manifestou-se em 1585, na localidade de Frio Grande, em algum trecho da serra do Orobó na Bahia, um destes movimentos sociais indígenas, de fundamento messiânico e expressão sincrética, com intercessões de simbologias e ritos cristãos e de componentes e mitos indígenas, organizado por um índio de nome Antônio, que vivera com os jesuítas de Tinharé, de cuja companhia fugira. Este índio conhecia a mitologia heroica tupinambá e se apresentava como Tamanduaré ou Tamandaré, uma corruptela de Tamendonaré, mito sobrevivente do dilúvio mitológico deste povo. Tamandaré organizou um refúgio de índios escravos e aldeados e o transformou em um ajuntamento eclético, que reunia gente de diferentes origens étnicas e condições sociais. O senhor de engenho em Jaguaripe, Fernão Cabral de Ataíde, natural da cidade Silves, Algarves, enviou o mameluco Domingos Fernandes, o Tomacaúna, participante da santidade, com a incumbência de transferir este grupo mobilizado por Antônio Tamandaré para as suas terras. Convencidos por Tomacaúna, algumas dezenas de indivíduos, liderados por uma índia e um índio que se apresentavam como Mãe de Deus e Filho de Santa Maria, deslocaram-se na expectativa de liberdade de culto e esperança de encontrar o paraíso[83].

Em Jaguaripe, Fernão Cabral de Ataíde acolheu este grupo da santidade em suas terras, construiu uma igreja, ampliou o número de seguidores, inclusive com adesão de alguns brancos. A sua simpatia e o prestígio dele difundiram-se pelo Recôncavo. Esta proteção da Santidade ampliou a oferta da força de trabalho indígena no engenho de Cabral; entretanto, pressionado pelos senhores de terra que se sentiam ameaçados com o crescimento daquele movimento, o governador Manuel Teles Barreto (1582-1587) mandou reprimir a Santidade de Jaguaripe, destruir a igreja e prender as lideranças.

Quando denunciaram Cabral ao visitador do Santo Ofício, Heitor de Mendonça Furtado, em 1591, acusaram-lhe de mandar jogar uma escrava índia grávida na fornalha do engenho. Ao inquisidor ele declarou que a índia apresentava inchação, que ele atribuía ao vício de comer terra, embora se alegasse que ela contara algo, talvez alguma aventura amorosa, à sua esposa, Margarida da Costa. Depois de pouco mais de um ano de prisão, Cabral recebeu como sentença

---

82. RISÉRIO, A. *Uma história da cidade da Bahia*. 2. ed. Rio de Janeiro: Versal, 2004, p. 99.

83. SILVA, I.B.P. A santidade de Jaguaripe: catolicismo popular ou religião indígena? *Revista de Ciências Sociais*, XXVI, 1/2, 1995, p. 65-70. Fortaleza.

o pagamento de 1.000 cruzados para o Santo Ofício e dois anos de desterro da Bahia. O agente do Tribunal da Inquisição interrogou ainda outros participantes da Santidade de Jaguaripe: Domingos Fernandes Nobre, o Tomacaúna, mestiço, recebeu a pena de pagamento de 5.000 mil réis e a proibição de voltar ao sertão; Gonçalo Fernandes, homem branco, natural da Bahia e Cristóvão de Bulhões, mameluco, natural da capitania de São Vicente, também foram proibidos voltarem ao sertão; Brás Dias, mameluco, que se disse arrependido, pediu misericórdia e perdão, apenas mandaram-lhe guardar segredo de tudo e voltar depois[84].

A Santidade de Jaguaripe caracterizou-se um movimento milenarista de pessoas oprimidas, na expectativa de um futuro de liberdade, sem a dominação colonizadora, nem a opressão escravista. Esta tradição tupi-guarani de se seguirem profetas ambulantes, que prometiam um mundo sem males, tal como ocorreu em Jaguaripe, também recebeu influências de crenças do legado judaico-cristão. A catequese expôs o mundo de escravos indígenas e africanos, aos conceitos apocalípticos, de poder transformador e da redenção da ideia de punição eterna do mal e constituiu uma apropriação de profecias milenaristas por indivíduos oprimidos e escravizados e a sua aplicação a estas circunstâncias, que tornou a Santidade de Jaguaripe ameaçadora aos repressores agentes da colonização. O governador-geral Manoel Teles Barreto atribuiu a este movimento social a responsabilidade pelas agitações na capitania da Bahia, que levou índios livres e escravizados a escaparem-se, e na fuga incendiarem lavouras e atacarem os colonizadores[85]. A colonização do Brasil desenvolveu-se com sofrimentos, consternações e mágoas dos povos indígenas. A chegada dos portugueses com uma cultura dominadora e instrumentalizados para a dominação causou enorme impacto nas relações sociais nativas. A interiorização da conquista territorial ampliou a contundência deste choque cultural. As atividades colonizadoras e missionárias, sobretudo, da pecuária, no século XVII, irromperam de forma radical os modos de aproveitamento ambiental por grupos humanos autóctones e transformaram substancialmente os sistemas adaptativos construídos, como resultado da substituição de populações nativas. Povos indígenas remanescentes, em especial tuxás e rodelas no vale do São Francisco, testemunharam estas radicais transformações[86].

---

84. CALASANS, J. *Fernão Cabral de Ataíde e a santidade de Jaguaripe...*, p. 49-59. • VAINFAS, R. *A heresia dos índios...*, p. 42. • VAINFAS, R. (org.). *Confissões da Bahia* – Santo Ofício da Inquisição de Lisboa. São Paulo: Companhia das Letras, 1997 [vários processos inquisitoriais].

85. METCALF, A. Escravos milenaristas? – A santidade de Jaguaripe e a resistência escravista nas Américas. In: GOMES, F. *Mocambos de Palmares*: histórias e fontes: séculos XVI-XIX. Rio de Janeiro: Faperj; 7 Letras, 2010, p. 21-31.

86. ETCHEVARNE, C. Ambiente e ocupação humana em uma região do submédio São Francisco, Bahia. *Clio Arqueológica*, XV, 2002, p. 61-88. Recife.

4 | Guineanos, iorubás, bantos
Escravismo antigo, escravidão mercantil e resistência cultural negra

4.1 Feudalismo, senhorialismo e escravismo

Na antiguidade egípcia a captura de escravos já constituía objetivo de expedições militares à Núbia. Na Grécia clássica, a Ática tinha algo próximo de 115.000 escravos, numa população de aproximadamente 315.000 habitantes, e em Atenas esta proporção alcançara algo no entorno de 70.000, para 150.000. Os romanos escravizaram gregos, eslavos, iberos, germanos, gauleses e todos os povos que conquistaram na Europa, na Ásia e na África. Os árabes comercializaram etíopes, abexins e somalis, sobretudo, mulheres para seus haréns. Maomé (570-632), com uma associação de pastores nômades e comerciantes, organizou uma poderosa aristocracia, fundou um sólido império e lançou as bases do islamismo que, ao se expandir, também escravizou os povos que não aceitassem seus fundamentos doutrinários[1]. A influência muçulmana na África iniciou pouco depois da Hégira (fuga de Maomé de Meca para Medina), em 622 e se disseminou pela costa oriental, através do mar Vermelho e ao leste, do Egito ao Magreb[2].

O Egito, principal área mediterrânica produtora de alimentos, durante milênios, foi objeto de disputa de diversos povos e submetido, sucessivamente, por hicsos, assírios, gregos, romanos, persas, bizantinos e árabes. Depois de dominá-lo em 639, os muçulmanos o perderam para os cristãos de Constantinopla e o reconquistaram, definitivamente, em 645. Após o Egito, todo o norte da África passou para o controle islâmico e, através do vale do Nilo e do deserto de Saara, o islamismo se propagou para as regiões ocidentais, centrais e orientais

---

1. SILVA, A.C. *A manilha e o libambo*: a África e a escravidão, de 1500 a 1700. Rio de Janeiro: Nova Fronteira, 2002, p. 15-69.
2. LOPES, N. *Bantos, malês e identidade negra*. Belo Horizonte: Autêntica, 2006, p. 20.

do continente, sempre com a escravização dos povos que recusassem os seus fundamentos doutrinários. Das bordas africanas do Mediterrâneo estenderam seus domínios, em 711, para a maior parte da península Ibérica, de onde foram rechaçados, somente em 1492, na conquista castelhana do reino de Granada.

A escravidão, como uma instituição socioeconômica da Antiguidade, teve nas guerras o meio principal para adquirir escravos, embora não fossem os conflitos entre os povos a raiz desta conduta social, mas a sedentarização de grupos humanos com o estabelecimento da agricultura, o nascimento e o desenvolvimento do comércio, que resultaram na acumulação de riquezas, na formação da propriedade privada da terra e no desenvolvimento de uma organização social mais complexa[3]. A escravidão constituiu-se na base econômica do Antigo Egito, da Grécia clássica e do Império Romano. Nos tempos modernos, embora fosse a força de trabalho mais cara, forneceu o açúcar para o chá e o café de todo o mundo e produziu o algodão, matéria-prima básica da Revolução Industrial que impulsionou a formação e consolidação do capitalismo moderno[4].

Empregava-se o trabalho escravo na península Ibérica deste a Antiguidade, inclusive durante a Idade Média, quando predominaram na Europa Central os vínculos feudais. Os muçulmanos do norte da África escravizavam os inimigos cristãos da Europa, e estes os submetiam ao mesmo regime de trabalho ao longo das bordas do Mediterrâneo[5], nas quais predominava a escravidão artesanal e doméstica. Os reinos dos cruzados de *Outre Mer* (Ultramar) ajudaram a introduzir a cana de mel, originária da Índia, na Europa, nos séculos XII e XIII, cultivada inicialmente nas ilhas de Creta e Sicília. A modesta produção inicial do açúcar de cana, tanto por cristãos quanto muçulmanos, absorvia poucos escravos. Nos séculos XV e XVI, o cultivo da cana se estendeu para as ilhas do Atlântico e os escravos africanos passaram a representar cerca de metade da força de trabalho destas ilhas de onde se transferiram muitos cativos para a Espanha e Portugal, comprados como criados por nobres, pelo clero e por artesãos[6]. Na península Ibérica, sobretudo no sul, não se instituiu plenamente o trabalho servil típico do sistema feudal. Desenvolveu-se entre os povos ibéricos uma economia de transição, em simultaneidade ao trabalho servil, característico

---

3. KELLER, F. *Historia de la esclavitud*. Barcelona: Ferma, 1962, p. 7.
4. WILLIAMS, E. *Capitalismo & escravidão*. São Paulo: Companhia das Letras, 2012, p. 32.
5. FONSECA, J. *Escravos em Évora no século XVI*. Évora: Câmara Municipal, 1997. • FONSECA, J. *Escravos e senhores na Lisboa Quinhentista*. Lisboa: Colibri, 2010.
6. BLACKBURN, R. *A construção do escravismo no Novo Mundo, 1492-1800*. Rio de Janeiro: Record, 2003, p. 47-122.

da Europa Central, que associou diferentes tipologias de relações de trabalho e nestas condições escravizaram-se mouros islamizados, capturados em combates pelo controle do mar Mediterrâneo e em lutas pela ocupação de territórios peninsulares, inclusive alguns senhores muçulmanos acompanhados de seus escravos negros da África subsaariana.

Esta organização socioeconômica típica da península Ibérica, denominada de senhorial ou dominial[7], resultou da preponderância de privilégios que a constituíram antes do feudalismo, a partir da posse estável da terra e das imunidades pessoais. Este poder se assentou nas amplas possessões territoriais que se organizaram em domínios pessoais, acrescentados de amplos privilégios patrocinados pelo rei. Em consequência destas mercês, desde os primórdios da monarquia, a casta privilegiada se confrontou com os monarcas nas oportunidades em que estes tentavam restringir as doações territoriais ou subtrair a justiça do controle particular[8]. Historiadores que vislumbram o feudalismo como um regime político caracterizado pela dispersão da autoridade, aglutinação de principados e ducados, sem um estado centralizado entendem que em consequência destes traços jurídico-políticos de vínculos privados de vassalagem e de contratos de feudo a noção de regime feudal que fora uma exclusividade europeia e medieval, distingue-se da ideia de sistema senhorial ou dominial, que existiu também em outras partes do mundo, em diferentes épocas[9].

Os reinos de Castela e de Portugal não constituíram os respectivos segmentos mercantis nem construíram marinhas mercantes, antes do século XIV. Mercadores flamengos e italianos promoviam o comércio do sal de Setúbal e da lã de Castela, duas mercadorias fundamentais para o desenvolvimento comercial e formação da economia de mercado. Os monarcas destes dois reinos, em dificuldades financeiras decorrentes das generosas concessões de terras e isenções de impostos aos que combatiam os muçulmanos, principalmente as ordens militares e religiosas, de monges cavaleiros entre as quais se sobressaíram a de Avis, a de Santiago e a de Cristo, em Portugal; a de Santiago, a de Calatrava e a de Alcântara na Espanha, beneficiaram mais às aristocracias militares e eclesiásticas, que às respectivas monarquias, com os resultados financeiros da reconquista territorial.

---

7. MATTOSO, J. *Identificação de um país*: ensaio sobre as origens de Portugal, 1096-1335 – Vol. I: Oposição. 5. ed. rev. e atual. Lisboa: Estampa, 1995, p. 81-87 [1. ed., 1985].

8. MENDONÇA, M. Os neossenhorialismos tardos medievais em Portugal. In: NOGUEIRA, C. (org.). *O Portugal medieval*: monarquia e sociedade. São Paulo: Alameda, 2010, p. 41-54.

9. CARDOSO, C.F.S. & BRIGNOLI, H.P. *História econômica de América Latina* – T. 1: Sistemas agrários y historia colonial. 3. ed. Barcelona: Crítica, 1984, p. 108-109 [1. ed., 1879].

Entre os séculos VI e VIII, a Igreja, representada entre os visigodos pelo bispo Isidoro de Sevilha, prescreveu a subordinação dos escravos, como necessária punição dos pecados. Recomendou rigor disciplinar e castigos para os escravos que resistissem à escravidão. Entretanto, a sua insistência nesta ideia indica que os escravizados contestavam a função a eles atribuída e, por conseguinte, o juízo que deles faziam[10].

Durante a expansão comercial europeia para os outros continentes[11], empregou-se, ainda que em plano secundário, o trabalho forçado em Portugal[12], transferido para a colonização do Brasil, por não ser possível entabular atividades comerciais em ampla escala com as populações nativas. Explorou-se a força de trabalho escravizada do indígena em paralelo à do africano. O negro traficado como mercadoria da África correspondeu às conveniências do jogo de mercado e esta lógica levou a que se evitasse, e até se proibisse, a escravização de índios nas áreas de economias mais densas[13] como o recôncavo da baía de Todos os Santos e a zona da mata de Pernambuco, enquanto flexibilizava sua exploração em áreas periféricas como São Paulo, nos séculos XVI a XVIII, sob o argumento da necessidade de punição aos indígenas rebeldes, sobreviventes de combates e massacres dos colonizadores[14]. Ao produzir para o comércio internacional, a colonização também gerava mercado colonial, para tudo que fosse comercializado

---

10. BLACKBURN, R. *A construção do escravismo...*, p. 47-122.

11. BRAUDEL, F. *O Mediterrâneo e o mundo mediterrânico*. 2 vol. São Paulo: Martins Fontes, 1983. • BRAUDEL, F. *Civilização material, economia e capitalismo: séculos XVI-XVIII* – Vol. I – As estruturas do cotidiano. São Paulo: Martins Fontes, 1995. • BOXER, C.R. *O império marítimo português, 1415-1825*. • FERRO, M. *História das colonizações*: das conquistas às independências, séculos XII a XX. São Paulo: Companhia das Letras, 1996. • WILLIAMS, E. *Capitalismo & escravidão*. • RUSSELL-WOOD, A.J.R. *Um mundo em movimento*: os portugueses na África, na Ásia e na América (1415-1808). Lisboa: Difel, 1998. • JOHNSON, H. & SILVA, M.B.N. (coords.). *O Império Luso-brasileiro, 1500-1620*. Lisboa: Estampa, 1992 (SERRÃO, J. & MARQUES, A.H.O. *Nova história da Expansão Portuguesa*. Vol. VI.) • MAURO, F. (coord.). *O Império Luso-brasileiro, 1620-1750*. Lisboa: Estampa, 1992 (SERRÃO, J. & MARQUES, A.H.O. *Nova história da Expansão Portuguesa*. Vol. VII.) • SILVA, M.B.N. (coord.). *O Império Luso-brasileiro, 1500-1620*. Lisboa: Estampa, 1992 (SERRÃO, J. & MARQUES, A.H.O. *Nova história da Expansão Portuguesa*. Vol. VIII.)

12. SAUNDERS, A.C.C.M. *História social dos escravos negros em Portugal (1441-1555)*. Lisboa: Imprensa Nacional/Casa da Moeda, 1994.

13. NOVAIS, F.A. *Portugal e Brasil na crise do antigo sistema colonial (1777-1808)*. São Paulo: Hucitec, 1979, p. 92-106.

14. PRADO JUNIOR, C. *Formação do Brasil contemporâneo*: colônia [1. ed., 1942] [Recomenda-se a edição com um texto introdutório de Fernando Novais]. In: SANTIAGO, S. (coord.). *Intérpretes do Brasil*. Vol. III. Rio de Janeiro: Nova Aguilar, 2002, p. 1.103-1.488. • ALEXANDRE, V. *Os sentidos do império* – Questão nacional e questão colonial na crise do Antigo Regime português. Porto: Afrontamento, 1993. • ALENCASTRO, L.F. *O tratado dos viventes*: formação do Brasil no Atlântico Sul. São Paulo: Companhia das Letras, 2000. • ARRUDA, J.J.A. *O Brasil no comércio colonial*. São Paulo: Ática, 1980.

por mercadores metropolitanos, sobretudo, vinho, azeite, especiarias orientais e, principalmente, escravos[15].

4.2 Antecedentes europeus da escravidão mercantil

Desde a Antiguidade greco-romana à segunda metade do século XVIII, a Europa Ocidental submeteu inimigos à escravidão, inclusive durante a Idade Média, quando esse regime de trabalho compulsório ficou obscurecido pela predominância das formas feudais de se produzir e de se articular a sociedade. Empregou a escravidão na península Ibérica e bordas mediterrânicas na condição de instituição consuetudinária, fundamentada em princípios bíblicos, aristotélicos, romanos e canônicos. Na perspectiva da escravidão na Antiguidade, as guerras teriam o objetivo principal de capturar homens e mulheres, negociar os resgates ou utilizá-los na produção e no lazer[16]. Em tais circunstâncias, a escravidão forneceu força de trabalho à produção, ao comércio ou qualquer outra atividade e como objeto de mercado, embora sua comercialização não tivesse a dimensão alcançada nos Tempos Modernos. Na Europa Ocidental, durante a baixa Idade Média, não havia economias escravistas semelhantes às da Antiguidade e do início da Era Moderna, apenas sociedades que admitiam também o trabalho escravo[17]. Esta instituição perdeu o sentido econômico e a dimensão sistêmica, embora permanecesse na condição de resíduo jurídico nas periferias econômicas. Utilizou-se o trabalho escravo na península Ibérica até princípios do século XI, quando se empregaram escravos e servos e colonos de origem gótica e, desde meados desse século, dos contingentes de mouros capturados em combates[18]. A resistência ao domínio árabe proporcionou aos povos peninsulares um feudalismo atípico, o senhorialismo, e maior persistência da escravidão.

A conquista de maior parte da península Ibérica pelos muçulmanos iniciou-se com a derrota de d. Rodrigo, rei visigodo, pelas tropas de Tarik Ben Ziyad, general do exército omíada de Tanger, em 711. Na proporção em que os invasores avançavam sobre o território peninsular, a sua população recuava para o norte. Desde então, intensificou-se a escravização de cristãos pelos conquistadores

---

15. LAPA, J.R.A. *A Bahia na carreira das Índias*. São Paulo: Nacional, 1968. • LAPA, J.R.A. *Economia colonial*. São Paulo: Perspectiva, 1973. • LAPA, J.R.A. *O antigo sistema colonial*. São Paulo: Brasiliense, 1982.

16. MARGARIDO, A. Teoria e prática da escravatura: o "direito" a fazer e a vender escravos. *História*, n. 16, jul./1999, p. 28-37. Lisboa.

17. TAYLOR, C. Da escravidão à falta de liberdade na Europa Ocidental durante a alta Idade Média. In: LIBBY, D.C. & FURTADO, J.F. (orgs.). *Trabalho livre, trabalho escravo*: Brasil e Europa, séculos XVIII e XIX. São Paulo: Annablume, 2006, p. 21-55.

18. MATTOSO, J. *Identificação de um país*: ensaio sobre as origens de Portugal, 1096-1325. Vol. 1, p. 261.

e de muçulmanos, pelo conquistados. De ambos os lados submetiam-se os combatentes inimigos aprisionados ao cativeiro. Estes prisioneiros poderiam fornecer informações estratégicas e proporcionar a possibilidade de resgate ou de venda como escravo. Em Portugal constituíam-se, força de trabalho temporária, paulatinamente excluída dos seus direitos[19]. Nas sociedades medievais mediterrânicas, a escravidão fora majoritariamente empregada nas atividades urbanas e se prolongou, de modo contínuo, desde o fim do Império Romano ao início do tráfico de escravos no século XV. Da segunda metade do século XI à conquista de Sevilha (1248), a escravidão, principalmente doméstica, ampliou-se em consequência da guerra aos mouros. Em Portugal supriam-se partes dos serviços domésticos, artesanais e em menor escala, as atividades rurais, com mouros prisioneiros de guerra, embora também compressem escravos de outras origens. No reino muçulmano de Andaluzia havia escravos cristãos, além de negros sudaneses e brancos de outras origens. Mercadores árabes e berberes transportavam cativos de etnias diversas para os mercados de escravos nas principais cidades do entorno do mar Negro e do Oriente Médio[20].

Na Europa cristã as leis de guerra facultavam a escravização de prisioneiros e, por volta do século XIII, formou-se o consenso de cristãos submeterem ao cativeiro apenas os infiéis capturados em guerra justa, definida como tal a que resultasse de agressão sofrida e fosse declarada pelas autoridades civis, com aprovação eclesiástica. Em Portugal, desde a conquista do Algarves (1249) à tomada de Ceuta (1415), a escravidão foi abastecida com novos cativos através de assaltos ao norte da África e dos socorros enviados a Castela. Nesse início do século XV, a armada portuguesa praticava o corso nas costas de Marrocos.

Do mesmo modo agiam os muçulmanos, que atacavam os cristãos em Portugal, faziam prisioneiros e os submetiam ao cativeiro nos seus domínios do norte da África e do sul da península Ibérica[21]. Os negros em Portugal viviam submetidos a restrições, porém, relativamente adaptados às condições locais. Aos portugueses, causavam mais temores os escravos muçulmanos por serem mais politizados, capazes de agir politicamente e de organizarem sublevações[22].

---

19. MENDES, A.A. "Brancos" e Guiné, "contrabandistas" de fronteiras (século XVI-XVII). In: GUEDES, R. África: brasileiros e portugueses, séculos XVI-XIX. Rio de Janeiro: Mauad, 2013, p. 19-47.

20. KELLER, F. História de la esclavitud..., 1988, p. 43-44. • MATTOSO, J. Identificação de um país... Vol. 1, 1995, p. 261.

21. SAUNDERS, A.C.C.M. História social dos escravos e dos libertos negros em Portugal..., p. 63-64. • FONSECA, J. Os escravos no Sul de Portugal (séculos XVI-XVII)..., p. 38-45.

22. SILVEIRA, R. O Candomblé da Barroquinha: processo de constituição do primeiro terreiro baiano de keto. Salvador: Maianga, 2006, p. 48.

O direito português manteve a tradição jurídica romana em relação ao escravo que, despojado da sua liberdade natural, seria tratado como coisa, apenas lhe asseguraria o direito humano fundamental à vida[23].

Em meados do século XIV, comercializavam-se escravos em Lisboa de várias procedências, inclusive de Sevilha. D. Dinis contratou, em 1317, os serviços do almirante genovês Manuel Pesagno, com autorização de usar seus barcos em sortidas de corso, mas com reserva do direito de adquirir quantos mouros aprisionados desejasse, ao preço de 100 libras por unidade. Uma freira do convento de Chelas comprou por 150 libras, em 1368, a um mercador sevilhano, uma jovem de pele branca chamada Moreima. No final desse século XIV, era intenso o intercâmbio comercial europeu com o norte da África e entre as mercadorias negociadas por venezianos, genoveses, espanhóis e portugueses, encontravam-se escravos, empregados nas mais variadas atividades. Antão Gonçalves, da corte de d. Henrique, capturou um homem e uma mulher nas costas da África, em 1442. Em outra incursão ele matou três negros e capturou 10 para o cativeiro europeu. Laçarote levou 263 negros de Lagos, em 1444, e os comercializou em Portugal[24]. Havia em Lisboa, no início do século XVI, escravos africanos de várias procedências. Em 1550-1552, eles somavam 9.950 indivíduos, o equivalente a cerca de 10% da população, e em 1620, 10.740, correspondentes a pouco mais de 7%. Em meados do século XVIII, o contingente negro, cativo e livre, seria expressivo na população lisbonense. A Santa Casa de Misericórdia de Lisboa, em 1856, fez os enterros de 1.235 pessoas, das quais, 1,8% seriam de cor. Em 1861, quando se aboliu o tráfico de escravos para Portugal, a população negra da cidade oscilava entre 7,8% e 12,7%[25].

Um estudo da escravidão em Évora no século XVI revelou o emprego de cativos no comércio, nos serviços domésticos, na agricultura, na pecuária, nos ofícios, nas artes e encontrou 53.986 registros de batismo, dos quais, 5,44% correspondiam a escravos, cuja taxa variava conforme a composição social (nobres e plebeus), densidade populacional (urbana e rural), expansão econômica (concentração de maiores e menores estabelecimentos agrícolas e comerciais) de cada freguesia e o período da documentação encontrada, do mínimo de 1,23% ao máximo de 17,24%. A maioria dos senhores tinha entre um e quatro escravos.

---

23. SAUNDERS, A.C.C.M. *História social dos escravos...*, p. 158-159.

24. KI-ZERBO, J. *História da África negra*. 2. ed. rev. e atualiz. Vol. I. Mira-Sintra/Mem Martins: Europa-América, 1990, p. 266.

25. REGINALDO, L. *Os rosários dos angolas*: irmandades de africanos e crioulos na Bahia setecentista. São Paulo: Alameda, 2011, p. 42-47.

O senhor de maior número declarou a posse de 15 mancípios em testamento de 1562. Em um grupo de cativos havia 295 pretos ou negros, dos quais, 22 de Guiné, dentre eles, um de Arguim, um de Cabo Verde, três do reino de Manicongo, um de Angola, dois de Moçambique, um cafre e uma preta crioula, nascida em Portugal; 180 mulatos, baços ou pardos; 32 mouriscos, entre eles um menino louro de olhos verdes; 28 brancos; dois abexins ou abissínios; um mombaço; 34 indianos, identificados como índios, um deles de Benguela; um jau; dois chineses, um deles azenel; dois judeus. Algumas escravas mouriscas provinham de Granada, onde ocorreu uma rebelião mourisca em Alpujarras, no ano de 1568, cuja repressão por Castela levou à escravização de muitos granadinos. Indianos, chineses e mouriscos teriam tarefas mais exigentes, como as de cozinheiro e de condutores de azêmolas, pertenciam a pessoas da mais elevada condição social, como o infante d. Luís e tinham o maior preço. O escravo negro, mais disponível no mercado, tinha o menor preço. Elevou-se o índice de fugas dos escravos de Évora, do século XVI, apesar da situação geográfica de Portugal desfavorável, com única saída terrestre através de Castela, e da vigência de um acordo de extradição recíproca entre estes dois países. Embora mais difícil e arriscada, a alternativa marítima possibilitaria maior êxito, porque as autoridades marroquinas não extraditavam os escravos chegados da Europa. Esse estudo da escravidão em Évora, no século XVI, identificou 114 registros de fugas, 57 locais de capturas de escravo fugitivos em território português e 23 no reino de Castela. As alforrias eram frequentes, em geral sob alguma condição, após a qual o escravo ganhava o status de forro. Somente os seus descendentes poderiam aspirar ao estatuto de indivíduo livre[26], embora permanecesse identificado, quando não segregados, pela cor ou etnia, enquanto estas não se dissimulassem após processos de miscigenação.

Em Algarves do fim do século XVI, os escravos representavam 10% da população, algo no entorno de 6.000 pessoas. Lisboa apresentava a porcentagem em 1551, e correspondia a algo próximo de 10.000 indivíduos. Em 1620, frei Nicolau de Oliveira estimou para a capital portuguesa um contingente de 10.470 escravos[27]. Proporções semelhantes permaneceram, com pequenas variações até 1761, quando o marquês de Pombal proibiu a entrada de novos escravos em Portugal. A partir de então o número de escravos declinou progressivamente até o desaparecimento, sem que houvesse uma lei que extinguisse a escravidão.

---

26. FONSECA, J. *Os escravos em Évora...*, p. 11-22, 95-194.

27. LAHON, D. *O negro no coração do Império*: uma memória a resgatar (séculos XV-XIX). Lisboa: Secretariado Coordenador dos Programas de Educação Multicultural/Ministério da Educação, 1999, p. 13-14.

Os argelinos berberes islamizados tornaram-se, desde a Idade Média ao século XVIII, os principais agentes da pirataria no Mediterrâneo, de onde se expandiram para o Atlântico. Praticavam saques e sequestros, tanto nas ilhas quanto em embarcações, faziam numerosos prisioneiros e os submetiam à escravidão, com a perspectiva de resgates vantajosos. Na Europa, para se resgatar prisioneiros submetidos ao cativeiro muçulmano, criaram-se ordens religiosas, entre os quais se destacaram a da Santíssima Trindade, instituída na França, em 1198 e a de Nossa Senhora das Mercês, fundada em Barcelona, em 1218. Trinitários e mercedários distribuíram-se por toda a borda mediterrânica europeia, em especial na península Ibérica, com a missão de resgatar cristãos em poder dos muçulmanos.

No final do século XVI, Miguel de Cervantes (1547-1616), autor do clássico *Don Quijote de la Mancha*, servia como soldado castelhano na Itália. Depois de ferir a mão esquerda numa batalha contra os turcos, embarcaram-no de volta ao seu país. No Mediterrâneo, piratas berberes islamizados sequestraram-no, em companhia de vários companheiros de viagem, entre os quais um de seus irmãos, e os levaram para Argel. Devido a uma carta de recomendação para autoridades de Castela que Cervantes levava consigo, o seu regate foi estabelecido em 500 ducados, valor muito superior ao estipulado para os seus companheiros de infortúnio, tão elevado, que a sua família, de razoável situação econômica, não conseguiu pagar. Em consequência, permaneceu no cativeiro mouro por cinco anos. Depois da sua quarta tentativa de fuga, os sequestradores resolveram levá-lo para Constantinopla. Entretanto, antes que o embarcassem, foi resgatado em 1580[28]. Sem esta intervenção dos frades trinitários a humanidade não conheceria um dos mais célebres romances épicos da literatura universal que, de forma magistral, aborda o universo fantástico de cavalarias medievais.

No século XVIII, as atividades de piratas argelinos continuavam intensas na escravização de europeus capturados no Mediterrâneo e no Atlântico. Os trinitários atuaram nas negociações para o resgate de cristãos submetidos à escravidão no norte da África, com a intermediação de diplomatas de nações europeias e apoio de d. João V (1706-1750), o monarca lusitano que mais se beneficiou do ouro do Brasil, por reinar no auge da atividade mineradora da colonização portuguesa. Para facilitar as intervenções de mercedários e trinitários, este monarca enviava ricos regalos para o governante argelino. Com estas estratégias, os trinitários resgataram em Argel, 365 portugueses, em 1720, entre os quais o

---

28. SEVILLA ARROYO, F. Introducción. In: CERVANTES, M. *Don Quijote de la Mancha*. Madri: Catalia, 2000, p. 27-53.

padre Romão Furtado de Mendonça, de 27 anos, natural do Rio de Janeiro; o negro Miguel de Siqueira, marinheiro, natural do Pará, de 14 anos, submetido ao cativeiro desde o ano anterior; Maria, negra pernambucana de 26 anos, com 12 no cativeiro argelino, acompanhada de uma filha de 2 anos.

Como resultado da captura de uma embarcação muçulmana pelos portugueses, que submeteram os tripulantes aprisionados ao trabalho forçado de remadores nas galés, em 1726, os trinitários conseguiram resgatar 214 cativos portugueses e de outras nacionalidades europeias. Novamente em 1731, frades trinitários libertaram 193 pessoas escravizadas na Argélia, sete dos quais cambiados por muçulmanos retidos pelos portugueses. Nessa oportunidade libertaram o padre Francisco da Rocha Lima, cônego da Sé do Grão-Pará, com três anos de cativeiro, pelo equivalente, em moeda portuguesa, a 132.250 réis; e o pardo Inácio Machado, natural de Sergipe d'el Rei, de 23 anos, com cinco de cativeiro, por 642.750 réis. Os trinitários portugueses resgataram ainda em Argel, 178 lusitanos, em 1739, 11 dos quais trocados por muçulmanos escravizados pelos portugueses. Entre os libertados encontrava-se a negra baiana Luísa Maria, de 21 anos, com dois de submissão ao cativeiro e o pernambucano Antônio Fernandes da Silva, de 27 anos, com sete na escravidão argelina. Somente após um tratado luso-argelino de trégua e resgate, em 1810, e um tratado de paz entre Portugal e Argélia, em 1813, encerraram-se os sequestros bilaterais[29].

4.3 Antecedentes africanos da escravidão mercantil

A África manteve-se na prática da escravidão desde a Antiguidade, como fonte fornecedora de escravos para antigas civilizações islâmicas, à Índia e depois às Américas, e também na condição de uma das regiões mundiais na qual mais se explorou o trabalho compulsório. Na configuração geográfica, a África constitui um bloco continental maciço, de contornos simples e precisos, de poucos acidentes físicos relevantes. Escassas ilhas acompanham o perímetro continental e arquipélagos se formaram afastados do litoral. No interior impõe-se um bloco planáltico coeso, interrompido por falhas geológicas, alguns vulcões extintos e montanhas de grandes altitudes, rodeadas por florestas tropicais, savanas e cerrados que abrigam grandes mamíferos e aves. Impõe-se no centro-norte, desde o nordeste ao noroeste, o deserto de Saara que, somado às áreas semidesertas, corresponde a cerca de um terço do território continental. Divide-se a África

---

29. ALBERTO, E. Longe de casa. *Revista de História da Biblioteca Nacional*, XIII, out./2006, p. 52-56. Rio de Janeiro.

subsaariana em ocidental, central, oriental e meridional. Numa perspectiva geral pode-se dividir o compacto bloco em três dimensões: África Mediterrânica ou do Sael que se estende do Magreb à Líbia e ao Egito; África Atlântica, na qual desenvolveu a maior parte das trocas culturais com as Américas; e África Índica, voltada para o Oriente[30].

Pouco se sabe sobre a origem do Magreb. Sua população descendia de gregos e romanos, inimigos dos fenícios, em particular dos que viviam em Cartago, cidade fundada em 814 a.C. como base da expansão fenícia para o Ocidente. As culturas líbias autóctones, anteriores ao século III da era pré-cristã seriam mais desconhecidas. Desde 580 a.C. os cartagineses se defrontaram com os gregos e fizeram de Cartago a mais rica cidade mediterrânica, que monopolizou o comércio ao oeste e se expandiu para o leste. Desde o século V a.C. desafiou os romanos, que impuseram a sua supremacia sobre o Mediterrâneo em 202 a.C. Após a destruição do império de Cartago surgiram os estados da Mauritânia, integrados em duas províncias em 44 a.C. quando todo o Magreb caiu em poder dos romanos. Também a Núbia submeteu-se a Roma em 406. Esqueletos encontrados em necrópoles púnicas indicaram que negros foram objetos do intercâmbio cartaginês, em pequena escala, e se integraram aos exércitos de Cartago. Do mesmo modo ocorreu com os mouros e os núbios, que escravizavam seus inimigos e foram por eles também submetidos ao cativeiro[31].

Nos três primeiros séculos do primeiro milênio do calendário gregoriano os costumes dos berberes nômades que viviam no norte da África, entre os desertos intermediários do Nilo e o litoral atlântico mudaram significativamente com a introdução do camelo como veículo de montaria e de transporte de cargas através dos oásis, nas travessias arenosas do Saara, embora continuassem a viver em tendas e a tanger os seus rebanhos. As tribos cameleiras adotaram a pilhagem, a proteção de caravanas e o comércio como novos meios de obtenção de lucros e a exploração dos *haratins* dos oásis, que escravizavam. Os povos do Sudão oriental caçavam, pescavam e criavam gado bovino, ovino, caprino, asinino e talvez cavalar. Em algumas comunidades, os laços políticos e sociais se organizavam através de linhagens e concelhos de anciãos. O desenvolvimento de diversos reinos resultou do comércio transaariano, possibilitado pelo camelo. Este intercâmbio comercial transformou as aldeias de alguns régulos ou sobas

---

30. SILVA, A.C. *A enxada e a lança*: a África antes dos portugueses. 3. ed. rev. Rio de Janeiro: Nova Fronteira, 2006, p. 19-56 [1. ed., 1990].

31. WARMINGTON, B.H. O período cartaginês. In: MOKHTAR, G. (coord.). *A África antiga*. São Paulo/Paris: Ática/Unesco, 1983, p. 449-472 [História Geral da África, vol. II].

em centros de comércio, riqueza e poder. Nos portos caravaneiros do Sael, cobravam-se tributos de passagem e direitos alfandegários, prestavam-se serviços de descarga e recarga de animais, consertavam-se arreios, fabricava-se utensílios de couro e de metal, armazenavam-se escravos e mercadorias, enfim, compravam-se e vendiam-se. Prosperaram-se manufaturas e atividades ligadas à circulação das cáfilas mercantes que, através do Saara, transportavam sal, cobre, bijuterias de vidro, conchas, pedras raras, perfumes, corais de Ceuta, espadas, panos de algodão do Magreb e da Líbia para o Sudão. Na torna-viagem levavam do Sudão: goma, âmbar cinzento, pimenta malagueta, peles, marfim e escravos para o cultivo de cana de açúcar em Suz, Ceuta, Marrakech, e com o advento do islamismo, abastecer os haréns e ampliar os exércitos. Os fundadores da primeira dinastia de Gana foram cameleiros do deserto, substituídos por uma linhagem *soninquê* ou *saracolê*, de origem *mandê*, do grupo etnolinguístico *mandinga*, do Saara ocidental, na época da Hégira, que concentraram seus esforços militares na defesa dos portos caravaneiros das margens do Saara meridional, contra ataques de *berberes*, entre os quais figuravam *azenegues* e *asnagas* ou *sanhajas*, senhores do deserto[32].

O islamismo se estabeleceu na África desde suas origens. No ano de 622, durante a Hégira, seguidores de Maomé exilaram-se no reino de Axum, Etiópia, e ainda nesse século VII iniciaram as pregações islâmicas no Egito e, em avanços e recuos, expandiram-se pelo continente. A primeira grande investida dos seguidores de Maomé ocorreu no ano de 640, quando tropas muçulmanas ocuparam Farama, Belbeis, Mênfis, Alexandria e avançaram sobre a Núbia. No século XI surgiu em Marrocos a dinastia Almorávida, que reconquistou o norte da África, a Espanha e o antigo reino de Gana, e desde então se consolidou no norte do continente. Assim, difundiu-se o islamismo na África em quatro períodos: a) fase berbere, no século XI, correspondente à guerra santa dos almorávidas; b) fase *Mandinga*, no século XIV, correlata à hegemonia do reino do *Mali*; c) fase *Songai*, no século XVI, coincidente com a dinastia dos *Askias* no império *Songai*; e d) fase *Peule*, no século XVIII, iniciada com o *jihad* de Othaman Dan Fodio[33].

Em consequência, desta última fase, os movimentos sociais e políticos ocorridos na África Ocidental em finais do século XVIII e início do século XIX, em especial o *jihad* sudanês, causaram significativos impactos sociais e políticos, nos quais prevaleceu o Islã e não as identificações étnicas *hauçá, iorubá, manden, diula* ou outras. A etnicidade foi uma extensão da identidade política, que

---

32. SILVA, A.C. *A enxada e a lança...*, p. 267-291.
33. LOPES, N. *Bantos, malês e identidade negra...*, p. 15-96.

se transferiu com o tráfico de escravos, inclusive para a Bahia, onde resultou no levante dos Malês (1835)[34], um movimento que se deve interpretar associado aos acontecimentos da África ocidental[35].

A partir da transição para o segundo milênio da era cristã, o trabalho escravo na África passou a ser explorado mais intensamente, nas regiões de maior desenvolvimento socioeconômico. Lotes de 100 a 200 mancípios pertenciam ao mesmo príncipe ou comerciante. Em grande parte viviam com suas famílias, como servos ligados a um domínio[36]. O comércio transaariano, reforçado pela pilhagem, captura e venda de escravos, estimulou a formação de vários reinos no Sudão ocidental que se desenvolveram sob o impulso da extração do ouro, a partir de finais do século III. Nas duas margens do Saara e nos seus oásis se empregavam cativos, principalmente como soldados. Os reinos sudaneses, organizados militarmente com o objetivo de se defenderem de ataques berberes, que capturavam seus habitantes para comercializá-los como escravos, passaram a empreender razias contra os vizinhos e trocar os prisioneiros com os cameleiros, por armas, cavalos, ouro, sal e outras mercadorias. Desde o século VII, mercadores líbios, egípcios, iraquianos e outros negociavam com os berberes do deserto que dominavam o comércio transaariano. Por controlarem as fontes produtoras e distribuidoras, o sal era trocado em Gana por igual peso de ouro, eventualmente, até pelo dobro. Produziam um volume considerável de ouro, do qual uma significativa parte atravessava o Saara, a cada ano, antes da chegada dos portugueses à costa da Guiné[37].

A denominação de Guiné, indicada como Gunuïa, em mapa genovês de 1320, e como Guinuia, em outro catalão de 1375, seria corruptela de Djenne (Jena), antiga cidade do alto Níger, ou uma forma arcaica de pronunciar Gana[38]. De população predominantemente mandinga, do grupo soninquê[39], Gana foi governada por cameleiros do Saara, numa dinastia de 22 reinados, em regime jurídico-político que não se fundava na soberania territorial, nem impunha uma rígida forma de governo. Importava mais aos governantes ganenses a quantida-

---

34. REIS, J.J. *Rebelião escrava no Brasil*: a história do levante dos malês em 1835. 2. ed. rev. e ampl. São Paulo: Companhia das Letras, 2003 [1. ed., São Paulo: Brasiliense, 1986].

35. LOVEJOY, P.E. *Jihad* na África Ocidental durante a "Era das Revoluções": em direção a um diálogo com Eric Hobsbawm e Eugene Genovese..., p. 22-67.

36. KI-ZERBO, Joseph. *História da África*..., p. 265-278.

37. SILVA, A.C. *A enxada e a lança*..., p. 267-291.

38. KI-ZERBO, J. *História da África*..., p. 264.

39. LOPES, N. *Bantos, malês e identidade*..., p. 24.

de da população sob seu controle. As campanhas militares expansionistas conquistaram populações e as terras transferiram-se para os novos súditos, vassalos e servos[40]. No século IX, Gana controlava toda a região intermediária do alto Níger e do Senegal, que produzia ouro, comercializado juntamente com escravos, através do Saara, em troca de sal e de roupas do norte do continente[41]. No seu apogeu, em meados do século XI, o reino de Gana, poderia mobilizar cerca de 200.000 soldados. No final desse século e início do seguinte, os almorávidas estenderam sua influência até o sul do Saara, através dos berberes, azenegues e outros povos em lutas contra Gana, e se aliado aos ganenses, em outras ocasiões, contra adversários mais imediatos[42]. Os dinares cunhados pelos almorávidas com ouro do Sudão, denominados em Castela de maravedis, e em Portugal, morabitinos, circularam na península Ibérica e, pelo seu valor intrínseco, foram aceitos nas relações comerciais em toda a Europa, entre os séculos XVII e XVIII. No final do século XVII os mandingas de Gana foram dominados pelos *sossos*, também de etnia *soninquê*, praticantes da sua religião tradicional. No Sudão, os ganenses islamizados ocuparam terras, cobraram tributos e converteram populações dominadas, à força, ao islamismo[43].

No entorno do lago Chade, mais precisamente no Sudão central, nos séculos X e XI, entre as mercadorias mais comercializadas, encontravam-se escravos, capturados nos vilarejos, que serviam como soldados, criados, trabalhadores do campo, concubinas ou eunucos, no norte da África. A guerra, sob qualquer pretexto ou sem motivo algum, nem convenção definida, passou a fazer parte do cotidiano destes povos com o objetivo de capturar indivíduos para a escravidão. Na expansão de Kanem suas tropas atacaram e escravizaram os povoados mais próximos, enquanto os mais distantes submeteram-se à vassalagem para se protegerem das capturas escravistas[44]. As conversões ao catolicismo e, com maior frequência ao islamismo, também ocorriam entre povos africanos como estratégia para se evitar a escravização.

Entre os séculos XII e XVI, a África negra passou por um processo geral de desenvolvimento político-econômico e sociocultural e, após um período de intensos movimentos migratórios, experimentou outro de expansão demográfica. Com o declínio do reino de Gana, sucedeu-lhe o reino sosso, dos *kantês*,

---

40. SILVA, A.C. *A enxada e a lança...*, p. 267-291.
41. LOPES, N. *Bantos, malês e identidade...*, p. 24-25.
42. SILVA, A.C. *A enxada e a lança...*, p. 267-291.
43. LOPES, N. *Bantos, malês e identidade...*, p. 25.
44. SILVA, A.C. *A enxada e a lança...*, p. 379-404.

estabelecido ao sul do território ganense, formado pelo mesmo povo *soninquê* e também o reino mandinga ou Mali, habitado por rudes camponeses *malinquês*, de origem desconhecida, que se expandiram para o alto Níger, o baixo Senegal e baixa Gâmbia, em combates aos sossos e lutas pela própria integração. Em consequência desta guerra contra vizinhos, o Mali entrou em declínio no final do século XVI. Entretanto, nova hegemonia se formou na curva do Níger, desde o século XV, pelos *sonis*, que se afastaram dos mandingas do território e estabeleceram o império de Gao ou Songai, com organização política e social mais complexa que a do Mali, dirigido por uma equipe coordenada por um chefe, o gurma-fari[45]. Com o emprego do trabalho escravo, os sonis produziam arroz em larga escala. De qualquer modo, o império de Mali centralizou o poder político no Sudão ocidental, entre os séculos XIII e XVII, devido principalmente, às atividades comerciais possibilitadas pelo complexo fluvial Níger-Senegal-Gâmbia, que articulou grande parte da África ocidental e agregou os reinos haussás, os estados iorubás, e os reinos de Nupe, Igala e Benim[46].

Os hauçás denominavam os oiós de Iorubá ou ioruba. Integrantes dos grupos *abinus, auoris, egbados, egbás, equitis, ibarapas, ibolas, ifés, ifoniins, igbominas, ijebus, ijexas, ilajes, oiós, ondos, quetos*, ao conviverem no exílio, escravizados, teriam se aproximado e se reconhecido como parentes. No Brasil se identificaram como *nagôs*, em Cuba, *lucumis* e os libertos de navios negreiros por uma esquadra britânica em Serra Leoa, *akus*. Ao se estabelecerem em Lagos, na condição de retornados do Brasil, de Cuba ou da Serra Leoa, encontraram grupos de línguas semelhantes, embora de diferentes origens, para lá escapados de repetidas guerras no interior africano. Embora continuassem a ser *ijexás, ijebus,* ou *egbás* como antes, ou *agudás, amarôs, brasileiros, sarôs, serra-leonenses*, todos passaram a se identificar como *iorubás*[47].

Os fluxos de comércio na África central se orientavam pelos sistemas fluviais e conexões litorâneas. Diferentes dos povos nativos do Caribe, que exploraram economicamente o seu território antes da chegada dos europeus e navegaram pelo mar em intercâmbios entre as ilhas, os africanos empreenderam apenas a navegação fluvial e costeira, sem avançarem pelos mares. A disseminação do trabalho escravo na África decorreu de arraigados fatores legais e institucionais. Diferente das sociedades europeias, nas quais a terra constituía a principal forma

---

45. KI-ZERBO, J. *História da África...*, p. 163-190.

46. THORNTON, J.K. *A África e os africanos na formação do mundo atlântico, 1400-1800*. Rio de Janeiro: Elsevier, 2004, p. 59-60.

47. SILVA, A.C. *A manilha e o libambo...*, p. 532-533.

de propriedade rentável, nas africanas, os escravos se constituiriam na única forma de propriedade capaz de produzir renda. A ausência de propriedade privada da terra ou a sua existência como propriedade corporativa, oportunizou a difusão do trabalho escravo nas sociedades africanas, nas quais se taxavam as pessoas, não a terra, que estavam associadas ao poder ou à representação política. O rei ou o governante do estado tinha a posse das terras, que pertenciam ao estado como uma corporação e o governante, como um funcionário da hierarquia superior estatal coletava rendimentos em forma de tributos[48].

Os conflitos interétnicos e entre reinos oportunizaram a captura de inimigos dos dois lados, vendidos como escravos. Identificavam-se as etnias pelas línguas faladas, em número superior a 30, na África Atlântica, que não se caracterizava uma homogeneidade étnica. A frequência de contatos entre pessoas de diferentes locais disseminou o intercâmbio cultural e o multilinguismo. A definição de uma língua se estabelece pela comunidade falante, na qual todos os integrantes se compreendem. Contudo, a linguagem não constitui o único mediador da cultura.

Com referência na linguagem, podem-se dividir as regiões da África Atlântica em três grandes áreas culturais. A primeira delas, a Alta Guiné, entre, o rio Senegal, e o sul do cabo Mount, Libéria, de maior diversidade linguística, na qual havia três diferentes grupos de línguas: o *mande*, que dominava o interior e a costa em Gâmbia e Serra Leoa; as línguas do norte Atlântico ocidental, a *jalofo* e a *harpulaar* ou *fula*, ao longo do rio Senegal; e as do sul Atlântico ocidental, ao longo da costa do rio Gâmbia e cabo Mount. A segunda grande área cultural, a Baixa Guiné, estendia-se das lagoas da região ocidental da Costa do Marfim até Camarões, homogeneizava-se linguisticamente pelo grupo *kwa*, que se ramificou nos subgrupos: *acã* ao oeste, subdividido em *aja*, que incluiria *fon*, *iorubá* e *edo*, e *igbo* ao leste. E a terceira área, a costa de Angola, de menor diversidade linguística, que se estendia até o império Lunda da província de Shaba (Zaire), na qual se falavam o *quicongo* e o *quibundo*, línguas do grupo banto[49].

O império *Jalofo*, ao sul do Senegal, se estendia até a foz do rio Gâmbia e incluía as províncias ou reinos vassalos de *Ualo, Caior, Baol e Sine*. As sociedades *jalofas* e *sereres* hierarquizavam-se com as famílias reais, as linhagens aristocráticas, os camponeses livres e as castas profissionais e, finalmente, os escravos. Havia ferreiros, cujas mulheres geralmente ocupavam-se como ceramistas, joalheiros, curtidores, alfaiates, carpinteiros pescadores, tecelões, músicos, poetas,

---

48. THORNTON, J.K. *A África e os africanos...*, p. 53-86, 122-152.

49. Ibid., p. 253-278

historiadores. Na maior parte da África ocidental, o cobre foi precioso e valia mais que o ouro, devido à sua escassez e ao caráter mágico que lhe atribuíam. Usavam-no em ritos religiosos e em adornos de reis e potentados[50].

O etnônimo *banto* designava, antes de um grupo étnico de centenas de falas aparentadas, conforme os critérios de classificação adotados, que cobriam uma superfície de 9.000.000km^2, mais ou menos da baía de Biafra ao Quênia para o sul, também aplicado aos mais de 200.000.000 de habitantes que falavam estas línguas. Há milhares de anos, falava-se o *bin* nas pradarias de Camarões, de qual originaram-se outros dois: de um saiu o *ungua*, que se desdobrou no *tive* e no *banto oriental* ou *zambeze*; e do outro surgiu o *jarauã* (*jarawan*), no camarões--congo. Este se repartiu em *ecoide*, *mbam-nkam* e *banto ocidental* ou equatorial. Como língua, o banto foi substituído pelo banto-ocidental, que se desenvolveu entre o rio Cross, sudoeste de Nigéria, o Atlântico e as montanhas do sul de Camarões; enquanto o *bando-oriental* expandiu-se na região dos grandes lagos. Por volta do século II os bantos contornaram pelo sul e atingiram as serranias e os tabuleiros próximos à costa; nos séculos III e IV alcançaram a África do Sul. Em consequência dos cultivos de sorgo e milhete e da criação de bovinos, caprinos e ovinos, os bantos afastaram-se dos cursos d'água, lagoas e banhados, das matas ciliares e campos abertos para ocuparem as savanas e planaltos da Zâmbia, Zimbábue, Maláui, Congo, Moçambique, Angola e África do Sul[51].

Também há milênios o grupo étnico *edo* ocupou a região oeste do Níger, limitada ao norte pelas colinas onde viviam os *igalas* e os *igbirras*; ao sul pelas florestas e alagados onde habitavam os *ijós* e *itsequíris*; a leste, pelo território dos *ibos*; e ao poente pelas terras dos *iorubás*. Nesta região de florestas desenvolveram-se numerosos miniestados, com vilarejos, sem capital urbana nem governo centralizado, de escassas populações e domínio sobre exíguo território. O poder era exercido por linhagens, grupos de idade, associações de titulados e sociedades secretas, em que o chefe de cada miniestado se constituía um símbolo da unidade grupal. A unidade política adveio das aldeias agrícolas, nas quais a população masculina se dividia em grupos de idade, que representavam os repositórios de leis das terras, da história e da honra do vilarejo. O território que seria o Benim foi um destes numerosos miniestados *edos*, preservado e independentes. Os *edos* das montanhas do norte nunca perderam a independência nem abandonaram as organizações, social e política dos miniestados, entretanto, o que se constituía no império do Benim tinha como súditos e vassalos os *iorubás*,

---

50. SILVA, A.C. *A manilha e o libambo...*, p. 149-192.
51. SILVA, A.C. *A enxada e a lança...*, p. 209-227

ibós e *ijós*. A fundição do cobre desenvolveu-se em toda a área entre a Costa do Marfim e Camarões. A pobre agricultura cultivava o inhame, base da alimentação do edos, além de pimenta de rabo, melão, cola, dendê, feijão, anileiras e algodão; criavam-se caprinos, ovinos e galináceos. Os tecidos do norte, dos reinos do *Iorubo* e da *Ibolândia*, se sobrepunham aos de manufatura local. Parte destes tecidos era tingida no Benim, onde se plantava o índigo ou anil. O predomínio comercial do reino do Benim fortaleceu-se no estado centralizado e na concentração de poderes com um *obá*, que se impunha como divino, do qual todos eram simbolicamente escravos. A influência do Benim sobre outros povos deveu-se ao seu poderio militar e prestígio da sua família real, portadora de carisma[52].

4.4 Escravidão mercantil e tráfico de escravos da África

A escravidão mercantil, como uma forma de exploração comercial do escravo na condição de mercadoria e posteriormente na de força de trabalho, caracterizou-se pela ideia de que os indivíduos submetidos a estas circunstâncias jurídicas e sociais eram propriedades; que eram estrangeiros alienados das respectivas origens ou delas, por sanções jurídicas, lhes retiraram a herança social que lhes pertencia por nascimento; que se podia livremente fazer uso da coerção; que a sua força de trabalho estava plenamente disponível ao senhor; e que a condição de escravo se transferia hereditariamente pela linha matrilinear. A escravidão seria um meio de se negar ao estrangeiro os direitos e privilégios de uma determinada sociedade, para que eles ficassem disponíveis para as explorações econômicas, políticas e sociais. Esta circunstância ligava-se fundamentalmente ao trabalho e iniciava-se, quase sempre, em atos de violência, que reduzia a condição social de um indivíduo e restringia a sua liberdade pessoal. A guerra era a forma mais frequente de se consumar esta violência, também perpetrada através do sequestro. Em menor escala escravizava-se por dívida[53].

Embora as estatísticas não sejam confiáveis, foi intenso o tráfico de escravos africanos através do deserto de Saara, do mar Vermelho e do oceano Índico durante a Idade Média. Até o século XVI a África subsaariana não dependeu das exportações de escravos, todavia, o tráfico de cativos talvez fosse a principal fonte da receita de alguns comerciantes e governantes. Os escravos constituíram o principal item das exportações do vale do Nilo e do planalto da Etiópia no século XVI. Nestas duas áreas a expansão muçulmana e as reações nativas motivaram

---

52. Ibid., p. 559-579.
53. FINLEY, M.I. *A economia antiga*. 2. ed. rev. e ampl. Porto: Afrontamento, 1986, p. 83-130.

o crescimento das exportações de africanos escravizados. O comércio de escravos se difundiu nas regiões subsaarianas em consequência do avanço islâmico e dos intercâmbios com o Magreb. Na conquista da Guiné em 1453 portugueses pilharam mouros e os cambiavam por escravos negros. Em uma transação, trocaram 18 mouros por 51 guinéus[54]. Inicialmente, o principal interesse dos portugueses na África não recaía na obtenção de escravos. Desejavam outras mercadorias, em particular o ouro. Nesta fase da exploração do perímetro continental da África, a compra de escravos negros ocorria apenas em algumas partes do litoral africano. A ilusão de abundância do ouro estimulou alguns portugueses a migrarem para a Guiné. Entre 1460 e 1470, o governo português enviou colonos exilados, cuja maioria se constituía de judeus sefardistas. D. Manuel (1495-1521) lhes impôs, em 1496, as alternativas do batismo e do exílio. Embora ocorressem numerosas conversões, deportaram-se, especialmente crianças, para as ilhas de Cabo Verde e de São Tomé[55]. Na sequência das descobertas, expandiu-se o comércio, que escoou o ouro da Guiné também para a Europa. Em 1471 os portugueses estabeleceram contato com povos *akã*, que controlavam o ouro do rio Volta, golfo da Guiné; em 1482 construíram a fortaleza de São Jorge da Mina e instituíram a feitoria que captou este metal através do escambo, sem se envolverem com garimpos.

Ao iniciar o cultivo da cana de açúcar nas ilhas do Atlântico, que logo se destacou entre os principais produtos da pauta comercial portuguesa, a situação mudou e o tráfico de escravos alcançou grandes proporções a partir do incremento das atividades açucareiras no Brasil, quando se iniciou o tráfico direto da África. Enquanto a escravidão se manteve nas ilhas atlânticas Canárias, Madeira, Açores, Cabo Verde e São Tomé e na península Ibérica, os mercados fornecedores de escravos limitaram-se à Guiné e ao Cabo Verde, que ofereciam 51% do total exportado; e 34% saíam da região do Congo e Angola. Os outros 15% distribuíam-se por diversas áreas. Tão logo o mercado do Novo Mundo firmou a hegemonia sobre a demanda por escravos, em meados do século XVI, a base do tráfico deslocou se para o vale do rio Congo e Angola. A partir de então, o comércio internacional tornou-se fator estimulante do tráfico intercontinental

---

54. LOVEJOY, P.E. *A escravidão na África*: uma história de suas transformações. Rio de Janeiro: Civilização Brasileira, 2002, p. 29-56, 59-65. • ALENCASTRO, L.F. *O trato dos viventes*: formação do Brasil no Atlântico Sul..., p. 77-116. • SCHWARCZ, L.M. *Brasil*: uma biografia. São Paulo: Companhia das Letras, 2015, p. 79-106. • ZURARA, G.E. *Crónica dos feitos da Guiné* (1453). Lisboa: Alfa, 1989. O guinéu foi uma moeda de ouro inglesa, cunhada para o tráfico africano, com o valor de 21 xelins, usada para efeito de cálculos de honorários e salários profissionais, de preços de obras de arte, de cavalos puros-sangues, de imóveis e outras especificidades.

55. MENDES, A.A. "Brancos" da Guiné, "contrabandistas" de fronteiras (século XVI-XVII)..., p. 19-47.

de africanos escravizados, que intensificou a acumulação de bens e a troca de mercadorias nas sociedades negras.

Designaram-se de negros da Guiné e gentio da Guiné, os primeiros escravos africanos chegados à Bahia no século XVI, expressões que traduziam mais a condição de escravo que a de origem. Seu uso se generalizou em Portugal desde finais do século anterior, quando o tráfico mercantil apenas começava e a Guiné restringia-se ao litoral do ocidente africano e orbitava a feitoria de Cacheu, subordina às ilhas de Cabo Verde. Na expansão do comércio português para o sul o termo passou a designar também os litorais conhecidos como Costa da Pimenta, Costa do Marfim, Costa do Ouro e Costa dos Escravos. Toda a África ocidental ao norte do Equador, desde o rio Senegal, ficou conhecida como Guiné[56].

Com o crescimento do tráfico de escravos, para se evitarem longos transbordos nos portos europeus, em 1523 o governo português autorizou o embarque direto de escravos da Guiné, inclusive de Cabo Verde e de São Tomé, para os portos do Brasil. Nos anos de 1526 a 1550, saíram da Guiné Bissau e da Senegâmbia cerca de 1.000 escravos por ano, que representavam 49% dos negros deportados da África. Além de escravos e ouro, nessa época a Guiné exportava marfim, âmbar, cera, almíscar, goma-arábica, noz de cola, cobre e pimenta malagueta. No contrafluxo comercial adquiriam tecidos, ferro, vinho, aguardente e cavalos. Os árabes forneciam gado vacum, cavalar e arreios de montaria aos africanos. Meio século depois, um cavalo arreado poderia valer de nove a 14 escravos[57].

De finais do século XV até meados do século XVI, quando se engendrou o tráfico para o Brasil, os africanos venderam cerca de 30.000 escravos originários do Congo e da Costa dos Escravos ou costa ocidental de África, que incluía *Ago Iwoye* (*Agoué*), *Ouidah* e *Lagos*, na área do golfo de Benim. A introdução das monoculturas do açúcar e do tabaco no Brasil e nas Antilhas e depois, do algodão no Brasil e nas colônias inglesas da América do Norte, demandou maior volume de força de trabalho e em consequência, passou a estimular o tráfico de africanos, que substituiu o emprego de indígenas nas lavouras do Brasil. Este crescente tráfico fez a população negra majoritária em regiões açucareiras como a ilha de Cuba e o recôncavo da baía de Todos os Santos. Uma caravela portuguesa, no século XVIII, transportava 500 escravos, e um bergantim até 200. Para reduzir o tempo de viagem e o número de mortes na travessia do Atlântico, passou-se a

---

56. OLIVEIRA, M.I.C. Quem eram os "negros da Guiné"? – A origem dos africanos na Bahia. *Afro-Ásia*, IXX, XX, 1997, p. 37-73. Salvador.

57. ALENCASTRO, L.F. *O trato dos viventes...*, p. 44-76.

traficar em navios a vapor, desenvolvidos pela Revolução Industrial, mais rápido e capacitado para traficar algo no entorno de 350 cativos.

Não há estatísticas confiáveis das quantidades de escravos traficados da África, entre meados do século XVI e finais do XIX, nem de quantos chegaram à América ou ao Brasil. Estima-se que neste período realizaram algo no entorno de 35.000 viagens de embarcações que transportaram ou tiveram a intenção de transportar escravos da África para as Américas[58]. Há quem avalie que este fluxo de barcos traficou nesse período, da África para as Américas, entre 15.000.000 e 20.000.000 de cativos[59]. Há também quem entenda que este tráfico cresceu gradualmente de 1450 a 1600 e alcançou as cifras de 409.000 indivíduos e desde então, aumentou para um total de 11.313.000 no final do século XIX[60]. Para alguns, traficaram-se para as Américas entre 9.500.000 a 11.000.000 africanos escravizados[61].

Há ainda os que estimam o montante deste tráfico transatlântico, de no máximo, 12.521.336 escravos[62]. Para outros embarcaram na África 10.645.118 e desembarcaram nas Américas, 9.180.918 escravos, o que significa a morte durante o tráfico e a captura pelos ingleses no período de criminalização e combate do tráfico atlântico de escravos no século XIX, de 1.464.200 africanos[63]. Também não se conhece o total de escravos traficados da África para o Brasil. Estima-se quer desembarcaram cerca de 50.000 africanos no primeiro século de colonização, 160.000 entre 1600 e 1640, 400.000 desse ano ao de 1700, 960.000 desde então a 1760, e 726.000 até o final do século XVIII, o que somam 2.296.000 escravos nos três primeiros séculos de atividades escravistas na América de colonização

---

58. ELTIS, D.; RICHARDSON, D. & KLEIN, H.S. et al. *The tran-atlantic slave trade*: a database on CD-ROM. Nova York: Cambridge University Press, 1999, apud SILVA, D.B.D. Brasil e Portugal no comércio atlântico de escravos: um balanço histórico e estatístico. In: GUEDES, R. *África*: brasileiros e portugueses, séculos XVI-XIX. Rio de Janeiro: Mauad X, 2013, p. 49-66.

59. INIKORI, J.E. & ENGERMAN, S.L. The atlantic slave trade: effects on economies, societies and peoples in Africa, the Americas, and Europe. Durham/Londres: Duke Universit Press, 1992, p. 5-6. Apud LOPES, G.A. Combates na história atlântica: a historiografia de Joseph E. Inikori. *História e Historiografia*, XII, ago./2013, p. 176-196. Ouro Preto [Disponível em http://www.doi:10.15848/hh. voi12.494 – Acesso em 28/05/2016].

60. LOVEJOY, P.E. *A escravidão na África*: uma história de suas transformações. Rio de Janeiro: Civilização Brasileira, 2002, p. 51.

61. CURTIN, P.D. *The atlantic slave trade*: a census. Madison: University of Wisconsin, 1969, p. 268-269, Tabela 77, apud LOPES, G.A. Combates na história atlântica...

62. ELTIS, D. & RICHARDSON, D. (orgs.). Extending the frontiers: ensays on the New Transatlantic Slave Trade Datebase. New Haven/Londres: Yale University Press, 2008, apud LOPES, G.A. Combates na história atlântica...

63. ELTIS, D.; BEHRENDT, S.; RICHARDSON, D. & KLEIN, H. *The transatlantic slave trade, 1527-1867*: a database on CD-ROM. Nova York: Cambridge University Press, 1999 [Disponível em http://www.slavevoyages.org – Acesso em 28/05/2016].

portuguesa[64]; ou 50.000 no século XVI, 560.000 no XII, 1.891.400 no XVIII e 1.145.400 no XIX, num total de 3.946.800 escravos[65].

No período de 1501 a 1866, portugueses e residentes no Brasil traficaram o maior número de escravos transportados da África por nacionalidade dos navios. Entretanto, durante o século XVIII, auge do tráfico de escravos africanos, de um total de 6.483.965 escravos tirados da África, a Grã-Bretanha traficou 2.545.297 (39,25%); Portugal e Brasil 2.213.003 (34,13%); França 1.139.013 (17,57%); Holanda 330.014 (5,09%); Estados Unidos 189.304 (2,92%); Dinamarca 67.334 (1,04%)[66].

Supõe-se que algo no entorno de 40% dos escravos africanos importados pelas Américas desembarcaram no Brasil. A segunda maior área receptora, o Caribe britânico, recebeu pouco menos da metade deste fluxo[67]. A Inglaterra, que alcançou um extraordinário desenvolvimento comercial, participou destacadamente da exploração do tráfico de escravos, que passou a combater quando a sua economia transitava do estágio mercantil para o industrial e necessitava de maior elasticidade dos mercados. Este intenso tráfico de escravos provocou impactos sociais, políticos, econômicos e culturais significativos na África. Ampliou os conflitos interétnicos e entre reinos, majorou os gastos militares, alterou os sistemas jurídicos, aumentou as desigualdades sociais, expandiu o número de escravos mantidos em cada reino ou comunidade étnica e redimensionou os níveis de exploração econômica[68].

Introduziu-se a cana de açúcar em Portugal no início do século XV, por iniciativa do infante d. Henrique (1394-1460), que mandou importar mudas da Sicília e iniciar as plantações na ilha da Madeira, de onde se estendeu para os arquipélagos de Açores, Cabo Verde e São Tomé. Genoveses e venezianos controlavam o comércio do açúcar produzido nestas ilhas do Atlântico e os flamengos assumiram a hegemonia deste negócio. As primeiras mudas de cana chegaram

---

64. LARA, S.H. *Fragmentos setecentistas*: escravidão, cultura e poder na América Portuguesa. São Paulo: Companhia das Letras, 2007, p. 17 [embasada em estudos de Patrock Manning, Philip D. Curtin e Paul Levejoy].

65. PAIVA, E.F. *Escravos e libertos nas Minas Gerais do século XIX*: estratégias de resistência através dos testamentos. 2. ed. São Paulo: Annablume, 2000, p. 64 [apoiado em cálculos de Philip D. Curtin e David Eltis].

66. MATHIAS, C.L.K. *As múltiplas faces da escravidão*: o espaço econômico do ouro e a sua elite pluriocupacional na formação da sociedade mineira setecentista, c.1711- c. 1756. Rio de Janeiro: Mauad/Faperj, 2012, p. 88 [dados de *The transatlantic slave trade, 1527-1867*: a database on CD-ROM. Nova York: Cambridge University Press, 1999 [Disponível em http://www.slavevoyages.org].

67. FLORENTINO, M.G. *Em costas negras*: uma história do tráfico atlântico de escravos entre a África e o Rio de Janeiro (séculos XVIII e XIX). Rio de Janeiro: Arquivo Nacional, 1995, p. 25-44.

68. THORNTON, J. *A África e os africanos...*, p. 122-152.

ao Brasil com Martim Afonso de Souza, que iniciou o cultivo em 1532, no litoral de São Vicente, onde construiu o Engenho do Governador, vendido para um comerciante flamengo, que o denominou de Engenho São Jorge dos Erasmos. Quase simultaneamente, plantou-se cana no recôncavo da baía de Todos os Santos e na zona da Mata de Pernambuco. Os canaviais expandiram-se até que o açúcar se tornasse o produto comercializado em maior volume no mundo.

A partir de 1621, através da *West-Indische Compagne* – WIC (Companhia das Índias Ocidentais), os neerlandeses passaram a comprar de Portugal, além do açúcar produzido nas ilhas atlânticas e no Brasil, sal grosso, vinhos, azeite, especiarias orientais e drogas do leste africano e a fornecer trigo, manteiga, queijo, peixes, metais e manufaturas. Talvez o açúcar brasileiro alcançasse tal volume produzido e tamanha circulação nos mercados mundiais em consequência da disponibilidade financeira e das técnicas comerciais dos flamengos[69]. Depois de ocupadas as terras cultiváveis e explorados outros recursos naturais das ilhas do Atlântico, a produção açucareira expandiu-se no Brasil para atender à crescente demanda internacional[70]. Esta produção implicava constantes derrubadas de florestas e devastação de matas para o cultivo da cana, fornecimento de lenhas para manter as fornalhas acesas durante sete a oito meses por ano, fabrico de caixas para embalagem de exportação e de outros instrumentos e utensílios operacionais do empreendimento. Tal situação resultou em disputas e conflitos entre senhores de engenho que levaram o governo metropolitano a fixar, em 1682, o intervalo mínimo de meia légua entre as instalações açucareiras[71].

Enquanto a colonização permanecia litorânea, nos séculos XVI e XVII, direcionavam-se os escravos primordialmente para localidades próximas do porto de desembarque, em regiões canavieiras. Fazia-se a venda deles em leilões ou entre particulares. Os circuitos de redistribuição de africanos desenvolveram-se nos séculos seguintes, mais acentuadamente, após as descobertas e início da exploração de jazidas auríferas no interior, na transição para o século XVIII. Desde então, portos como o da Bahia redistribuíam escravos por vias marítimas e terrestres para diversos destinos, em zonas de mineração e regiões de fazendas pecuaristas, num discreto tráfico interno, realizado por revendedores, em fluxos que dependiam da demanda por força de trabalho em cada setor. No curso do

---

69. CASTRO, A. *História econômica de Portugal* – Vol. III: Séculos XV-XVI. Lisboa: Caminho, 1985, p. 133-212. • RUSSEL-WOOD, A.J. *Um mundo em movimento*: os portugueses na África, Ásia e América (1415-1808)..., p. 193-226. • SCHWARCZ, L.M. & STARLING, H.M. *Brasil*: uma biografia..., p. 50-56.

70. MORAES, A.C.R. *Bases da formação territorial do Brasil*: o território colonial brasileiro no "longo" século XVI. São Paulo: Hucitec, 2000, p. 330-366.

71. SIMONSEN, R.C. *História econômica do Brasil*. 8. ed. São Paulo: Nacional, 1978, p. 115-116.

século XVIII, enquanto São Paulo vendia mulas e bovinos para as minas de ouro, traficantes de Pernambuco, da Bahia e do Rio de Janeiro mantinham intercâmbios comerciais e interações sociais em consequência do tráfico de escravos, em maior volume nos espaços econômicos do ouro, que absorviam cativos, principalmente da Costa da Mina. Comerciantes baianos controlavam e financiavam este circuito escravista, sem a intermediação de mercadores portugueses. Entre 1711 e 1750, auge da mineração e, por conseguinte, de maior demanda por força de trabalho, traficantes da Bahia participaram com algo acima de 30% dos escravos traficados para Minas Gerais[72].

Entre 1760 e 1770, as remessas anuais de escravos representavam 99,3% dos 17.191 despachados pelo porto de Salvador. A partir de então traficantes da Bahia passaram a fornecer escravos para Minas Gerais até o século XVIII, quando a hegemonia deste tráfico interno transferiu-se para o Rio de Janeiro[73]. Da cidade da Bahia navegava-se até Cachoeira e marchava-se pelo sertão até o rio São Francisco. De barco subia-se por ele e pelo rio das Velhas até às bordas das minas, num percurso de 237 léguas, correspondentes a 1.424km[74]. Porém, o uso desta via de comunicação da Bahia com as minas do rio das Velhas esteve proibido até pelo menos 1713. A proibição de se transportarem mercadorias por essa via, determinada em 1699, vigorou a partir de 1701, depois de reafirmada por uma carta régia e pelo Regimento das Minas em 1702, que estabeleceu o registro do gado originário da Bahia na Guardamoria e determinou-se que somente se importassem escravos através do Rio de Janeiro[75].

O tráfico da África para a Bahia evoluiu em quatro períodos determinados pelas localidades das origens africanas dos escravos: a) fase da Guiné, no século XVI, quando se traficaram poucos escravos da Costa do Ouro porque no castelo ou forte de São Jorge da Mina permutava-se por ouro, escravos trocados

---

72. MATHIAS, C.L.K. *As múltiplas faces da escravidão...*, p. 129-142.

73. RIBEIRO, A.V. O comércio de escravos e a elite baiana no período colonial. In: FRAGOSO, J.L.R.; ALMEIDA, C.M.C. & SAMPAIO, A.C.J. (orgs.). *Conquistadores e negociantes*: histórias de elites no Antigo Regime nos trópicos – América Lusa, séculos XVI a XVIII. Rio de Janeiro: Civilização brasileira, 2007, p. 311- 335.

74. ANDREONI, J.A. [André João Antonil]. *Cultura e opulência do Brasil*. São Paulo: Nacional, 1967 [Com o estudo "João Antônio Andreoni e sua obra" e um "Vocabulário e expressões usados em Cultura e opulência do Brasil", de Alice Piffer Canabrava]. • ANTONIL, A.J. [João Antonio Andreoni]. *Cultura e opulência do Brasil*. 3. ed. Belo Horizonte/São Paulo: Itatiaia/USP, 1982, p. 186-187 [Texto confrontado com o da 1. ed. 1711; com o estudo bibliográfico de Affonso E. Taunay; nota bibliográfica de Fernando Sales; vocabulário e índices antroponímico, toponímico e de assuntos de Leonardo Arroyo]. • ANTONIL, A.J. *Cultura e opulência do Brasil por suas drogas e minas*. São Paulo: Edusp, 2007, p. 269-273 [Introdução e notas de Andrée Mansuy Diniz Silva].

75. CARRARA, Â.A. *Minas e currais*: produção rural e mercado interno de Minas Gerais, 1674-1807. Juiz de Fora: UFJF, 2007, p. 124-132.

por barras de ferro no Congo, e a perda desta fortaleza para os holandeses em 1637, contribuíram para a desorganização econômica de Portugal e redefinição do tráfico de escravos; b) fase de Angola e do Congo, no século XVII, quando a Bahia importou escravos bantos em larga escala; c) fase da Costa da Mina durante ao três primeiros quartos do século XVIII, quando se importou intensivamente sudaneses da África Ocidental e Central, identificados como *nagôs, jejes, minas, malês, hauçás, tapas, fulas, mandingas* e outros; e d) fase da baía de Benim, entre 1770 e 1850. Nos dois últimos períodos traficaram-se, majoritariamente, daomeanos (*jejes*) e no último, comercializaram também *nagôs-iorubás*. A predominância da cultura iorubá na Bahia se explica pela então recente migração forçada deste povo e a sua resistência cultural se devia à transferência, entre os iorubás, de numerosos sacerdotes e prisioneiros de guerra advindos de grupos sociais governantes, fenômeno que não ocorreu no resto do Brasil. Na Bahia, alguns fatores interferiram na indução do tráfico para outras regiões africanas, todavia, o fluxo Angola-Congo prolongou-se, desde o século XVII até o final do tráfico[76].

O comércio com a Costa da Mina desenvolveu-se à base de trocas recíprocas e complementares do tabaco pelo escravo. Ao tomarem o castelo ou forte de São Jorge da Mina e determinarem a exclusividade do tabaco como meio de aquisição de escravos, os holandeses estimularam a expansão da lavoura fumageira do recôncavo da baía de Todos os Santos e favoreceram, sem pretenderem, os negociantes da Bahia, principal centro da produção fumageira. Nessa época proibiu-se a entrada em Portugal, de tabaco de terceira categoria, reservado para o consumo na Bahia e para o comércio com os portos de Grande Popo, Uidá, Jaquim e Apá, na Costa da Mina. O tabaco de má qualidade se tornou indispensável neste negócio, em decorrência da necessidade dos holandeses, para aquisição de escravos e desenvolvimento do próprio tráfico. Estas circunstâncias resultaram no conflito de interesses dos comerciantes de Portugal e da Bahia e nos inúteis esforços metropolitanos para deslocar o tráfico dos baianos para a Guiné, Angola e Congo, regiões da conquista portuguesa. O mercado de tabaco de terceira categoria definiu o fluxo de escravos do golfo de Benin para a baía de Todos os Santos no século XVIII[77].

---

76. VIANA FILHO, L. *O negro na Bahia*. 3. ed. Rio de Janeiro: Nova Fronteira, 1988, p. 31-60 [1. ed., 1944]. • VERGER, P. *Fluxo e refluxo do tráfico de escravos entre o golfo de Benin e a Bahia de Todos os Santos*. São Paulo: Corrupio, 1987, p. 9-11.

77. VERGER, P. *O fumo da Bahia e o tráfico de escravos do Golfo de Benim*. Salvador: Ufba, 1966 [Estudos Ceao, vol. 6)]. • VERGER, P. *Fluxo e refluxo do tráfico de escravos...*, p. 19-52.

4.5 Etnias e culturas traficadas da África para o Brasil

Desde 1472, quando o navegador português Rui de Sequeira chegou ao Benim, este reino africano expandiu o comércio e, estimulado pelos portugueses, passou a buscar escravos em ataques às nações vizinhas. Nas costas da Guiné, ao sul do rio Senegal, portugueses trocavam latão e cavalos por pimenta-malagueta, ouro e escravos. A presença portuguesa e a circulação de mercadorias transformaram o litoral ocidental da África em um espaço de trocas para as etnias, *fula, wolof, mandinga, popo, ewe* e outras[78]. A partir de então, traficaram-se indivíduos de numerosas etnias e diversas culturas africanas para Portugal, ilhas do Atlântico e depois o Brasil.

A África ocidental, que se estende por Senegal, Camarões, Cabo Verde, São Tomé e Príncipe, inclusive o golfo de Benim, a antiga Costa da Mina, forneceu a maior parte dos escravos traficados para os canaviais da Bahia e do litoral da região depois denominado de Nordeste do Brasil. Somente entre 1600 e 1856, embarcaram 1.046.285 negros escravizados na Costa da Mina, inclusive Costa do Ouro e Golfo do Benim, para o Brasil, dos quais desembarcaram 941.512[79]. Destes, embarcaram um total de 861.594 cativos para a Bahia, onde desembarcaram 742.740 mancípios. Destas regiões controladas pelos daomeanos, falantes de línguas da família *gbe* e devotos dos *voduns*, inclusive *mahis, adjas, uemenus, hulas, huedas, fons, guns* e outros, conhecidos, na Bahia, como *jejes*[80].

Durante a colonização do Brasil, dos numerosos grupos étnicos sobressaíram-se os iorubás (*nagôs*) e os jejes (*daomeanos*), aos quais se atribuíam as denominações de *cabo verdes, calabares, minas, haussás, ardas, ashantis, tapas (nupes), mandingas, camarões, ibos, jabus, mandubis, fulanis e borneus*. Da África centro-ocidental, que incluía Gabão e Angola, traficaram-se *congos, cabindas, monjolos, anjicos, angolas, ambacas, cambambes, cabundás, cassanges, muxicongos, gabões, mbundus, molembos, ambris, rebolos, luandas, camundongos, quiçamas, songos, benguelas e guaguelas*. Estes supostos etnônimos traduziam projeções imprecisas, referidas em fronteiras étnicas, linguísticas e geográficas, cujas elasticidades ou arbitrariedades de tais identificações implicam o reconhecimento ou na criação de novos grupos étnicos, associados aos locais de origem,

---

78. PRIORE, M. *Histórias da gente brasileira* – Vol. I: Colônia. São Paulo: LeYa, 2016, p. 33.
79. ELTIS, D.; BEHRENDT, S.; RICHARDSON, D. & KLEIN, H. *The transatlantic slave trade, 1527-1867*: a database on CD-ROM. Nova York: Cambridge University Press, 1999, apud PARÉS, L.N. *O rei, o pai e a morte*: a religião vodum na antiga Costa dos Escravos na África Ocidental. São Paulo: Companhia das Letras, 2016, p. 425.
80. PARÉS, L.N. *O rei, o pai e a morte...*, p. 321.

línguas faladas, portos de embarque ou simples corruptelas dos etnônimos originais. Os *bakongos* falavam o *kikongo*; os *mbundus* ou *cabundás*, a língua *kimbundu*; os *ovimbundus* e os *nganguelas* receberam os nomes dos portos africanos nos quais foram embarcados para o Brasil. Na África oriental, que incluía Tanzânia e Moçambique tiveram origens os *moçambiques, quelimane, inhambane, mucina (sena), lourenços marques, macuás, mougões, tumbukas, yaos, makuas, makondes, maravis, manyikas, rongas, chopis* e *changaans*[81].

Um estudo pioneiro, realizado na década de 1950, com o uso de inventários *post-mortem* de proprietários de escravos do século XVIII, identificou em Salvador, 622 cativos sudaneses, 308 bantos, além de 472 crioulos, ou negros nascidos no Brasil, cabras, pardos e mulatos, mestiços brasileiros. Os escravos comercializados de Salvador para o interior da Bahia, principalmente para Caravelas, sertões do Rio Pardo e do Rio de Contas, Maracás, Minas Novas, Caetité, Urubu, Barra, Pilão Arcado, Sento Sé, sertão do Rio São Francisco, Jacobina, sertões do Itapicuru, Jeremoabo e Rio Real e outras capitanias somavam 681 sudaneses e 2.163 bantos[82]. No auge da colonização portuguesa traficava-se para a Bahia majoritariamente escravos da África Ocidental, originários da orla da baía de Benim.

A família linguística *Níger-Congo* englobava cerca de 300 idiomas da África equatorial e meridional, entre os quais, *ngoni, ganda, quicuia, lunda, zulu, suaíli*. Há várias hipóteses sobre a origem do idioma *hauçá*, que se formou na orla norte-oriental e do povo que dele tomou o nome. A região foi habitada desde tempos imemoráveis, por grupos de língua *chádica*, entre os quais os *hauçás* que, ao se deslocarem para o sul, expulsaram os povos do ramo *benué-congo*, do que seria a Hauçalândia para os planaltos centrais da Nigéria. Em outras hipóteses os *hauçás* teriam resultado da hibridação, no início do segundo milênio do calendário gregoriano, de *tuaregues* do Saara com agricultores negros das savanas, de cultura *saô*, ou destes negros com etnias *nilóticas*. A homogeneidade da língua e da cultura *hauçás* sugere que sua expansão ocorreu no curso do segundo milênio, a partir de algum ponto da parte oriental da própria Hauçalândia. O cultivo de grãos, a criação de gado e o uso do ferro ofereceram as condições do crescimento demográfico. Os intercâmbios comerciais e a chegada de forasteiros transformaram a comunidade em cosmopolita com tecelões, tintureiros, músicos, comerciantes, mágicos, ferreiros, dançarinos, curandeiros, curtidores, gente de todo tipo, que levavam potes, cestos ou feixes de lenha à cabeça e conduziam

---

81. RUSSELL-WOOD, J. *Histórias do Atlântico português...*, p. 235-278.
82. OTT, C. A procedência étnica dos escravos baianos no século XVIII..., p. 33-59.

cabras, asnos e bois. Comerciantes e clérigos muçulmanos estrangeiros impuseram uma monarquia aos *hauçás*, que resistiu e forçou um sistema de compromisso, no qual o rei se apoiava sobre as forças que o colocaram no poder e sobre as organizações políticas tradicionais. Em consequência, estabeleceu-se um sistema dual, em que o rei saía de uma só linhagem estrangeira, mas escolhido pelos chefes de grupos nativos. Em meados do século XIII, na disputa pelo comércio do sal, introduziram-se escravos, que se tornaram em moedas para se adquirirem cavalos. A política de conquistas levou ao emprego generalizado de escravos para trabalharem as novas terras[83].

---

83. SILVA, A.C. *A enxada e a lança...*, p. 457-474.

5 | Franceses e flamengos, tapuias e negros
Impasses da colonização do Brasil nos séculos XVI e XVII

5.1 Pacto colonial-mercantil

Ao se iniciarem os Tempos Modernos, os impérios dilatavam-se. Enquanto os mercantis, portugueses e espanhóis, expandiam as suas atividades comerciais pelos continentes, o russo agrário avançava na ocupação territorial pela Ásia, até o litoral pacífico. No início do século XVIII, o imperador russo Pedro I fundou São Petersburgo às margens do rio Neva no golfo da Finlândia, e para lá transferiu a capital do seu país com o objetivo de ocidentalizar o seu descontextualizado, analfabeto e multiétnico império e situá-lo na Modernidade europeia. Na expansão mercantil pelos continentes, outros povos europeus seguiram o pioneirismo ibérico e depararam-se na África e na Ásia com populações de diferentes níveis de desenvolvimento socioeconômico, com as quais entabularam imediatas relações comerciais. Os portugueses encontraram no Brasil povos seminômades, caçadores e coletadores que já desenvolviam a agricultura, embora desconhecessem a produção de excedentes e o intercâmbio comercial. A absoluta impossibilidade de estabelecerem relações de troca nas dimensões desejadas com os povos nativos induziu a burguesia e a nobreza lusitanas a pactuarem-se na organização de um aparato produtivo colonial, capaz de explorar o trabalho escravo de nativos e de negros traficados da África, na produção de mercadorias em ampla escala, para o seu comércio internacional. E a farta disponibilidade de recursos naturais oportunizou a concentração de esforços numa atividade econômica de grande vulto, para dificultar a multiplicação de iniciativas particulares na colônia, que viessem a competir com o comércio metropolitano.

A escolha incidiu sobre o cultivo da cana e a produção do açúcar, por se tratar de mercadoria de grande demanda na Europa. Nesta articulação de interesses denominada, posteriormente, de pacto colonial-mercantil, associaram-se duas atividades de grandes potenciais econômicos: a produção pela colônia e a comercialização do que nela se produzisse pela metrópole. A operacionalização destes empreendimentos induzia para a transferência da maior parte da produção açucareira da Bahia e de Pernambuco para o mercado internacional, através de mercadores portugueses, que realizavam a acumulação mercantil e retinha uma parcela menor na colônia, para assegurar a manutenção do processo produtivo, a formação e a consolidação de uma oligarquia senhorial que controlasse as instituições coloniais do estado e da sociedade, na condição de agentes do governo português[1].

Depois de firmar-se como um grande império colonial, Portugal sofreu uma derrota militar na batalha de Alcácer Quibir, em 1578, na qual sucumbiu o rei d. Sebastião, aos 24 anos, sem deixar herdeiro, e parte do seu exército[2]. Nestas circunstâncias, coube ao idoso cardeal d. Henrique, tio-avô do rei desaparecido em Marrocos, sucedê-lo. Este prelado ancião ainda tentou, inutilmente, uma licença papal do celibato para, talvez, conseguir um herdeiro que resolvesse o imbróglio da sucessão. Após a sua morte em 1580, substituiu-lhe Felipe II, rei da Espanha, primo do jovem monarca abatido na guerra contra os mouros no norte da África, fato que unificou os dois poderes monárquicos ibéricos. Iniciou-se, então, um período denominado por espanhóis de União Ibérica e Dominação Filipina (1580-1640) por portugueses, caracterizado pelas excitações políticas e agitações sociais em Portugal, cuja população não aceitou a unificação monárquica, tão agradável aos espanhóis.

As inquietações portuguesas repercutiram no Brasil em desorganização administrativa, enfraquecimento militar e desestabilização do empreendimento colonizador, circunstâncias que se agravaram sob os efeitos de invasões estrangeiras, rebeliões indígenas, fugas e levantes de escravos negros. Em consequência da união dinástica ibérica em 1580, surgiram embaraços administrativos para a colonização portuguesa no Brasil, embora a indiferença dos espanhóis oportunizasse a expansão territorial portuguesa para além da linha divisória definida pelo tratado de Tordesilhas em 1494[3].

---

1. DIAS, J.S.S. *Os descobrimentos e a problemática cultural do século XVI...* • BOXER, C.R. *O império marítimo português, 1415-1825...* • JOHNSON, H. & SILVA, M.B.N. (coords.). *O império luso-brasileiro, 1500-1620...* • RUSSELL-WOOD, A.J.R. *Um mundo em movimento: os portugueses na África, Ásia e América (1415-1808)...* • WALLERSTEIN, I. *Capitalismo histórico e civilização capitalista.* Rio de Janeiro: Contraponto, 2001. • VILAR, P. *Desenvolvimento econômico e análise histórica.* Lisboa: Presença, 1982.

2. VALENSI, L. *Fábulas da memória: a batalha de Alcácer Quibir e o mito do sebastianismo.* Rio de Janeiro: Nova Fronteira, 1994.

3. REIS, A.C. *Nova história de Portugal...*

No início do século XVI, a França encontrava-se envolvida em uma crise socioeconômica de grandes proporções. A sociedade convulsionada por conflitos entre católicos e protestantes que arrastavam o império para uma profunda debilidade econômica, que dificultava a participação francesa na expansão intercontinental. Desenvolveram-se, então, as atividades corsárias em escala considerável, na forma de assaltos a embarcações e a colônias ibéricas da América. No Brasil, franceses aliaram-se a alguns povos indígenas ao longo do litoral e, na impossibilidade de estabelecerem comércio de vulto, contrabandeavam o pau-brasil e as curiosidades nativas que encontrassem.

O relatório de viagem de um contrabandista[4] registra talvez o primeiro ataque de corsários franceses ao Brasil, realizado por um comerciante normando, que saiu do porto de Honfleur em junho de 1503, e seguiu a rota indicada por dois pilotos portugueses que contrataram em Lisboa, onde viram grandes volumes e diversidade de mercadorias orientais. Em consequência de uma tempestade nas costas da África, perderam a rota e rumaram para oeste. Em janeiro de 1504 aportaram em um território que denominaram de Índias Meridionais, no litoral que seria de Santa Catarina, no qual permaneceram por cerca de seis meses e travaram contatos com os nativos carijós. Ao partir com a sua esquadra, margearam o litoral para o norte. Encontrou tupiniquins e tupinambás arredios a contatos, e das costas do que seria a Bahia retornou para a Europa.

O corsário francês precursor trocou com índios, pentes, machados, espelhos e miçangas por carnes, peixes, peles, frutas, plumas e raízes para tingir. Ao se aproximar da Normandia, sofreu um ataque de outros piratas, que naufragaram o seu barco. Perdeu toda a carga e somente 28 dos 60 homens embarcados em 1503 retornaram ao porto de partida, em 1505. O índio Essomericq, filho de um cacique carijó, primeiro nativo da América a chegar à França, acompanhou os sobreviventes[5]. Vê-se que os franceses agiam do mesmo modo que os portugueses, ao trocarem anzóis, adagas e faca de baixa qualidade, espelhos, pentes, tesouras, parafusos velhos, galinhas e patos, por cabaças de mel em favos, cargas de milho, porcos (capivaras ou caititus), cascos de tatu, ostras, palmitos e veados[6].

---

4. GONNERVILLE, B.P. *Campagne du navire l'Espoir de Honfleur, 1503-1505*: relation authentique du voyage du capitaine de Gonneville ès nouvelles terres des indes publiée intégralement pour la première fois; avec une introduction et des éclaircissements par M.D'Avesac, Membre de L'Institute. Paris, 1869 [Disponível em https://www.archive.org/details/campagnedunaviro2gonngoog – Acesso em 04/04/2016].

5. PERRONE-MOISÉS, L. Alegres trópicos: Gonnerville, Thevet e Léry (*Revista USP*, 30, jun.-ago./1996, p. 84-93. São Paulo), que se reportou à *Relation Authentique du voiage du Capitan de Gonnerville es Nouvelles Terres des Indies*, depositada no Almirantado de Ruão em 1505.

6. PRIORE, M. *Histórias da gente brasileira*. Vol. I: Colônia, p. 23.

Além de franceses e holandeses, outras potências mercantis contrabandearam e extraíram todo tipo de vantagem possível do frágil controle de Portugal sobre o território mal conquistado na América. Em troca de promessas de amizade e reconhecimento, a Inglaterra procurava tirar o melhor proveito dos negócios e se colocar sempre como nação mais favorecida nos acordos comerciais e tratados políticos. Os portugueses acordaram, em 1642, com os ingleses, que lhes concederam vantagens comerciais, imunidade legal e liberdade de culto. Embora somente fosse assinado em 1656, este acordo referenciou as relações posteriores entre as duas nações e consolidou o privilégio inglês nos domínios ultramarinos de Portugal. No conjunto das tratativas incluiu-se o casamento estratégico de Catarina de Bragança, irmã do rei d. João IV, com Carlos II de Inglaterra.

A união dinástica dos reinos ibéricos proporcionou mais vantagens ao reino de Portugal que ao de Espanha. Houve mais inserção portuguesa nos interesses exclusivos dos espanhóis que o inverso[7]. Durante as seis décadas da sua vigência, três reis espanhóis ocuparam o trono de Portugal, até que o duque de Bragança, em um golpe palaciano perpetrado em 1º de dezembro de 1640, tomou o poder e assumiu o reino com o título de d. João IV. Surgiram, então, novas perspectivas para a colonização do Brasil: iniciou-se a expansão territorial para muito além dos limites definidos no tratado de Tordesilhas; interiorizou-se a pecuária e principiou-se a ocupação dos sertões, consolidada com as descobertas e explorações de metais valiosos e pedras preciosas.

Nos dois primeiros séculos da colonização, os portugueses mantiveram-se na exploração econômica do litoral brasileiro. Apenas alguns aventureiros organizavam expedições para incursionarem pelo interior, a partir da Bahia e de São Paulo, à procura de minérios e de índios para a escravização. Afinal, se os espanhóis encontraram ouro no México e prata no Peru, no incógnito sertão do Brasil existiriam também estas sonhadas riquezas minerais. Imaginavam-se lagos encantados e fantásticas serras resplandecentes[8].

5.2 França Antártica (1555-1660)

Misto de comandante militar e agente empreendedor, Nicolas Durand de Villegagnon (1510-1572) elaborou um plano de colonização francesa no Brasil.

---

[7]. COSTA, L.F.; LAINS, P. & MIRANDA, S.M. *História econômica de Portugal, 1143-2010*. 3. ed. Lisboa: A Esfera dos Livros, 2014, p. 132-141 [1. ed., 2011].

[8]. DELVAUX, M.M. Fontes de mitos. *Revista de História*, 01/04/2014. Rio de Janeiro. • DELVAUX, M.M. Cartografia imaginária do sertão. *Revista do Arquivo Público Mineiro*, 2010, dossiê n. 76 (Mapeando a Conquista), p. 75-87. Belo Horizonte.

Numa época em que a França encontrava-se envolvida nos conflitos religiosos da Reforma Protestante, seu projeto recebeu, prontamente, o apoio do almirante huguenote Gaspard de Coligny (1519-1572), que vislumbrava o estabelecimento de um território livre de perseguições católicas, e do cardeal Charles de Lorrene-Guise (1524-1574), que conjecturava uma oportunidade de expansão do catolicismo. O rei Henrique II (1519-1559) concedeu-lhe armas, munições e duas naus para o transporte de colonos. Em novembro de 1555 a esquadra de Villegagnon estabeleceu-se numa ilha à entrada da baía de Guanabara, recebida sem hostilidades por indígenas tamoios, interessados em tirar proveitos nos conflitos que travavam contra os portugueses e seus aliados tupiniquins, goitacás e, principalmente, maracajás.

Ao chegar à Guanabara, Villegagnon deparou-se com três problemas: a péssima qualidade do elemento humano que arregimentou na França, embora alguns fossem hábeis artesãos ou operários, eram indisciplinados, indolentes e de mau caráter, muitos aceitaram integrar a expedição para se livrarem de prisões, galés ou penas de morte; a drástica mudança de clima e as precárias condições de higiene teriam interferido na saúde e nas relações dos componentes da expedição; muitos dos arregimentados já chegaram doentes ou subnutridos e usavam todos os artifícios para não trabalhar. Supriu-se a força de trabalho com os indígenas, em troca de pequenos presentes e edificou-se o forte Coligny em três meses[9]. À expedição não faltaram intérpretes. Nas adjacências da baía de Guanabara encontravam-se vários normandos desertores de outras expedições que viviam com os índios e falavam, com fluência, a língua dos tupinambás[10].

Além destes problemas, surgiram intrigas e conflitos, quando o comandante da esquadra exigiu que um intérprete francês se casasse com a índia com a qual vivia ou dela se separasse. Nas circunstâncias de tensas relações entre invasores franceses, colonizadores portugueses e povos indígenas rivais, a rígida disciplina moral de Villegagnon provocou reações e divisões entre seus comandados. Ele decidiu reprimir os rebeldes com afogamentos, estrangulamentos e escravizações. Alguns colonos, entre eles, o frade franciscano André Thevet, regressaram para a Europa. O comandante francês recorreu ao reformador João Calvino (1509-1564), seu ex-colega nos colégios La Marche e Montaigu, em Paris e na Universidade de Orleans[11], que lhe enviou 14 huguenotes, acompanhados de

---

9. MARIZ, V. & PROVENÇAL, L. *Os franceses na Guanabara*: Villegagnon e a França Antártica, 1555-1567. 3. ed. Rio de Janeiro: Nova Fronteira, 2015, cap. 10.

10. MARIZ, V. & PROVENÇAL, L. *Villegagnon e a França Antártica*: uma reavaliação. Rio de Janeiro: Nova Fronteira, 2000, p. 82 [Biblioteca do Exército].

11. Ibid., p. 35.

dois missionários reformados e uma companhia de colonos, mulheres e artesãos, entre os quais, Jean de Léry (1534-1611), desembarcados na França Antártica em março de 1557[12]. O conflito religioso afluiu na França Antártica e Villegagnon rompeu com os discípulos de Calvino que, ao se sentirem isolados, retornaram à Europa[13]. Enfraquecidos, os franceses foram atacados por Mem de Sá, em março de 1560, derrotados e expulsos da baía de Guanabara. Extinguia-se a França Antártica de Villegagnon, porém, com apoio dos Tamoios, franceses continuaram a fustigar os colonizadores portugueses. Sob o comando de Jean-François Du Clerc, atacaram o Rio de Janeiro, em 1710 e foram rechaçados. No ano seguinte, retornaram com uma esquadra de 18 embarcações, comandada por René Duguay-Trouin (1673-1736), tomaram a cidade do Rio de Janeiro, resgatada por cerca de 600.000 cruzados[14].

Embora as crônicas do período inicial da colonização apresentem mais ficções literárias referenciadas em impressões que informações de fatos e avaliações de circunstâncias, a obra testemunhal de Jean de Léry, sobre a França Antártica caracteriza-se pela pretensa imparcialidade na descrição do cotidiano dos tupinambás, que na realidade eram tamoios. Jean de Léry pretendeu transmitir ao seu mestre, o reformador João Calvino, informações detalhadas, em relatório capaz de proporcionar possíveis benefícios aos exilados, como ele, da França Antártica, e isentar de culpa a sua atuação naquela tentativa frustrada de colonização[15].

Jean de Léry, um sapateiro francês, estudioso de teologia, embarcou com outros artesãos e missionários huguenotes para colaborar na tentativa colonizadora de Villegagnon, na baía de Guanabara. Ao retornar à França, em finais de 1553, apresentou um relato das suas experiências na França Antártica, desde as razões que o levaram ao empreendimento. Depois de discorrer sobre o

---

12. DAHER, A. O primeiro Brasil Francês: a França Antártica. In: *O Brasil francês: as singularidades da França Equinocial, 1612-1615*. Rio de Janeiro: Civilização Brasileira, 2007, p. 33-43.

13. HOLANDA, S.B. & PANTALEÃO, O. A França Antártica. In: HOLANDA, S.B. (org.). *História geral da Civilização Brasileira – I: A época colonial, 1: Do descobrimento à expansão territorial*. 8. ed. Rio de Janeiro: Bertrand Brasil, p. 147-162.

14. FRANÇA, J.M.C. & HUR, S. *Piratas no Brasil: as incríveis histórias dos ladrões dos mares que pilharam nosso litoral*. São Paulo: Globo, 2014. • HOLANDA, S.B. & PANTALEÃO, O. Os franceses no Maranhão. In: HOLANDA, S.B. (org.). *História geral da Civilização Brasileira...*, p. 204-234. • SANTOS, F.L.M. *Entre honras, heróis e covardes: invasões francesas e disputas político-familiares (Rio de Janeiro, século XVIII)* Niterói: UFF, 2012 [Dissertação de mestrado]. • RAMINELI. R. Invasões francesas. In: VAINFAS, R. (dir.). *Dicionário do Brasil Colonial (1500-1808)*. Rio de Janeiro: Objetiva, 2000, p. 112-114. • BICALHO, M.F. Invasão francesa: a espetacular tomada do Rio de Janeiro a mando de Luís XIV saqueou a cidade, humilhou Portugal e deixou a população atônita. In: FIGUEIREDO, L. (org.). *História do Brasil para ocupados*. Rio de Janeiro: Casa da Palavra, 2013, p. 41-45.

15. MILLIET, S. Jean de Léry. In: LÉRY, J. *Viagem à terra do Brasil*. Belo Horizonte: Itatiaia, 2007, p. 15-18.

território no qual se estabelecia a colonização francesa na baía de Guanabara, caracterizou, minuciosamente, os supostos tupinambás, com os quais conviveu durante quase um ano[16].

5.3 França Equinocial (1612-1615)

Os capitães franceses, Guérard e Roussel aportaram no Maranhão, em 1524, antes de qualquer português. Anos depois, em 1594, chegou à ilha Grande, então denominada de Trindade o capitão Jacques Riffauklt, que se entendeu com o cacique tupinambá Japi-açu e fundou uma feitoria. No Maranhão já viviam os franceses David Migan, Maillart, Moisset e outro Guérard, neto do precedente. O português Aires da Cunha fundou a aldeia de Nazaré em 1535, mas a abandonou três anos depois. Guérard e Du Manoir ainda se encontravam no Maranhão quando La Ravardière lá chegou, em 1612. Estes franceses traficavam madeiras, embora não houvesse pau-brasil no Maranhão[17]. Até início do século XVII o litoral norte do Brasil permanecia sem a presença dos colonizadores portugueses e, desde finais do século anterior, já havia numerosos expatriados franceses estabelecidos entre índios no Maranhão. La Ravardière recebeu o mandato de Luís XIII, da França, para ocupar uma ampla extensão de terras que se estendia da ilha do Maranhão à margem direita do rio Amazonas[18].

Depois de fracassada a tentativa de colonização da França Antártica no Rio de Janeiro, os franceses continuaram a contatar indígenas do litoral brasileiro e a contrabandear pau-brasil e outras singularidades nativas, como denominou André Thevet, em particular ao norte, nas áreas ainda não ocupadas pelos colonizadores portugueses. Um dos que se fixaram no Maranhão e conquistou a confiança de índios tupinambás, Charles des Vaux, apresentou ao rei Henrique IV (1553-1610) uma proposta de colonização da região e foi por ele encarregado de elaborar o planejamento do empreendimento na companhia de Daniel de la Touche, senhor de la Ravardière. Durante a regência de Maria de Médicis, após o assassinato do rei e enquanto durava a menoridade do primogênito que assumiria o trono como Luis XIII (1601-1643). La Ravardière, um huguenote, convidou

---

16. LÉRY, J. *Viagem à terra do Brasil...*, p. 111-121.

17. MARIZ, V. & PROVENÇAL, L. La Ravardière e a França Equinocial: os franceses no Maranhão (1612-1615)..., p. 53-54.

18. LISBOA, J.F. *Crônica do Brasil colonial*: apontamentos para a história do Maranhão. Petrópolis/Brasília: Vozes/INL, 1976, p. 87-126 [Introdução de Peregrino Júnior e Graça Aranha]. • MARIZ, V. *Pelos caminhos da história*: nos bastidores da Brasil Colônia, Império e República. Rio de Janeiro: Civilização Brasileira, 2015, p. 95-111.

François de Razilly, católico professo, para dividir as responsabilidades do empreendimento, já projetado sob o signo da adversidade religiosa.

Juntou-se à aliança de Razilly e La Ravardière, em igualdade de condições, Nicolas de Harloy, senhor de Sancy, barão de Molle e de Gros-bois. Numa reunião no palácio do Louvre, realizada em 1610, foram nomeados lugares-tenentes do rei na colonização que empreenderiam no Brasil. Com a promessa de lealdade e ordem construíram um forte, instituíram uma companhia para colonizar o Maranhão, que denominaram de França Equinocial, por situar-se próxima da linha do Equador[19]. Para a difusão do credo católico convidaram, através da regente Maria de Médicis, a ordem dos Capuchinhos, que indicou os frades notáveis pelos conhecimentos farmacêuticos, Claude d'Abbeville, Arsène de Paris e Abroaise d'Amiens, coordenados por Yves d'Evreux, para a missão. Em 19 de março de 1612, três embarcações deixaram o porto de Cancale e encontraram calorosa acolhida dos índios tupinambás, no Maranhão, onde estabeleceram a colônia da França Equinocial, na qual edificaram o forte de São Luís. O empreendimento logo se debilitou, em consequência das diferentes e conflitantes orientações religiosas e de comandos. Em dezembro de 1612, Razilly embarcou para a França, em busca de reforços, acompanhado por d'Abbeville e seis nativos tupinambás. Desde o desembarque na cidade francesa de Hâvre, exibiriam os índios emplumados em conventos e igrejas, para turbas de curiosos. Diante do rei Luís XVIII, um dos tupinambás proferiu um ensaiado discurso, traduzido por d'Abbeville, no qual pedia proteção para seu povo, falou da vida miserável a que ele se submetia, sem lei nem fé, a devorarem-se uns aos outros e jurou fidelidade aos franceses[20].

Talvez em decorrência do clima francês e da austeridade cotidiana do mosteiro parisiense, três dos índios adoeceram e morreram. Enquanto isto acontecia, intensificavam-se as campanhas de levantamento de fundos e de arregimentação de colonos para a França Equinocial. A regente Maria de Médicis alegou que a debilidade das finanças francesas não lhe permitiria gastar com a missão dos Capuchinhos no Maranhão e recomendou que se recorresse à Santa Sé, em Roma. No início de 1614, o frade d'Abbeville publicou a sua obra apologética do trabalho apostólico dos Capuchinhos no Maranhão, talvez como parte do esforço de arrecadação de fundos. Ao retornar para a França Equinocial, no início de 1614, a nova expedição de François de Razilly levou muitos presentes de objetos

---

19. Denomina-se de *equinócio* o momento em que o sol incide sobre a linha do Equador.

20. DAHER, A. O segundo Brasil Francês: a França Equinocial. In: *O Brasil Francês...*, p. 45-73. • D'ABBEVILLE, C. *História da missão dos padres capuchinhos na Ilha do Maranhão e terras circunvizinhas*. Belo Horizonte/São Paulo: Itatiaia/USP, 1975, p. 264-265 [1. ed., 1612].

religiosos em forma de crucifixos, imagens de santos e alfaias, sem, contudo, resolver o problema financeiro do empreendimento. Recebeu, essencialmente, ajuda de particulares. Para tentar salvar a obra iniciada no Brasil, Razilly investiu, então, parte da sua fortuna pessoal, e em março de 1614 zarpou na companhia de 12 missionários dirigidos pelo frade Archange de Pembrock, os três índios sobreviventes do glamour parisiense com suas esposas francesas e cerca de 1.300 homens. Entretanto, o socorro chegou tarde. Ao se aproximar ao litoral do Ceará, a segunda expedição entrou em choque com tropas portuguesas e desembarcou em 26 de junho na França Equinocial[21].

Jerônimo de Albuquerque já comandava a reconquista e na primeira ofensiva, em 1613, com o apoio do capitão Martim Soares Moreno, não logrou êxito. Na segunda, em 26 de outubro de 1614, com ajuda de Alexandre Moura, Francisco Caldeira e dos índios da etnia Tremembé, as tropas de Albuquerque chegaram ao forte São Luís, onde foram atacadas, por 200 franceses e 1.500 tupinambás. Porém, um erro estratégico condenou os franceses ao fracasso: a maré baixa impediu o desembarque das forças marítimas dirigidas por La Ravardière. Atacadas por Jerônimo de Albuquerque as tropas terrestres comandadas pelo capitão Pezieu foram derrotadas. Morreram 115 combatentes, inclusive o capitão comandante, e alguns caíram prisioneiros. As partes acordaram uma trégua de um ano. Depois de reservadas negociações na Europa, a maçonaria francesa abandonou a empresa colonial. Alguns dias antes do fim da trégua, nove navios portugueses, comandados pelo capitão Alexandre de Moura, cercaram a ilha de São Luis. Simultaneamente, forças terrestres comandadas por Jerônimo de Albuquerque dirigiram-se para o forte São Luís, e La Ravardière rendeu sem resistência. Na batalha de Guaxemduba, em finais de 1614, luso-brasileiros e espanhóis lutaram em desvantagem de um para três combatentes e liquidaram as pretensões francesas. Acabou-se o sonho da França Equinocial[22].

A mobilização para a reconquista do Maranhão atendeu mais a interesses expansionistas das elites pernambucanas que estratégia política da União Ibérica. Todavia, depois de iniciadas as operações militares, mudou-se o jogo de interesses. Confiou-se o comando da expedição para se expulsarem os franceses a Alexandre de Moura. Depois de vencê-los, Moura foi incumbido de instituir um enquadramento administrativo para a região conquistada, partilhar terras, nomear as autoridades políticas, judiciárias e militares. Em 1617, o governo da

---

21. DAHER, A. O segundo Brasil francês: a França Equinocial..., p. 45-73.
22. HOLANDA, S.B. & PANTALEÃO, O. Os franceses no Maranhão. In: HOLANDA, S.B. (org.). *História geral da Civilização Brasileira...*, p. 204-234. • RAMINELI, R. Invasões Francesas... • DAHER, A. O segundo Brasil francês: a França Equinocial. In: *O Brasil francês...*, p. 45-73. • MARIZ, V. Pelos caminhos da história..., p. 95-111.

União Ibérica contratou Jorge de Lemos Betancor para promover a emigração de um milhar de pessoas dos Açores. Com elas, lançaram-se as bases para a criação do Estado do Maranhão e Grão-Pará, com absorção do Ceará, independente do governador-geral do Brasil, que afirmou o poder metropolitano e promoveu a integração política do norte do Brasil ao processo de colonização portuguesa[23].

A crônica testemunhal ou memórias do frade capuchinho Claude d'Abbeville[24] sobre a participação da sua ordem religiosa no Maranhão, durante a invasão francesa, descreve meio físico, fauna, flora, astronomia, usos e costumes indígenas, porém, pouco acrescenta sobre a fracassada tentativa de colonização da França Equinocial de 1612-1615. Mais lacônico e omisso sobre o empreendimento francês foi o seu confrade Yves d'Evreux[25], que continuou a descrição das coisas do Maranhão.

5.4 Invasões holandesas (1624-1654)

A União Ibérica (1580-1640) aconteceu numa época em que a Espanha se encontrava debilitada economicamente e enfraquecida militarmente, em consequência da guerra, iniciada em 1568, contra as Províncias Unidas dos Países Baixos (1579-1795), incorporadas aos domínios espanhóis no reinado de Felipe II (1556-1598), que manteve a política de intolerância religiosa, responsável pelo conflito com a nobreza calvinista. Depois de longos anos de guerra (1568-1648), as províncias do Sul, de maioria católica, negociaram a paz com os espanhóis. As sete províncias do Norte, de maioria calvinista, inclusive a Holanda, lideradas pelo príncipe Guilherme de Nassau, formaram, em 1581, a República das Províncias Unidas do Norte, que reunia: Holanda, Zelândia, Utrecht, Guelders e Frísia, e depois se juntaram Overijssel em 1588 e Groninga em 1594. Cada estado mantinha uma relativa autonomia, com respectivos governadores, primeiros-ministros e parlamentos. O poder federativo formava-se através de delegações parlamentares, constituídas em Estados Gerais, nos quais cada província dispunha de um representante. Porém, devido à densidade demográfica e à dimensão econômica, a Holanda exercia alguma centralidade ou sutil hegemonia.

---

23. MARQUES, G. O Estado do Brasil na União Ibérica: dinâmicas políticas do Brasil no tempo de Felipe II de Portugal. *Penélope*, XXVI, 7-35, 2002 [Disponível em https://dialnet.unirioja.es/des-carga/articulo/2596977.pdf – Acesso em 07/04/2016].

24. D'ABBEVILLE, C. *História da missão dos padres capuchinhos na Ilha do Maranhão e terras circunvizinhas...*

25. D'EVREUX, Y. *Continuação da história das coisas mais memoráveis do Maranhão nos anos de 1613 e 1614.* Brasília: Senado Federal, 2008.

Impulsionou-se a guerra pela subordinação da região de Flandres à Espanha e por repressões aos cristãos reformados liderados por João Calvino, movidas pelos católicos espanhóis, interessados na sucessão monárquica francesa e no controle dos territórios flamengos, principal centro comercial do leste europeu nos séculos XVI e XVII. A Antuérpia, principal entreposto comercial do açúcar, ficou sob o controle espanhol em 1585. Os flamengos transferiram o refino do açúcar para Amsterdã, que passou a disputar o comércio também com Hamburgo e Ruã, onde se estabeleceram agentes mercantis portugueses[26].

As transações do açúcar continuaram praticadas por mercadores de várias origens, facilitadas pelo relativamente pequeno volume de recursos financeiros que mobilizava, comparado ao que exigia o tráfico de escravos africanos e o comércio de especiarias asiáticas[27]. Portugal tinha no Brasil, uma das maiores produções de açúcar, controlada principalmente por judeus sefardistas dispersos após a expulsão da Espanha em 1492, e flamengos emigrados de Antuérpia, representados por correspondentes em Portugal e no Brasil, articulados numa internacional rede de comércio.

Holandeses e espanhóis retomaram as hostilidades em 1621. Depois de um acordo de paz em 1609, os flamengos mobilizavam grande montante de capital e criavam a West-Indische Compagne – WIC (Companhia das Índias Ocidentais), através da qual passaram a fustigar os domínios coloniais espanhóis. Esta pioneira companhia de comércio financiava empreendimentos portugueses, comprava o açúcar do Brasil e o revendia depois de refinado. Nas transações com a WIC, o Reino de Portugal acumulou vultosas dívidas, e ao se unir ao da Espanha, em guerra contra os Países Baixos, rompeu, automaticamente, os compromissos com os mercadores de Flandres. Ao se sentir prejudicada, a WIC reagiu e passou a recrutar mercenários em toda a Europa para ocupar as possessões portuguesas, na África, na Ásia e, principalmente no Brasil açucareiro. A crescente debilidade militar ibérica desencadeou uma corrida para os seus territórios coloniais, iniciada pelo incremento da pirataria, continuada pela guerra espano-neerlandesa que atravessou o Atlântico e se estendeu ao Brasil.

Uma esquadra holandesa de 26 embarcações, 450 peças de artilharia e 3.300 homens, comandada por Jacob Willekens, tomou o controle da Bahia em

---

26. NOVINSKI, A.; LEVY, D.; RIBEIRO, E. & GORENSTEIN, L. *Os judeus que construíram o Brasil*: fontes inéditas para uma nova visão da história..., p. 131. • HOLANDA, S.B. & PANTALEÃO, O. O domínio holandês na Bahia e no Nordeste. In: HOLANDA, S.B. (org.). *História geral da Civilização Brasileira*. 8. ed. Rio de Janeiro: Bertrand Brasil, vol. 1, liv. 4, cap. V, p. 235-253.

27. CONRAD, R.E. *Tumbeiros*: o tráfico escravista para o Brasil. São Paulo: Brasiliense, 1985. • VERGER, P. *Fluxo e refluxo do tráfico de escravos entre o golfo de Benin e a Bahia de Todos os Santos*. São Paulo: Corrupio, 1987. • KLEIN, H.S. *O tráfico de escravos no Atlântico*. Ribeirão Preto: Funpec, 2004.

24 de maio de 1624[28] e efetuou 14 prisões de autoridades civis, militares e eclesiásticas, enviadas para a Holanda. Depois de expulsa da Bahia, a WIC compensou os prejuízos resultantes desta e de outras derrotas sofridas pelas suas esquadras na África e nas Antilhas, através dos saques aos espanhóis e portugueses. Em peripécias nas Antilhas e nos litorais da África e do Brasil, corsários da WIC assaltavam embarcações, portos e engenhos.

Após a invasão da Bahia, em 1624 e 1625, os holandeses bloquearam Benguela e Luanda, em Angola. Em abril de 1626, agentes da WIC, sob o comando do capitão Thomas Sickes, capturaram embarcações com cargas de vinho, açúcar e escravos e afundaram outras; em 1627, o almirante Pieter Heyn perpetrou ataques a engenhos do recôncavo da baía de Todos os Santos, à frota da prata espanhola no ano seguinte e a navios mercantes portugueses ou a serviço de Portugal. Em Itapagipe, na baía de Todos os Santos, saqueou e queimou dois navios encalhados na praia. Ao ser informado por prisioneiros que haveria outras embarcações em uma angra na baía de Matoim, Cotegipe ou Aratu, que os holandeses denominaram de rio Pitanga, determinou o ataque, entretanto, sua esquadra encontrou os barcos esvaziados e abandonados pelas tripulações[29].

Depois de expulso da Bahia, o almirante Pieter Heyn estabeleceu contato com índios potiguaras na baía da Traição, Paraíba, revoltados contra a colonização portuguesa, que resultou em aliança muito útil aos neerlandeses. Tão logo se informou da presença holandesa no Brasil, o Conselho de Estado português expôs ao monarca Filipe III (IV da Espanha), a necessidade de imediatas providências para expulsá-los. Alertou-lhe de que o inimigo estabelecido na América causaria consideráveis prejuízos ao comércio e abalaria a reputação da monarquia ibérica. Apelou para o sentimento patriótico castelhano para ressaltar o significado daquela invasão para a imagem de um império forte e poderoso, construído nas conquistas e anexações de territórios, inclusive o de Portugal[30]. A tomada da sede do governo colonial do Brasil feriu os brios da nobreza ibérica. Expulsar o invasor tornou-se um imperativo de honra, que mobilizou uma poderosa esquadra luso-espanhola e reconquistou, depois de um ano de escaramuças e confrontos, o território ocupado pela WIC.

---

28. MELLO, E.C. (org.). *O Brasil holandês (1630-1654)*. São Paulo: Penguin Classics, 2010, p. 39 [seleção, introdução e notas de Evaldo Cabral de Mello].

29. PINHO, W. *História de um engenho no Recôncavo: Matoim, Novo Caboto, Freguesia*. [s.l.]: [s.e.], 1552-1944, p. 111-136.

30. BEHRENS, R.H. *A capital colonial e a presença holandesa de 1624-1625*. Salvador: Uifba, 2004 [Dissertação de mestrado].

No início do século XVII, holandeses residiam, negociavam e exerciam outras atividades em Pernambuco, de modo que uma esquadra da WIC composta de 67 embarcações, que transportavam 7.000 homens, comandada por Diederick van Waerdinburch, conquistou Recife e Olinda sem dificuldade, em 14 de fevereiro de 1630. Encontrou resistências nos engenhos açucareiros, tomados um a um, com o incessante reforço de tropas, e comando de militares experientes, como o alemão Sigemundt von Schkoppe e o polonês Crestofle Arciszewsky. Vencidas as forças defensoras comandadas por Matias de Albuquerque (1580-1647), estabeleceu-se um governo holandês em Pernambuco[31]. As forças invasoras receberam colaborações nativas, de índios em guerra contra os colonizadores portugueses no vale do Açu, particularmente os *tarairius*, de comerciantes locais e de desertores das forças defensoras do território como Domingos Fernandes Calabar, que foi julgado e executado como traidor e, principalmente, o jesuíta Manoel de Moraes, que se fez combatente contra os holandeses e, com alguns companheiros, passou a integrar as tropas flamengas. Foi julgado à revelia e condenado à morte pelo Tribunal da Inquisição. Adotou o calvinismo, foi servir à WIC na Holanda. Depois fez o caminho de volta. Contraiu um empréstimo holandês e regressou como empresário. Aderiu às tropas de João Fernandes Vieira que combatiam os holandeses na guerra de restauração de Pernambuco. Preso, foi enviado para Lisboa, submetido a novo julgamento, defendeu-se, cumpriu pena, depois de libertado, tentou em vão conquistar a confiança das autoridades e desapareceu[32].

Em janeiro de 1637, o conde Johan Mauritz van Nassau-Siegen (1604-1679), diretor da WIC, chegou a Recife para assumir o governo do Brasil holandês, no comando de uma esquadra de quatro embarcações e 350 homens. Em três meses de governo, dominou militarmente toda a capitania de Pernambuco e as que a ela se associavam, do Rio Grande do Norte ao curso rio São Francisco. Em carta ao príncipe regente da Holanda, descreveu o território que governava inclusive algumas particularidades como o transbordamento do rio São Francisco no verão. Relatou a aliança com uma tribo indígena, demonstrou a urgência de se povoarem aquelas possessões, apresentou suas diretrizes de governo e exprimiu seu entusiasmo pelas belezas naturais dos domínios da WIC no Brasil[33].

---

31. HOLANDA, S.B. & PANTALEÃO, O. O domínio holandês na Bahia e no Nordeste..., p. 235-253. • MELLO, E.C. *O Brasil holandês*..., p. 53.

32. VAINFAS, R. *Traição: um jesuíta a serviço do Brasil holandês processado pela Inquisição*. São Paulo: Companhia das Letras, 2008.

33. REVIGLIO, L. Franz Post: o primeiro paisagista do Brasil. *Revista do IEB*, 13, [s.d.], p. 7-34. São Paulo [Disponível em www.ieb.br/publicacoes/doc/rieb13/1349115374.pdf – Acesso em 15/02/2016].

Nassau conquistou a simpatia da população pela atenção que dedicava aos que o procuravam e à imediata solução de problemas que se lhe apresentavam. Tomou medidas de interesse social e, principalmente, da conveniência de pequenos comerciantes: proibiu juros superiores a 18% ao ano; encampou através da WIC, dívidas de senhores de engenho e lavradores vítimas de agiotas; promoveu incentivos à agricultura, inclusive em formas de financiamento; reprimiu o elevado custo de serviços, subornos cobrados por funcionários do judiciário; instituiu a tolerância religiosa entre calvinistas e católicos, embora os judeus que tinham seus rituais combatidos por católicos e protestantes tivessem que recorrer, em 1645, aos Estados Gerais na Holanda para solicitarem a liberdade de culto.

Na relação com os portugueses e seus descendentes no Brasil, Nassau recomendou aos colonizadores da WIC compreensão e tolerância. Entendeu que os lusitanos valorizavam mais a cortesia que os bens[34]. O recrutamento de mercenários em toda a Europa pela WIC e a relativa liberdade religiosa e comercial adotada como políticas governamentais deram a Recife, em meados do século XVII, com uma população de 6.000 pessoas, uma feição cosmopolita, onde se conviviam gentes de todas as Províncias Unidas dos Países Baixos, portugueses, franceses, ingleses, escoceses, poloneses, a se miscigenarem entre si e com indígenas, negras, mamelucas, cafuzas, mulatas, num amplo caldeamento étnico.

A restauração do Reino de Portugal, em 1640, instigou os ânimos luso-brasileiros a reagirem contra o domínio holandês. No ano seguinte Francisco Berenguer de Andrade, Bernardim de Carvalho, Antônio Cavalcanti e João Fernandes Vieira, em carta, felicitaram a d. João IV pela ascensão ao trono e manifestaram a esperança de que ele não se esquecesse de Pernambuco. O sentimento luso-nativista ganhou grandes proporções, depois que os holandeses ocuparam o Maranhão, Angola e São Tomé e aprisionaram, em 1643, um barco português após a assinatura do tratado de paz. Índios levantaram-se no Ceará contra os flamengos e Nassau regressou para a Holanda, em 1644. Com relacionamentos políticos e sociais favoráveis, André Vidal de Negreiros, instigado pelo governador-geral do Brasil, iniciou as articulações para um levante contra o domínio holandês. Descobertos os conchavos, os participantes decidiram antecipar a ofensiva e entraram em ação a 13 de junho de 1645. Enquanto se armavam, evitaram os confrontos. No primeiro deles, em agosto, tropas neerlandesas foram obrigadas a recuar. Forças enviadas da Bahia para auxiliarem os holandeses

---

34. HOLANDA, S.B. & PANTALEÃO, O. O domínio holandês na Bahia e no Nordeste..., p. 235-253.

a debelarem uma revolta de moradores, aderiram o levante e ocuparam o sul do território sob o controle dos flamengos, em agosto de 1645. As lutas entraram num impasse, em que os combatentes da WIC dominavam o mar e os atacantes sitiavam Recife por terra.

Em Pernambuco a situação parecia favorável aos flamengos. Nos Países Baixos a WIC acumulou dívidas e não conseguia pagar dividendos aos acionistas, que deixaram de investir na companhia. Os Estados Gerais das Províncias Unidas decidiram socorrer a empresa. Em 1648 enviaram a Pernambuco 5.000 combatentes, comandados por Sigemundt von Schkoppe, que partiu de Recife para o sul. Os luso-brasileiros, comandados por Francisco Barreto interromperam a marcha flamenga nos outeiros dos Guararapes, com 2.200 homens. Na primeira batalha dos Guararapes, em 18 e 19 de abril de 1648, consolidou-se a resistência luso-brasileira e na segunda, em 19 de fevereiro de 1649, resultou em desastre desmoralizante para os holandeses, que perderam mais de 1.000 combatentes, inclusive o comandante Johan van den Brincken. Em 1652, a Holanda entrou em guerra contra a Inglaterra. D. João IV se aproveitou da divisão de esforços dos flamengos e enviou uma esquadra que fechou o cerco a Recife, também por mar. Os holandeses capitularam em 26 de janeiro de 1654, e Pernambuco reincorporou-se aos domínios portugueses[35].

O ataque dos holandeses e seus aliados ao império colonial português resultou do fato de a União Ibérica associar a monarquia portuguesa à espanhola, esta que se encontrava em guerra contra os Países Baixos desde 1568. A decisão flamenga de atacar as possessões coloniais que forneciam os recursos econômicos aos seus inimigos, em vez de lutar em Flandres, na Itália ou em Portugal, componentes mais fracos da União Ibérica, acarretou-lhe mais ônus e danos que aos espanhóis e portugueses[36]. O período de investidas da WIC contra a União Ibérica e de domínio holandês no Brasil constitui um dos mais abordados pela historiografia brasileira[37]. O governo Nassau (1637-1644), narrado por cronistas do seu tempo[38], recebeu tratamento historiográfico posterior de diversas

---

35. Ibid.

36. BOXER, C.R. *O império marítimo português, 1415-1825...*, p. 115-135.

37. RODRIGUES, J.H. *Historiografia e bibliografia do domínio holandês no Brasil*. 2. ed. Rio de Janeiro: INL, 1969 [1. ed., 1949]. • MELLO, J.A.G. *Fontes para a história do Brasil holandês*. Recife: Parque Histórico Nacional dos Guararapes, 1981.

38. CALADO, M. [1584-1654]. *O Valeroso Lucideno e triunfo da liberdade*. 2 vol. 5. ed. Recife: Cepe, 2004. [1. ed., 1648]. • BARLÉU, G. [1660-1738]. *O Brasil holandês sob o conde João Maurício de Nassau...* Brasília: Senado Federal, 2005 [1. ed., 1647]. • PITA, S.R. [1660-1738]. *História da América Portuguesa*. Belo Horizonte/São Paulo: Itatiaia/USP, 1976 [1. ed., 1730].

orientações teóricas e metodológicas, inclusive de descendentes de holandeses e de sefardistas[39].

No contexto de guerras europeias e coloniais, a Inglaterra usou uma vultosa dívida reconhecida por Portugal no tratado 1654, para exercer pressões e obter vantagens financeiras dos lusitanos. Do mesmo modo, Portugal prendia-se à WIC, através de uma dívida originária da indenização pactuada com os holandeses para desistirem do Brasil. Após a restauração do seu reino, em 1640, Portugal assinou uma trégua de 10 anos com a Holanda, no ano seguinte, através da qual os portugueses se obrigaram a não reaverem as suas colônias conquistadas pelos flamengos, e estes se comprometeram a não hostilizarem os portugueses, e ambos se auxiliariam mutuamente contra a Espanha. Com a libertação do Brasil e de Angola, e devido a um artigo secreto do tratado assinado entre Inglaterra e Portugal em 1661, através do qual o reino Britânico comprometeu-se a defender todas as conquistas portuguesas e a mediar uma paz vantajosa entre o Reino de Portugal e os Estrados Gerais das Províncias Unidas e todas as companhias ou sociedades de mercadores deles dependentes, Portugal firmou com a Holanda o tratado de Haia, de 6 de agosto do mesmo ano. Por este tratado os portugueses obrigaram-se a indenizar a Holanda em 4.000.000 de cruzados a serem pagos em 16 anos, através de cotas anuais de 250.000 cruzados em dinheiro, ou em açúcar, sal e tabaco. A dívida não foi paga e, em 1698, a Holanda reclamava o pagamento de 2.500.000 libras esterlinas, com a inclusão dos juros. No ano seguinte a questão permanecia pendente e os holandeses renovaram as cobranças, porém, após a intervenção simultânea dos embaixadores holandeses e ingleses, silenciou-se sobre as negociações, em concomitância com o advento da produção de ouro no Brasil[40].

5.5 Resistências indígenas à colonização (1650-1720)

A visão romântica dos inocentes habitantes do Brasil expressa na carta de Pero Vaz de Caminha ao rei d. Manoel transformou-se, paulatinamente, na ideia de indígenas arredios ao cristianismo, e na proporção em que a colonização

---

39. MELLO, J.A.G. *Tempos flamengos*: influência da ocupação holandesa na vida e na cultura do Norte do Brasil. Recife: José Olympio, 1947. • MELLO, E.C. *Olinda restaurada*: guerra e açúcar no Nordeste, 1630-1654. 2. ed. Rio de Janeiro: Topbooks, 1998 [1. ed., 1975]. • MELLO, E.C. *O negócio do Brasil: Portugal, os Países Baixos e o Nordeste, 1641-1669*. 3. ed. rev. Rio de Janeiro: Topbooks, 2003 [1. ed., 1998]. • MELLO, E.C. *Nassau: governador do Brasil holandês*. São Paulo: Companhia das Letras, 2006. • MELLO, E.C. *O Brasil holandês (1630-1654)*... • VIEIRA, H.C.; GALVÃO, N.N.P. & SILVA, L.D. *Brasil holandês: história, memória e patrimônio compartilhado*. São Paulo: Palmela, 2012.

40. PINTO, V.N. *O ouro brasileiro e o comércio anglo-português*: uma contribuição aos estudos da economia atlântica no século XVIII. São Paulo: Nacional, 1979, p. 16-24.

avançava e a disputa por territórios se acirrava, difundiram-se as noções de monstruosidade e selvageria do índio e a imagem de um mundo de bestialidades e canibalismo[41]. Numa perspectiva geral, a ação colonizadora dos séculos XVI ao XVIII, implicou na formação de grupos de indivíduos militarmente organizados com o objetivo de viabilizarem empreendimentos econômicos vantajosos, através do livre acesso à terra e à força de trabalho indígena. A assimilação cultural de populações dominadas exigia projetos de incorporação das comunidades nativas e a intervenção dos colonizadores em suas atividades, para desorganizarem as sociedades autóctones e estabelecerem um novo modelo de organização social. O conjunto de iniciativas necessitaria de um poder tutelar, que restabelecesse as relações de mando historicamente construídas a partir da superação do inicial estado de guerra de conquista, implantasse a dominação e o efetivo empreendimento colonizador, que mais facilmente viabilizassem relações pacíficas[42].

Ao se estabelecerem as capitanias hereditárias, ocorreram frequentes conflitos de colonizadores e povos nativos, que induziram o governo metropolitano a centralizar o modelo político-administrativo e instituir o sistema de Governo Geral. Frei Vicente do Salvador[43], embora registrasse iniciativas de baianos e paulistas na procura de minerais, ressaltou que no sertão se encontrariam minerais em abundâncias, inexplorados devido à negligência dos colonizadores, dedicados à escravização de índios no litoral. A partir de meados do século XVII, em concomitância com o fim da União Ibérica (1580-1640) e com o reinado de d. João IV (1640-1656), intensificou-se a expansão colonizadora no Brasil. Aventureiros baianos e paulistas palmilharam os sertões e, na transição para o século XVIII, iniciaram a intensiva extração mineral, que estimulou um êxodo em Portugal e escassez de força de trabalho no litoral açucareiro da colônia e ocupou economicamente, em pouco tempo, os interiores, onde já havia fazendas pecuaristas dispersas, intercaladas de amplas áreas ermas.

Um dos primeiros conflitos armados na Bahia, entre colonizadores e povos indígenas ocorreu contra os guerens, aimorés ou botocudos, no século XVI, na capitania de Ilhéus, em consequência do aprisionamento de alguns índios para substituição da quase desaparecida força de trabalho tupiniquim. Depois de uma revolta em 1550, contra a escravização, ao se iniciarem as atividades açucareiras e após epidemias de varíola e sarampo em 1562-1563, os índios teriam

---

41. MARTÍN, G. O litoral – Os povos do litoral Nordeste na pré-história. *Clio Arqueológica*, XXI, 2, 2006, p. 204-216. Recife.
42. PARAÍSO, M.H.B. *O tempo da dor e do trabalho...*, p. 32-33.
43. OLIVEIRA, M.L. *A história do Brasil de Frei Vicente do Salvador*: história e política no império português do século XVII. 2 vol. Rio de Janeiro/São Paulo: Versal/Odebrecht, 2008.

fugido para o sertão. Seguiu-se um período de escassez de alimentos, em consequência da falta de força de trabalho para a lavoura. Na capitania de Porto Seguro os conflitos resultados de expedições ao interior, na região e na vizinha capitania do Espírito Santo, que também aprisionaram indígenas, foram seguidos de outros empreendimentos armados, que iniciaram a conquista do sertão[44].

Múltiplos interesses envolveram a utilização dos índios como força de trabalho e as áreas que eles ocupavam como vetores de expansão das atividades econômicas, de modo que se formou e se fixou sobre eles o conceito de bárbaros inimigos a serem combatidos e eliminados os que resistissem. Elaborou-se a ideia de uma guerra geral contra os colonizadores, organizada com interesses econômicos, objetivos militares definidos e estratégia consciente, que os índios não dispunham, para atender às conveniências da colonização. As sublevações de grupos indígenas contra o avanço da ocupação dos sertões, imediatamente após a expulsão dos holandeses da WIC (1654), foram respondidas pela guerra de extermínio de combatentes e de escravização de suas famílias. A expansão territorial contou com o decisivo apoio missionário para transformar o índio em um ser culturalmente assimilável na interiorização da pecuária, e em algumas regiões, da mineração que ampliou a demanda por força de trabalho.

No universo do falso etnônimo *tapuia*, aglutinaram-se numerosas etnias e ampla diversidade linguística e cultural, do tronco *macro-jê*, que incluíam *kamakã, maxakali, botocudo, pataxó, puri, kariri, ofaié e jekó*, de origens comuns, embora separadas há alguns milênios. Denominaram-se genericamente os conflitos entre povos nativos e agentes da colonização portuguesa de Guerra do Recôncavo, numa referência à região da Bahia onde aconteceram os primeiros confrontos armados; Guerra do Açu, em alusão à zona do Rio Grande do Norte, onde ocorreram os principais conflitos; e "Confederação dos Cariris", para ressaltarem um dos grupos indígenas mais aguerridos, embora fosse discutível a ideia de "confederação", por não existir um plano comum de combate e defesa, nem um comando centralizado, mas alianças eventuais entre tribos, sobretudo, cariri e Tarairú[45].

Cronistas coloniais registraram os conflitos como Guerra dos Bárbaros, por reproduzirem o conceito assimilado dos povos *tupi*, que denominavam de

---

44. PARAÍSO, M.H.B. Os Botocudos e sua trajetória histórica. In: CUNHA, M.C. *História dos índios no Brasil*. São Paulo: Companhia da Letras/Secretaria Municipal de Cultura/Fapesp, 1992, p. 413-420.

45. SANTOS, L.M. *Resistência indígena e escrava em Camamu no século XVII*. Salvador: Ufba, 2004, p. 39-41 [Dissertação de mestrado]. • PUNTONI, P. *A Guerra dos Bárbaros*: povos indígenas e a colonização do Sertão Nordeste do Brasil, 1650-1720. São Paulo: USP/Fapesp/Hucitec, 2002, p. 77-87.

tapuia a sua alteridade bárbara. Como designação de grupo indígena, o termo tapuia se constituía uma manifestação etnocêntrica para se tentar, através da bipolaridade *tupi* e *tapuia*, homogeneizar e generalizar a diversidade de etnômios indígenas. Apesar da extraordinária persistência guerreira dos índios, a sua organização social revelou-se incapaz de articulações em larga escala e os deixou vulneráveis com um arsenal bélico primitivo. Faltou-lhes uma coordenação de esforços e de tenacidade em combate para estabelecerem uma unidade de comando em todo o território disputado, de modo que ficou fácil para os agentes da colonização, bem organizados e apoiados pelos poderes políticos e eclesiásticos da colônia e da metrópole, desorganizarem todo o sistema defensivo indígena. Partiram-se do sucesso dos missionários, principalmente, jesuítas, nos primeiros aldeamentos, que tiraram proveito da proeminência do poder religioso do pajé sobre a coordenação política do cacique e a astuta exploração militar dos conflitos interétnicos. Além de colocarem a força de trabalho do índio à disposição dos colonizadores, construíram exércitos de guerreiros indígenas. Em consequência de acordos com a Santa Sé, através do sistema de padroado, os missionários atuaram como agentes profissionais da colonização[46].

Os conflitos iniciaram-se na Bahia, quando o governador-geral, Fernando de Mascarenhas (1630-1640) nomeou Afonso Rodrigues Adorno (de pai homônimo) para o posto de capitão de uma expedição contra os maracás da serra do Orobó, que morreu em combate. O seu irmão Gaspar Rodrigues Adorno substituiu-lhe, em 1840, no comando dos ataques aos gentios. O governador Antônio da Silva Teles (1642-1647) declarou guerra aos maracás e seus aliados, e submeteu os prisioneiros à escravidão. À declaração de guerra seguiram-se expedições contra povos indígenas. As "jornadas do sertão" (1651-1656) iniciaram-se em maio de 1651, quando indígenas atacaram freguesias ao sul do Recôncavo e de Ilhéus.

O governador-geral João Rodrigues de Vasconcelos e Souza (1650-1654) organizou uma expedição punitiva, comandada por Diogo de Oliveira Serpa, cujos resultados se conhecem. Em setembro desse mesmo ano, o governador-geral nomeou Gaspar Rodrigues Adorno capitão-mor de toda a gente que mandava ao sertão. O novo governador-geral, Jerônimo de Ataíde (1654-1657), preparava-se para enviar reforços a Adorno, quando a expulsão dos holandeses de Pernambuco o fez temer ataques flamengos à Bahia. Resolveu chamá-lo de volta. Indígenas insistiam em fustigar engenhos dos vales do Paraguaçu e do Jaguaripe. Organizou-se em 1656, outra expedição, sob o comando de Tomé Dias Lassos,

---

46. DIAS, C.A. O indígena e o invasor...

para reprimir os índios rebeldes, que conseguiu apaziguar apenas quatro aldeias. Fracassaram Serpa, Adorno e Lassos, enquanto os índios atacavam engenhos e povoações litorâneas.

Em 1657, o mestre-de-campo-general Francisco Barreto de Menezes, veterano da guerra contra os holandeses e do combate aos índios em Pernambuco e capitanias vizinhas assumiu o governo-geral do Brasil (1657-1663) e ao chegar à Bahia, encontrou os índios do Paraguaçu rebelados, em frequentes ataques às freguesias de Cachoeira e Jaguaripe. Imediatamente nomeou o sargento-mor Antônio Dias Cardoso para combatê-los, com instruções de degolar os homens e escravizar mulheres e crianças. Estava iniciada a Guerra do Orobó (1657-1659), nos vales dos rios Paraguaçu e Jacuípe. Também se designou o mestre-de-campo-general Pedro Gomes, veterano das lutas contra os holandeses durante a ocupação de Pernambuco, em 1654, para apoiar o capitão Gaspar Rodrigues Adorno.

A expedição de Gomes não logrou êxito. Perdeu muitos homens e vários soldados regressaram doentes, e com apenas um índio prisioneiro. No ano seguinte, enviaram-se quatro companhias de infantaria ao sertão, sob o comando do capitão Bartolomeu Aires, que deveriam castigar prisioneiros até localizar o esconderijo de mulheres e crianças que seriam escravizadas. Em um ano, abriu-se 40 léguas de estrada, ao longo da qual se estabeleceriam aldeias para os índios aliados e roças de mandioca e mantimentos para o abastecimento de tropas. Paralelamente, Barreto de Menezes estabeleceu contatos com São Paulo, na tentativa de contratar homens experientes em combates nos sertões. Seriam recompensados com a legalidade do cativeiro dos índios capturados naquela "guerra justa", declarada pela Junta de Governo. A câmara de São Paulo deliberou pelo envio de Domingos Barbosa Calheiros e Bernardo Sanches Aguiar, com os homens que pudessem reunir. Em maio de 1658 a expedição deixou o porto de Santos, chegou à Bahia em outubro e marchou para Jacobina. Deveria encontrar os *paiaiás* para conseguir aliados, a fim de atacar os *maracaçus* e os *topins*, que fustigavam Jaguaribe e Maragogipe, porém, fracassou. Traída por um guia, a primeira expedição paulista foi levada para desfiladeiros intransponíveis e atacada. Depois da traição dos paiaiás, Barreto de Menezes declarou todos os índios inimigos, passíveis de castigo cruel e de extermínio. Em setembro de 1663 Gaspar Rodrigues Adorno levou 11 principais (caciques) de tribos amigas de Jacobina a Salvador numa tentativa de aproximarem as relações entre colonizadores e a populações nativas. Ao assumir o governo do Brasil, Vasco Mascarenhas (1663-1667) ordenou que Adorno transferisse todas as aldeias de Jacobina para formarem um cinturão de defesa do Recôncavo da baía de Todos os Santos[47].

---

47. PUNTONI, P. *A Guerra dos Bárbaros...*, p. 97-107.

Os *paiaiás*, do mesmo modo que os *maracás* integravam o grupo *kariri*, vinculado ao tronco *macro-jê*, com os *sapoiás*, *tocós*, *moritizes*, *sacaquerienhens*, *cacheaiens*, *caimbés*, *pancararus*, *ocrens*, *oris*, *tamaquins*, *araquenas* e *anaiós*, que no século XVII viviam no sertão central da Bahia. A etnia *paiaiá* dominava o sertão sul do rio São Francisco. Os colonizadores conduziram alguns grupos para formarem um cinturão de defesa do Recôncavo contra ataques dos *aimorés* ou *botocudos*[48]. Pouco tempo depois, os índios rebelaram-se no Recôncavo e começaram a Guerra de Aporá (1669-1673). Após os ataques a Ilhéus, Cairu, Jequiriçá, Jaguaripe, Itapororocas, em 1669, o governador-geral, Alexandre de Souza Freire (1667-1671) considerou inócua qualquer solução pacífica e mandou fustigar todas as aldeias inimigas, degolar os índios que resistissem e escravizar os que se rendessem. Para este fim, declarou a "guerra justa", nos termos de uma lei de 1611. Para a ofensiva geral contra os indígenas, recorreu-se aos paulistas, Brás Rodrigues Arzão e Estevão Ribeiro Baião Parente, que aceitaram a empresa com algumas condições: a campanha seria "franca", ou impiedosa; os prisioneiros seriam seus; capitães, cabos e soldados receberiam o mesmo soldo dos militares e como tais seriam armados e assistidos; receberiam também embarcações e carroças para a condução de alimentos e de prisioneiros; e os seus feitos seriam comunicados ao rei de Portugal, para que recebessem mercês. Composta pelos cabos de guerra Braz Rodrigues de Arzão, Antônio Soares Ferreira, Gaspar Luba, Gaspar Velho, Francisco Mendes, Feliciano Cardoso, Manoel Gonçalves Freitas, João Viegas Xorte, João Amaro Maciel Parente, Vasco da Mota e Manoel de Inojosa, a tropa formou-se com 413 soldados brancos e índios, além de uma companhia de praças e 70 índios apresentado por Antônio Guedes de Brito[49].

Em agosto de 1671 as tropas partiram para os campos de Aporá e encontraram as aldeias abandonadas. Depois de muito vagarem pelo sertão, famintos e exaustos, os paulistas retornaram com apenas sete prisioneiros. Em maio de 1772 partiram novamente para o sertão. Em Utinga, os *topins* reagiram. Os combates sucederam-se e as perseguições estenderam-se até o rio São Francisco. Depois de algumas prisões de índios e negociações com algumas tribos, as aldeias *topins* de Utinga renderam-se. Capturaram tantos índios que tiveram dificuldade para alimentá-los. Os paulistas desbarataram completamente as aldeias indígenas e regressaram com 1.500 prisioneiros, dos quais apenas a metade chegou a Salvador. Cerca de 750 índios morreram de uma suposta peste. O sargento-mor Antô-

---

48. SANTOS, S.N.A. *Conquista e resistência dos Payayá no sertão das Jacobinas*: Tapuias, Tupi, colonos e missionários (1651-1706). Salvador: Ufba, 2011, p. 34-40 [Dissertação de mestrado].

49. SCHWARTZ, S.B. & PÉCORA, A. (orgs.). *As excelências do governador*: o panegírico fúnebre de d. Afonso Furtado, de Juan Lopes Sierra (Bahia, 1676). São Paulo: Companhia das Letras, 2002, p. 102-104.

nio Soares Ferreira vendeu alguns prisioneiros na Bahia e o restante levou para São Vicente, enquanto os outros paulistas continuaram a campanha. Queriam mais índios para a escravização e partiram para a conquista do território das 14 aldeias *maracás*, das quais Baião Parente conquistou três e entrou em Salvador, em setembro de 1673 com 1.074 prisioneiros.

Como recompensa, o Conselho Ultramarino concedeu várias mercês aos chefes dos paulistas. Baião Parente recebeu o hábito da Ordem de Cristo e a promessa de comenda de 200$000 réis, 50$000 réis até que fundasse a vila que pretendia e 100$000 quando empossasse o seu capitão-mor; Brás Rodrigues Arzão recebeu o hábito da Ordem de Cristo e 70$000 réis; o sargento-mor Antônio Soares Ferreira, o hábito da Ordem de Cristo e 60$000 réis; e assim, compensou-se toda a hierarquia. Apenas Baião Parente permaneceu na Bahia para fundar a vila de Santo Antônio da Conquista, em uma antiga aldeia dos *cochós*. Manuel de Inojosa, promovido a seu capitão-mor, mudou a povoação, em 1675, para o lugar que julgou mais conveniente[50].

O senhorio da Vila de Santo Antônio da Conquista ficou para João Amaro Maciel Parente, filho de Baião Parente. Associado ao senhorio, recebeu uma sesmaria de seis léguas, denominada Andaraí de Baixo ou Araçás, às margens do rio Paraguaçu. Estas terras, o capitão João Amaro Maciel Parente e sua mulher Antônia Maria de Camargo venderam ao coronel Manoel de Araújo de Aragão, em 1707, cuja viúva Ana Barbosa de Brito, a transferiu, em 1758, para Manoel Pinto Cardoso, por 500.000 réis, cujos limites partiam dos Araçás, onde se dividia com Tamanduá, do outro lado da vila de João Amaro, pelo rio acima, até a volta da serra Grande, onde divisava com Caatinga Grande. Media seis léguas de fundo. Albano Pinto Cardoso vendeu esta sesmaria que herdou do pai Manoel Pinto Cardoso e as benfeitorias que comprou do rendeiro, padre Manoel Pereira Pimentel, para o capitão Francisco José da Rocha Medrado, por 600.000 réis, em 1809. Anna Francisca de Morais Rocha, viúva de Rocha Medrado, declarou as titularidades destas terras, juntamente com seus filhos, no Registro de Terras da Freguesia de Santa Isabel do Paraguaçu, em 1857[51]. As ruínas do arraial de Santo Antônio da Conquista encontram-se no distrito de João Amaro, município de Iaçu.

As Guerras do São Francisco (1674-1679) iniciaram-se quando índios *anaiós* e seus vizinhos da foz do rio Salitre, no São Francisco, rebelaram-se, no início de 1674, e os temerosos fazendeiros abandonaram suas terras. Francisco

---

50. FRANCO, F.A.C. *Dicionário de Bandeirantes e Sertanistas do Brasil*: séculos XVI, XVII, XVIII. Belo Horizonte/São Paulo: Itatiaia/Edusp, 1989, p. 280-281. • PUNTONI, P. A Guerra dos Bárbaros..., p. 97-107.

51. APB. Colonial e Provincial. Livro n. 4.792, Reg. 2, p. 2 v – 4. Registro das Terras da Freguesia de Santa Isabel do Paraguaçu, 08/02/1857.

Dias d'Ávila, da casa da Torre de Tatuapara[52] ofereceu-se para combatê-los às suas custas, para que os paulistas não tumultuassem as aldeias amigas. O primeiro combate ocorreu na confluência do Salitre com o São Francisco. Dias d'Ávila comandou duas companhias de infantaria, capitaneadas por Domingos Rodrigues Carvalho e Domingos Afonso [Mafrense] Sertão. Em agosto de 1674, Rodrigues Carvalho derrotou os *anaiós* e em janeiro de 1675, outra tribo, denominada de *galacho*. Todos foram compensados com patentes e outras vantagens[53].

Em junho de 1676, Francisco Dias d'Ávila entrou novamente em conflito com os *anaiós* da foz do Salitre, que matavam o seu gado e as pessoas que encontrassem. Embora alguns indígenas *gurgueias* possuíssem armas de fogo, foram derrotados pela superioridade bélica dos colonizadores. Os remanescentes atravessaram o São Francisco. Extenuados, famintos e quase desarmados, renderam-se cinco dias depois, sob a condição de que lhes poupassem a vida, contudo, eliminaram cerca de 500 guerreiros e escravizaram mulheres e crianças[54]. Alguns meses depois, os *cariris* de Canabrava, aldeia do lado pernambucano, aliados dos colonizadores, foram atacados por indivíduos interessados em escravos. A interferência de missionários convenceu o governador da inocência daqueles cativos, que determinou a devolução deles às suas aldeias na companhia do missionário[55].

Desenvolveu-se a Guerra do Açu, no Rio Grande do Norte, inicialmente em pequenos e isolados levantes, entre 1655 e 1687, e na sequência, em levante geral, de 1687 a 1697. Os colonizadores confrontaram alguns povos de culturas, jê, *tarairiu* e *cariri* e grupos isolados, como o *gurgueia*, que lutaram tanto em apoio aos holandeses em Pernambuco quanto do lado dos portugueses. Posicionavam-se conforme as suas estratégias de sobrevivência em cada ocasião[56].

Após a expulsão dos holandeses, vários grupos indígenas que lhes apoiaram fugiram para os sertões, muitos deles para o interior do Ceará, outros permaneceram onde viviam. Em 1659, o Conselho Ultramarino sugeriu o repovoamento de Pernambuco, Itamaracá, e Rio Grande do Norte, a reposição dos índios refugiados no Ceará em seus territórios, e o perdão pelo apoio deles aos holandeses, para

---

52. Trata-se da casa edificada por Garcia d'Ávila, na qual se instituíra um morgado, com terras em Pernambuco. Não a confundir com a nobiliárquica Casa da Torre de Portugal.

53. PUNTONI, P. A Guerra dos Bárbaros..., p. 116-117.

54. NANTES, M. *Relação de uma missão no São Francisco*. São Paulo: Nacional, 1979, p. 53. • BANDEIRA, L.A.M. *O feudo*: a Casa da Torre de Garcia d'Ávila, da conquista dos sertões à independência do Brasil. Rio de Janeiro: Civilização Brasileira, 2000, p. 175.

55. NANTES, M. *Relação de uma missão no São Francisco*, p. 56.

56. DIAS, L.G.V. A Guerra dos Bárbaros... • PIRES, M.I.C. *Resistência indígena nos sertões nordestinos no pós-conquista territorial*: legislação, conflito e negociação nas vilas pombalinas, 1774-1823. Recife: Ufpe, 2004, p. 63 [Tese de doutorado].

que fossem doutrinados e disponibilizassem a sua força de trabalho. Preocupação com a possibilidade de um levante indígena em consequência do aprisionamento de dois filhos de um principal *janduí* e o envio para Portugal de quatro índios pelo capitão-mor da Paraíba, João Fernandes Vieira, dos quais um morreu em Lisboa e outro se encontrava na ilha Terceira, território português no Atlântico norte, outro teria fugido a nado do navio e retornado à Paraíba, e o último, o janduí Antônio Mendes, recorria na petição que deu origem à consulta ao Conselho Ultramarino, ao rei, para que o enviasse de volta ao Brasil e que promovesse o retorno do seu povo às suas áreas tradicionais. Diversos povos habitavam o vale do Açu, entre os quais, o grupo *janduí*, mais populoso. Através da distribuição de terras pelo regime de sesmarias promoveu-se a expansão da pecuária pelos territórios indígenas. Requeriam-se sesmarias sob a justificativa de serem terras devolutas e desaproveitadas. Em 1676, sete requerentes de glebas de cinco por seis léguas de terras, cada um, no vale do Açu, alegaram que estavam em poder dos "gentios brabos", que não seriam súditos do rei de Portugal e eles, com os seus rebanhos, renderiam tributos para a fazenda real. Na interiorização da pecuária as tribos tarairiu (*janduí, ariu, pega, canindé, jenipapo, paiacu, panati, caratiu, e corema*), que tradicionalmente habitavam o Rio Grande do Norte, de algum modo, já estavam em contato com os colonizadores[57].

Na década de 1660, os *janduís* intensificaram as hostilidades que se estenderam para o Ceará. No Piauí os *paiacus* causavam danos à pecuária. No Rio Grande do Norte praticavam-se assaltos e aprisionavam-se índios *jaguaribaras*, aliados dos colonizadores. Na tentativa de resgatar índios coligados capturados, o capitão-mor do Ceará entrou em sangrento conflito com os atacantes. Por volta de 1672, mataram-se mais de 300 índios e fizeram muitos prisioneiros. As tensões e confrontos esporádicos continuaram, até fevereiro de 1687, quando um filho de um dos principais chefes de tribos foi morto. Os índios reagiram e 46 vaqueiros foram assassinados. Dias depois, os vereadores de Natal pediriam socorro ao capitão-mor da Paraíba e ao governador de Pernambuco. Alegaram que os índios teriam matado cerca de 60 pessoas. No final de 1687 a rebelião dos *janduís* ampliou-se com matanças indiscriminadas de gado[58]. Ao ser procurado, o governador-geral, Matias da Cunha (1687-1688) designou Antônio de Albuquerque Câmara para o comando de duas companhias numa ofensiva contra os

---

57. LOPES, F.M. *Índios, colonos e missionários na colonização do Rio Grande do Norte*. Natal: IGH/RN., 2004, p. 263-293 [Ed. esp. para o Acervo Virtual Oswaldo Lamartine de Faria] [Disponível em http://www.colecaomossoroense.org.br;file:///C:/Users/PC/Searches/Downloads/Estudos/Índios/LOPES,%20F,%20M.%20Indios-Colonos-e-Missionarios.pdf – Acesso em 10/02/2016].

58. Ibid., p. 287-324. • PUNTONI, P. A Guerra dos Bárbaros..., p. 123-133.

índios rebelados do vale do Açu, cuja expedição sofreu fragorosa derrota, inclusive perdeu armas para os indígenas.

Para impedir a debandada da população apavorada, em janeiro de 1688 o capitão-mor do Rio Grande do Norte declarou traidores todos os que saíssem das suas jurisdições e como tal, seriam presos e teriam os bens confiscados. Ao saber que Domingos Jorge Velho organizava uma expedição em São Paulo para atacar o quilombo de Palmares, o governador geral recomendou-lhe adiar a ofensiva contra os negros para fazer a "guerra justa", declarada pelo Conselho de Estado, contra os indígenas do Açu. Determinou que se degolassem os combatentes e se escravizassem os demais. A mobilização de guerra envolveu até o arcebispo da Bahia que apresentou proposta de estratégias de combate aos mestres de campo[59]. Não se sabe onde as aprendera.

A historiografia apresenta diferentes e divergentes avaliações sobre as "guerras dos bárbaros". Seriam batalhas de extermínios indígenas para se desocuparem territórios, numa limpeza étnica, e possibilitar a expansão da pecuária pelo sertão, nas quais a resistência indígena fora inútil[60]; ou combates pela conquista territorial em permanentes rearticulações político-econômicas, de avanços e recuos sobre o território disputado, em consequência das decisivas resistências indígenas[61]. Os movimentos independentes de resistência indígena à expansão colonizadora apresentavam uma série de particularidades relativas aos períodos e às regiões de ocorrência. A dimensão regionalizada dos embates, evidenciada pela historiografia de final do século XX, resultou, em larga medida, de estudos antropológicos, arqueológicos e linguísticos que pretenderam identificar e localizar os principais grupos indígenas originários do território brasileiro em diferentes momentos do seu passado, que desfizeram o mito da homogeneidade dos povos do sertão[62].

A conquista dos territórios indígenas ocorreu de forma multidirecional e em sentidos aleatórios, definidos pelos diferentes grupos envolvidos na apropriação das terras. A descontinuidade da conquista territorial manteve os núcleos pioneiros em constante pressão das áreas vizinhas, sob o controle do gentio que resistia aos avanços dos conquistadores, além das adversidades, das intempéries e dos infortúnios

---

59. LOPES, F.M. *Índios, colonos e missionários...*, p. 287-310. • PUNTONI, P. *A Guerra dos Bárbaros...*, p. 133-145. • SIERING, F.C. *Conquista e dominação dos povos indígenas*: resistência nos sertões dos maracás, 1650-1701. Salvador: Ufba, 2008, p. 52-83 [Dissertação de mestrado].

60. PUNTONI, P. *A Guerra dos Bárbaros...*, p. 34-47.

61. POMPA, C. *Religião como tradução...*, p. 217-218. • SANTOS, M.R.A. *Rios e fronteiras*: conquista e ocupação do Sertão Baiano. São Paulo: Edusp, 2017, 63-95.

62. SANTOS, L.M. *Resistência indígena e escrava em Camamu...*, p. 67.

do meio. Em consequência, ocorreu um processo de formação de fronteiras internas não institucionalizadas no ordenamento jurídico-político, mas de ocupação dos espaços conquistados, marcadas por reversões, lacunas e descontinuidades, num processo de avanços e recuos dos colonizadores em todas as direções[63].

5.6 Quilombo de Palmares (1605-1694)

As relações sociais opressoras sempre provocam reações dos oprimidos. Em consequência, o trabalho escravo, a mais violenta das formas de exploração das forças produtivas, provocou a maior resistência dos trabalhadores. De vários modos, os escravos resistiam ao cativeiro. A mais típica foi a fuga e subsequentes formações de grupos de fugitivos, embora nem sempre este recurso levasse à formação de grupos denominados mocambos ou quilombos. As evasões que resultaram na organização de grupos de rebeldes ocorreram em toda a América, onde se empregou o trabalho escravo[64], com maior intensidade nas regiões de grandes concentrações cativas. O objetivo da maioria dos escravos fugidos que organizavam quilombos não seria extinguir a escravidão, mas libertar-se dela. Evidentemente, os quilombos formados por africanos natos aproveitavam-se de tradições e instituições originárias da África[65]. Embora fazendeiros tentassem evitar, escravos africanos procuravam se articular em blocos étnicos e casarem-se na mesma etnia, para partilharem a herança cultural. Os fugitivos, quando formavam quilombos, separavam-se em comunidades étnicas. A de angolanos em Palmares teve seu próprio líder[66].

Elaboraram-se e apresentaram-se em congressos afro-brasileiros os primeiros estudos sobre fugas de escravos e constituição de quilombos na década de 1930[67]. Há vários enfoques historiográficos da escravidão. Na década de 1930 sistematizou-se a ideia de relações harmoniosas entre senhores e escravos[68]; revisões

---

63. SANTOS, M.R.A. *Rios e fronteiras:...*, p. 63-95.

64. REIS, J.J. & GOMES, F.S. (orgs.). Uma história de liberdade. In: *Liberdade por um fio – História dos quilombos no Brasil*. São Paulo: Companhia das Letras, 1996, p. 9-25.

65. REIS. J.J. Povo negro: quilombos e revoltas escravas no Brasil – "Nos achamos em campo a tratar da liberdade". *Revista USP*, 28, dez./1995-fev./1996, p. 14-39. São Paulo.

66. OLIVEIRA, M.L. A primeira relação do último assalto a Palmares. *Afro-Ásia*, XXXIII, 2005, p. 151-324. Salvador.

67. GOMES, F.S. *Histórias de quilombo*: mocambos e comunidades de senzalas no Rio de Janeiro, século XIX. Arquivo Nacional, 1995, p. 19.

68. FREYRE, G. *Casa-grande & senzala*. Madri/Barcelona/Havana/Lisboa/Paris/México/Buenos Aires/São Paulo/Lima/Guatemala/São José: Allca XX, 2002 [1. ed., 1933] [Ed. crítica coordenada por Guillermo Giucci, Enrique Rodríguez Larreta e Edson Nery da Fonseca].

posteriores enfatizaram a classificação de escravos e deixaram em segundo plano a resistência cativa[69]; em seguida privilegiaram-se as formas usadas pelos escravos para resistirem à opressão do cativeiro[70]; finalmente, ressaltou-se a diversidade de formas de relacionamento entre senhores e escravos, inclusive as entabulações de acordos como alternativas à violência, destacaram-se as negociações como via possível de se contornar conflitos, indicaram outras formas de reação ao cativeiro e interpretaram as fugas e as rebeliões como consequências da falta de negociação[71].

A maior concentração negra de resistência ao trabalho escravo no Brasil ocorreu em Palmares, num território de aproximadamente 150km de comprimento, por 50 de largura, onde se concentrou cerca de 20.000 a 30.000 negros, índios e mestiços[72], que formaram o mocambo de mais longa duração. As primeiras evidências de esconderijos de escravos fugidos na serra da Barriga seriam de 1585 e haveria informações de fugas para Palmares até 1740[73], e se constituíram no núcleo de reação ao trabalho escravo, que mais resistência ofereceu às forças repressoras no Brasil. Contra Palmares fizeram-se cerca de 25 entradas ou expedições armadas, até 1677. Ao se acrescentarem as posteriores: uma sondagem feita por Bartolomeu Lints (ou Lins), dois ataques militares holandeses e as oito do governo colonial português, entre 1679 e 1695, totalizam 36 investidas contra os quilombolas da serra da Barriga[74].

Seria um anacronismo denominar-se de quilombo os assentamentos de fugitivos do cativeiro estabelecidos em Palmares, designados de mocambos pelos

---

69. IANNI, O. *Metamorfoses do escravo* – Apogeu e crise da escravatura no Brasil Meridional. São Paulo: Difusão Europeia, 1962. • FERNANDES, F. *O negro no mundo dos brancos*. São Paulo: Difusão Europeia, 1972. • CARDOSO, F.H. *Capitalismo e escravidão no Brasil meridional* – O negro na sociedade escravocrata do Rio Grande do Sul. São Paulo: Difusão Europeia, 1977.

70. ENNES, E. *As guerras nos Palmares*. São Paulo: Nacional, 1938. • CARNEIRO, E. *O quilombo dos Palmares*. São Paulo: Nacional, 1946. • GOULAR, J.A. *Da fuga ao suicídio* – Aspectos da rebeldia do escravo no Brasil. Rio de Janeiro: Conquista, 1972. • MOURA, C. *Rebeliões da senzala*: quilombos, insurreições, guerrilhas: Rio de Janeiro: Conquista, 1972. • FREITAS, D. *Palmares*: a guerra dos escravos. 2. ed. Rio de Janeiro: Graal, 1978. • NASCIMENTO, A. *O quilombismo*. Petrópolis: Vozes, 1980. • ALVES FILHO, I. *Memorial de Palmares*. Rio de Janeiro: Xenon, 1988.

71. LARA, S.H. *Campos da violência*: escravos e senhores na Capitania do Rio de Janeiro, 1750-1808. Rio de Janeiro: Paz e Terra, 1988. • REIS, J.J. • SILVA, E. *Negociação e conflito*: a resistência negra do Brasil escravista. São Paulo: Companhia das Letras, 1989.

72. REIS, J.J. Povo negro...

73. SILVA, A.C.L.S. & GOMES, F. A Lei 10.639 e a patrimonialização da cultura – Quilombos, serra da Barriga e Palmares: primeiros percursos. *Revista Teias*, XIV, 34, 2013, p. 92-191. Rio de Janeiro.

74. CARNEIRO, E. *O quilombo dos Palmares*. 4. ed. São Paulo: Nacional, 1988, p. 43 [1. ed., 1947].

seus coetâneos[75]. A designação de quilombo, surgida depois, teria origem banto e significaria ajuntamento de escravos fugidos[76]. Já a denominação de quilombola para o negro que vivia em quilombo, seria de origem híbrida, resultante da confusão com o tupi canhimbora, o que tem o hábito de fugir, o fujão. O vocábulo tupi tomou várias formas: canhambora (calhambora, caiambora), calhambola, carambola[77]. Dele adveio a corruptela *quilombola*. Apesar da impropriedade vocabular e da diversidade etimológica, consagraram-se as alternativas *quilombo* e *quilombola*.

O estabelecimento de um aparato repressivo sistemático e preventivo de fugas de cativos, embora a legislação previsse e senhores de escravos reivindicassem, foi lentamente engendrado. Até o início do século XVII, caçavam-se escravos fugidos em atividades esporádicas e temporárias, nas quais a ênfase transferiu-se do controle dos moradores para o dos fugidos, do olhar metropolitano ao colonial e emergiram as figuras dos capitães do mato[78]. Indivíduos, geralmente mulatos, estigmatizados pelas ancestralidades escravas, qualificados de negros pelos brancos e de branco pelos negros, assumiram a tarefa de instrumentalizar a repressão ao escravo e se encarregaram da captura dos fugitivos em qualquer lugar onde se escondessem.

A guerra contra os holandeses desorganizou a sociedade, desarticulou a economia açucareira e absorveu as forças militares e policiais da colônia, de modo a atenuar a vigilância senhorial e a aliviar a opressão nas relações de trabalho. Em consequência, aumentou a incidência de fugas de escravos. Depois de uma revolta de cativos em um engenho do sul da capitania de Pernambuco, que depois seria norte da capitania de Alagoas, os rebeldes esconderam-se na serra da Barriga e organizaram, longe da repressão, o mocambo de Palmares. Essa aglutinação de fugitivos do cativeiro formou-se na última década do século XVI e passou a produzir para o próprio abastecimento. Embora seus habitantes saqueassem engenhos, fazendas e povoados próximos, dos quais também raptavam mulheres escravizadas ou não, mantinham contatos comerciais com esses estabelecimentos. Depois de enviarem observadores, em 1643, os holandeses atacaram Palmares em duas ocasiões. Inicialmente conduzido por Rodolfo Baro,

---

75. MENDES, L.P. *O serviço de armas nas guerras contra Palmares*: expedições, soldados e mercês – Pernambuco, segunda metade do século XVII. Campinas: Unicamp, 2013 [Dissertação de mestrado].

76. MOURA, C. *Dicionário da Escravidão Negra no Brasil*. São Paulo: USP, 2004, p. 335.

77. SCISÍNIO, A.E. *Dicionário da Escravidão*. Rio de Janeiro: Léo Christiano, 1997, p. 280-285.

78. LARA, S.H. Do singular ao plural: Palmares, capitães do mato e o governo dos escravos. In: REIS, J.J. & GOMES, F.S. (orgs.). *Liberdade por um fio*: história dos quilombos no Brasil. São Paulo: Companhia das Letras, 1996, p. 81-109.

em 1644, que abateu 100 quilombolas e fez 31 prisioneiros, de uma população estimada em 6.000 habitantes no núcleo principal, uma aldeia guarnecida por dupla paliçada, à qual se acessava por duas entradas, onde haveria muitas roças. Desses 31 capturados, sete seriam índios. Em 1645, o capitão Blaer dirigiu outra expedição flamenga contra os palmarinos[79].

O governo colonial português teve dificuldades de combater os aglomerados de negros aquilombados devido ao apoio que eles recebiam de escravos, libertos e comerciantes compradores dos seus produtos que lhes forneciam armas, munições e outras mercadorias. Sucessivas expedições atacaram os palmarinos que abandonaram os mocambos e atraíam os atacantes para a floresta, na qual os fustigavam em fluxos e refluxos guerrilheiros. Em pelo menos 15 expedições, os agentes da colonização portuguesa enfrentaram a obstinação dos palmarinos defensores, das nove aldeias (Amaro, Arotirene, Tabocas, Zumbi, Dambrabraga, Aqualtene, Subupira, Macacos e Andalaquituche), a densidade da floresta e a aspereza das íngremes escarpas das serranias[80]. Numa ofensiva em 1655, os agentes da colonização capturaram alguns palmarinos. Em 1663, uma expedição de 200 combatentes negros, capitaneada pelo também negro, Gonçalo Rebelo, combateu palmarinos durante cinco meses e regressou com 40 prisioneiros, que foram degolados. Entre 1667 e 1677, palmarinos atacam fazendas, engenhos e povoações para capturarem escravos, roubarem armas e vingar-se de feitores e senhores. Entre 1670 e 1687, Palmares foi governada por Ganga Zumba (ou Gangazumba). Depois de uma missão de reconhecimento dirigida por Zenóbio Accioly de Vasconcelos em 1667, o governador de Pernambuco passou a impedir negócios de quilombolas com moradores das proximidades, numa tentativa de isolá-los. Antônio Jácome Bezerra atacou Palmares em 1672 e, no ano seguinte, Cristóvão Lins conduziu nova expedição. Em 1675, o governo de Pernambuco organizou uma ofensiva de 600 homens contra Palmares, dirigida por Manoel Lopes, que destruiu mais de 2.000 casas, prendeu 70 palmarinos e devolveu 100 escravos aos respectivos senhores[81]. Nesta batalha destacou-se um novo líder negro, o Zumbi, sobrinho do chefe Ganga Zumba[82].

---

79. CARNEIRO, E. *O quilombo dos Palmares...*, p. 18-19, 83-94.

80. FUNARI, P.P.A. A arqueologia dos Palmares – Sua contribuição para o conhecimento da história da cultura afro-americana. In: REIS, J.J. & GOMES, F.S. (orgs.). *Liberdade por um fio...*, 1996, p. 26-51.

81. MENDES, L.P. *O serviço de armas nas guerras contra Palmares...*, p. 39-77. • CARNEIRO, E. *O quilombo dos Palmares...*, p. 95-107.

82. CARNEIRO, E. *O quilombo dos Palmares...*, p. 39-77. • FUNARI, P.P. & CARVALHO, A.V. *Palmares*: ontem e hoje. Rio de Janeiro: Zahar, 2005, 28-37. • FUNARI, P.P.A. A arqueologia de Palmares..., p. 26-51.

Em 1676, uma expedição comandada por Fernão Carrilho encontrou uma aldeia fortificada, queimada e abandonada em Subupira. No ano seguinte, o mesmo Carrilho capturou uma das mulheres de Ganga Zumba, dois dos seus filhos, o seu capitão de guarda Gaspar, o mestre-de-campo Ganga Muisa, os capitães João Tapuia e Ambrósio, Zambi, seu filho, Aca Inene, sua filha e os sogros de um dos seus filhos, Matias Dambi e Madalena, além de 20 netos e sobrinhos de Ganga Zumba. Estas baixas forçaram os palmarinos a negociarem a paz sob algumas condições[83]. Em 1678, depois de enviar representantes, Ganga Zumba foi a Recife negociar um acordo de paz com o governador Aires de Souza Castro. Combinaram que os palmarinos deporiam as armas, em troca da liberdade e de concessão de terras para os negros nascidos em Palmares. Todos se estabeleceriam em Cucaú. Os escravos fugitivos seriam entregues aos antigos senhores[84].

Firmado o acordo de paz, foram enviados a Palmares os idosos prisioneiros Matias Dambi e sua mulher Madalena, para apresentarem os termos da negociação ao palmarinos e voltarem com suas respostas ao governo de Pernambuco. Os mediadores da negociação foram escolhidos pela credibilidade e por conhecerem a língua falada em Palmares. Tentou-se outra intermediação através de um capitão e um sargento-mor negro, para demonstrar a incorporação de parte da população negra na sociedade[85]. Também enviavam tropas etnicamente mistas a Palmares. As populações de três mocambos, dirigidos por Ganga Zumba e por seu irmão Gana Zona, mudaram-se para Cucaú. As dos outros, lideradas por Zumbi, decidiram permanecer em Palmares e continuar a resistência. Em julho de 1678, o governador Aires de Souza Castro ordenou as câmaras municipais de Serinhaém, Porto Calvo e Alagoas a fornecerem farinha aos palmarinos recém-chegados a Cucaú, assistidos por dois padres. Entretanto, envenenaram Ganga Zumba pouco tempo depois. Atacada por seguidores de Zumbi, por tropas coloniais e após uma rebelião, Cucaú foi destruída em 1679 e seus habitantes submetidos à escravidão[86].

Em paralelo às negociações de paz, o governador de Pernambuco, Pedro de Almeida, decretou a entrada livre a Palmares. Qualquer indivíduo poderia

---

83. MENDES, L.P. *O serviço de armas nas guerras contra Palmares...*, p. 39-77. • CARNEIRO, E. *O quilombo dos Palmares...*, p. 109-133.

84. GOMES, F. *Escravidão e liberdade no Atlântico Sul*. São Paulo: Contexto, 2005, p. 123-136. • ALVES FILHO, I. *Memorial dos Palmares...*, p. 85-123. • LARA, S.H. O domínio colonial e as populações no mundo. In: CAMBOULEYRON, R. & ARENZ, K.-H. (org.). *Anais do IV Encontro Internacional de História Colonial*. Vol. I. Belém: Açaí, 2014, p. 1-14.

85. LARA, S.H. *Palmares & Cucaú: o aprendizado da dominação*. Campinas: Unicamp, 2009, p. 187 [Tese]. Apud MENDES, L.P. *O serviço de armas nas guerras contra Palmares...*, p. 39-77.

86. MENDES, L.P. *O serviço de armas nas guerras contra Palmares...*, p. 39-77.

organizar uma tropa e atacar os palmarinos como quisesse. Para prosseguir a luta contra Zumbi, líder da facção rebelde, que assumiu o comando de Palmares, os agentes da colonização continuaram a enviar sucessivas expedições. Depois das duas investidas de Fernão Carrilho, em 1676, contra o mocambo de Alqualtune e 1677, contra o de Amaro no qual efetuou muitas prisões, inclusive de familiares de Ganga Zumba, seguiram-se as expedições de Gonçalo Moreira, que talvez fosse a responsável pelo envenenamento de Ganga Zumba, as de André Dias, de Manoel Lopes, de João Ferreira da Cunha e, finalmente, de Domingos Jorge Velho, em 1692 e 1694[87].

Manoel Lopes permaneceu em Palmares durante seis meses, aprisionou e abateu mais de 600 combatentes de Zumbi. Contratado pelo governador Souto Maior, de Pernambuco, em 1687, para extinguir o quilombo de Palmares, o paulista Domingos Jorge Velho, experiente em guerras no sertão, foi convencido, mediante vantagens, a adiar o ataque aos quilombolas para apoiar a luta contra indígenas rebelados nos vales do Açu e do Apodi, Rio Grande do Norte. Em 1692 Domingos Jorge Velho partiu para o ataque com um exército de brancos, índios e mestiços que acampou próximo ao mocambo de Macacos, base guerreira dos palmarinos. Depois de vários enfrentamentos, sem sucesso, pediu canhões ao governador de Pernambuco e os quilombolas foram atacados por artilharia. Em fevereiro de 1694, após 42 dias de cerco, destruiu a fortaleza de Macacos. Cerca de 200 quilombolas morreram em combates, outros 200 caíram em um precipício ao tentar fugir, e algo no entorno de 500 aprisionados, foram escravizados e vendidos para outras províncias[88]. Em dezembro de 1694, todo o quilombo de Palmares estava destruído. Zumbi fugiu e continuava a resistência. Entretanto, no ano seguinte, Antônio Soares, homem da sua confiança, preso e submetido a torturas e promessas de liberdade, indicou o seu esconderijo na serra Dois Irmãos. Em 20 de novembro de 1695, Zumbi foi emboscado e morto. Decapitado e decepado, seu corpo foi exposto em praça pública em Recife[89].

Os aristocratas e militares que combateram os palmarinos e destruíram Palmares receberam em recompensa, títulos e mercês. Jerônimo de Albuquerque assumiu, em 1696, os honrosos cargos de juiz de órfãos e de escrivão da Câmara da Vila de Santa Madalena da Lagoa do Sul, herdados pela sua filha Isabel de

---

87. CARNEIRO, E. *O quilombo dos Palmares...*, p. 43-44.

88. FUNARI, P.P.A. *A arqueologia de Palmares...*, p. 26-51. • GOMES, F. *Escravidão e liberdade no Atlântico Sul...*, p. 149-152. • ALVES FILHO, I. *Memorial de Palmares.* 2. ed. Brasília: Astrogildo Pereira/Abaré, 2008, p. 127-170 [1. ed., Rio de Janeiro: Xenon, 1988].

89. GOMES, F. *Escravidão e liberdade no Atlântico Sul...*, p. 145-148. • ALVES FILHO, I. *Memorial dos Palmares...*, p. 127-170.

Albuquerque de Jesus, em 1732; João Dantas Aranha foi promovido, igualmente a muitos outros, na carreira militar e recebeu o hábito da Ordem de Cristo. Os paulistas ganharam léguas de terras. Domingos Jorge Velho providenciou a transferência da sua família para Pernambuco. A Vila de Atalaia surgiu em seus domínios fundiários. Luís da Silveira Pimentel ganhou sesmarias ocupadas por seu filho Luís Ferreira Moraes.

A guerra contra os holandeses formou uma casta oligárquica em Pernambuco e a seguinte, contra Palmares, consolidou essa oligarquia de agente da colonização, fiéis súditos do rei de Portugal[90]. Depois de Palmares, os quilombos se multiplicaram em todo o Brasil, onde houvesse concentração de escravos. Em Minas Gerais, onde houvera mais de uma centena de quilombos, destacaram-se no conjunto histórico, os de Campo Grande (1742) e o de Rio das Mortes (1799); na Bahia sobressaíram os de Jacuípe (1705), Jaguaripe (1706), Maragogipe e Muritiba (1713), Campos de Cachoeira (1714), Buraco do Tatu em Itapoã (1763), Orobó, Topim e Andaraí (1796), no alto Paraguaçu, Oitizeiro em Barra de Rio de Contas (1808)[91]. Para inibir a proliferação de quilombolas, em Minas Gerais, na segunda metade do século XVIII, autoridades locais e os próprios governadores, preconizaram punições bárbaras para os quilombolas. Chegaram a cortar-lhes uma das pernas ou o tendão de Aquiles. Numa tentativa de conter a sanha punitiva dos mineiros, o governo metropolitano recomendou-lhes a barbaridade de marcar com ferro em brasa a letra "F" na espátula do fujão e o corte de uma das orelhas, em caso de reincidência. Poderiam também decepar um braço do escravo em casos de assassinato e a pena de morte se reincidisse. As revoltas em Minas Gerais foram raras. Ocorreram conspirações de escravos mineiros em 1711, 1719, 1756, todas debeladas[92].

No ano de 1797 destruíram dois quilombos no sertão da Bahia: um distanciava-se cerca de 30 ou 40 léguas de Cachoeira (Orobó e Topim) e outro, o de Andaraí, distante aproximadamente, 30 léguas de Rio de Contas. Os ataques de negros fugidos nas estradas e fazendas seriam frequentes, desde pelo menos, 1753, quando a câmara de Rio de Contas determinou que todos os senhores emitissem autorização escrita aos seus escravos que transitassem pelos caminhos.

---

90. MARQUES, D.B. Os prêmios gerados pela guerra contra Palmares. *Gazeta de Alagoas*, 03/05/2014. Maceió.

91. PEDREIRA, P.T. Os quilombos baianos. *Revista Brasileira de Geografia*, XXIV, 4, out.-dez./1962, p. 79-93. Rio de Janeiro [Disponível em http://biblioteca.ibge.gov.br/visualizacao/periodicos/115/rbg_1962_ v24_n4.pdf].
• REIS, J.J. Escravos e coiteiros no quilombo de Oitizeiro. In: REIS, J.J. & GOMES, F.S. (orgs.). *Liberdade por um fio*: história dos quilombos no Brasil. São Paulo: Companhia das Letras, 1996, p. 332-372.

92. REIS, J.J. O povo negro...

Os encontrados sem a licença senhorial seriam presos como fugitivos[93]. Os quilombolas não deixaram registros escritos sobre suas vidas e suas lutas, sempre estudadas através da documentação produzida pelos agentes da colonização, principalmente, por responsáveis pela repressão aos quilombos, e essas circunstâncias favoreceram a consolidação da visão dos vencedores[94]. Estas circunstâncias exigem maior esforço crítico dos historiadores para desvendar a perspectiva dos vencidos, entretanto a crítica histórica desenvolveu-se tardiamente no Brasil. Enquanto vigorou a escravidão, cronistas, memorialistas e historiadores evitaram discorrer sobre estas relações de trabalho. Os poucos que abordaram, o fizeram em forma de recomendação de conduta aos senhores escravistas[95] ou de definição de normas de doutrinação dos escravos.

Durante o império escravista, historiadores idealistas e românticos ignoraram esta temática. Apenas os abolicionistas trataram do assunto politicamente melindroso, por contrariar interesses das oligarquias agrárias escravistas; no regime republicano a escravidão e tudo que se relacionasse ao universo negro no Brasil emergiram como objetos de estudos, numa perspectiva étnica. Os primeiros estudos sobre o negro e a escravidão, que narraram rebeliões escravas foram publicados em periódicos de 1890 a 1903 e caracterizaram-se pela incorporação de parte da linguagem e de argumentos dos repressores das revoltas. Na mesma época surgiram os estudos de Raimundo Nina Rodrigues[96] que, fundamentado no racismo "científico", atribuíram às supostas dificuldades para se promover a civilização da sociedade brasileira, o elevado percentual de gente negra na composição social[97]. A partir da década de 1930, multiplicaram-se os estudos sobre o negro e a escravidão e diversificaram-se tanto na forma de escrever quando no modo da abordar o tema. A publicação de Pedro Calmon[98] teria mais valor literário por ignorar quase tudo da etnografia já existente sobre o negro. A partir

---

93. ALMEIDA, K.L.N. *Escravos e libertos nas minas de Rio de Contas* – Bahia, século XVIII. Salvador: Ufba, 2012, p. 209 [Tese de doutorado].

94. NASCIMENTO, L.P.M. *O que houve em Palmares? – Versão dos vencedores* não dá conta da organização política de uma sociedade que se manteve por mais de meio século. Revista de História, 01/12/2015. Rio de Janeiro.

95. VIDE, S.M. *Constituições primeiras do Arcebispado da Bahia*. 3. ed. Brasília: Senado Federal, 2007 [Reprodução fac-similar da 2. ed., de 1853 [1. ed., 1707]. Recomenda-se a edição com estudo introdutório de Bruno Fleitler e Evergton Sales Souza; edição de István Jankso e Pedro Puntoni (orgs.). São Paulo: USP, 2010, tít. II, n. 3 [pag. 3], p. 126-127.

96. RODRIGUES, N. *O animismo fetichista dos negros baihanos*. 2. ed. [1. ed., Revista Brasileira, t. 6-7, 1896. Rio de Janeiro]. • RODRIGUES, R.N. *Os africanos no Brasil*. 2. ed. São Paulo: Nacional, 1922 [1. ed., 1906].

97. REIS, J.J. Um balanço dos estudos sobre as revoltas escravas da Bahia. In: REIS, J.J. (org.). *Escravidão e invenção da liberdade*: estudos sobre o negro no Brasil. São Paulo: Brasiliense, 1988, p. 87-140.

98. CALMON, P. *A insurreição da senzala*. Petrópolis: Pro Luce, 1933.

de 1930, os interesses dos estudiosos inclinaram-se, por um lado, para aspectos da cultura e da miscigenação e por outro, para a escravidão como desdobramento da luta de classes; durante a ditadura militar (1964-1985) privilegiou-se a resistência negra à escravidão e realçou-se Palmares como a principal referência historiográfica. No final do século XX e início do XXI, o negro, a escravidão, as culturas negras e seus desdobramentos, destacaram-se entre os temas mais estudados no Brasil, principalmente em monografias, dissertações e teses de final de cursos de pós-graduação, que enriqueceram a historiografia sobre Palmares, a escravidão colonial e a cultura negra no Brasil[99].

---

99. NEVES, E.F. Historiografia da escravidão na pecuária, na policultura e alhures. In: *Escravidão, pecuária e policultura*: Alto Sertão da Bahia, século XIX. Feira de Santana: Uefs, 2012, p. 23-74.

6 | Burocratas, missionários, militares
Dispositivos jurídico-políticos e socioculturais da colonização

6.1 Antecedentes portugueses

Constituiu-se o império português como uma monarquia corporativa, na qual o poder real partilhou o espaço político com outras instâncias da hierarquia social; o direito legislativo do rei limitou-se a aplicações jurídicas locais; os deveres políticos cederam espaços e obrigações de natureza moral e afetiva, institucionalizadas em redes de amizades e de clientelas; e as atribuições de direito e proteção aos oficiais régios, que confrontavam o poder real, tendiam a debilitá-lo[1].

O dispositivo jurídico do Antigo Regime português baseava-se no princípio de autonomia jurisdicional e o aparelhamento político, no poder real centralizado apoiado em concelhos, numa forma polissinodal[2] de governo, com reuniões periódicas das cortes. Havia jurisdições de letrados em territórios sob a administração direta do rei e em algumas propriedades de componentes da família real, de ordens militares e autoridades eclesiásticas e de casas nobiliárquicas que, autorizadas pelo rei, poderiam nomear seus próprios juízes privativos,

---

1. HESPANHA, A.M. Para uma teoria da história institucional do Antigo Regime. In: *Poder e instituições na Europa do Antigo Regime*. Lisboa: Fundação Calustre Gulbenkian, 1984, p. 7-91. • HESPANHA, A.M. A constituição do império português: revisão de alguns enviesamentos correntes. In: FRAGOSO, J.; BICALHO, M.F. & GOUVÊA, M.F. (orgs.). *O Antigo Regime nos trópicos*: a dinâmica imperial portuguesa (séculos XVI-XVIII). Rio de Janeiro: Civilização Brasileira, 2001, p. 163-188. • HESPANHA, A.M. As estruturas políticas em Portugal na época moderna. In: TENGARRINHA, J. (org.). *História de Portugal*. 2. ed. rev. e ampl. Bauru/São Paulo/Lisboa: Edusc/Unesp/Instituto Camões, 2001, p. 117-181.

2. Governo constituído de vários sínodos ou concelhos de moradores; composto de organismos colegiados permanentes; que se apoia em decisões de assembleias.

formados em direito; e as jurisdições não letradas dos concelhos, cujos juízes eram eleitos em cada uma delas. As duas instâncias coexistiam e se intercomunicavam no exercício da justiça, através de uma escala central, formada pelos grandes concelhos que assessoravam o rei e os tribunais da relação, cujos desembargadores deveriam julgar os processos oriundos de instâncias inferiores; e outra instância periférica, subdividida em três níveis: o local, de magistraturas (juízes de fora), exercidas por magistrados formados, atuava nos limites de um concelho de primeira instância, de composição nomeada; o de nível distrital, exercido em territórios mais amplos: as comarcas nos territórios régios e as ouvidorias em terras de donatários nobres, ordens militares e eclesiásticas, com magistrados corregedores ou ouvidores de segunda instância e provedores, também nomeados pelo rei; finalmente, a jurisdição provincial, correspondente às circunscrições militares que, a partir do século XVIII, passaram a dispor de novo oficial, o superintendente, de competência essencialmente econômica[3].

Uma série de grandes concelhos que assegurava ao monarca, nas diversas áreas, as conduções políticas e a efetiva aplicação da justiça, resultou da pluralidade normativa e da forte autonomia jurisdicional que caracterizava o Antigo Regime em Portugal. Desses organismos de assessoramento régio, destacavam-se: o Concelho de Estado, que o auxiliava nos assuntos administrativos; o Concelho da Guerra, que o assistia nos conflitos externos e julgamento de última instância de processos militares; o Concelho da Fazenda, que se encarregava da gestão financeira; a Mesa de Consciência e Ordem, com atribuições de um tribunal que se ocupava dos assuntos da consciência do rei: religião, assistência, caridade e ensino, e a partir de 1551, quando o papa Júlio III (1550-1555) autorizou a incorporação das três ordens militares à monarquia portuguesa, o rei passou a ter jurisdição também sobre a Ordem de Cristo, a Ordem de Santiago e a Ordem de Avis. O Concelho Ultramarino, que retomou e ampliou as funções do extinto Concelho da Índia, passou a se incumbir dos assuntos coloniais, inclusive nomeações para cargos judiciários, fazendários, militares e conceder mercês; o Concelho Geral do Tribunal do Santo Ofício da Inquisição, autorizado e meados do século XVI, pelo papa Paulo III (1535-1549), durante o Concílio de Trento (1545-1563), como resultado de uma aliança da Igreja com a monarquia portuguesa e por considerar-se que as ameaças à ortodoxia religiosa pela Reforma Protestante, poria em risco a ordem natural das coisas, determinadas

---

3. MATTOSO, J. *Identificação de um país...* Vol. I, p. 81-241. • CAMARINHAS, N. *Juízes e administração da justiça no Antigo Regime...*, p. 53-131.

pela Santa Sé Apostólica[4]. Em tais circunstâncias, o Estado Moderno português se consolidou com a ideologia do serviço/recompensa, de múltiplos laços de interdependência e valias e o poder monárquico sobre amplos recursos, entre os quais, as ordens militares de Avis, de Cristo e de Santiago. Caracterizava um governo de concessão de mercês, que negociava favores por apoios políticos e sustentação social.

Durante os séculos XVI e XVIII, as monarquias cristãs europeias não dispensavam a tutela destas instituições. As que não dispunham de ordens militares, criavam ordens de cavalaria. A economia de mercês, com disponibilidade para servir, pedir, dar, receber e agradecer, fez-se fundamental no Antigo Regime português. Constituiu-se num poderoso instrumento flexível de integração política, embora a mercê assumisse um caráter mercantil e deixasse sempre o monarca na condição de protagonista[5].

Por determinação pontifícia, vedou-se aos descendentes de judeus, mouros e gentios, a partir de 1570, o ingresso nas ordens militares em Portugal e excluíram-se delas também os filhos e netos de oficiais mecânicos, além de passar a exigir idade entre 18 e 50 anos e a condição de nobre, que impedia o exercício de atividades manuais. As habilitações, desde 1598, consistiam em inquéritos instaurados nos locais de natalidade do candidato e nos de nascimento dos seus pais e dos quatro avós. A Mesa da Consciência dispunha de uma rede de comissários cavaleiros por todo o Império, para efetuarem diligências, acompanhados por escrivães, em geral eclesiásticos. Deveriam interrogar as testemunhas que escolhessem, mediante juramento.

Na primeira metade do século XVIII, considerou-se que os lavradores, por trabalharem terras próprias, e os comerciantes de grosso trato, desde que não vendessem a retalho, não perderiam a nobreza. Em meados desse século, muitos indivíduos de origem plebeia, depois de estarem no Brasil, enriquecerem-se e adotarem o estilo de vida nobre, que consistia em possuir criados, escravos e cavalos, pretenderam o hábito da Ordem de Cristo, a mais procurada das três ordens militares, que consistia no uso do distintivo de um crucifixo na lapela. Os cavaleiros professos das ordens militares, por manterem o estatuto eclesiástico, em termos jurídicos, gozavam de isenção de foro nas causas crimes e nas cíveis

---

4. CAMARINHAS, N. *Juízes e administração da justiça no Antigo Regime*: Portugal e o império colonial, séculos XVII e XVIII. Lisboa: Fundação Caloustre Gulbenkian/Fundação para a Ciência e a Tecnologia, 2010, p. 59-69.

5. OLIVAL, F. *As ordens militares e o Estado Moderno...*, p. 15-38.

decorrentes das primeiras seriam julgados por tribunais próprios e não pelos comuns, e de um conjunto de impostos: sisas, postagens, subsídios[6].

Quanto aos ofícios ou cargos, apenas o monarca poderia vendê-los. Particulares apenas se limitavam a usufruí-los e, por esta razão, não eram hereditários, tinham caráter pessoal e intransferível. Soberanos os doavam como parte das regalias menores. Recorria-se a este mercado de hábitos, com as venalidades quase sempre de forma cautelosa e sem publicidade. A reserva sobre a comercialização de cargos e funções revela o sentimento de lesão dos valores éticos. Justificavam-se as vendas de ofícios, bens e foros da casa real e outras honras, como um recurso último ou um mal menor, em tempos de guerra e de penúria. O problema que as vendas suscitavam, não era se o rei poderia ou não recorrer a este expediente, mas o impacto que ele causaria a um reino, no qual a economia de mercês atraia servidores. No pensamento coetâneo, temia-se que a diminuição dos bens disponíveis para compensar serviços prestados em troca de dinheiro poderia acarretar na falta de soldados para servir em guerras, uma obrigação do pacto social da Idade Média, quando vigia o feudalismo na Europa Central e o senhorialismo, em Portugal.

Em Portugal, não se desenvolveu plenamente o sistema feudal. A longa guerra contra os mouros na península Ibérica (711-1492) fez necessária a centralização do poder e, como consequência, possibilitou a precoce formação do Estado Nacional Moderno. Na repartição das terras reconquistadas dos muçulmanos, surgiram as presúrias, um movimento social de ocupação fundiária individualizada, aleatório e anárquico, e o sistema de sesmarias, que consistia na apropriação e concessão fundiária instituído por Fernando I (1367-1383), com o objetivo de repartir terras inexploradas, ocupá-las e fazê-las produtivas para conter a crise de abastecimento que decorria, entre outras causas, de guerras, epidemias de peste e o subsequente êxodo rural. A lei que o instituiu foi sancionada na cidade de Santarém, em 26 de julho de 1375[7].

As presúrias, um movimento social, fora dos padrões feudais e mercantis, caracterizaram-se como apropriações fundiárias que marcaram a primeira fase da reconquista do território ibérico; as sesmarias, a segunda, embora, os dois

---

6. OLIVAL, F. A Ordem de Cristo e a sociedade portuguesa dos séculos XVI-XVIII. In: CNCDP/Câmara Municipal de Soure. *Actas do Ciclo de Conferências Complementares da Exposição Dom Manuel I, a Ordem de Cristo e a Comenda de Soure*, mai.-jun./1996. Soure: Câmara Municipal, 1997. • OLIVAL, F. *As ordens militares e o Estado Moderno...*, p. 237-282. • OLIVAL, F. Mercado de hábitos e serviços em Portugal (séculos XVII-XVIII). *Análise Social*, XXXVIII, 168, out./2003, p. 743-769. Lisboa.

7. CARVALHO, V.A.E. *Observações históricas e críticas sobre a nossa legislação agrária, chamada comumente das Sesmarias*. Lisboa: Impressão Régia, 1815, p. 10, rodapé.

fenômenos coexistissem no norte peninsular, com maior incidência em Portugal, quando se declinava o uso das presúrias e se consolidava o sistema de sesmarias[8].

O regime de sesmarias constituiu-se um recurso de repartição de terras conquistadas ou improdutivas, numa conjuntura de intensa falta de alimentos que exigia ação emergencial do governo. Estas circunstâncias induziram a população rural à migração para os aglomerados urbanos, em busca de abrigo e proteção[9]. Em paralelo, formaram-se grandes domínios senhoriais e eclesiásticos e as ordens religiosas e militares adquiriram prestígio social[10]. As crises ultrapassaram os limites conjunturais. O sistema socioeconômico feudal, em coexistência com o senhorial, defrontava-se com o desenvolvimento comercial, que estimulava a população a emigrar para as cidades, que instituía o trabalho assalariado. Em vão, os poderes locais tomavam medidas para fixarem os trabalhadores no campo. O despovoamento rural alastrava-se por toda a península[11].

Os proprietários rurais cobravam providências régias. Para estabelecer e legitimar as drásticas deliberações que tomaria, Fernando I (1367-1383) convocou as cortes e, com o apoio delas, determinou que todos os possuidores de terras fossem obrigados a cultivá-las, diretamente ou através de intermediários[12]. A lei dispôs também sobre a propriedade, a posse e a exploração de áreas baldias, para coibir as seculares presúrias[13]. A fim de impor a todos o trabalho agrícola, determinou uma série de medidas coercitivas, inclusive o confisco das terras de quem negligenciasse no cumprimento delas. A execução dessa lei em cada município ficou confiada a dois homens bons, que uma legislação posterior os denominou de sesmeiros[14]. Como a lei original não definia formalidades para a repartição das terras, coube a d. João I (1395-1433) determiná-las[15]. Denomi-

---

8. VITERBO, J.S.R. *Elucidário...* Vol. II, p. 559-562. • MARQUES, A.H.O. Sesmarias. In: SERRÃO, J. (dir.). *Nova história da expansão portuguesa*. Vol. V. Lisboa: Estampa, 1992, p. 542-543.

9. NEVES, E.F. *Estrutura fundiária e dinâmica mercantil...*, p. 55-101. • NEVES, E.F. *Uma comunidade sertaneja: da sesmaria ao minifúndio – Um estudo de história regional e local*. 2. ed. rev. e ampl. Salvador/Feira de Santana: Edufba/Uefs, 2008, p. 63-81 [1. ed., 1998].

10. COELHO, M.H.C. O campo na crise do século XIV. In: MEDINA, J. (dir.). *História de Portugal: dos tempos pré-históricos aos nossos dias*. Vol. 3. Barcelona: Centro Internacional do Livro, 1975, p. 134. • HANOTIN, G. (dir.). *A península Ibérica e o mundo: dos anos 1470 aos anos 1640*. Lisboa: Texto & Grafia, 2015, p. 21.

11. MARQUES, A.H.O. Sesmarias. In: SERRÃO, J. (dir.). *Nova história...*, p. 543-544.

12. LOPES, F. *Crónica do Senhor rei dom Fernando, nono rei destes regnos*. 4. ed. integral. Porto: Civilização, [19??], p. 214. [Reprodução da 1. ed. de 1436-1443].

13. SERRÃO, J.V. *História de Portugal*. Vol. I. Lisboa: Verbo, 1977, p. 351.

14. RAU, V. *Sesmarias medievais portuguesas...*, p. 42-57.

15. CARVALHO, V.A.E. *Observações históricas e críticas...*, p. 29-30.

nou-se de sesmarias as terras desaproveitadas, aforadas com a pensão de 1/6 do valor que se lhe atribuísse, no império português[16].

6.2 Aparato administrativo da colonização do Brasil

Caracterizado simultaneamente pela descontinuidade territorial e por uma coexistência de modelos institucionais, o império português transpôs para o Brasil uma economia política de privilégios, fundamentada em posturas e valores típicos do Antigo Regime, estabelecida com a transferência de instituições jurídicas e administrativas, tais como: padroado, concelhos, governadores, ouvidores, capitanias hereditárias, sesmarias, consolidadas na metrópole[17]. Através de acordos entre as monarquias ibéricas e a Santa Sé, instituiu-se em cada reino um sistema de padroado, pelo qual o papa autorizou os monarcas a: construírem e permitirem a construção de templos e mosteiros nos âmbitos de seus respectivos padroados; a apresentarem à Santa Sé pequenas listas de candidatos aos cargos da alta hierarquia eclesiástica e nomearem os de escalões inferiores; a administrarem as jurisdições e receitas eclesiásticas; e a vetarem bulas e breves papais que não tivessem autorização antecipada da chancelaria do respectivo reino[18].

Fundamentado nesta diretriz política, d. João III (1521-1557) principiou a colonização do Brasil no início de 1531, com uma expedição comandada por Martim Afonso de Souza (1500-1564), mais ampla e com maiores poderes que as anteriores, definidos em três cartas régias de 20 de novembro de 1530, que lhe atribuíram a capitania-mor da armada e das terras que descobrisse, para que organizasse a administração civil e militar, com delegação de poderes; autorizou-o a criar tabelionatos e nomear tabeliães e outros oficiais de justiça; e concedeu-lhe poderes para doar terras pelo regime de sesmarias[19], com a mesma denominação lusitana, todavia, sem qualquer ônus e sob a condição de os donatários ocupá-las

---

16. NEVES, E.F. *Estrutura fundiária e dinâmica mercantil...*, p. 113-159. • NEVES, E.F. Uma comunidade sertaneja..., p. 95-181.

17. FAORO, R. *Os donos do poder...*, p. 197-275. • GOUVÊA, M.F.S. Poder político e administrativo na formação do complexo atlântico português (1645-1808). In: FRAGOSO, J.; BICALHO, M.F.B. & GOUVÊA, M.F.S. (orgs.). *O Antigo Regime nos trópicos*: a dinâmica imperial portuguesa (séculos XVI-XVIII). Rio de Janeiro: Civilização Brasileira, 2001, p. 285-315. • SOUZA, L.M. *O sol e a sombra*: política e administração na América portuguesa do século XVIII. São Paulo: Companhia das Letras, 2006, p. 27-77.

18. BOXER, C.R. *A Igreja militante e a expansão ibérica, 1440-1770*. São Paulo: Companhia das Letras, 2007, p. 99 [1. ed., 1978].

19. CARVALHO, F.N. Do descobrimento à União Ibérica. In: JOHNSON, H. & SILVA, M.B.N. (coords.). *O império luso-brasileiro, 1500-1620...*, p. 102.

e fazê-la produzir em um prazo, inicialmente de dois anos, ampliado para cinco e, somente após a efetiva exploração se confirmariam as doações.

Desde 1548, a administração política da colônia limitou-se a três jurisdições fundamentais: o governo-geral, as capitanias e os municípios. Depois do assassinato de Francisco Pereira Coutinho, capitão-donatário da capitania da Bahia, pelos tupinambás, nas costas da ilha de Itaparica, em 1548, d. João III decidiu centralizar a administração colonial, com outra forma de governo superposta às capitanias hereditárias, instituídas em 1532. Optou pelo sistema de governo-geral, estabelecido entre uma falésia e o lago da Barroquinha, na borda da baía de Todos os Santos, cuja capitania readquiriu dos herdeiros de Pereira Coutinho, e ao governador-geral atribuiu-lhe a patente militar de capitão-general. Através de um regimento de 17 de dezembro de 1548, o rei confiou o empreendimento, inicialmente ao capitão-mor Tomé de Souza, cuja armada zarpou de Lisboa em 2 de fevereiro de 1549 e ancorou na baía de Todos os Santos em 29 de março seguinte.

A equipe governamental compôs-se de vários funcionários, que integraram a expedição do governador-geral: Pero Borges, ouvidor; Antônio Cardoso de Barros, provedor-mor da fazenda; Diogo Moniz Barreto, alcaide-mor da cidade do Salvador; Luís Dias, mestre de obras; Manoel Lourenço, vigário; Pero de Góis, capitão-mor da costa; Francisco Mendes da Costa, escrivão da provedoria da fazenda; Antônio dos Reis, escrivão da provedoria da alfândega e defuntos; Pedro Ferreira, tesoureiro das rendas; Miguel Moniz, escrivão dos contos; Cristóvão de Aguiar, almoxarife dos mantimentos; Diogo de Castro, boticário; Miguel Martins, mestre de fazer cal; e Diogo Peres, mestre de pedreiro. Para o termo da cidade (limites territoriais do município), definiram-se seis léguas para cada lado, ou as que se pudessem demarcar na península. Depois de delimitadas o governador deveria distribuí-las em sesmaria a quem as quisesse cultivar, em parcelas correspondentes ao que cada um fosse capaz de aproveitar, sob as condições de: residir na capitania; não as alienar durante os três primeiros anos; pagar o dízimo à Ordem de Cristo; submeter-se ao disposto nas Ordenações do Reino[20]. Ninguém poderia adentrar pelo interior e se comunicar com outras capitanias pelos sertões, sem licença do governador, dos capitães ou

---

20. PORTUGAL/Ordenações do Reino. *Ordenações Manuelinas*. Lisboa: Fundação Calouste Gulbenkian, 1984. Reprodução fac-similar da edição da Real Imprensa da Universidade de Coimbra, 1797, Liv. IV; tit. LXVII; § 3, p. 166); transferidas para: PORTUGAL. Ordenações do Reino. *Ordenações Filipinas*. Lisboa: Fundação Calustre Gulbenkian, 1985, liv. IV, tit. XLIII: Das sesmarias, p. 822 [Reprodução fac-símile da edição de Cândido de Almeida. Rio de Janeiro, 1870].

dos provedores. Poderia o governador prover em ofícios de justiça e fazenda os degredados que prestassem bons serviços, exceto os condenados por furto ou falsificação de moedas e armá-los cavaleiros[21].

O monarca português, baseado em pareceres de pilotos e informações do conde de Castanheira, determinou que se demarcassem, de Pernambuco ao rio da Prata, 50 léguas de costa para cada capitania, a fim de se povoarem e se explorarem as terras conquistadas no Ultramar. Em carta de 28 de setembro de 1532, informou a Martim Afonso de Souza, capitão-mor e governador do Brasil, que destas demarcações lhe doava 100 léguas (territórios de duas frações) e mais 50 léguas ao seu irmão Pero Lopes de Souza[22]. Os limites das unidades territoriais e político-administrativas avançariam para o interior (sertão) até onde fosse domínio português e os respectivos donatários conquistassem. Entretanto, a aparente manifestação de respeito aos limites do meridiano definido em Tordesilhas ficou imprecisa e a dubiedade foi explorada por alguns donatários, que ocuparam o que era de suas conveniências.

As capitanias hereditárias constituíam-se núcleos regionais de poder, cujos titulares recebiam a patente militar de capitão-mor, originária do sistema de senhorio medieval português. Estabeleciam-nas com a concessão real de domínio, proventos e privilégios, com atribuições de soberania e diretos de fundar povoações e vilas, nomear funcionários, cobrar impostos e administrar a justiça, de modo que se lhe promovessem a exploração e a ocupação colonial sem ônus para o Estado. Instituiu-se este sistema no Brasil depois de experimentado em ilhas do atlântico, com maior amplitude no arquipélago da Madeira. As padronizadas cartas de doação definiram os privilégios, regalias e deveres dos respectivos donatários e os forais, também de igual padrão, estipularam os direitos e deveres dos vassalos, em relação ao rei e dos colonos, para com os respectivos capitães-donatários[23]. Os beneficiários do regime de sesmarias ficariam tributários da monarquia e dos donatários das respectivas capitanias hereditárias. Os forais confirmavam as doações e privilégios de cada senhor de terra, estipulavam os foros que eles deveriam pagar e os direitos reservados ao governo monárquico, como os privilégios

---

21. GOUVÊA, M.F.S. Governo Geral. In: VAINFAS, R. (dir.). *Dicionário do Brasil Colonial, 1500-1808*..., p. 265-267.

22. VARNHAGEN, F.A. *História Geral do Brasil*. Vol. I. 10. ed. Belo Horizonte/São Paulo: Itatiaia/USP, 1982, p. 138-140.

23. SILVA, I.A.C. *Memórias históricas e políticas da Província da Bahia*. Vol. I. 2. ed. anot. Braz do Amaral. Salvador: Imprensa Oficial do Estado, 1919-1940, p. 190-223 [1. ed., *Memórias históricas da Bahia*. 6 vol., 1835-1852].

das alfândegas, o monopólio das drogas e especiarias, o quinto dos metais raros e pedras preciosas e o dízimo eclesiástico[24].

Embora a iniciativa da colonização, do mesmo modo que toda a expansão portuguesa, não seguisse a um projeto formal, obedecia, incidentalmente, ao discurso colonial, expressos nas cartas de doação e nos forais que determinaram a divisão do Brasil em capitanias hereditárias, para doá-las a quem prestasse serviços relevantes ao rei, sob as condições de difundir a fé católica entre os nativos, povoar e aproveitar as terras, como declarou uma carta régia de 10 de março de 1534 a Duarte Coelho[25]. Através dela, o monarca fez-lhe mercê de irrevogável doação perpétua de 60 léguas de terras, entre a foz do rio São Francisco e o cabo Santo Agostinho, maior, portanto, que as dimensões anunciadas, que o donatário denominou de Nova Lusitânia. O rei pretendeu efetivar a posse da terra e produzir bens que satisfizessem aos interesses mercantis portugueses.

Às cartas de doação e aos forais acompanhava o Regimento de Tomé de Souza, que dispunha sobre as normas de funcionamento da nova instituição, os privilégios que preservariam a autoridade real sobre a colônia e transferia as obrigações militares e econômicas para os donatários. Estes e seus descendentes deteriam a posse plena de 20% do território doado e ficariam obrigados a distribuir o restante das terras pelo sistema de sesmarias, fazê-las produzir para abastecer o comércio metropolitano e desenvolver a totalidade da donataria. O regimento evidenciava, portanto, a transição das tradições medievais, feudais ou senhoriais, que obrigavam os donatários a governarem e defenderem as respectivas capitanias conforme as diretrizes das Ordenações do Reino, enquanto o dever de fazê-las produzir para a exportação revelava um propósito mercantil[26].

Com o artifício administrativo do sistema das capitanias hereditárias em 1534, d. João III transferiu a colonização do Brasil para empreendimentos particulares, sem ônus para o tesouro real. Ele distribuiu terras aos possuidores de recursos financeiros e materiais, capazes de empreender a produção do açúcar, atividade já experimentada nas ilhas atlânticas, numa articulação tricontinental,

---

24. GARCIA, R.A.A. *Ensaio sobre a história política e administrativa do Brasil*: 1500-1810. 2. ed. Rio de Janeiro/Brasília: José Olympio/Brasília/INL, 1975, p. 12-13, 20. • SALDANHA, A.V. *As capitanias do Brasil*: antecedentes, desenvolvimento e extinção de um fenômeno atlântico. 2. ed. Lisboa: Comissão Nacional para as Comemorações dos Descobrimentos Portugueses, 2001, p. 29-58 [1. ed., 1992]. • COSENTINO, F.C. Construindo o Estado do Brasil: instituições, poderes locais e poderes centrais. In: FRAGOSO, J. & GOUVÊA, M.F. *O Brasil colonial, 1443-1580*. Vol. I. Rio de Janeiro: Civilização Brasileira, 2014, p. 521-586.

25. DIAS, C.M.; VASCONCELOS, E. & ROQUE, G. (dir.). *A história da colonização portuguesa do Brasil* – Edição monumental comemorativa do primeiro centenário da independência do Brasil. Vol. III. Porto: Litografia Nacional, 1923, p. 309-312. • GAMA, J.B.F. *Memória histórica da Província de Pernambuco*. Vol. I. Recife: Arquivo Público Estadual, 1977, p. 42-52 [Ed. fac-similar da 1. ed. de 1844].

26. MESGRAVIS, L. *História do Brasil colônia*..., p. 60.

que envolvia os senhores com privilégios e poderes sustentados na propriedade e posse da terra; a força de trabalho escravizada, traficada da África; e o transporte e comércio da produção sob o controle monopolizado de uma companhia de comércio da metrópole. Reunia, portanto, categorias socioeconômicas, expressas no trabalho compulsório, no poder articulado ao controle da terra e na produção para o mercado, típicas, respectivamente, da Antiguidade, da Idade Média e da Idade Moderna, num complexo sistema de produção e comercialização, que envolvia todos os continentes e centralizava na Europa os resultados financeiros das transações. Instituiu-se o sistema colonial mercantilista, com a organização e submissão de todas as atividades realizadas no Brasil ao poder político da nobreza metropolitana e ao controle econômico da burguesia mercantil, sua aliada.

6.3 Instâncias judiciárias

No início da colonização o Brasil ficou subordinado às instâncias jurídicas de Portugal. Em 1530, Martim Afonso de Souza recebeu poderes de aplicar a lei, até a pena de morte, sem que houvesse apelação, exceto no caso de o acusado ser fidalgo. Em 1549 d. João III, estabeleceu o sistema de governo-geral centralizado para administrar todo o território colonial. O judiciário da colônia passou para a responsabilidade direta dos capitães-donatários, embora a criação dos cargos de governador-geral e de ouvidor-geral limitasse os seus poderes na esfera judicial. Definiu-se o arcabouço da administração judicial da colônia através das povoações de população entre 20 e 50 habitantes, nas quais atuavam os juízes de vintena ou juízes vintenários, escolhidos dentre os moradores pelas respectivas câmaras municipais; nos termos ou circunscrições judiciárias correspondentes aos territórios municipais, agiam os juízes ordinários, não letrados ou sem formação jurídica, eleitos pelas câmaras municipais; as comarcas, divisões judiciais das capitanias, administradas por um ouvidor; as capitanias, instâncias de atribuição dos ouvidores, nomeados pelos capitães-donatários, ou pelo rei, nos casos de capitanias reais, que julgavam recursos das decisões dos juízes ordinários e ações novas; o governo-geral, que se constituía na autoridade máxima da justiça na colônia; o ouvidor-geral, subordinado, administrativamente, ao governador-geral, que julgava recursos dos ouvidores das capitanias e dispunha de poderes sobre todo o território colonial. Acima dele havia apenas a Casa da Suplicação em Lisboa, à qual caberia recurso ao Desembargo do Paço, que apresentaria ao rei a decisão final[27].

---

27. SALGADO, G. (coord.). *Fiscais e meirinhos*: a administração no Brasil colonial. Rio de Janeiro: Arquivo Nacional/Nova Fronteira, 1985, p. 73-82.

Quadros de magistraturas e de magistrados dos tribunais da
relação no Brasil (séculos XVI-XVIII)

Magistrados / Magistraturas	Tribunais da relação		
	Bahia		Rio de Janeiro
	1609	1652	1751
Chanceler	1	1	1
Desembargadores dos Agravos	3	2	5
Juiz dos Feitos da Coroa e Fazenda	1	1	1
Procurador dos Feitos da Coroa e Fazenda	1	1	1
Desembargadores Extravagantes	2	-	-
Ouvidores do Crime/Ouvidor Geral	1	2	2
Provedor dos Defuntos e Resíduos	1	1	-
Total	10	8	10

Fonte: CAMARINHAS, N. *Juízes e administração da justiça no Antigo Regime...*, p. 87.

Criou-se em 1597, o Tribunal da Relação ou Tribunal de Justiça do Estado do Brasil, instalado em 1609, em Salvador, composto de um chanceler, dois desembargadores dos Agravos e da Apelação, um ouvidor-geral do Cível e do Crime, um juiz de Feitos da Coroa, Fazenda e Fisco, um provedor de Defuntos e Resíduos, dois desembargadores Extravagantes e oficiais menores[28]. Na administração de Vasco Fernandes César de Menezes (1720-1735) o Brasil transformou-se em vice-reino e manteve-se inalterada a organização política. As câmaras municipais que administravam as vilas, sedes municipais, e as cidades, título honorífico de vilas que se destacassem, dispunham de um juiz presidente, um juiz de fora, nomeado pelo governo metropolitano, dois juízes ordinários eleitos pelas câmaras, três vereadores e um procurador, eleitos pelos homens bons.

6.4 Aparelho militar

Para patrulhamento do território colonial, controle da ordem social e segurança do processo produtivo, montou-se um aparelho militar, com três tipos de organização: tropas regulares ou de linha vindas da metrópole, que zelavam pela defesa externa; tropas semirregulares ou Serviço de Ordenança de natureza privada, mantidas pelos senhores agrários, que estabeleciam e mantinham a ordem interna, reprimiam atividades corsárias, ataques indígenas e insubmissões

---

28. SCHWARTZ, S.B. *Burocracia e sociedade no Brasil colonial*: o Tribunal Superior da Bahia e seus desembargadores, 1609-1751. 2. ed. São Paulo: Companhia das Letras, 2011, p. 56-73 [1. ed., 1979]. • NUNES, A.d'A. *Conhecendo a história da Bahia*: da Pré-História a 1815. Salvador: Quarteto, 2013, p. 164.

escravas; tropas irregulares, bandeiras, ou expedições de caráter temporário que objetivavam aprisionar índios para o trabalho escravo e descobrir minérios[29]. O caráter guerreiro do empreendimento colonizador e a predominância da ordem privada sobre o poder público fizeram dos Serviços de Ordenança a mais ampla e estável das organizações militarizadas. Ao longo dos três séculos de colonização lusitana no Brasil, a hierarquia dos comandos sofreu reformas estruturais sem grandes transformações na sua organização e no seu funcionamento.

O Corpo Colonial de Ordenanças, instituído pelo governo metropolitano no século XVII, mantido pelo real erário, não se organizou em toda a colônia. Prevaleceram as milícias não profissionalizadas, de inspiração medieval, autossustentadas, embasadas no poder local. Em 1758, criaram-se os Regimentos das Ordenanças, logo instaurados em todo o território colonial ocupado pelos agentes da colonização portuguesa. Dividiram-se as capitanias em distritos militares, nos quais se instalaram terços das ordenanças, cujas patentes superiores foram ocupadas pelos proprietários de grandes extensões de terra e os demais postos da hierarquia distribuídos, mais ou menos de acordo com a estratificação social, definida pelo patrimônio e renda. Os capitães-mores das ordenanças promoviam os alistamentos da população masculina, através dos quais se recrutavam contingentes para as tropas de linha. Selecionavam-se os filhos das famílias abastadas para os regimentos de milícias. Todos os habitantes masculinos deveriam se alistar nos respectivos distritos de residência. Ficavam isentos apenas os oficiais das câmaras: juízes, vereadores, procuradores, escrivães e os profissionais especializados: médicos, cirurgiões, sangradores, boticários, ferradores, almocreves e estalajadeiros[30]. Além destes cargos, havia as superintendências, que se ocupavam com uma atividade econômica específica, como a Contadoria Geral da Guerra, que administrava bens e recebia os livros dos vedores, contadores, almoxarifes e escrivães, e como as de zonas mineradoras. Pedro Leolino Mariz superintendeu em Minas Novas do Araçuaí e Pedro Barbosa Leal em Minas do Rio de Contas, substituído por Bernardo de Matos e Albuquerque, no século XVIII.

As milícias não remuneravam seus efetivos, que se fardavam, armavam-se por conta própria e pagavam tributos pelas patentes. Gozavam, em contrapartida,

---

29. SODRÉ, N.W. *A história militar do Brasil*. 3. ed. Rio de Janeiro: Civilização Brasileira, 1979, p. 23-24. • SILVA, M.B.N. Sociedade, instituições e cultura. In: JOHNSON, H. & SILVA, M.B.N. (coords.). *O Império Luso-brasileiro, 1500-1620*. Vol. I. Lisboa: Estampa, 1992, p. 303-551 [*Nova História da Expansão Portuguesa*, sob direção de Joel Serrão e A. de Oliveira Marques]. • NEVES, E.F. Uma comunidade sertaneja..., p. 227-259.

30. SANTOS FILHO, L. *Uma comunidade rural do Brasil antigo – Aspectos da vida patriarcal no sertão da Bahia nos séculos XVIII e XIX*. São Paulo: Nacional, 1956, p. 131-135. Há duas edições fac-similares (Salvador/Feira de Santana: Fundação Pedro Calmon/Uefs, 2012. • Brumado: Prefeitura Municipal, 2012). • NEVES, E.F. Uma comunidade sertaneja..., p. 227-259.

de privilégios, imunidades e prestígio social. Deveriam servir aos interesses metropolitanos, manter a posse territorial, a ordem e a lei. Não se limitavam a simples instrumento de defesa militar, caracterizavam-se forças auxiliares da administração central na tarefa de submeter e disciplinar as respectivas populações locais[31]. Após a conquista militar e a ocupação econômica do território, inverteu-se a lógica da organização político-militar: os milicianos assumiram posturas mais burocratas que militares. A classe senhorial dominante na colônia vinculava-se à nobreza e à burguesia mercantil, aliadas na organização e manutenção do Antigo Regime em Portugal, num pacto de poder, fundamentado na centralização do poder político exercido pelo monarca e na economia mercantil, sob o controle da burguesia.

As descobertas e explorações de jazidas de ouro e de diamantes revigoraram os aparatos administrativos e militares coloniais, que intensificaram suas atuações nas áreas de minérios, como Vila Rica (Ouro Preto), Mariana, Sabará, Tijuco (Diamantina) em Minas Gerais; Jacobina, Rio de Contas, Minas Novas (Rio Pardo), na Bahia. Comarcas foram criadas e divididas as jurisdições territoriais, autoridades civis, militares e eclesiásticas constituídas para administrarem a justiça, a religião e os impostos. A montagem de uma complexa organização proporcionou à metrópole coordenar e exercer a fiscalidade de modo mais efetivo. A cobrança dos direitos reais sobre o ouro e o diamante concentrou-se no quinto, o equivalente a 20% do que se extraía das minas. Tornou-se vital para a colonização portuguesa, controlar os prósperos negócios coloniais e coordenar os despotismos de colonos em postos de comando, que poderiam arriscar a soberania metropolitana sobre aqueles domínios[32].

As relações sociais na colonização sofreram os primeiros abalos com a manifestação da incapacidade metropolitana de administrar o comércio internacional do açúcar colonial, submetido ao regime de monopólio mercantil e no século XVII, quando os senhores coloniais se sentiram abandonados, na luta contra os invasores holandeses. Em consequência da produção aurífera, no século XVIII aguçou-se a animosidade dos mineradores contra o fisco da metrópole e as desconfianças metropolitanas sobre o velho aparelho militar de base local. Os comandos paramilitares passaram ao controle metropolitano, numa inversão da correlação de forças sociopolíticas da colônia: o poder público se

---

31. SILVA, M.B.N. Sociedade, instituições e cultura. In: JOHNSON, H. & SILVA, M.B.N. (coords.). *O império luso-brasileiro, 1500-1620.* Vol. I. Lisboa: Estampa, 1992, p. 376-384. • NEVES, E.F. Uma comunidade sertaneja..., p. 227-259.

32. FIGUEIREDO, L.R.A. *Revoltas, fiscalidade e identidade colonial na América portuguesa* – Rio de Janeiro, Bahia e Minas Gerais, 1640-1761. São Paulo: USP, 1996 [Tese de doutorado].

sobrepôs à ordem privada. As ordenanças, organizadas como força territorial, de base econômica, política e social, entraram em declínio; as milícias, recrutadas nas zonas de maiores tensões sociais, apoiadas por tropas regulares portuguesas, cresciam e tendiam para uma organização permanente, de apoio às autoridades metropolitanas e à repressão social. Na condição de uma expressão dos poderes locais emanado da propriedade fundiária, instrumentalizavam a colonização. As milícias se insurgiram contra a metrópole, quando o governo português tentou submeter o poder privado local à ordem pública metropolitana. Sem pretender, a metrópole estimulou o nascente sentimento de pertencimento ao espaço colonial e impeliu, no médio prazo, a colonização lusitana ao colapso. Em consequência dos movimentos de resistência, concentrou-se ainda mais o poder no século XVIII. As companhias de ordenanças transformaram-se em forças estacionárias, mal instruídas e desequipadas, que não poderiam se deslocar das suas sedes. Apenas serviam como auxiliares locais das forças de linha e das milícias[33]

Em estilo missivista, um professor de grego escreveu, no início do século XIX, uma obra composta de 24 cartas dirigidas aos fictícios amigos Filopono e Patrífilo e assinadas pelo também imaginário Amador Veríssimo de Aleteya[34]. Na nona carta relatou os governos civis da cidade (Salvador) e da Capitania (Bahia), relacionou os ocupantes de cargos públicos de cada governo-geral, em todas as comarca e vilas, inclusive do judiciário e concluiu a sua obra com uma sugestão de colonização para o Brasil, talvez sem perceber o anacronismo da sua proposta.

---

33. PRADO JÚNIOR, C. *Formação do Brasil contemporâneo*: colônia [1. ed., 1942] [Recomenda-se a edição com um texto introdutório de Fernando Novais]. • SANTIAGO, S. (coord.). *Intérpretes do Brasil*. Vol. III. Rio de Janeiro: Nova Aguilar, 2002, p. 1.103-1.488. • SODRÉ, N.W. *A história militar do Brasil*. 3. ed. Rio de Janeiro: Civilização Brasileira, 1979, p. 48.

34. VILHENA, L.S. *Cartas de Vilhena* – Notícias soteropolitanas e brasílicas [Original de 1802] [1. ed., Salvador: Imprensa Oficial do Estado, 1921, 2 vol. • 2. ed., Rio de Janeiro: Arquivo Nacional, 1987, 2 vol.].

7 Exuberância, ostentação, persuasão
Expressões culturais da Contrarreforma e manifestações intelectuais da colonização

7.1 Categoria estética e estilo literário

Denominou-se de *Barroco* ao estilo arquitetônico, artístico e literário que se constituiu em substrato cultural da colonização portuguesa no Brasil, e da formação e subsequente produção intelectual das efêmeras academias literárias coloniais, em particular da Brasílica dos Esquecidos (1724-1725) e da Brasílica dos Renascidos (1759-1760), instituídas na Bahia, que alcançaram maiores repercussões nos seus tempos e tiveram reverberações históricas mais amplas, embora houvessem outras no Rio de Janeiro e em Recife. Formulou-se a noção de *Barroco* em finais do século XIX, para designar o estilo no qual se dissolveu a Renascença ou que resultou da degeneração da arte renascentista na Itália, onde ocorreu a passagem de uma expressão artística severa para outra livre, que transitou do formal para o informal. A marca essencial da arquitetura barroca seria o seu caráter pictórico, que apenas parece ser pela impressão de movimento; deixava de lado a sua natureza particular para procurar efeitos emprestados a outra arte[1]. Posteriormente, definiu-se a noção de Barroco como uma categoria estética positiva, caracterizada por um esquema ou morfologia de cinco pares de oposições de *Clássico* e *Barroco* aplicados dedutivamente para apresentar estilos de algumas artes plásticas dos séculos XVI e XVII[2]: 1) o *linear* e o *pictórico* para o desenho, a pintura, a escultura e a arquitetura; 2) *plano* e *profundidade* para a pintura, a escultura e a arquitetura; 3) a *forma fechada* e a *forma aberta* para a pintura, a escultura

---

1. WÖLFFLIN, H. *Renascença e barroco*: estudo sobre a essência do estilo barroco e sua origem na Itália. 2. ed. bras. São Paulo: Perspectiva, 2014, p. 12-19, 39-46 [1. ed. suíça, 1888].

2. HANSEN, J.A. Barroco, neobarroco e outras ruínas. *Destiempos.com*, I, 14, mar.-abr./2008. México [Disponível em www.destiempos.com/n14/hansen2.pdf – Acesso em 12/08/2016].

e a arquitetura; 4) a *pluralidade* e a *unidade* para a pintura e a arquitetura; 5) a *clareza* e a *obscuridade* para a pintura e a arquitetura[3].

Neste dialético esquema de pares opostos, cada artista poderia produzir a sua arte com expressões e caracteres próprios. A distinção residiria no reconhecimento dos tipos de criação individual. Numa experiência em que quatro pintores decidiram reproduzir um mesmo fragmento de paisagem, num dos quadros o traçado ficou anguloso, no outro mais arredondado; seus movimentos foram ora mais lentos e interrompidos ora mais fluido e impetuoso; as proporções tenderam, em uns momentos, para a esbelteza, em outros, para a largura; a modelação do corpo que se mostrou plena e abundante para alguns, parecia com maior reserva e mais economia para outros; o mesmo aconteceu em relação à cor e à luz, enquanto a cor se mostrou mais quente para uns e mais fria para outros; uma luz se apresentou mais ou menos pronunciada; um raio de luz apareceu lânguido em um e mais vivo e jocoso em outro. Enfim, quando as atenções se concentram num mesmo modelo da natureza os *estilos individuais* se evidenciam de maneira mais flagrante. Com sutileza cada vez mais apurada, deve-se tentar revelar a relação da parte com o todo para se chegar à definição dos tipos individuais de estilo, na forma e no tratamento da luz e das cores do desenho. Compreende-se como uma determinada concepção formal, necessariamente ligada a certa coloração, que aos poucos se entende ao complexo global das características pessoais de um estilo como a expressão de certo temperamento. Todavia, a evolução da arte não se decompõe em uma série de pontos isolados[4]. Os indivíduos organizam-se em grupos e apesar das diferenças entre si e por mais que possam divergir uns dos outros, possuem, por viverem em interação social, muitos elementos comuns, se comparados com indivíduos de outros grupos. Por conseguinte, além do *estilo pessoal*, devem-se considerar os estilos da *escola*, do *país*, da *etnia*[5]. Classificou-se a evolução estilística do Barroco como degenerescência[6], categoria estilística[7], alegoria[8], projeção do desejo[9], qualificação genericamente aplicada a todos os

---

3. WÖLFFLIN, H. *Conceitos fundamentais da História da Arte*. 2. ed. bras. São Paulo: Martins Fontes, 1989 [1. ed. suíça, 1888].

4. NAKAMUTA, A.S. (org.). *Hanna Levy no Sphan*: História da Arte e Patrimônio. Rio de Janeiro: Iphan/DAF/Copedoc, 2010.

5. WÖLFFLIN, H. *Conceitos fundamentais da História da Arte...*, p. 1-19.

6. BURCKHARDT, J. *A cultura do renascimento na Itália*: um ensaio. São Paulo: Companhia das Letras, 2009.

7. WÖLFFLIN, H. *Conceitos fundamentais da História da Arte...*, p. 1-19.

8. BENJAMEN, W. *Origem do drama barroco alemão*. São Paulo: Brasiliense, 1984.

9. BAZIM, G. *A arquitetura religiosa barroca no Brasil*. 2 vol. Rio de Janeiro: Record, 1956.

fatos da cultura seiscentista[10]; e relacionou-se à época contemporânea por meio do conceito de *Neobarroco*[11].

O termo *Barroco*, que tanto poderia designar um estilo arquitetônico, artístico ou literário quanto um período cronológico ou uma determinada mentalidade, do mesmo modo que o Gótico e o Rococó, também se originou de acepção pejorativa, em consequência da crença no valor absoluto da concepção clássica de arte, estabelecido pelo Renascimento e retomado pelo movimento Neoclássico[12]. Há controvérsias sobre a origem etimológica da sua designação, que adviera de denominação atribuída por artífices portugueses a um tipo de pérola irregular, cuja qualificação fora assimilada na França com o significado de bizarro, extravagante; ou resultara do nome de uma das modalidades de silogismo, avaliado como sofisma ou argumento concebido com o objetivo de iludir. As duas acepções evidenciam sentido pejorativo, valoração negativa. A expressão passou a designar o conjunto de valores e significados que se manifestou nas artes e na literatura, entre o Classicismo renascentista e o Neoclassicismo setecentista, ou entre o final do século XVI e o início do XVIII, quando historiadores da arte europeus a resgataram, nos últimos anos do século XIX. Como designação da rede de valores, que se difundiu a partir da Europa, embora encontrasse resistências na Inglaterra e na França, o vocábulo foi absorvido pelos historiadores, que passaram a identificar o tumultuado século XVII como Idade Barroca, que deu origem a uma vasta bibliografia, em particular na Itália, Alemanha, Espanha e Portugal[13]. Enfim, o Barroco firmou-se como a última fase de um estilo, porque suas formas características expressavam-se na consequência da transformação perpétua imanente realizadas nas formas criadas[14]. Manoel José de Araújo Porto-Alegre (1806-1879), estudioso da produção artística da época colonial, ligado à tendência Neoclássica, fez-se o brasileiro pioneiro no emprego da palavra *barroco* em sentido estilístico, ao analisar obras de arte por uma perspectiva formal e política. Entendido com modernismo, a

---

10. ARGAN, G.C. *Imagem e persuasão*: ensaios sobre o barroco. São Paulo: Companhia das Letras, 2004, p. 11.

11. CALABRESSE, O. *A idade neobarroca*. São Paulo: Martins Fontes, 1988.

12. BAZIM, G. *Barroco e Rococó*. 2. ed. São Paulo: Martins Fontes, 2010, p. VII-XI.

13. NEVES, G.P. Barroco. In: VAINFAS, R. (dir.). *Dicionário do Brasil Colonial, 1500-1808*. Rio de Janeiro: Objetiva, 2000, p. 68-70.

14. KERN, D.P.M. Hanna Levy e sua crítica aos conceitos fundamentais de Wölfflin. In: UFRGS. *Comitê de História, Teoria, Crítica de Arte* [Disponível em http://anpap.org.br/anais/2015/comites/chtca/daniela_kern.pdf – Acesso em 11/08/2016].

partir da década de 1920, o estilo Barroco ganhou importância predominante na construção de uma identidade cultural e estética própria do Brasil[15].

7.2 Origens e fundamentos basilares do estilo Barroco

O barroco como um conjunto de valores e expressões culturais antecedeu o *Maneirismo*, ou *Manierismo*, um movimento artístico que se manifestou na Europa, entre 1530 e 1600. Esta denominação, com a qual se pretendeu expressar sentido pejorativo, derivou-se do termo italiano *manieri*, que se traduzia por alteração do que é verdadeiro, numa insinuação de que seria apenas uma imitação do Classicismo. A arte maneirista, da qual o espanhol El Greco se firmou como um dos mais expressivos representantes agradou parte da aristocracia, sem alcançar o apelo popular dos clássicos renascentistas, o que a levou ao vagaroso desaparecimento e substituição pelo Barroco, seu herdeiro natural[16]. Como expressão artística, o Barroco demonstrou-se mais preocupado com o seu tempo que o passado, sem manifestar crise de identidade, por ser uma percepção do mundo mais coletivista do que individualista. Confundiu, quando lhe foi conveniente, os valores culturais ancestrais com os do seu tempo e abarcou toda esta capacidade de dissimulação e de dissolução dos limites entre o real e o imaginário e também de trânsito entre as ideias de sujeito e de coletividade[17].

O estilo Barroco surgiu em Roma, como reação ao Racionalismo, ao Renascimento e às consequentes críticas de humanistas e cismáticos, para reafirmar, tanto na arte como na vida, valores e ideais basilares da Contrarreforma[18]. Firmou-se como estilo artístico da reação tridentina, quando a Igreja perdia seguidores para as Reformas Protestantes. A percepção artística depois denominada de barroca, entendeu a arte como instrumento de propaganda ideológica e proselitismo religioso, através da qual exerceu maior controle sobre a produção artística, uma estratégia também utilizada pelo Estado autoritário como forma de glorificar o poder monárquico[19]. Em tais circunstâncias, os patrocinadores

---

15. BAUMGARTEN, J. & TAVARES, A. O barroco colonizador: a produção historiográfico-artística no Brasil e suas principais orientações teóricas. *Perspective* – Actualité en histoire de l'art, Brasil, 2, 2013 [Disponível em https://perspective.revues.org/5538 – Acesso em 11/08/2016].

16. AZEVEDO, A.C.A. *Dicionário de Nomes, Termos e Conceitos históricos*. Rio de Janeiro: Nova Fronteira, 1999, p. 292-193.

17. SILVA, J.T. O barroco como conceito: In: SCHUMM, P. (ed.). *Barrocos y modernos*: nuevos caminos de la investigación del barroco iberoamericano. [s. l.], Vervet, 1998.

18. SCHWARTZ, S.B. & LOCKHART, J. *A América Latina na época colonial*. Rio de Janeiro: Civilização Brasileira, 2002, p. 34-35.

19. SILVA, K.V. & SILVA, M.H. *Dicionário de Conceitos Históricos*..., p. 31-34.

das obras artísticas exerciam fortes influências sobre os autores, com a determinação de temas e interferências diretas nos trabalhos que encomendavam. Numa percepção ibérica, compreende-se o Barroco como um conceito histórico que correspondeu, aproximadamente, aos três primeiros quartos do século XVII, concentrado em sua plena significação, entre 1605 e 1650. Com ligeiros deslocamentos, esse lapso de tempo seria válido também para outros países europeus[20]. O Barroco consolidou-se com maior vigor e permaneceu como expressão cultural por mais tempo na península Ibérica, que sofreu o impacto mercantil e de concentração de poder no Antigo Regime, e já se encontrava na defensiva durante a Contrarreforma e o Império Filipino, no confronto com o protestantismo e o racionalismo, que cresciam na Inglaterra, na Holanda e na França. Diferente do Barroco jesuítico, sem nítidas fronteiras espaciais, mas notáveis limites ideológicos, o luterano da Alemanha e da Suécia, como se vê na música de Bach, contrariava os extremos gongóricos da imagem e do som. Nesta diversidade, o nexo se fazia através das realidades, social e cultural, que se refletiam sobre si mesmas ante a agressão da Modernidade burguesa, científica e leiga[21]. Proporcionou a compreensão do próprio contexto, embora, com riscos de generalizações na interpretação de diferentes espaços e diversos momentos históricos dos séculos XVII e XVIII[22].

A colonização foi permeada na América, pelo sentimento de destruição dos referenciais da cultura ibérica e de tragédia ante os subsídios da tradição indígena. Os constantes conflitos durante a conquista territorial receberão um significado moral, na proporção em que os contatos entre as civilizações explicitavam as marcas de sua ambiguidade. A polêmica entre Las Casas e Sepúlveda, citada no capítulo terceiro, esclareceu a necessidade de se compreender o conflito a partir de um fundamento moral. Através deste móvel, Las Casas elaborou a defesa dos indígenas com a narrativa da violência perpetrada contra eles. Ao constituir a sua soberania ideológica entre as populações indígenas, o cristianismo instituiu a dialética barroca, quando procurou, através da dúvida, esvaziar as explicações tirânicas e conclusivas. O Barroco, por meio da composição de seus paradoxos, impediu que a verdade fosse constituida em um mesmo plano. E a solução encontrada para os impasses correspondeu a uma dissimulação do

---

20. MARVALL, J.A. *A cultura barroca*: análise de uma estrutura histórica. São Paulo: Edusp, 1997, p. 42.
21. BOSI, A. *História concisa da literatura brasileira*. 41. ed. São Paulo: Cultrix, 2003, p. 29.
22. MONTEIRO, R.B. *O rei no espelho*: a monarquia portuguesa e a colonização da América, 1640-1720. São Paulo: Hucitec/Fapesp, 2002, p. 309.

contraste evidente, que indicava não se ter misturado tudo. O princípio da oposição entre colonizador e colonizado, vencedor e vencido, seria uma referência às formas europeias de percepção, de modo que muito se escapava a esta história contada com aparente dualidade.

O Barroco, tanto na condição de categoria estética quanto na de estilo literário, urdiu as formas plásticas e verbais em tal intensidade que as dissecou e as tornou artificiais e excêntricas, transformadas em um código retórico construído para dar distância aos conteúdos. Ao manter os antigos vínculos com a estética renascentista, utilizou-se da perspectiva para criar profundidade, arrematar a realidade e abrir caminhos para uma alternativa de significações. Importava, portanto, parecer criar uma ilusão a partir de um signo, com capacidade infinita de passar mensagens. Na Europa, tais mensagens envolveram certas unidades de significação, marcadas pelo cristianismo; na América, expressou um momento, contido na representação física, cujo significado escapou ao atribuído às imagens barrocas europeias; na Europa, a retórica barroca tendeu a se estruturar de modo nivelador, que procurasse integrar elementos contraditórios; na América, a arquitetura barroca não foi obrigatoriamente miscigenada, por se referir a dois universos de significação. Ao dissociar conteúdo e forma, permitiu conviver com formas, desenhos e figuras das quais se desconhecem os sentidos[23]. A arte barroca configurou a representação como discurso demonstrativo e o articulou segundo um método de persuasão, que A Igreja Católica utilizou para seus fins de propaganda da Contrarreforma. A possibilidade de persuadir fundamentou as relações humanas e a vida civil[24]. Quanto à forma, caracterizou-se pela profusão de detalhes, ostentação, opulência material, e expressou, na arquitetura, em altares dourados e paredes entalhadas; na pintura, em dramaticidade, quase sempre de martírios e vidas de santos, o que transformava a tela em um palco e criava uma empatia entre o espectador e a cena retratada[25]; na literatura traduziu-se em formalismo, rebuscamento e ambiguidade temática, numa mistura do religioso e profano, de poemas místicos e sátiras sociais, de individualismo e humanismo.

Na América Latina coexistiram dois tipos de pintura barroca. O luso-brasileiro, mais rural, menos monumental; mais acanhado, menos rebuscado; mais despojado, menos complexo que o hispano-americano. Embora se influenciassem mutuamente, nunca se confundiram, por divergirem quanto à índole e às

---

23. THEODORO, J. *América barroca*: tema e variações. São Paulo: Edusp/Nova Fronteira, 1992, p. 146-147.
24. ARGAN, G.C. *Imagem e persuasão...*, p. 37.
25. SILVA, K.V. & SILVA, M.H. *Dicionário de Conceitos Históricos...*, p. 31-34.

características morfológicas. Originalmente, a pintura barroca brasileira foi mais refinada e aristocrática e se transformou na expressão de ideais mais vulgares, por serem produzidas por artistas sem formação acadêmica. Havia diversidade também entre as variantes barrocas desenvolvidas no Brasil. A produção litorânea, de Pernambuco, Bahia, Rio de Janeiro e São Paulo, que se manteve mais vinculada às influências europeias, diferenciava-se da interiorana de Minas Gerais, que apresentava características mais independentes e originais. Enquanto o barroco litorâneo, mais empolado e pomposo, refletia os anseios de uma sociedade rural e aristocrática, o interiorano expressava ideal de uma sociedade urbana, burguesa, avessa a ostentações.

Na perspectiva sociocultural, a manifestação barroca expressou a conjuntura político-econômica do Antigo Regime, caracterizada pela centralização do poder monárquico e pela insaciável cobiça da acumulação mercantil, que se expandiram da Europa para todos os continentes, quando a burguesia, como classe social emergente, se associou num pacto de poder com a nobreza, enquanto um estamento que perdia prestígio social e poder político em consequência da nascente economia de mercado. Na condição de uma manifestação cultural, o barroco desdobrou-se da contestação ao Renascimento e se converteu em intérprete da mensagem dogmática do Concílio de Trento (1545-1547, 1551-1552, 1562-1563) contra a Reforma Protestante de início do século XVI. Como expressão de ideias arquitetônicas, artísticas e literárias, o Barroco prevaleceu na Europa, até meados do século XVIII, quando se romperam as obrigações feudais de obediência e suserania na pré-Revolução Industrial e se passaram a cultivar a liberdade de pensamento, a investigação experimental, o respeito aos direitos humanos. Nessa conjuntura mutante reagiu-se também ao patético, ao suprarracional, ao fantástico e ao fantasioso, que caracterizaram o estilo Barroco[26]. Entretanto, há que se considerar que a caracterização do Barroco definida no século XIX, associada à ideia de progresso e continuidade, não corresponde à perspectiva de história do século XVII, que ainda preservava o sentido providencialista agustiniano, ao vislumbrar a história como processo social submetido ao controle divino[27]. Deve-se, portanto, antes de se avaliar o comportamento social de qualquer época, o situar no seu contexto histórico.

---

26. SILVA, J.T. O barroco como conceito..., p. 289-304.
27. SHCOLNIK, F. O lugar do "barroco" na historiografia literária brasileira. Cadernos do CNLF, X, 11: a estilística na obra literária [Disponível em http://www.filologia. org. br/xcnlf/11/13.htm – Acesso em 30/08/2016. • HANSEN, J.A. Letras coloniais e historiografia literária. Matraga, XVIII, 1, jan.-jun./2006, p. 13-44. Rio de Janeiro.

7.3 Estilo Barroco como substrato cultural da colonização portuguesa

O estilo Barroco manifestou-se nas artes e na literatura da Europa do século XVII, pleno de exuberância, ostentação e persuasão. Atribuiu a si mesmo uma complexa carga simbólica, que incrementou exponencialmente a força e o alcance das mensagens que as suas imagens transmitiam, tanto na perspectiva dos seus coetâneos quanto no devir histórico. Particularmente na versão religiosa, em sua matriz romana, em suas reinterpretações ibéricas ou em suas hibridizações coloniais latino-americanas o embate entre o prazer dos sentidos e a inexorabilidade da morte aflora em seu discurso visual, através de alegorias e representações de personagens virtuosas exemplares. Seriam alegorias da efemeridade, emblemas da virtude, exortação ao martírio[28]. Durante a União Ibérica, surgiu em Portugal uma fase protobarroca entre 1620 e 1683, quando se desenvolveram as artes do azulejo, da talha, da escultura e da ourivesaria. Com a restauração monárquica portuguesa, durante o reinado de d. Pedro II (1683-1706), a arte, a arquitetura e as letras transitaram para uma fase propriamente barroca, que se desenvolveu entre 1683 e 1720[29]. Na primeira metade do século XVIII ampliou-se a participação da talha nos espaços internos de templos em Portugal e nas capitanias mais prósperas do Brasil, em especial na Bahia. Revestiram-se paredes para camuflar inteiramente o suporte arquitetônico e criar um espaço de formas variadas, expressivas, douradas e policromadas. Este momento, representado pelo interior da Igreja do Convento de São Francisco, atingiu o auge da integração artística própria do Barroco, quando se associaram arquitetura, escultura, pintura, música, teatro e oratória. Durante os atos litúrgicos, tudo isso se juntava a outros apelos aos sentidos, como a mistura de odores de incensos e de cadáveres sepultados no piso da nave e a bruxuleante luz de velas, que transformavam o ambiente numa antevisão do paraíso prometido pela Igreja e pretendido pelos fiéis[30].

O Barroco formou-se tardiamente no Brasil, durante o século XVIII, no habitual anacronismo em que os comportamentos sociais metropolitanos se estendiam às sociedades coloniais. A demora se demonstrou no esculpir das estátuas dos 12 profetas pelo Aleijadinho, somente concluídas em 1808[31]. Como trama de

---

28. OLIVEIRA, C.M.S. Virtudes e martírios por meio da alegoria barroca: icnografia franciscana e modelos tridentinos nas capitanias de Pernambuco e Paraíba – América Portuguesa, século XVIII. In: MELLO, M.M. (org.). *A arquitetura do engano*: perspectiva e percepção visual no tempo do barroco entre a Europa e o Brasil. Belo Horizonte: Fino Traço, 2013, p. 35-48.
29. SERRÃO, V. *História da arte em Portugal*: o barroco. Lisboa: Presença, 2003.
30. FREIRE, L.A.R. *A talha neoclássica na Bahia*. Rio de Janeiro: Versal, 2006, p. 147.
31. LEITE, J.R.T. *Dicionário Crítico da Pintura no Brasil*. Rio de Janeiro: Arte Livre, 1988, p. 57-59.

valores e significados, ressalta-se mais na investigação da cultura colonial brasileira, a complexa articulação entre um sistema agromercantil e a máquina mercante europeia, detectada por Gregório de Matos e Guerra (1636-1696), no poema *Triste Bahia*, do final do século XVII. Durante a colonização portuguesa, as condições senhoriais e escravistas pressupunham um desempenho de atribuições no sistema produtivo, que não se reduziam ao exercício destas mesmas funções. Traziam consigo múltiplas formas concretas de existência interpessoal e subjetiva, a memória e o sonho, as marcas do cotidiano, nos modos de nascer, comer, morar, dormir, amar, chorar, rezar, cantar, morrer, sepultar, enfim, nos seus jeitos de pensar, sentir e agir em todos os campos da percepção e das atividades humanas. As formas da assimilação luso-africana e luso-tupi tiveram tal relevo que relegaram ao segundo plano os aspectos organizacionais e constantes de assenhoramento e violência, que marcaram a história da colonização[32].

Na segunda metade do século XVII surgiu o estilo Barroco Colonial, um dos mais destacados marcos do século XVIII na formação cultural da América de colonização ibérica, que se difundiu nas expressões arquitetônicas, artísticas e literárias como uma cópia imperfeita, por associar fragmentos culturais europeus com resíduos de valores nativos. Esta nova manifestação cultural exprimia ambiguidade, por mesclar valores, usos e costumes de colonizados e de colonizadores; expressar-se como uma arte da abundância, baseada na necessidade e no desejo, que traduziam proliferações fundamentadas na insegurança e se ocuparem com histórias pessoais e sociais do pós-conquista do continente pelos europeus. Expressou uma arte paradoxal, da pujança senhorial, que se afogava na própria fecundidade, e da carência dos excluídos da divisão dos resultados do trabalho social, os mendigos que se sentavam às portas das igrejas e os camponeses que frequentavam os templos. Caracterizou-se uma arte de deslocamentos semelhantes ao de um espelho, no qual se via sempre a própria imagem em permanente transformação. Enfim, uma arte dominada pela nova cultura que se situou entre o universo indígena destruído pela colonização europeia e um novo mundo euro-americano em formação[33]. Tanto na América de colonização espanhola quanto na de conquista portuguesa, desenvolveu-se uma arte carregada até à confusão, que se apresentou como um dos êxitos mais pujantes do Barroco[34].

---

32. BOSI, A. *Dialética da colonização*. São Paulo: Companhia das Letras, 1992, p. 26-27.
33. FUENTES, C. *O espelho enterrado*: reflexões sobre a Espanha e o Novo Mundo. Rio de Janeiro: Rocco, 2001, p. 20.
34. TAPIE, V.L. *Barroco y classicismo*. 3. ed. Madri: Cátedra, 1986, p. 355.

Este comportamento estético ou percepção de vida chegou ao Novo Mundo com o clero secular, as ordens religiosas e principalmente os jesuítas, para se manifestar na proporção da acumulação colonial de riquezas através da cana-de-açúcar, da pecuária e, sobretudo, da mineração, fontes dos recursos para a ostentação e a exuberância que o estilo exprimia. Manifestou-se antes na América Central (México) e nos Andes (Peru), oportunizada pela extração em larga escala de ouro e prata, metais já utilizados pelos nativos destas regiões, e também pelo estágio de organização social e desenvolvimento econômico das suas populações.

Na América de colonização portuguesa, em meados do século XVIII, o Barroco ia à frente do progresso arquitetônico em Minas Gerais onde, livre dos modelos importados que dominavam o litoral e com o apoio de patrocinadores leigos, ricos concorrentes entre si, impulsionou-se mais que em qualquer outra parte da colônia. Com o apoio de irmandades, desenvolveu-se uma geração de artífices, arquitetos e pintores nativos, que adornaram as nascentes cidades da corrida ao ouro com elegantes igrejas, esculturas e artefatos[35], registros culturais do nascimento de um povo mestiço e de uma nação tropical, num cenário natural de intensa luminosidade e forte colorido.

Na literatura, o estilo Barroco caracterizou-se pelo emprego de figuras de linguagem. Vislumbrava antítese em quase tudo que expunha e cometia frequentes paradoxos como o embasamento simultâneo no teocentrismo e no antropocentrismo. Para expressar a exuberância e a ostentação e exercer a persuasão, recorria ao recurso da hipérbole, da metáfora e da prosopopeia, com narrativas de luxo e poder, reforço de suas afirmativas, ainda que de modo implícito ou subjacente, e atribuição de raciocínio e voz a animais. As expressões de servilismo marcavam o comportamento social da época de centralização do poder monárquico, quando não se ousava desmerecer o que se fazia digno de nomes poderosos e a eles se ofereciam os estudos na expectativa de receber a mercê da publicação. Na contramão destes padrões, Gregório de Matos e Guerra (1636-1695), em versos de fácil dicção, desenvolveu crítica social ferina ao clero e aos mandatários, aos brancos, negros e mestiços que contrariavam as exaltações de nativismo descritivo, louvores das autoridades. Este comportamento custou-lhe um exílio em Angola[36]. A crônica histórica expressava a concepção corográfica, apoiada na plástica ambiental exuberante dos trópicos, para proporcionar narrativas apologéticas e de

---

35. MAXWELL, K. Condicionalismos da independência do Brasil. In: SILVA, B.N. *O Império luso-brasileiro: 1750-1822*. Lisboa: Estampa, 1986, p. 333-395 [Nova História da Expansão Portuguesa, vol. 8].

36. CASTELLO, J.A. *A literatura brasileira: origens e unidade (1500-1960)*. Vol. I. São Paulo: USP, 2004, p. 75-81.

exaltação, sem distinção entre passado e presente, capazes de produzir exemplos morais e supostamente dignificantes de vida[37].

O Barroco Colonial apresentou maior riqueza de detalhes e variações que o europeu, por sugestão da exuberante paisagem tropical. Entretanto, não houve paisagista que estampasse nos retábulos a luz e o verde dos trópicos nem o entalhador que recortasse na sua tábua a forma real das coisas circundantes no Brasil Colônia[38]. Os conquistadores da América impuseram sua religião, desde o século XVI. Já os movimentos de emancipação política ou de renovação de ideias, influenciados pelo Iluminismo, nada favorável à Igreja desde o século XVIII, não se voltaram contra sua doutrina consolidada como uma cultura barroca, exceto em casos isolados, nos novos estados nacionais ibero-americanos. Na literatura, destacaram-se como corifeus no Brasil, o padre Antônio Vieira (1608-1697), nascido em Portugal e o poeta baiano Gregório de Matos e Guerra, seguidos de alguns coadjuvantes[39].

Na arquitetura e na pintura os exemplos se multiplicaram, principalmente nos templos dourados de Recife, Salvador e Rio de Janeiro. Na escultura, o maior destaque coube ao mineiro Antônio Francisco Lisboa, o Aleijadinho (17??-1814), um mulato, que na sua própria miscigenação expôs um traço da nacionalidade emergente. Embora tivesse as mãos mutiladas pela lepra, legou à posteridade, entre outras obras monumentais, as estátuas dos profetas, esculpidas em pedra-sabão, expostas em Congonhas do Campo.

Apareceu na arquitetura e nas artes decorativas, entre o Barroco e o Neoclássico, outro estilo denominado de grotesco ou Rococó, surgido da França de Luís XV, com o emprego da linha curva, um gosto mais pronunciado da luz e um movimento mais que de intensidade, esforço ou patetismo, caracterizado pela soltura e graça natural. Partiu-se de uma arte monumental na essência, para a decorativa e menos solene[40]. Passou-se ao uso excessivo de curvas caprichosas e profusão de elementos decorativos como laços, ramos e outros elementos da natureza. Contudo, não se devem estender sem restrições, as interpretações do Barroco do Novo Mundo. Pode se considerar que o ideal deste estilo expressou no Brasil afirmação de identidade cultural, de brasilidade, e até se associou a

---

37. NEVES, E.F. O barroco: substrato cultural da colonização. *Politeia*: História e Sociedade, VII, 1, 2007, p. 71-84. Vitória da Conquista.

38. CALMON, P. *Espírito da sociedade colonial*. São Paulo: Martins Fontes, 2002 [História Social do Brasil, vol. 1].

39. CURTO, D.R. Cultura letrada no século Barroco (1580-1720). In: FRAGOSO, J. & GOUVÊA, M.F. (orgs.). *O Brasil colonial, 1580-1720*. Vol. II. Rio de Janeiro: Civilização Brasileira, 2014, p. 419-500.

40. TAPIE, V.L. *Barroco y classicismo*..., p. 379-381.

ideais iluministas, na primeira manifestação considerável de tentativa de ruptura com o poder lusitano em Minas Gerais na qual, intelectuais como Tomás Antônio Gonzaga, Cláudio Manoel da Costa e outros se exprimiram em versos, prosas e atividades políticas.

São posteriores a 1730, as primeiras experiências arquitetônicas barrocas no Brasil, iniciadas na decoração interior das igrejas de Nossa Senhora da Glória e da extinta de São Pedro dos Clérigos no Rio de Janeiro, cujas plantas se repetiram nas de São Pedro dos Clérigos de Recife, de Nossa Senhora do Rosário de Ouro Preto e de São Pedro dos Clérigos de Mariana. Desde então, a arquitetura eclesiástica passou a receber retábulos majestosos de talhas douradas, adaptados de modelos portugueses, que transformaram todo o espaço disponível em cavernas douradas, como na Igreja de São Francisco em Salvador, ou se limitaram aos altares, uma alternativa mais comum. Também se conciliava a talha dourada com uma pintura de perspectiva ilusionista, arte na qual ficaram famosos personagens como José Joaquim da Rocha (1737-1807) na Bahia, José Soares de Araújo em Diamantina e alguns outros[41]. Entre as principais expressões estilísticas deste período, além do Aleijadinho, destacaram-se Manoel da Costa Ataíde na Bahia (1762-1830) e Valentim da Fonseca e Silva, Mestre Valentim (1750-1813) em Minas Gerais.

Num processo de incorporação de elementos nativos à pluralidade cênica da pintura barroca, na sacristia da demolida (1933) Sé Metropolitana da Bahia (1678) havia um Menino Jesus com um cocar indígena, adorno raro em outras regiões artísticas, que não ocorreu em Minas Gerais. Em outros templos barrocos de Salvador encontram-se figuras indígenas como as caboclas pintadas sob o coro da igreja agostiniana da Palma (1690), no teto da portaria da igreja de São Francisco (1720) e também no teto da Conceição da Praia. Coincidiram com o culto arcádico do gentio na Bahia, onde famílias da elite descendiam de etnias nativas e anteciparam, em esculturas e pinturas, o nativismo de José Basílio da Gama (1741-1795) e José de Santa Rita Durão (1722-1784). Durante a colonização do Brasil, o estilo Barroco difundiu-se mais na arquitetura que na escultura e na pintura, artes em geral, empregadas na função decorativa[42].

Não houve destaque na música. Em todas as sés os chantres entoavam o cantochão. Pouco se estudou a música erudita no Brasil Colônia. Sabe-se que

---

41. TEDIM, J.M. Barroco. In: SILVA, M.B.N. (coord.). *Dicionário da História da Colonização Portuguesa no Brasil*. Lisboa/São Paulo: Verbo, 1994, p. 102-103.

42. CALMON, P. *Espírito da sociedade colonial...* • MACHADO, L.G. Arquitetura e artes plásticas. In: HOLANDA, S.B. (dir.). *A época colonial: administração, economia e sociedade*. T. 1. Vol. II. 7. ed. Rio de Janeiro: Bertrand Brasil, 1993, p. 106-120 [História Geral da Civilização Brasileira, 2].

predominou a tradição portuguesa. Nos conventos cultivaram-se o canto gregoriano ou cantochão e o órgão ou polifonia de duas vozes, a principal, que entoava uma melodia gregoriana e a organal, com acompanhamento numa tonalidade acima. O clero secular relutou em aceitar um estilo musical que, no século XVIII atingia o máximo esplendor na Europa, com a subordinação do texto litúrgico à exaltação melódico-dramática e à homofonia, ou insistência de palavras e incisos. Com o apogeu minerador oitocentista surgiu em Minas Gerais uma geração de compositores e intérpretes desse gênero musical[43].

No Brasil Colonial, predominou a música africana, de bailes ou batuques geralmente censurados, pela forma lasciva das umbigadas e outros passos da dança, principalmente por constituir um ambiente mestiço, que aproximavam homens e mulheres, escravos, forros, brancos pobres e ricos. De qualquer modo, com ou sem instrumentos, os batuques aconteciam nos ajuntamentos sociais, inclusive festas religiosas. Apesar de se escreverem sobre música desde a primeira metade do século XIX, somente se atribuíram relevância à música colonial, a partir da década de 1940. Até então, preocupavam-se com a construção de uma identidade nacional, em cujos conceitos não comportavam a expressão musical do século XVIII. No início do século XIX, considerava-se música nacional a que se produzia no Brasil independente, em igualdade com as de origens europeias. A temática desta música orbitou o fim da escravidão e da colonização. Deveria fincar suas raízes no passado colonial e, simultaneamente, mostrar-se liberta de qualquer amarra subserviente e constituir-se como um ponto de chegada de um longo processo evolutivo originado com os nativos[44].

Já se ressaltaram duas heranças culturais de estilos da colonização, talvez com algum exagero, prevalecentes no Brasil na identificação das categorias e generalização das características temporais e espaciais: no sul, a do gótico altivo de povos nórdicos, que se transladou em famílias inteiras, excluídas pela nova ordem socioeconômica industrializada na Europa, como excedentes de força de trabalho, que passaram a ver no índio um detalhe, do qual a sociedade brasileira deveria se livrar para se europeizar; no norte, o Barroco das gentes ibéricas, mestiças, que se mesclaram com índios, sem lhe reconhecer direitos que não fosse o de se multiplicar em mais braços, para os seus serviços. A exclusão dos nórdicos, opôs-se ao assimilacionismo dos caldeadores ibéricos. Em consequência, no universo católico e barroco, mais que no mundo reformista e gótico, as classes

---

43. LANGE, F.C. A música barroca. In: HOLANDA, S.B. (dir.) *A época colonial...*, p. 121-144.

44. VIANA, F.H. *A paisagem sonora de Vila Rica e a música barroca das Minas Gerais (1711-1822)*. Belo Horizonte: C / Arte, 2012, p. 29-61, 114-140.

dirigentes tenderam a se definir como agentes da civilização ocidental e cristã, a se considerarem mais perfeitas, prudentes e piedosas, e se avantajarem tanto sobre a brutalidade que se impunham quanto sobre o domínio dos bons sobre os maus, dos sábios sobre os ignaros, do civilizado sobre o selvagem[45].

As manifestações barrocas não se restringiram às artes visuais e arquitetônicas. Estenderam-se aos universos, político, religioso, econômico, social, literário, musical, cênico, enfim, a todas as dimensões culturais reveladas. As motivações que impulsionaram, especificamente, as poéticas artísticas e arquitetônicas urbanísticas se vincularam à construção de estratégias de persuasão da Igreja e dos governos autoritários, em crises, decorrentes do Renascimento, da Reforma Protestante e dos colapsos econômico, político e sociais do século XVII. Recorreram-se, então, a artifícios da imaginação e da fantasia, através da dramatização das formas de se expressar, comprometidas com as articulações de poder, e construíram um sedutor discurso de alto teor retórico que revelou, simbolicamente, o caráter e a dimensão sobrenaturais da Igreja e absolutista dos impérios, para induzir a população a um comportamento de acomodação, apoio e subordinação. Através dos valores barrocos também se procuraram atinar as mentes dos expectadores através dos exercícios da imaginação, da fantasia, da maravilha, em busca dos mais criativos artifícios de sedução, prática que legitimou uma incondicional superação dos preconceitos formais relativos à expressão artística, vinculados à tradição clássica humanista[46].

A crônica histórica colonial, do mesmo modo que a literária, sua contemporânea, caracterizou-se pelo exagero na forma de se expressar. Este comportamento resultou da surpresa ante as novidades literárias e artísticas dominantes, desde fins do século XVI, à agudeza e à busca deliberada da expressão complicada e rica. Em consequência disso, estendeu-se sobre o Brasil, por quase dois séculos, um manto rutilante, que transfigurou a realidade, com ampliações, supressões, distorções e requintes. Esta visão transfiguradora se incorporou à literatura e aos estudos históricos, como um dos elementos centrais da educação e da perspectiva brasileiras sobre as coisas e se juntou, em meados do século XVIII, às influências do Neoclassicismo francês e do Arcadismo italiano. Este somatório de fatores proporcionou a diversificação de tendências estilísticas: 1) a confiança na razão ampliou ou substituiu a visão religiosa; 2) a perspectiva moral se estendeu, principalmente, nas interpretações sociais, com fundamen-

---

45. RIBEIRO, D. *O povo brasileiro*: a formação e o sentido do Brasil. São Paulo: Companhia das Letras, 1995, p. 69-73.
46. BAETA, R.E. *Teoria do barroco*. Salvador: Edufba/PPGAU, 2012, p. 207.

to na ideia de progresso; 3) acentuou-se a fidelidade ao real, em detrimento da transfiguração da natureza e dos sentimentos. As academias instituídas na Bahia (Brasílica dos Esquecidos, em 1724-1725, e Brasílicas dos Renascidos em 1759-1760) expressaram o Barroco através de crônicas e memórias literárias e históricas, com a elaboração de um sistema nativista de interpretação religiosa e de metáfora transfiguradora, que ampliou o processo de mudança a toda a realidade natural e humana, na projeção do Brasil como desdobramento de um prodígio de glórias nos três reinos da natureza, com a consagração do homem que catequizou os indígenas, expulsou os hereges e recebeu a recompensa do açúcar, do ouro e outras riquezas[47].

7.4 Academias literárias barrocas e ilustração colonial

Nas portas de Atenas, havia um jardim ornado de plátanos e oliveiras, denominado de Academia, no qual, Platão (século IV antes do presente), que morava na vizinhança, falava aos seus discípulos. Em consequência, atribuíram ao horto o nome da prática doutrinária do filósofo e os seus alunos ficaram conhecidos como acadêmicos. A história da academia, como instituição culta da Antiguidade grega, divide-se em dois períodos: o antigo, de defesa de ideias morais e certezas; e o novo, a partir do século III antes do presente, caracterizado pelo ceticismo em relação à lógica aristotélica. Mais tarde a academia aderiu ao Estoicismo e, no século II antes do presente, retornou ao dogmatismo, até ser extinta por Justiniano, no ano de 729. No Império Carolíngio funcionou a Academia Palatina, e na Idade Média surgiram as confrarias. No Renascimento, humanistas tomaram como modelo as academias da Antiguidade e lançaram as instituições artísticas, literárias e científicas, inicialmente, como formadoras de novos valores individuais, depois como cenáculos de ajuntamentos profissionais, onde os eruditos apresentavam seus trabalhos.

A primeira academia moderna surgiu na França, em 1635, por iniciativa do ministro-cardeal Richelieu (1585-1642), com o objetivo de normalizar a língua francesa e elaborar um dicionário. No século XVII as academias impuseram-se como necessária base institucional da Revolução Científica. Ao perceber o seu potencial, soberanos passaram a patrocinar o movimento intelectual do século XVIII, denominado de Iluminista, e caracterizado pela centralidade das ciências na interpretação do mundo material, da racionalidade crítica no debate das ideias e ruptura com as formas dogmáticas de pensar, atuar e expressar. O

---

47. SOUZA, A.C.M. Letras e ideias no Brasil Colonial. In: HOLANDA, S.B. (dir.). *A época colonial...*, p. 91-105.

movimento ilustrado do século XVIII não seria possível sem elas. Em Portugal, o quarto conde da Eirceira reuniu, em 1717, pessoas interessadas nos estudos históricos. O rei João V (1698-1750) patrocinou o grupo, que fundou a Academia Real da História Portuguesa (1720), incorporada, em 1779, sob direção do duque de Lafões (1719-1806), à Academia Real das Ciências de Lisboa, que se fundava, como um marco da consolidação do Iluminismo em Portugal, iniciado pelo ministro marquês de Pombal[48].

Durante a primeira metade do século XVIII, o movimento academicista ajudou a desencadear uma nova percepção sobre o estatuto político do território colonial, ao estimular a reflexão sobre a natureza dos laços que prendiam o Brasil a Portugal, amarras simultaneamente jurídicas, familiares, linguísticas, econômicas e culturais[49]. Em consequência, sob a inspiração da Academia Real de História Portuguesa (1724-1725)[50], instituiu-se na Bahia, a Academia Brasílica dos Esquecidos, em 7 de março de 1724, por iniciativa do vice-rei do Brasil, Vasco César de Menezes (1773-1743), cujo núcleo fundador se formou com sete sócios: padre Gonçalo Soares da Franca (1632-?)[51]; desembargador e chanceler do Estado do Brasil, Caetano de Brito Figueiredo (1670-1732)[52]; desembargador e ouvidor geral do Cível, Luís Siqueira da Gama; juiz de fora da cidade, Inácio Barbosa Machado (1686-1766); o senhor de engenho no Recôncavo e fazendeiro

---

48. LEMOS, M.M. *Dicionário de História Universal*. Mira-Sintra/Mem Martins: Inquérito, 2001, p. 15-16. • NEVES, G.P. Barroco. In: VAINFAS, R. (dir.). *Dicionário do Brasil Colonial, 1500-1808*. Rio de Janeiro: Objetiva, 2000, p. 13-15.

49. KANTOR, Í. *Esquecidos e renascidos*: historiografia acadêmica luso-americana (1724-1759). São Paulo/Salvador: Hucitec/CEB/Ufba, 2004, p. 16.

50. Fundada em Lisboa, por decreto de dom João V, em 8 de dezembro de 1720, inspirada por d. Manuel Caetano de Sousa. As suas publicações eram isentas de qualquer censura que não fosse a dos seus quatro censores privativos. Entrou em decadência em 1736. Entre os seus sócios contavam-se: Manuel Caetano de Sousa, os marqueses de Abrantes, de Alegrete, de Fronteira, de Valença, o conde da Ericeira, António Caetano de Sousa, Manuel Teles da Silva, Diogo Barbosa Machado, Alexandre Ferreira, Jerônimo Contador Argote, Raphael Bluteau, padre António dos Reis e outros. Deixou uma coleção de 15 volumes (1721-1736) de memórias, entre as quais a *História de Malta*, de frei Lucas de Santa Catarina; *Memórias de dom Sebastião*, de Diogo Barbosa Machado; *História dos Templários*, de Alexandre Ferreira; *História cronológica da casa real*, de António Caetano de Sousa, as obras de Bluteau etc. (PORTUGAL/Academia Real da História Portuguesa. *Dicionário Histórico* [Disponível em http://www.arqnet.pt/dicionario/academia_historia.html – Acesso em 10/08/2016]. • MOTA, I. *A Academia Real de História*: os intelectuais, o poder cultural e o poder monárquico no século XVIII. Coimbra: Minerva, 2003.

51. FRANCA, G.S. Dissertações da História Eclesiástica do Brasil que recitou na Academia Brasílica dos Esquecidos – Reverendo padre Gonçalo Soares da Franca no ano de 1724. In: CASTELLO, J.A. *O movimento academicista no Brasil: 1641-1821/1822*. São Paulo: Conselho Estadual de Cultura/Comissão de Literatura, 1969, p. 223-313 [Coleção de Textos e Documentos 10, 14 e 15].

52. FIGUEIREDO, C.B. Dissertações acadêmicas, e históricas, nas quais se trata da História Natural das coisas do Brasil, recitadas na Academia Brasílica dos Esquecidos – Caetano de Brito e Figueiredo no ano de 1724. In: CASTELLO, J.A. *O movimento academicista no Brasil: 1641-1821-1822*. Vol. I, t. 5, 1969, p. 139-221.

no Sertão, coronel Sebastião da Rocha Pita (1660-1738)[53]; capitão João de Brito Lima (1671-1747); e José da Cunha Cardoso[54]. Soares da França foi denominado com o título de *Obsequioso*, Brito Figueiredo tomou o cognome de *Nubiloso*, Siqueira da Gama de *Ocupado*, Barbosa Machado de *Laborioso*, Rocha Pita de *Vago*, Brito Lima de *Infeliz* e Cunha Cardoso de *Venturoso*[55]. O grupo ampliou-se com José Mirales (1696-1770), André Figueira de Mascarenhas, José de Oliveira Serpa (1696-1758), padre João Álvares Soares (1676-?), Sebastião do Vale, os sertanistas Romão Gramacho Falcão (1696-1772), Pedro Leolino Mariz (16??-1763) e o cônego João Calmon (1668-1737)[56].

A Academia Brasílica dos Esquecidos congregou cerca de 155 sócios, embora, o núcleo efetivo não ultrapassasse a 36 membros. Os demais tiveram comparecimentos eventuais a algumas das 18 seções e pouco ou nada apresentaram de elaboração intelectual para julgamento da mesa. O núcleo fundador definiu como objetivo da instituição: ilustrar as armas, honrar as letras e dar a conhecer os talentos; e tomaram como matéria geral dos seus estudos a história brasílica dividida em quatro partes: 1) natural, confiada a Brito e Figueiredo; 2) militar, encarregada a Barbosa Machado; 3) eclesiástica, entregue a Soares de França; 4) e política, incumbida a Siqueira da Gama[57].

A produção historiográfica dos renascidos manifestou-se, dentre outras formas, na elaboração de dissertações históricas sobre assuntos específicos, em cujos textos evidenciavam-se tons combativos, pelos quais se disputavam versões distintas sobre fatos relativos à história brasílica, que sugeriam uma relação íntima entre intelectuais e militares, estabeleceram certa reciprocidade a partir da

---

53. PITA, S.R. *Tratado político (1715)*. São Paulo: Edusp, 2014 [Estudo introdutório, transcrição, índices, notas e esclarecimento do texto por Eduardo Sinkevisque]. • PITA, S.R. *História da América Portuguesa...*

54. SILVA, I.A.C. *Memórias históricas e políticas da Bahia...* Vol. 2, p. 373. • CASTELLO, J.A. Academia Brasílica dos Esquecidos: notícia da fundação. In: *O movimento academicista no Brasil: 1641-1820/1822.* Vol. I, t. 1, 1969, p. 1-4.

55. CASTELLO, J.A. Academia Brasílica dos Esquecidos: notícia da fundação..., p. 1-4.

56. KANTOR, Í. A Academia Brasílica dos Renascidos e o governo político da América portuguesa (1759): contradições do cosmopolitismo acadêmico luso-americano. In: JANCSÓ, I. (org.). *Brasil*: formação do Estado e da nação. São Paulo/Ijuí: Fapesp/Unijuí, 2003, p. 321-343. • KANTOR, Í. *Esquecidos e renascidos: historiografia acadêmica luso-americana (1724-1759)*. São Paulo/Salvador: Hucitec/CEB/Ufba, 2004, p. 158. Não confundir o João Calmon acadêmico com o sertanista, rendeiro de Joana da Silva Guedes de Brito, no Médio São Francisco. O acadêmico, seu homônimo, cônego João Calmon (1668-1737), natural da Bahia, cursou cânones em Coimbra (1682-1692), onde se formou em 1693, e transferiu-se para a Bahia, foi familiar do Santo Ofício (1701), chantre da Sé Metropolitana da Bahia, participante do sínodo promovido pelo arcebispo Sebastião Monteiro da Vide (1708) no qual se elaboraram as *Constituições Primeiras do Arcebispado da Bahia*. Cf. CALMON, P. *Introdução e notas ao catálogo genealógico das principais famílias de Frei Jaboatão*. Vol. 2. Salvador: Egba, 1985, p. 587. • ALMEIDA, P.M.R. *Dicionário de Autores no Brasil Colonial*. Lisboa: Colibri, 2003, p. 119.

57. KANTOR, Í. *Esquecidos e renascidos...*, p. 100-102.

qual, linguagem e experiência, palavra e ação, ciência e política misturavam-se de modo que a tarefa do literato e a do militar poderiam se equiparar de acordo com princípios equivalentes. Constataram-se dois procedimentos correlatos na tarefa historiográfica do letrado brasílico ligado à Academia dos Esquecidos, definidos segundo os seus aspectos formais e a partir da sua posição na elaboração do saber histórico. Se a narrativa histórica, etapa final do trabalho historiográfico se distinguia tanto da retórica quanto da poética, pelo decoro e pela intenção da verdade que carregava a dissertação histórica, por sua vez, se situava em uma etapa anterior, particularmente enquanto procedimento de produção da verdade sobre temas ainda em disputa e que se vinculava diretamente ao campo da retórica e da persuasão[58]. Os originais manuscritos dos esquecidos e os registros da sua academia, como numa confirmação do nome que a ela atribuíram, desapareceram num incêndio da nau de guerra Santa Rosa, em 1772, que os transportava para Lisboa, onde seriam publicados. Conhecem-se transcrições de cópias que integraram o espólio do frei João César, irmão do vice-rei Vasco Fernandes César de Menezes, arquivadas no mosteiro cisterciense de Alcobaça, Portugal[59].

Os discursos dos acadêmicos autodenominados esquecidos resvalaram-se entre a teologia, a retórica e a política. Numa metafórica descrição do Brasil, consignou-se um admirável país, rico de férteis produções, que em opulência da monarquia e benefício do mundo apurara a arte, e em nenhuma outra região se mostrara o céu mais sereno, nem madrugada mais bela; o sol em nenhum outro hemisfério teria raios tão dourados, nem reflexos noturnos tão brilhantes; as estrelas seriam mais benignas, e se mostrariam sempre mais alegres; os horizontes estariam sempre mais claros, as águas, mais puras[60]; enfim, Portugal descobrira e incorporara um paraíso aos seus domínios. Parece fonte inspiradora de Joaquim Osório Duque Estrada no versejar do poema à bandeira, que seria o Hino Nacional Brasileiro. No Barroco brasileiro não se detectaram regionalismos que se diversificassem conforme o material utilizado. A ausência do mármore e a escassez do granito deram às igrejas mineiras uma indisfarçável pobreza em relação às do litoral, que ostentam um pomposo mobiliário de jacarandá, raro na zona do ouro[61].

Na segunda metade do século XVIII o Barroco colonial entrou em declínio sob a influência iluminista. Fica perceptível a nova perspectiva do mundo, se

---

58. NICOLAZZI, F. Entre "letras & armas", a história como disputa – Considerações sobre a historiografia luso-brasileira no século XVIII. *Almanack* Brasiliense, XI, mai./2010, p. 40-51. São Paulo.

59. KANTOR, Í. *Esquecidos e renascidos...*, p. 90-91.

60. PITA, S.R. *História da América Portuguesa...*, p. 19.

61. CALMON, P. *Espírito da sociedade colonial...* p. 220.

comparadas as elaborações das academias dessa época. A Academia Brasílica dos Renascidos produziu uma história lendária, epopeica e uma crônica mais ou menos ingênua dos acontecimentos; e a Academia Científica, fundada em 1771 no Rio de Janeiro e retomada como Sociedade Literária em 1786, além de propagar os cultivos de anil e cochonilha, e de produzir processos industriais, promovia estudos sobre as condições do Rio de Janeiro e criticava a situação da colônia, já com evidências da transição do Barroco para o Arcadismo, de manifestações nativistas menos exaltadas, de superação do estilo culto por uma expressão adequada à natureza e à verdade, e de passagem da transfiguração da terra para as perspectivas do seu progresso[62].

No Rio de Janeiro fundou-se, em 1752, a Academia dos Seletos, e em Recife outra, em 1745, mas nenhuma destas agremiações do século XVIII sobreviveu por muito tempo. Em geral se limitaram a reuniões ocasionais de letrados para homenagear alguém ou comemorar algum evento. José Mascarenhas Pacheco Pereira Coelho de Melo (1720-1798), enviado pelo ministro marquês de Pombal, para preparar e executar a expulsão da Companhia de Jesus, fez surgir na Bahia, a Academia Brasílica dos Renascidos (1779), como uma das estratégias para neutralizar eventuais reações e receber o espólio bibliográfico e documental dos jesuítas. Compôs-se inicialmente de 32 sócios numerários e cinco supranumerários. Numa demonstração de continuidade, congregou os esquecidos ainda vivos como o chantre da catedral João Borges de Barros (1706-?), o frade genealogista Antônio de Santa Maria Jaboatão (1695-1779), o coronel José Mirales (1682-1770); o magistrado Inácio Barbosa Machado (1686-1766), o padre Antônio Gonçalves Pereira, o capitão-mor João Teixeira Mendonça, e o jesuíta Francisco Xavier de Araújo Lassa. E na mesma perspectiva de amenizar os efeitos do banimento dos inacianos, Coelho de Melo procurou recrutar para os quadros acadêmicos representantes das tradicionais famílias como Antônio Gomes Ferrão Castelo Branco (1727-?), Rodrigo da Costa Almeida (1717-1782), João Ferreira Bittencourt e Sá, José Pires de Carvalho e Albuquerque (1709-?) e religiosos representativos, tais como cônego João Borges de Barros, frei Inácio de Sá e Nazaré, frei Gaspar da Madre de Deus. A fundação da Academia também correspondeu à orientação pombalina de formação de novas elites, num momento de redefinição da soberania territorial[63].

---

62. SOUZA, A.C.M. Letras e ideias no Brasil Colonial. In: HOLANDA, S.B. (dir.). *A época colonial...* T. 1, vol. II, p. 91-105.

63. KANTOR, Í. A Academia Brasílica dos Renascidos e o governo político da América portuguesa (1759)..., p. 321-343. • KANTOR, Í. *Esquecidos e renascidos*: historiografia acadêmica luso-americana (1724-1759)..., p. 102-103, 108, 118.

Os acadêmicos esquecidos, do mesmo modo que os sucessores renascidos, embora fossem efêmeras as suas academias, expressaram, no estilo Barroco, a elaboração de um sistema nativista de interpretação religiosa e de metáfora transfiguradora, que ampliou o processo de mudança a toda a realidade natural e humana[64]. Também tentaram exprimir perspectivas do Iluminismo, com fundamentos racionalistas, individualistas, relativistas e naturalistas, em contraposição aos princípios corporativos, estáticos e tradicionais da Idade Média e do Antigo Regime. Os iluministas caracterizaram-se pelo compromisso com a realidade, o institucional e o ideal de progresso. Com o Iluminismo, as academias se multiplicaram e se consolidaram como instituições difusoras do saber culto.

Durante o vice-reinado de Luís de Vasconcelos e Souza (1778-1790), estabeleceu-se a Sociedade Literária do Rio de Janeiro em 1786, para congregar aqueles que pudessem contribuir para o avanço das ciências. Além das questões próprias das ciências específicas, considerava-se conveniente a existência do debate sobre assuntos gerais, mobilizaram interessados em matemática, medicina, cirurgia, história natural, física, química, história, geografia e belas letras. Numa perspectiva mais prática que teórica das ciências, sem apresentar inovações científicas, os membros da Sociedade Literária pretenderam conhecer a salubridade das águas do aqueduto da Carioca, ocuparam-se com as águas minerais, a extração da tinta do urucu e os danos ou proveitos resultantes do uso da aguardente e de licores, que chamavam de espirituosos[65]. Entre 1772 e 1822, formaram-se em Coimbra, 822 brasileiros, dos quais, 568 graduaram-se em direito, e destes, 281, também se formaram em leis e matemática ou ciências naturais, com acumulação de duas ou três graduações[66]. O Barroco, mais na arte religiosa, e o Rococó como gênero de ornamento, influenciaram a arquitetura colonial brasileira até o início do século XIX, quando a monarquia portuguesa estabelecida no Rio de Janeiro convidou artistas europeus para produzirem no Brasil, difundindo o estilo Neoclássico. Distinguem-se, na vida colonial brasileira, os ecos da poesia barroca e o estilo Barroco Colonial nas artes plásticas e na música[67], sem que, nem

---

64. SOUZA, A.C.M. Letras e ideias no Brasil Colonial. In: HOLANDA, S.B. (dir.). *A época colonial...* T. 1, vol. II, p. 94-95.

65. SILVA, M.B.N. *Cultura letrada e cultura oral no Rio de Janeiro dos vice-reis.* São Paulo: Unesp, 2013, p. 195-207.

66. DIAS, M.O.S. A interiorização da metrópole (1808-1853). In: MOTA, C.G. (org.). *1822: dimensões.* São Paulo: Perspectiva, 1972, p. 160-184. • DIAS, M.O.S. *A interiorização da metrópole e outros estudos.* São Paulo: Alameda, 2005, p. 42.

67. BOSI, A. *História concisa da literatura brasileira.* 41. ed. São Paulo: Cultrix, 2003, p. 35.

sempre, se possa englobar neste modo de expressar, as crônicas histórias, que se caracterizaram como relatos de acontecimentos pretéritos, descritos em ordem cronológica, com abordagens, tanto de curtos quanto de longos períodos, continuadas em prática no Brasil, enquanto durou a colonização, com persistência, embora em declínio, durante o primeiro século de vida nacional. Em geral, faltou refinamento literário a estas crônicas, muitas das quais evidenciam pobreza estilística, trazem na própria narrativa histórica os sinais do nascimento de um conjunto de valores de uma cultura plural, os registros dos primeiros momentos da construção de uma nação mestiça.

8 | Engenhos, fazendas e minas
Economias exportadoras, abastecimento interno e mercado colonial

8.1 Institucionalização do aparato produtivo colonial

Quando descobriu o Brasil, o governo português tentou, inicialmente, estabelecer feitorias. Somente principiou a colonização através do sistema de gestão territorial das capitanias hereditárias instituído por d. João III, em 1534, que se consolidou com a superposição do sistema de governo geral, em 1549, com a centralização do poder político. Na dimensão socioeconômica, iniciou-se o empreendimento colonizador com a introdução do cultivo da cana e a produção do açúcar e da criação de algumas espécies de animais e de aves, tudo associado ao emprego da força de trabalho escravizada, dirigida por grupos oligárquicos que estabeleceram grandes unidades fundiárias e exerceram influência social em determinados campos de atividade.

Depois de experimentos nas ilhas atlânticas, com maior intensidade em Madeira e Açores, transplantou-se o cultivo da cana e a produção de açúcar para o Brasil, e os canaviais disseminaram-se no recôncavo da baía de Todos os Santos e na zona da mata de *Pernambuco*, de modo a se constituírem os objetivos primordiais dos colonizadores portugueses. Desde então, durante quatro séculos, inclusive quando o ouro brasileiro abarrotava cofres de tesouros europeus e ajudava a impulsionar a Revolução Industrial, o açúcar se manteve como principal produto de exportação do Brasil[1].

Iniciou-se a criação do gado bovino e de outros animais no governo Tomé de Souza (1549-1553) e, em pouco tempo, a carne embasaria a dieta alimentar da população colonial, complementada pelo pescado e produtos agrícolas. Inicial-

---
1. SCHWARTZ, S.B. *Segredos internos...*, p. 144.

mente estas atividades econômicas limitavam-se a uma estreita faixa litorânea das capitanias de Pernambuco, Bahia e São Vicente. Lentamente, donatários de outras capitanias ou seus prepostos tomaram a iniciativa de ocupar economicamente as donatarias, com a exploração de recursos naturais (madeira, couro), a produção agrária de exportação (cana-de-açúcar, fumo) e destinada ao autoabastecimento (mandioca, cereais), através da introdução de algumas espécies exógenas e do plantio de outras endógenas, cultivadas pelos indígenas. Estas populações nativas, coletadoras e caçadoras, não domesticavam animais para fins alimentares ou de serviços e desenvolviam uma agricultura rudimentar, de subsistência, sem intercâmbio comercial nem de acumulação econômica.

Após sucessivas expedições armadas que percorreram as serranias e os planaltos interiores à procura de índios para a escravização e de minérios, o empreendimento colonial expandiu-se para os sertões em avanços e recuos, em consequência de sangrentos enfrentamentos, com maior frequência contra os povos do grupo étnico macro-jê. A colonização parecia estabilizar-se no final do século XVII, quando se vivia um período de relativa tranquilidade, depois da pacificação com os holandeses e franceses, que tentaram fundar colônias ao longo do litoral. Restavam apenas litígios de fronteira com os espanhóis, depois de se ultrapassarem os limites definidos em 1496, pelo tratado de Tordesilhas.

A economia portuguesa sofria um longo período recessivo, desde o início do século XVI, que atingiu o ápice em meados do século XVII, quando se inverteu a tendência de baixa. Esta fase expansionista estendeu-se até princípios do século XVIII. Em consequência, o auge do sistema mercantil ocorreu no início da tendência para a baixa dos preços, na França colbertiana e na Inglaterra, após o Ato de Navegação, em 1651. Numa demonstração de poderio e de monopólio do comércio marítimo, a Inglaterra determinou que as mercadorias importadas pelos países europeus somente poderiam ser transportadas por navios ingleses ou do país que as importava. A inversão da tendência para o mercantilismo adveio de uma série de fatores: de ordem geográfica, em consequência dos descobrimentos ultramarinos e do início da colonização pelas economias dominantes; de natureza política, como resultado da formação e desenvolvimento do mercantilismo pelos estados nacionais modernos, que promoveram as aspirações autonômicas de riquezas e, através da intervenção estatal na economia, regulamentaram as trocas comerciais e estabeleceram um equilíbrio no resultado dos intercâmbios; de índole comportamental, quando a reação renascentista se opôs à resignação medieval, promoveu a exaltação do individualismo e atraiu os elementos economicamente mais expressivos para a reforma religiosa; de caráter demográfico, apesar da debilidade das estatísticas, quando ocorreu um surto de crescimento populacional de 1450 a 1500 e de 1550 a 1660, seguido de uma persistente recessão até 1710, provocada por guerras, epidemias e desabastecimento alimentar, que reduziu a população europeia a um nível aproximado ao de 1450; e de constituição socioeconômica, quando o afluxo da prata extraída na América pela Espanha causou o desencadeamento da alta de preços que criou o ambiente favorável às grandes transformações econômicas e permitiu um enorme aumento dos impostos, pelo qual o estado tirou consideráveis riquezas de particulares e colocou em circulação. Em consequência, o crescimento do poder real e a redução dos direitos e prerrogativas da nobreza facilitaram a formação do capitalismo sobre as ruínas do feudalismo[2].

Iniciou-se a efetiva ocupação econômica do interior do Brasil no século XVII, através da expansão da pecuária, seguida pela exploração de jazidas de metais raros e pedras preciosas, depois do empreendimento colonizador permanecer estagnado na faixa litorânea por mais de dois séculos. A exploração de ouro provocou um impacto social que refluiu a produção açucareira, base das exportações. Simultaneamente à expansão da pecuária para os sertões, cresceu a agricultura produtora do autoabastecimento alimentar e ampliou, nas bordas dos canaviais do recôncavo da baía de Todos os Santos, o cultivo da mandioca para a produção de farinha, complemento da dieta alimentar colonial e do tabaco, destinado tanto para o consumo interno quanto para a exportação. Além de se expandir pelos mercados europeus, o fumo transformou-se em moeda de troca no comércio de escravos com a África[3].

O pau-brasil, explorado com facilidade e em larga escala nas florestas litorâneas, no século XVI, começou a escassear no início do seguinte. As distâncias entre o sertão, onde ainda havia reservas florestais, e o litoral, no qual a madeira era embarcada para a Europa, aumentaram as dificuldades e os custos e limitaram os interesses comerciais. O comércio do pau-brasil, para extração de tinta usada nas manufaturas têxteis, tinha em Amsterdã o principal mercado. As dificuldades de exploração, os tropeços nas relações luso-holan-

---

[2]. PINTO, V.N. *O ouro brasileiro e o comércio anglo-português*: uma contribuição aos estudos da economia atlântica no século XVIII. São Paulo: Nacional, 1979, p. 1-3.

[3]. ANDREONI, J.A. [André João Antonil]. *Cultura e opulência do Brasil*. • ANTONIL, A.J. *Cultura e opulência do Brasil por suas drogas e minas...*, p. 269-273.

desas e a concorrência de outros produtos reduziram a uma insignificância a sua comercialização no século XVII. A depressão econômica afetou também a pesca da baleia, significativa atividade econômica no século XVII, na Bahia, em consequência das exportações dos seus derivados[4]. A ocupação econômica do território ocorreu de forma multidirecional e em circunstâncias contingenciais, conforme os objetivos dos diferentes agentes da conquista e apropriação das terras. A descontinuidade da conquista territorial manteve os núcleos colonizadores iniciais em constante pressão indígena. Os nativos controlavam os entornos das áreas conquistadas e resistiam ao avanço dos conquistadores dos seus territórios, que ainda suportavam as adversidades do meio e intempéries ocasionais, de repetidas alternâncias de controle territorial como aconteceu em Santo Antônio da Conquista de João Amaro, região central da Bahia. Em consequência das conquistas de colonizadores e retomadas indígenas, formaram-se fronteiras internas, não institucionalizadas no ordenamento jurídico-político com demarcações dos espaços conquistados definidas por reversões, lacunas e descontinuidades, diferentes dos paradigmas de territórios contínuos da expansão geográfica e da dilatação das fronteiras, preconizados por antigos historiadores[5]. Consumou-se a conquista e ocupação territorial pelos agentes da colonização portuguesa em um processo descontínuo, de avanços e recuos em todas as direções[6].

Correspondências dos governadores do final do século XVII revelam o melancólico panorama econômico do Brasil. Em 1723 havia cerca de 24 engenhos desativados ou deteriorados. Enquanto declinava o preço do açúcar em Amsterdã, crescia vertiginosamente o do escravo na Bahia. Antônio Luís Gonçalves da Câmara Coutinho, governador-geral (1690-1694) definiu a situação de miséria e penúria, pela carência de moedas, baixa de preços do açúcar e déficit da balança de pagamentos. O governo português restringia a circulação monetária, deprimia os preços do açúcar e desequilibrava o comércio na colônia para facilitar a concentração de riquezas e a transferência para

---

4. PINTO, V.N. *O ouro brasileiro e o comércio anglo-português*..., p. 12-13.

5. VARNHAGEN, F.A. *História geral do Brasil*. 3 vol. 10. ed. Belo Horizonte/São Paulo: Itatiaia/USP, 1982 [1. ed., 1854/1857]. • ABREU, J.C. *Caminhos antigos e povoamento do Brasil*. Belo Horizonte/São Paulo: Itatiaia/USP, 1988 [1. ed., 1899]. • ABREU, J.C. *Capítulos de história colonial*: 1500-1800. 6. ed. rev., anotada e prefaciada por José Honório Rodrigues. Rio de Janeiro/Brasília: Civilização Brasileira/INL, 1976, p. 98-172 [1. ed., 1906]. • MAGALHÃES, B. *Expansão geográfica do Brasil colonial*. 4. ed. São Paulo/Brasília Nacional/INL, 1978 [1. ed., 1914].

6. SANTOS, M.R.A. *Rios e fronteiras*: conquista e ocupação do Sertão Baiano. São Paulo: Edusp, 2017, p. 313-351.

o mercado metropolitano. Todavia, o monarca se convenceu da necessidade de cunharem moedas na colônia, e em 1694 criou a Casa da Moeda da Bahia, transferida para o Rio de Janeiro em 1698, onde permaneceu até 1700, quando a levaram para Pernambuco[7].

A defesa do território litorâneo e a segurança das famílias que ocupavam os sertões impuseram a necessidade de se edificarem fortalezas, fundarem-se vilas, construírem-se redes de comunicação, instituírem-se termos e freguesias, enfim, articularem-se os aparatos burocráticos dos poderes econômicos, políticos, militares, jurídicos e eclesiásticos. O estabelecimento de instituições jurídico-políticas promoveu a formação de espaços urbanos que modificaram a territorialidade com a diversificação da centralidade dos poderes, de modo a envolver uma cadeia concatenada a interesses de moradores e de agentes da colonização, desde os ocupantes de cargos públicos locais ao governador geral[8]. Quando cresciam as demandas coloniais e metropolitanas por gêneros alimentícios, vestuário e outros bens de consumo, Portugal entabulou um acordo comercial com a Inglaterra através do embaixador John Methuen, em 1703, que vigorou até 1836, através do qual os portugueses se comprometeram a vender o vinho que os ingleses demandassem e a importar da Inglaterra todos os produtos manufaturados que necessitassem. Os ingleses passaram a exportar para Portugal e seus domínios coloniais, inclusive o Brasil, com os privilégios da reserva de mercado e de vantagens fiscais, grandes quantidades de produtos têxteis e outras manufaturas, numa transação que desequilibrou a balança comercial portuguesa, estagnou as suas incipientes manufaturas e redimensionou a sua crise econômica, com o aumento da dependência à Inglaterra, já em estágio inicial de Revolução Industrial[9]. O empreendimento colonizador dedicava-se especialmente às atividades mineradoras, cuja produção passou a escoar para amortizar dívidas acumuladas e cobrir o crescente déficit anual da balança comercial portuguesa com os ingleses. Iniciou-se, nestas circunstâncias, o declínio do já estagnado império mercantil português.

A historiografia brasileira de final do século XX sobre a colonização desenvolveu-se em três linhas interpretativas. A primeira aglutinou estudos fundamentados na concepção de um sistema colonial mercantilista embasado na grande lavoura escravista e monocultora e na inexistência de mercado interno,

---

7. PINTO, V.N. *O ouro brasileiro e o comércio anglo-português...*, p. 39-51.

8. JUCÁ NETO, C.R. & MOURA FILHA, M.B. (orgs.). *Vilas, cidades e território*: o Brasil do século XVIII. João Pessoa: Ufpb/PPGAU, 2012, p. 8-15.

9. BATISTA, F.A. *Os tratados de Methuen de 1703*: guerra, portos, panos e vinho. Rio de Janeiro: UFRJ, 2014 [Dissertação de mestrado].

por se balizar no pressuposto de que todo o consumo da população colonial se mantivera nos limites da subsistência do produtor, com vínculos de subordinação e de dependência ao setor exportador[10]; a segunda, uma variante da primeira, reuniu ideias que a criticavam por priorizar o setor mercantil em detrimento do produtivo, caracterizadas pela ênfase nas relações de trabalho escravo, e por recorrerem a recursos analíticos dos meios de produção[11]; e a terceira, oposta às duas anteriores, congregou postulados que vislumbram a evolução do abastecimento colonial para a formação de um mercado interno[12], embora entre os seus defensores haja divergências sobre desenvolvimento de grupos de poder político e de riqueza econômica na colônia[13].

8.2 Monoculturas exportadoras e mercado colonial

A interiorização do empreendimento colonizador criou, com a pecuária, outro Brasil, voltado para si, produtor essencialmente para o mercado interno, que somente despertaria o interesse da literatura, no início do século XX, com a obra clássica de Euclides da Cunha[14] e da historiografia, com estu-

---

10. PRADO JÚNIOR, C. *Formação do Brasil contemporâneo*: colônia [1. ed., 1942] [Recomenda-se a edição com um texto introdutório de Fernando Novais: SANTIAGO, S. (coord.). *Intérpretes do Brasil*. Vol. III. Rio de Janeiro: Nova Aguilar, 2002, p. 1.103-1.488. • FURTADO, C. *Formação econômica do Brasil*. 14. ed. São Paulo: Nacional, 1976 [1. ed., 1959]. • NOVAIS, F.A. *Portugal e Brasil na crise do antigo sistema colonial* (1777-1808). São Paulo: Hucitec, 1979. • ARRUDA, J.J.A. *O Brasil no comércio colonial*. São Paulo: Ática, 1980.

11. CARDOSO, C.F.S. *Agricultura, escravidão e capitalismo*. Petrópolis: Vozes, 1979. • CARDOSO, C.F.S. As concepções acerca do "sistema econômico mundial" e do "antigo sistema colonial"; a preocupação obsessiva com a "extração de excedente". In: LAPA, J.R.A. (org.). *Modos de produção e realidade brasileira*. Petrópolis: Vozes, 1980, p. 109-132. • CARDOSO, C.F.S. *Escravidão e abolição no Brasil*: novas perspectivas. Rio de Janeiro: Zahar, 1988. • CARDOSO, C.F.S. *Escravo ou camponês?* – O protocampesinato negro nas Américas. São Paulo: Brasiliense, 1987. • CARDOSO, C.F.S. & BRIGNOLI, H.P. *Historia económica de América Latina* – Vol. 1: Sistemas agrários y historia colonial. 3. ed. Barcelona: Crítica, 1984 [1. ed., 1879].

12. LAPA, J.R.A. *Economia colonial...* • LAPA, J.R.A. *O antigo sistema colonial*. São Paulo: Brasiliense, 1982. • LINHARES M.Y.L. & SILVA, F.C.T. *História política do abastecimento* Brasília: Binagri, 1979. • LINHARES, M.Y.L. & SILVA, F.C.T. *História da agricultura brasileira*: combates e controvérsias. São Paulo: Brasiliense, 1981. • LINHARES, M.Y.L. A pecuária e a produção de alimentos na colônia. In: SZMRECSÁNYI, T. (org.). *História econômica do Período Colonial*. São Paulo: Hucitec/Fapesp/Associação Brasileira de Pesquisadores em História Econômica, 1996, p. 109-121. • FRAGOSO, J.L. Novas perspectivas acerca da escravidão no Brasil. In: CARDOSO, C.F. (org.). *Escravidão e abolição no Brasil*: novas perspectivas. Rio de Janeiro: Zahar, 1988. • FRAGOSO, J.L.R. *Homens de grossa aventura*: acumulação e hierarquia na praça mercantil do Rio de Janeiro (1790-1930). Rio de Janeiro: Arquivo Nacional, 1992. • FRAGOSO, J. & FLORENTINO, M. *O arcaísmo como projeto*: mercado atlântico, sociedade agrária e elite mercantil em uma economia colonial tardia. Rio de Janeiro: Diadorim, 1993.

13. NARDI, J.B. *Sistema colonial e tráfico negreiro*: novas interpretações da história brasileira. Campinas: Pontes, 2002, p. 21-22. • NEVES, E.F. *Posseiros, rendeiros e proprietários...*, p. 41-112.

14. CUNHA, E. *Os sertões*: campanha de Canudos [1. ed., 1902] [Recomenda-se a edição crítica de Walnice Nogueira Galvão. Texto integral. São Paulo: Ática, 1998].

dos de Capistrano de Abreu[15]. Pioneiro na tentativa de se explicar a formação social brasileira através da relação entre cultura popular e espaço geográfico, Capistrano de Abreu ressaltou a importância do meio físico na formação da nacionalidade brasileira e vislumbrou o sertão como legado das tradições indígenas. O sertão caracteriza-se um espaço geográfico, econômico, social e cultural, diferenciados no conjunto territorial brasileiro[16]. O semiárido firmou-se como referencial historiográfico e literário específico, de relevância no imaginário da cultura nacional[17].

Uma característica marcante do espaço cultural e socioeconômico da geografia brasileira, o sertão institucionalizou-se como referência espacial para designar uma das subáreas do Nordeste do Brasil, que se estende até o norte e noroeste de Minas Gerais, diferenciada pelo clima semiárido, vegetação de caatinga e pobreza social[18]. Durante o processo de conquista dos territórios indígenas os portugueses estabeleceram feitorias ao longo do litoral atlântico, nos formatos de fortalezas, para defesa em eventuais ataques internos ou estrangeiros, depósitos de mercadorias e entrepostos de escambos com povos nativos. Através do plano de colonização sugerido por Antônio de Athaíde, primeiro conde da Castanheira (1500-1563), d. João III (1521-1527) instituiu o sistema de capitanias hereditárias em 1532, que transferiu a responsabilidade econômica do empreendimento colonizador para a iniciativa privada, através da definição dos fundamentos jurídicos da propriedade das terras no Brasil.

Após o assassinato de Francisco Pereira Coutinho, donatário da Capitania da Bahia por tupinambás, o mesmo rei decidiu centralizar o controle político da colonização através de uma superposição administrativa às capitanias hereditárias para apoiar a ação colonizadora dos capitães donatários. Comprou a donataria dos herdeiros de Pereira Coutinho e a transformou em capitania real, instituiu o sistema de governo-geral em 1548 e instalou a sua sede na cidade do

---

15. ABREU, J.C. O sertão. In: *Capítulos de história colonial*: 1500-1800. 6. ed. rev., anotada e prefaciada por José Honório Rodrigues. Rio de Janeiro/Brasília: Civilização Brasileira/INL, 1976, p. 98-172 [1. ed., 1906].

16. SAMPAIO, T. O sertão antes da Conquista – Século XVII..., p. 79-94.

17. NEVES, E.F. Sertão recôndito, polissêmico e controvertido. In: KURY, L.B. (org.). *Sertões adentro*: viagens nas caatingas, séculos XVI-XIX. Rio de Janeiro: Andrea Jacobson, 2012, p. 15-57 [Versão para o inglês: Chris Hieatt].

18. VIEIRA, A.R.A. *Família escrava e pecuária*: revisão historiográfica e perspectivas de pesquisa. São Paulo: USP, 2011 [Dissertação de mestrado].

Salvador, uma fortaleza edificada para este fim, por Tomé de Souza, o primeiro governador, sobre uma falésia da baía de Todos os Santos[19], estratégia também empregada em outras povoações litorâneas, como Olinda, Ilhéus e Porto Seguro. Contudo, o sistema de donatarias continuou utilizado na colonização do Brasil. Os donatários de capitanias ficaram subordinados ao governo-geral e este ao poder régio metropolitano, que instituiu o Conselho Ultramarino em 1642, para intermediar estas relações. Para promover a ocupação territorial do Brasil, d. João III estabeleceu em 1534, um regime jurídico de repartição fundiária, equivalente a um plano de colonização, que dividiu todo o território colonial, inicialmente em grandes circunscrições doadas sem ônus a empreendedores particulares que deveriam habitá-las, explorá-las e pagarem o dízimo sobre o que produzissem à Ordem de Cristo. Os capitães donatários seriam reais proprietários apenas de uma parcela de suas respectivas capitanias. Deveriam redistribuir, sem qualquer ônus, pelo sistema de sesmarias, a critério de cada um, o restante das terras recebidas, cujos sesmeiros se obrigariam a cultivá-las num determinado prazo, nas mesmas condições.

Principiou-se o movimento colonizador em Pernambuco e São Vicente. Obstaculizado pela resistência indígena, na Bahia, depois de consolidada a Cidade de Salvador, ocuparam-se os vales mais próximos. Primeiro vetor da expansão colonial a partir da baía de Todos os Santos, o rio Paraguaçu, as terras intermediárias da sua desembocadura e da foz do Jaguaripe na baía de Todos os Santos, antes ocupadas por povos tupinambás, foram apropriadas através da doação de uma sesmaria de quatro léguas ao longo da orla marítima e 10 léguas sertão adentro pelo governador-geral Duarte da Costa (1553-1558) ao seu filho Álvaro da Costa, em 1558, cujo foral condicionou a doação à residência do donatário nela por três anos[20].

Sucedeu a Álvaro da Costa na titularidade fundiária, o seu filho Duarte da Costa (neto), que se fizera jesuíta. Há informações desencontradas sobre o herdeiro que ingressou na Companhia de Jesus. Porém, independente de quem tenha sido o discípulo de Inácio de Loiola, em 1607 ele transferiu o domínio da capitania à sua ordem religiosa, cuja doação, seus familiares contestaram. Para

---

19. SAMPAIO, T. *História da fundação da cidade do Salvador*. Salvador: Tipografia Beneditina, 1949. • AZEVEDO, T. *O povoamento da cidade do Salvador*. Salvador: Itapuã, 1969. • SANTOS, P.V.P. *Trabalhar, defender e viver em Salvador no século XVI*. Salvador: Ufba, 2004, p. 36-67 [Dissertação de mestrado].

20. FREIRE, F. *História territorial do Brasil*. Ed. fac-similar. Salvador: Secretaria de Cultura e Turismo/Instituto Geográfico e Histórico da Bahia, 1998, p. 16, n. 3.

solucionar a pendência jurídica, em última instância, o rei Felipe II (1593-1621) avocou para si a donataria em 1613, e a devolveu para a família Costa, na pessoa de Francisco da Costa, tio do jesuíta. O novo donatário morreu em 1590 e foi sucedido pelo seu filho, também de nome Duarte da Costa, que não deixou herdeiro direto. Coube a capitania ao seu irmão Gonçalo da Costa, sucedido por outro Francisco da Costa, depois por Pedro da Costa, de cuja filha, Maria de Noronha transferiu a herança para Luiz da Costa, que morreu em 1724. O último donatário, José da Costa[21], vendeu a donataria hereditária, pela pensão de Rs. 640$000, em 1732, a d. José I (1750-1777)[22].

Durante a União Ibérica (1580-1640), criou-se no recôncavo da baía de Todos os Santos as capitanias de Itaparica e Tamarandiva e de Paraguaçu, além de outras, no Estado do Maranhão e Grão-Pará: Cumã ou Tapuitapera, Caeté, Cametá, Cabo do Norte, Vigia, Joanes e Xingu. A câmara de Salvador contestou a doação da sesmaria de Itaparica e Tamarandiva por Tomé de Souza, em 1552, ao conde de Castanheira, que lhe indicara para o cargo de Governador Geral. Para neutralizar a contestação, d. João III desvinculou a sesmaria da capitania da Bahia e a transformou em uma pequena capitania hereditária, o que elevou o seu titular à condição de capitão e governador, com todas as prerrogativas do cargo. Embora ele não a tivesse explorado economicamente como previa a carta de doação, o rei concedeu-lhe o domínio pleno das terras[23].

Circunstâncias semelhantes ocorreram na sesmaria de Paraguaçu. Depois que o donatário Álvaro da Costa retornou para Portugal, solicitou de d. Sebastião (1557-1578) a necessária confirmação da doação daquelas terras. Alegou não as ter ocupado, como determinava a legislação, por desenvolver-se na área a guerra entre tupinambás e agentes da colonização portuguesa. Por não ter o pleito atendido, em 1566 recorreu novamente ao rei, com o compromisso de ocupá-las com vilas e povoações[24]. Para atendê-lo, d. Sebastião a converteu também numa capitania hereditária e fez o donatário capitão e governador do diminuto terri-

---

21. SALVADO, J.P. & MIRANDA, S.M. (eds.). *Cartas para Álvaro de Sousa e Gaspar de Sousa*. Lisboa: CNCDP, 2001, p. 184-185.

22. SILVA, I.A.C. *Memórias históricas e políticas da Província da Bahia...* Vol. I, p. 347-356.

23. BONFIM, A.G. Donatarias na América Portuguesa pós-governos gerais: um estudo comparativo (c. 1556-c. 1565). *Anais do XXVIII Simpósio Nacional de História – Lugares dos Historiadores: Velhos E Novos Desafios*. Florianópolis, 27-31/07/2015. • BONFIM, A.G. & ADAN, C.F.F. As Capitanias de Itaparica, Tamarandiva e do Paraguaçu e a ocupação territorial do Recôncavo baiano no século XVI...

24. SILVA, I.A.C. *Memórias históricas e políticas da Província da Bahia...* Vol. I, p. 356. • Alvará 12/03/1562, confirmação de sesmaria. • *Documentos para história do açúcar* – Vol. 1: Legislação (1534-1596). Rio de Janeiro: Serviço Especial de Documentação Histórica/Instituto do Açúcar e do Álcool, 1954, p. 161-163.

tório autônomo, sem cumprir as exigências legais de aproveitamento das terras. Na condição de titular de uma capitania, Álvaro da Costa e seus descendentes puderam distribuir sesmarias a quem lhes conviesse.

Iniciou-se a efetiva ocupação e exploração econômica da capitania de Paraguaçu, antes de incorporá-la à capitania régia da Bahia, em 1766, com as reformas promovidas pelo Marquês de Pombal. Sem que se estabelecessem alguma vila, Álvaro da Costa arrendou as terras em parcelas[25]. Em finais do século XVII ou inícios do seguinte, a capitania de Paraguaçu estava ocupada e explorada economicamente, como indica um mapa produzido por João Teixeira Albernaz, o segundo, incorporado ao *Atlas do Brasil*, de 1666, no qual compilou a *Carta da Bahia de Todos os Santos*, elaborada pelo seu homônimo avô, em 1626, e à qual acrescentou dados, que retratam a foz do Paraguaçu, entre a baía do Iguape e a região de Maragogipe, onde já havia vários engenhos, na margem direita do rio[26]. Fundou-se a povoação de Maragogipe em 1676, e em 1698, instituiu-se a freguesia de São Bartolomeu de Maragogipe[27].

A produção e a comercialização do açúcar oportunizaram a Portugal a extensão e consolidação do império mercantil colonial no Novo Mundo. No início do século XVIII, os 146 engenhos em funcionamento na Bahia produziriam anualmente cerca de 14.500 caixas de açúcar; os 246 de Pernambuco, 12.300; os 136 do Rio de Janeiro, 10.220[28]. Estima-se que na área mandioqueira do recôncavo da baía de Todos os Santos, os municípios de Jaguaripe e Maragogipe, em 1780, plantassem cerca de 5,6 milhões de covas de mandioca, que produziam algo no entorno de 224.576 alqueires de farinha[29]. As lavouras ocupavam 7% da

---

25. Foram arrendadas 200 braças de terra ao longo do mar e 1.000 ao sertão para Gaspar Rodrigues; 500 braças ao longo do mar e 1.000 ao sertão para João Fernandes; 200 braças ao longo do rio e 1.000, sertão adentro para Jorge Fernandes; 2.200 braças em diferentes lotes para Mathias Carvalho e Antônio Paiva; meia légua em quadra para Belchior Dias Porcalho; e 5.000 braças para João Fernandes Correia (FREIRE, F. *História territorial do Brasil...*, p. 16, n. 1-7. • SILVA, I.A.C. *Memórias históricas e políticas da Província da Bahia...* Vol. I, p. 247.

26. Desses engenhos se destacariam: o do "Suares", o do Brandão, o de Antônio Cardozo, o do Aragão, o do Britto e o de Bernardim Fernandes. Cf. MARANHO, M.F. Retratos da colonização: os mapas dos Teixeira Albernaz e a construção dos sentidos da América portuguesa seiscentista. *III Simpósio Ibero-americano da História da Cartografia* – Agendas para a História da Cartografia Ibero-americana. São Paulo, abr./2010.

27. FREIRE, F. *História territorial do Brasil...*, p. 104. • NUNES, A. d'A. *Conhecendo a História da Bahia, da pré-história a 1815*. Salvador: Quarteto, 2013, p. 84-89.

28. Uma caixa de açúcar pesava algo em torno de 35 arrobas, equivalentes cada uma a 32 libras ou arráteis e a 14,74560kg.

29. Medida de capacidade variável no tempo e no espaço. O alqueire colonial corresponderia a 36,27 litros. Cf. SOMONSEN, R.C. *História econômica do Brasil*. 8. ed. São Paulo: Nacional, 1978, p. 462.

área total do sul do Recôncavo, equivalente a 18.682 hectares. Já em meados do século XIX, a cidade de Salvador recebia anualmente entre 260.000 e 312.000 alqueires de farinha da região do Recôncavo. A mandioca necessária para este volume de produção exigia algo como 20% da área total da região, correspondentes a 51.909 hectares[30].

Num balanço geral, os engenhos do Brasil teriam produzido 180.000 arrobas de açúcar em 1570, no valor de 270.406 libras esterlinas e depois de atingir o volume de 4.000.000 de arrobas em 1610, regrediram para 1.500.000 arrobas em 1630, e voltaram a evoluir para 2.000.000 de arrobas em 1670, no valor de 2.247.920 libras esterlinas e 2.500.000 arrobas em 1760, no valor de 2.379.710 libras esterlinas[31].

A produção fumageira no Brasil, durante a colonização portuguesa, evoluiu conforme as oscilações conjunturais. Depois da fase inicial, entre 1671-1675, o volume comercializado alcançou a 100.000 arrobas na média quinquenal, que atingiu uma taxa de crescimento anual de 10% e acrescentou um significativo reforço nos volumes e nos valores das exportações. Entre 1675 e 1698, o tabaco brasileiro experimentou uma fase de perturbações, em consequência da taxação na alfândega de Lisboa, da monopolização pelo Estado e do estabelecimento de uma administração específica do comércio do fumo. A recessão na reexportação e as dificuldades do comércio metropolitano deram início às exportações para a Costa da Mina, que estimulou a produção entre 1699 e 1727. O comércio exterior do tabaco estabilizou entre 180.000 e 190.000 arrobas, com um crescimento de cerca de 80% em relação à fase anterior. De 1728 a 1774, as exportações estagnaram-se em torno de 260.000 arrobas, das quais, 65% enviadas para Portugal e 45%, para a Costa da Mina. Na fase seguinte, de 1775 a 1807, um considerável progresso em decorrência da guerra de independência dos Estados Unidos da América do Norte, que implicou no corte do fornecimento de fumo da Virgínia ao mercado internacional; da decadência do sistema colonial mercantilista, com o advento da Revolução Industrial, que resultou em restrições ao tráfico de escravos da África; da permissão para se exportar fumo de terceira qualidade para Portugal; e da redução das taxas de entrada do fumo brasileiro em Lisboa. Nesse período, chegou-se a comercializar no exterior, 444.289 arrobas, no quinquênio de 1781-1785, com o ápice em 1784, quando se exportou 434.954 arrobas de fumo em rolos para Portugal e 70.000 para a

---

30. BARICKMAN, B.J. *Um contraponto baiano*: açúcar, fumo, mandioca e escravidão no recôncavo, 1780-1860. Rio de Janeiro: Civilização Brasileira, 2003, p. 173.

31. SILVA, F.C.T. Conquista e colonização da América Portuguesa: o Brasil Colônia (1500-1750). In: LINHARES, M.Y.L. (org.). *História Geral do Brasil*. 9. ed. Rio de Janeiro: Campus, 1990, p. 81.

Costa da Mina. A liberação dos portos brasileiros ao comércio internacional em 1808, que marcou a ruptura do monopólio colonial mercantilista, provocou uma nova fase de euforia, que elevou o comércio do tabaco no quinquênio de 1811-1815 para 674.164 arrobas, embora lhe sucedesse imediatamente um período depressivo[32].

Quando a população portuguesa no Brasil pouco significava numericamente, os governantes metropolitanos não se preocupavam em produzir alimentos. Prefeririam transportar de Portugal o abastecimento dos agentes da colonização, como induzia a lógica mercantil do sistema colonial. Entretanto, o crescimento dos contingentes de colonizadores e a redução dos custos da produção instigaram a uma rápida adaptação à dieta alimentar indígena e os fizeram procurar sucedâneos para os gêneros alimentícios europeus. Substituíram a farinha de trigo pela de mandioca, o pão pela broa de fubá de milho, o vinho pela cachaça, o azeite por banha...[33]

A economia engendrada no início da colonização portuguesa no Brasil apoiava-se na agricultura extensiva e teve sua reprodução dependente de terras, homens e alimentos, três fatores cujas ofertas deveriam sempre elastecer. As limitadas fronteiras agrícolas, de expansão dificultadas pela resistência indígena, estimularam o tráfico atlântico para suprimento de escravos africanos que assegurasse produção de alimentos e principalmente do que se exportar. Desta combinação de fatores resultou uma economia colonial reiterada em um baixo custo monetário, apesar do preço do escravo importado, que recriava os seus sistemas agrário-escravistas na fronteira em expansão. Tornou-se, portanto, fundamental a produção de alimentos a baixo custo, à qual se deveria associar a criação de animais, de pequeno, médio e grande porte[34].

A complexidade da economia e da sociedade coloniais não se reduzia apenas à trilogia escravidão, monocultura e latifúndio. Nas suas urdiduras os produtores autônomos de pequenas e médias unidades agrárias desempenharam ati-

---

32. NARDI, J.B. *O fumo brasileiro no período colonial*: lavoura, comércio e administração. São Paulo: Brasiliense, 1996, p. 334-343.

33. ANDRADE, M.C. A pecuária e a produção de alimentos no período colonial. In: SZMRECSÁNYI, T. (org.). *História econômica do Período Colonial*. São Paulo: Hucitec/Fapesp/Associação Brasileira de Pesquisadores em História Econômica, 1996, p. 99-108.

34. LINHARES, M.Y.L. A pecuária e a produção de alimentos na colônia. In: SZMRECSÁNYI, T. (org.). *História econômica do Período Colonial*. São Paulo: Hucitec/Fapesp/Associação Brasileira de Pesquisadores em História Econômica. 1996, p. 109-121.

vidades fundamentais no desenvolvimento das policulturas, nas quais a força de trabalho escrava coexistia com outras relações de trabalho na produção do abastecimento interno e de excedentes exportáveis. Através da mobilização de limitados recursos materiais e humanos, estabeleceram-se organizações produtivas, sempre na perspectiva de mercado. No sertão, onde não havia rios navegáveis, o escoamento da produção expandia-se em conformidade com um conjunto de fatores, entre os quais as condições de transportes.

No início do século XVIII, consolidaram-se circuitos comerciais nos sertões que persistiram por mais de dois séculos e definiram as características históricas de algumas regiões. O comércio de todas as áreas de mineração se efetivou a partir de três vias de comunicação: a Estrada Geral da Bahia que saía de Salvador pela baía de Todos os Santos, subia o rio Paraguaçu até Cachoeira onde havia caminhos que ligavam a Jacobina, Rio de Contas e a Minas Novas do Araçuaí, Diamantina, Rio das Velhas, ainda territórios da Bahia, além de Goiás e Mato Grosso; o Caminho Velho partia de Parati, no litoral sul da capitania do Rio de Janeiro; e o Caminho Novo interligava a cidade do Rio de Janeiro e a zona mineradora do rio das Velhas[35].

Nas minas, os três caminhos originais encontravam-se para formar um sistema viário de circulação de pessoas e de mercadorias. Através destas alternativas, e suas variantes regionais, tropeiros ligavam circuitos mercantis internos, que a partir dos portos conectavam-se com o comércio metropolitano e este com todos os continentes. A circulação de mercadorias começou a romper o fechamento do sistema colonial através da acumulação econômica e a desenvolver o mercado interno, que ligava ao movimento de importação e exportação.

A produção de tabaco, de farinha de mandioca e de outros gêneros, nas franjas dos canaviais e em áreas nas quais não se cultivava a cana nos recôncavos da baía de Todos os Santos e da baía de Camamu, teve desempenho significativo no abastecimento regional, durante a fase final do período colonial, ao interagir com o intercâmbio internacional. O mercado foi tão vigoroso, que no início da década de 1780, José da Silva Lisboa estimou a venda de cada ano em Salvador, superior a um milhão de alqueires de farinha, um evidente exagero, se comparado com o volume anual deste produto no Celeiro Públi-

---

35. CARRARA, Â.A. *Minas e Currais*: produção rural e mercado interno de Minas Gerais, 1674-1807. Juiz de Fora: UFJF, 2007, p. 117.

co da Bahia[36], que raramente ultrapassara de 300.000 alqueires na década de 1800-1809. O volume e diversidade das mercadorias negociadas no mercado interno baiano surpreendeu um comerciante inglês, em 1805, que registrou o comércio de açúcar, fumo, algodão e madeira para exportação; louças, milho, lenha, óleo de baleia, frutas, verduras, hortaliças, peixes e outras provisões culinárias, além, evidentemente, da farinha de mandioca em grande quantidade, para o consumo local. Na beira do cais do porto, haveria pilhas de sacos de mercadorias, frutas e verduras amontoadas; ancorados, saveiros, lanchas, bergantins, sumacas e chalupas de diversas procedências, formavam um mercado de lojas flutuantes, de modo que se punha uma significativa riqueza em circulação[37]. Giro comercial semelhante constatava-se em vários outros portos, de norte a sul da costa atlântica.

8.3 Pecuária como atividade econômica da ocupação dos sertões

A criação de animais, introduzida no Brasil durante o governo Tomé de Souza (1549-1553), desenvolveu-se a partir da região açucareira da Bahia e se expandiu para todo o sertão semiárido. Desde a fase inicial, o gado *vacum* constituiu-se em um elemento essencial da colonização, para o fornecimento de alimentos, tração, transporte e até de montaria onde se escasseavam cavalos. A produção de açúcar consolidou-se no litoral e a criação de gado estendeu-se para o interior. Além da sua incompatibilidade com os canaviais litorâneos, os confiscos dos rebanhos pelos invasores holandeses e por tropas que os combatiam, induziram a interiorização. No litoral permaneceram apenas os animais de serviço, em pastos cercados[38].

---

36. Instalado em 1785 e extinto 1866, o Celeiro Público da Bahia funcionou no largo da Conceição, no interior do Arsenal da Marinha, em frente ao templo de Nossa Senhora da Conceição da Praia (SIMÕES FILHO, A.M. *Política de abastecimento da economia mercantil: o Celeiro Público da Bahia (1785-1866)*. Salvador: Ufba, 2011, p. 88 [Tese de doutorado].

37. BARICKMAN, B.J. *Um contraponto baiano...*, p. 131.

38. SILVA, I.A.C. *Memórias históricas e políticas da Província da Bahia...* Vol. I, p. 24, 234-243. • SIMONSEN, R.C. *História econômica do Brasil...*, p. 165-166. • ANTONIL, A.J. [João Antonio Andreoni]. *Cultura e opulência do Brasil...*, p. 197-203. • DJAS, J.C. *500 anos do leite no Brasil*. São Paulo: Calandra, 2006. • NEVES, E.F. Curraleiro, crioulo, peduro: a pecuária com o fator da ocupação econômica no semiárido. In: NEVES, E.F. (org.). *Sertões da Bahia*: formação social, desenvolvimento econômico, evolução política e diversidade social. Salvador: Arcádia, 2011, p. 253-281.

A característica de atividade econômica coadjuvante da pecuária manifestou-se, tanto para a produção litorânea do açúcar quanto na exploração mineral do rio das Velhas, embora viabilizasse a conquista territorial dos sertões[39]. O avanço do gado, iniciado no Recôncavo açucareiro, expandiu-se vigorosamente a partir do vale do Itapicuru, norte da Bahia, por iniciativa de descendentes de Garcia d'Ávila[40], e dos planaltos de Morro do Chapéu, centro-norte da Bahia, através de empreendimentos do mestre-de-campo Antônio Guedes de Brito[41]. O primeiro fluxo dirigiu-se para o norte, atravessou o São Francisco e ocupou o território intermediário de Pernambuco, entre os riachos do Navio e da Brígida, onde se encontrou com o gado pernambucano e as fazendas expandiram-se para as capitanias vizinhas; o segundo vetor de expansão seguiu pela margem direita do São Francisco, nas direções sul e leste, através dos seus afluentes, até o rio das Velhas, para ocuparem todas as bordas de rios e lagos perenes, ou que em seus leitos secos se pudessem abrir bebedouros durante as prolongadas estiagens. Em 1590, Cristóvão Barros consolidou a conquista de Sergipe e abriu nova e vasta fronteira pecuarista.

A expulsão dos franceses em 1616 oportunizou aos portugueses a ocupação econômica do Maranhão e o gado expandiu-se de sul para norte. Instalado em terras aforadas dos d'Ávila, em Sobrado, à margem esquerda do São Francisco, onde se criaria o município de Cabrobó, distante cerca de 40 léguas de

---

[39]. SILVA, M.C.; BOAVENTURA, V.M. & FIORAVANTI, M.C.S. História do povoamento bovino no Brasil Central. *Revista UFG*, XIII, dez./2012, p. 34-41. Goiânia.

[40]. CALMON, P. *História da Casa da Torre*: uma dinastia de pioneiros. 3. ed. Salvador: Fundação Cultural do Estado da Bahia, 1983. • MOTT, L.R.B. Terror na Casa da Torre: tortura de escravos na Bahia colonial. In: REIS, J.J. (org.). *Escravidão e invenção da liberdade*. São Paulo: Brasiliense, 1988, p. 17-32. • NANTES, M. *Relação de uma missão no São Francisco*. São Paulo: Nacional, 1979. • BANDEIRA, L.A.M. *O feudo*: a Casa da Torre de Garcia d'Ávila, da conquista dos sertões à independência do Brasil. Rio de Janeiro: Civilização Brasileira, 2000. • PESSOA, Â.E.S. *As ruínas da tradição*: a Casa da Torre de Garcia d'Ávila – família e prosperidade no Nordeste colonial. São Paulo: USP, 2003 [Tese de doutorado]. • SAMPAIO, Y. *Livro de vínculos de Morgados da Casa da Torre, contendo a das fazendas vinculada, valor pago pelos rendeiros, limites fundiários e logradouros: 1778-1779*. Recife: Companhia Editora de Pernambuco/Centro de Estudos de História Municipal, 2012.

[41]. CASTRO, P.F. Tombamento dos prédios arrendados ou devolutos, situados no Sertão do Rio Pardo, pertencentes à Casa da Ponte. *Revista do IGHB*, LV, 1929, p. 431-485. Salvador [Originais de 1819]. • CASTRO, P.F. Tombo da Casa da Ponte, 1919 [Tombamento dos prédios arrendados situados no Sertão e Distrito da Villa de Santo Antônio do Urubu, Comarca da Jacobina]. *Anais do Apeb*, XXXIV, 1957, p. 9-83. Salvador [Originais de 1819 no *Apeb*, colonial e provincial, 4.638]. • COSTA, A.G.B. O povoador (história de Jacobina). *Anais do Apeb*, XXXII, 1952, p. 318-381. • COSTA FILHO, M. *Dois séculos de um latifúndio*. Rio de Janeiro: Livraria São José/Departamento de Imprensa Nacional, 1958 [Separata da *Revista do IHGB*, vol. 241]. • RODRIGUES, J.E. Livro de Tombo da Casa da Ponte. *Revista do IHGMG*, XI, 1964, p. 95-100. Belo Horizonte. • PIRES, S.R. *Raízes de Minas*. Montes Claros: [s.e.], 1979 [Composição e impressão, Belo Horizonte: Minas Gráfica]. • NEVES, E.F. *Uma comunidade sertaneja...*, p. 63-93. • NEVES, E.F. *Posseiros, rendeiros e proprietários...*, p. 149-183. • NEVES, E.F. *Estrutura fundiária e dinâmica mercantil...*, p. 113-159.

Juazeiro, o português de Mafra, Domingos Afonso, alcunhado Sertão, rumou para o Piauí e assentou a fazenda Poções de Baixo no rio Canindé, de onde partiu para o sul do Maranhão, do Ceará, do Rio Grande do Norte, da Paraíba e estabeleceu 31 fazendas. Quando morreu, em 1711, seus bens ficaram, por legado testamental, para a ordem dos jesuítas, e o padre João Antônio Antonil, reitor do Colégio da Bahia, nomeou o padre Manoel da Costa, seu testamenteiro e administrador dos bens[42].

Durante a invasão holandesa, pecuaristas pernambucanos, na tentativa de evitarem a requisição dos seus rebanhos para o abastecimento de tropas invasoras, adentraram o sertão até os rios Moxotó e Pajeú, aonde encontraram o gado dos d'Ávila da Casa da Torre de Tatuapara e de outros fazendeiros baianos, para lá deslocados nas mesmas circunstâncias. Ocuparam-se a serra da Borborema e o agreste pelo Sul e pelo Norte[43]. Muitos pioneiros da ocupação econômica dos sertões adquiriram terras, por compra ou arrendamento, desde finais do século XVII, para criação extensiva de gado, nos amplos campos de caatingas, serrados dos planaltos, baixios marginais do São Francisco e seus tributários. Alguns assentaram diversas unidades agrárias em terras arrendadas, nem sempre próximas umas das outras[44].

Estevão Pinheiro de Azevedo, português de São Simão de Gouveia, fundou as fazendas Olhos d'Água, Jaíba, Boa Vista, Iriti, no subvale do Verde Grande e, em consequência da guerra dos Emboabas (1707-1709) da qual fora um dos protagonistas, transferiu-se para as nascentes do São João, e outras terras nos

---

42. GOULART, J.A. *Brasil do Couro e do Boi* – Vol. I: O boi. Rio de Janeiro: GRD, 1965, p. 19-20.

43. ANDRADE, M.C.O. *A pecuária no agreste pernambucano*. Recife: Ufpe, 1961, p. 52 [Tese de doutorado].

44. Bento Garcia Leal, nos subvales das Rãs, Santo Onofre, Verde Pequeno, São João e Gavião; Inácio da Cruz Prates, Manoel Fialho de Carvalho, Agostinho Gomes Cardoso, Domingos Gomes de Azevedo, no subvale do Carnaíba de Dentro; André da Silva Nobre, nas nascentes dos rios de Contas e Paraguaçu; Valentim Rodrigues Teixeira, subvale do Curaçá; Alexandre Faria Tinoco, José Marques da Silva, Manoel Pereira Coutinho e José da Silva Ferreira, entre a barra do rio Paramirim e o morro da Lapa; Francisco Vieira Lima, no subvale do Santo Onofre; padre Antônio Dourado do Monte, no subvale do Paramirim; padre Miguel Lima e Dr. João Calmon, na foz do rio Verde Grande; Pascoal Pereira, Antônio de Souza da Costa, José Fernandes, Manoel Ribeiro, André Pacheco Pimenta, no subvale das Rãs; Joaquim Pereira de Castro e Timóteo de Souza Spínola, no subvale do Brumado; Pedro Leolino Mariz, no rio das Rãs e depois em Minas Novas do Araçuaí; Matias João da Costa, subvales das Rãs e Gavião e vale do Pardo; João Gonçalves da Costa, entre os rios Pardo e Gavião; João Peixoto Viegas nos vales do Jacuípe e Pojuca; e Francisco de Brito Gondim, no subvale do São João; Antônio Xavier de Carvalho Cotrim, cabeceiras do rio das Rãs; José de Souza Meira e Miguel Lourenço de Almeida, no São Francisco, depois em Campo Seco do Rio do Antônio (DELGADO, J.Q. Roteiro de Quaresma. IGHB, índex de várias notícias. Manuscrito n. 346. In: FREIRE, F. *História territorial do Brasil...* p. 501-532. • VIANNA, U. *Bandeiras e sertanistas baianos...*, p. 169-207. • SANTOS FILHO, L. *Uma comunidade rural do Brasil antigo* (aspectos da vida patriarcal no sertão da Bahia nos séculos XVIII e XIX). Ed. fac-similar. Salvador/Feira de Santana: Uefs, 2012, p. 3-15 [1. ed., 1956]. • PIRES, S.R. *Raízes de Minas...*, p. 121. • NEVES, E.F. *Uma comunidade sertaneja...*, p. 63-181. • NEVES, E.F. *Posseiros, rendeiros e proprietários...*, p. 290-437.

subvales vizinhos. Adquiriu terras até no distante Paraguaçu, associado a Manoel Nunes Viana, depois que o afastaram do rio Carinhanha. Outros emboabas tiveram fazendas na região intermediária do São Francisco e nascentes do Jequitinhonha e do Pardo[45]. Em Pernambuco e demais capitanias ao norte e nordeste da Bahia, vários aventurosos instituíram fazendas, muitos dos quais mouros, judeus e ciganos, esquivados da permanente vigilância de familiares do Santo Ofício, que agiam em toda parte, em particular, onde houvessem degredados confinados, como na pecuária sertaneja[46].

Conquistou-se o território do Piauí a partir do interior, desde o São Francisco, para o litoral. Iniciou-se a ocupação pelo vale do Canindé, com a instituição de fazendas pecuaristas de Domingos Afonso Sertão, das quais a de Mocha, onde se confinaram 300 degredados, que formaram uma povoação, elevada à condição de vila em 1712. Na capitania do Piauí, concentrou-se a propriedade fundiária, em consequência da ambição dos fazendeiros e pela intrínseca necessidade da pecuária extensiva, que demandava amplos campos livres.

Somente a Casa da Torre da família d'Ávila de Tatuapara adquiriu sesmarias que se estenderiam por 180km de comprimento e 120 de largura, no vale do Crateús. Domingos Afonso Sertão possuiria fazendas de gado que se estenderiam por aproximadamente 277 léguas de sesmarias, o equivalente a 1.206.612 hectares de terras, nas quais criaria mais de 50.000 animais. Em 1697 haveria no

---

45. Bernardo de Souza, Domingos Alves Guimarães, Domingos Rabelo Falcão, Francisco de Araújo, João de Souza Campos, José Coelho, José de Queirós, Manoel de Queirós, Manoel Pereira da Cunha, Pedro Correia e o sargento-mor Jerônimo M. Araújo. Pedro Leolino Mariz estabelecera em Minas Novas do Araçuaí, depois que se transferira do subvale do rio das Rãs; Antônio Gonçalves Figueira, depois de se instalar nas cabeceiras do rio das Rãs, transferira-se com Manuel Pires Maciel, para as fazendas Morrinhos, São Romão, Amparo, Brejo Grande, Itaí, Olhos de Água, Montes Claros; Antônio Alves Moreira, na barra do Verde Grande; Domingos Curvelo de Souza, entre o rio Pardo e o Jequitinhonha (LIMA JÚNIOR, A. A capitania de Minas Gerais..., p. 34. • PIRES, S.R. Raízes de Minas..., p. 120-121. • NEVES, E.F. Uma comunidade sertaneja..., p. 227-233.

46. Teodósio de Oliveira Ledo na Paraíba; os irmãos Cristóvão, Antônio e Lancerote Rocha Pita, senhores do engenho Freguesia e Caboto no Recôncavo, na ribeira do Pajeú; Vitório de Souza e João Ferreira, no rio São Francisco; capitão Domingos Rodrigues, no Rio de Baixo; João Pires, João da Rocha, Antônio Teixeira, no Sertão de Itaim; Desidério Pereira, Florentino de Almeida Pereira e Laurentino de Almeida, no rio Pajeú; José de Torre, no Piauí; Manoel Coelho da Silva, na ribeira do Pajeú; Bernardino de Souza Ferreira e Manoel de Souza da Costa Callado, no riacho dos Angicos; Graciano Ferreira Maciel, na Barra do Icó; capitão Agostinho Nunes de Magalhães, em Serra Talhada e Buraco; Manoel Lopes Diniz, em Brejo do Gama e Panela d'Água; Joaquim Francisco Cavalcanti, em Bonito; José Mateus da Graça Sampaio, em Barra do Moxotó e Tacaratu; e muitos outros (SAMPAIO, Y. Livro de vínculos do morgado da Casa da Torre, contendo a relação das fazendas vinculada, valor pago pelos rendeiros, limites fundiários e logradouros, 1778-1779..., p. 42-62. • NEVES, E.F. & MIGUEL, A. Caminhos do Sertão: ocupação territorial, sistema viário e intercâmbios coloniais dos sertões da Bahia. Salvador: Arcádia, 2007, p. 59-125).

Piauí, em margens de rios, lagos e nascente, 129 fazendas de gado, ampliadas para 400 em 1730; 536 em 1762; e 578 em 1772. No final do século XVIII, em oito dessas fazendas criavam-se até 100 rezes; em outras oito, de 101 a 2.000; em 10, de 2.001 a 3.000; em três, de 3.001 a 4.000; uma com cerca de 5.000; e outra, aproximadamente 6.000 animais[47].

Devem-se utilizar as estatísticas coloniais como indicações de tendências, por apresentarem pouca consistência ou confiabilidade. No final do século XVII, entre os proprietários e posseiros das maiores extensões de terras na Bahia e capitanias vizinhas, encontravam-se: os d'Ávila da Casa da Torre de Tatuapara, com 461 léguas; Antônio Guedes de Brito, 150; Lourenço Dória e Belchior de Afonseca, 125; João Peixoto Viegas, 120; Pedro Borges Pacheco, 80; Pedro Gomes, 60[48]. Nota-se que a relação não alude a numerosos fazendeiros como Domingos Afonso Sertão; superestima as dimensões das terras atribuídas a Francisco Dias d'Ávila e subestima as conferidas a Antônio Guedes de Brito.

Do centro-norte da Bahia para o sul, as fazendas, Batalha, Volta, Campo Grande, Campos de São João, Curralinho, Santo Antônio do Urubu, Riacho dos Porcos e Hospício na margem direita do São Francisco e curso do rio das Rãs permaneceram sob a administração direta da herdeira Joana da Silva Guedes de Brito[49]. As minas de ouro do rio das Velhas, exploradas a partir da última década do século XVII, e a feira de Capoame no litoral norte da Bahia absorviam o gado criado nos sertões, que marchava dezenas de jornadas de distâncias variáveis[50].

Mais ou menos na mesma época em que Antônio Guedes de Brito adentrou com fazendas pecuaristas o São Francisco acima, em finais do século XVII, Matias Cardoso de Almeida levou gado para Sabarabuçu, de onde se difundiu, após a descoberta das minas do rio das Velhas, principalmente para o sul da área mineradora e para a capitania de Goiás. Fazendas de gado prosperaram-se entre os rios Tocantins e Araguaia, de onde se expandiu para Mato Grosso[51]. Como resultado da

---

47. MOTT, L.R.B. *Fazendas de gado do Piauí: 1697-1762. Anais do VIII Simpósio Nacional de Professores Universitários de História* – Anpuh. Aracajú, set./1975. • CABRAL, M.S.C. *Caminhos do gado: conquista e ocupação do sul do Maranhão*. São Luís: Sioge, 1992, p. 99-137.

48. AHU_CLF_CU, Bahia. Cx. 23, doc. 2.740. Memória das pessoas que possuem grandes sesmarias nas capitanias do Brasil. Apud TOLEDO, M.F.M. *Desolado sertão...*, p. 154.

49. DELGADO, J.Q. *Roteiro de Quaresma*., p. 169-207. • ABREU, J.C. *Caminhos antigos e povoamento do Brasil...* • ABREU, J.C. *Capítulos de história colonial...* • CALMON, P. *Introdução e notas ao Catálogo Genealógico de Frei Antônio de Santa Maria Jaboatão...* Vol. I, p. 154-155. • PINHO, W. *História de um engenho do Recôncavo – Matoim, Novo Caboto, Freguesia: 1552-1944*. São Paulo: Nacional, 1982. • SANTOS FILHO, L. *Uma comunidade rural do Brasil antigo...*, p. 203-330.

50. HENRIQUE, J.S. *A feira de Capoame: pecuária, territorialização e abastecimento*. São Paulo: USP, 2014 [Dissertação de mestrado].

51. SILVA, J.V. *Histórico da pecuária no Brasil*. Cuiabá: LCM, 2005, p. 17.

expansão pecuarista, desenvolveram-se as feiras de animais que definiram as segmentações socioeconômicas regionais. A feira de Capoame, ao norte de Salvador, instituída no século XVIII, dispunha de instalações para o gado dos sertões, que se transferiram para Santana dos Olhos d'Água, depois Feira de Santana, no século XIX. Em Sorocaba, São Paulo, formou-se o principal centro de comercialização de muares, entre os finais dos séculos XVIII e XIX, para o qual convergiam tropeiros e comerciantes de animais de várias regiões do Brasil. Havia grandes feiras coloniais em: Crato, Ceará; Campina Grande, Paraíba; Caruaru, Pernambuco; Três Corações, Minas Gerais.

Na condição de meio de transporte, as tropas de bestas de cargas continuavam a tradição das cáfilas de mercadores do norte da África, reconstituídas na península Ibérica pelos mouros, com equinos, muares e asininos em substituição aos camelos. No Brasil a preferência recaiu sobre o muar, uma espécie híbrida, por revelar mais resistência física e maior capacidade para transportar pesos em longas distâncias e em terrenos acidentados. Uma tropa compunha-se, geralmente, de 20 a 50 muares cargueiros. Em Portugal, almocreves agenciavam bestas para condução de viajantes e suas mercadorias, diligência que se reproduziu no Brasil. No final do período colonial, os tropeiros constituíam um grupo social como os fazendeiros e os senhores de engenho[52].

Quando se iniciou a colonização de São Paulo haveria criação de cavalos, restringida na transição para o século XVII, sob a alegação de danificarem roças e matarem a coices outras criações. Ao se iniciar a mineração até meados do século XVIII, devido à escassez de animais de carga, de tração e de montaria, os paulistas que se aventuravam pelos sertões andavam a pé, onde não fosse possível a navegação fluvial. Índios e negros escravizados e mamelucos assalariados faziam o transporte de fardos e caixas de mercadorias, inclusive entre Santos e São Paulo, e do Rio de Janeiro a São Paulo para as minas de ouro do rio das Velhas.

Viajantes escanchavam-se nos cangotes de escravos ou espichavam-se em redes conduzidas por carregadores[53]. Somente no início do século XVIII afluíram os primeiros animais de montaria e carga para os sertões remotos, que já tivessem terras desmatadas e povoadas. Todas as tentativas anteriores de se incluírem animais nas expedições malograram. A capacidade e o costume de vencerem a pé longas

---

52. ALMEIDA, A. *Vida e morte do tropeiro*. São Paulo: Martins/Edusp, 1981, p. 37-68.
53. GOULART, J.A. *Tropas e tropeiros na formação do Brasil*. Rio de Janeiro: Conquista, 1961, p. 21-31.

distâncias, que se explicariam pela afinidade com os indígenas, possibilitaram aos paulistas assegurarem algumas vantagens inestimáveis nas expedições aos sertões[54].

O desenvolvimento da pecuária fez do couro uma mercadoria fundamental, tanto como matéria-prima local quanto objeto de interesse do comércio exterior. O curtume de couros desenvolveu-se no século XVI, a fabricação de queijos difundiu-se no XVII e a confecção de peças do vestuário e do agasalho noturno com a lã de ovelhas propagou-se no XVIII. Couros e peles de animais, além do consumo de carnes, constituíam-se matérias-primas fundamentais, para se cobrirem abrigos, confeccionarem-se indumentárias e calçados, elaborarem-se equipamentos de transportes e montarias e fabricarem-se utilitários diversos. Posteriormente fez-se a transformação industrial dos chifres. Por último utilizaram-se o esterco como fertilizante agrícola[55] e se confirmou o adágio segundo o qual, do gado, só se perde o berro. No início do século XVII, o Brasil exportava anualmente para Portugal, algo no entorno de 110.000 meios de sola, que rendiam cerca de 201.000 e 800.000 de réis, dos quais, 50.000 meios no valor de 99.000 contos saíam da Bahia; 40.000 meios, ao preço de 70.000 contos, de Pernambuco; e 20.000 meios avaliados em 32.000 e 800 contos, do Rio de Janeiro[56]. Em 1759, a frota da Companhia de Comércio do Grão-Pará e Maranhão levou para Portugal 171.000 meios de sola, 96.640 couros em cabelo e 29.000 atanados, ou curtidos[57].

O bispo de Olinda e depois de Elvas, Portugal, e dirigente do Santo Ofício, narrou, com evidente exagero, no início do século XIX, a existência de tanto gado no Brasil, principalmente em São Pedro do Rio Grande do Sul, que se mataria a maior parte apenas para comercializar o couro, exportado em significativa quantidade. Em consequência da carestia do sal, necessário na conservação das carnes, a parte consumida pela população nada significaria em comparação ao que se desperdiçaria. Aves e animais como tigres aproveitariam o supérfluo[58]. Entretanto, consideradas as potencialidades do mercado consumidor interno, a exportação de alguns subprodutos de origem animal, a fácil acessibilidade à posse da terra e a insignificância dos investimentos na montagem de uma fazenda de

---

54. HOLANDA, S.B. *Caminhos e fronteiras*. 3. ed. São Paulo: Companhia das Letras, 1994, p. 125 [1. ed., 1956].
55. GOULART, J.A. *Brasil do boi e do couro – Vol. II: O couro*. Rio de Janeiro: GRD, 1966.
56. ANTONIL, A.J. *Cultura e opulência do Brasil por suas drogas e minas...*, p. 299.
57. SIMONSEN, R.C. *História econômica do Brasil...*, p. 169.
58. COUTINHO, J.J.C.A. *Ensaios económicos sobre o commercio de Portugal e suas colônias*. Lisboa: Typ. da Academia Real das Sciencia, M.DCCC.XVI (1816), p. 12-13.

gado, vê-se que a pecuária, em particular a gaúcha, proporcionou um expressivo retorno comercial, evidenciado pela própria expansão[59].

A criação bovina implicou na formação de um complexo agropecuarista pela necessidade do equino, do asinino e do muar na lida cotidiana, do transporte de cargas e da locomoção de pessoas[60]. Em paralelo, desenvolveram-se os criatórios de miunças, uma pecuária de pequeno porte, de suínos, ovinos, caprinos e várias espécies de aves, que diversificaram a oferta de proteína animal no regime alimentar das populações. Além dos heterogêneos criatórios, o indispensável autoabastecimento dos crescentes contingentes humanos, distante do litoral, exigia o cultivo de lavouras de cereais e do algodão, com o qual se vestia, agasalhava-se e produziam-se excedentes comercializáveis. No Rio Grande do Sul, Ceará, Mato Grosso e em menor escala, noutras unidades administrativas do território brasileiro, a pecuária associou-se à industrialização na produção do charque em grandes proporções.

Em todas as regiões brasileiras a pecuária constituiu-se em fator fundamental da colonização. O advento da ferrovia e dos transportes automotivos no final do século XIX fizeram declinar a criação de animais de montaria e de carga. Permaneceu em crescimento os rebanhos bovinos leiteiros e de cortes, com significativa participação na pauta das exportações. A história econômica sempre destacou a relevância da criação de gado como atividade pastoril, um qualificativo de tradição bíblica, reproduzido por cronistas coloniais, embora houvesse o entendimento posterior, pouco convincente, da denominação de pastoreio para a ocupação territorial e de pecuária para se referir à produção sistematizada de alimentos[61]. O estudo da pecuária somente se desenvolveu a partir da consolidação dos programas de pós-graduação nas universidades[62].

Originárias de Portugal e da Espanha, as matrizes bovinas *algarvia, alentejana, minhota, negra andaluza, retinta andaluza* e *rúbia galega* desenvolveram no Brasil novas raças em seleções naturais, adaptadas às condições ambientais e forragens nativas: a *caracu*, de pelo liso ou manchado e de cor castanho-avermelhado surgiu, inicialmente, em Minas Gerais; a *crioula*, uma denominação alusiva a es-

---

59. PESSOA, Â.E.S. *As ruínas da tradição...*, p. 159.

60. GOULART, J.A. *Meios e instrumentos de transporte no interior do Brasil*. Rio de Janeiro: Ministério da Educação e Cultura/Serviço de Documentação, 1959.

61. MEDRADO, J. *Do pastoreio à pecuária*: a invenção da modernização rural nos sertões do Brasil Central. Niterói: UFF, 2013, p. 89 [Tese de doutorado].

62. GUTIÉRREZ, H. A pecuária no Brasil colonial e imperial: uma bibliografia. *Revista do IHGB*, 171 (448), jul-set./2010, p. 263-281. Rio de Janeiro.

pécies bovinas constituídas generalizadamente no Brasil, através do cruzamento de descendentes de matrizes europeias; a *crioula lageana* adaptou-se às variações climáticas extremas de frio e calor da região Sul; a *curraleira* ou *pé-duro* formou-se com os mínimos cuidados sanitários e alimentares, de modo que resultou em um gado miúdo, manso, de fácil trato, extremamente rústico que se adaptou ao clima quente e seco do Nordeste e do Centro-Oeste; a *china* caracterizou-se pela robustez; o *sertanejo* revelou-se também um gado de hábitos rústicos; a *franqueira*, uma raça corpulenta, que se distinguiu pelos grandes chifres; a *pantaneira* ajustou-se às áreas alagáveis mato-grossenses.

A formação de uma nova raça associa-se à perda de diversidade gênica nos estágios iniciais e, posteriormente, a concentração e fixação de algumas características específicas. Essas raças integraram-se a diferentes ecossistemas de caatingas, cerrados ou campos gerais, campos limpos, campos rupestres, mata ciliar, pantanal e adaptaram-se a diversas fitofisionomias de forrageiras como capim mimoso, capim marmelada, capim arroz, erva d'anta e muitos outros[63]. Nestas circunstâncias, a pecuária estendeu-se por Minas Gerais, Goiás, Maranhão, Ceará e, posteriormente, para o Rio Grande do Sul, cuja colonização iniciou-se no século XVIII e impulsionou-se a partir do início do seguinte, quando se pretendeu criar novas condições econômicas, políticas e sociais, para se formar uma mentalidade que permitisse a superação de obstáculos decorrentes do sistema inicial da colonização. Consequência de conflitos de fronteira, a ocupação econômica da capitania de São Pedro do Rio Grande do Sul, resultou de disputas territoriais entre Espanha e Portugal. Apropriou-se da terra através da guerra e da usurpação, depois se legitimou a atuação do chefe do bando guerreiro com a outorga de uma carta de sesmaria[64]. Os conflitos estenderam-se desde finais do século XVII ao do XIX. Em 1629, uma coluna de paulistas, comandada por Manoel Preto e Antônio Raposo Tavares destruiu as reduções missionárias do Guairá. Depois os jesuítas se estabeleceram na região, dedicaram-se à criação de gado desde 1682 e fundaram os Sete Povos das Missões em 1687, onde produziam também a erva mate, já usada pelos índios. Em 1750, o tratado de Madri, entre Portugal e Espanha decidiu que as missões ficariam para Portugal e a Colônia de Sacramento para a Espanha, porém, antes que se consumasse a troca, as missões foram destruídas no conflito luso-espanhol. Como legado do

---

63. SILVA, M.C.; BOAVENTURA, V.M. & FIORAVANTI, M.C.S. História do povoamento bovino no Brasil Central...

64. PESAVENTO, S.J. *Pecuária e indústria:* formas de realização do capitalismo na sociedade gaúcha no século XIX. Porto Alegre: Movimento, 1986, p 15.

empreendimento jesuítico ficou a pecuária de grandes rebanhos de bovinos e cavalares, criados soltos nas vastas pradarias gaúchas, principal fator da ocupação econômica portuguesa na região sul[65].

A perspectiva política pretendida para o Rio Grande do Sul, quase todo rodeado de fronteiras internacionais, no final da colonização portuguesa, teve como objetivos interligados: a formação de um grande exército para a defesa do território de difícil controle; a ocupação dos espaços vazios com o desenvolvimento da agricultura e outras atividades econômicas; a formação de classes sociais que intermediassem o senhor de terras e o escravo; e a substituição do trabalho cativo pelo assalariado. Havia a intenção de branquear a população, uma política assumida pela elite intelectual brasileira e pelos legisladores do império, que propugnavam a importação de colonos europeus com este objetivo. Em consequência, fez-se a colonização no Rio Grande do Sul essencialmente com açorianos, alemães e italianos. O Conselho Ultramarino de Portugal determinou, em 1729, que a colonização se efetuasse com açorianos e se completasse com casais estrangeiros, desde que não fossem de origem inglesa, holandesa ou castelhana. Posteriormente, retiraram-se as objeções e até facilitaram a imigração de qualquer origem[66].

Em pouco tempo o Rio Grande do Sul tornou-se o principal produtor de alimentos, abastecedor das minas do rio das Velhas de charque e cereais por via marítima, através do Rio de Janeiro, numa reprodução do modelo de comércio externo, e de animais de carga e montaria transportados via terrestre. Em meados do século XVIII, por exemplo, somente um comerciante de animais transportou, em 13 meses, cerca de 900 cavalos e 600 mulas, pela Estrada Real, através de Santo Antônio da Patrulha, São Francisco de Paula, Campos de Vacaria, Lajes, Campos Gerais de Curitiba, Itararé, Sorocaba, até São Paulo de Piratininga. Se a distância até as minas era longa, explorava-se a resistência física de cavalos, burros e bois e os bons pastos dos caminhos, favorecidos pelo clima temperado. De São Paulo se alcançava o Rio de Janeiro e Ouro Preto. Apesar do tempo necessário para o transporte, o negócio se expandiu, por ser compensador e enriquecer muita gente[67].

---

65. LUVIZOTTO, C.K. *Cultura gaúcha e separatismo no Rio Grande do Sul*. São Paulo: Cultura Acadêmica/Programa de Publicações Digitais da Unesp, 2009, p. 15-27 [Disponível em ///C:/Users/PC/Searches/Downloads/Estudos/História/História%20da%20colonização%20do%20Brasil/Cultura_gaucha_separatismo.pdf].

66. HERÉDIA, V. A imigração europeia no século passado: o programa de colonização no Rio Grande do Sul. *Scripta Nova – Revista Electrónica de Geografía y Ciencias Sociales*, XCVI, 10, 01/08/2001. Barcelona [Disponível em file:///C:/Users/PC/Searches/Downloads/Estudos/História%20da%20colonização%20do%20Brasil/HEREDIA,%20Vania.%20O%20Programa%20de%20Colonização%20no%20Rio%20Grande%20do%20Sul.html].

67. CÉSAR, G. *Origens da economia gaúcha (o boi e o poder)*. Porto Alegre: IEL/Corag, 2005, p. 59-60.

No semiárido, onde se estabeleceram criatórios de bovinos formaram-se núcleos populacionais, interligados por precários caminhos, que ofereciam pousadas a boiadeiros, tropeiros e mineradores em trânsito pelos sertões. Em algumas dessas unidades agrárias, fazendeiros bem-sucedidos instituíram capelas através das quais fizeram doações de glebas dos seus domínios para edificação de templos, aforaram lotes nos entornos, para construção de moradias ou plantios de pequenas lavouras, de modo que aferissem rendas para a construção e manutenção de oragos, muitos dos quais elevados à condição de matrizes de freguesias e cujos núcleos populacionais deram origem a cidades. As fazendas pecuaristas constituíram-se núcleos pioneiros de assentamentos humanos promotores do povoamento colonizador, que evoluíam do interior para o litoral. Formou-se, então, nos sertões semiáridos, uma sociedade pecuarista e policultora, com o poder econômico e o controle social emanados da propriedade fundiária, embora alguns proprietários absenteístas vivessem nas cidades e vilas. Entre os latifúndios formavam-se pequenas unidades agrárias, comercializadas ou arrendadas a criadores de pouco gado, muitos dos quais, administradores de grandes fazendas. Embora fosse uma atividade que empregasse pouca força de trabalho, no manejo da pecuária extensiva de grandes rebanhos predominava a força de trabalho do vaqueiro escravizado, revelada em inventários e testamentos de fazendeiros.

Nos pequenos criatórios prevalecia o trabalho do próprio criador e de seus familiares, com pouca incidência de escravos. Desenvolveu-se na pecuária dos sertões semiáridos, concomitante ao trabalho cativo, a atividade camponesa livre, cujo produtor tinha autonomia sobre a produção e a comercialização do excedente. Na interatividade com a policultura agrícola, a pecuária diversificada ocupou o território pelas margens de rios, complementada por pequenas lavouras autoabastecedoras, da qual se comercializavam excedentes e impulsionou o início do povoamento dos sertões, continuado com os impactos das descobertas minerais. A pecuária constituiu o principal fator interveniente, tanto na conquista do território quanto na sua ocupação econômica, organização das atividades produtivas e formação social sertaneja[68].

8.4 Mineração e interiorização das atividades econômicas

Os agentes da colonização portuguesa obtiveram poucos êxitos na procura de metais raros e pedras preciosas nos dois primeiros séculos de colonização do Brasil. Aventureiros paulistas, geralmente mamelucos com disposição para o

---

68. NEVES, E.F. *Uma comunidade sertaneja...*, p. 95-181, 227-233. • NEVES, E.F. *Posseiros, rendeiros e proprietários...*, p. 219-256. • NEVES, E.F. *Estrutura fundiária e dinâmica mercantil...*, p. 203-247.

trabalho agrícola, em tropelias pelos sertões, palmilharam o território colonial, à procura de índios para o cativeiro e minérios[69].

As narrativas sobre jazidas de ouro na capitania de São Vicente, nos séculos XVI e XVII, têm aspectos nebulosos ou desencontrados e perderam as suas verdadeiras dimensões em jogos de interesses. Afonso Sardinha e Clemente Álvares descobriram ferro na localidade de Araçoiaba, em 1589, e ouro em Jaraguá, Ventura e Jaguamimbaba, nas proximidades da serra da Mantiqueira. O governador-geral do Brasil, Francisco de Souza (1592-1602), dedicou-se à procura de ouro, sem nunca alcançar o sucesso desejado[70]. Salvador Correia de Sá e Benevides (1602-1688), alcaide-mor do Rio de Janeiro, manifestou dúvida a d. João IV (1640-1656) sobre tais depósitos auríferos e o advertiu de que os interessados os superdimensionaram. As informações sobre eles sempre oscilaram entre as ideias de riquezas extremadas desviadas, e da inexistência do metal. Os moradores, na tentativa de obterem privilégios governamentais, alimentavam os mitos das suas inconsistentes notícias[71].

No final do século XVII, a captura de índios arrefeceu-se em consequência da dizimação de tribos e da redução da demanda pela monocultura canavieira da Bahia e de Pernambuco, que passou a se debater com a concorrência antilhana e a preferir o escravo africano. O refluxo do comércio de índios escravizados levou os paulistas a buscarem alternativa econômica na procura de minérios e passaram a perambular em bandos, aglutinados em tropas temporárias, denominadas de bandeiras, por assim se designarem as companhias de milícias portuguesas, organizadas em bases militares, que se deslocavam com um estandarte à frente. No Brasil formaram-se bandeiras de 15 a 20 indivíduos e até de centenas de pessoas, acompanhadas por um ou dois sacerdotes. O corpo de auxiliares formava-se com escravos negros, mucamas e indígenas, usados como batedores de caminhos, coletadores de alimentos, guias e carregadores. Paulistas brancos e mestiços constituíam o núcleo de comando. Depois de secundarizada a caça ao índio, as caravanas militarizadas passaram a andar pelos sertões, por prazos pré-determinados. Acampavam por algum tempo para explorarem as possibilidades minerais nas áreas circunvizinhas, enquanto uma parte do corpo

---

69. MAGALHÃES, B. *Expansão geográfica do Brasil colonial...* • CALMON, P. *A conquista*: história das bandeiras baianas. Rio de Janeiro: Imprensa Nacional, 1929.

70. WEHLING, A. Repartição Sul. In: SILVA, M.B.N. (coord.). *Dicionário da História da Colonização Portuguesa no Brasil*. Lisboa/São Paulo: Verbo, 1994, p. 698.

71. VILARDAGA, J.C. As controvertidas minas de São Paulo (1550-1650). In: *Varia historia*, XXIX, 51, set.-dez.2013, p. 795-815. Belo Horizonte.

de auxiliares cultivava roças de mandioca e de cereais para o abastecimento da tropa. Após as colheitas, continuavam a marcha. As expedições baianas e de outras regiões coloniais comportavam-se de modo semelhante, nas asperezas e intempéries sertanejas[72].

A procura de minérios e a exploração de salitre em jazidas de Santo Antônio do Pambu, subvale do Curaçá, norte da Bahia, no final do século XVII, desenvolveu-se em concomitância aos conflitos por terras entre senhores da Casa da Torre de Tatuapara e povos indígenas, e no auge dos enfrentamentos destes senhores com os jesuítas, motivados pela exploração da força de trabalho de índios escravizados nos labores da extração do salitre, nos quais o padre Antônio Vieira se envolvera. A produção desta matéria-prima da pólvora, embora não resultasse em vantagens financeiras significativas, devido às precárias condições de extração e de transporte que inviabilizaram o negócio, contribuíra para ampliar o domínio fundiário dos d'Ávila de Tatuapara[73].

Explorou-se também o salitre ou nitrato de potássio, em jazidas descobertas por Pedro Leolino Mariz (1682-1762), na primeira metade do século XVIII, entre os subvales das Rãs e Verde Pequeno, na serra dos Montes Altos[74]. Iniciou-se a exploração em 1758, quando o governo metropolitano instalou caldeiras para o refino do minério. O empreendimento proporcionou a melhora da estrada da Bahia para Minas, Goiás e Mato Grosso, num trecho de 136 léguas, entre São Félix, fim do curso navegável do Paraguaçu, no lado oposto à vila de Cachoeira, à confluência do rio Paraguaçuzinho para, depois de atravessar outros cursos d'água e montanhas, passar pela mineradora vila de Rio de Contas, antes de chegar à serra salitrosa dos Montes Altos. Sua exploração inviabilizou-se pelo desinteresse de empreendedores, em consequência do elevado custo do transporte. Quase meio século depois, tentou-se retomar a sua extração, novamente inviabilizada pelos mesmos fatores.

O reinado de Pedro II (1683-1706) caracterizou-se pela persistente procura de ouro e de prata no Brasil, minérios encontrados em abundância pelos co-

---

72. BOXER, C.R. [Charles Ralph]. *A idade de ouro do Brasil* (dores de crescimento de uma sociedade colonial). São Paulo: Nacional, 1963, p. 45-69.

73. NANTES, M. Relação de uma missão no rio São Francisco. 2. ed. São Paulo: Nacional, 1979, p. 71-101 [1. ed., 1706]. • PESSOA, Â.E.S. *As ruínas da tradição...*, p. 176.

74. AHU-ACL-CU-005-Bahia. Cx. 213, Doc. 15.016, Lisboa, 18/05/1799. *Memória sobre a viagem do terreno nitroso*, de José de Sá Bittencourt e Accyoli. Acompanha ofício que a oferece a Rodrigo de Souza Coutinho e discorre sobre os meios econômicos de realizar a exportação de salitre dos Montes Altos. Cf. NEVES, E.F. Ofício ao Secretário de Estado de Marinha e Ultramar sobre o salitre dos Montes Altos. In: NEVES, E.F. & MIGUEL, A. *Caminhos do sertão...*, p. 127-146.

lonizadores espanhóis, no México e no Peru. Na última década do século XVII, encontrou-se, finalmente, o precioso metal dourado, em quantidade e de boa qualidade, nas nascentes do rio das Velhas. Desconhecem-se datas e locais exatos dos primeiros achados. As fragmentadas informações indicam que diferentes grupos de paulistas, entre 1693 e 1795 o encontraram quase simultaneamente, em diversas localidades[75].

Os acessos à região aurífera, cujos estudos, depois de um relativo abandono historiográfico, foram retomados na transição para o século XXI, faziam-se através da cidade da Bahia, que se distanciava das nascentes mineralizáveis do rio das Velhas, 230 ou 186 léguas, conforme o caminho escolhido[76], e desde o Rio de Janeiro por duas vias: o Caminho Velho, mais áspero que o dos paulistas, percorrido em menos de 30 jornadas, e o Caminho Novo[77], no qual se percorria uma distância de 80 léguas.

Notícias de exorbitantes achados auríferos, nem sempre verdadeiras, difundiram-se rapidamente e mobilizaram aventureiros de diversas origens, que

---

75. Entre os pioneiros dessas descobertas minerais, encontravam-se: Manuel Borba Gato, Antônio Correia de Arzão, Bartolomeu Bueno de Silva, Salvador Fernandes Furtado de Mendonça, padre João Faria, João Lopes de Lima, Domingos Rodrigues da Fonseca Leme, Domingos Borges, e outros (BOXER, C.R. *A idade de ouro do Brasil...*, p. 45-69. • ZEMELLA, M. *O abastecimento da capitania das Minas Gerais no século XVIII*. 2. ed. São Paulo: Hucitec/Edusp, 1990, p. 33-43).

76. Partia-se pela baía de Todos os Santos e rio Paraguaçu até Cachoeira, margearia esse rio até além da aldeia de Santo Antônio de João Amaro, escalaria a íngreme serra do Sincorá e seguiria até Tranqueiras, na margem do rio Contas Grande, distante sete léguas do arraial de Crioulos, onde o caminho se bifurcaria. A via da direita levaria às fazendas de João Gonçalves Filgueira, nascentes do rio das Rãs, do coronel Antônio Vieira Lima e ao arraial de Matias Cardoso e pelo rio São Francisco até a barra do rio das Velhas e por este, às minas. Se optasse pela alternativa da esquerda, tomaria o caminho das nascentes do rio Verde, Campo da Graça, arraial do Borba e rio das Velhas. Cf. ANTONIL, A.J. *Cultura e opulência do Brasil...*, 2007, p. 269-273. • VIANNA, U. *Bandeiras e sertanistas bahianos...*, p. 167. • VENÂNCIO, R.P. Caminho Novo: a longa duração. In: *Varia Historia*, XXI, jul./1999, p. 181-189. Belo Horizonte. • SANTOS, M. *Estradas Reais*: introdução ao estudo dos caminhos do ouro e do diamante no Brasil. Belo Horizonte: Estrada Real, 2001. • NEVES, E.F. & MIGUEL, A. (orgs.). *Caminhos do sertão...* • IVO, I.P. *Homens de caminho*: trânsitos culturais, comércio e cores nos sertões da América Portuguesa, século XVIII. Vitória da Conquista: Uesb, 2012.

77. O Caminho Velho sairia de Parati e seguiria por Taubaté, Pindamonhangaba, Guaratinguetá, roças de Garcia Rodrigues, Ribeirão, até rio das Velhas. O Caminho Novo partiria do Rio de Janeiro por terra, seguiria por Irajá, engenho do Tomé Correia, porto do Nóbrega, rio Iguaçu e Sítio de Manoel do Couto; por mar, iria ao porto do Pilar e pelo rio Morobaí (ou Marabi) acima se chegaria ao sítio do Couto, à Cachoeira de Pé da Serra, Pousos Frios, roças do capitão Marcos da Rocha e do Alferes, Pau Grande, morro do Cabaru, rio Paraíba, venda de Garcia Rodrigues, rio Paraibuna, roças do Simão Pereira, Matias Barbosa, Antônio de Araújo, capitão José de Souza, alcaide-mor Tomé Correa, Azevedo, Manoel Correa, Manoel de Araújo, Senhor Bispo, Borda do Campo e roça do coronel Domingos Rodrigues da Fonseca. Para o rio das Mortes passaria pela roça do Alberto Dias, Ressaca do Manoel de Araújo, Ponta do Morro, fortim com trincheiras e fosso dos emboabas e arraial de Rio das Mortes; quem seguisse a estrada de Minas Gerais, da Ressaca do Campo de Manoel Araújo iria às roças de João Batista, João da Silva Costa, Congonhas, rodeio da Itatiaia e campo do Ouro Preto (ANTONIL, A.J. *Cultura e opulência do Brasil por suas drogas e minas...*, p. 262-269).

multiplicaram os descobrimentos com o envolvimento de fazendeiros e administradores de fazendas de gado já estabelecidos no subvale do rio das Velhas. Inicialmente, encontrava-se o ouro em forma de grãos ou de folhetas nos leitos dos rios, depois nas suas margens, em depósitos de aluvião e tabuleiros de argila ou cascalho. Mais tarde, passou-se a procurá-lo em grunas e grupiaras nas encostas de montanhas. A rápida produção de riquezas atraiu fluxos imigratórios de Portugal, em maior volume do Norte, e do litoral do Brasil, que causaram impactos sociais e econômicos à produção açucareira.

Na região aurífera surgiu uma improvisada urbanização e caminhos se abriram em diversas direções. O súbito crescimento da população provocou calamitosas crises de desabastecimento, especulações comerciais e desnutrição social, devido a uma alimentação à base de milho e de mandioca, sem os necessários complementos de proteínas. Em consequência, ocorreram muitas mortes por inanição. O descontrole da população favoreceu os comportamentos desregrados de indivíduos entregues à aventura e ao risco. Ocorreram frequentes saques e assassinatos, em geral impunes pela ausência ou precariedade das instituições do estado e da sociedade[78]. Os descobrimentos de jazidas em Caeté, Itaverava e Itacambira nos sertões baianos, que se estendiam aos rios, Verde Grande, Pardo, Doce e das Velhas, não tiveram participação de paulistas[79].

Entre 1707 e 1709, a concentração de aventureiros nas minas auríferas do rio das Velhas formou uma amálgama cultural conflituosa de paulistas, dirigidos por Manoel de Borba Gato, que exercia as funções de superintendente das minas e defendia o controle das atividades mineradoras; e não paulistas, por eles denominados emboabas[80], liderados pelo português de Viana do Castelo, Manuel Nunes, administrador de fazendas de Isabel Maria Guedes de Brito e também fazendeiro no subvale do Carinhanha, representante dos interesses de criadores

---

78. ANTONIL, A.J. *Cultura e opulência do Brasil...*, p. 283-284. • PAULA, J.A. A mineração de ouro em Minas Gerais no século XVIII. In: RESENDE, M.E.L. & VILLALTA, L.C. (orgs.). *História de Minas Gerais* – Vol. 1: As Minas seiscentistas. Belo Horizonte: Autêntica/Companhia do Tempo, 2007, p. 279-320.

79. ROMEIRO, A. *Paulistas e Emboabas no coração das Minas*: ideias, práticas e imaginário político no século XVIII. Belo Horizonte: UFMG, 2008, p. 39-50.

80. Para uns, *emboaba* ou *mbuãb* designaria uma ave de penas até os pés, seria o pejorativo *galinha calçada* numa alusão dos paulistas aos adversários que, diferentes deles, usavam calçados; para outros, seria um dos apelidos dos reinóis em *nheengatú*, ou *língua geral*, falada pelos paulistas, que designava forasteiro ou não paulista (ROMERO, A. Guerra dos Emboabas. In: ROMERO, A. & BOTELHO, Â.V. *Dicionário Histórico das Minas Gerais*: Período Colonial (verbete). 3. ed. rev. e ampl. Belo Horizonte: Autêntica, 2014, p. 205-208. • RUSSELL-WOOD, A.J.R. Identidade, etnia e autoridade nas Minas Gerais do século XVIII: leituras do Códice Costa Matos. In: *Varia Historia*, XXI, jul./1999, p. 100-118. Belo Horizonte. • GOUVEIA, M.F.S. Guerra dos Emboabas. In: VAINFAS, R. (dir.). *Dicionário do Brasil Colonial*, 1500-1808 (verbete)..., p. 270-272).

de gado, que também se envolveram na exploração mineral e em negócios do abastecimento das zonas mineradoras[81]; que resultou no conflito armado conhecido na historiografia como Guerra dos Emboabas.

Em consequência dos sangrentos conflitos pelo controle das jazidas, do comércio da produção mineral e do abastecimento das populações mineradoras, entre 1707 e 1709, criou-se a capitania de São Paulo e Minas do Ouro em 1710. Outra mobilização social, contra a opressão fiscal dos agentes da colonização portuguesa, que resultou no enforcamento de Filipe dos Santos Freire, levou à instituição da capitania de Minas Gerais, em 1720. Diversos conflitos se seguiram, até o episódio da derrama de 1798, que resultou na conhecida devassa, que executou Joaquim José da Silva Xavier, o de menor posição na escala social. A produção aurífera, que ainda se expandiria, caracterizou-se por disputas de poder, opressão fiscal e reconfiguração territorial e teve o auge nas décadas de 1730 e 1740, embora houvesse quem vislumbrasse o prelúdio da decadência antes dessa época. Ao assumir o governo da nova capitania, André de Melo e Castro, conde de Galvêas (1732-1735), constatara a tendência de declínio da produção[82]. Três diferentes métodos foram adotados na arrecadação do quinto no curso do século XVIII: fez-se a cobrança através da simples separação de 20% do peso total do ouro passado pelas casas de fundição, que recebiam o selo real; utilizou-se do sistema da capitação, uma estimativa que supunha um valor fixo a ser pago pelo proprietário de cada escravo, e partia do pressuposto de que a produção aurífera e, por conseguinte, a arrecadação, seria diretamente proporcional ao número de escravos empregados na atividade mineradora; e fez-se uso do método por estimativa, através do qual os moradores assumiam, através das câmaras municipais, e numa espécie de contrato de risco, o compromisso de remeter 100 arrobas anuais de ouro para o fisco português[83].

---

81. Entre os principais aliados de Nunes Viana encontravam-se: Martim Afonso de Melo, procurador de Isabel Guedes de Brito, Bernardo de Souza, Domingos Alves Guimarães, Domingos Rabelo Falcão, Estevão Pinheiro de Azevedo, Francisco de Araújo, João de Souza Campos, José Coelho, José de Queirós, Manoel de Queirós, Manoel Pereira da Cunha, Pedro Correia e o sargento-mor Jerônimo M. Araújo (PIRES, S.R. *Raízes de Minas*..., p. 120-121).

82. ROCHA, J.J. Memória da capitania de Minas Gerais. In: *Revista do Arquivo Público Mineiro*, vol. I, p. 486, apud SOUZA, L.M. *Desclassificados do ouro*: a pobreza mineira no século XVIII. 3. ed. Rio de Janeiro: Graal, 1986, p. 31. • ROCHA, J.J. *Geografia histórica da capitania de Minas Gerais*. Belo Horizonte: Fundação João Pinheiro/CEHC, 1995 [Descrição geográfica topográfica, histórica e política da capitania de Minas Gerais. Memória da capitania de Minas Gerais. Estudo crítico de Maria Efigênia Lage de Resende]. • FURTADO, J.F. Um cartógrafo rebelde? – José Joaquim da Rocha e a cartografia de Minas Gerais. *Anais do Museu Paulista*, XVII, 2, jul.-dez./2009, p. 155-187. São Paulo.

83. FURTADO, J.P. *O manto de Penélope*: história, mito e memória da Inconfidência Mineira de 1788-1789. São Paulo: Companhia das Letras, 2002, p. 15-16.

Embora houvesse referências anteriores a descobrimentos de diamantes, acharam-nos, inicialmente no Tijuco, onde já se minerava ouro, por volta de 1726, e somente em julho de 1729, amostras enviadas pelo governador Lourenço de Almeida, provocou alvoroço na corte portuguesa[84]. Inicialmente, catavam-se diamantes nos leitos de cursos d'água, depois, nas margens de rios e córregos e nas encostas de montanhas. Em 1731 d. João V decretou o monopólio régio da sua extração, que passou a ser explorada diretamente pelo governo ou através de contratadores[85].

A economia mineradora caracterizava-se por iniciar no auge, evoluir para o declínio[86] e após a exaustão das jazidas deixarem os núcleos populacionais estagnados, decadentes ou abandonados, embora permanecessem as atividades econômicas que lhe foram complementares nos entornos. A produção aurífera de Minas Gerais incentivou a expansão da pecuária e do comércio de sal, couro, tabaco e aguardente, no norte da capitania, fez do rio São Francisco o caminho natural, e depois de proibido o intercâmbio Bahia–Minas, a única via de interligação que prefigurava o fluxo de pessoas e mercadorias, embrionário das redes mercantis regionais[87].

A concentração social e de interesses financeiros na região das minas deslocou o núcleo das atividades econômicas e o centro do poder político colonial da Bahia e Pernambuco para o Rio de Janeiro, São Paulo e Minas Gerais, e expandiu as fronteiras da colonização. Os sertões converteram-se no eldorado dos colonizadores, por lhes insinuar expectativas de fácil e rápido enriquecimento. Expedições exploradoras partiram de São Paulo e da Bahia para os interiores ainda pouco conhecidos. A bissecular economia açucareira entrou em declínio por escassez de força de trabalho e a colonização chegou, em pouco tempo, ao apogeu, com a intensa extração mineral, que passou a promover acumulação

---

84. HOLANDA, A.B. Metais e pedras preciosas. In: HOLANDA, A.B. (dir.). *História geral da Civilização brasileira* – Vol. I: A Época Colonial. T. II: Administração, economia, sociedade. São Paulo: Bertrand Brasil, 1993, p. 259-310.
85. SANTOS, J.F. *Memórias do Distrito Diamantino da comarca do Serro Frio*. 4. ed. Belo Horizonte/São Paulo: Itatiaia/Edusp, 1976 [1. ed., 1868]. • ZEMELLA, M. *O abastecimento da capitania das Minas Gerais no século XVIII...*, p. 33-43.
86. SENNA, R.S. *Lençóis: um estudo diagnóstico*. Feira de Santana/Lençóis: Uefs/Prefeitura Municipal de Lençóis, 1996, p. 15.
87. PAULA, J.A. *A mineração de ouro em Minas Gerais do século XVIII...*

econômica interna e a despertar sentimentos de pertencimento ao território e formação de um nativismo autonômico.

No governo-geral de João de Lencastre (1694-1702), Cosme Damião de Faria, Manoel do Rego Pereira e João Pereira Pimentel descobriram, em 1702, uma jazida aurífera na serra de Jacobina, Bahia[88], cuja exploração o governador-geral Lourenço de Almeida (1710-1711) proibiu por temer invasões estrangeiras. Entretanto, descobriram-se novas jazidas e a região passou a receber fluxos de aventureiros em busca do precioso metal. Em consequência, o governador-geral Pedro de Vasconcelos (1711-1718) solicitou a d. João V (1707-1750) a liberação das minas, pela impossibilidade de se evitar a exploração, devido à acessibilidade e a curta distância desde a baía de Todos os Santos[89]. Pouco tempo depois, o mesmo governador-geral transmitiu ao rei um parecer do Senado da Câmara da Bahia que opinava pela inconveniência da exploração dessas minas, devido à fragilidade da defesa externa na Bahia, à distância de aproximadamente 80 léguas do litoral e às alternativas de acesso, além da pouca rentabilidade proporcionada[90]. Entretanto, nos anos seguintes, descobriram-se novas jazidas que mobilizaram muita gente[91] e a exploração se intensificou por imposição social e incapacidade dos frágeis poderes públicos de impedi-la.

A pecuária proporcionou a conquista territorial dessa região central da Bahia, através de Antônio Guedes de Brito e outros sesmeiros e posseiros que a ocupavam desde a segunda metade do século XVII, quando os povos nativos, debilitados por sucessivas guerras entre si e contra os colonizadores, sentiram-se desencorajados para novos enfrentamentos[92]. A mineração consolidou a ocupação social e econômica e, em consequência, criou-se a vila de Jacobina, por determinação régia de 5 de agosto de 1720. Para a edificação e instalação das instituições de organização social e de controle estatal, designou-se o coronel Pedro Barbosa Leal. Estabelecida, inicialmente, na missão do Saí, a vila de Jaco-

---

88. MAGALHÃES, B. *Expansão geográfica do Brasil colonial*. 4. ed. São Paulo/Brasília: Nacional/INL, 1978, p. 207 [1. ed., 1914]. • FRANCO, F.A.C. *Dicionário de Bandeirantes e Sertanistas do Brasil*: séculos XVI, XVII, XVIII..., p. 151, 204, 303.

89. AHU-ACL-CU-005-Bahia. (Arquivo Histórico Ultramarino. Lisboa). Cx. 8, Doc. 664. Carta do governador-geral Pedro de Vasconcelos ao rei Portugal, 15/06/1712.

90. AHU-ACL-CU-005-Bahia. Cx. 16, Doc. 1.365. Carta do vice-rei do Brasil a dom João V, 20/10/1722.

91. AHU-ACL-CU-005-Bahia. Cx. 16, Doc. 1.378. Carta do vice-rei do Brasil a dom João V, 04/12/1722.

92. NEVES, J.B.B. *Colonização e resistência no Paraguaçu – Bahia, 1530-1678*... • SIERING, F.C. *Conquista e dominação dos povos indígenas*: resistência nos sertões dos maracás, 1650-1701...

bina foi transferida para a de Bom Jesus[93]. Enquanto os governos metropolitano e colonial oscilavam entre liberar e proibir a exploração das jazidas auríferas de Jacobina, uma expedição dirigida pelo paulista Sebastião Pinheiro da Fonseca Raposo descobriu ouro na serra da Tromba, nascentes do rio de Contas, em 1718, ou mais provavelmente, 1719. Habitantes do sertão da serra Geral e circunvizinhanças afluíram para essas minas e requereram da junta interina que ocupava o governo colonial (1719-1720), a licença de livre-mineração. E para maior segurança, recorreram também, a d. João V, que lhes concedeu os mesmos direitos conferidos aos mineradores das nascentes do Itapicuru[94].

Por desconhecer a topografia daqueles sertões e se preocupar com eventuais ataques estrangeiros à zona aurífera do rio de Contas, em 1820 o governo metropolitano recomendou uma avaliação das suas condições de segurança e do seu potencial econômico. O governo colonial designou o mestre-de-campo-de-engenheiros Miguel Pereira da Costa, para a execução desse serviço de observação. A expedição deste agente governamental chegou à serra da Tromba, cerca de seis meses após o coronel Raposo abandonar as jazidas. Em seu circunstanciado relatório, depois de narrar façanhas do expedicionário paulista e reproduzir exageradas informações sobre o potencial aurífero, descreveu as precárias condições daquele minerar por "brancos de pequena esfera" de muitas partes do sertão, paulistas de Serro Frio e de Minas Gerais[95], mamelucos, mulatos, negros, entre os quais, criminosos fugitivos da justiça. Ali se roubariam e se matariam rotineiramente. Cada empreendedor possuiria, no máximo,

---

93. O município de Jacobina constituiu-se com as freguesias de Santo Antônio da Jacobina, Santo Antônio do Pambu (Curaçá), Santo Antônio do Urubu de Cima (Paratinga) e Santo Antônio do Mato Grosso, criada em 1724 que se transferiu para o arraial de Crioulos (Rio de Contas), com a invocação do Santíssimo Sacramento, em 1725. A jurisdição municipal de Jacobina confrontaria-se com os limites de Cachoeira, Maragogipe, Ilhéus e Bom Sucesso (Rio Pardo), até o rio das Mortes e pelo rio São Francisco abaixo, até divisas de Sergipe d'El rei (FREIRE, F. *História territorial do Brasil...*, p. 151. • COSTA, A. Guedes de Brito, o povoador (história de Jacobina)... • NEVES, E.F. Almocafre, bateias e gente de pequena esfera: o ouro como fator das instituições políticas e sociais nos sertões da Bahia. In: NEVES, E.F. (org.). *Sertões da Bahia*: formação social, desenvolvimento econômico, evolução política e diversidade cultural. Salvador: Arcádia, 2011, p. 445-466. • NEVES, E.F. Almocafre, bateias e gente de pequena esfera: o ouro no povoamento e ocupação econômica dos sertões da Bahia. *Revista do IGHB*, CI, 2006, p. 125-147. Salvador).

94. COSTA, M.P. Relatório apresentado ao vice-rei Vasco Fernandes César, pelo mestre-de-campo-de-engenheiros Miguel Pereira da Costa, quando voltou da comissão em que fora ao distrito das minas do Rio das Contas, 15/02/1721. *Revista Trimestral de História e Geographia ou Jornal do Instituto Histórico e Geographico Brasileiro*, XVII, abr./1843, p. 37-59. Rio de Janeiro. Cf. edição com introdução e notas em: NEVES, E.F & MIGUEL, A. (orgs.). *Caminhos do sertão...*, p. 25-58. • CALÓGERAS, P. *As minas do Brasil e sua legislação*. São Paulo: Nacional, 1939, p. 71. • FREIRE, F. *História territorial do Brasil...*, p. 156.

95. A capitania de Minas Gerais, criada em 1720, ainda não se expandira para os interiores das antigas capitanias de Porto Seguro e Ilhéus, incorporadas à Bahia em 1761.

uma dezena de escravos e preferia embrenhar-se isoladamente no mato, a se associar com outros na procura de novas reservas minerais. Para o estabelecimento da ordem social, o mestre-de-campo-de-engenheiros recomendou aos governantes, colonial e metropolitano, que levassem as instituições sociais e o aparato administrativo estatal colonizador àqueles sertões. Quanto às condições de segurança das minas do rio de Contas, ignorou as relações beligerantes entre as metrópoles europeias em disputas coloniais e assegurou que aquelas jazidas seriam, por natureza, inconquistáveis, ainda que fossem atacadas pelas maiores forças da Europa em coligação. Propugnou que poucos defensores, entrincheirados nas chapadas ao redor, poderiam derrotar numerosos exércitos, que intentassem passar pelos desfiladeiros entre serras intransponíveis, se até lá conseguissem chegar pelo caminho desde Cachoeira, no qual padeceriam de fome, sede e doenças. A partir da barra do rio de Contas (Itacaré), qualquer marcha seria retida por serros e cachoeiras. Ao Norte e ao sul dessa desembocadura fluvial, os poucos colonizadores se encontravam impedidos de adentrar o sertão pelos resistentes povos indígenas. Eventuais atacantes se defrontariam com inimigos que faziam uma guerra diferente do assaltarem-se praças e defenderem-se cidadelas. Em combates de corpo-a-corpo, os indígenas neutralizariam o poder de fogo de armas pesadas, e os europeus desconheciam esse guerrear.

Durante a euforia mineradora, a circulação monetária, dificultada pelo sistema de colonização, para se restringir a acumulação econômica, desenvolveu-se nas bordas das lavras por meio da monetarização do ouro em pó, nas intermediações comerciais. O ouro esteve cotado em 1721, por quatro patacas (320 réis) a oitava (3,586 gramas), o equivalente a pouco mais de 91 réis o grama. Em correspondência a d. João V, o vice-rei Vasco Fernandes César de Menezes transmitiu a sugestão do coronel Pedro Barbosa Leal, de se arrecadar o quinto do ouro para a tranquilidade dos mineradores e conveniência do fisco português[96]. Dois anos depois, o rei admitia a sua aprovação, desde que aumentassem os rendimentos da fazenda real[97]. Quando da primeira remessa de ouro do rio de Contas para Portugal, o vice-rei alertou sobre a elevada criminalidade e a necessidade de uma vila naquelas minas do sertão[98]. Depois de consultar o Conselho Ultramarino, d. João V determinou a Vasco Cesar de Meneses a edificação da vila de Rio de

---

96. AHU-ACL-CU-005, cx. 16, doc. 1.378. Carta do vice-rei do Brasil a dom João V, 04/12/1722.

97. APB, Ordens Régias, liv. 19, p. ilegível, doc. 107. Cópia de carta do vice-rei do Brasil ao rei de Portugal, 10/05/1725.

98. AHU-ACL-CU-005, cx. 16, doc. 1.365. Carta do vice-rei do Brasil a dom João V, 20/10/1722.

Contas, que designou Pedro Barbosa Leal para a sua execução[99]. Antes, porém, ordenou que se averiguassem os custos das obras, o rendimento das minas e o eventual crescimento das rendas em consequência dos investimentos[100]. A edificar e instituir a Vila de Rio de Contas e o respectivo município desmembrado de Jacobina, o governo português promovia as condições de controle de exploração aurífera e estabelecia, definitivamente, o aparelho burocrático da administração pública naqueles sertões[101].

Tão logo concluiu a edificação da vila de Rio de Contas, o coronel Barbosa Leal foi incumbido de abrir uma estrada de ligação desta vila à de Jacobina, para facilitar o transporte do ouro, o abastecimento e a ocupação econômica regional. Entretanto, o caminho da vila de Cachoeira até a de Rio de Contas permanecia precário. Na saída de Cachoeira haveria fazendas de gado e roças de mandioca e de tabaco, como as de Iguape, do capitão Pedro da Fonseca e Mello e de Boqueirão, do capitão Antônio Veloso da Silva, nas quais os transeuntes poderiam se abastecer, inclusive de animais de carga e montaria para aluguel e venda. No trecho seguinte, o Sertão da Travessia, não haveria mais como se obter suprimentos. O capitão Veloso da Silva recebeu a sesmaria de Boqueirão em recompensa pelos serviços prestados no combate aos kiriris de Pedra Branca, durante a conquista dos vales do Paraguaçu e do Jiquiriçá. Ele foi um dos raros paulistas a se radicarem no sertão da Bahia, embora muitos deles recebessem terras, que logo as venderam. Este capitão se destacou em 1725, por matar combatentes indígenas, capturar as mulheres e crianças para a escravidão, demolir aldeias, destruir lavouras, tomar instrumentos de coleta, de pesca e de caça, enfim, dizimar comunidades nativas. Em colaboração ao coronel Damásio Coelho da Penha, combateu os indígenas que dificultavam o trânsito para Rio de Contas. Nestes combates encontrou cadáveres de viajantes, inclusive o de André da Rocha Pinto, juiz ordinário de Rio de Contas. Em 1730, transportou o material da Casa de Fundição de Rio de Contas, com a missão de abrir, no retorno, melhor caminho para aquelas minas e explorar o sertão de Maracás, nascentes do rio Jequiriçá[102].

---

99. APB, Ordens Régias, liv. 19, p. ilegível, doc. 107. Cópia de carta do vice-rei do Brasil ao rei de Portugal, 09/02/1725.

100. APB, Ordens Régias, M. 96, Cx. 37. Carta régia, 09/02/1725.

101. ALMEIDA, K.L.N. *Escravos e libertos nas minas de Rio de Contas*: Bahia, século XVIII. Salvador: Edufba, 2018, p. 39-49.

102. SILVA, I.A.C. *Memórias históricas e políticas da Província da Bahia...* Vol. II, p. 365-366, carta do vice-rei Vasco Fernandes Cesar de Menezes a dom João V, 23/07/1726. • FREIRE, F. *História territorial do Brasil...*, p. 196. • FRANCO, F.A.C. *Dicionários de bandeirantes...*, p. 371.

A passagem de viajantes significava uma oportunidade de lucrativas transações comerciais para os fazendeiros das margens do caminho, que resistiram à proposta de melhoria das suas condições para encurtar distâncias e diminuir o tempo de viagem, por implicar mudanças de trajeto. Somente em 1762, efetuaram-se melhorias naquela via, a fim de se transportar as caldeiras para os terrenos salitrosos dos Montes Altos e depois escoar a produção do mineral. Esta obra reduziu a distância entre as vilas de Rio de Contas e Cachoeira, de 94 para 80 léguas[103]. No entorno das lavras de ouro da Bahia e nos caminhos de acesso a elas, o governo colonial instalou um vigoroso sistema de fiscalização e combate ao contrabando. Vasco Fernandes César de Menezes, já com o título conde de Sabugosa, delegou poderes de agentes fiscalizadores a fazendeiros. Nesta condição, o capitão-mor Antônio Veloso da Silva estabeleceu uma barreira fiscal na sua fazenda, a 18 léguas de Cachoeira. Com estes e outros aparatos, o vice-rei do Brasil conseguiu multiplicar os quintos do ouro cobrados na Bahia. O tesoureiro geral do Estado do Brasil, Damião Pinto de Almeida, remeteu para o tesoureiro do Conselho Ultramarino, em 1735, uma barra de ouro das minas de Rio de Contas, de 15 marcos e uma oitava; quatro barras de 14 marcos, sete onças, três oitavas e 36 grãos, de Jacobina; 16 barras de 194 marcos e seis onças de Araçuaí, Minas Novas, ainda integrada à Bahia, que totalizaram 21 barras com 224 marcos, cinco onças, quatro oitavas e 36 grãos, ou mais de 51,5 quilogramas do precioso metal, além de 588.000 e 800.000 apurados dos quintos de Jacobina e de Rio de Contas[104]. Na primeira metade do século XVIII, a capital metropolitana recebeu entre 490 e 510 toneladas de ouro, e entre 1729 e 1748, no mínimo 734.000 quilates de diamantes, cuja exploração constituía monopólio régio, desde 1731. Na década 1701-1710 entrou no tesouro português de 15.625 a 20.949 quilogramas de ouro; de 1721 a 1730, entre 143.492 e 139.390; e no decênio de 1741 a 1750, de 129.265 a 130.373kg. Desse modo, entre 1728 e 1734, o quinto do ouro brasileiro rendeu anualmente para Portugal nove milhões de libras tornesas, e na década de 1740, 14 ou 15 toneladas de ouro, sem se computarem as diversas taxas e os custos da fundição obrigatória e do transporte. Pode-se ainda avaliar o impacto do ouro e do diamante brasileiros na economia portuguesa, pela cunhagem de moedas,

---

103. AHU-CCA-CU. Bahia, Cx. 20, doc. 3.757. Relatório do desembargador Thomáz Ruby de Barros Barreto para o vice-rei Conde dos Arcos, 14/12/1758. • ANTT. Ministério do Reino. M. 315, cx. 422, 1762. Requerimento dos oficiais da Câmara de Jacobina, que pedem a conservação da casa de fundição naquela. Lisboa, 27/12/1762. Citados por TOLEDO, M.F.M. *Desolado sertão...*, p. 34-35.

104. AHU-ACL-CU-005-Bahia. Cx. 52, Doc. 4.535. Correspondência do tesoureiro do geral do Estado do Brasil ao tesoureiro do Conselho Ultramarino, 24/07/1735.

que progrediu de 19.400 marcos, em 1701-1710, para 75.300, em 1731-1740 e 125.200, em 1741-1750[105].

A exploração de metais raros e pedras preciosas nos cursos dos rios das Velhas, Itapicuru, de Contas, Pardo e Jequitinhonha, além de Goiás e Mato Grosso, transformaram o Brasil. Promoveram a expansão demográfica, a ocupação econômica do interior e a formação de mercados regionais que se interligaram na dimensão colonial e conectaram-se externamente. Estes fatores deslocaram o centro das urdiduras do poder econômico e do controle político da Bahia para o Rio de Janeiro. Os sertões da Bahia, ocupados pelo persistente avanço da pecuária, inicialmente de leste para oeste, através dos vales do Jacuípe e do Itapicuru, depois, do Norte para o Sul, em sentido contrário ao curso do São Francisco e seus afluentes, e finalmente, de oeste para leste, através das bacias atlânticas, recebeu o impulso da produção mineral. As precárias estatísticas coloniais registram que fora efêmera, embora crescesse rapidamente, a grande produção aurífera brasileira. No seu auge evoluiu de 725kg em 1699 para 1.785kg em 1701; 9.000kg em 1704; 25.000kg em 1720; e 20.000kg em 1725, quando iniciou o declínio. No final da colonização, o barão von Eschwege, contratado pelo príncipe regente dom João para tentar a revitalização da economia mineral, estimou a produção total de ouro do Brasil, até então, em 63.417 arrobas, equivalentes a 951 toneladas, no valor de 130 milhões de libras esterlinas[106].

8.5 Delineamento e desconstrução do mito bandeirante

O vocábulo *bandeirante*, derivado de *band*(o), *band*(eira) com o sentido de desbravador, precursor, pioneiro, que não se derivou do latim, mas da raiz germânica *band*, com o sentido de ligar, reunir, empregado várias vezes por Camões, em *Os lusíadas*, com o significado de estandarte, pavilhão, lábaro ou pendão. Se a palavra *bandeira* foi usada nas origens da língua portuguesa, o mesmo alcance não se poderia atribuir à sua derivação *bandeirante*, que teria datação de 1871[107], criada no Brasil para denominar o tipo social integrante de expedições de aventureiros, que no início da colonização portuguesa aden-

---

105. MAURO, F. (coord.). *O império luso-brasileiro: 1620-1750*. Lisboa: Estampa, 1991, p. 68-70 [Nova História da Expansão Portuguesa, vol. 7].

106. SILVA, F.C.T. *Conquista e colonização da América Portuguesa...* p. 86-87. Cf. quintos arrecadados anualmente, de 1700 a 1799 em: PINTO, V.N. *O ouro brasileiro e o comércio anglo-português...*, p. 39-117.

107. CUNHA, A.G. *Dicionário Etimológico Nova Fronteira da Língua Portuguesa*. Rio de Janeiro: Nova Fronteira, 1997. • HOUAISS, A. & VILAR, M.S. *Dicionário Houaiss da Língua Portuguesa*. Rio de Janeiro: Objetiva, 2009.

travam os sertões em busca de índios para a escravização e depois de metais valiosos e pedras preciosas[108].

Numa sucinta exegese, a noção coeva de bandeirante se refere mais a um estilo de vida do que se associa exclusivamente a uma região ou aos seus naturais. Identifica os indivíduos que substituíram uma fonte demográfica de abastecimento de escravos por outra e fizeram um contexto da sua economia doméstica, à margem da produção para a exportação com o escravo africano[109]. São Paulo se situava, de fato, na periferia do sistema colonial mercantilista, que se consolidou nos litorais da Bahia e de Pernambuco, principalmente com a produção açucareira, e nos sertões, fundamentalmente, com a pecuária, enquanto as expedições de paulistas dedicadas à captura de índios para exploração da sua força de trabalho escravizada nas lavouras do planalto de Piratininga e comercialização dos excedentes do que denominavam de negros da terra[110]. O isolamento geográfico fez do planalto paulista um refúgio para descontentes e desordeiros fugitivos da justiça, e estrangeiros vistos com desconfiança pelas autoridades coloniais. Entre os fundadores de São Paulo havia espanhóis, franceses, ingleses, holandeses e italianos[111], muitos perseguidos pela condição de judeus, mouros e ciganos. As crônicas jesuíticas consolidaram o imaginário do paulista como indômito e rebelde avesso às normas da vida política, e do bandeirante como selvagem, herético e insubmisso[112]. Na construção da narrativa do bandeirante, derrotou-se e escravizou-se o índio histórico; o gentio mitológico de antes da chegada do colonizador europeu permaneceu, entretanto, diante deste seria difícil incorporar o bandeirante à história da pátria, na medida em que ele destruiu o mito da invencibilidade indígena. Durante o império, apresentou-se um conjunto de atributos positivos à etnia tupi, que não sobreviveu enquanto nação, mas constituiu-se a matiz da nacionalidade, realizada através de alianças e da mestiçagem com os colonizadores portugueses. No século XX, atribuiu-se o estigma da inferioridade moral, física e intelectual aos povos indígenas, expresso na figura do tapuia, para se justificar a sua exclusão social. Durante a colonização, ter título de nobreza

---

108. GOLA, W. A bandeira em sua origem vocabular [Disponível em file:///C:/Users/PC/Searches/Downloads/66233-87619-1-PB.pdf – Acesso em 24/09/2016].

109. RUSSELL-WOOD, A.J.R. Identidade, etnia e autoridade nas Minas Gerais do século XVIII..., p. 100-118.

110. CORTESÃO, J. Raposo Tavares e a formação territorial do Brasil... • MONTEIRO, J.M. Negros da terra...

111. BOXER, C.R. A idade de ouro do Brasil..., p. 47.

112. ROMEIRO, A. A Guerra dos Emboabas: novas abordagens e interpretações. In: RESENDE, M.E.L. & VILALTA, L.C. (orgs.). História de Minas Gerais..., p. 526-548.

assegurava prestígio. Depois da transferência da corte portuguesa para o Brasil e, por conseguinte, da capital de Portugal para o Rio de Janeiro, a situação se inverteu e através do prestígio, ligado sobretudo à riqueza e não mais à tradição, passou-se a conseguir o título. Com a autonomia nacional, centralizou-se o poder político, enfraqueceram-se as câmaras municipais e atribuiu-se maior autoridade às províncias. Daí o tema bandeirante ser relegado ao esquecimento ou à omissão. No século XIX louvavam-se os paulistas afortunados com os engenhos, ciosos de sua ascendência europeia. Os comerciantes enriquecidos, os proprietários de canaviais e cafezais teriam pouca ou nenhuma ligação com o bandeirante. Não se procuravam vinculações com o passado provincial, primórdios da colonização ou as bandeiras. Afinal a Faculdade de Direito e outras instituições referenciais dos paulistas não resultaram de seus remotos prestígios, mas do desempenho da província no movimento da independência nacional[113].

O mito bandeirante caracterizou-se por um conjunto de narrativas e tradições sobre o imaginário das bandeiras coloniais paulistas, elaboradas apoteoticamente no século XVIII[114], que centralizaram a polêmica da construção da memória histórica brasileira, apresentadas por um lado, como bandos de cruéis assassinos, instrumentos selvagens da colonização portuguesa, empregados em capturar e escravizar o gentio indígena[115], e por outro, referidas como agentes construtores da nacionalidade, dotados de bravura e dignidade heroica. Utilizou-se a expressão bandeirante para reforçar a exaltação da paulistanidade, quando a expansão cafeeira proporcionava ao Estado de São Paulo a hegemonia econômi-

---

113. ABUD, K.M. *O sangue intimorato e as nobilíssimas tradições* – A construção de um símbolo paulista: o bandeirante. São Paulo: USP, 1985, p. 139 [Tese de doutorado]. • OLIVEIRA, L.L. A conquista do espaço: sertão e fronteira no pensamento brasileiro. *História, Ciência, Saúde* – Manguinhos, V, suplemento, jul./1998, p. 195-215. Rio de Janeiro.

114. LEME, P.T.A.P. *Nobiliarquia paulistana histórica e genealógica.* 5. ed. Revista Trimestral do IGHB..., t. XXXII, p. 175-200 e 209-226; t. XXXIII, 1ª parte, p. 5-112 e 157-240; e 2ª parte, p. 27-185 e 249-335; t. XXXIV, 1ª parte, 5-15 e 141-253 e 2ª parte, 5-46 e 129-194; e t. XXXV, 1ª parte, p. 5-132 e 243-384; e 2ª parte, p. 5-79, 1869-1872. Rio de Janeiro. 3 vol. Belo Horizonte/São Paulo: Itatiaia/Edusp, 1980 [1. ed., *Nobiliarchia paulistana: genealogia das principais famílias de S. Paulo* (Manuscrito de 1742)]. • LEME, P.T.A.P. *Informação sobre as Minas de S. Paulo / A expulsão dos jesuítas do collegio de S. Paulo* [1. ed., *Informação sobre as minas de S. Paulo e dos sertões da sua capitania, desde o ano de 1587...*] [Manuscrito de 1772]. • *Notícia Histórica da Expulsão dos Jesuítas do Colégio de São Paulo em 1640* [Manuscrito de 1768]. In: Revista Trimestral do IGHB... t. XII, 1850, p. 5-40. Rio de Janeiro [São Paulo: Melhoramentos, [s. d.], editado entre 1929 e 1934]. • LEME, P.T.A.P. *História da capitania de São Vicente.* Brasília: Senado Federal/Conselho Editorial, 2004 [Manuscrito de 1772; com um escorço biográfico do autor por Afonso de E. Taunay]. • MADRE DE DEUS, Frei G. *Memórias para a história da capitania de S. Vicente.* Brasília: Senado Federal/Conselho Editorial, 2010 [1. ed. *Memórias para a história da capitania de S. Vicente, hoje chamada de S. Paulo, do Estado do Brazil.* Lisboa: Typographia da Academia das Sciencias, 1797].

115. ABREU, J.C. *Capítulos de história colonial...*, p. 98-172.

ca no conjunto das unidades federativas brasileiras, embora ainda se encontrasse em condição política secundária, e sua população se ressentisse do rescaldo da Revolução Constitucionalista de 1932, que tomou contornos emancipacionistas[116]. Há várias interpretações da conjuntura cultural de transbordantes exaltações sociais provincianas em afirmação metropolitana, tanto do seu tempo de reações modernistas tardias[117] quanto posteriores, em manifestações literárias e análises historiográficas[118]. Em tais ocorrências usou-se a figura do bandeirante como um símbolo para indicar simultaneamente ousadia, desenvolvimento, riqueza e representar o novo processo de integração territorial da sua população[119], na representação que se esvaiu junto com a Modernidade. Quanto à riqueza dos intrépidos homens dos sertões, também se desfez depois do conhecimento dos seus inventários pós-morte[120]. Restou o mito de bravatas e quimeras sobre antepassados supostamente poderosos.

---

116. TAUNAY, A.d'E. *História geral das Bandeiras Paulistas, escripta a vista de avultada documentação inedita dos archivos brasileiros hespanhoes e portuguezes*. 11 vol. São Paulo: Typ. Ideal/H.L. Canton, 1924-1950. • ELLIS JÚNIOR, A. *O bandeirismo paulista e o recuo do meridiano – Pesquisas nos documentos quinhentistas e setecentistas publicados pelos governos estadual e municipal*. São Paulo: Nacional, 1934. • MACHADO, J.A. *Vida e morte do bandeirante*. São Paulo: Revista dos Tribunais, 1929. • LUÍS, W. *Capitania de São Paulo*. São Paulo: Nacional, 1938.

117. ANDRADE, M. *Pauliceia desvairada*. São Paulo: Mayença, 1922.

118. SEVCENKO, N. *Orfeu extático na metrópole – São Paulo: sociedade e cultura nos frementes anos 20*. São Paulo: Companhia das Letras, 1992.

119. SOUZA, R.L. A mitologia bandeirante: construção e sentidos. *História Social*, XIII, 2007, p. 151-171. Campinas. • ABUD, K.M. *O sangue intimorato e as nobilíssimas tradições...*, p. 139. • OLIVEIRA, L.L. A conquista do espaço: sertão e fronteira no pensamento brasileiro. *História, Ciência, Saúde* – Manguinhos, V, jul./1998, p. 195-215 (suplemento). Rio de Janeiro.

120. MACHADO, J.A. *Vida e morte do bandeirante...*

9 | Rebeldes conservadores e revolucionários liberais
Colonizados e colonizadores em conflito

9.1 Acumulação colonial, nativismo e manifestações libertárias

A colonização portuguesa no Brasil caracterizou-se por empreendimentos pessoais, sem se formarem associações de capitais ou sociedades por ações. Pretendiam apenas obter o lucro fácil e o enriquecimento rápido, sem projetos políticos ou ideológicos consistentes. Estas circunstâncias formaram uma sociedade na qual os senhores de terras se supunham os únicos capazes de coordenar as atividades políticas, enquanto a economia mercantil proporcionaria o crescimento de negócios que transacionavam com todas as mercadorias entradas e saídas na colônia. Enriquecido, o setor mercantil passou a disputar poder com os tradicionais senhores agrários e a oportunizar rebeliões de intelectuais e comerciantes. Em Pernambuco este conflito fez-se mais evidente nos confrontos dos poderes locais de Olinda e de Recife, denominados de guerra dos Mascates, embora as reações se generalizassem pelos principais centros urbanos. De qualquer modo, a oligarquia rural dificultava a ascensão social de comerciantes, apenas os tolerava em trocas de favores, nos casos de endividamentos e dependência financeira[1].

No século XVIII, quando se intensificou o povoamento do interior do Brasil, desenvolveram-se mercados regionais de bens de consumo e a rígida concentração da renda pela sociedade escravista promoveu a formação de algumas fortunas, em especial através da acumulação de patrimônios. Em consequência, consolidaram-se os sentimentos nativistas e surgiram manifestações libertárias,

---

1. MESGRAVIS, L. *História do Brasil Colônia...*, p. 21-29.

em maior incidência nas províncias de Pernambuco, Bahia e Minas Gerais que, embora reprimidas com violência, repetiram-se em crescentes dimensões.

Uma crônica histórica de meados do século XVIII[2] descreve a cidade de Salvador, ainda sede do vice-reino do Brasil, estendida ao pé de uma encosta (falésia) na entrada da baía de Todos os Santos, desde a Preguiça à Jiquitaia, a comunicar-se com o alto da montanha através de 10 ladeiras. Das portas de São Bento até o Carmo havia muitos edifícios, conventos e duas praças. A do Palácio, com 26.244 pés quadrados, na qual estava fronteiro o palácio onde residiam os vice-reis e na parte oposta, a Casa da Moeda; no lado direito, a Casa de Câmara e Cadeia e ao esquerdo, a Casa da Relação.

Freguesias, domicílios e habitantes da Bahia (final do século XVIII)

Áreas/indicadores	Freguesias	Fogos	Almas
Cidade da Bahia	9	6.752	40.263
Recôncavo	22	8.315	62.833
Sul	13	3.782	24.982
Sertão de Baixo	18	4.893	38.619
Sertão de Cima	16	4870	38550
Total	78	28.612	205.147

Fonte: ELLIS, M. A capitania da Bahia em meados do século XVIII: a propósito da publicação recente de uma obra de grande valor documental. In: *Revista de História*, VI, 13, 1953, p. 197-209.

Esta praça comunicava-se com toda a cidade por seis ruas e a praça do Terreiro, em forma de um retângulo, com 78.800 pés quadrados, tinha no seu princípio a igreja do Colégio dos Jesuítas e fronteiro a ela, a capela dos Terceiros de São Domingos. Toda a praça era cercada de edifícios e se comunicava com todos os bairros por sete ruas. A cidade se expandia por seis bairros: São Bento, o maior e mais aprazível, sobre uma planície com largas ruas, templos e casas; Santo Antônio Além do Carmo; da Praia, da Palma, do Desterro e da Saúde.

Em Minas Gerais, as relações entre o espoliativo fisco português e a população revelavam-se tensas, os movimentos sociais contestatórios incidiam com mais frequência e maior radicalização, do mesmo modo que a repressão colonizadora, desde a guerra dos Emboabas (1707-1710), à execução de Filipe dos Santos Freire (1720) e à de Tiradentes (1789). As principais fontes de estudo deste

---

2. CALDAS, J.A. Notícia geral de toda a Capitania da Bahia, desde o seu descobrimento até o presente ano de 1750. *Revista do IGHBA*, LVII, 1931, p. 10-48. Salvador [Há uma edição fac-similar: Salvador: Tipografia Beneditina, 1951].

movimento mineiro de 1788-1789 encontram-se em uma coletânea que reúne os documentos da devassa[3] (inquérito) e publicações sobre ela.

Na capitania de Minas Gerais não se permitiu a instalação de ordens religiosas. As famílias mais abastadas mandavam filhos estudarem na Europa, com maior incidência em Portugal e na França. Em 1786 havia 12 mineiros entre os 27 brasileiros matriculados na Universidade de Coimbra, e no ano seguinte, 10 dos 19 estudantes do Brasil[4]. Nas últimas décadas do século XVIII, havia muitos mineiros diplomados, que promoviam movimentos culturais e importavam livros, na conjuntura da Independência dos Estados Unidos e da Revolução Francesa, para difundirem os postulados liberais e republicanos, bases das transformações sociais fundamentadas no pensamento racional contra a tirania e a intolerância. A tradicional cultura colonial-escravista dificultava a difusão das novas ideias, e proporcionava uma ambiguidade entre os movimentos sociais e políticos, que resultaram na Independência do Brasil, caracterizada de liberal, por romper com a dominação colonial e, contraditoriamente conservadora, por manter o trabalho escravo e o controle social e político dos senhores agrários[5].

A ambiguidade da sociedade colonial estendia-se aos escravos. Em Serro Frio, Minas Gerais, em 1738, haveria 1.744 senhores de escravos, dos quais 737 eram ex-cativos que possuíam 783 negros escravizados de um total de 7.937. Proporção semelhante constatou-se no ano de 1771, em Congonhas, onde 51 dos 235 senhores eram alforriados e proprietários 134 cativos, de um total de 1.350. Em Vila Rica, no ano de 1804, dos 757 donos de escravos, 48 eram forros, que possuíam 98 negros cativos, de um total de 2.939. Destes 48 escravos proprietários de outros escravizados, 33 eram mulheres[6]. Mais esdrúxula era a existência de indivíduos escravizados proprietários de escravos. Devido à incapacidade jurídica do indivíduo escravizado, um escravo somente poderia comprar algum bem através de intermediários, embora na condição de dono, usufruísse do seu trabalho, como procedeu Luciana Maria da Conceição, escrava do engenho Caípe, no recôncavo da baía de Todos os Santos, que, após

---

3. BRASIL/Câmara dos Deputados & MINAS GERAIS/Governo do Estado. *Autos da devassa da Inconfidência Mineira*. 10 vol. 2. ed. Brasília/Belo Horizonte: Câmara dos Deputados/Governo de Minas Gerais/Imprensa Oficial, 1976-1983.

4. MAXWELL, K. *A devassa da devassa* – A Inconfidência Mineira: Brasil e Portugal, 1750-1808. 3. ed. Rio de Janeiro: Paz e Terra, 1985, p. 117.

5. NOVAIS, F.A. & MOTA, C.G. *A independência política do Brasil*. 2. ed. São Paulo: Hucitec, 1996, p. 13. • MESGRAVIS, L. *História do Brasil Colônia...*, p. 129-136.

6. LUNA, F.V. & COSTA, I.D.N. A presença do elemento forro no conjunto de proprietários de escravos. *Ciência e Cultura*, XXXII, 1980, p. 836-841. São Paulo. Apud ARAÚJO, E. *O teatro dos vícios*: transgressões e transigências na sociedade urbana colonial. Rio de Janeiro: José Olympio, 1993, p. 29-82.

adquirir uma escrava nagô, chamada Jerônima, a utilizou como negra de ganho na cidade mais próxima[7].

A historiografia baiana ressalta o teor de revolução social do movimento emancipacionista planejado em 1798, identificado de Conjuração dos Alfaiates[8]. Este movimento de caráter mais social que anticolonial teve a participação de intelectuais, artesãos e militares. Influenciado por ideias iluministas e pelo modelo revolucionário do haitiano, ultrapassou os limites sociais da elite, com a propagação de bordões das revoluções da França e do Haiti, em manifestos que revelaram as aspirações de uma sociedade igualitária, na qual as diferenças étnicas não significassem barreiras para o acesso aos postos militares, aos cargos públicos e à ascensão social[9].

O tratado de Madri, assinado por representantes das monarquias portuguesa e espanhola em 1750, que encerrou a Guerra dos Sete Povos das Missões ou Guerra Guaranítica, estabeleceu a política territorial portuguesa para o Brasil e definiu uma série de limites antes questionados. Porém, o tratado de Santo Ildefonso, também firmado por estes dois reinos ibéricos em 1777, anulou quase todas as deliberações de 1750, exceto sobre as fronteiras do sul. Em seguida, durante o reinado de d. José I (1750-1777), o ministro Sebastião José de Carvalho e Melo que se tornaria marquês de Pombal, promoveu significativas mudanças. A produção aurífera brasileira declinava em consequência da exaustão de jazidas, da inviabilidade técnica e da inconveniência econômica de explorá-las, circunstâncias não assimiladas pelos governantes portugueses, que atribuíram este fenômeno a desvios da produção. As expressões econômica e demográfica do Brasil já superavam as de Portugal e evidenciavam a incapacidade lusitana de vislumbrar as consequências disto, somente pressentidas depois da transferência da família real, da corte e, consequentemente, da capital portuguesa, para o Rio de Janeiro, na conjuntura de crises europeias, da invasão napoleônica à península Ibérica e da elevação do Brasil à condição de Reino Unido a Portugal e Algarves[10].

O príncipe João de Bragança não teve preparação para assumir o trono português. Seu avô José I, sofreu uma apoplexia em 1774, em fins de 1776 a

---

7. SCHUARTZ, S.B. *The manumission of slaves in colonial Brazil*: Bahia, 1684-1745, p. 626. Apud Araújo, E. *O teatro dos vícios...*, p. 83-187.

8. Atribuem-se também a esse movimento social e político as denominações de Primeira Revolução Social Brasileira, Revolução do Búzios, Conjuração Baiana, e assim, uma descaracteriza as outras e nenhuma o define com precisão.

9. VENTURA, R. Leituras de Raynal e a ilustração na América Latina. *Estudos Avançados*, II, 3, set.-dez./1988, p. 40-51. São Paulo.

10. CARDOSO, C.F.S. A crise do colonialismo luso na América Portuguesa, 1750-1822. In: LINHARES, M.Y.L. (org.). *História geral do Brasil*. 9. ed. Rio de Janeiro: Campus, 1990, p. 111-128.

rainha Maria Vitória assumiu a regência e nela permaneceu até fevereiro de 1777, quando faleceu o monarca afastado do poder. Substituiu-lhe a filha Maria I que, depois da morte do seu primogênito, o príncipe José, em 1788, passou a manifestar sinais de demência e foi declarada incapaz de governar em 1792, ocasião em que assumiu a regência o segundo filho, João de Bragança, aos 24 anos de idade e nela se manteve até 20 de março de 1816, quando substituiu a sua mãe na condição de João VI. O seu governo foi mais notável pelas atividades do período regencial (1772-1816) que do próprio reinado, estendido até março de 1826, quando morreu.

A arcaização do sistema colonial mercantilista não foi percebida imediatamente pelos governantes portugueses, no final do século XVIII, por se preocuparem com o contrabando de minérios, a evasão fiscal e as transgressões às leis pela população da colônia, enquanto essa se rebelava contra instituições coloniais e decisões do governo português, e de seus agentes colonizadores, em particular sobre aumentos de impostos, restrições à livre-comunicação entre as províncias, monopólio do comércio de algumas mercadorias essenciais, ineficiência dos tribunais, corrupção e arbitrariedade das autoridades e discriminação dos indivíduos nascidos na colônia. As insurreições coloniais e as violentas repressões que lhes seguiam revelaram o antagonismo fundamental entre os interesses metropolitanos e coloniais. Os habitantes da colônia que antes se consideravam portugueses do Brasil, passaram a perceber, em crescente convicção, que os seus interesses se associavam ao Brasil e não a Portugal; e suas lutas, que antes lhes pareciam conflitos entre súditos do mesmo rei, assumiram o teor de confronto entre colônia e metrópole. Os habitantes da colônia identificaram as conveniências sociais e ideológicas da monarquia portuguesa, os interesses políticos e econômicos do Estado português e o anticolonialismo que lhes levou a criticar o poder indiscriminado do rei, a exaltar a soberania da população e a aceitarem as ideias liberais[11].

9.2 Despotismo metropolitano e autonomismo colonial

Se os fundamentos iluministas orientaram a unificação e a independência das colônias inglesas da América do Norte (1776) e a Revolução Francesa (1789-1799), estes movimentos revolucionários em conjunto inspiraram a mobilização emancipacionista brasileira, que agentes da colonização portuguesa e seus intérpretes historiográficos denominaram de Inconfidência Mineira,

---

11. COSTA, E.V. A política e a sociedade na Independência do Brasil. In: *Brasil*: história, texto e contexto. São Paulo: Unesp, 2015, p. 9-24.

planejado para se deflagrar na ocasião da cobrança da derrama, uma sobretaxação dos mineradores, na cidade de Vila Rica (Ouro Preto), Minas Gerais, em 1789. Os pressupostos do Iluminismo, expressos no movimento cultural, filosófico, político e social que propôs a razão como fator da emancipação política, da liberdade individual e da soberania nacional, inspiraram-se em ideias de: John Locke (1632-1704), que propugnou o desenvolvimento humano através da difusão do conhecimento por meio do empirismo; Montesquieu (1689-1755), que propôs um poder tripartite, composto de Legislativo, Executivo e Judiciário; Voltaire (1694-1778), que pregou a tolerância religiosa e a liberdade de pensamento; Jean-Jacques Rousseau (1712-1778), que defendeu como dever do Estado democrático a garantia de igualdade de direitos para todos os cidadãos; Diderot (1713-1784), que condensou os conhecimentos da sua época em uma enciclopédia para facilitar a sua assimilação e divulgação.

Estes embasamentos filosóficos e políticos, difundidos pela França impulsionaram, em 1776, a unificação e a independência das colônias inglesas da América do Norte, que rejeitaram a submissão nunca experimentada pelas suas populações, quando a Inglaterra tentou, tardiamente, intervir nos seus negócios. Há, porém, que se considerarem as diferenças políticas e administrativas entre a colônia portuguesa (e as espanholas) da América e as denominadas Colônias Inglesas da América do Norte. A Inglaterra não instituiu o sistema colonial mercantilista como fizeram Portugal e Espanha. As ditas Colônias Inglesas tiveram plena liberdade de comércio[12]. Exploraram o trabalho dos escravos que traficavam da África e mercantilizavam a sua produção, sem qualquer intermediação, e nesta autonomia transpuseram para a América os modelos sociais, políticos e econômicos ingleses, sem submissão ao governo da Inglaterra e se autodenominaram Colônias Inglesas. Talvez pudesse qualificar a exploração econômica autônoma destes territórios que ocuparam depois que fugiram de conflitos religiosos e políticos na Inglaterra, de autocolonização. Estas populações de origem inglesa não dispunham de uma nobreza para formarem um governo monárquico. Entusiasmadas com os fundamentos iluministas adotaram o modelo político proposto por Montesquieu e Rousseau, e estabeleceram uma república democrática. Na Europa, este movimento cultural, filosófico e político promoveu uma conflagração social, a Revolução Francesa (1789-1799), que pôs fim no Antigo Regime despótico-mercantil, proclamou o ideal de liberdade, igualdade e fraternidade, que transformou de súditos em cidadãos.

---

12. IGLÉSIAS, F. Raízes ideológicas da Inconfidência Mineira. Acervo, IV, 1, jan.-jun./1989, p. 7-13. Rio de Janeiro.

No reinado de d. José I, a condução da política portuguesa esteve sob o controle de Sebastião José de Carvalho e Melo, conde de Oeiras e depois marquês de Pombal, um diligente ministro que conquistou representatividade social e prestígio político pela dedicação no desempenho das suas funções, em particular na imediata restauração da cidade de Lisboa após o terremoto de 1755. Experiente em relações internacionais no desempenho das funções de embaixador português em Londres e Viena dedicou-se ao estudo dos fatores da superioridade naval e mercantil britânica. Preocupava-o o controle que os ingleses exerciam sobre o comércio português e a consequente transferência do ouro brasileiro que proporcionava à Inglaterra um rápido enriquecimento mercantil e a vanguarda do desenvolvimento manufatureiro. Tão logo assumiu a Secretaria de Estado, determinou uma reforma tributária sobre a produção mineral do Brasil. Talvez por intuir o declínio das atividades econômicas, deliberou que se suspendesse a cobrança de quintos (20%) sobre o que se produzisse e se adotassem os métodos propostos pelos mineradores ao conde de Galvêas em 1734, que consistia em receber uma cota de 100 arrobas anuais de ouro, arrecadadas pelas câmaras municipais, que se encarregariam das cobranças individuais e se responsabilizariam por eventuais complementações (derrama) das parcelas de cada município quando não atingisse a cota determinada. Deste modo transferiu o ônus da queda de produtividade das minas para os mineradores. Entretanto, a situação econômica de Portugal não mudava, continuava a comprar manufaturas inglesas e a exportar matérias-primas e produtos alimentícios, sobretudo, azeite e vinho. No conjunto das reformas, Carvalho e Melo estabeleceu o monopólio da Companhia Geral de Comércio do Grão-Pará e Maranhão e determinou a emancipação dos índios da tutela eclesiástica. Estas atitudes provocaram reações de comerciantes e mais ostensivamente dos jesuítas, que também protestavam contra as deliberações do tratado de Madri sobre limites no sul da colônia. O acirramento dos conflitos resultou na expulsão da Companhia de Jesus de Portugal e seus domínios em 1759 e no confisco do seu vasto patrimônio pelo governo português.

As insatisfações coloniais avultaram-se e as tensões sociais intensificaram-se. O marquês de Pombal insistia em reformas que ampliavam os descontentamentos. Em 1763, sutilmente transferiu a sede do governo colonial de Salvador para o Rio de Janeiro, sem qualquer ato formal ou comunicação às respectivas populações. Apenas nomeou Antônio Álvares da Cunha, simultaneamente, para os cargos de governador da capitania do Rio de Janeiro e de vice-rei do Brasil (1763-1767). Em Minas Gerais, foram criados 13 regimentos de cavalaria e de infantaria, contratados peritos militares estrangeiros, reorganizadas e treinadas as unidades militares para imediata mobilização em eventuais emergências. A partir de 1850, não se conseguiu mais arrecadar a cota anual de 100 arrobas de ouro e de Lisboa se emitiu a ordem para que a Junta da Fazenda de Minas Gerais executasse a derrama e completasse a arrecadação prevista. Além da depressão dos preços do açúcar em Amsterdã, a produção declinou na Bahia e em Pernambuco. Em Lisboa a industrialização preconizada, de organização tradicional, que conservava o sistema de regalias, monopólios e tarifas protecionista, não apresentava os resultados esperados. A recessão, a substituição de importações e os privilégios induziram ao abandono do plano pombalino de nacionalização da economia e ao aumento das exportações do algodão comercializado pela Companhia Geral de Comércio do Grão-Pará e Maranhão[13].

Em outubro de 1786, Thomas Jefferson, embaixador dos Estados Unidos ad América na França foi procurado por alguém que se identificou como Vendeck. Tratava-se do estudante brasileiro em Montpellier, José Joaquim da Maia e Barbalho, que lhe solicitou o apoio do seu país para um movimento emancipacionista no Brasil. O embaixador alegou não ter autoridade para assumir tal compromisso. Embora a causa lhe interessasse, o seu país desejava preservar a amizade com Portugal. Em Coimbra centenas de estudantes brasileiros debatiam a necessidade da independência do Brasil e regressavam imbuídos de ideais de liberdade. Nos principais centros urbanos do Brasil, passou-se a discutir as conveniências da ruptura dos vínculos político-administrativos com Portugal, principalmente para o comércio. Maia talvez recebesse de comerciantes do Rio de Janeiro a incumbência de contatar o embaixador dos Estados Unidos na França[14], numa tentativa de busca de apoio externo.

No final do século XVIII, a concepção jurisdicionalista de poder da monarquia portuguesa tomou novos contornos e a função social do rei de garantir o exercício da justiça com as decisões amparadas em diferentes instâncias e órgãos consultivos, de modo a submeter a ação monárquica aos princípios de "prudência e arbítrio", passou a considerar a "razão do Estado", difundida pelo Iluminismo. Esta nova concepção consolidou-se com os fundamentos de governo monárquico gerido pelas noções de conveniência política e necessidade de se impor a ordem social através de reformas planejadas, administração racionalizada e ação política centralizada. Uma administração racional ativa substituiu a antiga jurisdicional passiva[15].

---

13. MAXWELL, K. *A devassa da devassa...*, p. 21-140.

14. FURTADO, J.P. *O manto de Penélope*: história, mito e memória da Inconfidência Mineira de 1788-1789. São Paulo: Companhia das Letras, 2002, p. 129-172.

15. MARTINS, M.F.V. Conduzindo a barca do Estado em mares revoltos: 1808 e a transmigração da família real portuguesa. In: FRAGOSO, J.L.R. & GOUVEIA, M.F. (orgs.). *O Brasil Colonial* – vol. III: c. 1720-c. 1821. Rio de Janeiro: Civilização Brasileira, 2014, p. 685-727.

9.3 Manifestações libertárias e repressão colonizadora

A influência da independência dos Estados Unidos da América nas emancipações das colônias espanholas se evidenciou até no modelo político republicano adotado, embora lhes faltasse uma realeza para oportunizar o regime monárquico. No Brasil, que foi sede temporária do Reino de Portugal, ficou de plantão o príncipe herdeiro que, por não conseguir evitar a autonomia política, aderiu temporariamente o movimento emancipacionista e estabeleceu a monarquia, com o apoio da oligarquia agrária que a colonização criou. Devem-se considerar as enormes diferenças entre a sociedade estadunidense e a brasileira. Os ideais emancipacionistas constituíram, nos Estados Unidos, uma ativa ideologia modernizadora. As novas forças emergentes promoveram confisco de terras, nacionalização de bancos, de propriedades dos que apoiavam os ingleses e fizeram-se representantes de fortes interesses capitalistas, que visavam, por meio de uma constituição federal, racionalizar o equilíbrio político, consumar o processo de integração do mercado nacional e assegurar as bases necessárias para a manutenção do capitalismo industrial. No Brasil não ocorreu uma revolução empresarial que interferisse na estratificação social nem houve entre as classes dominantes interesses capitalistas capazes de precipitar a integração dos mercados regionais e promover a independência nacional. As ideias liberais não surgiram como um programa modernizador do conjunto das forças sociais, mas veiculadas a uma minoria ilustrada e culta, constituída de uma ínfima parcela da população, que reservou para si a paternalista missão de modernizar e reformar o arcabouço político e administrativo do país, sem comprometer a continuidade social e econômica colonial[16].

Embora as forças política, social e econômica do movimento autonomista brasileiro se encontrassem nas oligarquias agrárias e mineradoras e nos comerciantes que reagiram contra o abusivo sistema fiscal e a opressão colonizadora de Portugal, a base ideológica emanava de fora, fomentada pelos intelectuais de decisiva influência francesa. Livros sobre a Independência dos Estados Unidos da América e a Revolução Francesa chegavam ao Brasil. Depois de estudar em Portugal, José Álvares Maciel, conterrâneo e colega de José Joaquim da Maia e Barbalho em Montpellier, viajou pela Inglaterra e comprou obras sobre a revolução americana. Ao regressar ao Brasil em 1788, presenteou com uma delas ao alferes Joaquim José da Silva Xavier. Os participantes mais cultos do movimento de 1788 (cônego Luís Vieira da Silva, Cláudio Manoel da Costa, Tomás Antônio

---

16. DIAS, M.O.L.S. *A interiorização da metrópole e outros estudos*. São Paulo: Alameda, 2005, p. 127-128.

Gonzaga, Inácio José de Alvarenga Peixoto e outros) revelaram conhecimentos de estudos sobre a Independência dos Estados Unidos. Além do grupo de Vila Rica, havia em outras cidades de Minas Gerais, articulação de homens que se encontravam regularmente para discutir poesia, filosofia e os acontecimentos políticos da Europa e do Brasil[17]. A população analfabeta ou mal alfabetizada não tinha acesso à literatura política, mas se lhe transmitiam as ideias básicas da *Encyclopédie ou Ditionnaire Raisonné des Sciences, des Arts et des Métiers*, dirigida por d'Alembert e Diderot, da *Histoire philosophique et politique des établissements et du commerce des Européens dans les deux Indes*, do abade Raynal e algumas obras de Montesquieu, Rousseau, Voltaire, Diderot e de outros, através de conceitos de liberdade social e autonomia política. As bibliotecas sequestradas de participantes do movimento autonomista que se tentou em 1788, na cidade de Vila Rica, revelaram, tanto em qualidade de conteúdo quanto em quantidade de volumes, esta intensa referência bibliográfica e ideológica. O acervo do cônego Luís Vieira da Silva contava com cerca de 800 volumes, em 270 títulos; Cláudio Manoel da Costa possuía 388 títulos; padre Carlos Correia de Toledo, 103; Thomaz Antônio Gonzaga, 84; padre Manoel Rodrigues da Costa, 74; José de Rezende Costa, 62; Inácio José de Alvarenga Peixoto, 18; e a biblioteca de Manuel Inácio da Silva Alvarenga, envolvido nas articulações de 1794 da Sociedade Literária do Rio de Janeiro, compunha-se de 1.576 volumes[18].

A *Histoire philosophique et politique* do abade Raynal, de 1772, com sucessivas edições, foi a obra mais lida pelos intelectuais brasileiros de final do século XVIII, envolvidos em movimentos emancipacionistas. A rígida censura do Tribunal da Inquisição proibiu em Portugal e no Brasil, além do estudo de Raynal, obras de d'Alembert, Buffon, Condorcet, Condillac, Diderot, Mably, Montesquieu, Rousseau, Voltaire e a maior parte dos filósofos da ilustração, inclusive publicações literárias como as fábulas de la Fontaine. A censura não conseguiu impedir a circulação destas obras no restrito meio intelectual brasileiro de então. Do mesmo modo que, em Minas Gerais (1789), sequestraram-se bibliotecas no Rio de Janeiro (1784), na Bahia (1798) e em Pernambuco (1801 e 1817), das quais, as respectivas devassas apresentam inventários dos acervos confiscados.

Sob a influência iluminista, fundaram-se na América de colonização espanhola, sociedades que estudavam a agricultura e a mineração. Em Portugal, o reformismo esclarecido se desenvolveu na administração do marquês de Pombal. Este movimento ilustrado, a serviço do absolutismo, adquiriu um sentido

---

17. MAXWELL, K. *A devassa da devassa...*, p. 102, 118 e 124.
18. IGLÉSIAS, F. *Raízes ideológicas da Inconfidência Mineira...*, p. 7-13.

pragmático, pedagógico e científico, com a fundação de academias literárias e científicas no Brasil. O Iluminismo inverteu a visão paradisíaca do Novo Mundo. A alteridade entre Europa e América foi decisiva para a formação da consciência moderna, que se manifestou numa suposta superioridade do homem civilizado europeu e na conjectura da possibilidade de progresso, que se evidenciou historicamente no homem selvagem americano. Simultaneamente, o homem americano adquiriu significação histórico-filosófica através do reino da natureza, no qual a liberdade e a moral universal realizaram-se na igualdade entre os indivíduos. Esta interferência na representação do mundo selvagem como felicidade natural e as vantagens da civilização revelaram uma ambiguidade, na qual aflorou uma realidade contraditória. A obra do abade Raynal encontra-se entre as que difundem a tese iluminista da inferioridade do meio americano e da fragilidade de suas espécies vegetais, animais e humanas[19].

Os intelectuais de Vila Rica não condenavam a escravidão e alguns defendiam o regime monárquico. Em um tratado sobre a lei natural, no qual qualificou a democracia de pior sistema de governo, o ouvidor Tomás Antônio Gonzaga elogiou a monarquia por sua natureza contratual, que se constituía um rei como mandatário, obrigado a dar contas ao povo, como seu mandante[20]. Em Minas Gerais, a conjuntura sociopolítica caracterizou-se pelo permanente confronto entre os novos habitantes desejosos de rápido enriquecimento, em fuga da sanha arrecadadora do insaciável fisco português, e as autoridades designadas para administrar o território, controlar a população e defender os interesses governamentais, prontas para se utilizarem dos instrumentos de poder à sua disposição. Embora os representantes da monarquia lusitana, na pretensão de minimizar e desqualificar o levante que se organizava em Minas Gerais, com extensão ao Rio de Janeiro, declarassem na sentença condenatória que eles pretenderiam separar ou desmembrar Minas Gerais do Estado do Brasil, o movimento tratou, desde as suas origens, de "nação brasileira"[21]. Pretendeu a independência de todo o território colonizado por Portugal, e por se inspirar no modelo norte-americano, supõe-se que desejasse formar uma confederação de estados independentes, articulados em um regime republicano, ainda que houvesse entre eles alguém de convicção monárquica.

Muitos dos denunciados foram absolvidos, tanto em Minas quanto no Rio de Janeiro, inclusive José de Sá Bittencourt (e Accioli), que residia na Bahia. Seus

---

19. VENTURA, R. Leituras de Raynal e a ilustração na América Latina..., p. 40-51.
20. MAXWELL, K. A devassa da devassa..., p. 123.
21. FURTADO, J.P. O manto de Penélope..., p. 129-172.

pais, Bernardino Rodrigues Cardoso e Francisca Antônia Xavier de Bittencourt, possuíam o engenho Acaraí, em Camamu. Diplomado em ciências naturais e filosofia pela Universidade de Coimbra e sócio da Academia Real das Ciências de Lisboa, Sá Bittencourt encontrava-se em Caeté, sua terra natal, onde estabeleceu um laboratório e forjou ferro, do qual mandou amostras a colegas europeus. Em 26 de dezembro de 1788, encontrava-se em Vila Rica, hospedado com o também cientista, padre Joaquim Veloso de Miranda (1749-1817), formado em Coimbra e também sócio correspondente da Academia Real das Ciências de Lisboa, que se dedicava à pesquisa do salitre, matéria-prima da pólvora, em Sabará e Caeté, onde encontrou Sá Bittencourt na mesma atividade.

Outro sacerdote, envolvido nas articulações autonomistas, o rico vigário de Sabará, José Correia da Silva, também se achava em Vila Rica na sua companhia. Iniciada a repressão ao movimento libertário, um denunciante informou ao visconde de Barbacena, Luís Antônio de Castro do Rio Mendonça, governador de Minas Gerais (1788-1797), que Sá Bittencourt fugira, para a Bahia. Localizado e preso em Camamu, foi mandado para o Rio de Janeiro, em agosto de 1790, inquirido pelo chanceler Vasconcelos Coutinho, em 12 de setembro seguinte e inocentado. Fora libertado por ordens do conde de Rezende, José Luís de Castro, vice-rei do Brasil (1789-1800), sob a condição de juramento de fidelidade ao regime monárquico, à rainha Maria I e ao Reino de Portugal, além do compromisso de se retirar para a Bahia. A sua "inocência" custara duas arrobas de ouro à sua tia e madrinha Maria Isabel de Sá Bittencourt, viúva do capitão-mor Domingos da Rocha, em Caeté[22].

Condenaram-se em consequência da denúncia formulada pelo coronel português Joaquim Silvério dos Reis sobre as articulações de Vila Rica, 24 participantes, acusados de crime de lesa majestade, por conspirar contra a vida e os domínios da casa real portuguesa. O alferes Joaquim José da Silva Xavier recebeu a pena máxima de morte por enforcamento e subsequente esquartejamento. Os demais, condenados à prisão ou degredo perpétuo e Vitoriano Gonçalves Veloso, único participante não branco, também à pena de açoite público.

Podem-se vislumbrar as condições socioeconômicas de alguns dos participantes do movimento que se organizava em Vila Rica, através dos autos de sequestros dos bens dos 24 condenados, avaliados por mais de 214 contos

---

22. ALMEIDA, P.M.R. *Dicionário de autores no Brasil colonial...*, p. 43; 359. • BRASIL/Câmara dos Deputados & MINAS GERAIS/Governo do Estado. *Autos da devassa da Inconfidência Mineira...* Vol. 9, p. 403-404. • MAXWELL, K. *A devassa da devassa...*, p. 206-219. • NEVES, E.F. Ofício ao Secretário de Estado da Marinha e Ultramar sobre o salitre dos Montes Altos. In: NEVES, E.F. & MIGUEL, A. (orgs). *Caminhos do Sertão*: ocupação territorial, sistema viário e intercâmbios coloniais dos sertões da Bahia. Salvador: Arcádia, 2007, p. 127-136.

de réis: o coronel Inácio José de Alvarenga Peixoto, embora tivesse dívidas, possuía o maior patrimônio, ao qual atribuíram o valor de mais de 84 contos de réis; os bens de outros 12 condenados, inclusive o Tiradentes, tiveram cada um, avaliação inferior a um conto de réis; Salvador de Carvalho do Amaral Gurgel dispunha apenas de utensílios domésticos e livros; Vitorino Gonçalves Velho, somente livros; e José Alves Maciel nada possuía. Entre os mais endividados, encontrava-se o contratante Joaquim Silvério dos Reis. Talvez por isto se fez o principal delator, que recebeu como recompensa o perdão das dívidas com o fisco português. Agrupados por suas principais profissões e ocupações econômicas, podem-se classificá-los como: 33% intelectuais, 29% burocratas e 37% mineradores; ou 50% fazendeiros e 70% profissionais liberais. Alguns exercem mais de uma atividade. Alvarenga Peixoto acumulava as condições de bacharel, ex-ouvidor, minerador e fazendeiro[23].

Na Bahia, um grupo de intelectuais reunidos em uma sociedade literária articulou uma conspiração contra a colonização portuguesa. Entre outros, participaram o advogado e professor de retórica, Manoel Inácio da Silva Alvarenga, o professor de grego João Marques Pinto, o médico Jacinto José da Silva, o professor de gramática latina, João Manso Pereira, o médico Vicente Gomes, o bacharel Mariano José Pereira da Fonseca e o professor Manoel Ferreira. Denunciados, foram todos presos e submetidos a uma devassa, que tramitou em 1797. Foram todos absolvidos e libertados.

No ano seguinte, o movimento ressurgiu ou continuou, através de outros intelectuais, com a participação de militares e artesãos, que distribuíram panfletos e afixaram cartazes com fundamentos republicanos de liberdade, igualdade e fraternidade. Além da Revolução Francesa, manifestaram também conhecimentos da Revolução do Haiti e defenderam a violência no combate ao poder senhorial da colônia e dos agentes da colonização portuguesa e ameaçaram os membros do clero que pregavam contra a liberdade social.

Analisaram-se a historiografia baiana sobre o final do século XVIII sob os aspectos sociais, políticos e econômicos[24], política tributária metropolitana, problemas econômicos coloniais, numa tentativa de se contextualizar as movimentações libertárias de 1798-1799. Borges de Barros atribuiu teor ideológico

---

23. FURTADO, J.P. *O manto de Penélope...*, p. 11, 105-107, 129-172.
24. RUY, A. *A primeira revolução social brasileira, 1798*. 2. ed. São Paulo: Nacional, 1978 [1. ed., 1942]. • AMARAL, B. *História da Independência da Bahia*. Salvador: Progresso, 1957. • TAVARES, L.H.D. *História da sedição intentada na Bahia em 1798 – A Conspiração dos Alfaiates*. São Paulo/Brasília: Pioneira/MEC, 1975. • TAVARES, L.H.D. *A Conjuração Baiana*. São Paulo: Ática, 1994. • TAVARES, L.H.D. *História da Bahia*. 10. ed. São Paulo/Salvador: Unesp/Edufba, 2001, p. 175-198, 229-250 [1. ed., 1959].

ao movimento, ao identificar a participação da elite e sua extensão ao interior da capitania, embora reconheça que ele recorreu a recursos como "forçar nas tintas, ampliar as lentes, deslocar o foco"[25]. Luís Henrique Dias Tavares[26] ressaltou que a matriz regionalista de Barros, comparou o movimento baiano de 1798 ao mineiro de 1789 e atribuiu aos quatro participantes executados na Bahia o mesmo significado histórico de Tiradentes. Também alertou para a circunstância de se conhecer o movimento libertário de 1798 através de eventos documentados, sem se informar sobre a fase conspirativa, da qual apenas se conhecem indicativos sem comprovação dos fatos. Pioneiro na inserção do movimento baiano de 1798 na historiografia brasileira, Braz do Amaral reconheceu que Borges de Barros acrescentou-lhe novos elementos e Afonso Ruy deu-lhe repercussão nacional.

Os relevantes estudos de Ruy, Jancsó e Tavares, quase nada registraram de participações sertanejas, além da vaga informação sobre o envolvimento do professor de Rio de Contas, Francisco Muniz Barreto de Aragão, que em suas frequentes viagens a Salvador, se hospedava na casa de José Borges de Barros, um mulato, irmão do proprietário de muitas terras e homem de letras, Domingos Borges de Barros, que seria deputado das Cortes Constituintes (1821-1822) e receberia o título de visconde de Pedra Branco. Barreto de Aragão teria discutido com o hospedeiro Borges de Barros as condições econômicas do Brasil e a situação política da Europa. Juntos teriam frequentado reuniões na casa do tenente Hermógenes Francisco de Aguilar Pantoja. Membros da elite como o padre Francisco Agostinho Gomes, Cipriano Barata de Almeida e outros participantes, foram poupados no julgamento.

Barreto de Aragão foi condenado a percorrer as ruas da cidade com baraço e pregão, ao açoite e a assistir as execuções na praça da Piedade. Recorreu da sentença que se aplicava apenas a negros. Alegou seu parentesco com famílias nobres de Portugal e teve a pena comutada para um ano de prisão[27]. Há informações de que, quando voltou de Lisboa em 1792, o professor Francisco Muniz Barreto de Aragão, trouxera livros de conteúdo libertário e proferira alocuções em Salvador sobre o sistema dos franceses e o modo com se construiu o governo

---

25. JANCSÓ, I. *Na Bahia contra o Império*: história do ensaio de sedição de 1798. São Paulo/Salvador: Hucitec/Edufba, 1996. • JANCSÓ, I. *Contradições, tensões, conflitos*: a inconfidência baiana de 1798. Niterói: UFF, 1975 [Tese, livre docência].

26. TAVARES, L.H.D. *História da sedição intentada na Bahia em 1798 – A Conspiração dos Alfaiates...* • TAVARES, L.H.D. *A Conjuração Baiana...*

27. JANCSÓ, I. *Na Bahia, contra o império...*, p. 14-15, 139-140. • TAVARES, L.H.D. *História da Bahia...* p. 180-183. • SOUZA FILHO, A.R. *A guerra de Independência da Bahia*: manifestações políticas e violências na formação nacional (Rio de Contas e Caetité). Salvador: Ufba, 2003, p. 81-82 [Dissertação de mestrado].

republicano na França[28], contudo, sua eventual atuação política em Rio de Contas permanece no plano das hipóteses.

Os documentos concernentes ao movimento anticolonial que se organizou na Bahia em 1798-1799 encontram-se publicados em dois volumes[29] com os registros de duas devassas ordenadas pelo vice-rei Fernando José de Portugal e Castro (1801-1808). Uma conduzida pelo desembargador Manoel de Magalhães Pinto de Avelar e Barbedo, dos ditos "papéis sediciosos" e outra, pelo desembargador Francisco Sabino Álvares da Costa Pinto, de uma reunião ocorrida no Campo do Dique do Desterro[30].

Do mesmo modo que nas ocorrências anticoloniais anteriores, a repressão agiu na Bahia, seletivamente, com critérios étnicos e sociais e condenou apenas artesãos e soldados de ascendência africana. Os militares Luiz Gonzaga das Virgens, identificado como o autor dos boletins, Lucas Dantas ainda menor de idade e os alfaiates João de Deus e Manoel Faustino foram condenados, enforcados e esquartejados em 8 de novembro de 1799. O mulato José de Freitas Sacoto recebeu a pena de açoite no pelourinho, além de ser condenado com outros seis companheiros ao degredo perpétuo na África, fora dos domínios portugueses. Foram absolvidos os participantes de formação superior e os de mais ampla inserção social. Cipriano Barata seria deputado nas Cortes Constituintes, em 1821; Aguilar, com a patente de major, morreria em combate, do lado dos portugueses, contra a independência da Bahia, em 1822-1823; Muniz Barreto se estabeleceria como advogado na cidade de Cachoeira, em 1807.

Francisco Borges de Barros e Braz do Amaral, primeiros divulgadores do movimento social libertário baiano, descreveram como seu símbolo uma bandeira azul, vermelha e branca, com o dístico *Surge nec mergitur* (Apareça e não se esconda), sem indicação precisa de documentação comprobatória, apenas aludiram a um livro de cartas régias de 1798. Entretanto, nos autos das devassas nada consta sobre tal bandeira, nem sobre uma aludida loja maçônica Cavaleiros da Luz. Do mesmo modo narraram que os envolvidos no movimento usariam uma argolinha na orelha, barba crescida até meio queixo e um búzio de Angola nas cadeias dos seus relógios como senhas. Contudo, poucos deles teriam condição de possuir relógio naquele final de século XVIII. Há, portanto lacunas e dúvidas historiográficas. O movimento libertário, denominado pela historiografia de

---

28. TAVARES, L.H.D. *História da Bahia...*, p. 182.

29. APEB (Arquivo Público do Estado da Bahia). *Autos da Devassa da Conspiração dos Alfaiates*. 2 vol. Salvador: Secretaria de Cultura e Turismo/Apeb, 1998 [Há uma edição defectiva anterior].

30. TAVARES, L.H.D. *Da sedição de 1798 à Revolta de 1824 na Bahia*. Salvador/Campinas: Edufba/Unesp, 2003.

Conspiração dos Alfaiates foi associado à Revolução do Haiti (1791-1804), na qual escravos negros da colônia francesa de São Domingos rebelaram-se, promoveram o fim da escravidão e a independência da ilha caribenha, como a primeira república governada por pessoas de ascendência africana, nas Américas, cujas circunstâncias assustaram os senhores coloniais e os agentes da colonização[31].

No período intermediário a 1790 e 1820, a economia baiana, vista de uma perspectiva de longo prazo e numa cronologia estabelecida a partir de documentação qualitativa, apresentava-se nitidamente em desenvolvimento, decorrente em grande parte das produções de açúcar, fumo e algodão. Porém, vivia-se em uma conjuntura a ponto de se deflagrar um movimento revolucionário, resultado de longa série de descontentamentos sociais que muitas vezes se manifestavam em arruaças interpessoais e de grupos. Os ofícios e atas do senado da cidade de Salvador informam o estado de exasperação das categorias sociais menos favorecidas, em particular, militares, que tomavam a frente das ações reivindicatórias sobre as carências no abastecimento e a carestia dos produtos de primeira necessidade[32].

No final de século XVIII, algumas condicionantes internacionais favoreceram o desenvolvimento do comércio externo que beneficiou os senhores de engenho, tradicionalmente endividados. A independência dos Estados Unidos da América e a Revolução Industrial ofereceram novas perspectivas para o algodão, cuja exportação, iniciada em 1767, oscilaram entre 150 e 200.000 libras anuais a partir de 1786 e tornaram-se um dos fatores de equilíbrio da balança comercial da colônia com outros produtos agrícolas, que também tiveram a demanda ampliada[33].

A Bahia destacou-se como um dos centros difusores de ideias liberais no final do século XVIII. No início do seguinte, o liberalismo econômico, até de homens do governo, foi objeto de denúncias de Luís dos Santos Vilhena[34]. Em consequência destes novos fundamentos político-econômicos e das dificuldades vivenciadas pelos agricultores e comerciantes, impostas pelo monopólio econômico

---

31. MAXWELL, K. Condicionalismos da independência do Brasil. In: SILVA, M.B.N. (coord.). *O império Luso-Brasileiro, 1750-1822...* • TAVARES, L.H.D. *Da sedição de 1798 à revolta de 1824 na Bahia...*, p. 36-37. • MESGRAVIS, L. *História do Brasil Colônia...*, p. 137-139.

32. MATTOSO, K.M.Q. Conjuntura e sociedade no Brasil no final do século XVIII: preços e salários às vésperas da Revolução dos Alfaiates, Bahia, 1798. In: *Da Revolução dos Alfaiates à riqueza dos baianos no século XIX: itinerário de uma historiadora*. Salvador: Corrupio, 2004, p. 33-56. • MATTOSO, K.M.Q. Sociedade e conjuntura na Bahia nos anos da luta pela Independência. In: *Da Revolução dos Alfaiates à riqueza dos baianos no século XIX...*, p. 105-134.

33. ALMEIDA, R.B. Traços da economia da Bahia no último século e meio. *Planejamento*, vol. 4), out.-dez./1977, p. 19-54. Salvador.

34. VILHENA, L.S. *Cartas de Vilhena – Notícias soteropolitanas e brasílicas* [Original de 1802] [1. ed., Salvador: Imprensa Oficial do Estado, 1921, 2 vol. • 2. ed., Rio de Janeiro: Arquivo Nacional, 1987, 2 vol.].

metropolitano, a liberação das atividades mercantis e a adoção de princípios liberais induziram a uma conjuntura de confiança e otimismo, que marcou o meio século seguinte[35].

9.4 Transferência da sede da monarquia portuguesa para o Brasil

A Revolução Francesa significou para o mundo ocidental, nas perspectivas, social e política, o equivalente ao que a Revolução Industrial representou no âmbito econômico. Em conjunto, os movimentos socioeconômicos realizaram a transição do Antigo Regime mercantil, despótico e monopolista para o estágio de desenvolvimento manufatureiro da livre-concorrência e de sistema político democrático-liberal, com a inovação do regime republicano. Ao conquistar o poder na França, o general Napoleão Bonaparte se autoproclamou imperador e passou a programar uma política expansionista de anexação dos países vizinhos. Apesar do golpe de estado e de tudo que lhe seguiu, Bonaparte continuou, para muitos, um paladino das ideias e esperanças da Revolução Francesa e, para outros, um tirano executor de crueldades e infâmias. Suas forças terrestres pareciam invencíveis, mas não conseguiram submeter os ingleses, para instaurarem uma pretendida nova ordem europeia. Com a força naval debilitada desde a batalha de Trafalgar, em outubro de 1805, na qual se defrontaram a esquadra inglesa com as forças navais da França e da Espanha, Bonaparte não teve como atacar a Inglaterra, determinou o bloqueio continental ao comércio inglês e dos seus aliados.

Portugal se viu impossibilitado de aderir ao bloqueio e ceder ao ultimato napoleônico de declarar guerra à Inglaterra, devido aos antigos vínculos e os novos compromissos políticos e econômicos com os ingleses. Sitiado pelas tropas inglesas acantonadas na costa atlântica e pelo exército francês que avançava através da Espanha, para não perder o poder como aconteceu ao monarca espanhol, substituído por José Bonaparte, o príncipe regente João de Bragança transferiu a sede do Reino de Portugal, de Lisboa para o Rio de Janeiro. A manobra de inversão geográfica da equação do poder monárquico lusitano conteve, temporariamente, os ímpetos emancipacionistas no Brasil, que se tornou sede do império português. Em consequência desta iniciativa, talvez longamente planejada, os franceses controlaram o território europeu do Portugal invadido, mas não conquistaram a monarquia nem o Estado português, estabelecido do outro lado do

---

35. AZEVEDO, T.O.G. A economia Baiana em torno de 1850. In: AZEVEDO, T. & LINS, E.Q.V. *História do Banco da Bahia, 1858-1968*. Rio de Janeiro: José Olympio, 1969, p. 5-18. • AZEVEDO, T.O.G. A economia Baiana em torno de 1850. *Planejamento*, vol. 4, out.-dez./1977, p. 7-18. Salvador.

Atlântico, na parte mais densamente povoada, economicamente mais próspera, de mercados internos em expansão e em crescente interação inter-regional[36].

A transferência significou o reconhecimento da posição central ocupada pelo Brasil no sistema econômico luso-brasileiro. A primeira ideia dela partiu do marquês de Pombal, que vislumbrou a possibilidade de instalação da corte em Belém, Pará, em caso de ameaça de invasão do território português, e novamente cogitada em 1801, quando interesses políticos e econômicos portugueses a rechaçaram. O projeto se efetivou na emergência da invasão napoleônica, em 1807. Sua execução, aparentemente precipitada, iniciou-se em 25 de novembro, imediatamente após uma reunião do Conselho de Estado, sob a coordenação do príncipe regente João de Bragança, que decidiu pela sua execução. A família real recebeu orientação de se embarcar no prazo de dois dias. Ordenou-se a transferência de tudo que significasse sobrevivência e sustentação da monarquia portuguesa e o que fosse necessário para a continuidade do funcionamento do aparato estatal no Rio de Janeiro. O plano era complicado e na proporção em que se desenvolvia, expandia-se a complexidade. Numerosos familiares de conselheiros, de ministros, da nobreza, da corte e de servidores deveriam acompanhar a família real. Afinal, transferia-se a sede do império português com todo o aparato burocrático e administrativo: tesouro, repartições, secretarias, tribunais, arquivos e funcionários. O príncipe regente ainda liberou vagas nas embarcações para os súditos que o desejassem acompanhar. Se elas se esgotassem, os interessados poderiam providenciar barcos particulares e acompanharem a esquadra real[37]. Em consequência, generalizou-se o tumulto e estabeleceu-se o caos ao longo do porto de Lisboa, desde o cais do Sodré ao de Belém. Milhares de pessoas carregadas de malas e baús demandavam vagas nas embarcações já superlotadas.

Escoltada por quatro navios de guerra ingleses, a esquadra real portuguesa composta por sete naus, três fragatas, três brigues, uma escuna e uma charrua, deixou Lisboa em 27 de novembro de 1807[38]. Nunca se soube o número de pessoas embarcadas. As estimativas da época oscilaram entre 10.000 e 15.000 indivíduos. Depois da partida da família real e seu séquito, muita gente conseguiu burlar a vigilância francesa, alcançar uma esquadra inglesa fundeada próximo do litoral português e emigrar para a Inglaterra. Essa esquadra inglesa, por

---

36. SILVA, A.C. As marcas do período. In: SILVA, A.C. (coord.). *Crise colonial e independência*: 1808-1830. Rio de Janeiro: Objetiva, 2011, p. 23-73 [História do Brasil Nação, 1].

37. SCHWARCZ, L.M. [com AZEVEDO, P.C. & COSTA, Â.M.]. *A longa viagem da biblioteca dos reis*: do terremoto de Lisboa à Independência do Brasil. São Paulo: Companhia das Letras, 2002, p. 182-223.

38. TAVARES, L.H.D. *História da Bahia...*, p. 209.

conveniências comerciais, reteve parte da frota mercante de Portugal nos portos, sob a alegação de protegê-la dos franceses, por tanto tempo, que sucateou.

Num gesto entre farsante e irônico, o príncipe regente João de Bragança, antes de embarcar, nomeou uma junta composta por adeptos de uma aliança com a França, para reger em Portugal na sua ausência, com instruções para receber as tropas francesas como hóspedes. A 29 de novembro, enquanto a esquadra real portuguesa, escoltada por barcos de guerra ingleses sumia na linha do horizonte no Atlântico, a vanguarda das tropas napoleônicas ocupava os subúrbios de Lisboa. No dia seguinte, o general Junot desfilou pelo centro de Lisboa com a sua hierarquia de oficiais e o que restava do seu numeroso exército: cerca de 6.000 ou 7.000 homens descalços, rotos, estropiados, exaustos e famintos. Para tentar alcançar e prender a família real portuguesa, Junot conduziu o seu exército em marcha acelerada e o levou ao esgotamento. Os soldados encontravam-se tão depauperados que não seria difícil para o Exército Português, uma das maiores forças terrestres de então na Europa, derrotá-los. Junto aos franceses marchou um pelotão da tropa portuguesa, que acatou a última determinação do príncipe regente antes de partir[39]. Junot assumiu imediatamente os domínios da casa real, apropriou-se dos bens da nobreza em fuga para o Brasil e passou a controlar a população que, isoladamente, fustigava soldados franceses em todo o território lusitano. Em 1º de fevereiro de 1808, o general francês destituiu a junta de governo nomeada pelo príncipe João de Bragança e constituiu um governo próprio, com a participação de alguns portugueses.

Após 54 dias de viagem, o príncipe regente aportou com a sua real família na baía de Todos os Santos e foi recebido pelo governador da capitania, João de Saldanha da Gama de Melo e Torres, 6º conde da Ponte (1805-1810), que soube da sua saída de Lisboa com destino ao Rio de Janeiro e tomou as urgentes providências para uma eventual parada da frota real em Salvador. Determinou a todas as autoridades da cidade, capitães-mores, juízes e oficiais das câmaras das vilas do Recôncavo, que providenciassem todos os gêneros e abastecessem os armazéns, enquanto ele cuidava de preparar alojamento para os nobres viajantes. Às quatro horas da tarde de 22 de janeiro de 1808, ancoraram no porto de Salvador as naus portuguesas "Príncipe Real", "Afonso Albuquerque", a inglesa "Brendford", a fragata "Urânia" e uma escuma americana, além do bergantim "Três Corações", que o governador de Pernambuco, Caetano Pinto de Miranda Montenegro, mandou levar frutas e refrescos ao príncipe. O conde da Ponte velejou até a nau capitânia para avistar-se como príncipe e o sugeriu desembarcar todos, sem que das naus

---

39. SCHWARCZ, L.M. [com AZEVEDO, P.C. & COSTA, Â.M.]. *A longa viagem da biblioteca dos reis...*, p. 220.

se tirassem os utensílios. O príncipe manteve-se com toda a sua comitiva a bordo, onde recebeu tributos de vassalagem dos desembargadores e conselheiros da Relação e do juiz de fora, presidente e vereadores da Câmara de Salvador, às 10 horas do dia 23 e somente no dia seguinte, 24 de janeiro de 1808, às cinco horas da tarde, o regente desembarcou com a sua família, em um sol de alto verão baiano, vestidos com roupas do inverno europeu. As carruagens subiram para a Cidade Alta pela Ladeira da Preguiça, desceram a da Gameleira, e do Largo do Teatro todos seguiram a pé para a Igreja da Sé, ao som de repiques dos sinos de todos os templos, conventos e mosteiros[40]. Durante a travessia do Atlântico, para combater um surto de piolhos, as mulheres, inclusive as da família real, rasparam os cabelos. Ao se apresentarem carecas e de turbantes, lançaram moda na Bahia.

O diário de bordo do ajudante de ordens de um brigue de guerra holandês registrou a chegada da família real portuguesa à baía de Todos os Santos. Atacado por uma frota inglesa no Atlântico, o brigue holandês aportou em Salvador, por necessitar de socorro. Depois de reparadas as avarias o barco continuou sua viagem para o Oriente. Entretanto, ainda no interior da baía, sua tripulação avistou aproximarem-se dois navios de linha portugueses, uma fragata e um brigue, seguidos de um navio de linha inglês. Ao pressentirem o perigo, tentaram disfarçar. Arriaram a bandeira e aconchegaram, ao máximo, o barco na encosta, todavia, os britânicos perceberam a manobra e os abordaram. Um oficial português, em nome do príncipe regente, ordenou que regressasse ao porto. A tripulação atracou o barco, que depois seria confiscado, em meio ao ribombar das baterias de todos os fortes e embarcações, que cortejavam a família real portuguesa. Ao desembarcarem, o príncipe regente e a família real receberam outra saudação de navios e fortalezas, todos iluminados depois do pôr do sol, procedimento repetido diariamente, enquanto a família real permaneceu em Salvador[41].

Na Bahia, o príncipe João de Bragança promoveu a liberação dos portos brasileiros para navios mercantes de bandeiras estrangeiras, em carta ao conde da Ponte, de 28 de janeiro de 1808, e criou, em 18 de fevereiro seguinte, a Escola de Cirurgia, Anatomia e Obstetrícia, que se transformaria em Faculdade de Medicina da Bahia, em 1832. No desembarque da família real portuguesa no Rio de Janeiro, a 8 de março de 1808, além das pompas e circunstâncias formais, explodiu uma euforia social. Uma multidão deslumbrada saudou o príncipe e

---

40. PINHO, W. *A Abertura do Portos na Bahia*: Cairu, os ingleses, a Independência. 2. ed. Salvador: Egba, 2008, p. 22-23 [1. ed. 1961]. • MORAES, A.J.M. *História da transladação da corte portuguesa para o Brasil em 1807*. Rio de Janeiro: Casa Imperial de E. Dupont, 1872, p. 67. In: SCHWARCZ, L.M. [com AZEVEDO, P.C. & COSTA, Â.M.). *A longa viagem da biblioteca dos reis...*, p. 227.

41. VER HUELL, Q.M.R. *Minha primeira viagem marítima*: 1807-1810. Salvador: Edufba, 2007, p. 128-132.

sua família no cais do porto. A cidade tinha uma população de 45.000 habitantes e recebeu, de súbito, cerca de mais 10.000 a 15.000 novos moradores, muitos dos quais a se queixarem da falta de civilização e a esboçarem comparações desfavoráveis do Rio de Janeiro que lhes acolhia, com a Lisboa que abandonaram ao fugir dos franceses[42].

Antes da corte deixar Lisboa, o príncipe João de Bragança entabulou acordos secretos com representantes da Inglaterra, através dos quais, em recompensa da garantia de escolta até o outro lado do Atlântico, seriam transferidos para o Brasil os privilégios comerciais que os ingleses se beneficiavam em Portugal. Em consequência destes acordos, durante a escala na Bahia, o príncipe regente decretou a liberação dos portos do Brasil ao comércio internacional que, na condição de sede de um império, não poderia permanecer submetido ao regime de monopólio comercial e isolado das relações com outras nações. Afinal, a Inglaterra deveria romper o bloqueio napoleônico. Imediatamente numerosas casas comerciais inglesas transferiram-se ou estabeleceram filiais nas principais cidades brasileiras. A esquadra inglesa que escoltou a família real desde o Tejo, permaneceu na baía de Guanabara como guarda real. Portugal ainda se submeteu, em 1810, a um tratado comercial que concedeu o privilégio especial aos ingleses de pagarem menos tributos no Brasil que os portugueses. As mercadorias britânicas comercializadas nos portos brasileiros passaram a ser tributadas com uma alíquota de 15%, enquanto as portuguesas pagavam 16%, e 24%, as de outros países. Nesse mesmo ano de 1810, João de Bragança revogou um alvará de 5 de janeiro de 1785, que dificultava a instalação de manufaturas no Brasil, quando se difundia o cultivo de algodão nos sertões. A restrição fabril evidenciava preocupações com a possibilidade de se desenvolverem indústrias têxteis, numa época em que a Inglaterra abastecia Portugal e o Brasil com seus tecidos, parcialmente produzidos com algodão brasileiro.

No Rio de Janeiro, os problemas urbanos multiplicaram-se com a chegada de uma elite social mais exigente que os antigos residentes. Tentou-se, com a execução de uma série de obras, adaptar-se a cidade às novas circunstâncias sociais e políticas de corte portuguesa. Imediatamente, o príncipe regente promoveu uma reforma ministerial e nomeou um novo gabinete composto de ministros com experiências administrativas no Brasil, nas funções de vice-rei e de governador de capitanias. Em setembro, extinguiu o Vice-Reino do Brasil, estabelecido no Rio de Janeiro, do reino desde 1763, quando o transferiram de Salvador. Definiu-se, então, um programa de reformas políticas, reestruturação

---

42. SADLIER, D.J. *Brasil imaginado*: de 1500 até o presente. São Paulo: Edusp, 2016, p. 18.

econômica, reorganização institucional, inclusive das circunscrições militares e instâncias eclesiásticas. Criaram-se a Impressão Régia, a Real Fábrica de Pólvora, o Real Horto, a Academia Militar, a Escola de Cirurgia no Hospital da Misericórdia, a Academia dos Guardas Marinhas, a Biblioteca Real, o Museu Nacional, a Escola de Ciências, Artes e Ofícios. Em represália à invasão de Portugal, João de Bragança declarou guerra à França e à Espanha, sob o domínio francês. Tropas portuguesas ocuparam, em 1º de abril de 1808, a colônia francesa de Caiena (Guiana) e a espanhola de Banda Oriental (Uruguai), num projeto de construção de um novo império que, mais uma vez, os interesses ingleses atrapalharam. Através de um acordo entabulado no Congresso de Viena (1814-1815), devolveu-se o território da Guiana aos franceses[43]. O do Uruguai, reivindicado pela Argentina, conquistou a sua independência em 1828.

Ao instituir a Escola Real de Ciências, Artes e Ofícios, em 1816, já como rei, d. João VI levou da França uma missão artística, composta de pintores, escultores, arquitetos e professores de diversas áreas, para promover a difusão das artes e estabelecer as bases da formação de profissionais para o serviço público e as atividades da agricultura, da mineralogia, da indústria e do comércio. Integraram a missão, entre outros: Jean Baptiste Debret (1768-1848), Nicolay A. Taunay, (1755-1830), Augusto M. Taunay (1768-1824)[44].

Depois das reformas, a doação de sesmarias, antes efetuada pelos governadores e confirmada pelo Conselho Ultramarino, transferiu-se para a recém-criada Mesa do Desembargo do Paço do Rio de Janeiro. Ampliou-se o número de comarcas e ouvidorias, com a multiplicação de nomeações para novos cargos de fiscalização e justiça, juízes de fora, escriturários, escrivães, amanuenses, contadores e outros, de modo a se constituir uma imensa rede de servidores públicos. Sem se extinguirem os cargos correspondentes em Portugal, criaram-se, no Rio de Janeiro, o Conselho Supremo Militar, o Tribunal da Mesa do Desembargo do Paço e da Consciência e Ordens, a Chancelaria-Mor do Estado do Brasil, a Casa da Suplicação do Brasil, a Intendência Geral da Polícia no Estado do Brasil, a Real Junta do Comércio, Agricultura, Fábricas e Navegação, o Erário Régio, o Conselho da Fazenda, e o Banco do Brasil[45].

Deposto e deportado para a ilha de Elba em 1810, Bonaparte retornou ao poder por 100 dias e finalmente, em 1815, foi derrotado e feito prisioneiro em

---

43. ARRUDA, J.J.A. *Uma colônia entre dois impérios*: a abertura dos portos brasileiros, 1800-1808. Bauru: Edusc, 2008, p. 122-130.

44. TAUNAY, A.E. *A missão artística de 1816*. Brasília: Edunb, 1983.

45. MARTINS, M.F.V. *Conduzindo a barca do Estado em mares revoltos...*, p. 685-725.

Santa Helena, onde morreria em 1821. Em toda a Europa, disseminou-se um movimento de restauração monárquica que promoveu um congresso político em Viena, capital austríaca, entre 1º de outubro de 1814 e 9 de junho de 1815. A longa conferência definiu como diretrizes fundamentais os princípios de legitimidade, restauração e equilíbrio do poder monárquico e estabeleceu o conceito de fronteiras geográficas, que redesenhou o mapa da Europa. Os plenipotenciários diplomatas portugueses credenciados no congresso, Pedro de Sousa Holstein, Joaquim Lobo da Silveira e António Saldanha da Gama, transmitiram ao príncipe regente uma proposta de Charles-Maurice de Talleyrand-Périgord, representante da França, que consistia no estabelecimento de uma comunidade colonial que semelhasse equivalência entre Portugal e Brasil. Imediatamente João de Bragança acatou a ideia e instituiu, em 16 de dezembro de 1815, o Reino Unido de Portugal, Brasil e Algarves. Este foi mais um ato do governo metropolitano português que afrontou os sentimentos nativistas dos defensores da ruptura definitiva dos vínculos políticos do Brasil com Portugal. Baianos e pernambucanos, entre os quais, Manoel Moreira Magalhães, João Ladislau de Figueiredo e Melo, Cipriano Barata, José Inácio de Abreu e Lima, cognominado de padre Roma, tentaram articular uma reação e foram violentamente reprimidos pelo vice-rei Marcos de Noronha e Brito (1806-1808), que prendeu e fuzilou sumariamente o padre Roma no Campo da Pólvora, em Salvador. A imediata repressão impediu a adesão dos baianos ao movimento de 1817, que se articulou em Pernambuco e instituiu o regime republicano por 74 dias[46]. Do mesmo modo que os mineiros de 1788-1789, os pernambucanos de 1817 não pretendiam promover modificações na organização social nem admitiam a possibilidade de extinção do trabalho escravo, já combatido pelos ingleses que promoviam a industrialização e pressionavam João de Bragança, para eliminar o tráfico de negros escravizados nos seus domínios. Em 1815 o príncipe se viu forçado a aceitar o fim do tráfico de africanos ao norte da linha do Equador. Entretanto, além de não fazer cumprir estes acordos, deixou livre este abominável comércio no Atlântico Sul[47].

Desde a independência dos Estados Unidos da América, instituiu-se uma nova forma de governo de três poderes independentes e articulados entre si, de governante eleito periodicamente pela população, sem vitaliciedade de poder. Esta nova perspectiva de organização político-administrativa provocou os entusiasmos nativistas e autonomistas em todo o continente americano e encorajou os movimentos libertários. Vários fatores contribuíram para a criação das

---

46. TAVARES, L.H.D. *História da Bahia...*, p. 211-215.
47. MAXWELL, K. Condicionalismos da independência do Brasil..., p. 335-395.

condições de independência das colônias ibéricas da América. Inicialmente, deve-se considerar que Portugal e Espanha perderam a hegemonia mercantil e a vanguarda manufatureira desde início do século XVIII. A Inglaterra liderava a Revolução Industrial, seguida pela França e outras potências mercantis, que demandavam a máxima elasticidade dos mercados, limitados pelo regime de monopólio comercial e pela colonização escravista.

Os contextos socioeconômicos e político-ideológico influenciaram decisivamente os vice-reinos espanhóis da América, que romperam o sistema colonial, conquistaram suas independências e adotaram o regime político republicano: Venezuela, Colômbia e Equador em 1811; Paraguai em 1813; Argentina em 1816; Chile em 1818; México e Peru em 1821. O Brasil constituía-se uma exceção continental em consequência da transferência da sede da monarquia portuguesa para o Rio de Janeiro. A liberação do mercado brasileiro ao comércio internacional significou uma ruptura parcial do sistema colonial e o aparelhamento urbano da cidade do Rio de Janeiro, que se transformou em corte, deu-lhe uma relativa autonomia e aspectos metropolitanos para o deleite da nobreza lusitana e o envaidecimento da aristocracia colonial. Apesar disto, as tensões continuaram nos demais segmentos sociais, tanto no Brasil, onde persistiam as perspectivas autonomistas, quanto em Portugal, onde perduravam as expectativas de retorno da família real e de restauração do ambíguo sistema colonial mercantil-escravista.

Embora a Revolução Constitucionalista, iniciada na cidade de Porto em 1820, expressasse fundamentos liberais, manteve a ordem socioeconômica intacta. Significou apenas uma reação liberal à anacrônica centralização monárquica do Antigo Regime, que exigiu o retorno das cortes para Lisboa. Para tentar conter os ímpetos emancipacionistas brasileiros, d. João VI, ao embarcar em 26 de abril de 1821, com a família real e toda a corte, no retorno da sede da monarquia para Lisboa, uma manobra urdida pela nobreza, deixou no Brasil o seu primogênito, príncipe Pedro de Alcântara, na condição de regente. Ao se submeter ao movimento constitucionalista, o monarca português pôs fim ao poder monocrático, base de sustentação do sistema colonial mercantilista, e nestas circunstâncias, o movimento de Independência do Brasil se inseriu numa conjuntura de crise sistêmica, na qual, as posições reformistas venceram as revolucionárias[48].

---

48. NOVAIS, F.A. & MOTA, C.G. *A independência política do Brasil...*, p. 69-80.

10 Poderes oligárquicos regionais e formação do Estado Nacional Monárquico

10.1 Circunstâncias da Independência do Brasil

Não há um marco histórico da época em que a população da América de colonização portuguesa, distante da metrópole e dispersa no vasto território colonial, sentiu-se unida por vínculos de pertencimento espacial, nem de quando as circunstâncias de opressão política e social e de exploração econômica a fez perceber-se diferenciada para distinguir os portugueses como sua alteridade e identificar-se como brasileira. Nem o governo metropolitano, nem os colonizados perceberam imediatamente que o sistema colonial mercantilista ficara obsoleto. O governo português e seus agentes da colonização preocupavam-se prioritariamente com a arrecadação tributária e as transgressões dos colonizados, e estes rebelavam-se contra os aumentos de impostos, as restrições à livre comunicação entre as capitanias, a espoliação dos monopólios, a ineficiência e seletividade do judiciário, a arbitrariedade das autoridades e a descriminação dos naturais da colônia. Paulatinamente, as insurreições coloniais e a subsequentes repressões revelaram a incompatibilidade entre os interesses coloniais e os metropolitanos. Os colonizados que se consideravam portugueses do Brasil, passaram a perceber que os seus interesses não se associavam aos de Portugal e suas lutas, que lhes pareciam conflitos entre súditos do mesmo rei, tomaram o caráter de confronto entre colonizadores e colonizados[1].

---

1. NOVAIS, F.A. *Portugal e Brasil na crise do antigo sistema colonial (1777-1808)*... • ARRUDA, J.J.A. *O Brasil no comércio colonial*... • ALEXANDRE, V. *Os sentidos do império*... • PEDREIRA, J.M.V. *Estrutura industrial e mercado colonial*: Portugal e Brasil (1780-1830). Linda-a-Velha, 1994. • SLEMIAN, A. & PIMENTA, J.P. O "nascimento político" do Brasil: as origens do Estado e da nação (1808-1825). Rio de Janeiro: DP&A, 2013. • COSTA, E.V. A política e a sociedade na Independência do Brasil. In: *Brasil*: história, texto e contexto..., p. 9-24.

A opção pela ruptura com Portugal resultou da vontade de uma população multiétnica em ampla miscigenação, que se unia em um corpo social heterogêneo e multicultural, por se sentir esbulhada pelo extorsivo fisco metropolitano e reprimida pela política dos agentes da colonização portuguesa aos movimentos sociais reivindicatórios. Se a transferência da capital do reino de Portugal para o Rio de Janeiro, em 1808, tumultuou as articulações dos movimentos sociais emancipacionistas, o retorno da corte portuguesa para Lisboa, em 1821, oportunizou o encadeamento de redes de intrigas entre portugueses e brasileiros, de difícil reconciliação, que aceleraram a emancipação política do Brasil.

Na segunda metade do século XVIII, os sinais de desagregação dos padrões predominantes no Antigo Regime já se evidenciavam, tanto na alteração do paradigma de organização administrativa do império português quanto na construção discursiva de um ideário jurisdicionalista de fundamentação da monarquia lusitana. Naquele contexto histórico, o governo colonial dividia-se hierarquicamente em vice-reino, capitanias e municípios, numa interação em que cada uma destas instâncias mantinha relativa autonomia. Os poderes locais, originários dos donatários de sesmarias, dispunham de grande autonomia nos seus domínios, em consequência de se vincularem economicamente ao secretário de Estado em Lisboa e politicamente ao vice-rei no Brasil. Alguns poderes setoriais conseguiam se firmar com mais veemência. Em Pernambuco, pressões políticas locais fizeram criar, em 1670, um regimento especial que atribuiu autonomia à capitania em relação ao governo-geral do Brasil e vinculação direta ao Conselho Ultramarino em Portugal, numa precoce manifestação de autonomia. Na condição de base política essencial da ocupação territorial, exploração econômica e controle social da colônia, os municípios constituíram-se a principal instância de representação da sociedade e da expressão de poder dos mandatários locais[2].

Desde o início do século XVIII, a Inglaterra participou, em intensidade crescente, da formação sociocultural e político-econômica do Brasil. Através do tratado de Comércio de 1703, Portugal concedeu aos ingleses uma série de vantagens. Além disto, o tráfico, o contrabando e a pirataria constituíam-se nos empreendimentos preferidos pelos britânicos na América do Sul, e o Brasil destacava-se como principal base destas ilicitudes. Bloqueados na Europa pelas forças militares de Napoleão Bonaparte, no início do século XIX, os ingleses dire-

---

2. SLEMIAN, A. *Sob o império das leis*: Constituição e unidade nacional na formação do Brasil (1822-1834). São Paulo: USP, 2008, p. 37-140 [Tese de doutorado].

cionavam os seus interesses principalmente para a América do Sul. A liberação do comércio externo no Brasil, em 1808, causou euforia aos comerciantes britânicos, que mais se regozijaram com o tratado de Comércio de 1810, pelo qual Portugal lhes concedeu mais vantagens que aos lusitanos nos intercâmbios mercantis com o Brasil. A Inglaterra tentou, sem sucesso, incluir o fim do tráfico de escravos da África neste tratado. Os portugueses reconheciam a indecência do negócio escravista, mas optaram pelas vantagens financeiras dele advindas.

A mudança da família real portuguesa, e com ela, a sede do Reino de Portugal para a ultramarina cidade do Rio de Janeiro, apresenta-se historicamente como fator preponderante da instituição do regime monárquico no Brasil. A este precedente histórico se acrescenta a coincidência da emancipação brasileira na conjuntura de plena vigência das decisões do Congresso de Viena (1815-1816), convocado pelas realezas europeias com o objetivo de promover a legitimação social, o reconhecimento político e oferecer apoio militar às monarquias destituídas por Napoleão Bonaparte, que se restauravam. Talvez o Congresso de Viena seja o episódio que mais gerou consequências políticas na história moderna da Europa e redesenhou o mapa do continente com a decisão das quatro grandes potências sobre que nações se manteriam soberanas[3].

Quando ainda se encontrava no Rio de Janeiro d. João VI ampliou a confusão política, ao declarar que adotaria a constituição espanhola[4] até que se elaborasse a portuguesa. Na capitania de Sergipe, o governador se recusou a apoiar o movimento constitucionalista, foi desacatado por militares e forçado a deixar o cargo[5]. Na cidade de Salvador, dominada por comerciantes e militares portugueses, surgiram movimentos políticos de teores constitucionalista, emancipacionista e colonialista, num ambiente de escassos diálogos e complexas relações políticas e militares. O acirramento da animosidade dividiu a sociedade em uma facção lu-

---

3. ZAMOYSKI, A. *Ritos de paz*: a queda de Napoleão e o Congresso de Viena. Rio de Janeiro: Record, 2012, p. 13-17.

4. Trata-se da primeira constituição política da monarquia espanhola, elaborada pelas Cortes de Cádis (1812) que, apesar de inspirada na francesa de 1791, de teor liberal, e referência dos liberais portugueses e dos emancipacionistas hispano-americanos e brasileiros, aboliu o regime senhorial e manteve o dízimo dos senhores, com o poder de converterem os seus direitos feudais em títulos de propriedade plena das terras saqueadas de camponeses; impôs a unicidade religiosa do catolicismo, com a manutenção de tribunais eclesiásticos para julgarem acusados de heresias; definiu uma liberdade de imprensa que não atingia a esfera do religioso e qualquer autor poderia ser preso ao submeter uma obra aos tribunais da censura, enfim, a ambiguidade e a moderação caracterizavam a sua pretendida reforma política. Cf. FONTANA, J. *La crisis del Antiguo régimen, 1808-1833*. 4. ed. Barcelona: Crítica, 1992 [1. ed., 1979]. • BERBEL, M. & OLIVEIRA, C.H.S. (orgs) *A experiência constitucional de Cádis*: Espanha, Portugal e Brasil. São Paulo: Palmela, 2012.

5. AMARAL, B. *História da Independência na Bahia...*, p. 31-57.

sitana e outra brasileira[6], quando se evidenciou a intenção da facção portuguesa de recolonizar o Brasil. Enquanto os aliados da monarquia portuguesa na Bahia combatiam os autonomistas republicanos de Recife, os baianos defensores da emancipação do Brasil organizavam reações ao domínio colonizador português. Os entendimentos para o levante da Bahia estenderam-se até ao Aljube, em Lisboa, onde se encontravam presos alguns participantes do movimento libertário de 1817 em Pernambuco, entre os quais, frei Caneca e Antônio Carlos Ribeiro de Andrada Machado e Silva. Militantes emancipacionistas visitavam os prisioneiros dos quais recebiam mensagens contra a colonização portuguesa, mal disfarçada na formulação política do Reino Unido, que transmitiam aos organizadores do movimento em várias cidades e vilas brasileiras.

Organizado principalmente por comerciantes e oficiais militares portugueses, com adesão de brasileiros o levante constitucionalista baiano, iniciou-se no forte de São Pedro, liderado pelo tenente-coronel Manoel Pedro de Freitas Guimarães, na madrugada de 10 de fevereiro de 1821, com a prisão do coronel português Antônio Luís Pires Borralho, que se manifestou contrário ao movimento liberal-constitucionalista de Portugal. O major Hermógenes Francisco de Aguilar Pantoja, que participara do movimento emancipacionista de 1798, apoiava a reação, atacou os amotinados e morreu no confronto. Os constitucionalistas libertaram os presos políticos que, liderados por Cipriano Barata, detido por participar do levante republicano de Pernambuco, aderiram à sublevação[7]. O tenente-coronel Freitas Guimarães, promovido a brigadeiro, substituiu o governador Francisco de Assis Mascarenhas, 6º conde da Palma, no governo das armas. Elegeu-se uma Junta Provisória de Governo da Bahia, composta por representação eclesiástica, do comércio, dos militares e da agricultura. Depois da sua aclamação incluíram também o brigadeiro Manoel Pedro de Freitas Guimarães, por exigência dos presentes[8].

O Governo Provisório comunicou a d. João VI o sucesso da Revolução Constitucionalista e declarou obediência à dinastia Bragança e ao governo de

---

6. A historiografia, nem sempre apoiada em termos coetâneos dos fatos, simplifica a identificação das facções conflitantes, como brasileiros e portugueses. Talvez fosse mais elucidativo caracterizá-los, na fase inicial dos confrontos, de constituintes e absolutistas, depois de estabelecida a beligerância, autonomistas e colonialistas e após a organização militar efetuada pelo general Labatut, em novembro de 1822, Exército Pacificador ou Libertador e Exército Português.

7. SILVA, M.R.S. *Independência ou morte em Salvador*: o cotidiano da capital baiana no contexto do processo da independência brasileiro (1821-1823). Salvador: Ufba, 2012, p. 13-49 [Dissertação de mestrado].
• SOUZA FILHO, A.R. *A guerra de Independência da Bahia...*, p. 30.

8. TAVARES, Luís Henrique Dias. *História da Bahia...*, p. 222-225.

Portugal. Logo depois, fez comunicação semelhante às Cortes Constituintes e pediu-lhes tropas para a sustentação do sistema político proclamado na capitania, antecipadamente denominada de província, caso o governo do Rio de Janeiro tentasse intervir. A regência de Portugal organizou uma divisão militar com 1.184 homens, composta por um batalhão de infantaria e outro de artilharia, com a denominação de Legião Constitucional Lusitana, que somente desembarcou na Bahia depois de d. João VI estabelecer-se em Lisboa. Uma multidão tomou as ruas do Rio de Janeiro em 26 de fevereiro de 1821, para reivindicar: o juramento de d. João VI à constituição que seria elaborada; a substituição do ministério composto por absolutistas; o imediato retorno do rei para Lisboa; e a convocação de eleições de deputados para as Cortes Constituintes. D. João VI esquivou-se e o príncipe Pedro de Alcântara jurou a futura constituição como seu representante. Decidiu-se que o príncipe participaria do governo estabelecido no Rio de Janeiro, o regresso do rei para Lisboa e a convocação das eleições de deputados para as Cortes Extraordinárias, que elaborariam a constituição. Diante das pressões, o rei anunciou a sua volta para Portugal, efetivada em 25 de abril de 1821, e indicou o filho Pedro de Alcântara para conduzir o Governo Geral do Reino no Brasil, assessorado por Marco de Noronha Brito, no Ministério dos Negócios do Reino e dos Estrangeiros; Diogo de Menezes, no Ministério da Fazenda; marechal Carlos Frederico de Caula, no Ministério da Guerra; e major-general da Armada, Manoel Antônio de Farinha, no Ministério da Marinha[9]. O jovem regente recebeu instruções limitativas de seus poderes e ficou obrigado a consultar a este Conselho de Ministros sobre todas as suas decisões. Suceder-lhe-ia na Regência a esposa, princesa Leopoldina de Habsburgo, arquiduquesa da Áustria, cunhada de Napoleão Bonaparte. Bajulado pelos emancipacionistas partidários do sistema monárquico de governo, o príncipe recebeu deles o laudatório e conveniente epíteto de Defensor Perpétuo do Brasil. Auxiliado por José Bonifácio de Andrada e Silva (1763-1838), procurou reorganizar as bases do Estado, numa continuidade da burocracia transplantada de Portugal, nacionalizada nos propósitos políticos monárquicos e preservada nos seus métodos pessoais despóticos. As circunstâncias de o Rio de Janeiro encontrar-se na condição de capital do Reino de Portugal contiveram, temporariamente, os ímpetos emancipacionistas, e ajudaram na manutenção da unidade territorial através do controle dos poderes regionais, entretanto, em finais de setembro e início de outubro de 1821, o poder metropolitano português determinou a descentralização dos governos provinciais no Brasil e

---

9. SOUSA, M.A.S. *Bahia*: de capitania a província, 1808-1823. São Paulo: USP, 2008, p. 206-364 [Tese de doutorado]. • SOUZA FILHO, A.R. *A guerra de Independência da Bahia...*, p. 42.

suas desvinculações do Rio de Janeiro. As províncias passaram a subordinar-se a Lisboa, extinguiram-se os tribunais do Rio de Janeiro e ordenou-se o imediato regresso do príncipe regente para Portugal. Estas deliberações foram recebidas como a recolonização do Brasil. Na mesma época, em cartas, o príncipe jurava fidelidade ao Reino de Portugal e ao rei, seu pai, denunciava conspirações de emancipacionistas brasileiros. Na sua ambiguidade comportamental, passou a manifestar o desejo de regressar para Lisboa. A reação social foi imediata. Os autonomistas promoveram manifestações contrárias no Rio de Janeiro e envolveram os governos de São Paulo e de Minas Gerais nas articulações políticas pela sua permanência no Brasil. A princesa Leopoldina entrou na campanha para convencê-lo a ficar, alternativa que todos entendiam como a mais conveniente para a ruptura dos vínculos políticos e econômicos com Portugal. No Rio de Janeiro coletaram-se mais de 8.000 assinaturas pela permanência da Regência na cidade. O príncipe mantinha o pai em Lisboa informado das manifestações recebidas e depois de muito vacilar, submeteu-se à pressão social, em 9 de janeiro de 1822. A decisão de permanecer no Brasil significou a opção por uma aliança com os governos do Rio de Janeiro, São Paulo e Minas Gerais e correspondia aos desejos da maioria da população, entretanto, desagradava aos portugueses que dominavam o comércio, controlavam as tropas lusitanas através do general Jorge de Avilez e desafiava o governo de Portugal. O impasse levou o príncipe regente a se afastar dos militares portugueses e a se aproximar dos brasileiros. As reações foram diversas. As juntas de governo, na Bahia e em outras capitanias do Norte, romperam com o governo do Rio de Janeiro e passaram a se entender com as Cortes de Lisboa.

A ruptura político-administrativa e econômica do Brasil com Portugal já se difundia nas convicções sociais, mais do que supunham as lideranças políticas. Tratava-se de um fato consumado, que faltava apenas a formalização. Depois de contornar problemas no Rio de Janeiro e em Minas Gerais, o príncipe regente partiu com um pequeno séquito de auxiliares para São Paulo, em 14 de agosto de 1822, a fim de apaziguar os ânimos populares após um motim contra os irmãos Andrada (José Bonifácio, Antônio Carlos e Martim Francisco). A princesa Leopoldina assumiu o plantão regencial. Na ausência do príncipe, em comunicação ao corpo diplomático, José Bonifácio declarou que a emancipação brasileira dependia apenas de um evento protagonizado pelo príncipe regente. A motivação chegou de Lisboa em 28 de agosto, com a ordem das Cortes portuguesas de retorno imediato do príncipe Pedro de Alcântara para Lisboa, anulação de algumas conquistas políticas que julgavam privilégios brasileiros e acusação aos ministros do regente de traição. Imediatamente, a princesa Leopoldina convocou o Conselho de Ministros, avaliando que chegara a ocasião do rompimento dos vínculos de dependência a Portugal e promover-se a emancipação do Brasil.

Cartas urgentes foram expedidas ao príncipe, encontrado no retorno de Santos, logo depois de subir a serra de Cubatão, em 7 de setembro de 1822, montado em uma mula baia, com a saúde abalada por perturbações intestinais que o obrigavam a afastar-se com frequência da comitiva para tentar aliviar as dores repentinas. Ao se encontrar com os emissários do Rio de Janeiro, o major Francisco de Castro Canto e Melo foi encontrá-lo no lugar chamado Moinhos, de onde o príncipe saiu a galope para avistar-se com os mensageiros na colina próxima ao riacho do Ipiranga, por volta das quatro horas da tarde. Deles recebeu os atos das Cortes de Lisboa, cartas de José Bonifácio, de Antônio Carlos e da princesa Leopoldina.

Depois de conhecer o conteúdo de tudo que recebia, o príncipe reuniu o séquito, declarou que as Cortes Portuguesas pretendiam massacrar o Brasil, e leu em voz alta os documentos que determinavam a extinção do seu ministério e a convocação de novo conselho. Sentiu a vaidade ferida pelos atos emitidos de Lisboa e as correspondências expedidas do Rio de Janeiro provocaram o seu orgulho. Arrancou a fita azul-clara e branca, símbolo das Constituintes Portuguesas que usava no chapéu, desembainhou a espada e anunciou a separação do Brasil de Portugal, enfatizada com o brado de *Independência ou Morte!*, reproduzido pelo séquito circundante[10].

Na elaboração pictórica imaginária de Pedro Américo (1834-1905), concluída em 1888, por encomenda pelo imperador Pedro II, o agente e as testemunhas do ato de formalização da Independência do Brasil são expostos montados em garbosos cavalos, como se estivessem em um desfile urbano de solene comemoração cívica. Não se vê nenhuma mula, o animal usado pelo príncipe em longas viagens. Nota-se apenas um burrico a vergar-se com o peso da carga, fora da estrada, isolado no fundo quadro, tocado por um cavaleiro curioso, numa aparente tentativa de entender o que se passava em sua frente. Também com ares de nada entender sobre o que via, um modesto carreiro guia seus bois que puxam um carro carregado de toras, perdido por sobre pedras, à margem do caminho ocupado pela solene e engalanada comitiva equestre. Numa conjuntura de romantismo, não seria de bom alvitre expor a imagem épica do ato inaugural de um país com o agente a cavalgar uma híbrida besta de sela, espécie mais identificada com o transporte de cargas que a montaria de um garboso príncipe na realização de um ato heroico.

---

10. SCHWARCZ, L.M. & STARLING, H.M. *Brasil*: uma biografia..., p. 215-222.

A ruptura dos liames político-administrativos e econômicos com Portugal, formulada às margens do riacho do Ipiranga, não consolidou a Independência do Brasil. Algumas províncias permaneceram sob o controle de forças políticas e militares fiéis a Portugal. Na Bahia tropas portuguesas mantiveram-se no exercício do poder e a lutar pela reconstituição do reino de Portugal, Brasil e Algarves, o que equivaleria à recolonização. No período que antecedeu a mobilização de guerra, sobretudo em 1821, Salvador esteve convulsionada por sucessivas agitações sociais, estimuladas por adeptos da Revolução Constitucionalista de 1820. Nessa conjuntura ocorreu uma série de desentendimentos e conflitos em várias capitanias, enquanto se aguçavam as tensões emancipacionistas.

As circunstâncias políticas e militares que levaram o príncipe regente a aderir compulsivamente a Independência do Brasil num golpe político, fazem supor que seu gesto fora mais uma resposta às Cortes Constituintes de Lisboa, interessadas em recolonizar o Brasil, que a expressão de um compromisso emancipacionista[11]. Conquistada a Independência, a unidade nacional permanecia ameaçada, e com ela a própria soberania brasileira. As maiorias dominantes, constituídas de comerciantes, políticos e militares, na Bahia, no Piauí, no Ceará, no Maranhão e no Pará, submetiam-se à colonização portuguesa e combatiam os movimentos pela autonomia nacional, em condições que necessariamente levariam à guerra. Os emancipacionistas não aceitavam que o Brasil se esfacelasse pela obstinação de recalcitrantes agentes da colonização. Contudo, Portugal continuava a tramar contra a Independência brasileira, até o seu reconhecimento internacional, intermediado por uma representação diplomática inglesa.

10.2 Reação portuguesa e guerras regionais

Ao exigir o retorno da família real para Lisboa, o governo português acreditava que a integridade territorial brasileira se romperia na ausência do rei. Não dimensionou os ressentimentos sociais consequentes da exploração econômica e da repressão política da colonização, nem se apercebeu do desenvolvimento de vínculos individuais e sociais de pertencimento espacial na formação do sentimento de brasilidade. Além de promoverem cizânias no Pará, Maranhão, Ceará, Piauí e Bahia, os agentes governamentais portugueses recorreram ao argumento de frequentes rebeliões negras contra o reconhecimento da Independência brasileira na Europa. Após a expulsão das tropas portuguesas, o cônsul francês na Bahia registrou que soldados negros e mulatos, aos gritos de "viva a República",

---

11. CARVALHO, J.M. *A construção da ordem*: a elite política imperial; *teatro de sombras*: a política imperial..., p. 25-47.

também expulsaram de Salvador o Batalhão do Imperador com um contingente de 800 praças[12]. Todavia, as pressões externas das Cortes portuguesas estimularam a união interna, com o núcleo catalisador das províncias personificado no príncipe regente Pedro de Alcântara e a interação destes fatores viabilizou a Independência com a unidade territorial e a miscigenação de uma população multiétnica, de diversidade cultural[13].

Na Bahia, no Piauí, Ceará, Maranhão, Pará e na Cisplatina, províncias nas quais se concentravam tropas portuguesas, os agentes da colonização não aceitaram a ruptura com a dominação portuguesa, proclamada pelo príncipe regente Pedro de Alcântara, instigado pelo movimento emancipacionista e reagiram. Na Bahia fez-se a Guerra da Independência, na qual morreram cerca de 300 pessoas, entre 18 de fevereiro de 1822 e 2 de julho de 1823, e a campanha militar desenvolveu-se com intensa mobilização social, longo cerco a Salvador e frequentes escaramuças, sem a ocorrência de grandes nem prolongadas batalhas.

Juraram-se na Bahia, em 25 de maio de 1821, as bases da futura constituição portuguesa e em tumultuadas eleições escolheram-se, em 3 de setembro, os representantes baianos para as Cortes Constituintes[14]. O processo eleitoral acirrou as rivalidades políticas e militares entre portugueses e brasileiros. Um decreto de 29 de setembro de 1821 determinou a criação de governos provinciais independentes do Rio de Janeiro, constituídos de juntas provisórias de cinco ou sete componentes. As tropas se subordinariam a um governador das armas, que deveria ser natural do território peninsular de Portugal, ambos vinculados diretamente às Cortes de Lisboa. Este ato do governo metropolitano que correspondia à recolonização do Brasil, provocou reações da população brasileira, com acirramento dos ânimos políticos e intensificação do movimento emancipacionista.

Quando se instalaram em Lisboa, as Cortes Extraordinárias e Constituintes da Nação Portuguesa, em 15 de dezembro de 1821, as principais decisões sobre a formação do Estado no Brasil já estavam tomadas, entretanto, a maioria dos

---

12. REIS, J.J. *Rebelião escrava no Brasil*: a história do levante dos malês em 1835..., p. 48. • SOUZA FILHO, A.R. Autonomia política e centralização: a província da Bahia no Primeiro Reinado. Em: COSTA, W.P. & OLIVEIRA, C.H.S. (orgs.). *De um império a outro: formação do Brasil, séculos XVIII e XIX*. São Paulo: Hucitec/Fapesp, 2007, p. 297-312.

13. VIANNA, O. [Manoel de]. *Populações meridionais do Brasil*. 7. ed. Belo Horizonte/Niterói: Itatiaia/Eduff, 1987 [1. ed., 1920]. • MONTEIRO, T. *História do Império* – A elaboração da Independência. Vol. II. 2. ed. Belo Horizonte/São Paulo: Itatiaia/USP, 1981, p. 798-804 [1. ed., 1827]. • RODRIGUES, J.H. *As aspirações nacionais*: interpretação histórico-política. 3. ed. rev. e atual. São Paulo: Fulgor, 1965, p. 81-85.

14. Elegeram-se: Francisco Agostinho Gomes, José Lino Coutinho, Pedro Rodrigues Bandeira, Cipriano José Barata de Almeida, Domingos Borges de Barros, Luís Paulino de Oliveira Pinto da França, Alexandre Gomes Ferrão e o padre Marcos Antônio de Souza. Como suplentes ficaram o desembargador Cristóvão Pedro de Morais Sarmento, Inácio Francisco Silveira da Mota e Francisco Elias da Silveira.

deputados defendeu que cada província concentrasse os seus poderes judiciários, independentes do Rio de Janeiro e de Lisboa. Esboçava-se, pela primeira vez, a concepção de província como unidade politicamente autônoma, que evoluiria para uma condição indispensável ao acordo social entre Brasil e Portugal[15], e formação do pacto federativo nacional.

Protestos de 3 de novembro na Bahia resultaram na prisão de oficiais: coronel José Egídio de Gordilho Barbuda, major José Eloi Pessoa da Silva, Felisberto Gomes Caldeira, João Antônio Maria, Salvador Pereira, José Maria da Silva Torres e Gabriel Daltro, que foram enviados para Portugal. Demitiu-se o governador das armas, Manuel Pedro de Freitas Guimarães, substituído em 19 de fevereiro de 1822, pelo general português Inácio Luís Madeira de Melo. O coronel português Francisco José Pereira assumiu o comando do poderoso Batalhão 12. Se a movimentação baiana de 1821 agrupou de um lado brasileiros e de outros portugueses[16], em decorrência do triunfo da revolução liberal com o projeto constitucionalista, a nomeação de Madeira de Melo provocou o rompimento desta aliança[17]. Transformado em símbolo da resistência constitucionalista, o brigadeiro Freitas Guimarães recusou-se a transferir o comando militar para Madeira de Melo, teve o apoio de uma mobilização social e de um requerimento à câmara, assinado por 421 pessoas. Outro abaixo assinado com 425 assinaturas apoiou Madeira de Melo[18]. Evidenciou-se a bipolarização política na Bahia, que se estendeu à área militar, num processo de politização dos militares e de militarização do embate político, de modo a esboçar um ambiente beligerante. Os portugueses, entre os quais predominavam interesses colonialistas, arregimentavam comerciantes e controlavam o Corpo de Infantaria 12, a Legião Constitucional Lusitana, a cavalaria e a marujada de navios mercantes e de guerra; os brasileiros, majoritariamente emancipacionistas, contavam com a Legião de caçadores, a artilharia e o Regimento de Infantaria 1.

Ao amanhecer do dia 19 de fevereiro, as duas facções entraram em choque. Os portugueses tomaram o controle da cidade. Soldados e marinheiros embriagados passaram a cometer desatinos. Atacaram casas particulares, arrombaram o

---

15. BERBEL, M.R. *A nação como artefato*: deputados do Brasil nas cortes portuguesas (1821-1822). São Paulo: Hucitec, 1999. Apud SOUZA FILHO, A.R. *A guerra de Independência da Bahia...*, p. 57. • SILVA, M.B.N.S. *Bahia, corte da América*. São Paulo: Nacional, 2010, p. 685-733.

16. A classificação dizia respeito aos interesses de cada grupo, não às naturalidades dos integrantes.

17. RISÉRIO, A. *Uma história da Cidade da Bahia...*, p. 318.

18. AMARAL, B. Transcrições de representações à Câmara de Salvador. In: SILVA, I.A.C. *Memórias históricas e políticas da província da Bahia*. Vol. III. Salvador: Imprensa Oficial do Estado, 1931, nota 27, p. 296-299 e nota 40, p. 327-329.

cofre do Batalhão de Infantaria 1, depredaram o seu quartel, assaltaram pessoas, invadiram o convento da Lapa e mataram o capelão Daniel da Silva Lisboa e a abadessa Joana Angélica. Inúteis as tentativas de apaziguamento da Junta Provisória de Governo. A recusa de rendição do brigadeiro Manoel Pedro de Freitas Guimarães, aquartelado no forte de São Pedro foi respondida com bombardeio. Seus ocupantes escaparam pela encosta da Gamboa. Preso, o brigadeiro foi enviado para Lisboa[19]. Em consequência, o general Madeira de Melo ocupou militarmente a cidade de Salvador com apoio de comerciantes portugueses, que lhe asseguraram a manutenção das tropas. Ruiu o antigo poder colonial e estabeleceu-se uma Junta Provisória de Governo, que apoiou a Revolução Constitucionalista de 1820[20].

Durante a regência do príncipe d. Pedro de Alcântara, governou a Bahia uma junta, em pouco tempo substituída[21]. Quando chegaram ao Rio de Janeiro, as bases da futura constituição portuguesa, juradas em Lisboa, o príncipe regente d. Pedro de Alcântara, reunido com seus ministros, decidiu que se esperasse uma comunicação expressa das Cortes Constituintes e do governo real para aceitá-la. As tropas portuguesas e seus aliados viram neste gesto o indício de que ele se esquivasse da obediência à metrópole. Exigiram-lhe o juramento e impuseram-lhe uma junta de governo, com a cobrança do seu regresso para Lisboa e o seu comportamento indicava intenção de deixar o Brasil, contudo, cedeu às pressões do senado da câmara e de mobilização social, anunciou que ficaria. O general Jorge de Avilez Zuzarte, que declarou equivaler a opção do príncipe regente a um rompimento com as Cortes Extraordinárias e Constituintes da Nação Portuguesa, foi embarcado para Portugal. Nessa conjuntura, chegaram ao Rio de Janeiro as notícias de adesão da Bahia ao movimento constitucionalista, dos acidentes militares de 19, 20 e 21 de fevereiro de 1822, que deixarão cerca de 200 mortos e feridos e de que a população de Salvador se refugiava no Recôncavo. As oligarquias canavieiras baianas residentes em Salvador, deslocavam-se para os seus engenhos açucareiros durante os meses de moagem da cana. Dispunham, portanto, de habitação alternativa e quando se iniciaram os conflitos armados foram intensas e imediatas as mudanças destas famílias. Dois navios da esquadra que

---

19. AMARAL, B. *História da Independência na Bahia*. Salvador..., p. 59-72.

20. COELHO, H.B. "Authoridades" e "anarchistas" no "império da desordem": conflitos e reconfigurações do poder dominante na Bahia, da guerra à consolidação da Independência. Salvador: Ufba, 2004, p. 53-89 [Dissertação de mestrado].

21. Formada por Francisco Vicente Viana, Francisco Carneiro de Campos, Manoel Inácio da Cunha Menezes, José Cardoso Pereira de Melo e Antônio da Silva e Teles.

transportava o general Jorge de Avilez Zuzarte e sua tropa para Lisboa, aportaram em Salvador e reforçaram o exército de Madeira de Melo[22].

O regente Pedro de Alcântara dirigiu, em 25 de junho de 1822, uma advertência ao governador das armas da Bahia, brigadeiro Madeira de Melo, com censura pelos desastrosos acontecimentos e ordenou que ele embarcasse com a sua tropa para Portugal. Em seguida, comunicou à Junta de Governo da Bahia as suas determinações. Todavia, Madeira de Melo recusava-se a obedecer qualquer disposição que não partisse das Cortes Extraordinárias e Constituintes da Nação Portuguesa, reunidas em Lisboa[23], e continuou a reprimir os seus opositores.

No Recôncavo, começou a se organizar a reação. O corregedor de Santo Amaro, Antônio José Duarte de Araújo Gondim, reuniu-se com alguns oficiais em Belém, proximidades de Cachoeira e entrou na vila em 25 de junho de 1822, para anunciar a intenção de aclamar o príncipe regente. Recebeu o apoio de mais de 400 homens. Pela manhã, o conselho se reuniu na Câmara Municipal e à tarde aclamou a autoridade de d. Pedro de Alcântara. Estabeleceu-se o conflito entre uma facção autonomista e outra colonialista. O general Madeira de Melo mandou estacionar uma escuna de guerra no rio Paraguaçu, entre Cachoeira e São Félix, que passou a atirar para as duas margens. Disparos partiam também de um e do outro lado do Paraguaçu contra a população que se manifestava. Constituiu-se uma Junta Conciliatória e de Defesa, que organizou uma esquadrilha de pequenas embarcações, tomou a escuna de assalto e aprisionou a tripulação, inclusive o comandante ferido. As câmaras de Santo Amaro e São Francisco também aclamaram o príncipe regente e, aliadas à de Cachoeira, passaram a convocar voluntários, a intensificar a mobilização social e iniciaram o levante armado, que recebeu imediata adesão de Maragogipe, Pedra Branca e depois de outros municípios. Criaram-se caixas militares nas vilas sublevadas, para a aquisição de suprimento, armas e munições. Trincheiras ao longo dos rios Paraguaçu e Subaé tentavam impedir a subida de barcos portugueses. Em Itaparica os emancipacionistas se organizaram para o cerco de Salvador, quando na manhã de 10 de julho, o general Madeira de Melo mandou atacar o forte de São Lourenço, no qual dois soldados foram mortos. A população revoltada aderiu o levante.

Reunidas as tropas disponíveis, foram deslocadas do Recôncavo em fevereiro de 1823 para fecharem o cerco a Salvador. Estabeleceram-se em Pirajá e

---

22. AMARAL, B. *História da Independência na Bahia*. Salvador..., p. 147-160.
23. SILVA, I.A.C. *Memórias históricas e políticas da província da Bahia...* Vol. III, p. 333-334. • SOUZA FILHO, A.R. *A guerra de Independência da Bahia...*, p. 60.

em Cabrito. O tenente-coronel Felisberto Gomes Caldeira dirigia da fortificação na vila de São Francisco, a defesa das ilhas das Fontes, das Vacas, dos Frades, do Bom Jesus, da Madre de Deus, de Santo Antônio e de Cajaíba; em terra firme, de Caípe, Marapé, Mataripe, Paramirim, Saubara, Engenho do Conde, Gamboa, Encarnação e Barra dos Garcês; e na ilha de Itaparica, Cacha-Pregos, Portinho, Aratuba e Barra dos Carvalhos. Deveria impedir eventuais ataques portugueses às vilas confederadas. O tenente-coronel Joaquim Pires de Carvalho e Albuquerque, da Casa da Torre de Tatuapara, marchou com uma tropa, acampou em Pirajá e assumiu o comando das forças ali acantonadas[24].

Para se efetivar o cerco a Salvador, as tropas emancipacionistas acamparam na Estrada das Boiadas e estenderam suas linhas de um lado a outro da península, desde Itapagipe a Itapoã, de modo a impedir o acesso à cidade por via terrestre e dificultar o seu abastecimento. As forças de Madeira de Melo dominavam o mar e controlavam Sergipe, com muitos prisioneiros em Lagarto, mas foram isoladas pelas tropas emancipacionistas, que ocuparam as matas de Simão Dias, na fronteira com a Bahia. Madeira de Melo arrecadava fundos entre os comerciantes da Bahia e de Sergipe, para a manutenção de suas tropas. Na ilha de Itaparica vários portugueses aderiram com suas armas, a causa brasileira. Na defesa da ilha encontrava-se uma esquadrilha de barcos organizada por João Francisco de Oliveira Botas, o João das Botas, e um batalhão com 300 praças emigradas de Salvador com o major Joaquim Saraiva Ferreira. João das Botas estabeleceu o seu comando na Ponta de Nossa Senhora e Antônio de Souza Lima, com alguns homens no Funil, gargalo marítimo estratégico para o abastecimento da ilha de Itaparica e sua comunicação com o Recôncavo. Uma tropa portuguesa o atacou e foi por ele rechaçada com o apoio da população, inclusive de mulheres. Um batalhão do major José Antônio da Silva Castro reforçou a defesa.

Improvisaram-se vários batalhões em Cachoeira, com a mobilização dos voluntários chegados de diversas regiões da Bahia, quase sempre mal armados. Alguns portavam mosquetões, arcabuzes, bacamartes e espingardas, muitos sem fardas e até desarmados e descalços. Em três batalhões de voluntários reuniram-se 1.400 homens. Da Casa Torre de Tatuapara e de Camamu partiam os abastecimentos de carne e de farinha. Criaram-se arsenais em Cachoeira, Santo Amaro, São Francisco e Itaparica e transferiu-se o da Feira de Capoame para o Engenho da Passagem, em Caboto. O padre José Maria Brayner organizou uma companhia de voluntários, os Couraças ou Encouraçados de Pedrão e Pedra Branca. De

---

24. AMARAL, B. *História da Independência na Bahia*. Salvador..., p. 171-188.

Pernambuco, chegou uma força de artilharia, com 300 homens; da Paraíba, outra, com 400. O batalhão do Imperador, sob o comando do coronel José Joaquim de Lima, reuniria 850 homens; o batalhão dos Henriques composto de negros e mulatos, 1.100 praças[25].

No Recôncavo, Antônio Joaquim Pires de Carvalho e Albuquerque comandava as forças milicianas e de voluntários, formadas com 1.500 homens, aos quais se juntaram soldados egressos de Salvador, que impediam o acesso das tropas portuguesas ao interior e o abastecimento da capital. Todavia, além de combater os portugueses seria necessário formar um exército disciplinado e coeso. O príncipe regente contratou o general Labatut, que havia integrado as brigadas de Napoleão Bonaparte e também lutou pela emancipação da Colômbia, para organizar um exército regular com os grupos armados do Recôncavo da baía de Todos os Santos, a fim de derrotar as tropas portuguesas que ocupavam Salvador[26].

Enviadas pelas Cortes Constituintes de Lisboa, em 6 de agosto chegaram à Bahia 600 praças de infantaria, 100 de cavalaria e 50 de artilharia. Três corvetas e dois navios protegeram a entrada do comboio de seis navios na baía de Todos os Santos, onde se encontrava uma divisão naval brasileira, com uma fragata, duas corvetas e um bergantim. As duas divisões navais adversárias teriam se evitado mutuamente: a portuguesa, porque tinha o objetivo de proteger o comboio que chegava de Lisboa e a brasileira porque, conduzia o mercenário francês, general Pierre Labatut, com alguns oficiais e 200 praças, para assumir o comando das tropas que se arregimentavam no Recôncavo, onde se criou um Conselho Interino de Governo da Bahia, que se instalou no Hospital São João em Cachoeira, a 6 de setembro de 1822, véspera da Independência proclamada em São Paulo, por d. Pedro de Alcântara, pressionado pelos emancipacionistas do Rio de Janeiro. Dois dias depois, ainda sem conhecimento da iniciativa do príncipe, este Conselho jurou-lhe obediência e também ao Conselho Interino de Governo da Bahia, embora este gesto configurasse uma duplicidade de poderes provinciais[27]. Talvez assim pretendesse deixar margem para eventual diálogo. O general Labatut saiu do Rio de Janeiro em julho, teve dificuldades para desembarcar em Salvador, seguiu para Maceió e Recife, onde incorporou algumas dezenas de homens às suas forças. Somente assumiu o comando da guerra na Bahia em outubro de 1822.

---

25. Ibid., p. 233-246.
26. ARAÚJO, U.C. A Guerra da Bahia. Salvador: Ufba/Ceao, 2001, p. 45-47. • SOUZA FILHO, A.R. A guerra de Independência da Bahia..., p. 99-100.
27. SOUZA FILHO, A.R. A guerra de Independência da Bahia..., p. 61-62.

Ao se apresentar em Pirajá, Labatut não agradou aos comandados: tinha a testa muito estreita, faltava-lhe traço de distinção; nunca apresentava o ar imponente que se esperara dos grandes homens, principalmente de guerrilheiros; usava um brinco de ouro em uma das orelhas, hábito que vulgar, próprio de marinheiros e gente da plebe[28]. Como condição para a centralização do comando das forças emancipacionistas, em 22 de setembro de 1822, formou-se um governo provisório em Cachoeira, com o capitão-mor Francisco Elesbão Pires de Carvalho e Albuquerque, Francisco Gê Acayaba de Montezuma, Antônio José Duarte de Araújo Gondim, Manoel da Silva e Souza Coimbra e o padre Manoel Dendê Bus, integrado por representantes das vilas de Santo Amaro, São Francisco, Jaguaribe e Pedra Branca. Quando assumiu o comando, o general Labatut arregimentou as tropas em duas divisões, no primeiro esboço do que seria o Exército Pacificador, também denominado pela historiografia de Exército Libertador: a da direita, em Pirajá, comandada pelo tenente-coronel José de Barros Falcão de Lacerda, com um efetivo de 3.000 homens, e a da esquerda, em Itapoã, dirigida pelo coronel Felisberto Gomes Caldeira, com semelhante contingente armado. Organizou-se outra no centro da península, sob o comando do coronel José Joaquim Lima e Silva. O português Leite Pacheco, que aderiu os autonomistas brasileiros, organizou um corpo de 500 homens com emigrados e soldados do Regimento Velho. Em Cabrito e Plataforma havia 1.000 praças, na ilha de Maré, 40 e em São Braz, 300. O padre Bernardo organizou em Saubara uma força de 400 homens[29]. Estas improvisadas tropas que lutavam pela Independência do Brasil dominaram o interior da capitania e para reforçar o cerco de Salvador, organizaram portos marítimos em Morro de São Paulo, Ponta do Curral e Barra dos Carvalhos. A superioridade bélica dos emancipacionistas evidenciava-se no entusiasmo da tropa. O Governo Interino Provisório de Cachoeira teve dificuldades nos primeiros meses de guerras, para assegurar o abastecimento alimentar e o suprimento de armas e munições às tropas arregimentadas. Em Valença, Santo Amaro, São Francisco, Jequiriçá, Camamu, Maraú, Barra do Rio de Contas (Itacaré) e Ilhéus, formaram-se comissões para o apoio do abastecimento alimentar e organizaram um depósito de material bélico e uma oficina para reparos de equipamentos em Feira de Santana e outra em São Tomé de Paripe.

---

28. BITTENCOURT, A.R.G. *Longos serões do campo* – Vol. I: O major Pedro Ribeiro. Nova Fronteira, 1992, p. 129.

29. AMARAL, B. *História da Independência na Bahia*. Salvador..., p. 233-246.

O movimento estimulou a polarização das forças políticas e, com maior complexidade, das tensões locais, ao envolverem amplos segmentos da população, inclusive das diversas regiões do interior da capitania. Em todo o sertão, faziam-se subscrições e arrecadavam-se fundos para as tropas emancipacionistas, mobilizavam-se populações com manifestações políticas que também resultavam em confrontos das duas facções. Elegeu-se em Rio de Contas uma junta governativa temporária, presidida pelo tenente-coronel português Joaquim Pereira de Castro, secretariada pelo bacharel Joaquim José Ribeiro de Magalhães, com a participação do sargento-mor Antônio Rocha de Bastos e do capitão José Valentim de Souza e do português Antônio de Souza Oliveira Guimarães, que enviou 80 arrobas de pólvora para Cachoeira. A câmara de Caetité arrecadou quase três contos de réis. Quem não dispunha de dinheiro doava produtos de sua lavoura ou do seu criatório, algo como cargas ou arrobas de algodão, sacos de milho, um animal qualquer da sua criação. Em Caetité arrecadaram-se 12 arrobas de pólvora, também enviadas para Cachoeira[30].

Os portugueses colaboravam com as maiores quantias, por serem os mais ricos ou talvez para se salvaguardarem de eventuais futuros confiscos de bens. Nestes dois municípios ocorreram atos de violência e condutas vacilantes de dirigente locais, talvez consequência da heterogênea composição social, que levou o Governo Provisório de Cachoeira a expedir ordem de prisão dos componentes da Junta Governativa Temporária de Rio de Contas e a intimar o procurador da câmara de Caetité, Domingos Constantino da Silva, o sargento-mor, das ordenanças, Francisco de Souza Lima e o escrivão Nicolau de Souza Costa. Contudo, a câmara de Rio de Contas aclamou d. Pedro Imperador do Brasil em 14 de agosto e a de Caetité, em novembro de 1822. Outras câmaras sertanejas tomaram iniciativas semelhantes e elegeram juntas governativas[31].

O Conselho Interino de Governo da Província da Bahia comunicou a José Bonifácio de Andrada e Silva, ministro de Estado dos Negócios do Império, em dezembro de 1822 que, em consequência da guerra, a agricultura enfraquecera e o comércio paralisara. O abastecimento do Exército Pacificador o levara a confiscar gado e gêneros alimentícios. A Junta Governativa de Cachoeira recebia de informantes listas de ricos proprietários, dos quais se poderia fazer confisco.

---

30. APB. Colonial e Provincial, m. 1274, 05/06/1823; 14/10/1824; m. 1234, de [s. d.] 1823. Correspondências da Câmara de Caetité, emitidas por Manoel Francisco Rebordões. Anexa. "Cópia da lista da primeira subscrição que deram os habitantes desta vila [de Caetité] e seu termo".

31. SOUZA FILHO, A.R. *A guerra de Independência da Bahia...*, p. 89-99.

Entretanto, as informações nem sempre correspondiam à realidade. Ao serem convocados para as doações monetárias e materiais, muitos deles demonstravam a inexistência dos bens arrolados pelos informantes. O rico português, exportador de algodão para a Inglaterra, capitão-mor de Caetité, Bento Garcia Leal, ao ser notificado a emprestar oito contos de réis ao Conselho Interino de Governo da Bahia, instalado em Cachoeira, alegou que em decorrência da estagnação do comércio, não dispunha de dinheiro, contudo, naquela sua terceira contribuição ofereceu algodão, que remeteu para o porto de São Félix. Diante da possibilidade de Portugal enviar reforços para as suas tropas na Bahia, o Conselho Interino de Governo comunicou a José Bonifácio de Andrada e Silva que a província se encontrava exaurida, sobretudo, de gado, farinha e dinheiro, e solicitou-lhe homens para as tropas. Em resposta Labatut foi informado da expedição de ordens aos capitães-mores da província para que remetessem, imediatamente, o número possível de ordenanças para o Exército Pacificador[32].

Contratado pelo imperador Pedro I para comandar a Armada Imperial Brasileira, o almirante inglês, Thomas Cochrane, veterano dos combates a Napoleão Bonaparte, que participou como mercenário das lutas pela independência do Chile e do Peru, chegou à Bahia, em 23 de abril de 1823, com uma esquadra de 12 navios, que restringiram o domínio marítimo das tropas portuguesas.

O período de maior tensão bélica, entre 25 de junho de 1822 e 2 de julho de 1823, custou muito aos dois lados do conflito. A dificuldade de alimentos disseminou a fome, as precárias condições de higiene nos acampamentos provocaram doenças e em tais circunstâncias, a introdução da disciplina militar na formação do Exército Libertador resultou em deserções de combatentes. A vitória dos brasileiros na batalha de Pirajá, em 8 de novembro de 1822, teve efeitos políticos significativos: repercutiu positivamente na moral das tropas, que levaram os portugueses a recuarem para o perímetro urbano. Os comerciantes portugueses que as sustentavam passaram a exigir do general Madeira de Melo a abertura, a qualquer custo, de uma via de acesso ao interior da província, que lhes possibilitasse aquisição de gêneros alimentícios para o abastecimento do que restava de população em Salvador[33].

Nessa conjuntura, Labatut se exorbitou no exercício do seu poder militar e extrapolou para o campo político, em flagrante disputa com a Junta Governativa

---

32. GUERRA FILHO, S.A.D. *O povo e a guerra*: participação das camadas populares nas lutas pela Independência do Brasil na Bahia. Salvador: Ufba, 2004, p. 65-94 [Dissertação de mestrado]. • SOUZA FILHO, A.R. *A guerra de Independência da Bahia...*, p. 99-114 e 130-133.

33. RUY, A. *História política e administrativa da cidade do Salvador...*, p. 412. • SOUZA FILHO, A.R. *A guerra de Independência da Bahia...*, p. 133.

de Cachoeira e com o Conselho Interino de Governo da Província da Bahia, também estabelecido em Cachoeira. Os primeiros desentendimentos entre o comandante das armas e o Conselho Interino de Governo de Cachoeira resultaram do extravio de cerca de 160 contos de réis em ouro e prata, encontrados nos engenhos Passagens e Cachoeirinha, propriedades de portugueses. Na condição de comandante, Labatut foi responsabilizado. Depois de sucessivas queixas sobre a sua conduta, o Conselho Interino de Governo pediu ao ministro José Bonifácio a sua substituição por um brasileiro. Acusaram-no de negligência na defesa da Bahia, ao recuar as tropas quando chegaram reforços para o general Madeira de Melo, fato que transmitiu ideias de frouxidão e pusilanimidade, de modo a provocar insubordinação de soldados que se sentiram traídos; também de efetuar prisões arbitrárias, de perseguição a oficiais milicianos e a destacadas personagens das oligarquias baianas do comando da guerra[34]. Destituído das funções de comandante-em-chefe do Exército Pacificador, Labatut foi preso pelos oficiais superiores. O Conselho Interino de Governo nomeou o coronel José Joaquim Lima e Silva, comandante da Brigada do Centro, para substituí-lo. Depois de alguns meses preso em Itaparica e em Maragogipe, transferiram Labatut para o Rio de Janeiro e submeteram-no ao Conselho de Guerra, que o absolveu[35]. Madeira de Melo também se exorbitou nos seus poderes e passou a exercer funções da Junta Governativa de Salvador. Em consequência, os seus componentes renunciaram. Em fins de maio de 1823, d. João VI nomeou outra junta para governar a capital baiana[36].

Não há estatísticas seguras sobre o número de combatentes dos dois lados na fase final do cerco a Salvador. Estima-se que as forças emancipacionistas dispusessem de um efetivo de 12.000 a 14.000 homens e as colonialistas, entre 10.000 e 12.000 combatentes. Organizou-se o Exército Pacificador em 1822, com duas divisões. A Primeira, da direita do cerco peninsular, estabelecida em Cabrito, Campinas e Pirajá, comandada pelo tenente-coronel José de Barros Falcão de Lacerda, subdividia-se em duas brigadas, com três batalhões cada uma; a Segunda Divisão, da esquerda, em Itapoã, com raio de ação à Boca do Rio e Armação, comandada pelo coronel Felisberto Gomes Caldeira, subdividia-se em quatro brigadas com nove batalhões, duas companhias de artilharia, três companhias de voluntários e dois esquadrões de cavalaria. A força naval, transformada em

---

34. SILVA, I.A.C. *Memórias históricas e políticas...* Vol. IV, p. 380-390. • AMARAL, B. *História de Independência da Bahia...*, p. 283-290. • PINHO, W. A Bahia, 1808-1858 – O Nordeste e a Bahia. In: HOLANDA, S.B. (orgs.). *História geral da civilização brasileira* – Vol. II: O Brasil monárquico; 2: Dispersão e unidade. 5. ed. São Paulo: Difel, 1985, p. 242-311.

35. GUERRA FILHO, S.A.D. *O povo e a guerra...*, p. 93.

36. SOUZA FILHO, A.R. *A guerra de Independência da Bahia...*, p. 132-142.

Marinha, a partir de maio de 1823, sob o comando de Thomas Cochrane, reunia 14 embarcações de vários tipos (nau, fragata, corveta, brigue, escuna, charrua) e cinco barcos auxiliares da frota de João das Botas[37].

O recrutamento em larga escala, entre 1822 e 1823 provocou mudanças na composição social dos combatentes baianos, ao se admitirem pardos e pretos, antes excluídos. Quando Labatut propôs o recrutamento de escravos, o Conselho Interino se esquivou com o argumento de não haver cativos disponíveis e de que o serviço militar deles resultaria em prejuízos para a agricultura. Apesar do conflito entre governo civil e comando da guerra, escravos foram confiscados, recrutados e alistados no Batalhão de Libertos Constitucionais e Independentes do Imperador. Contudo, o alistamento significou apenas uma promessa implícita de liberdade[38].

Aos dirigentes políticos e militares, parecia-lhes que a derrota dos portugueses seria uma questão de tempo. Preocupava-lhes mais o entusiasmo da população e a indisciplina militar que ameaçavam a ordem social com a anarquia no período subsequentes à guerra[39]. Discutiam-se intensamente as disciplinas e penalidades entre superiores e subalternos, comandantes e comandados. As oligarquias agrárias baianas teriam a mesma aspiração das suas congêneres que promoveram a ruptura com Portugal no Sudeste do Brasil. Aliaram-se em um projeto de emancipação política conservadora para assegurar a organização da sociedade na estratificação tradicional, de base escravista.

Nos dois lados da guerra cresciam a fome, a doença e as deserções. Os comerciantes portugueses queixavam-se das qualidades de chefe do seu comandante das armas, Inácio Luís Madeira de Melo, cujo exército encontrava-se sitiado e com dificuldades para se abastecer. Propuseram-lhe aderir a causa brasileira, recusou. Todavia, forçado pelas circunstâncias do cerco imposto pelos brasileiros e de o tenente-coronel Francisco José Pereira ter levado de volta o batalhão 12 para Portugal, embarcou com tudo que restava do seu exército na madrugada de 2 de julho de 1823. Abandonou Salvador e se retirou humilhado para Lisboa, onde foi

---

37. AMARAL, B. *História de Independência da Bahia*..., p. 444-464. • PINHO, W. *A Bahia, 1808-1858*..., p. 267-268. • TAVARES, L.H.D. *História da Bahia*..., p. 244-247.

38. KRAAY, H. *Política racial, Estado e Forças Armadas na época da Independência*: Bahia, 1790-1850. São Paulo: Hucitec, 2011, p. 95-132. • KRAAY, H. "Em outra coisa não falavam os pardos, cabras e crioulos": recrutamento de escravos na guerra da independência na Bahia. Revista Brasileira de História, XXII, 43, 2002, p. 109-126. São Paulo.

39. ALMEIDA, M.C.Pi. *Relatório dos trabalhos do Conselho Interino de Governo da Província da Bahia*: Salvador: Typographia Nacional, 1823, p. 5. • GUERRA FILHO, S.A.D. *O povo e a guerra*..., p. 10-16, 57-62.

preso, enquanto o coronel Pereira recebia o título nobiliárquico de visconde[40]. Portugal sofreu os impactos, políticos, econômicos e militares, ao se esvaírem a densidade demográfica, o poder econômico e a força militar. Perdeu a principal base de sustentação do seu império colonial, embora mantivesse as colônias continentais de Guiné, Bissau, Angola e Moçambique, e as insulares de Cabo Verde, São Tomé e Príncipe, na África; de Goa, Damão, Diu, Macau e Timor, na Ásia.

A Guerra da Independência do Brasil na Bahia caracterizou-se pelas permanentes tensões causadas pelo longo bloqueio a Salvador, constantes fustigações mútuas, e esparsos confrontos, sem batalhas de grandes proporções ou de longa duração. Entre setembro de 1822 e janeiro de 1823, além de trocas de tiros ocasionais, ocorreram alguns embates expressivos, dos quais se destacou o de 8 de novembro de 1822, em Pirajá, pela dimensão do combate e pelo fato dos brasileiros encontrarem-se exauridos numa luta morro acima que lhes impunha baixas significativas. O comandante mandou executar o toque de recolher, todavia, o corneta Luís Lopes, por equívoco, mandou pelos ares o som de "avançar, cavalaria e degolar". Surpresos com a suposta chegada de reforços brasileiros, os portugueses bateram-se em retirada. O desatinado corneta Lopes, ao que parece sem o pretender, reverteu uma derrota anunciada em uma expressiva vitória, que desmoralizou as tropas adversárias[41].

A historiografia ressalta também a participação de Maria Quitéria de Jesus (1798-1853), que pediu permissão ao pai para se inscrever no voluntariado da guerra. Por não ser atendida, fugiu para a casa da irmã Maria Tereza, casada com José Cordeiro de Medeiros, e com o apoio deles, cortou os cabelos, vestiu roupas do cunhado e se apresentou em Cachoeira com os documentos dele. Tornou-se o soldado Medeiros, do Batalhão organizado pelo major José Antônio da Silva Castro, apelidado de Periquitos, por fardar-se de verde e amarelo.

Em 29 de outubro de 1822, seguiu com o seu batalhão para a defesa da ilha de Maré. No início do ano seguinte, o Batalhão dos Periquitos integrou a Primeira Divisão do Exército Pacificador, situado à direita na linha do cerco a Salvador. Com ele participou de combates em Conceição, Pituba e Itapuã, atacou trincheiras inimigas e fez prisioneiros. Em março de 1823 foi promovida ao posto de cadete e a 2 de julho, quando o Exército Pacificador entrou triunfante em Salvador, Maria Quitéria, recebeu aclamação de heroína pela população em festa. O imperador

---

40. AMARAL, B. *História de Independência da Bahia...*, p. 217-218. • TAVARES, L.H.D. *História da Bahia...*, p. 249-250.

41. GUERRA FILHO, S.A.D. *O povo e a guerra...*, p. 24.

Pedro I concedeu-lhe a medalha da Ordem Imperial do Cruzeiro do Sul, em solenidade para a qual ganhou um uniforme especialmente confeccionado para a ocasião, composto por um saiote sobre a calça e capacete com penacho[42].

Durante a fase mais exasperada da guerra na Bahia, aguçou-se a euforia cívica. Para se demonstrar compromisso com a luta da emancipação brasileira e expressar rejeição à colonização portuguesa, difundiu-se, tanto entre brasileiros quanto portugueses que optaram pelo Brasil, por constituir família, amealhar fortuna, ou outra conveniência qualquer, trocarem os sobrenomes de origens lusitanas por outros de inspiração nativa: antropônimos e gentílicos (Abaeté, Caipira, Tibiriçá, Baiano, Brasileiro Tupinambá); do reino mineral (Itajubá, Rocha do Brasil, Topázio), do reino vegetal (Arapiraca, Baraúna, Buriti, Cajazeira, Dendê, Embiruçu, Gravatá, Icó, Jatobá, Mangabeira, Oiticica, Pitangueira, Sapucaia); do reino animal (Acauã, Canguçu, Japiaçu, Pititinga, Sinimbu, Tanajura); da onomástica geográfica (Amazonas, Bahia, Brasil, Cachoeira, Caetité, Inhambupe, Itapagipe, Jacobina, Marambaia, Paraguaçu); de acepção adjetiva (Bahiense, Jaguaripense, Mineiro); definição substantiva (Acaiaba, Guanais, Irajá); de substantivo comum indígena (Caiçara, Caraí, Pina)[43]. Anunciavam-se nos jornais[44] (*Diário Constitucional, O Constitucional, Independente Constitucional*) as mudanças, com indicações dos sobrenomes desprezados e dos adotados, alterações posteriores e até algumas desistências acompanhadas das correspondentes justificativas, como: "pelos bárbaros e tiranos males" causados pela nação portuguesa; "querendo entregar Portugal a um total esquecimento pelos grandes males que tem causado"; "não sendo, porém, de seu intento com esta mudança prejudicar a si nem a terceiros". Com esta sentença final registrada na maioria dos avisos ou notificações, procuravam-se resguardar os próprios direitos e os de terceiros[45].

Na conjuntura de transição, em todos os níveis da sociedade, da hierarquia política e das relações econômicas cometiam-se incongruências, incoerências e desatinos. Na condição de príncipe regente nomeado pelo poder metropolitano português, que assumiu o movimento emancipacionista por conveniências monárquicas, d. Pedro de Alcântara decretou a expulsão do lugar de residência dos portugueses que não usassem a legenda "independência ou morte", por quatro

---

42. PEIXINHO, L. A guerra que orgulha os baianos. In: *Desafios do Desenvolvimento*, XII, 5, 20/01/1916. Brasília.

43. EDELWEISS, F. *A antroponímia patriótica da Independência*. Salvador, Ufba/CEB, 1981.

44. Depois que o general Madeira de Melo assumira o governo, nenhum jornal circulara em Salvador. Os poucos que havia, deixaram de existir ou se transferiram para Cachoeira.

45. EDELWEISS, F. *A antroponímia patriótica da Independência*...

meses no interior e por dois, no litoral. Os conflitos desorganizaram a economia baiana, ao deslocarem os homens das atividades agrárias, do transporte de mercadorias e do comércio, para os batalhões improvisados. Para suprir a carência do meio circulante, o Governo Interino cunhou uma rústica moeda de cobre, que foi falsificada em escala muito superior à da emissão oficial. Os portugueses dominavam o comércio e demonstravam desprezo pelos brasileiros. A guerra reverteu este sentimento. Durante alguns anos, persistiu na Bahia uma forte indisposição contra comerciantes lusitanos, que resultou em tumultos, saques e assassinatos, numa agitação denominada de Mata-Marotos.

A historiografia tradicional produzida sob a inspiração do romantismo literário apresenta a ruptura dos vínculos de dependência política e econômica a Portugal, como uma conquista pacífica, obtida através do épico brado de "Independência ou Morte!", proferido pelo príncipe regente Pedro de Alcântara, em 7 de setembro de 1822, em São Paulo, pressionado pelos emancipacionistas do Rio de Janeiro, ato que caracterizou o mito fundador do Brasil como uma nação. Na Bahia esta representação simbólica ficou materializada na guerra de mobilização social contra os portugueses, sintetizada na data de 2 de julho de 1823, em que o Exército Libertador desfilou pelas ruas centrais de Salvador, acompanhado por uma multidão de mulheres, índios, negros e da população pobre em geral, que tiveram participação decisiva, tanto no apoio às tropas combatentes quanto no envolvimento direto nos combates e no cerco à capital baiana. A Guerra de Independência do Brasil na Bahia teve uma dimensão política e social que suplantou o seu aspecto estritamente militar. Conduzida pela oligarquia agrária, teve intensa participação da população pobre e de pequenos proprietários[46].

A resistência ao domínio português iniciada na Bahia, em fevereiro de 1822, difundiu-se rapidamente pelos sertões do que seria a Região Nordeste do Brasil. No Ceará, os conflitos iniciaram-se em Icó, a 16 de outubro de 1822, quando o colégio eleitoral se insurgiu contra a Junta Provincial, leal aos portugueses, destituída por José Pereira Filgueiras, capitão-mor do Crato, que aclamou d. Pedro I Imperador Constitucional do Brasil, em 23 de janeiro de 1823. Elegeu-se, então, um governo provisório dirigido por Filgueiras, que passou a auxiliar os emancipacionistas do Piauí, reprimidos pelo governador das armas, João José da Cunha Fidié, que se levantaram sob a liderança do juiz de fora de Parnaíba, João Cândido de Deus e Silva[47].

---

46. GUERRA FILHO, S.A.D. *O povo e a guerra...*, p. 95-120.

47. ARARIPE, T.A. *História da província do Ceará*: desde os tempos primitivos até 1850. 3. ed. Fortaleza: Fundação Demócrito Rocha, 2002 [1. ed. 1867].

Depois de eleitos os deputados do Piauí para as Cortes Constituintes de Lisboa, fez-se o escrutínio de uma nova junta de governo em 7 de abril de 1821, conforme as normas das Cortes de Lisboa. Por não se eleger nem receber o comando das armas, o rico fazendeiro, brigadeiro Manoel de Souza Martins, com o apoio de Lourenço de Araújo Barbosa, rábula de Campo Maior, e do padre Jerônimo José Ferreira, aderiu ao movimento de emancipação nacional, iniciado em Parnaíba, no extremo norte piauiense, que se propagava por Campo Maior e pela capital, Oeiras. Proclamada a Independência pelo príncipe regente, a junta governativa do Piauí manteve-se fiel a Portugal[48]. Na litorânea vila de Parnaíba, o coronel da milícia, Simplício Dias da Silva e o juiz de fora João Cândido de Deus e Silva proclamaram a adesão do Piauí à Independência do Brasil, em 19 de outubro de 1822, e foram atacados pelo governador das armas, o coronel português João José da Cunha Fidié, com mais de 1.000 homens. Como sargento-mor, Fidié, enviado de Lisboa, declarou nula a aclamação da Independência do Brasil e passou a reprimir as vilas piauienses que sucessivamente aderiam à emancipação nacional. Fez muitos prisioneiros, inclusive a mulher e a filha de Simplício Dias da Silva, para saber da sua propalada fortuna de mais de 1.000 escravos, com os quais produzia charque e couro curtido, com os quais abastecia várias capitanias e exportava para a Europa e os Estados Unidos. Tropas cearenses, comandadas por Pereira Filgueiras, Tristão Gonçalves e João de Andrade Pessoa, deslocaram-se para o Piauí.

Quando Fidié supunha controlar todo o território piauiense e expandir o seu domínio para o Maranhão, foi informado de um levante emancipacionista em Oeiras, liderado pelo brigadeiro Manoel de Souza Martins, em 24 de janeiro de 1823. Enquanto Fidié permanecia em Parnaíba, as vilas de Icó e Crato, que depois incorporaram-se ao Ceará, aclararam a Independência do Brasil. Levantes contra a colonização portuguesa eclodiram também nas vilas de Marvão e Crateús. Depois de aclamar a Independência em Piracuruca, Leonardo Castelo Branco dirigiu-se para Campo Maior, de onde retirou-se para a vila do Poti e suas forças desertavam ou aderiam aos rebeldes. Em Campo Maior aclamou-se Pedro I imperador. Fidié retornou para tentar sufocar a rebelião e, ao saber que os emancipacionistas se preparavam para atacá-lo, pediu reforços à vila maranhense de Caxias. Entretanto, forças emancipacionistas o surpreenderam. O capitão Luís Rodrigues Chaves, comandante da guarnição local, que dispunha de menos

---

48. As juntas governativas ou juntas de governos, compostas de três membros, constituíam-se como governo provisório, em ocasiões de crises, geralmente depois de uma revolução, neste caso a Constitucionalista de Porto, de 1821.

de 500 combatentes, recorreu ao voluntariado. Reuniu 1.000 homens, recebeu o apoio de mais 1.000 cearenses e piauienses e partiu para o confronto com Fidié. Em 13 de março de 1823, durante cinco horas, travou-se a Batalha do Jenipapo. Despreparados, os emancipacionistas foram derrotados pela superioridade bélica do exército colonizador, entretanto, conseguiram levar o suprimento de água, comida, armas e munições das tropas lusitanas, inclusive, documentos e dinheiro. Sem recursos para continuar a defesa dos interesses portugueses, a vitória de Fidié converteu-se em derrota e ele refugiou-se em Caxias, no Maranhão, ainda domínio dos colonizadores. No Piauí as forças emancipacionistas continuavam a combater os agentes da colonização e os remanescentes das tropas de Fidié.

No Maranhão, as vilas de Manga, Bons Pastos, Repartição e São João do Brejo de Anapurus aderiram à Independência brasileira e a junta de governo de Poti enviou 300 homens para reprimirem os emancipacionistas. A vila de Caxias foi submetida a rigoroso cerco, com o objetivo de prender Fidié, apoiado pela câmara municipal. Sob pressão da fome e das armas, a população aderiu à Independência e Fidié, sem apoio, renunciou ao comando das forças portuguesas, assumido pelo tenente-coronel Luís Manoel de Mesquita, que negociou a rendição. Fidié entregou-se em 1º de julho de 1823 e foi expulso de Caxias em 6 de agosto, quando as juntas militares do Piauí, Ceará e Maranhão declararam a libertação das três capitanias e as suas incorporações ao Brasil. Em novembro, os prisioneiros portugueses chegaram em Oeiras, inclusive Fidié, disputado pelos comandos cearense e piauiense. Em 22 de fevereiro de 1824 levaram-no para o Rio de Janeiro, recebeu o indulto de Pedro I e retirou-se para Lisboa, onde assumiu um comando militar[49].

No Pará, os governantes aderiram com entusiasmo a Revolução do Porto, em 1820, e foi dominado por uma junta de governo lusófila, presidida pelo vigário Romualdo Antônio de Seixas[50]. A substituta junta de governo, eleita, identificada com a anterior e aliada ao governo do Maranhão, escreveu ao príncipe regente Pedro de Alcântara, em junho de 1822, que não reconhecia outro centro de poder legislativo e executivo que não fossem as Cortes de Lisboa e d. João VI.

---

49. DIAS, C.M.M. *O outro lado da história*: o processo de independência do Brasil visto do Piauí, 1789-1859. Rio de Janeiro: UFRJ, 1999 [Tese de doutorado]. • CHAVES, J. *O Piauí nas lutas da Independência do Brasil*. Teresina: Alínea, 2005. • BRANDÃO, W.A. *História da Independência do Piauí*. Teresina: Fundapi, 2006. • ARAÚJO, J.S. O Piauí no processo de Independência: contribuições para a construção do 1823. *Clio – Revista de Pesquisa Histórica*, XXXIII, 2, dez./2015, p. 29-48. Recife. • RODRIGUES, J.H. *Independência*: revolução e contrarrevolução. Vol. III: As Forças Armadas. Rio de Janeiro: Francisco Alves, 1975, p. 155-249.

50. Depois arcebispo da Bahia e deputado provincial pelo Pará e pela Bahia, deputado geral e duas vezes presidente da Assembleia Legislativa da Bahia e da Câmara dos Deputados.

O governo das armas do Pará foi confiado ao brigadeiro português, José Maria de Moura, que fora expulso de Pernambuco, onde não conseguira desembarcar as suas tropas. O jornalista Felipe Alberto Patroni Martins Maciel Parente, que estudara em Coimbra, difundia as ideias liberais constitucionalistas portuguesas em Belém e passou a propagar os exemplos pernambucanos de 1817[51]. Preso e conduzido para Portugal, conseguiu revogar a ordem de prisão, retornar e adquirir o jornal *O Paraense*, através do qual passou a apoiar a ruptura do Brasil com Portugal. Novamente preso, substituiu-lhe na direção do jornal o cônego João Batista Gonçalves Campos, que se destacaria nas lutas pela Independência no Pará e da Revolta dos Cabanos[52].

O coronel João Pereira Vilaça, apoiado pelos comerciantes portugueses, comandou em 1º de março de 1823, um motim contra a junta de governo, acusada de inabilidade, prendeu os seus componentes e estabeleceu novo governo provincial. Assumiu a presidência desta golpista terceira junta de governo, o vigário Romualdo Antônio de Seixas, que viajou a Portugal e foi substituído por seu tio, o bispo Romualdo de Souza Coelho. Os emancipacionistas paraenses fortaleceram-se com as vitórias brasileiras no Piauí, no Ceará, no Maranhão e na Bahia. A 11 de agosto de 1823 aportou em Belém um brigue de guerra, comandado pelo capitão-tenente John Pascoe Greenfell, mensageiro do brigadeiro Thomas Cochrane, que intimou o governo do Pará a aderir à Independência sob a ameaça de bloqueio. Constatada a debilidade militar paraense, as autoridades optaram por aderir ao governo do Rio de Janeiro. O brigadeiro José Maria de Moura, governador das armas, tentou em vão, postergar a decisão. No dia seguinte, o cônego João Batista Gonçalves Campos e José Ribeiro Guimarães propuseram a eleição de nova junta de governo, realizada em 14 de agosto de 1823, que sufragou os adesistas de última hora. Dos antigos combatentes emancipacionistas,

---

51. A da Insurreição Pernambucana de 1817, inspirada na Revolução Francesa e de motivações imediatas na persistente estiagem e subsequente declínio da produção agrária, carestia dos gêneros alimentícios, além da instituição de um imposto para formação de tropas portuguesas, teve tendência autonomista e republicana. Os rebeldes instituíram um governo composto por Domingos José Martins, representante do comércio; Manoel Correia de Araújo, da agricultura; Manoel Correia de Araújo; da magistratura, José Luís de Mendonça; das tropas, Domingos Teotônio Jorge, e do clero, padre João Ribeiro, assessorado por um conselho de notáveis formado por Antônio Carlos Andrada e Silva, Antônio de Morais e Silva, padre Bernardo Luís Ferreira Portugal, padre Miguel Joaquim de Almeida e Castro. Tentaram sem sucesso, obter apoio na Inglaterra e nos Estados Unidos e sucumbiram com o bloqueio de tropas enviadas da Bahia. A repressão executou os principais líderes e efetuou numerosas prisões.

52. BARROS, M.R.M. "*Germes de grandeza*": Antônio Ladislau Monteiro Baena e a descrição de uma província do Norte durante a formação do Império brasileiro (1823-1850). Belém: UFPA, 2006, p. 20-21 [Dissertação de mestrado]. • RODRIGUES, J.H. *Independência*: revolução e contrarrevolução. Vol. III: As Forças Armadas..., p. 250-258.

saiu vitorioso apenas Gonçalves Campos. Na presidência da junta ficou o coronel de milícias, Geraldo José de Abreu, membro da primeira junta de lusófilos. No dia seguinte às eleições, um movimento rebelde exigia a demissão dos infiéis e a expulsão dos portugueses que foram contrários à Independência do Brasil. Uma multidão de 3.000 pessoas exigiu a demissão do presidente da junta e sua substituição pelo cônego Gonçalves Campos. Greenfell desembarcou com uma guarnição de marinheiros, prendeu vários manifestantes, desarmou a tropa rebelde, mandou tirar uma pessoa de cada regimento envolvido no motim e sem processo nem qualquer formalidade, ordenou o fuzilamento delas. Prendeu o cônego Gonçalves Campos, dissolveu três regimentos que se amotinaram e colocou 252 presos no porão do brigue *Palhaço*, que morreram sufocados[53]. Nestas circunstâncias, o Pará integrou-se ao Brasil.

A Cisplatina, depois Banda Oriental e finalmente Uruguai, território de colonização espanhola reivindicado pela Argentina, foi ocupado em finais de 1815, por 5.000 combatentes brasileiros, comandados pelos portugueses, general Carlos Frederico Lecor e coronel João Carlos de Saldanha, e incorporado ao Reino Unido de Portugal Brasil e Algarves em 31 de julho de 1821. A população, que aspirava autonomia, rejeitou o domínio argentino e a anexação ao Brasil. Em março de 1822 as forças de ocupação somavam 8.129 combatentes. Para reduzirem os custos de manutenção, decidiu-se pela remoção de 3.600 portugueses, que se recusaram a embarcar em novembro de 1822. O general Lecor, comandante das forças brasileiras de ocupação e Frutuoso Rivera, das tropas da Cisplatina, fiéis a d. Pedro I, bloquearam Montevidéu, em 20 de janeiro de 1823, onde o general Álvaro da Costa, comandava as tropas portuguesas e Manuel Oribe, as cisplatinas suas aliadas, que tentavam impor o domínio lusitano. Esta articulação de resistência à ocupação brasileira e argentina, resultou de entendimentos do general comandante português de Montevidéu com o general Madeira de Melo na Bahia, que resistiu ao bloqueio, à espera de reforços, até novembro seguinte, quando Álvaro da Costa, com as forças depauperadas e sem apoio da população esfomeada, embarcou com suas tropas para Portugal. Em 14 de fevereiro de 1824, o general Lecor ocupou Montevidéu.

---

53. LIMA, L.D.B. *Os motins políticos de um ilustrado liberal*: história, memória e narrativa na Amazônia em fins do século XIX. Belém: Universidade Federal do Pará, 2010 [Dissertação de mestrado]. • REIS, N.R.B. Motins Políticos, de Domingos Antonio Raiol – Memória e historiografia. *Intellectus* – Revista Acadêmica Digital, IV, 1, 2005, p. 1-10. Rio de Janeiro [Disponível em www2.uerj.br/~intellectus / http://www.e-publicacoes.uerj.br/index.php/intellectus/ article/view/27593/19686 – Acesso em 13/08/2017. • RAIOL, D.A. *Motins políticos ou história dos principais acontecimentos políticos na Província do Pará desde o ano de 1821 até 1835*. 5 vol. 2. ed. Belém: Universidade Federal do Pará, 1970. Apud RODRIGUES, J.H. *Independência: revolução e contrarrevolução*. Vol. III: As Forças Armadas..., p. 155-271.

A Independência do Uruguai foi conquistada com a expulsão das tropas portuguesas, com bloqueios terrestres e navais sem grandes batalhas. Na Cisplatina, a deserção de Saldanha, a dificuldade de luta encontrada por Álvaro da Costa, a fidelidade de Lecor e das tropas brasileiras ao imperador Pedro I, foram fatores que impediram ataque ao Rio de Janeiro pelas tropas portuguesas estacionadas em Montevidéu ou que elas reforçassem o exército português de Madeira de Melo na Bahia[54]. A Cisplatina permaneceu uma província brasileira até o fim da guerra (1825-1828), que envolveu o Exército brasileiro contra uma aliança da Banda Oriental com a Província de Buenos Aires. O conflito se encerrou com a assinatura da Convenção Preliminar de Paz pelos governos da Argentina e do Brasil e a intermediação da *Inglaterra*, em 27 de agosto de 1828, através do qual se instituiu a República Oriental do Uruguai.

10.3 Fundamentos ideológicos da monarquia e das oligarquias

A elite política portuguesa, de homogeneidade ideológica, fundamentada na tradição centralizadora do poder político pelo Estado Monárquico e monopolizadora das atividades econômicas, reproduziu-se no Brasil, através de um estamento burocrático e de uma oligarquia agrária que se uniram na formação de um Estado Nacional Monárquico autocrático, no qual a terra se constituía a principal base da produção de riquezas e de emanação de poderes. A centralização política portuguesa encontrou dificuldades para se reproduzir no Brasil em consequência das dimensões territoriais que proporcionaram a formação de latifúndios, a dispersão social e o estabelecimento dos poderes locais oligárquicos. Ao se fazer independente, o Brasil passou a dispor de uma elite burocrática e agrária de ideologia tendente para homogeneização, por concentrar a formação de seus futuros componentes nas duas escolas de direito de Portugal, fazê-los passar pela magistratura, circulá-los por vários cargos políticos em diversas capitanias e, por conseguinte, mantê-los isolados das doutrinas revolucionárias[55]. As ideias liberais e conservadoras desta elite agrário-burocrata pouco se distanciavam entre si e até identificavam-se em alguns aspectos, como o controle da propriedade fundiária e a exploração do trabalho escravo.

---

54. PEREIRA, A.P. *Domínios e Império*: o tratado de Amizade e Aliança de 29 de agosto de 1825 e a Guerra da Cisplatina na construção do Estado no Brasil. Niterói: UFF, 2007, p. 114-183 [Dissertação de mestrado em História Social]. • LIMA, M.O. *O movimento da Independência*: 1821-1822. Belo Horizonte/São Paulo: Itatiaia/USP, 1989, p 178-183. • RODRIGUES, J.H. *Independência*: revolução e contrarrevolução. Vol. III: As Forças Armadas..., p. 185-191.

55. CARVALHO, J.M. *A construção da ordem*: a elite política imperial; *teatro de sombras*: a política imperial..., p. 23-47.

Os protagonistas da construção dos novos Estados Nacionais na América, em particular no Brasil, teriam passado por uma sequência de quatro conjuntos de movimentos distintos de acumulação de experiências políticas: no primeiro fizeram uma revisão contestadora das relações metrópole-colônia a partir da crítica de aspectos específicos da colonização, no final do século XVIII; seguiram com um teor doutrinário conservador, manifestado nos limites da legitimidade dinástica e do resgate quase anacrônico do direito tradicional ibérico, associado à ideia de império, numa releitura da colonização; passaram, no terceiro estágio, para a ruptura com a metrópole colonizadora, como eixo articulador das ações políticas; e chegaram, finalmente, ao quarto movimento, de reconstrução das relações internas do poder resultante da reciclagem da forma anterior de variável externa. Num jogo de reforma e revolução, as transformações externas em curso nas metrópoles e os interesses que delas derivavam, chocavam-se, tendencialmente, com outras mais profundas que ocorriam nas colônias, enquanto as reformas tentavam acelerar e orientar algumas delas e frear outras, que conflitavam com a reorganização do conjunto centrado nos interesses metropolitanos[56].

Ao iniciar o do século XIX, a América de colonização espanhola dividia-se em quatro vice-reinos e quatro capitanias gerais, que em meados desse século constituíam-se em 17 repúblicas independentes, enquanto a América de colonização portuguesa, organizada administrativamente em 18 capitanias gerais, conseguiu realizar a sua autonomia política e preservar a unidade territorial[57]. A integração brasileira teria resultado da neutralização das elites provinciais e da centralização do poder imperial através de arranjos institucionais que acomodaram as oligarquias regionais, com poderes para administrarem as suas respectivas províncias e garantias de participação no governo central através da Câmara dos Deputados. Implementaram-se arranjos a partir das reformas liberais da década de 1830, sobretudo, pelo Ato Adicional de 1834, que permaneceram após a revisão conservadora da década de 1840. A defesa da federação, inspirada no modelo norte-americano, foi assumida tanto por liberais moderados quanto pelos radicais, que associaram a autonomia provincial e o regime representativo das oligarquias regionais, com uma monarquia federativa, que assegurou representatividade apenas para os grupos dominantes. O governo central assumiu a

---

56. JANCSÓ, I. A construção dos estados nacionais na América Latina – Apontamentos para o estudo do Império como projeto. In: SZMRECSÁNYI, T. & LAPA, J.R.A. (orgs.). *História econômica da Independência e do Império...*, p. 3-26.

57. CARVALHO, J.M. *A construção da ordem*: a elite política imperial; *teatro de sombras*: a política imperial..., p. 23-47.

articulação da unidade das províncias, numa coexistência de duas esferas de poder estatal, com atribuições definidas pela Constituição[58].

As origens sociais das lideranças do movimento emancipacionista brasileiros não se encontravam na burocracia que servia ao imperador, nem nos portugueses nativos que o cercavam, ou nos negociantes lusitanos interessados na colonização do Brasil, que cultivavam desprezos pelos brasileiros. Por maior que fosse o número de militares, funcionários, senhores de engenho, fazendeiros, mineradores e comerciantes que aderiram ao movimento e faziam-se brasileiros adotivos, no conjunto, constituíram-se apenas exceções, que não evitavam a rivalidade crescente entre nativos e adotivos. Entretanto, os de nacionalidade adotada influenciaram mais na dissolução da Assembleia Constituinte e no autoritarismo monárquico que levou Pedro I ao isolamento político e à abdicação, para disputar o Reino de Portugal, quando se viu em processo de destituição no Brasil. As lideranças da Independência integravam o sistema econômico agrário, escravista e monocultor, que encontravam apoio nas oligarquias regionais. As tradicionais rivalidades entre proprietários de terras e comerciantes transformaram-se em rupturas consequentes da liberdade de comércio, a partir de 1808, e em conflitos, na proporção em que se viabilizava um rompimento total, com a perspectiva de comando da vida econômica. Os agentes políticos representavam, simultaneamente, interesses pessoais e da sua classe social, nas respectivas concepções de cotidiano social e de organização do Estado. Predominavam os bacharéis, padres, militares e funcionários de influências ideológicas que dividiam as lideranças em várias facções: uns seriam beneméritos, outros facciosos; uns combatentes, outros traidores. Viviam em um momento histórico único, da construção de uma nacionalidade; promoviam uma obra especial e singular; e exerciam influências sobre os modos de pensar e de atuar na política. Era grande a rotatividade de lideranças políticas e de comandos militares. Os níveis de desenvolvimento social e de consciência política da população dificultavam uma participação mais ampla na vida comunitária e nas decisões coletivas. Era mínima a participação social nas lutas políticas; a grande maioria da população compartilhava apenas de folguedos populares, comemorações cívicas, manifestações religiosas e eventos esportivos. Faltava conhecimento devido ao isolamento social, e força da razão, em decorrência da desintegração política, para opinar e agir pelo que pudesse ser melhor para o bem comum. As lutas raciais não apresentam

---

58. DOLHNIKOFF, M. *O pacto imperial*: origem do federalismo no Brasil..., p. 11-22.

caráter geral, nem os embates políticos evidenciavam feições étnicas, por ocorrerem entre membros da elite branca[59].

A maioria das expressões políticas, econômicas e militares do Rio de Janeiro e das principais cidades brasileiras integrava a maçonaria e outras sociedades secretas, que repeliam ideias autoritárias e divulgavam as liberais. Estudantes brasileiros em Coimbra, perseguidos por se vincularem a organizações clandestinas e simpatizarem com os postulados ideológicos da Revolução Francesa, transferiam-se para a Universidade de Montpellier, França. Um deles, Manoel de Arruda Câmara, (1752-1810), depois de formado em medicina, recusou-se a integrar uma expedição científica que estagiaria pela França, Alemanha, Rússia, Suécia, Noruega e Inglaterra, entre 1790 e 1798, com a participação de José Bonifácio de Andrada e Silva (1763-1838) e Joaquim Pedro Fragoso da Siqueira, por delegação da Academia Real das Ciências de Lisboa. Arruda Câmara não aceitou a companhia conservadora de Andrada e Silva. Regressou para Pernambuco, onde se destacou como estudioso da botânica regional, produziu significativos estudos publicados em Portugal e fundou a sociedade secreta *Areópago de Itambé*, responsável pela conspiração anticolonialista de 1801[60].

Outro arauto do liberalismo, Hipólito José da Costa Pereira Furtado de Mendonça (1774-1823), também maçom, fundou em Londres o primeiro jornal brasileiro, o mensário *Correio Braziliense* ou *Armazém Literário*, do qual editou, sem interrupção, 175 números, que eram remetidos clandestinamente para o Brasil. Apoiava os movimentos emancipacionistas, defendia a monarquia constitucional e condenava o trabalho escravo. Os maçons do Rio de Janeiro arrecadaram fundos e enviaram mensageiros a outras capitanias para difundirem o liberalismo emancipacionista[61]. Duas lojas maçônicas que articulavam outras menores, rivalizavam-se no Rio de Janeiro no imediato pós-Independência: *Grande Oriente*, dirigida por Joaquim Gonçalves Ledo e *Apostolado*, por José Bonifácio.

O príncipe regente Pedro de Alcântara, ao anunciar a ruptura com Portugal, em 7 de setembro de 1822, aglutinou, sem que os integrassem em um

---

59. RODRIGUES, J.H. *Independência: revolução e contrarrevolução* – Vol. IV: A liderança nacional. São Paulo/Rio de Janeiro: USP/Francisco Alves, 1975..., p. 1-83.

60. KURY, L.B. Manuel Arruda da Câmara – A república das letras nos sertões. In: KURY, L.B. (org.). *Sertões adentro: viagens nas caatingas, séculos XVI-XIX...*, p. 161-203. • RODRIGUES, J.H. *Independência: revolução e contrarrevolução* – Vol. I: A evolução política. Rio de Janeiro: Francisco Alves, 1975, p. 10-30.

61. Foram enviados: Januário da Cunha Barbosa para Minas Gerais, João Mendes Viana para Pernambuco, Alexandre José Tinoco para Santa Catarina, Manuel Pinto Ribeiro Pereira de Sampaio para o Espírito Santo, R.G. Possolo para Cabo Frio, João Rodrigues Ribas e Domingos Rodrigues Ribas, para o Rio Grande do Sul, José Egídio Gordilho de Barbuda para a Bahia e Lucas José Obes para Montevidéu.

segmento político, três grupos de personalidades influentes de interesses diferentes: o de José Bonifácio de Andrada e Silva, conservador, até quando suas ideias o levaram ao conflito com a sua classe social, representativa das oligarquias rurais e da burocracia, de formação e índole autoritária, tinha no príncipe regente a figura central; o de José Clemente Pereira (1787-1854), Joaquim Gonçalves Ledo (1781-1847) e Januário da Cunha Barbosa (1780-1846), maçônico liberal, inicialmente reformista, de visão mais burocrática; e o dos portugueses, que tudo fazia para manter o monopólio comercial e os privilégios políticos. As lideranças dividiam-se entre beneméritos e facciosos, heróis e rebeldes, ortodoxos e heterodoxos, com o centro neutro dos moderados e submissos. Os líderes originavam-se da burocracia, da magistratura e do clero; professavam a ideologia franco-americana, revolucionária liberal e igualitária politicamente para os brancos livres e os libertos, e defendiam o liberalismo econômico; tinham suas bases na economia agrária, latifundiária e monocultora[62]. Na confusão de ideias ou indefinição ideológica, civis e militares recorriam ao nativismo como fundamento revolucionário para uns e reformista para outros. Aclamado e coroado em 1º de dezembro de 1822, o imperador Pedro I tentou flutuar sobre as tendências políticas. A vaga liberal emanada da Revolução do Porto não permitia uma adoção passiva do autoritarismo, e a tradição portuguesa impedia a admissão do liberalismo francês ou da democracia norte-americana. O enciclopedismo revolucionário e a democracia republicana adicionaram-se ao liberalismo monárquico da Revolução do Porto e incorporaram-se aos ideais emancipacionistas de Minas Gerais, da Bahia, do Rio de Janeiro e de Pernambuco, que se integraram à cultura brasileira, numa época de restauração da realeza doutrinada pelo Congresso de Viena. Nesta efervescência ideológica, sobressaíram-se duas correntes políticas: uma liderada por Antônio Carlos Ribeiro de Andrada Machado e Silva (1773-1845), que propugnava um pacto social fundamentado na soberania popular, formulado por Jean-Jacques Rousseau (1712-1778), considerava o rei e a autoridade resultados do país e não de condições históricas ou religiosas preexistentes e pretendia controlar os ímpetos da população, quando se mobilizasse, com um pacto social; e a outra, conduzida por José Joaquim Carneiro de Campos (1768-1833), para o qual a monarquia e o imperador precederiam à independência e à Constituinte, almejava controlar o Estado e a sociedade com a autoridade e garantia de fixação de liberdades. Ambas se situavam nos limites do regime monárquico, embasadas em maior ou menor grau de conservadorismo[63].

---

62. RODRIGUES, J.H. *Independência: revolução e contrarrevolução* – Vol. IV: A liderança nacional..., p. 117-134.
63. FAORO, R. *Os donos do poder*..., p. 319-358.

Em correspondência de 7 de março de 1822 ao soberano centralizador d. João VI, o general Inácio Luís Madeira de Melo identificou três facções políticas na Bahia: uma, puramente constitucionalista, formada por portugueses fiéis às Cortes de Lisboa; outra constituída de naturais do Brasil, mais poderosos economicamente ou tinham empregos de maior representação, ligada aos togados do Rio de Janeiro, que quereriam uma constituição independente da portuguesa, trabalhavam pela separação do Brasil e atacavam o legislativo português; e a terceira, aglutinava os de menores posses ou empregos menos representativos, que desejavam uma independência republicana[64]. Em síntese, a primeira aglutinava os agentes da colonização e os comerciantes que lhes davam sustentação econômica e política; a segunda catalisava os defensores de uma autonomia brasileira e a formação de um Estado Nacional Monárquico; e a terceira reunia os que lutavam pela independência e organização de um governo nacional republicano.

O conservadorismo dos tradicionalistas defensores do autoritarismo monárquico dividia-se em diferentes linhas de pensamento e unificava-se no combate ao liberalismo. As manifestações revolucionárias de Minas Gerais (1789), do Rio de Janeiro (1794), da Bahia (1798) e de Pernambuco (1817) tinham aspirações republicanas, embora cautelosas, devido à repressão colonizadora. Como doutrina da soberania nacional e popular, a ideologia liberal foi adotada por republicanos, democratas e radicais. Entre os últimos, destacaram-se Cipriano José Barata de Almeida (1762-1838), como participante de quase todos os movimentos sociais anticolonialistas manifestados na Bahia e em Pernambuco, em finais do século XVIII e início do seguinte; e o carmelita Joaquim do Amor Divino Caneca (1779-1825), que propugnou ser Pedro I um imperador por aclamação social e não por herança familiar.

Deputado constituinte em Lisboa, Barata notabilizou-se como *farroupilha*, pelo deliberado traje maltrapilho e uso de chapéu de palha, como suposta representação de brasilidade[65]. E frei Caneca, que defendia o regime republicano federativo, considerava a monarquia no Brasil uma concessão. Entendia que a população não deveria se submeter a uma lei elaborada sem a representação social e que o imperador deveria governar com base na independência nacional, na integridade do Império, no sistema constitucional, na segurança individual, na prosperidade e na imunidade da casa do cidadão. O carmelita frei Caneca, redator do jornal

---

64. RODRIGUES, J.H. *Independência: revolução e contrarrevolução* – Vol. I: A evolução política..., p. 16.
65. CASTRO, P.P. A "experiência republicana", 1831-1840. In: HOLANDA, S.B. (dir.). *História geral da civilização brasileira* – Vol. II: O Brasil Monárquico; 2: Dispersão e unidade. 5. ed. São Paulo: Difel, 1985, p. 9-67.

Typhis Pernambucano, e professor de Geometria, foi executado por um pelotão de militares em Recife, a 13 de janeiro de 1825, por sua liderança na Confederação do Equador no ano anterior. O liberalismo não expressava a democracia porque tolerava e até defendia o trabalho escravo e limitava as concessões liberais aos grupos sociais dominantes, numa conduta política discriminatória. As oligarquias regionais adotaram o liberalismo como ideologia por encontrar nas suas novas ideias os fundamentos da luta contra os interesses metropolitanos. Os componentes desse segmento social preocupavam-se com a eliminação das instituições colonizadoras que restringiam as suas atividades agrárias, mineradoras e mercantis. Combatiam os monopólios e privilégios comerciais que lhes submetiam à intermediação de Portugal. Entretanto, as oligarquias não condescendiam nos controles da propriedade da terra e da força de trabalho escravizada, nem admitiam mudança no tradicional sistema de produção agrária. Tais circunstâncias levaram a adaptações no liberalismo brasileiro, que em alguns aspectos nada diferenciava dos postulados conservadores[66].

A reivindicação de soberania popular surgiu com a democracia liberal. O conservadorismo caracterizava-se pela convicção de se pertencer à classe dominante e ligar-se à grande propriedade e à riqueza, supostamente de origem divina. Defendia a ordem política, social e econômica vigente, valores culturais e privilégios pessoais, sem admitir concessões sociais. Negros e mulatos vislumbravam, através da Independência do Brasil, a possibilidade de superação das discriminações étnicas e sociais que lhes impediam, quando bem-sucedidos nos negócios, de acessarem a cargos administrativos, matricularem seus filhos na Universidade de Coimbra, galgarem posições elevadas na hierarquia eclesiástica. O liberalismo lhes oferecia argumentos que fundamentavam tais expectativas[67]. A Independência promoveu no Brasil a nacionalização das instituições portuguesas e manteve as Ordenações Filipinas em vigência. Por faltar uma nobreza hereditária nativa, instituíram-se ordens honoríficas. Uma bula de 30 de maio de 1827, do papa Leão XII, criou no Brasil uma Ordem de Cristo independente da portuguesa e atribuiu aos imperadores brasileiros os grão-ducados perpétuos desta e das ordens de São Bento de Aviz e de São Tiago da Espada. Durante o seu reinado no Brasil, de 7 de setembro de 1822 a 7 de abril de 1831, Pedro I agraciou 2.630 cavaleiros, comendadores e grã-cruzes da Ordem de Cristo, 104 da Ordem de São Bento de Aviz, e nove da Ordem de São Tiago da Espada. Além destas ordens militares de origens portuguesas, e de feições religiosas, Pedro I

---

66. COSTA, E.V. A política e a sociedade na Independência do Brasil..., p. 9-24.
67. RODRIGUES, J.H. *Independência: revolução e contrarrevolução* – Vol. I: A evolução política..., p. 1-10.

criou, em 1º de dezembro de 1822, a Ordem do Cruzeiro do Sul[68], através da qual concedeu 1.174 títulos de cavaleiros, oficiais, dignitários e grã-cruzes; e a Ordem da Rosa, em 17 de outubro de 1829, que outorgou a 178 cavaleiros as insígnias de comendadores, dignitários, grandes dignitários e grã-cruzes. Talvez por vulgarizar a distribuição de títulos honoríficos e comendas no Brasil, a rainha Vitória da Inglaterra recusou-se a receber a grã-cruz do Cruzeiro do Sul que o jovem Pedro II lhe conferiu quando foi coroado[69]. Forjaram-se com indivíduos selecionados da oligarquia agrária, muitos já mestiçados, uma pseudoaristocracia submetida ao imperador através de comendas e insígnias pessoais e intransferíveis aos descendentes, para administrar os poderes locais e controlar a sociedade com as milícias paramilitares de comandos privados.

Durante o processar das independências nacionais na América de colonização luso-espanhola, o debate sobre a organização política dos novos países apresentou as alternativas de regimes republicano ou monárquico; de Estado unitário ou federativo; e no caso brasileiro, de unidade territorial ou fragmentação em diversos países, como ocorria nos antigos vice-reinos espanhóis. Alguns países hispano-americanos definiram-se como repúblicas unitárias. Na Argentina, depois de décadas de enfrentamentos, inclusive militares, das duas tendências, conseguiu-se estabelecer uma federação para se superar os obstáculos institucionais da unificação territorial, política, econômica e social. No Brasil prevaleceu o Estado unitário, apesar das dimensões territoriais. A história da sua construção na primeira metade do século XIX foi marcada por permanentes tensões entre os defensores da unidade territorial e de autonomias políticas provinciais. A parte das oligarquias agrárias regionais vinculadas a interesses locais e comprometidas com a política imperial, fundamentada na negociação de interesses e da permanência da exclusão social escravista, definiu as bases na formação da sociedade brasileira. Através do parlamento, as oligarquias regionais elaboraram o jogo político de dificultarem reformas socioeconômicas, que proporcionou o seu longo controle do poder nacional de bases locais. Em consequência da articulação política monárquico-nacional e oligárquico-regionais, venceu no Brasil a monarquia constitucional, a unidade territorial e a centralização política. A ex-

---

68. A criação da Ordem do Cruzeiro foi classificada no seu tempo como um ato "impolítico e revoltante" apresentado pela "aristocracia e despotismo", que maquinaria "iludir brasileiros" e "fazer retroceder o espírito humano, idolatrar a tirania e restaurar seu apetecido império das trevas e da arbitrariedade" (BARATA, C. *Sentinela da liberdade e outros escritos (1821-1835)*. Org. e ed. de Marco Morel. São Paulo: Edusp, 2008, p. 139-157.

69. HOLANDA, S.B. A herança colonial: sua desagregação. In: HOLANDA, S.B. (dir.). *História geral da civilização brasileira* – Vol. I: A Época Colonial; Vol. 2: Administração, economia, sociedade. 7. ed. Rio de Janeiro: Bertrand Brasil, 1993, p. 9-39.

periência descentralizadora das regências (1831-1840), foi superada pela centralização monárquica imposta pelas reformas conservadoras da década de 1840[70].

Há várias interpretações dos fatores da preservação da unidade territorial brasileira. Uma delas atribui esta façanha a uma elite de perspectivas ideológicas diferentes das oligarquias provinciais comprometidas com interesses econômicos locais e, por conseguinte, isoladas em suas províncias. A centralização neutralizou as demandas provinciais e locais e a elite forjada evidenciou a sua unidade ideológica e o seu treinamento político-administrativo na tradição colonial, que a diferenciava dos segmentos que permaneceram em suas regiões, dedicados aos poderes locais, sem uma perspectiva nacional[71].

10.4 Formação das Forças Armadas

O Exército Brasileiro, organizado durante as lutas da Independência, recebeu adesões de combatentes lusitanos com os seus armamentos, principalmente na Bahia. À Marinha do Brasil, simultaneamente instituída, não se incorporaram contingentes humanos nem apetrechos bélicos significativos da Armada Portuguesa, que atuou em várias unidades navais no território brasileiro durante a colonização e, mais intensamente, no Período Joanino, porém, evitou instalar sedes físicas no Brasil. A gestão e logística da frota ficava entregue a cada comandante nas suas respectivas belonaves. A transferência da Corte portuguesa para o Rio de Janeiro necessitou de algumas repartições administrativas, como a Secretaria de Estado dos Negócios da Marinha, que se instalou no Mosteiro de São Bento, sem o compromisso formal de uma sede própria[72]. De modo semelhante comportaram-se as outras unidades navais.

Desde a independência norte-americana, contratavam-se militares europeus para servirem nas Forças Armadas das novas repúblicas do continente. Ao se instaurar o Império do Brasil, recrutaram-se oficiais, suboficiais, soldados e marinheiros para colaborarem na formação do Exército e da Marinha de Guerra. O general Felisberto Caldeira Brant Pontes, representante do Brasil na Inglaterra, em julho de 1822, informou ao ministro José Bonifácio de Andrada e Silva ter ouvido do encarregado de negócios portugueses em Londres que Portugal entabulara um tratado de aliança ofensiva e defensiva com a Espanha, pelo qual

---

70. DOLHNIKOFF, M. *O pacto imperial...*, p. 11-22.

71. CARVALHO, J.M. *A construção da ordem*: a elite política imperial; *teatro de sombras*: a política imperial..., p. 63-92.

72. MESQUITA, S.V. *Ensino militar naval*: Escola de Aprendizes de Marinheiros do Ceará (1864-1889). Fortaleza: Universidade Federal do Ceará].

seriam enviados 12.000 combatentes espanhóis e 8.000 portugueses para subjugar o Brasil[73]. Hipólito José da Costa, através do seu *Correio Brasiliense*, ironizou esta informação, divulgada também por *Notícias de Espanha*, e acrescentou que todo o Exército Português disporia apenas de 24.000 homens para controlar o seu território peninsular e os domínios da África e da Ásia[74]. Na ausência de uma investigação histórica mais consistente, caberia questionar se as relações luso-espanholas dessa época comportavam tal aliança; se depois de sucessivos reveses econômicos e militares, peninsulares e ultramarinos, os dois reinos ibéricos disporiam de condições financeiras para a mobilização de tais contingentes militares numa guerra distante; e se tal acordo realmente existiu, ou se o encarregado dos negócios portugueses em Londres, como num jogo de cartas, simplesmente blefou, numa tática para desviar as atenções adversárias dos recrutamentos de estrangeiros que no Brasil se realizavam e dos esforços para se obter o reconhecimento internacional da Independência do Brasil.

Nas primeiras instruções aos representantes brasileiros em outros países, o ministro Andrada e Silva dirigiu-se, inicialmente ao general Caldeira Brant, em 12 de agosto de 1822, depois aos demais representantes nos países europeus. Após algumas considerações sobre as debilidades econômicas e militares portuguesas, recomendou que se soubessem de preparativos portugueses contra o Brasil, contratassem regimentos em qualquer nação, sob o disfarce de colonos. Os militares, preferencialmente oficiais, artilheiros e engenheiros deveriam se apresentar armados e no Brasil se lhes ofereceriam proteção e emprego. Em outro despacho de 22 de setembro de 1822, Brant informou a Andrada e Silva que a instrução, a disciplina e a organização do Exército Inglês não corresponderiam, no princípio da Revolução Francesa, à excelência da sua Marinha, contudo, já se recuperara das deficiências e seria o exército mais bem organizado do mundo. Em outubro seguinte, o ministro brasileiro informou a Brant que pretendia lançar as bases de respeitáveis forças terrestres e marítimas, contudo, a Confederação do Equador e a Guerra Cisplatina impeliram a busca de reforços militares estrangeiros. Em janeiro de 1824, Luís José de Carvalho e Melo (1764-1826), ministro dos Negócios Estrangeiros, que sucedeu a Andrada e Silva, autorizou a Brant contratar em porções, 3.000 suíços solteiros, de 18 a 30 anos, escolhidos entre os dispensados dos serviços da França, para servirem ao Império do Brasil. Em caso de dificuldade, recrutassem combatentes de qualquer nacionalidade. Depois de

---

73. RODRIGUES, J.H. *Independência: revolução e contrarrevolução*. Vol. III: As Forças Armadas..., p. 20.

74. *Correio Braziliense*, XXVIII, 1832. Londres. Apud RODRIGUES, J.H. *Independência: revolução e contrarrevolução* – Vol. III: As Forças Armadas..., p. 51.

servir no Peru e no Chile, o almirante inglês, Thomas Cochrane (1775-1860) foi contratado por sugestão de Brant, para comandar a nova força naval no combate ao general Madeira de Melo na Bahia[75], embora Pedro I preferisse no comando um oficial que tivesse abandonado a Corte Portuguesa para lhe aderir[76]. Com o almirante Cochrane, incorporaram-se à Marinha Brasileira os capitães de fragata John Pascal Greenfell (1800-1869) e Thomas Sackville Crosbie e os primeiros tenentes James Sheperd e Estevão Eduardo Cleuley[77].

Em 1825, partiram de Londres para o Rio de Janeiro, três oficiais franceses, um aluno da Escola Politécnica, outro de arquitetura e mais dois militares para a Marinha. Nessa mesma época, a representação da Santa Sé comunicou ao ministro Carvalho e Melo que tomara as providências para se remeterem 300 marinheiros italianos ao Brasil. Até 1926, procuraram-se oficiais, soldados e marinheiros ingleses e alemães para se incorporarem às nascentes Forças Armadas do Brasil. A organização do Exército Nacional fez-se nas guerras regionais. No Rio de Janeiro, teve a liderança o marechal Joaquim Xavier Curado (1746-1830), apoiado pelo coronel, depois general, Luís Pereira da Nóbrega de Souza Coutinho. Alguns regimentos de milícia transformaram-se em tropas de linha. Não se consideraram forças regulares as guerrilhas e outras formações improvisadas[78].

Ao iniciar a formação da Marinha de Guerra do Brasil, o imperador Pedro I comprou o navio *Maypu*, do norte-americano David Jewett (1784-1842), que se encontrava no porto do Rio de Janeiro, deu-lhe o nome de *Caboclo* e propôs a Jewett o ingresso no serviço da nova Armada. Em 6 de outubro de 1822, o norte-americano fez-se o primeiro oficial contratado da Marinha, nomeado para o comando da Fragata *União*. Coube a ele transportar o Batalhão do Imperador e os apetrechos bélicos para a Bahia e substituir John Taylor no comando das forças que combateram a Confederação do Equador em Pernambuco[79]. À Armada Nacional incorporaram-se 450 oficiais e marinheiros ingleses, cuja maioria en-

---

75. MONTEIRO, T. *História do Império*... Vol. I, p. 101-144. • SILVA, T.M. *Apontamentos para a história da Marinha de Guerra Brasileira*. Vol. II, p. 63-70. Apud RODRIGUES, J.H. *Independência: revolução e contrarrevolução* – Vol. III: As Forças Armadas. São Paulo/Rio de Janeiro: Francisco Alves, 1975, p. 113-154.

76. GRAHAM, M. [Lady Maria Dundas Graham Callcott (1785-1842)]. *Escorço biográfico de dom Pedro I*. Apud RODRIGUES, J.H. *Independência: revolução e contrarrevolução* – Vol. III: As Forças Armadas..., p. 121.

77. SILVA, T.M. *Apontamentos para a história da Marinha de Guerra Brasileira*. Apud RODRIGUES, J.H. *Independência: revolução e contrarrevolução* – Vol. III: As Forças Armadas..., p. 113-154.

78. RODRIGUES, J.H. *Independência: revolução e contrarrevolução* – Vol. III: As Forças Armadas..., p. 71-94, 95-111, 113-154.

79. DORES, Frei M.M.P. Diário do capelão da Esquadra Imperial comandada por Lord Cochrane. ANL, LX, p. 177-258. Apud RODRIGUES, J.H. *Independência: revolução e contrarrevolução* – Vol. III: As Forças Armadas..., p. 128-133.

gajou-se na luta contra os pernambucanos, em 1824. Os franceses Pierre Labatut (1776-1849) e Carlos Augusto Taunay foram oficiais do Exército; Jacques de Beaurepaire (1771-1838); Theodore Beaurepaire (1787-1849) e Rodrigo Antônio Delamare (1771-1837), da Marinha; todos contratados para lutar pela Independência do Brasil.

Um dos planos portugueses para reconquistar o Brasil seria o incitamento de rebeliões negras nas províncias que mantinham fidelidade ao governo brasileiro, entretanto, negros e mulatos, livres, libertos e escravos aderiram a causa da Independência. Nada evitou a generalização da guerra contra a dominação de Portugal, nem mesmo a dubiedade do príncipe Pedro de Alcântara, que sempre procurava conter as ações mais firmes contra os colonizadores. Numa ocasião, reagiu à amplitude das instruções transmitidas pelo ministro José Bonifácio a Thomas Cochrane, contratado para organizar a Marinha Brasileira. O imperador pretenderia apenas expulsar os soldados portugueses da Bahia e depois de todo o Brasil, enquanto o ministro Bonifácio desejaria tirar de Portugal todos os meios de hostilizar o Brasil. A Independência não foi uma conquista incruenta. Nas guerras regionais, travaram-se sangrentos combates, embora testemunhas dos fatos e alguns historiadores ignoravam a participação social nas lutas emancipacionistas e, para exaltar a proclamação do príncipe regente, difundiram a ideia da transição pacífica[80]. Um dos auxiliares mais íntimos de Pedro I, o conselheiro Francisco Gomes da Silva o Chalaça, tentou contornar a tese de cruentas lutas regionais, embora reconhecesse tacitamente os conflitos, ao argumentar que as tropas portuguesas acantonadas na Bahia não integravam a nação brasileira, obedeciam, na condição de portuguesas, ao governo de Portugal; teriam agido em conformidade com as regras disciplinares e a honradez, e tais circunstâncias obrigaram o uso da força; toda a nação se declarara pela Independência, exceto uma cidade, ocupada por grandes forças militares e o governo de Pedro I teria o dever de libertá-la[81].

No Rio de Janeiro elaboraram-se os fundamentos do Estado Monárquico constitucional e coordenaram-se a conquista e a consolidação da autonomia nacional. Apenas São Paulo e Rio Grande do Sul aderiram imediatamente ao Governo Imperial. Pernambuco manifestava tendência autonomista; Minas Gerais oscilava entre a adesão ao governo brasileiro e a própria autonomia política; os governos da Bahia, do Maranhão e do Pará obedeciam às Cortes de Lisboa e fizeram as

---

80. RODRIGUES, J.H. *Independência: revolução e contrarrevolução* – Vol. III: As Forças Armadas..., p. 17-42 e 132.
81. SILVA, F.G. [O Chalaça]. *Memórias*. Rio de Janeiro: Souza, 1959, p. 64.

guerras regionais. Nestas circunstâncias, São Paulo e Minas Gerais auxiliaram o Rio de Janeiro a expulsar as tropas do general Avilez; Minas Gerais, Pernambuco, Paraíba e Alagoas ajudaram senhores de engenhos da Bahia que, apoiados pela maioria da população e por mercenários europeus, empreenderam um cerco a Salvador e mantiveram fustigadas as forças do general Madeira de Melo, até que se batessem em retirada para Portugal, a 2 de julho de 1823; o Ceará emancipou-se em 23 de janeiro e o Piauí, em 13 de março do mesmo ano, e depois de derrotarem os colonizadores, colaboraram com o Maranhão contra a resistência portuguesa em São Luís e, finalmente, incorporaram esta província definitivamente ao Império do Brasil em 7 de agosto de 1823. A vitória do Exército Pacificador na Bahia e dos congêneres no Piauí, no Ceará, no Maranhão e no Pará consolidaram a emancipação nacional. Em todo o território brasileiro a população se empenhou na construção do Estado Nacional.

10.5 Constituinte de 1823 e Constituição de 1824

A Revolução Liberal iniciada na cidade de Porto em 1820 como um movimento antiautoritarista, antibritânico e antibrasileiro, movido por ressentimentos lusitanos pela transferência da sede do Reino de Portugal para o Rio de Janeiro, quando tropas francesas forçaram a família real portuguesa a procurar abrigo no Brasil, promoveu a primeira experiência de uma constituinte do império português. Ao tomar conhecimento da dimensão do movimento constitucionalista na conjuntura europeia de tendência liberal, o conde de Palmela, ministro dos Negócios Estrangeiros e da Guerra, sugeriu a d. João VI que se antecipasse à ação revolucionária, como fizera o rei Louis XVIII na França, com a outorga de uma constituição. Deveria determinar o retorno do príncipe herdeiro para Portugal a fim de presidir as Cortes e sancionar a Constituição elaborada conforme as suas diretrizes. Simultaneamente deveria convocar, no Rio de Janeiro, uma assembleia de procuradores das câmaras e vilas para elaborar uma constituição aplicável ao Brasil[82]. Em Portugal convocaram-se as Cortes Gerais Extraordinárias e Constituintes da Nação Portuguesa de 1821-1822, a fim de elaborar uma constituição para o Império Luso-Brasileiro, instalada em 26 de janeiro de 1821. Inicialmente discutiu a relação com o monarca ausente, os limites de soberania nacional e

---

82. BRASIL/Congresso Nacional/Câmara dos Deputados/Coordenação de Arquivos. *Inventário analítico do Arquivo da Assembleia Geral Constituinte Legislativa do Império do Brasil, 1823*. 2. ed. rev. e reform. Brasília: Câmara dos Deputados, 2015, p. 37-39 [1. ed. 1987] [Disponível em http://www.câmara.leg.br/editora – Acesso em 02/04/2017.

o comportamento em relação ao Brasil[83]. Depois de vacilar, o príncipe regente Pedro de Alcântara convocou, em 3 de junho de 1822, a Assembleia Geral Constituinte e Legislativa a fim de redigir uma Constituição para o Brasil, antes da sua emancipação de Portugal. Deveu-se este ato aos impasses entre os parlamentares peninsulares e ultramarinos nas Cortes Constituintes de Lisboa[84]. Após a Independência, fez-se no Brasil um novo pacto político, fundamentado na ideia de Constituição como um instrumento essencial para se estabelecer o aparato político-institucional e se manter o ordenamento social do Império. Pedro I, fiel à tradição familiar, pretendia a condição de chefe de Estado e de defensor dos seus interesses e sentimentos, sem a intermediação de qualquer representação social. Seu comportamento impediu que a Constituinte promovesse a conciliação orgânica dele com o país[85]. Apesar disto, as pressões sociais forçaram a convocação de uma Assembleia Nacional Constituinte nos moldes da francesa, cujos debates revelaram a urgência de se articular uma unidade territorial viável, de se superar a fragilidade das instituições políticas e de se conter o nível de tensão que marcou a formação do Estado Imperial no Brasil. Ao propor a formação do Estado Monárquico como um império e, por conseguinte, o título de imperador para dom Pedro I, José Bonifácio pretendeu que ele fosse um soberano sem dependência alguma. Não desejava que a futura Assembleia Constituinte representasse toda a soberania do país. Supunha o imperador a essência da expressão nacional, num pacto entre a população e o soberano. Embora se apoiassem em Rousseau, vê-se que as versões brasileiras de liberdade e de pacto social apresentavam deformações dos conceitos franceses[86].

Quando se formalizou a Independência do Brasil em 1822, não havia qualquer definição sobre a forma de governo que se adotaria no novo Império. Muitos dos protagonistas da emancipação nacional de concepção conservadora, apenas preconizavam o regime monárquico, sem preocupações constitucionalistas. Poucos deles como Cipriano Barata manifestavam-se contra o trabalho escravo,

---

83. SOUSA, M.A.S. Independência e soberania nacional na América luso-espanhola [apontamentos sobre as experiências dos governos de Santiago do Chile e da Bahia, nas lutas da independência]. In: COSTA, W.P. & OLIVEIRA, C.H.S. (orgs.). *De um império a outro*: formação do Brasil, séculos XVIII e XIX. São Paulo: Hucitec/Fapesp, 2007, p. 25-50.

84. SODRÉ, E.L.V. A Assembleia Constituinte de 1823: um ensaio para o constitucionalismo brasileiro. *Anais eletrônicos* – XIII Encontro Estadual de História DA Anpuh RS: Ensino, Direito e Democracia. Santa Cruz do Sul, 18-21/07/2016 [Disponível em http://www.eeh2016.anpuh-rs.org.br/site/anaiscomplementares – Acesso em 30/03/2017].

85. FAORO, R. *Os donos do poder...*, p. 319-358.

86. RODRIGUES, J.H. *Independência*: revolução e contrarrevolução – Vol. I: A evolução política..., p. 1-68.

embora defendessem a sua extinção de forma gradual, ao longo de algumas décadas. Os que cultivavam convicções liberais, republicanos ou não, miravam-se nos exemplos francês e estadunidense. Os revolucionários franceses de 1789, diante do impasse entre a ruptura com o passado e a sua continuidade, preferiram abandonar definitivamente a tradição política da monarquia e rapidamente desenvolveram a ideia de Assembleia Nacional Constituinte, para promover a consolidação das conquistas políticas e sociais na forma republicana. Os anglo-americanos que promoveram a independência das Treze Colônias Inglesas da América do Norte, agiram em nome dos direitos históricos da tradição britânica e deixaram evidente a feição de novidade da obra política que iniciaram, embasados na sintética Constituição de 1787[87].

A ideia de constituinte extrapola os limites do ato formal de se elegerem representantes da sociedade para que, organizados em comissões e reunidos em assembleias, redigissem ou reformulassem a constituição de um país. Uma assembleia constituinte poderia apresentar diferentes configurações quanto às formas de convocação e de funcionamento, mas seu poder sempre emanaria da vontade social, através de representantes eleitos para a elaboração de uma constituição. O movimento constitucionalista iniciado pela Revolução de 1820, em Portugal, gestou expectativas de transformações políticas no Brasil, com instabilidade social marcada pela violenta disputa dos poderes locais, cujos agentes civis e militares sentiam-se instigados para a participação política. Aconselhado pelo ministro José Bonifácio de Andrade e Silva, em uma tentativa de se contornar a situação, o regente Pedro de Alcântara optou pela convocação de um conselho de procuradores das províncias para avaliar a constituição que se elaborava em Portugal. Diante das reações, o regente resolveu convocar uma assembleia legislativa, quando a unidade de propósitos constitucionais entre Portugal e Brasil se inviabilizou. Os interesses dos parlamentares ultramarinos não se conciliavam com os objetivos dos peninsulares. E, no Brasil, até governadores provisórios de províncias demonstravam posicionamentos variados tanto em relação às decisões tomadas na Assembleia do Rio de Janeiro quanto à sua regulamentação definida pela Constituinte de Lisboa. As juntas de governos provinciais dividiam-se entre a adesão ao poder emanado do Rio de Janeiro e ao emitido de Lisboa. A Independência declarada por Pedro de Alcântara surgiu do impasse, quando se fez necessário repensarem as relações político-institucionais entre Brasil e Portugal numa ordem constitucional. As adesões das províncias à emancipação política do Brasil tanto ajudaram a malograr a unidade com Portugal quanto geraram

---

87. SLEMIAN, A. *Sob o império das leis...*, p. 11.

expectativas no novo Império sobre o seu funcionamento. Enquanto Pará, Maranhão, Ceará, Piauí, Bahia e Cisplatina faziam a guerra contra as forças que tentavam manter o Brasil vinculado a Portugal, instalou-se a Assembleia Legislativa e Constituinte do Império do Brasil em 3 de maio de 1823.

    Quando se convocou a Assembleia Geral Constituinte e Legislativa do Império do Brasil, em 1823, ainda era débil a unidade nacional e persistente a tendência dispersiva das províncias herdeiras da política de isolamento da colonização portuguesa e do tradicional controle das oligarquias agrárias e mineradoras regionais. Previu-se uma composição de 100 deputados, porém, a instabilidade social, decorrente de conflitos políticos entre os interesses de um centro decisório em Lisboa e outro no Rio de Janeiro, impediu as eleições de representantes nas províncias de Cisplatina, Piauí, Maranhão e Pará. A Bahia não completou a sua representação e deputados eleitos em Goiás, Pernambuco, Ceará, Paraíba e Alagoas não tomaram posse. Embora a composição social fosse heterogênea quanto aos segmentos sociais e às orientações políticas, predominaram as representações das elites agrárias, mercantis e mineradoras. Os parlamentares distribuíram-se pelas 25 comissões criadas. Temas como a integridade territorial e sistema monárquico-constitucional catalisaram os debates parlamentares e a opinião pública de uma sociedade pouco politizada. As divergências afloravam-se nas discussões da ordem jurídico-institucional, matéria que levava para campos opostos o imperador e o parlamento, misto de Constituinte e Legislativo, e dividia os segmentos sociais de maior politização em grupos de opiniões afins.

    O Projeto de Constituição da Assembleia Nacional Constituinte limitava os poderes do imperador e as tensões se agravaram com as renúncias de José Bonifácio de Andrada e Silva do cargo de Ministro do Império e do seu irmão Martin Francisco Ribeiro de Andrada, da Fazenda, que passaram a apoiar a oposição. O projeto baseava-se na instituição de um Poder Moderador que afastaria o monarca do exercício direto do Poder Executivo, para atribuir-lhe apenas as funções de árbitro do sistema político. Definiu-se o conceito de Poder Moderador durante a discussão sobre a organização dos poderes e suas relações recíprocas na Assembleia Constituinte Nacional da França de 1789. Na condição de órgão superior aos poderes Executivo e Legislativo, o Poder Moderador deveria exercer o controle constitucional ou normativo sobre eles, de modo que permitisse à população soberana velar para que a vontade de seu mandatário não extrapolasse os limites do mandato a ele outorgado. O abade Emmanuel Joseph Sieyès (1748-1836) cogitou um conselho constitucional em forma de júri ou de senado e Benjamin Constant (1767-1830) desenvolveu a ideia do monarca constitucional como poder neutro, que deveria manter-se afastado das atividades governamentais, na posição de árbitro do sistema político.

Número de deputados constituintes em 1823, por província

Províncias	Cadeiras Propostas	Cadeiras Ocupadas	Suplentes	Deputados não substituídos
Alagoas	05	04	-	01
Bahia	13	11	03	-
Ceará	08	07	-	01
Cisplatina	02	-	-	-
Espírito Santo	01	01	-	-
Goiás	02	01	-	-
Maranhão	04	-	-	-
Mato Grosso	01	01	-	-
Minas Gerais	20	20	04	-
Pará	03	-	-	-
Paraíba	05	04	-	01
Pernambuco	13	12	02	01
Piauí	01	-	-	-
Rio de Janeiro	08	08	02	-
Rio Grande do Norte	01	01	01	-
Rio Grande do Sul	03	04	-	-
Santa Catarina	01	01	-	-
São Paulo	09	09	03	-
Total	100	84	15	04

Fontes: BRASIL/Câmara dos Deputados. *Anais do Parlamento Brasileiro, seção de 1840...* T. I, p. 28 e 209. In: BRASIL/Congresso Nacional/Câmara dos Deputados/Coordenação de Arquivos. *Inventário analítico do Arquivo da Assembleia Geral Constituinte Legislativa do Império do Brasil, 1823...*, p. 67.

Na Constituinte brasileira, as salvaguardas para que o imperador exercesse o Poder Moderador ofereceram os argumentos para que dela os governistas lançassem maos com o objetivo oposto, de preservar a inteireza das prerrogativas imperiais, diante das crescentes pretensões da Assembleia, de assumir a representação da soberania nacional. O debate constitucional desenvolveu significados diferentes do conceito de Poder Moderador elaborado na França, por Benjamin Constant, e a ambiguidade jurídico-doutrinária se refletiu no texto constitucional de 1824, que passou a comportar duas leituras[88].

---

88. LYNCH, C.E.C. O discurso político monarquiano e a recepção do conceito de Poder Moderador no Brasil. *Dados* – Revista de Ciências Sociais, Rio de Janeiro, 2005, p. 611-654. Rio de Janeiro [Disponível em www.scielo.br/pdf/dados/v48n3/a06v48n3.pdf – Acesso em 31/03/2017].

Insatisfeito com as restrições que lhe impusera o Projeto de Constituição, o imperador Pedro I dissolveu a Assembleia Geral Constituinte e Legislativa, em 12 de novembro de 1823 e atacou os parlamentares com uma tropa de cavalaria. Ao saírem, os deputados Antônio Carlos Ribeiro de Andrada, Martim Francisco Ribeiro de Andrada, Belchior Fernandes Pinheiro, José Joaquim da Rocha e Francisco Gê Acayaba de Montezuma foram presos e conduzidos ao arsenal da Marinha. Detiveram José Bonifácio de Andrada e Silva em casa. Estes foram exilados. Também detiveram os deputados constituintes, Nicolau Pereira de Campos Vergueiro, Francisco Muniz Tavares, Venâncio Henrique de Rezende, Joaquim Manoel Carneiro da Cunha, José Martiniano de Alencar, José da Cruz Gouveia, Augusto Xavier de Carvalho e Luís Ignácio de Andrade Lima, depois libertados. Para levarem Bonifácio e seus companheiros de proscrição para o exílio que demoraria sete anos, recorreu-se a um piloto de Goa, a serviço da Espanha. Uma intervenção anglo-francesa evitou que eles fossem entregues pelas autoridades espanholas às portuguesas, transferidos para algum calabouço e talvez executados[89].

Desde a convocação da Assembleia Constituinte, o imperador observava as tendências republicanas que se manifestavam em plenário. Preocupado com eventuais ameaças à sua autoridade de frágeis bases políticas e sociais, com o audacioso golpe de estado, pelo atordoamento social que provocou, Pedro I conseguiu ampliar, por algum tempo, o seu poder e impor-se sobre os partidos, a maçonaria e as oligarquias regionais[90]. A violência repercutiu em diferentes intensidades nas províncias. Em Pernambuco a reação ampliou-se no movimento denominado de Confederação do Equador (1824), que mobilizou senhores de engenho, comerciantes ligados à exportação, traficantes de escravos, magistrados, clérigos, com apoio de homens livres pobres, em uma revolta armada. Os confederados de Pernambuco resistiam à limitação da autonomia dos governos provinciais que contrariava o projeto federalista e defendiam o regime republicano, embora admitissem o monárquico, desde que se adotassem a organização nacional federativa[91].

Derrotados pelo golpe de estado e outorga da Constituição por Pedro I, passaram a lutar pela autonomia de Pernambuco e pelo regime republicano. Com a mobilização de tropas comandadas por mercenários estrangeiros, a rebe-

---

89. RODRIGUES, J.H. *Independência: revolução e contrarrevolução* – Vol. IV: A liderança nacional..., p. 1-83.
90. DENIS, F. *Brasil*. Belo Horizonte/São Paulo: Itatiaia/Edusp, 1980, p. 161-168.
91. DOLHNIKOFF, M. *História do Brasil Império*. São Paulo: Contexto, 2017, p. 41-42.

lião foi sufocada e os líderes, João Soares Lisboa morto em combate, frei Caneca, condenado à morte, fuzilado em 1825. Condenaram-se também à morte outras 15 lideranças rebeldes de Pernambuco, Paraíba e Alagoas. Numa tentativa de disfarçar a tirania, Pedro I instituiu um Conselho de Estado com atribuição inicial de reelaborar o Projeto Constitucional, de modo que lhe permitisse, no exercício do Poder Executivo, revogar atos do Legislativo e do Judiciário, fundamentado no Moderador. E para submetê-lo à aprovação social, apresentou-o às câmaras municipais de todo o Brasil e pediu a ratificação de cada uma delas. Promoveu as câmaras municipais à condição de instância política de representação nacional, negou à Assembleia Constituinte o desempenho primordial da sua concepção e lhe contrapôs à noção de democracia representativa, que então se formava, na qual exercia a condição de organismo político de maior expressão nacional e restabeleceu uma das tradicionais formas de representação social do Antigo Regime português, que se constituía na relação direta do soberano com as câmaras municipais[92].

O Conselho de Estado, uma tradição das monarquias europeias, foi instituído em Portugal no século XIV. Depois de consolidar-se durante o Antigo Regime, perdeu a relevância após a criação dos tribunais e voltou a integrar os aparatos políticos e administrativos portugueses nas reformas liberais de 1820. Estendeu-se ao Brasil, inicialmente na modalidade de Conselho de Procuradores Gerais das Províncias, para promover a integração dos governos regionais com o poder central e articular a unidade territorial brasileira. Este primeiro Conselho de Estado de Pedro I compôs-se de seis ministros em exercício e mais quatro indicados pelo imperador, todos com mandatos vitalícios. A Constituição por eles elaborada e outorgada por Pedro I em 25 de março de 1824, determinou a sua institucionalização, para ser ouvido, sempre que o imperador exercesse as atribuições do Poder Moderador[93].

Entre os constituintes de 1823 predominava a perspectiva de uma Constituição que expressasse um pacto social resultante das vontades individuais e coletivas nacionais. Antônio Carlos de Andrada acrescentou à ideia de pacto a necessidade de sujeição em três níveis de organização social: a reunião de indivíduos dispersos para que a força coletiva avaliasse as fraquezas individuais; o estabelecimento de um

---

92. LOPES, J.R.L. Iluminismo e jusnaturalismo no ideário dos juristas da primeira metade do século XIX. In: ISTVÁN, J. (org.). *Brasil*: formação do Estado e da nação..., p. 195-218.

93. CABRAL, D. Conselho de Estado – Dicionário da administração pública brasileira do período imperial. *Cadernos Mapa* – Memória da Administração Pública Brasileira, 22/05/2014. Rio de Janeiro [Disponível em http://linux.an.gov.br/mapa/?p=5576 – Acesso em 11/04/2017].

regimento da sociedade já formada; e a definição da forma de governo resultante da pluralidade nacional, através dos representantes legislativos. Estabelecida a forma de governo, os indivíduos a ele se submeteriam e transfeririam para o legislativo a legitimidade das ações governamentais. Andrada argumentou que o pacto social já estaria formalizado no Brasil por d. Pedro I ser reconhecido imperador pela nação que elegera os deputados constituintes e nivelar o imperador aos representantes populares seria uma anarquia. Seu irmão Martim Francisco de Andrada acrescentou que o imperador já seria o chefe de toda a nação, independente da Constituição que se elaborava. Dever-se-iam unir as províncias com centralidade na Corte, para se superarem os conflitos armados entre poderes regionais. Para se completar a conservadora noção de poder monárquico, Pedro de Araújo Lima argumentou que a soberania nacional seria a reunião de todas as províncias e poderes, inclusive o do imperador. Havia também quem defendesse a subordinação do imperador à nação[94].

Composição do Conselho de Estado de Dom Pedro I, 1823-1834

Conselheiros	Títulos nobiliárquico	Local de origem	Formação acadêmica
João Severino Maciel da Costa (1769-1833)	Marquês de Queluz	Barbacena, MG	Direito (Coimbra)
Clemente Ferreira França (1774-1827)	Marquês de Nazareth	Salvador, BA	Direito (Coimbra)
Mariano José Pereira da Fonseca (1773-1846)	Marquês de Maricá	Rio de Janeiro, RJ	Matemática e Filosofia (Coimbra)
Francisco Vilela Barbosa (1769-1846)	Marquês de Paranaguá	Rio de Janeiro, RJ	Matemática (Coimbra)
José Joaquim Carneiro de Campos (1768-1836)	Marquês de Caravelas	Salvador, BA	Direito (Coimbra)
Felisberto Caldeira Brant Pontes (1772-1841)	Marquês de Barbacena	Mariana, MG	Colégio dos Nobres (Lisboa)
João Gomes da Silveira Mendonça (1781-1827)	Marquês de Sabará	Sabará, MG	Ciências Físicas e Naturais (Coimbra?)

Continua.

---

94. SLEMIAN, A. Sob o império das leis:..., p. 37-140. CHIARAMONTE, J.C. Metamorfoses do conceito de nação durante os séculos XVII e XVIII. In: JANKSÓ, I. (org.). Brasil: formação do Estado e da nação. São Paulo/Ijuí: Hucitec/Fapesp/Unijuí, 2003, p. 61-91.

Continuação.

José Egídio Álvares de Almeida (1767-1832)	Marquês de Santo Amaro	Santo Amaro, BA	Direito (Coimbra)
Antônio Luís Pereira da Cunha (1760-1837)	Marquês de Inhambupe de Cima	Salvador, BA	Direito, Matemática, Filosofia (Coimbra)
Manoel Jacinto Nogueira da Gama (1765-1847)	Marquês de Baependi	São João d'el Rei, MG	Filosofia e Matemática (Coimbra)
Francisco de Assis Mascarenhas (1779-1843)	Marquês de São João da Palma	Lisboa, PT	Cursou até o 2º ano de Direito (Coimbra)
José Feliciano Fernandes Pinheiro (1773-1847)	Visconde de São Leopoldo	Santos – SP	Direito Canônico (Coimbra)
José Luís de Carvalho e Melo (1774-1826)	Visconde de Cachoeira	Salvador – BA	Direito (Coimbra)
João Vieira de Carvalho (1791-1847)	Conde de Lages	Olivença – PT	Matemática (Colégio dos Nobres)

FONTE: RIBEIRO, E.S. *O Conselho de Estado de D. Pedro I*: um estudo da política e da sociedade do Primeiro Reinado (1826-1831). Niterói: UFF, 2010, p. 60 [Dissertação de mestrado].

Em discurso na sessão do Congresso Nacional de 13 de abril de 1840, Antônio Carlos Ribeiro de Andrada, relator do projeto apresentado pela Comissão Constituinte, em 1823, definiu a Constituição do Império do Brasil como uma perfeita cópia de outras e seus defeitos adviriam dos retalhos nela reunidos. Ela seria da sua autoria e os conselheiros que a reformularam teriam feito acréscimos e talvez tivesse aumentado a desordem do projeto original. Em 24 de abril do mesmo ano, este parlamentar declarou que, na Assembleia Constituinte, os deputados reuniram-se sem plano algum. Para assentarem a discussão, nomearam uma comissão[95] que copiou partes das constituições portuguesa, espanhola, francesa, norueguesa e de algumas outras. Depois de se estabelecerem as bases fundamentais, ele como relator, em 15 dias, reunira o que havia de mais aplicável

---

95. Composta por: Antônio Carlos Ribeiro de Andrada Machado e Silva, Antônio Luís Pereira da Cunha, Pedro de Araújo Lima, José Ricardo da Costa Aguiar, Manoel Ferreira da Câmara Bittencourt e Sá, Francisco Muniz Tavares e José Bonifácio de Andrada e Silva.

ao Brasil e apresentara ao plenário, que a modificara apenas no referente a impostos, federação e direitos naturais[96].

Depois de ajustada e outorgada a Constituição, o Conselho de Estado de Pedro I permaneceu em funcionamento, até 1834, quando foi dissolvido por um Ato Adicional, que reformulou alguns de seus artigos. A Constituição estabeleceu o Poder Moderador e concentrou o domínio político do Estado e o controle das instituições sociais pelo imperador, que passou a dispor das prerrogativas de nomear os senadores, convocar extraordinariamente a Assembleia Geral Constituinte e Legislativa, sancionar decretos e resoluções da Assembleia Geral, dissolver a Câmara dos Deputados, nomear e demitir livremente os ministros de Estado, suspender os magistrados, perdoar e moderar penas atribuídas a réus condenados por sentença e conceder anistia. Além do Poder Moderador o imperador exercia a chefia do Poder Executivo, cujo exercício competia aos ministros. Ficou assegurada a inviolabilidade pessoal do imperador e a imunidade das instituições imperiais. As responsabilidades pelas ações do governo recaíram sobre os ministérios[97]. Conseguiu-se institucionalizar no Brasil antigas práticas políticas autoritárias da monarquia tradicional do Antigo Regime português.

O Projeto de Constituição, apresentado pela Assembleia Nacional Constituinte em 1823, sofreu poucas, porém, significativas modificações na Constituição do Conselho de Estado do ano seguinte, que manteve o território dividido em províncias; estabeleceu o governo monárquico, hereditário, constitucional e representativo; definiu o catolicismo romano como religião oficial do Império do Brasil, embora permitisse o culto doméstico ou particular de outros credos religiosos[98]. Concedeu direitos políticos limitados e parciais aos homens maiores de 25 anos e estabeleceu o voto censitário, restrito aos segmentos sociais de maior poder econômico.

A Câmara dos Deputados seria eletiva e temporária e o senado, vitalício. Exigiu do candidato ao Senado, além de saber, capacidade e virtudes, direitos políticos, idade superior a 40 anos e rendimento anual mínimo de 800.000 réis. Os

---

96. BRASIL/Congresso Nacional. *Anais do Parlamento Brasileiro – Câmara dos Deputados, Seção de 1840.* T. 1. Rio de Janeiro, 1884, p. 28 e 209. In: BRASIL/Congresso Nacional/Câmara dos Deputados/Coordenação de Arquivos. *Inventário analítico do Arquivo da Assembleia Geral Constituinte Legislativa do Império do Brasil, 1823...*, p. 57-58; RODRIGUES, J.H. *A Assembleia Constituinte de 1823.* Petrópolis: Vozes, 1984, p. 21-47.

97. BRASIL. Constituição (1824), art. 98 e 101. Apud CABRAL, D. Poder Moderador. BRASIL/Ministério da Justiça/Arquivo Nacional. In: *Cadernos Mapa – Memória da Administração Pública Brasileira*, 29/05/2014. Rio de Janeiro [Disponível em http://linux.an.gov.br/mapa/?p=5691 – Acesso em 11/04/2017].

98. MONTEIRO, T. *História do Império: o Primeiro Reinado.* Vol. 1. 2. ed. Belo Horizonte/São Paulo: Itatiaia/USP, 1982, p. 19-26 [1. ed., 1939-1946].

príncipes da casa imperial seriam senadores por direito e assumiriam aos 25 aos de idade. Seriam indiretas as eleições para senadores, deputados, membros dos conselhos gerais das províncias e os cidadãos ativos elegeriam, em assembleias paroquiais, os eleitores de província e estes, os representantes nacionais e provinciais. Não teriam direito a voto nas assembleias paroquiais os menores de 25 anos, exceto quando casados ou oficiais militares com mais de 21 anos, os bacharéis e clérigos de ordens religiosas. Também não votariam os criados de servir, exceto os guarda-livros, caixeiros e administradores de fazenda e de fábricas. Os religiosos de comunidades claustral não teriam direito a voto, nem os indivíduos que não tivessem renda líquida anual de 100.000 reis. Não poderiam votar para deputado, senador e membro dos conselhos de províncias quem não tivesse renda mínima anual de 200.000 réis, os libertos e os criminosos pronunciados. Negou o direito de se candidatar a deputado aos que tivessem renda líquida anual inferior a 400.000 réis, aos estrangeiros naturalizados e aos que não professassem a religião católica romana[99]. Reciclaram-se os fundamentos ancestrais da monarquia tradicional em um ordenamento constitucional.

10.6 Reconhecimentos internacionais da Independência

O Brasil conquistou a sua emancipação política e passou a depender do reconhecimento de outras nações na vigência do tratado da Santa Aliança, de 26 de setembro de 1815, formalizado pelo príncipe austríaco Klemens de Metternich, o diplomata francês Charles Talleyrand, o czar russo Alexandre I, o primeiro-ministro inglês, Visconde de Castlereagh e Frederico Guilherme III, da Prússia. Pretendiam consolidar e legitimar as monarquias europeias, combater a revolução, negar reconhecimento às independências das ex-colônias da Espanha e de Portugal na América e controlar o comércio internacional europeu até com intervenções em negócios de outras nações, que não correspondessem às suas conveniências[100]. A Rússia, que tomou a iniciativa do tratado, fez radical oposição à emancipação brasileira e até pressionou Portugal para não ceder o seu domínio colonial; a Prússia manteve-se legitimista, conservadora e também contrária, sem interferir ostensivamente nos debates sobre o Brasil; na Áustria, fiel à Santa Aliança, o príncipe Metternich, ministro das Relações Exteriores, que

---

99. BRASIL/Presidência da República/Casa Civil/Subchefia para Assuntos Jurídicos. *Constituição Política do Império do Brasil de 25 de março de 1824* [Disponível em http://www.planalto.gov.br/ccivil_03/constituicao/constituicao24.htm – Acesso em 02/04/2017].

100. Foram representantes portugueses: Pedro de Sousa Holstein, Joaquim Lobo da Silveira, e António Saldanha da Gama.

formulou a concepção de equilíbrio europeu para impedir a projeção de potência hegemônica através da divisão do continente em áreas de influência das grandes potências, admitiria negociações entre o Brasil e Portugal, talvez por ser o imperador Pedro I casado com a arquiduquesa Leopoldina de Habsburgo (1797-1826), filha de Francisco I, último sacro imperador romano-germânico e primeiro imperador da Áustria; a França, apesar de entabular o segundo maior volume de comércio exterior brasileiro, apoiava Portugal, que lhe ofereceu a margem esquerda do rio Amazonas em troca de apoio financeiro e militar para subjugar o Brasil, e em outra ocasião, propôs a devolução da Guiana aos franceses para que ajudassem a retomar o controle do Pará e do Maranhão.

A Inglaterra, que não foi signatária do tratado da Santa Aliança, por interesses comerciais e financeiros optou pela política de não intervenção nas relações entre Brasil e Portugal, cujo representante comercial lhe oferecera as províncias do Ceará, Rio Grande do Norte e Paraíba para que facilitasse o controle do Pará e do Maranhão. Os Estados Unidos da América preferiram, inicialmente, a posição de observador, embora se colocasse sempre em oposição à Santa Aliança e a qualquer intervenção armada nos países da América de colonização espanhola que se emancipavam. José Bonifácio de Andrada e Silva, secretário de Estado dos Negócios Estrangeiros da regência de Pedro de Alcântara e depois ministro do Império de Negócios Estrangeiros de Pedro I, manifestava simpatias pelos Estados Unidos, mas postergou a nomeação de uma representação diplomática para esse país, talvez por temor do contato republicano, como se ironizou na época[101]. Partiram de Andrada e Silva os esboços iniciais da política externa brasileira. Em 6 de agosto de 1821, antes do ato formal da emancipação política, elaborou o *Manifesto às Nações Amigas*, assinado pelo príncipe regente Pedro de Alcântara, equivalente a uma dissimulada declaração de independência, na qual teceu severas críticas ao sistema colonial, à postura das Cortes portuguesa e mostrou que o Brasil construía a sua autonomia nacional. Uma semana após a Independência, numa proclamação aos portugueses, declarou que o Brasil não integraria mais a monarquia lusitana, todavia, não se oporia à continuidade das suas relações comerciais, contanto que Portugal não invadisse seu território[102].

Em consequência da mestiçagem e da cultura religiosa da América Ibérica, os Estados Unidos da América tiveram relações relativamente tensas com o continente. A primeira tentativa de se estabelecer uma aproximação partiu do

---

101. *A Malagueta Extraordinária*, II, 26/06/1824. Rio de Janeiro. Apud Rodrigues, J.H. *Independência: revolução e contrarrevolução – Vol. V: A política internacional*. Rio de Janeiro: Francisco Alves, 1975, p. 3-87.

102. RODRIGUES, J.H. *Independência: revolução e contrarrevolução – Vol. V: A política internacional...*, 1975, p. 3-87.

presidente norte-americano James Monroe, em 2 de dezembro de 1823, na conjuntura de afirmação das independências nacionais, e da emergência dos Estados Unidos, que se apresentava como defensor do continente contra a exploração europeia, numa tentativa de estabelecer uma esfera de influência própria, quando a Europa se expandia para a África e Ásia e o Japão, pelo Pacífico. A política externa estadunidense associada ao mote, "a América para os americanos", denominada de Doutrina Monroe, fundamentava-se no princípio de que o continente não poderia ser objeto de recolonização europeia, nem se admitiria ingerência de países europeus nos seus negócios, e em contrapartida os Estados Unidos não interviriam nos interesses europeus fora do continente[103]. Contudo, estas doutrinas pouco repercutiram na sua época, somente reverberou com a emergência estadunidense como potência mundial. O moroso e árduo processo de reconhecimento internacional da Independência do Brasil iniciou-se na Inglaterra, onde Felisberto Caldeira Brant Pontes, representante dos interesses brasileiros, recebeu do ministro José Bonifácio de Andrada e Silva, instruções sobre as razões da emancipação do Brasil: não reconhecia mais a autoridade das Cortes de Lisboa; desejava uma Assembleia Nacional Constituinte própria; avaliava o governo português coercitivo e espoliador; d. Pedro I necessitaria de se corresponder com outras cortes; o imperador manteria a realeza com o apoio da população brasileira, que reivindicava integridade territorial e autonomia política do Brasil. George Canning, ministro do Exterior britânico, definiu a política de salvar a monarquia no Brasil e salvaguardar os interesses comerciais e financeiros do seu país, que impunha como condição do reconhecimento, o fim do tráfico de escravos da África e a redução de 24% para 15% dos tributos sobre a importação de produtos ingleses pelo Brasil. O ministro José Bonifácio alegou ao encarregado dos negócios ingleses no Rio de Janeiro, Henry Chamberlain, a dificuldade de extinção imediata do tráfico de escravos[104]. Sucessivas tentativas semelhantes fizeram-se na França, que nunca se manifestou favorável às aspirações de autonomia brasileira e como signatária da Santa Aliança, não reconhecia o Brasil sem a anuência de Portugal. Porém, repudiava qualquer ação pela força das armas contra a América de colonização espanhola, manifestação que talvez se estendesse ao Brasil. Das quatro monarquias europeias da aliança conservadora, apenas a Áustria

---

103. KUHN, B. & ARÉVALO, R. *A Doutrina Monroe e suas influências*: impactos nas Américas [Disponível em http://repositorio.uniceub.br/bitstream/235/8848/1/01_A%20Doutrina%20Monroe%20e%20suas%20influ%C3%AAncias.pdf – Acesso em 02/04/2017. • BONAFÉ, L. Corolário Roosevelt à Doutrina Monroe [Disponível em http://cpdoc.fgv.br/sites/default/files/verbetes/primeira-republica/COROL%C3%81R – Acesso em 02/04/2017].

104. *Webter* – Charles K. Britain and the independence of Latin America, 1812-1880. Vol. I. Londres: Ibero-American Institute of Great Britain, 1938, p. 215. Apud. RODRIGUES, J.H. *Independência: revolução e contrarrevolução* – Vol. V: A política internacional..., p. 97-122.

flexibilizava em relação às pretensões do Brasil, embora o ministro Metternich considerasse perigosa a decisão brasileira de convocar uma Assembleia Nacional Constituinte, uma política revolucionária de soberania social, um artifício de rejeição do direito divino da realeza. O governo português reclamava de intervenção inglesa no Brasil, através de mercenários como o almirante Cochrane. Apesar das bravatas e ameaças de expedições militares, Portugal encontrava-se em debilidade econômica, fraqueza militar e instabilidade política, situação que se agravou com o golpe de estado de 27 de maio de 1823, que dissolveu as Cortes e restabeleceu a centralização monárquica, e um movimento contrarrevolucionário debelado no mês seguinte. Tudo desfavorecia aos lusitanos na comunidade internacional[105]. No Brasil, desde a dissolução da Constituinte, em 1823, aumentava a desconfiança sobre o imperador. Embora o governo inglês mantivesse relações comerciais e o austríaco manifestasse alguma simpatia pela monarquia brasileira, o novo Império se encontrava em isolamento diplomático. Prevalecia na Europa a postura legitimista da Santa Aliança e o reconhecimento da soberania brasileira pelas monarquias europeias dependia de prévio entendimento com Portugal. Se o regime monárquico aparecia como fator positivo, a ruptura do imperador do Brasil com o seu pai, rei de Portugal, provocava dúvidas e fortalecia o argumento de que as cortes europeias somente deviam aceitar o novo Império depois de reconhecido por Portugal. E se o movimento constitucionalista brasileiro agradava ao governo britânico, preocupava às cortes mais intransigentes na defesa dos princípios monárquicos centralizados, especialmente a austríaca e a russa. Pesava ainda o fato de o filho primogênito de d. João VI ser o herdeiro presumido do Reino de Portugal, e o seu reconhecimento como imperador do Brasil anteciparia a perspectiva de uma crise sucessória em Portugal[106].

O governo dos Estados Unidos da América resistia, inicialmente, à monarquia brasileira e preferia as repúblicas da América de colonização espanhola. Fiel à Doutrina Monroe, reconheceu imediatamente as independências da Colômbia e do México (1822), da Argentina, do Chile (1824) e da América Central (1824). Entretanto, Estados Unidos e México aceitaram a soberania brasileira antes que Portugal a reconhecesse. As relações do Brasil com os Estados Unidos, que simpatizavam com o movimento republicano da Confederação do Equador, inicia-

---

105. RODRIGUES, J.H. *Independência: revolução e contrarrevolução* – Vol. V: A política internacional..., p. 161-174.

106. FRANCO, Á.C. Apresentação: *Brasil-Estados Unidos, 1824-1829*. Vol. 1. Rio de Janeiro/Brasília: Ministério das Relações Exteriores/Centro de História e Documentação Diplomática/Fundação Alexandre de Gusmão, 2009 [Disponível em http://funag.gov.br/loja/download/592-Brasil_-_Estados_Unidos_1824-1829_v.1.pdf / file:///C:/Users/PC/Searches/Downloads/Estudos/Hist-%C3%B3-ria/Brasil/Temas/IndependC3%AAncia/592-Brasil_-_Estados_Unidos_1824-1829_v.1.pdf].

ram-se com Antônio Gonçalves da Cruz, o Cabugá, agente dos confederados de Pernambuco que, encarregado da comprar armas, encontrava-se nos Estados Unidos, quando o movimento foi derrotado e lá permaneceu por cerca de um ano. Apesar da condição de republicano e separatista, José Bonifácio o nomeou cônsul-geral do Brasil naquele país e, nesta condição, recomendou a aquisição de vasos de guerra nos Estados Unidos, a contratação de oficiais da marinha norte-americana e entabulou os primeiros contados com os representantes mexicanos e colombianos. Com o objetivo principal de promover o reconhecimento formal da Independência e do Império do Brasil pelo governo dos Estados Unidos da América, José Silvestre Rebelo foi nomeado encarregado dos negócios brasileiros no país, em 21 de janeiro de 1824 e recebido pelo presidente James Monroe. A manifestação de boa vontade de Monroe repercutiu no Rio de Janeiro como reconhecimento da Independência. Em 28 de maio de mesmo ano, Condy Raquet foi nomeado encarregado de negócios dos Estados Unidos no Brasil. Recebeu as suas credenciais em 30 de outubro, quando se iniciavam relações diplomáticas do Brasil com Portugal[107]. Somente em 1º de janeiro de 1905, os Estados Unidos elevaram a sua delegação no Brasil à condição de embaixada e nomearam David E. Thompson embaixador extraordinário e plenipotenciário. O segundo país a reconhecer a Independência do Brasil foi o México, em março de 1825, e Portugal o terceiro, através do tratado de Paz, Amizade e Aliança, de 29 de agosto de 1825, assinado por Charles Stuart, diplomata inglês que representou o governo de Portugal e pelos plenipotenciários brasileiros, Luiz José de Carvalho e Mello, Barão de Santo Amaro e Francisco Villela Barbosa[108].

Quando solenemente se comemorava o terceiro aniversário da Independência, Pedro I publicou, em 7 de setembro, apenas o tratado. Evitou tornar pública a Convenção secreta, que continha as cláusulas do pagamento a Portugal pelo reconhecimento da Independência do Brasil. A população não recebeu a publicação do tratado e os festejos comemorativos do governo com entusiasmo, por desconfiar das concessões desconhecidas. Os liberais censuraram os resultados das longas negociações, que atribuíram a uma concessão de d. João VI a soberania do Brasil, conquistada com muitos esforços da população e ao custo

---

107. RODRIGUES, J.H. *Independência: revolução e contrarrevolução* – Vol. V : A política internacional..., p. 161-174.

108. BRASIL/Ministério das Relações Exteriores/Sistema Consular Integrado/Atos Internacionais Bilaterais, 1825. *Convenção adicional ao tratado de Paz, Amizade e Aliança entre El-Rei e Senhor D. João VI e D. Pedro I, Imperador do Brasil, feito por mediação de Sua Majestade Britânica, assinado no Rio de Janeiro a 29 de agosto de 1825, e ratificado por parte de Portugal em 15 de novembro e pela do Brasil, 30 de agosto do dito ano* [Disponível em http://dai-mre.serpro.gov.br/atos-internacionais/bilaterais/1825/b_ 2/ – Acesso em 02/04/2017].

Primeiros reconhecimentos da independência do Brasil

Países	Datas	Fato
Estados Unidos da América	16/05/1824	Reconheceu o encarregado de negócios do Brasil
México	09/03/1825	Nota do ministro em Londres, general Michelena
Portugal	29/08/1825	Tratado de Paz e Aliança
Inglaterra	12/10/1825	Tratado de Amizade Navegação e Comércio e Convenção para o fim do tráfico de escravos
França	26/10/1825	Nota do encarregado de Negócios, conde de Gestas
Áustria	30/12/1825	Nota do príncipe de Metternich
Suécia	05/01/1826	Nomeou encarregado de negócios no Rio de Janeiro
Santa Sé	23/01/1826	Recebimento do monsenhor Vidigal, pelo papa Leão XII
Suíça	30/01/1826	Carta do governo suíço ao imperador Pedro I
Ducado de Parma	03/02/1826	Nota do encarregado de negócios estrangeiros
Cidades Hanseáticas	14/02/1826	Nota do cônsul em Londres, T. Colquhom
Grão-Ducado da Toscana	14/02/1826	Nota do Ministro dos negócios estrangeiros
Países Baixos	15/02/1826	Nota do embaixador em Londres, A.R. Flack
Hanover	18/02/1826	Nota do ministro hanoveriano em Londres
Dinamarca	27/02/1826	Nota do encarregado de negócios em Londres
Prússia	06/03/1826	Nota do ministro em Londres, barão de Maltzahn
Baviera	07/03/1826	Nota do ministro em Londres, barão de Cetto
Sardenha	13/03/1826	Nota do ministro em Londres, Martin d'Aglié
Würtemberg	13/03/1826	Nota do encarregado de negócios em Londres
Frankfurt	20/03/1826	Nota do burgomestre Gualid
Grão-Ducado de Baden	17/03/1826	Nota do ministro em Paris, Le Bailli de Ferrete
Ducado Hesse-Darmstadt	01/04/1826	Nota do encarregado de negócios em Paris
Ducado de Modena		Nota do ministro Marquês de Molza
Duas Sicílias	18/04/1826	Nota verbal do ministro conde de Ludolf
Colômbia	02/06/1826	Nota do ministro Manuel José Hurtado
Grão-Ducado de Lucca	18/10/1826	Nota do ministro A. Mant
Rússia	14/01/1828	Nota do embaixador príncipe de Lieven
Espanha	13/12/1834	Recebeu encarregado de negócios no Rio de Janeiro

FONTES: ACCIOLY. H. *O reconhecimento da Independência*. Rio de Janeiro: Impressa Nacional, 1945, p. 249-252.

de uma indenização que onerava o Tesouro, com o agravante de o dinheiro se destinar ao pagamento de um empréstimo contraído por Portugal na Inglaterra para financiar a luta contra a Independência do Brasil. Faltava ainda a ratificação portuguesa de d. João VI, consumada em novembro de 1825 e divulgada no Brasil em fevereiro de 1826, depois que d. Pedro lhe transferira o título de Imperador do Brasil, para a repugnância brasileira.

Após o reconhecimento da Independência do Brasil pelo governo português, seguiram-se o de várias nações. Na perspectiva dos interesses sociais, as negociações diplomáticas conduzidas pelo *mister* Charles Stuart resultaram no mais absoluto fracasso. A sua política de afagar o ego do rei de Portugal, com a cumplicidade do imperador do Brasil, desagradou intensamente a brasileiros e portugueses[109].

As negociações para o reconhecimento da Independência do Brasil por Portugal envolveram, além das cláusulas da convenção secreta, ultrajantes atos de corrupções e a vilania dos subornos. A indenização dos prejuízos da separação destacou-se como objetivo essencial do governo português, que desejava transferir a sua dívida pública para o novo Império. O espertalhão Charles Stuart, negociador inglês, apresentou uma conta de mais de 18.000 contos de réis, correspondentes a quase 13.000 contos da dívida pública até 1807, e 800 contos de pagamento pela biblioteca real, equipamentos, pratas e navios de guerra. Exigia ainda os soldos dos militares, os fretes dos barcos que conduziram as tropas e divisões militares, o escudo das armas, as artilharias, empregados nos ataques ao Brasil, além de muitos outros itens, inclusive, os dotes das princesas. O valor pecuniário da indenização a Portugal seria de dois milhões de libras esterlinas, e 250.000 libras pelas propriedades de João VI deixadas no Brasil, dos donatários das antigas capitanias e das pessoas que possuíam ofícios vitalícios no Brasil. O negociador brasileiro, José Egídio Álvares de Almeida, propôs que o Tesouro do Brasil tomasse de empréstimo o valor da dívida contraída por Portugal em Londres.

A Convenção adicional ao tratado de Amizade e Aliança de 29 de agosto de 1825, não publicada para se evitar ferir as susceptibilidades nacionais, estabeleceu que o Brasil daria a Portugal a soma de dois milhões de libras esterlinas e se extinguiria todas as reclamações e direitos a indenização. Durante as negociações, os diplomatas brasileiros subornaram, para servir-lhes de informante, o conselheiro

---

109. ACCIOLY. H. *O reconhecimento da Independência*. Rio de Janeiro: Imprensa Nacional, 1927, p. 249-252.
• MONTEIRO, T. *História do Império*: o Primeiro Reinado... Vol. I, p. 265-280.

Frederico Gentz, do gabinete austríaco de Metternich, que recusou uma condecoração em remuneração aos seus serviços, preferiu barras de ouro e recomendou cautela nas comunicações, que se evitassem as cartas do Correio e preferissem as que iam através do embaixador da Inglaterra. As suas informações foram compensadas, em setembro de 1824, por 2.000 florins da Holanda, equivalentes a 800.000 réis em moeda brasileira. Em junho de 1825 já pedia mais 3.000 florins. Embora evitasse provas, a diplomacia brasileira corrompeu muita gente. O ministro brasileiro, Manuel Rodrigues Gameiro Pessoa, combinou com o ministro dos Negócios Estrangeiros de Portugal um "presente" de 500 libras esterlinas. A distribuição de propinas e gorjetas envolveu o negociador inglês, Charles Stuart, que recebeu barras de ouro no Rio de Janeiro[110].

10.7 Pedro I do Império do Brasil fez-se Pedro IV do Reino de Portugal

A partir de 1830, uma série de conflitos sociais elevou as tensões populares, que se exasperaram em consequência da postura centralizadora de Pedro I e de outros fatos pontuais. Federalistas mobilizavam-se em Minas Gerais; Libero Badaró, jornalista que fazia oposição ao imperador, foi assassinado em São Paulo e sua morte causou comoção social; em 5 de abril de 1831, Pedro I demitiu todo o ministério e o substituiu por pessoas da sua intimidade. No dia seguinte, cerca de 4.000 pessoas agitaram as ruas do Rio de Janeiro. Inúteis as tentativas de contemporização. Para preservar a monarquia, o imperador desistiu do poder em favor do seu filho homônimo, de pouco mais de cinco anos de idade, em 7 de abril e nomeou José Bonifácio, um desafeto que prendera em 1824, retornado do exílio de sete anos em Bordéus, sul da França, seu tutor. O gesto do imperador dissimulou a sua destituição. Momentaneamente a euforia dominou os ânimos sociais e o sete de abril tornou-se uma referência histórica de quando o Brasil deixou de ser governado por um português. Não se levou em consideração que um dos três componentes da Regência que o substituiu era português naturalizado brasileiro e que, apesar de o herdeiro da monarquia ter nascido no Rio de Janeiro, integrava a nobreza europeia.

Desde a mudança da família real portuguesa, ao final do reinado de Pedro I, o seu assessor Francisco Gomes da Silva (1791-1852), o zombeteiro, sagaz e ardiloso Chalaça, destacou-se de tal modo que se transformou em um mito da malandragem carioca. Nascido em Lisboa, Gomes da Silva era filho do ourives

---

110. MONTEIRO, T. *História do Império*: o Primeiro Reinado... Vol. I, p. 257-287. • MARTINS, F.J.R. *A Independência do Brasil*. Lisboa, 1922, p. 332-334. Apud RODRIGUES, J.H. *Independência: revolução e contrarrevolução* – Vol. V: A política internacional..., p. 191-210.

Antônio da Silva e de Maria da Conceição Alves, embora romances e outros textos literários e cênicos, talvez para lhe atribuírem origem mais vulgar e compatível com o seu comportamento excêntrico, galhofeiro e astucioso, dão-lhe a condição de bastardo, adotado pelo que se conhece como seu pai. Patrocinado pelo visconde de Vila Nova da Rainha, estudou no Seminário de Santarém, onde aprendera ou fora iniciado em latim, francês, inglês, italiano e espanhol. Em novembro de 1807, chamado pelo pai, deixou apressadamente o seminário e com ele embarcou na esquadra real que abandonava Lisboa, quando a vanguarda das tropas francesas comandadas pelo general Junot já se encontrava em Abrantes, distante 22 léguas da capital portuguesa.

Gomes da Silva chegou ao Rio de Janeiro em 7 de março de 1808, trabalhou inicialmente na oficina de ourives do pai e passou a conviver com a dona da hospedaria na qual se alojou. Estabeleceu com um sócio um botequim, frequentado com dissimulações e subterfúgios pelo príncipe Pedro de Alcântara, que talvez o conhecera na travessia do Atlântico, e ali consolidou a conveniente e submissa amizade, retribuída com absoluta confiança do príncipe. Já alcunhado de Chalaça, pelas suas troças e pilhérias, fez-se amigo e alcoviteiro do príncipe e passou a frequentar o palácio e outras dependências da família real com desenvoltura e intimidade, até ser flagrado em íntimas relações amorosas com uma dama da corte, na fazenda Santa Cruz[111] e ser expulso da casa real, onde servia como reposteiro[112]. A mediação do visconde de Vila Nova da Rainha conseguiu do príncipe regente, João de Bragança, a revogação do ato punitivo e sua nomeação, em 1816, para o cargo de juiz de balanças da Casa da Moeda. Manteve-se como auxiliar e secretário particular do príncipe Pedro de Alcântara, condições em que testemunhou, no Ipiranga, em 1822, a proclamação da Independência do Brasil e trasladou, em 1825, o manuscrito da Constituição outorgada no ano anterior.

Quando a corte portuguesa retornou para Lisboa, em 26 de abril de 1821, o Chalaça permaneceu com o príncipe regente no Rio de Janeiro. Após a Independência, ascendera rapidamente a altos postos da hierarquia governamental. Da patente de soldado da guarda de honra do imperador Pedro I, foi promovido, em

---

111. Propriedade dos jesuítas desapropriada pelo marquês de Pombal, que se incorporou depois ao patrimônio do Império do Brasil.
112. Encarregado palaciano de abrir e fechar as cortinas.

abril de 1823, a tenente; em setembro de 1824, a capitão; em outubro de 1827, a coronel comandante do 2º Esquadrão da Imperial da Guarda de Honra; e acumulou estas patentes com o cargo de oficial maior da Secretaria de Estado dos Negócios do Império, estabelecido no Gabinete do Imperador, para o qual foi nomeado em dezembro de 1823. Desde então passou a conquistar títulos e condecorações. Recebeu as honrarias do hábito da Ordem de Cristo, de cavaleiro da Ordem do Cruzeiro, de comendador da Torre e Espada e de comendador da Ordem do rei Leopoldo, da Áustria.

A condição de secretário particular do imperador, deu-lhe muitas responsabilidades e despertou a atenção de jornais que denunciavam os desmandos do monarca e da camarilha que o cercava. Frequentemente ações de Chalaça constituíam objetos de noticiários, numa época em que o fim da censura prévia à imprensa a partir de 1821, proporcionou a multiplicação do número de publicações a circular no Brasil[113] e desenvolveu-se um jornalismo opinativo, ideológico, militante e panfletário, com o objetivo de, antes de informar, mobilizar os leitores para diferentes causas. A linguagem, tanto dos jornais de oposição quanto dos governistas, caracterizava-se pela agressividade e virulência, marcada pela paixão dos debates e das polêmicas. A agressividade da imprensa, liberal ou conservadora, refletia a conjuntura de exaltações e lutas que marcaram o processar da Independência e do Primeiro Reinado, que provocaram frequentes incidentes. O redator e diretor de *A Malagueta*, Luiz Augusto May, destacado polemistas de forte oposição ao governo, sofreu vários atentados e devido a um deles, ficou aleijado da mão esquerda; o jornalista Líbero Badaró, também de oposição, foi assassinado em São Paulo[114].

As reações dos políticos em consequência das manifestações da imprensa, levaram o imperador a concordar com o afastamento de Francisco Gomes da Silva do Rio de Janeiro. Para tentar conter a oposição a Pedro I, em fins de 1829,

---

113. Nessa época destacaram os jornais: *A Aurora Fluminense*, de Evaristo da Veiga; *A Malagueta*, de Luiz Augusto May; *A Sentinela da Liberdade*, de Cipriano Barata; *Correio do Rio de Janeiro*, de João Soares Lisboa; *O Conciliador*, de José da Silva Lisboa; *O Espelho*, de Manoel Ferreira de Araújo Guimarães; *O Paraense*, de Felipe Alberto Patroni Martins Maciel Parente; *O Tamoio*, dos irmãos Andrada; *O Tífis Pernambucano*, de Frei Caneca; *Observador Constitucional*, de Líbero Badaró; *Revérbero Constitucional Fluminense*, de Joaquim Gonçalves Ledo e Januário da Cunha Barbosa.

114. RIBEIRO, A.P.G. *A imprensa da Independência e do Primeiro Reinado*: engajamento e mercado. Intercom – Sociedade Brasileira de Estudos Interdisciplinares da Comunicação. V Congresso Nacional de História da mídia. São Paulo, 31/05-02/06/2007.

o ministério do marquês de Barbacena, com apoio da segunda imperatriz, dona Amélia, insistiu no afastamento dos portugueses que o cercavam e forçou a retirada do Chalaça para a Europa, em 25 de abril de 1830, com uma pensão pela sua fidelidade soberano e à sua família. Em Londres, publicou, em 1831, as suas memórias. Em 1831, quando Pedro I, isolado no poder, desistiu do Império do Brasil e fez-se Pedro IV de Portugal, a Regência Trina, por ato de 9 de dezembro desse ano, o demitiu do cargo de oficial maior graduado da Secretaria do Império. Após o retorno de d. Pedro para Portugal, Francisco Gomes da Silva reatou a amizade com ele, que ostentava o título português de d. Pedro IV, até a sua morte, em consequência de uma tísica, em 1834[115].

O imperador Pedro I seria um homem impetuoso, de índole sujeita a explosões repentinas de sentimentos e gestos, logo sucedidos por uma generosa e franca delicadeza. Seria afeito a paixões súbitas e incontidas, como manifestou pela jovem dançarina e modista francesa, Noemi Thierry, que a família real tentara subornar para deixar o Brasil, e fora depois enviada grávida para Pernambuco, quando a arquiduquesa Leopoldina embarcara em Viena para o Rio de Janeiro.

Na viagem a São Paulo, em agosto a setembro de 1822, conheceu Domitília de Castro Canto e Melo (1797-1867), irmã do major Francisco de Castro Canto e Melo, seu auxiliar, casada com um oficial da milícia local que ela abandonara com dois filhos e abrigara-se na casa da avó materna. Depois de engravidar, fora por ele esfaqueada. O coronel Francisco de Assis Lorena teria sido o cúmplice da gravidez. Ao encontrá-la na entrada da cidade de Santos, transportada em uma liteira por dois escravos, o príncipe regente apeara da montaria, abrira a cortina e depois de alguma conversa, aboletara-se na cadeirinha de arruar e ali nascera um longo relacionamento afetivo. Três meses depois de iniciada essa relação amorosa, dom Pedro levou-a, com toda a família para o Rio de Janeiro, para amargura da imperatriz Leopoldina.

A madame Castro passou ao convívio extraconjugal com o imperador do Brasil, que lhe atribuiu a honraria de marquesa de Santos, depois de ter com ela uma filha. Estabeleceram-se também na capital do Império, irmãs e cunhados de Domitília, entre os quais, Boaventura Delfim Pereira, nomeado superintendente geral da Fazenda Santa Cruz, comissionado na patente de coronel. Sua mulher,

---

115. MONTEIRO, T. *História do Império: o Primeiro Reinado*. Vol. II, p. 19-28. • SILVA, F.G. *Memórias – Prefácio de Noronha Santos*. Rio de Janeiro: Souza, 1959, p. 9-25. • NEVES, L.B.P. Francisco Gomes da Silva (Chalaça). In: VAINFAS, R. (org.). *Dicionário do Brasil Imperial (1822-1889)* [verbete]. Rio de Janeiro: Objetiva, 2002, p. 292-293.

irmã mais velha de Domitília, feita depois baronesa de Sorocaba, teve um filho, também chamado Delfim, que fora incluído no testamento de dom Pedro IV, de Portugal, entre a filha que tivera com Domitília e Pedro de Alcântara Brasileiro, nascido da relação com a francesa Noemi Thierry[116].

---

116. GRAHAM, M. Escorço biográfico de dom Pedro I. *Cadernos da Biblioteca Nacional*, 2010, p. 59-242. Rio de Janeiro. • MONTEIRO, T. *História do Império: o Primeiro Reinado...* Vol. II, p. 83-97. Há contradições entre estas duas referências. Parece mais confiável, por indicar fontes, a de Monteiro. Graham redigiu a biografia de d. Pedro com indícios de que usou mais a memória do que fontes documentais, na Inglaterra, após a sua morte, em 1834 e 1835.

11 | Menoridade imperial e regências eletivas; golpe da maioridade e estabilidade monárquica

11.1 Menoridade imperial e regências eletivas

A facilidade da vitória do movimento liberal contra a destituição de um ministério de representação social e a nomeação de outro do ciclo de poder do imperador, que resultou na sua abdicação, em 7 de abril de 1831, revelou a dimensão da fragilidade das instituições monárquicas brasileiras. Nos dias subsequentes ao afastamento de Pedro I do poder, sob a impulso da mobilização social e política, os liberais moderados separaram-se dos exaltados, num gesto através do qual também expuseram as suas debilidades orgânicas, limitações políticas e despreparo para o exercício do poder.

Em consequência destas circunstâncias e da falta de um ministério que escolhesse a Regência Provisória, como previa a Constituição quando o Parlamento estivesse em recesso, o Senado deliberou por uma composição das duas principais tendências políticas do Império e elegeu uma Regência Trina Provisória, com dois senadores, o liberal moderado, Nicolau Pereira de Campos Vergueiro[1] e o conservador, José Joaquim Carneiro de Campos[2], intermediados pelo

---

1. Natural de Valporto, Bragança, Portugal (1778-1859), Vergueiro, bacharelou-se em Leis pela Universidade de Coimbra, advogou em São Paulo, a partir de 1805; representou a Província de São Paulo nas Cortes de Lisboa (1822) e na Assembleia Nacional Constituinte do Brasil (1823); elegeu-se senador por Minas Gerais (1828); estabeleceu a fazenda Ibicaba, na qual se dedicou à agricultura, fez-se um dos pioneiros da expansão cafeeira e iniciou o trabalho livre com imigrantes europeus, pelo regime de parceria; participou do movimento liberal que levou Pedro I à abdicação (1831). Cf. BLAKE, A.V. Alves. *Diccionário Bibliographigo Brazileiro*. Vol. VI. Rio de Janeiro: Imprensa Nacional, 1900, p. 316.

2. Natural da Bahia (1768-1836), beneditino que não exerceu o sacerdócio, graduou-se em teologia e direito em Coimbra; oficial na Secretaria de Estado da Fazenda; oficial-maior da Secretaria dos Negócios do Reino, secretária da Fundação dos Estudos da Universidade de Coimbra (1821); conselheiro da Fazenda; participou da comissão que examinou o Tesouro Público e propôs medidas para sanar a administração;

brigadeiro Francisco de Lima e Silva[3] que deveria manter o equilíbrio entre as duas forças políticas.

Em um entendimento entre liberais exaltados e moderados, Antônio Borges da Fonseca, Manuel de Odorico Mendes e Evaristo Ferreira da Veiga e Barros, lideraram a criação da Sociedade Defensora da Liberdade e da Independência Nacional, com objetivos reformistas, que aglutinou componentes da Regência, do Parlamento, dos militares e de militantes políticos. Depois de conquistar representatividade social, esta instituição passou a influenciar em todos os setores do governo regencial. Sua atuação atenuou a força dos exaltados, ampliou a dos moderados e criou, talvez sem pretender, as condições políticas e sociais para a retomada do poder pelos conservadores. Entretanto, as tensões militares persistiram. Numa tentativa de se arrefecerem os ânimos nos quartéis, a Regência dissolveu os corpos de militares mercenários estrangeiros, embora as exaltações resultassem das ambições de comandantes e da indisciplina das tropas. O parlamento designou uma comissão composta por Honório Hermeto Carneiro Leão (1801-1856), José da Costa Carvalho (1796-1860) e Francisco de Paula Souza e Melo (1791-1854), para elaborar um projeto de governo regencial. O trio preconizou a Regência Trina Permanente eletiva. Diferente da Provisória, eleita em 7 de abril de 1831, que adotou critério ideológico para a escolha dos componentes, a permanente optou pelo geográfico, para um mandato de 1831 a 1835[4]. A Assembleia Geral, instalada em 17 de junho de 1831, elegeu o deputado João Bráulio Muniz (1796-1835)[5], como representante do Norte, o também deputado José da

---

deputado pela Bahia à Assembleia Nacional Constituinte (1823); sucessor de José Bonifácio na Secretaria de Estado dos Negócios do Império e Estrangeiros (julho de 1823); deixou o governo em protesto pela dissolução da Assembleia Constituinte, (11 nov. 1823); um dos 10 componentes do Conselho de Estado que redigiu o projeto da Constituição (1824); senador pela Bahia (1826); Secretário de Estado dos Negócios da Justiça (1826-1829) e da pasta do Império (1829-1830); presidiu o Senado, quando Pedro I apresentou sua abdicação (07/04/1831) (BRASIL/Ministério da Cultura. *Dicionário da Administração Brasileira no Império*. Rio de Janeiro: Arquivo Nacional, 2011 [Disponível em http://linux.an. gov.br/mapa/ – Acesso em 13/08/2016].

3. O brigadeiro Francisco de Lima e Silva, natural do Rio de Janeiro (1785-1853), comandou e venceu a Confederação do Equador (1824); como presidente da Comissão Militar, julgou e condenou à pena capital oito líderes revolucionários, anistiados depois; presidiu a Província de Pernambuco (1824-1825); na Imperial Câmara, articulou com o irmão Manuel de Lima e Silva, o golpe contra Pedro I, que resultou na abdicação do imperador (07/04/1831); assumiu a Regência com o apoio do Exército (FLORES, M. *Dicionário de História do Brasil* [verbete]. 3. ed. Porto Alegre: EDIPUCRS, 2004, p. 571-572).

4. CASTRO, P.P. A "experiência republicana", 1831-1840. In: HOLANDA, S.B. (dir.). *História geral da civilização brasileira* – Tomo II: O Brasil monárquico; vol. II: Depressão e unidade. 5. ed. São Paulo: Difel, 1985, p. 9-67.

5. Maranhense, cursou a Faculdade de Direito de Coimbra; elegeu-se deputado à Assembleia Geral pelo Maranhão duas vezes (1836-1831); como liberal moderado, participou das pressões que levaram Pedro I à abdicação; como membro da Regência Trina apoiou as repressões aos movimento sociais empreendidas pelo ministro Feijó; vítima de ataque cardíaco, morreu no exercício da Regência (20/09/1835), aos 39 anos

Costa Carvalho (1796-860)[6], do Sul, e manteve o brigadeiro Francisco de Lima e Silva na condição de equilibrista do jogo político-ideológico. O recesso parlamentar oportunizou o controle da Regência Provisória pelo Senado e a Câmara o retomou na escolha da Permanente. Nomeado ministro da Justiça, o deputado por São Paulo, padre Diogo Antônio Feijó, criou a Guarda Nacional (1831), inspirada nas milícias e ordenanças coloniais, com o objetivo de organizar a sociedade com o controle dos poderes locais, reprimir os movimentos sociais e manter a ordem constitucional[7]. Depois de aprovado o Código de Processo Criminal (1832), o ministro Feijó tentou um golpe de estado, para assumir sozinho o governo regencial. Fracassado na tentativa, renunciou ao cargo de ministro. Diferente do Senado, no qual dominavam os conservadores, na Câmara prevaleciam os liberais, favoráveis às mudanças constitucionais, que aprovaram, em 14 de junho 1832, a redução dos poderes da Regência. Retiraram dos regentes as atribuições do Poder Moderador, sem as quais ficaram impedidos de dissolver a Câmara, conceder títulos nobiliárquicos, suspender garantias constitucionais e negociar tratados internacionais.

Uma lei de 12 de outubro de 1832 atribuiu aos deputados da legislatura seguinte (1834-1837), poderes de promover uma reforma constitucional, limitada a determinados artigos, executada por determinação da lei n. 16, de 12 de agosto de 1834, conhecida como Ato Adicional. Esta reforma liberal, promovida pelo Ato Adicional, redimensionou as relações entre o poder central e os regionais, obstaculizadas pelo Poder Moderador, que limitava a autonomia das províncias. Significou maior flexibilidade sistêmica realizada em nome da unidade nacional e da manutenção da ordem social. O Rio de Janeiro, sede da Corte, foi transformado em município neutro, e extinguiu-se o Conselho de Estado, responsável pela centralização político-administrativa e preponderância do Poder Executivo sobre os outros âmbitos políticos imperiais. Os conselhos gerais das províncias foram transformados em assembleias legislativas e ficaram instituí das duas instâncias provinciais de deliberações políticas e administrativas, in-

---

(ENGEL, M.G. João Bráulio Muniz. In: VAINFAS, R. (org.). *Dicionário do Brasil Imperial (1822-1889)*. Rio de Janeiro: Objetiva, 2002, p. 400-401).

6. Natural da Bahia, bacharel em Direito pela Universidade de Coimbra, (1819); juiz de fora e ouvidor da cidade de São Paulo (1821-1822); deputado à Assembleia Geral Constituinte e Legislativa pela província da Bahia (1823); deputado geral (1826-1829, 1830-1833); eleito para a Regência Trina Permanente (17/06/1831) (GUIMARÃES, L. José da Costa Carvalho [Marquês de Monte Alegre]. In: VAINFAS, R. (org.). *Dicionário do Brasil Imperial (1822-1889)*. Rio de Janeiro: Objetiva, 2002.

7. CASTRO, J.B. *A milícia cidadã*: a Guarda Nacional de 1831 a 1850. São Paulo/Brasília: Nacional/INL, 1977.
• NEVES, E.F. *Uma comunidade sertaneja...*, p. 227-259.

dependentes e complementares: uma presidência de província em cada unidade administrativa regional, cujos titulares seriam nomeados pelo poder central; e uma assembleia legislativa provincial, com deputados eleitos censitariamente, para mandatos de dois anos[8].

A reforma constitucional de 1832 fundamentou-se na convicção de que, ao se consolidar a unidade territorial do Brasil, se asseguraria também a autonomia das oligarquias regionais, sem uma excessiva intervenção do governo imperial. Aglutinaram-se o regime monárquico e o sistema federativo, para que as oligarquias regionais que resistiam à tendência de centralização da monarquia, simultaneamente, exercessem a defesa dos seus interesses. O governo regencial passou a ser exercido por apenas um regente. Para esta Regência Una, elegeu-se o padre Diogo Antônio Feijó, que realizou o seu desejo de mandatário único, que ocupou o mandato de 1835 a 1837.

Em consequência da tentativa de conciliar interesses políticos divergentes em uma circunstância de tensão social, com o emprego de métodos autoritários e centralizadores, o seu governo ficou marcado por movimentos sociais federalistas, republicanos e separatistas. Ao ser responsabilizado pelas manifestações sociais, Feijó renunciou do mandado em 1837 e foi substituído pelo ultraconservador Pedro Araújo Lima (1793-1870)[9], que ocupou a regência até 1840. Este último regente procurou interromper a descentralização política em curso e suprimir a autonomia das províncias com o fortalecimento do poder central. Na reforma da ordem ressaltaram-se três aspectos: a reação conservadora à ação liberal do período 1831-1836, que revogou a legislação descentralizadora e promoveu nova centralização política e administrativa; a pacificação social, com a contenção das revoltas regionais; e a sucessão e alternância de gabinetes ministeriais entre liberais e conservadores. Iniciou-se a regressão conservadora com a aprovação, em 12 de maio de 1840, da Lei Interpretativa do Ato Adicional, que

---

8. Em Pernambuco, Bahia, Rio de Janeiro, Minas Gerais e São Paulo as assembleias legislativas compunham-se de 36 parlamentares; Pará, Maranhão, Ceará, Paraíba, Alagoas, Rio Grande do Sul, de 28; e as demais, 20 deputados. Cf. CABRAL, D. Ato Adicional – Dicionário da Administração Pública Brasileira do Período Imperial. In: *Cadernos Mapa* – Memória da Administração Pública Brasileira, 05/05/2014. Rio de Janeiro [Disponível em http://linux.an.gov.br/mapa/?p=5401 – Acesso em 26/04/2017].

9. Natural de Pernambuco, estudou Humanidades em Olinda, graduou-se em Cânones na Universidade de Coimbra (1816); como representante de Pernambuco nas cortes portuguesas (1821), assinou a Constituição rejeitada pela maioria dos parlamentares do Brasil; participou da reação conservadora à regência de Feijó; e como senador por Pernambuco, na renúncia do padre regente, conseguiu se eleger seu substituto interino (18/09/1837) e efetivo (22/04/1838). Exerceu o governo regencial até o golpe da maioridade (23/07/1840), que antecipou a coroação de Pedro II para 18/07/1841, prevista para 1843. Cf. GUIMARÃES, L. Pedro de Araújo Lima [Marquês de Olinda]. In: VAINFAS, R. (org.). *Dicionário do Brasil Imperial (1822-1889)*..., p. 572-573.

o transformou em coadjuvante da centralização; continuou com a recriação do Conselho de Estado, em 23 de novembro de 1841, que se fez decisivo na política imperial; e concluiu com a aprovação da Reforma do Código de Processo Criminal, em 3 de dezembro de 1841, que subordinou a polícia e o judiciário ao ministro da Justiça. O controle da Guarda Nacional transferiu-se dos poderes agrários locais para o poder central e as manifestações sociais das províncias foram rigorosamente reprimidas.

Em consequência das frequentes rebeliões separatistas, federalistas e republicanas, que revelavam a rejeição de parcelas significativas da população ao sistema monárquico, na segunda metade da década de 1830, passou-se a falar na possibilidade de se antecipar a coroação do príncipe Pedro de Alcântara, prevista pelo Ato Adicional, para 1843, quando ele completaria 18 anos. Insatisfeitos com o governo conservador de Araújo Lima, os deputados liberais passaram a reivindicar a posse imediata do príncipe, sob o argumento de que somente o jovem ícone da monarquia poderia assegurar a representação nacional e a centralidade do poder imperial. Passaram-se, então, a fazer apologias dos níveis de educação, inteligência, cultura, domínio linguístico, destreza na esgrima e na equitação, do jovem príncipe, isolado no palácio, porém, apresentado como uma autoridade decidida, posicionada e colocada acima dos partidos políticos.

Na perspectiva ideológica, a transição da política de descentralização do poder para a de unidade nacional, correspondeu à substituição de um disperso liberalismo radical por outro coeso e moderado, assim qualificado pelo fato de ambas as tendências se pautarem pelo livre comércio e defenderem a exclusividade da representação política pela via eleitoral censitária, na qual o direito de voto vinculava-se à renda do eleitor. Nestas circunstâncias, nem os dispersivos, nem os centralizadores admitiam o direito de voto à mulher e à população masculina pobre, tão pouco a extinção imediata do trabalho escravo. Fundamentavam-se na exclusão social de um suposto liberalismo escravista, herdeiros da anacrônica tradição conservadora. Do mesmo modo, eram tênues os limites ideológicos entre os liberais e os conservadores, quando realmente se conseguiam distingui-los. As lideranças mudavam de partido conforme as conveniências de ocasião. Rivalizavam-se mais nas disputas por espaços políticos que fundamentos ideológicos. Entre os conservadores destacavam-se Miguel Calmon du Pin e Almeida, Joaquim José Rodrigues Torres e Honório Hermeto Carneiro Leão. Este último alinhava-se em 1832, com os liberais, na defesa do federalismo e do seu representante principal, o padre Diogo Antônio Feijó e a partir de 1837 apresentou-se como um expoente conservador. As reformas de 1837 atribuíram às oligarquias regionais o poder decisório nas suas províncias e significativa influência no governo monárquico, através do parlamento[10].

11.2 Instabilidade política, conflitos sociais e rebeliões federalistas

O acúmulo de frustrações políticas com o governo subsequente à Independência e os efeitos da pobreza, da fome, do arrocho fiscal, da repressão policial, estimularam reações sociais e violentos conflitos armados. Após o isolamento posterior à abdicação de Pedro I (1831), anistiaram-se, em Pernambuco, os participantes da Confederação do Equador (1824). Os liberais reapareceram no cenário político. Manoel de Carvalho Paes de Andrade, presidente de Confederação, retornou do exílio e o seu irmão Francisco de Carvalho Paes de Andrade elegeu-se presidente da província. O poder provincial voltou para ao controle liberal. Nos quartéis demitiram-se os conservadores de postos que ocupavam e os anistiados reintegrado ao serviço militar. A multiplicidade e a superposição dos poderes locais agravavam as tensões sociais, políticas e militares. Oficiais de primeira linha e de ordenanças, proprietários de grandes extensões de terra e seus subordinados rebelaram-se contra as reformas e as demissões, num movimento social conhecido como Abrilada, liderado pelo oficial Francisco José Martins, que ocupou a principal fortaleza portuária depois de bombardeada por duas embarcações. Na tentativa de atingir os liberais, inimigos de 1817 e de 1824, novamente no poder, os Cavalcanti, aliados da monarquia, apoiaram o movimento. Cerca de 60 pessoas morreram no motim[11].

Durante a rebelião, os militares distribuíram armas para índios, escravos fugidos, posseiros, proprietários de terras e seus dependentes, para lutarem pela volta de Pedro I. Após a derrota do levante contra o novo governo provincial, em abril de 1832, trabalhadores livres e pobres armados começaram a ocupar terrenos abandonados pelos plantadores de cana em Pernambuco e Alagoas. Iniciava-se a Revolta dos Cabanos ou Cabanada, que não contestavam o regime autoritário, nem defendia a autonomia regional. Índios, escravos e posseiros livres

---

10. MONTEIRO, H.M. Da Independência à vitória da ordem. In: LINHARES, M.Y. (org.). *História Geral do Brasil*. 9. ed. Rio de Janeiro: Campus, 2000, p. 129-143 [1. ed., 1990]. • SCHWARCZ, L.M. & STARLING, H.M. *Brasil: uma biografia*. São Paulo: Companhia das Letras, 2015, p. 267-290. • BOSI, A. Cultura. In: SCHWARCZ, L.M. (dir.) & CARVALHO, J.M. (coord.). *História do Brasil Nação: 1810-2010* – Vol. II: A construção nacional, 1830-1889. Madri/Rio de Janeiro: Mapfre/Objetiva, 2012, p. 225-279. • DOLHNIKOFF, M. *O pacto imperial...*, p. 55-65.

11. CARVALHO, M.J.M. Um exército de índios, quilombolas e senhores de engenho contra os "jacubinos": a Cabanada, 1832-1835. In: DANTAS, M.D. (org.). *Revoltas, motins, revoluções*: homens livres pobres e libertos no Brasil do século XIX. São Paulo: Alameda, 2011, p. 167-200.

pleiteavam glebas para plantar e criar. Liderados por Vicente de Paula, os habitantes de cabanas na mata passaram a lutar pela conquista das terras nas quais viviam. A fim de reprimi-los, o governo de Pernambuco enviou mais de 1.000 homens para a divisa com Alagoas, inicialmente rechaçados, e a luta prolongou-se, até que, lentamente, os rebeldes foram derrotados em 1840. Vicente de Paula permaneceu na mata até ser capturado numa emboscada em 1848, e confinado em Fernando de Noronha até 1861[12].

Denomina-se de *Cabanada* o movimento dos habitantes de cabanas nas matas entre Pernambuco e Alagoas (1832-1835); e de *Cabanagem*, a sua continuidade pelos cabanos do Pará (1835-1840), também sustentada por excluídos da posse da terra e do pequeno comércio. Juntaram-se indígenas das etnias *mura* e *kaapor*, negros, mestiços livres e pobres, soldados e recrutas, deslocados do Ceará e remanescentes dos cabanos fugidos de Pernambuco[13].

Na segunda metade do século XVIII, o Grão-Pará e o Rio Negro constituíam-se uma colônia portuguesa separada econômica e juridicamente do Brasil, que durante o governo do marquês de Pombal recebeu incentivos metropolitanos para a produção de vários gêneros alimentícios destinados ao mercado mundial. O fim dos incentivos provocou o depauperamento da população, que reagiu com radicalização. Na transição para o século XIX, rebeliões indígenas destruíram vários núcleos coloniais e as condições sociais agravaram-se com as sobretaxas dos impostos e as cobranças de dízimos e quintos nas províncias amazônicas, para o governo de João VI arcar com os custos da invasão de Caiena, em retaliação à invasão de Portugal pelos franceses. Posteriormente, tropas enviadas por Pedro I submeteram as juntas governativas do Pará, aliadas de Portugal, e as mantiveram no poder monitoradas por militares. Na radicalização do imediato pós-Guerra da Independência, os liberais exigiam a expulsão dos portugueses e a expropriação dos seus bens. Pedro I não concordou e os nativistas, descontentes com a conduta política do imperador, assumiram posições regionalistas e autonomistas. As tensões entre brasileiros e portugueses ficaram insustentáveis em 1831, com o movimento pela destituição de Pedro I.

Com uma população aproximada de 100.000 habitantes, o Pará manteve-se sob tensão, desde a Guerra da Independência (1822-1823). Em 1834, os fazendeiros Batista Campos, Félix Clemente Malcher, Eduardo Angelim, Francisco

---

12. CARVALHO, M.J.M. Movimentos sociais: Pernambuco (1831-1848). In: GRIMBERG, K. & SALLES, R. (orgs.). *O Brasil Imperial* – Vol. II: 1831-1870. 4. ed. Rio de Janeiro: Civilização Brasileira, 2017, p. 123-183.

13. PRIORI, M. *História da gente brasileira* – Vol. II: Império. São Paulo: LeYa, 2016, p. 27-39. • PINA, M.G. Cabanagem: "o vulcão da anarquia"? [Disponível em http://www.1uefs.br/hep/la-birintos/edicor/01_2008/07_artigo_maria_da_graça_gomes_de_pina – Acesso em 13/08/2017].

Vinagre e outros formaram grupos armados, reagiram aos arbítrios do governo provincial de Bernardo Lobo de Souza, e foram por ele atacados. Batista Campos foi morto, Malcher preso. Angelim e Vinagre mobilizaram a população e ocuparam Belém a 7 de janeiro de 1835. O repressor presidente da província e o comandante das armas foram mortos e a cidade saqueada. Malquer libertado e aclamado presidente da província, conclamou a população a entregar as armas e voltar ao trabalho e jurou obediência ao governo regencial. Entretanto, a rebelião disseminou-se pelo interior da província; grupos armados passaram a invadir povoações, vilas e cidades e a executar pessoas identificadas como contrárias aos seus interesses; escravos chicotearam senhores, índios recrutados compulsoriamente mataram seus comandantes; casas comerciais foram saqueadas e comerciantes assassinados. O comportamento conciliador de fazendeiros rebeldes como Félix Malcher, debilitou a representatividade das lideranças e desentendimentos internos levaram o grupo à dispersão. Francisco Vinagre assumiu o poder em 21 de fevereiro de 1835, com o mesmo discurso moderado. Em pouco tempo entregou o cargo ao general Manoel Jorge Rodrigues, um português nomeado pela Regência. A pressão popular, sob o comando de Eduardo Angelim, forçou a retirada das forças legais, e Angelim assumiu o governo do Pará em 23 de agosto de 1835.

Grupos rebeldes autônomos, com aspirações próprias, passaram a lutar entre si e transformaram a Cabanagem em um movimento social autofágico. Negros e índios recusaram a conciliação e a reforma proposta por Angelim. Mais de 400 escravos fugidos, liderados por Patriota, Diamante, Félix, Cristóvão e Belizário defenderam o rompimento com o Império, a alforria geral e o estabelecimento de uma república negra. Perdidos em suas contradições internas, os cabanos foram cercados por um exército enviado pelo governo regencial, sob o comando do general Francisco José Soares d'Andréa, que sitiou Belém. Depois de tentar negociações, Angelim fugiu, foi preso e deportado para Fernando de Noronha. Belém foi retomada pelas forças imperiais em 13 de maio de 1836. Paulatinamente conquistaram-se as outras cidades, numa violenta repressão. Somente na corveta *Defensora* foram confinados mais de 700 prisioneiros. A Cabanagem resultou em cerca de 40.000 mortos, aproximadamente $1/3$ da população paraense[14].

---

14. FREITAS, D. *Os guerrilheiros do imperador*. Rio de Janeiro: Graal, 1978. • RICCI, M. O fim do Grão-Pará e o nascimento do Brasil: movimentos sociais, levantes e deserções no alvorecer do novo Império (1808-1840). In: DEL PRIORI, M. & GOMES, F. (orgs.). *Os senhores dos rios: Amazônia, margens e história*. Rio de Janeiro: Campus, 2003, p. 165-193. • RICCI, M. Cabanos, patriotismo e identidades: outras histórias de uma revolução. In: GRIMBERG, K. & SALLES, R. (orgs.). *O Brasil Imperial* – Vol. II: 1831-1870. 4. ed. Rio de Janeiro: Civilização Brasileira, 2017, p. 185-231. • PINHEIRO, L.B.S.P. Cabanagem: percursos históricos e historiográficos. In: DANTAS, M.D. (org.). *Revoltas, motins, revoluções: homens livres pobres e libertos no Brasil do século XIX*. São Paulo: Alameda, 2011, p. 301-231. • PINA, M.G.G. *Cabanagem*: "o vulcão da anarquia"? [Disponível em //

No Rio Grande do Sul, formou-se uma oligarquia de estanceiros e charqueadores que abastecia parte considerável do mercado brasileiro de charque e promoveu a concentração da propriedade fundiária e da renda social. O reinado de Pedro I não apoiou, satisfatoriamente, os interesses dos caudilhos gaúchos, que reagiram com apoio da elite militar e participação de segmentos intermediários da estratificação social. Em reação aos arbítrios do presidente da província, Antônio Rodrigues Fernandes Braga, e do comandante de armas, marechal Sebastião Barreto Pereira Pinto, nomeados pelo governo imperial; aumentos de tributos e à criação de uma corporação militar que reduzia os poderes das milícias de controle privado, em 20 de setembro de 1835, republicanos e federalistas que não aprovavam os indicados pela Regência para o governo provincial desencadearam a Revolução Farroupilha ou Guerra dos Farrapos (1835-1845). Os rebeldes farroupilhas republicanos, liderados pelo coronel Bento Gonçalves da Silva (1788-1847), depois de escaramuças, iniciaram os combates 1835 e persistiram por 10 anos, contra a monarquia brasileira, embora houvessem entre os farroupilhas adeptos do regime monárquico[15].

Uma força rebelde sob o comando de Bento Gonçalves da Silva tomou a cidade de Porto Alegre, destituiu o presidente e o comandante de armas, entregou o governo ao vice-presidente Marciano Pereira Ribeiro e recebeu apoio de oficiais do Exército Brasileiro. Em 11 de setembro do ano seguinte, Antônio de Souza Netto proclamou a *República Rio-Grandense* e em outubro de 1836, Bento Gonçalves foi militarmente derrotado e preso pelo seu antigo companheiro Bento Manoel Ribeiro, também com o apoio de oficiais militares. Entretanto, Gonçalves fugiu do Forte do Mar em Salvador, na Bahia, em setembro de 1837 e liderou, no ano seguinte, a formação da *República de Piratini*, que foi por ele presidida. Em julho de 1839, os farroupilhas atravessaram a fronteira de Santa Catarina e proclamaram a efêmera *República Juliana*. Os rebeldes contrataram alguns mercenários estrangeiros, entre os quais destacou-se o italiano Giuseppe Garibaldi (1807-1882). Em 1840, quando se fazia a transição do período regencial, durante o governo tutelado de Pedro II tentou-se, em vão, apaziguar os gaúchos com anistia aos estanceiros e charqueadores, latifundiários e escravistas. Após sucessivas vitórias das tropas imperiais, os farroupilhas renderam-se mediante acordo de anistia geral,

---

www1.uefs.br/nep/labirintos/edicoes/01_2008/07_artigo_ maria_ da_graca_gomes_de_pina.pdf – Acesso em 13/08/2017].

15. DEL PRIORI, M. *História da gente brasileira* – Vol. II: Império..., p. 27-39.

de o Império assumir as dívidas da República de Piratini e de incorporação dos oficiais farroupilhas ao Exército Brasileiro[16].

Após o crescimento econômico do final do século XVIII e início do seguinte, desenvolveu-se, na Bahia, um intensa depressão econômica, em decorrência do declínio do preço do açúcar, principal produção baiana, que não resistiu à concorrência antilhana; das pressões internacionais sobre o tráfico de escravos africanos, cujo comércio se compensava com as exportações de fumo para a África; e dos efeitos da Guerra de Independência (1822-1823), que debilitaram a economia baiana, com a queda de produção e a fuga de capitais portugueses, aplicados em maior volume no comércio e na produção açucareira. Estas circunstâncias promoviam instabilidade social e conflitos étnicos, como a Revolta dos Malês (1835), numa população de elevada incidência de africanos e de afrodescendentes.

População estimada de Salvador, em 1835

Origem	Números Absolutos	Números Relativos
Africanos	21.940	33,6
Escravos	17.325	26,5
Libertos	4.615	7,1
Brasileiros/europeus	33.385	66,4
Livres brancos	18.500	28,2
Livres e libertos negros e mestiços	14.885	22,7
Escravos negros e mestiços	10.175	15,5
Total	65.500	100,0

Fonte: REIS, J.J. *Rebelião escrava no Brasil...*, p. 24.

Eclodiu em Salvador, a 25 de janeiro, um levante de negros islamizados, sobretudo nagôs, uma etnia que representava cerca de 30% da população africana na Bahia[17]. Liberais exaltados e republicanos exploraram o antilusitanismo baiano do pós-Guerra da Independência, distendido no movimento social denominado de *Mata-Marotos*, que aterrorizou os portugueses na Bahia.

---

16. GUAZZELLI, C.A.B. Libertos, gaúchos peões livres e a Guerra dos Farrapos. In: DUARTE, M.D. (org.). *Revoltas, motins, revoluções...*, p. 231-261.

17. REIS, J.J. *Rebelião escrava no Brasil...*, p. 19-121. • REIS, J.J. A elite de cor face os movimentos: Bahia 1824-1840. *Revista de História*, LIV, 108, out.-dez./1976, p. 373-374. São Paulo.

Os conflitos étnicos e sociais manifestaram-se também em outros movimentos políticos e militares da época, de ampla participação da população branca pobre, indígenas, escravos, negros e mestiços livres, que expuseram as tensões da sociedade brasileira e provocaram reações conservadoras contra as reformas liberalizantes. Em tais circunstâncias, surgiu o movimento social conhecido como *Sabinada* (1837-1838), reforçado pela inabilidade de Feijó, cuja renúncia à Regência em setembro de 1837, oportunizou a retomada da centralização política e o fim do federalismo, determinado pelo governo regencial de Pedro de Araújo Lima (1837-1840).

A reação dos exaltados na Bahia, depreciativamente denominada pelos conservadores de Sabinada, foi um levante liderado pelo médico, professor e jornalista, Francisco Sabino Álvares da Rocha Vieira, em 7 de novembro de 1837, quando se rebelaram o 3º Corpo de Artilharia, aquartelado no Forte de São Pedro, o 3º Batalhão de Infantaria e a força policial. Depois de tomarem o controle da cidade, os rebeldes convocaram uma seção extraordinária da Câmara Municipal e declararam a Bahia desvinculada do governo Imperial do Rio de Janeiro. Foram eleitos, presidente Inocêncio da Rocha Galvão, e vice-governador, João Carneiro da Silva Rego. Em 11 de novembro, o vice, que assumiu interinamente o poder, requereu que a Câmara Municipal limitasse a independência da Bahia ao tempo de menoridade do príncipe herdeiro da monarquia brasileira.

A Sabinada recebeu o reforço do monopólio de poder político e do controle social pelos senhores de engenho, em associação com outros segmentos oligárquicos minoritários. Isolados e movidos pela exaltação dos ânimos sociais, recorreram à violência e receberam apoios de militares e milicianos descontentes, negros, mestiços e brancos pobres discriminados e passaram a reivindicar maior autonomia para a província da Bahia.

Enquanto os rebeldes debatiam os rumos políticos do seu governo, implicitamente declarado provisório, com muita discussão e pouca iniciativa, o presidente da Província, Antônio Pereira Barreto Pedroso e seus comandantes militares adotaram a mesma estratégia da Guerra da Independência: mobilizaram a aristocracia, articularam senhores de engenho e a Guarda Nacional, sitiaram Salvador e prometeram anistia para os que desistissem do movimento rebelde. Quando chegaram reforços militares de Pernambuco e de Sergipe, formou-se o Exército Restaurador com 4.000 homens. Os rebeldes queixavam-se do domínio político do governo imperial sobre a Bahia, exploravam o antilusitanismo e enfatizavam a manutenção da ordem pública, a defesa da propriedade privada, a manutenção do trabalho escravo, o respeito à religião católica e a submissão ao regime monárquico. As lideranças insistiam na independência provisória da Bahia e na manutenção do escravismo. Entretanto, o movimento era amplamente apoiado por negros e mestiços, inclusive escravos, que se integraram às suas tropas. Embora muitos portugueses tivessem embarcado para Portugal, em 5 de janeiro de 1837, e outros se esconderam, o governo rebelde ordenou a prisão de todos os lusitanos encontrados em Salvador, acusados de esconder alimentos. Depois de fracassada uma tentativa dos rebeldes de romper o cerco a Salvador, em meados de fevereiro de 1838, a indisciplina desorganizou o seu exército. No desatino popular, o governo rebelde perdeu o controle das agitações sociais e das suas forças. Negros e mulatos descarregaram seus ressentimentos de brancos brasileiros e portugueses e dos traidores do movimento. As depredações eram rotineiras. Entretanto, em 13 de março de 1838, os rebeldes rederam-se às forças do governo, embora permanecessem focos isolados de resistência. A Sabinada, iniciada como revolta política contra a centralização monárquica, terminou melancolicamente como um massacre étnico[18].

No Maranhão, oposicionistas e adeptos do governo provincial combatiam em São Luís (1838); e no interior, cerca de 11.000 rebeldes, comandados pelo vaqueiro Raimundo Gomes Vieira Jutaí, o Cara-Preta; pelo fabricante de balaios Manoel Francisco dos Anjos Ferreira, cuja filha fora violentada por agente da polícia; e por Cosme Bento das Chagas, o dom Cosme, que liderava algo no entorno de 3.000 escravos fugidos e aquilombados. Os jocosamente identificados por balaios atacavam as forças governamentais pelas matas. Em 1839, conservadores e liberais unificaram-se na luta contra eles. A rebelião denominada de Balaiada alastrou-se pelo Piauí. Em 1840, Luís Alves de Lima e Silva, depois duque de Caxias, assumiu o governo do Maranhão e, com cerca de 8.000 homens, apoiados por lavradores, agregados, feitores e poderosos locais, promoveu a grande repressão aos rebelados da Balaiada e as diversas formas de resistência à escravidão.

Seguiram-se outros movimentos sociais de diferentes proporções, em diversas províncias do Império. Em Recife, segmentos sociais mais pobres promoveram um quebra-quebra em 1844, numa disputa eleitoral, na qual os liberais reivindicavam a nacionalização do comércio varejista, controlado por portugueses, que manipulariam preços e pesos das mercadorias. Em continuidade, no

---

18. VIANNA FILHO, L. *A Sabinada* (a república baiana de 1837). 2. ed. Salvador: Edufba/Fundação Gregório de Mattos, 2008 [1. ed. 1938]. • SOUZA, P.C. *A Sabinada*: a revolta separatista da Bahia (1837). São Paulo: Brasiliense, 1987. • KRAAY, H. *Política racial, Estado e Forças Armadas na época da Independência...*, p. 165-212. • KRAAY, H. "Tão avassaladora quanto inesperada": a Sabinada baiana, 1837-1838. In: DUARTE, M. (org.). *Revoltas, motins, revoluções...*, p. 263-294. • GRIMBERG, K. A Sabinada e a politização da cor na década de 1830. In: GRIMBERG, K. & SALLES, R. (orgs.). *O Brasil Imperial* – Vol. II: 1831-1870..., p. 269-296.

final de 1848 e início de 1849, a população de Recife e de Olinda foi agitada pela Revolução Praieira, um movimento liderado por nativistas, com alguma influência separatista, movido principalmente pelas precárias condições de vida da população, que refletia os confrontos de liberal e conservadores em Pernambuco. O movimento recebeu essa denominação por ser apoiado pelo jornal *Diário Novo*, editado na rua da Praia. Entre os líderes praieiros, encontravam-se o general José Inácio de Abreu e Lima (1794-1869), o capitão Pedro Ivo Veloso da Silveira (?-1852), o professor e jornalista Antônio Pedro de Figueiredo (1814-1859), o advogado, jornalista e político Antônio Borges da Fonseca (1808-1872) e outros, alguns dos quais influenciados pelo socialismo de Fourier, Proudhon, Owen, Saint-Simon, Louis Blanc. Esta aliança de socialistas e liberais lançou o "Manifesto ao Mundo", com as reivindicações de voto universal, liberdade de expressão, trabalho com garantia de vida, comércio varejista para brasileiros, independência dos poderes constituídos, extinção do Poder Moderador e do direito de se agraciar com títulos honoríficos, organização nacional federativa, reforma do judiciário para assegurar os direitos individuais, extinção da lei do juro convencional e extinção do sistema de recrutamento compulsório. Em fevereiro de 1849 os rebeldes atacaram Recife com cerca de 1.500 homens, dos quais, mais de 200 foram mortos e 300 presos[19].

11.3 Golpe da maioridade e reformas institucionais

As principais inovações do poder organizado no Império do Brasil, relativamente à colonização portuguesa em termos institucionais, seriam a formação da burocracia civil e militar, e a instituição dos parlamentos nacional e provinciais para representarem os interesses dos protoestamentos, que se transformariam em classes sociais. A tensão entre estes dois núcleos políticos e as suas diversas formas de ajustamento, caracterizariam o novo poder imperial, que tomou a forma de governo monárquico-constitucional de parlamento representativo, que se revestiu das complicações de: adotar-se, em curto prazo, um processo que na Europa passou por séculos de evolução; engendrarem-se arranjos políticos dependentes de elementos de poder representados advindos dos países que controlavam os mercados dos produtos de exportação; exercitarem-se diferentes mode-

---

19. MATOS, O.N. *Algumas considerações sobre a Revolução Praieira* [Disponível em http://www.revistas.usp.br/revhistoria/article/viewFile/34822/37560 –. Acesso em 02/09/2017. • QUINTAS. A. O Nordeste, 1825-1850. In: HOLANDA, S.B. (dir.). *História geral da civilização brasileira* – Vol. II: O Brasil monárquico; 2: Dispersão e unidade. 6. ed. São Paulo: Difel, 1985, p. 193-241. • ENGEL, M.G. Praieira [verbete]. In: VAINFAS, R. (org.). *Dicionário do Brasil Imperial (1822-1889)*. Rio de Janeiro: Objetiva, 2002, p. 588-590.

los de organização política que reforçavam a instabilidade social ao fornecerem justificativas ideológicas e instrumentos de ação a grupos políticos rivais[20].

A propriedade fundiária no Brasil originou-se de doações de terras pelo rei de Portugal, intermediado pelos capitães donatários das capitanias hereditárias, pelo regime de sesmarias, com o compromisso formal de o donatário medir a dimensão, demarcar os contornos e cultivar a terra em um prazo estipulado. Todavia, o governo português revelou-se incapaz de exercer o controle destes desígnios jurídico-políticos. Em consequência, difundiu-se o costume de sesmeiros declararem limites fictícios e ou de difícil localização, para facilitarem posteriores avanços sobre os terrenos adjacentes, alguns por extensões de imensas magnitudes. Nestas circunstâncias, formou-se no Brasil um senhoriato de terras e de escravos habituado à prática destas e de outras vilanias e pouco afeito ao respeito de normas jurídica e sociais. Deste segmento socioeconômico, forjou-se a base sociopolítica das lideranças imperiais, em grande parte mais preocupada com as vantagens pessoais que a condição social pudesse proporcionar, que os interesses coletivos e os objetivos nacionais.

O Império do Brasil formou-se em fundamentos conservadores. Do mesmo modo que líderes burocratas iluministas como José Bonifácio de Andrada e Silva (1763-1838), de refinada formação acadêmica europeia, os senhores de terras e de escravos dirigentes liberais como o padre Diogo Antônio Feijó (1784-1843), batizado como filho de pais incógnitos[21], ou conservadores com Pedro de Araújo Lima (1793-1870), filho de senhor de engenho de tradição oligárquica, praticavam a exclusão social escravista e não toleravam negros nem mestiços. Uniam-se apenas na defesa da monarquia constitucional e no controle exclusivo do poder político. Todavia, a maioria dos liberais brasileiros opunha-se aos burocratas iluministas que admitiam o fim do trabalho escravo numa perspectiva temporal indefinida e rechaçava qualquer proposta de reforma dos fundamentos sociais escravistas. Burocratas ilustrados, liberais e conservadores praticavam a escravização de negros e mestiços, como um suposto mal necessário para a construção nacional e formação do perfil sócio-político das oligarquias agrárias brasileiras, embasadas nos poderes locais, que controlavam os poderes regionais e se faziam representadas no governo central[22].

O senhoriato agrário antecipou o fim do período regencial com o golpe da maioridade, consumado em 23 de julho de 1840, numa articulação de con-

---

20. CARVALHO, J.M. *A construção da ordem; a elite política imperial...*, p. 25-47.
21. Seria filho do padre Félix Antônio Feijó, que o criara.
22. DOLHNIKOFF, M. *O pacto imperial...*, p. 35-48.

servadores e liberais, que declarou o jovem imperador maior de idade antes de completar 15 anos, com o objetivo de deslocar para ele o centro do poder imperial e neutralizar as disputas políticas dos poderosos regionais, que procuravam conquistar espaços políticos na instabilidade das regências, convulsionavam a sociedade, tumultuavam o poder monárquico e ameaçavam a unidade nacional. A coroação antecipada de Pedro II (1825-1891), em 18 de julho de 1841, ensejou uma aparente estabilidade ao regime monárquico, que proporcionou às exportações, antes da expansão cafeeira, oportunidades de gerarem alguma acumulação de capital, apesar da persistência do trabalho escravo, através do desenvolvimento de núcleos de trabalhadores assalariados no setor de serviços. Estas circunstâncias geraram uma débil elasticidade da demanda por bens de consumo, que estimulou o estabelecimento de pequenas indústrias têxteis e início da formação do proletariado fabril. Em Salvador e no recôncavo da baía de Todos os Santos, instalaram-se, entre 1844 e 1866, cinco das nove fábricas de tecidos de algodão existes no Brasil. Em 1885, das 48 incipientes indústrias brasileiras, 13 encontravam-se em Minas Gerais, 12 na Bahia, 11 no Rio de Janeiro e nove em São Paulo[23]. No ano seguinte, já havia na província de São Paulo, 12 fábricas de tecidos de algodão, das quais 10 se localizavam no interior: quatro em Itu, e em Piracicaba, Jundiaí, Santa Bárbara, Tatuí, Sorocaba e São Luís do Paraitinga, uma em cada município[24].

A movimentação no financiamento, cultivo, colheita, comercialização, transporte e exportação do café redimensionou a economia brasileira e consolidou o poder agrário oligárquico-escravista de bases regionais. Os barões do café passaram a liderar a política brasileira. A expansão da monocultura cafeeira, iniciada com o capital liberado do tráfico de escravos, atraiu os principais investimentos e contingentes de força de trabalho, com maior concentração na fronteira agrícola do Oeste Paulista[25], onde o trabalho escravo predominou até meados da década de 1880, nos municípios de Rio Claro, Araras, Jabuticabal, Araraquara, Descalvado, Limeira, São Carlos, de desenvolvimento posterior a 1850. Estes municípios mantinham, em 1886, o índice de 12,9% população

---

23. STEIN, S. *The Brazilian Cotton Manufacture* – Textile Enterprise in an Underdeveloped Area, 1850-1950. Massachusetts, 1957, p. 21. Apud FAUSTO, B. *Trabalho urbano e conflito social*. 2. ed. São Paulo: Companhia das Letras, 2016, p. 23-28 [1. ed., 1976].

24. FAUSTO, B. *Trabalho urbano e conflito social*..., p. 23-28.

25. Ressalte-se que a designação regional de *Oeste Cafeeiro Paulista* não corresponde ao ponto cardeal em relação à Província de São Paulo, nem à sua capital, mas relativamente ao Vale do Paraíba fluminense, de onde se expandiu a cafeicultura para oeste, ocupando o território paulista. Cf. NEVES, E.F. Sampauleiros traficantes: comércio de escravos do Alto Sertão da Bahia para o Oeste Cafeeiro Paulista. In: *Afro-Ásia*, XXIV, 2000, p. 97-128. Salvador.

escravizada, enquanto as zonas de exploração anterior, como o Vale do Paraíba e o Oeste Paulista mais antigo, apresentavam, respectivamente, os percentuais de 8,5 e 10,5%[26]. Após a extinção do tráfico atlântico de escravos em 1850, a fronteira agrícola aberta em meados do século XX destacou-se como principal destino dos escravos deslocados de outras regiões que se empobreciam[27].

Pedro II promoveu, em 1850, uma série de reformas políticas centralizadoras do poder monárquico, que repercutiu nas esferas sociais e econômicas. Deste conjunto de deliberações complementares da centralização política iniciada em 1840, repercutiram mais o fim do tráfico de escravos da África, a Lei de Terras, a reforma da Guarda Nacional e a importação de trabalhadores europeus, que tinham o objetivo de preparar as oligarquias agrárias para a extinção do trabalho escravo, ainda que de forma gradual e sob o controle imperial. Empenhado em aproximar-se dos dirigentes políticos provinciais e municipais e nacionalizar a monarquia, Pedro II recorreu também ao recurso da distribuição de títulos honoríficos ou nobiliárquicos de duque, marquês, conde, visconde e barão, aos representantes destes poderes locais[28].

11.4 Crescimento demográfico e extinção gradual do trabalho escravo

O Brasil atravessou um convulsionado período de agitações sociais e levantes militares, desde finais de século XVIII, quando se desencadearam os movimentos pela autonomia nacional, impulsionados pelo esgotamento da colonização portuguesa e pela formação do sentimento nativista que fundamentou o ímpeto emancipacionista, até meados do século XIX, quando se consolidou o Estado Nacional, em consequência de uma série de reformas políticas, sociais, econômicas e institucionais. Embora os colonizadores evitassem a produção industrial e esta atividade se constituísse um monopólio régio, explorou-se o minério de ferro e em pequenas forjas produziram-se armas e instrumentos de trabalho. Desde o século XVI, jesuítas fabricavam anzóis, cunhas, facas e rústicas ferramentas agrícolas, cuja tecnologia se transferiu para povos indígenas, o que levou a câmara municipal de São Paulo a proibir esse aprendizado pelos nativos por considerá-lo perigoso para os colonizadores. Em vários pontos do território colonial, forjaram-se o ferro em escalas reduzidas, apenas para consumo local[29]. Na fase final da co-

---

26. COSTA, E.V. *Da senzala à colônia*. 2. ed. São Paulo: Ciências Humanas, 1982, p. 195 [1. ed., 1966].
27. NEVES, E.F. *Escravidão, pecuária e policultura...*, p. 195-227.
28. CARVALHO, J.M. *A construção da ordem...*, p. 293-328.
29. LIMA, H.F. *História político-econômica e industrial do Brasil*. São Paulo: Brasiliana, 1973, p. 23-126.

lonização, o coronel Exupério Pinheiro Canguçu extraiu o minério, fundiu o ferro e produziu enxadas, machados, foices, utensílios domésticos, aros para carros de boi, ferraduras, pregos e outras ferramentas para uso próprio na fazenda Brejo do Campo Seco, então no município de Rio de Contas, depois de Caetité, na Bahia[30].

A colonização portuguesa encontrou indígenas na Amazônia que cultivavam o algodão, fiavam a linha e produziam tecidos. Em meados do século XVIII, o ministro português Diogo de Mendonça Corte Real solicitou do marquês de Távora, governador da Índia, o envio de tecelões e pintores de tecidos para desenvolverem a tecelagem no Pará. Atividades artesanais transferiram-se de Portugal com os agentes colonizadores. As rendas de bilros e os labirintos produziam-se com linhas de algodão e o emprego de espinhos de cactáceas (mandacaru) em substituição dos alfinetes. A construção naval desenvolveu-se rapidamente desde o início da colonização, que se manteve essencialmente litorânea, nos dois primeiros séculos, estimulada também pela tradição indígena e, no caso da Bahia, onde se encontravam os principais estaleiros, por Salvador situar-se numa península, embora produzissem embarcações em todas as capitanias litorâneas. No final do século XVIII, a transferência do Arsenal da Marinha para o Rio de Janeiro, desenvolveu a indústria naval com maior aporte de capital, que se consolidou após a emancipação nacional.

Associava-se à produção do açúcar à destilação etílica. No ano de 1791, entraram no Rio de Janeiro 2.558 pipas e 18 barris de aguardente de cana, que no ano seguinte elevou-se para 3.547 pipas e 17 barris, e havia na capitania do Rio de Janeiro, 253 alambiques em atividade. Traficantes adquiriam parte desta aguardente para compensar o comércio internacional da aquisição de escravos na África. Produzia-se o óleo de baleia, combustível da iluminação pública, em Santa Catarina, Rio de Janeiro e na Bahia. O sal, um dos mais controlados monopólios régios da extração e do comércio, produzia-se intensamente nas capitanias que formariam o Nordeste do Brasil. A especulação com os preços deste imprescindível condimento alimentar motivou algumas rebeliões populares, como a Revolta do Sal, liderada por Bartolomeu Fernandes de Farias, em Santos (1710) e o Motim do Maneta, em Salvador (1711). Entre artesãos e artistas, sobressaíam-se joalheiros, serralheiros, latoeiros, marceneiros, entalhadores, escultores, pintores, que produziam móveis, utensílios e peças decorativas para igrejas e salões de famílias abastadas[31].

---

30. SANTOS FILHO, L. *Uma comunidade rural do Brasil antigo...*, p. 362-379.
31. BRITO, J.G.L. *Pontos de partida para a história econômica do Brasil...*, p. 245-259. • LIMA, H.F. *História político-econômica e industrial do Brasil...*, p. 23-126.

População do Brasil, 1822

Províncias	Livre	Escrava	Total
Pará	121.286	51.840	178.126
Maranhão	261.220	201.176	462.306
Pernambuco	455.248	192.559	647.807
Bahia	419.482	173.476	582.908
Rio de Janeiro	504.543	200.506	706.049
São Paulo	260.379	122.622	383.001
Mato Grosso	33.806	13.280	47.086
Goiás	21.250	16.000	37.250
Minas Gerais	456.765	165.210	621.835
Soma	2.343.839	1.136.669	3.680.508
Indígenas	800.000	-	800.000
Total	3.343.839	1.136.669	4.480.508

Fonte: *Correio Brasiliense*, n. 29, 1822, apud RODRIGUES, J.H. *Independência*: revolução e contrarrevolução – Vol. II..., p. 87.

Devido ao regime de padroado, uma instituição jurídico-religiosa resultante de acordos das monarquias ibéricas com a Santa Sé no século XVI, estabeleceu-se a união entre a Igreja e o Estado, numa associação de direitos, privilégios e deveres concedidos aos monarcas como patronos das missões e instituições eclesiásticas, em Portugal. O regime do padroado, instituído em Portugal em 1514, como uma prerrogativa dos monarcas lusos de indicar candidatos a bispos e párocos, e o encargo de sustentá-los e de manter os templos em compensação pela propagação da fé cristã[32]. Em contrapartida das côngruas pagas a párocos e outros clérigos pelo poder público, a eles se atribuíram a responsabilidade pela elaboração de estatísticas, que mais correspondiam a estimativas em decorrência dos inadequados métodos empregados na coleta de dados. O sistema de padroado transferiu-se para o Brasil e, com ele, as precárias, que além da pouca confiabilidade, apresenta discrepâncias entre as fontes. Uma delas atribuiu ao Brasil, no período de 1808 a 1823, sem definir data, uma população de

---

32. BARROS, H.G. *História da administração pública em Portugal nos séculos XII a XV*. Vol. 2. 2. ed. dirigida por Torquato de Souza Soares. Lisboa: Sá da Costa, 1945, p. 17, 47, 261 [1. ed., 1885-1922]. • BOXER, C.R. O padroado da coroa e as missões católicas. In: *O império marítimo português: 1415-1825*. Lisboa: Ed. 70/Comissão Nacional para as Comemorações dos Descobrimentos Portugueses, 1992, p. 227-244 [1. ed., 1969].

3.960.866 habitantes[33], composta de brancos de várias nacionalidades; negros e indígenas de diversas etnias; e ciganos trigueiros, que se miscigenavam.

Um viajante inglês avaliou a população brasileira do ano de 1825, em cerca de 3.500.000, da qual, 600.000 seriam brancos, 600.000, mulatos, mestiços, mamelucos e negros livres, 1.800.000 escravos e 500.000 índios[34]. O jornalista português Luís Augusto May (1782-1850), editor de *A Malagueta* no Rio de Janeiro, aconselhou evitar-se no Brasil as questões genealógicas, pela dificuldade de se distinguir o branco do caboclo e do mulato. Para ele, haveria três castas ou hierarquias de cidadãos: a família do chefe do Império; a aristocracia dos brancos e homens libertos de cor, admissíveis ao civismo; e o terceiro estado composto pelos cativos[35]. Apesar de jornais que defendiam a colonização portuguesa instigarem a deslealdade de negros e mulatos ao movimento de emancipação nacional, a distinção de cor na milícia, no exército e na marinha não dividiu a lealdade à pátria nascente. O *Semanário Cívico* difundia o medo pelo avultado número de escravos na Bahia e comparava a situação baiana à de São Domingos[36].

Desde a primeira legislatura, iniciada em 1826, deputados e senadores reclamavam da falta de informações e da precariedade dos dados disponíveis sobre população, saúde, educação, agricultura, mineralogia, indústria, comércio, serviços públicos, enfim, de todos os setores da administração pública e da vida social e econômica. Numa tentativa de se amenizar, a médio prazo, a carência de estatísticas o gabinete conservador de José da Costa Carvalho, visconde de Monte Alegre (1849-1852), em 18 de junho de 1851, mandou executar um decreto que determinava a realização de um senso geral da população, e outro que obrigava o estabelecimento de registros civis, com os dados padronizados, como já fazia a Igreja, por deliberação do Concílio de Trento (1545-1563). A execução destes registros civis ficaria sob a responsabilidade dos juízes de paz distritais; os dados registrados seriam sumariados pelos escrivães de cada distrito de paz e remetidos às respectivas Câmaras Municipais, que os encaminhariam aos seus governos provinciais e estes ao ministro do Império.

---

33. IHGB. Memória Estatística do Império do Brasil. In: *Revista do Instituto Histórico e Geográfico do Brasil*, t. 58, 1. parte, 1895, p. 91-99. Rio de Janeiro. Apud RODRIGUES, J.H. *Independência: revolução e contrarrevolução* – Vol. II: Economia e sociedade..., p. 87.

34. MATHISON, G.F. *Narrative of a visit to Brazil, Chile, Peru, and the Sandwich Islands, during the years 1821 and 1822*. Londres, 1825, p. 151. Apud RODRIGUES, J.H. *Independência: revolução e contrarrevolução* – Vol. II: Economia e sociedade..., p. 87.

35. *A Malagueta Extraordinária*, 05/06/1823. Rio de Janeiro. Apud RODRIGUES, J.H. *Independência: revolução e contrarrevolução* – Vol. IV: A liderança nacional..., p. 127-128.

36. *A Malagueta*, fev./1922. Rio de Janeiro [Não indica a data nem o número do semanário baiano]. Apud RODRIGUES, J.H. *Independência: revolução e contrarrevolução* – Vol. IV: A liderança nacional..., p. 128.

Os registros civis seriam instituídos em 1º de janeiro de 1852, porém, no segundo semestre de 1851, autoridades provinciais alegaram que grandes distâncias, precariedade das estradas e ausência de serviços públicos dificultavam a sua instituição na data determinada. Em janeiro de 1852, revoltas populares em várias províncias fizeram o governo imperial, perplexo com a violência das rebeliões, suspender a execução dos registros obrigatórios e do recenseamento geral. Párocos descontentes pela intervenção do poder público nas suas atribuições de produtores de estatísticas, instigaram a insatisfação popular, com a difusão da suspeita de que os registros teriam por objetivo identificar negros e mestiços livres, que se poderiam escravizar. Relacionaram os registros civis e o recenseamento geral ao fim do tráfico de escravos da África, em 1850 e a subsequente necessidade de suprimento da força de trabalho para as lavouras. Independente de instigação de párocos, as rebeliões generalizadas pelo mesmo motivo, expressaram uma interpretação comum do comportamento dos governantes e do segmento social dominante, e revelaram a insegurança dos segmentos populares e a instabilidade socioeconômica brasileira. Somente em 9 de setembro de 1870, uma lei determinou a contagem da população do Império a cada dez anos; e a organização de registros civis de nascimento, casamento e óbitos. Em 1872 realizou-se o primeiro recenseamento geral do Brasil, e a lei do Ventre Livre, de 18 de setembro do mesmo ano, determinou a matrícula geral dos escravos, como pressuposto para que os seus dispositivos vigorassem. O primeiro recenseamento geral do Brasil computou uma população de 9.930.478 habitantes. Os registros civis, somente foram instituídos a partir de 1890[37].

Também instigado por párocos, em consequência da quebra do monopólio dos sepultamentos por instituições eclesiásticas, ocorreu em Salvador um movimento social, denominado *Cemiterada*. Faziam-se os sepultamentos nos interiores dos templos, até meados do século XIX. O aumento da população e a propagação de doenças impuseram aos poderes públicos a necessidade da edificação de cemitérios, em lugares altos e afastado de centros urbanos. Todavia, a construção do Campo Santo, em Salvador, incomodou os interesses de irmandades religiosas, que tinham nos sepultamentos uma fonte de receita. Antes da inauguração da necrópole, as irmandades promoveram uma rebelião, em 25 de outubro de 1836, e destruíram os muros e a capela. Em negociação com os rebelados, os poderes públicos transferiram o controle do Campo Santo para Santa

---

37. CHALHOUB, S. População e sociedade. In: SCHWARCZ, L.M. (dir.) & CARVALHO, J.M. (coord.). *História do Brasil Nação: 1810-2010*. Vol. II: A construção nacional, 1830-1889..., p. 37-81.

Casa da Misericórdia, que o inaugurou em 1844[38]. O casamento civil e os registros, foram ainda rechaçados nos sertões da Bahia, por sertanejos fanáticos defensores de comunidades agrárias tradicionais, que insistiram na preservação dos ritos matrimoniais católicos e foram massacrados pelo Exército Brasileiro na Guerra de Canudos (1896-1897).

População brasileira em 1872, por percentuais

Indicadores	%
Condição jurídica	
Livres	84,7
Escravos	15,2
Qualificação étnica	
Brancos	38,1
Pretos	19,6
Pardos	38,2
Indígenas	3,9
Escolarização	
Alfabetizado	18,6
Analfabetos	81,4

FONTE: Censo, 1872. In: CHALHOUB, S. *População e sociedade...*, p. 37-81.

Iniciou-se o combate ao tráfico transatlântico de escravos quando a Revolução Industrial se consolidou na Inglaterra. Em 1807, o governo inglês proibiu o comércio internacional de africanos pelas suas esquadras mercantes e promoveu uma campanha internacional pela eliminação do tráfico humano e, por conseguinte, do trabalho escravo, que entrava em rota de colisão com a necessidade de mercados para a produção dos seus estabelecimentos industrias mecanizados. Portugal conseguiu resistir às pressões britânicas e contornar ou burlar os sucessivos acordos diplomáticos com a Inglaterra. A persistência escravista lusitana transferiu-se para o Brasil, ou para o senhoriato criado pela colonização, que comandou o processo de emancipação política brasileira e controlou a formação e a manutenção das instituições do Estado e da sociedade após a Independência nacional.

Durante o período regencial (1831-1840), enquanto o Brasil corria o risco de fragmentar-se em consequência das guerras regionais sustentadas por separa-

---

38. REIS, J.J. *A morte é uma festa*: ritos fúnebres e revolta popular no Brasil do século XIX. São Paulo: Companhia das letras, 1991. • SANTOS, A.F. & FERRAZ, M.H.M. Saúde Pública na Bahia: um Dilema para a Faculdade de Medicina da Bahia no Segundo Império do Brasil. In: *História da Ciência e Ensino*: construindo interfaces, VIII, 2013, p. 20-38. São Paulo.

tistas, federalistas ou republicanos, o café transformou-se no principal produto de exportação e essa expansão induziu a uma vultosa importação de escravos africanos. Entre 1808, quando se iniciaram as pressões internacionais pelo fim do tráfico de escravos da África, e 1850, quando se extinguiu o tráfico para o Brasil, importaram-se cerca de um milhão e meio de africanos, absorvidos majoritariamente pelas lavouras de café das províncias de São Paulo, Rio de Janeiro e Minas Gerais, cujas economias recebiam maiores impulsos de crescimento[39].

A reação inglesa ao tráfico de escravos da África intensificava-se quando o poder público passava ao controle dos conservadores. Em março de 1845, o parlamento britânico, comandado pelos liberais, aprovou uma lei ou ato, o *bill Aberdeen*, que recebeu o nome do primeiro-ministro inglês, o conde Aberdeen, uma das mais violentas agressões de uma potência econômica e militar à soberania de uma nação. Este ato unilateral concedeu ao almirantado inglês o direito de aprisionar navios que traficassem escravos no Atlântico, inclusive em águas territoriais de qualquer país, e de submeter as suas tripulações a julgamento. A esquadra inglesa aplicou toda a histórica experiência britânica em pirataria, no combate aos escravistas traficantes. Dezenas de barcos da marinha mercante brasileira foram capturados pela *Royal Navy*, sob suspeita de traficarem africanos. Todavia, os traficantes de escravos desafiaram o poderio naval inglês e continuaram os seus abomináveis negócios. Enquanto o líder conservador e ministro da Justiça, Euzébio de Queirós [Coutinho Mattoso da Câmara (1812-1868)], elaborava a lei que proibiria o tráfico, o embaixador britânico no Brasil comunicou a Soares de Souza, ministro brasileiro de Negócios Exteriores, que a Inglaterra atacaria portos brasileiros. Correspondeu a uma covarde declaração de guerra da maior potência mundial contra um país em formação e quase indefeso.

Dias depois, navios ingleses invadiram os portos de Macaé, Cabo Frio, Paranaguá, apreenderam, incendiaram e canhonearam embarcações brasileiras, sem escravos a bordo. Em 5 de julho de 1850, marinheiros ingleses foram linchados nas ruas do Rio de Janeiro, pela população indignada. No dia 11 do mesmo mês, o Conselho de Estado recomendou ao imperador não reagir. Eusébio de Queirós Mattoso reuniu-se secretamente com a Câmara dos Deputados e conseguiu aprovar o seu projeto de extinção do tráfico escravista em primeira votação, enquanto Paulino Soares de Souza negociava uma trégua com o embaixador inglês. Após esta submissão, o ministro participou de uma sessão da Câmara, na qual simulou altivez, atacou os atos da esquadra inglesa e a acomodação dos parlamentares com o tráfico, cuja extinção não seria uma questão internacional e deveria ser resolvida pelo Brasil. Numa bravata, explorou a trégua britânica, com

---

39. CARVALHO, J.M. Introdução: as marcas do período. In: CARVALHO, J.M. (coord.). *A construção nacional: 1830-1889* – Vol. II: História do Brasil Contemporâneo. Rio de Janeiro: Objetiva, 2012, p. 19-35.

a declaração de que ordenaria a todas as fortalezas brasileiras a dispararem contra os navios ingleses que atacassem novamente embarcações nacionais. Em dois dias a Câmara aprovou o projeto de Queirós Mattoso e em duas semanas o Senado confirmou a aprovação e a lei foi promulgada em 4 de setembro de 1850[40].

11.5 Formação da força de trabalho e mercantilização fundiária

Encerrou-se a colonização portuguesa do Brasil, no contexto da transição do epicentro da acumulação econômica mundial, da distribuição de mercadorias para a sua produção, sem que se organizassem a propriedade, a posse e o uso das terras, nos padrões da modernidade mercantil. Diferente da política escravista do Império do Brasil, precursora e executora da abolição lenta e gradual do trabalho escravo, que passou por ampla discussão social, a política agrária desenvolveu-se nos gabinetes ministeriais e no parlamento, tanto a Câmara quanto o Senado, compostos essencialmente por latifundiários e seus representantes, sem qualquer debate na sociedade civil. Uma resolução de consulta à mesa do Desembargo do Paço, de 17 de julho de 1822, proposta por José Bonifácio, determinou que se suspendessem as doações de terras pelo regime de sesmarias, até que se convocasse a Assembleia Geral Constituinte. Esta decisão foi ratificada por uma provisão do mesmo Desembargo, que ordenou a sua execução por todas as juntas provinciais de governos provisórios, já a Assembleia Geral Constituinte de 1823, nem sequer cogitou a matéria. Em 1835, através de um projeto sobre sesmarias, tentou-se uma intervenção parlamentar na questão fundiária, cujo processo logo se arquivou. Fez-se a primeira incursão nesse campo em 1842, por iniciativa do primeiro gabinete conservador, após a maioridade antecipada do adolescente imperador, através de uma solicitação de Cândido José de Araújo Viana, ministro do Império, ao Conselho de Estado, para que elaborasse um projeto de lei para regularizar a propriedade, posse e uso da terra e a colonização por imigrantes estrangeiros, como alternativa para o trabalho escravo[41].

---

40. CALDEIRA, J. Mauá: empresário do Império. São Paulo: Companhia das Letras, 1995, p. 209-219. • MAMIGONIAN, B.G. Africanos livres: a abolição do tráfico de escravos no Brasil. São Paulo: Companhia das Letras, 2017, p. 360-399.

41. Dentre os estudos específicos destacam-se: LIMA, R.C. Pequena história territorial do Brasil: sesmarias e terras devolutas. 5. ed. São Paulo: Secretaria do Estado da Cultura, 1990 [1. ed., 1935]. • PORTO, C. Estudo sobre o sistema sesmarial. Recife: Imprensa Universitária, 1965. • PORTO, C. O sistema sesmarial no Brasil. Brasília: UnB, 197?. • LOBO, E.M.L. História político-administrativa da agricultura brasileira, 1898-1889. Brasília: Ministério da Agricultura, 1979. • SILVA, L.O. Terras devolutas e latifúndio: efeitos da lei de 1850. Campinas: Unicamp, 1996. • MOTTA, M.M.M. Nas fronteiras do poder: conflito e direito à terra no Brasil do século XIX. Rio de Janeiro: Vício de Leitura/Arquivo Público do Estado do Rio de Janeiro, 1998.

Bernardo Pereira de Vasconcelos, relator do projeto, explicitou o seu objetivo de promover a imigração de trabalhadores pobres, moços e robustos, com os pressupostos de que a extinção do tráfico de escravos, prevista em tratados com a Inglaterra, resultasse em escassez de força de trabalho agrária e a facilidade de acesso à terra dificultasse a obtenção de trabalhadores livres. O parlamentar propôs que as terras fossem comercializadas, não mais objeto de doação em regime de sesmarias[42], uma instituição cuja aplicação encontrava-se suspensa desde julho 1822, e que se coibisse a sua ocupação por quem não dispusesse do título de propriedade ou de arrendamento, com a suposição de que se majorasse o preço, dificultaria a sua aquisição e forçaria o imigrante pobre a vender a sua força de trabalho.

O projeto de lei e o parecer sobre ele elaborado por Pereira de Vasconcelos traduziram as ideias de Edward Gibbon Walkefield, expostas no folheto *A Liter from Sidney*, publicado em 1829, que apresentou sugestões e métodos para a colonização da Austrália, onde a terra, barata e abundante e a força de trabalho escassa e cara, facilitavam aos imigrantes tornarem-se proprietários. Walkefield propôs a elevação artificial dos preços da terra para que o imigrante tivesse que trabalhar por algum tempo antes de amealhar recursos para adquirir um lote, e a aplicação dos recursos obtidos com a venda de glebas na importação de novos colonos, barateasse o custo do trabalho e, neste movimento cíclico, elevasse o preço da terra[43].

---

42. A distribuição de *sesmaria* resultou de um sistema jurídico de repartição de terras, instituído no reinado de d. Fernando (1367-1383), para estimular o povoamento de áreas incultas ou conquistadas dos árabes que ocupavam a península Ibérica, para desenvolver a agricultura e expandir a produção de cereais em Portugal, que sofria de escassez de alimentos. Sancionou-se a lei originária desse sistema em 26 de julho de 1375, que se transferiu para os códigos portugueses, através das instruções de d. João e d. Duarte, as Ordenações Afonsinas que vigoraram até 1514, as Ordenações Manuelinas (1514-1603) e as Ordenações Filipinas, a partir de 1603, com vigência no Brasil até 1916. Com as capitanias hereditárias, d. João III (1521-1557) transferiu esse regime jurídico de repartição fundiária para o Brasil, em 1534, a fim de promover a ocupação territorial a partir do contorno litorâneo. Através dele, os capitães donatários receberam, sem foro nem direito algum, apenas o pagamento do dízimo à Ordem de Cristo sobre o que produzisse, 50 léguas de costa, embora fossem reais proprietários de cerca de 20% das terras. Eles, seus herdeiros e sucessores deveriam distribuir, sem qualquer ônus, a título de sesmarias, a maior parte, cujos sesmeiros se obrigariam a ocupá-las no prazo máximo de cinco anos. As terras não aproveitadas no tempo estipulado se transformariam em devolutas, ou devolvidas ao senhorio original, o rei de Portugal. Embora a distribuição de terras fosse do seu livre-arbítrio, os contemplados com capitanias não poderiam fazê-la à própria mulher nem ao filho primogênito, herdeiro do título (VITERBO, J.S.R. *Elucidário das palavras...* Vol. II, p. 559-562. • PORTO, C. Estudo sobre o sistema sesmarial..., p. 39-40. • PORTO, C. O sistema sesmarial no Brasil. Brasília: UnB, [s.d.], p. 27-28. • RAU, V. *Sesmarias medievais portuguesas...*, p. 41-45. • FAORO, R. *Os donos do poder...*, p. 45-87. • SILVA, L.O. *Terras devolutas e latifúndio...*, p. 38. • NEVES, E.F. Posseiros, rendeiros e proprietários..., p. 94-129.

43. CARVALHO, J.M. *A construção da ordem*: a elite política imperial; *teatro de sombras*: a política imperial..., p. 332-333. • MATTOS, I.R. *O tempo saquarema...*, p. 239. • SMITH, R. *Propriedade da terra e transição*: estudo da formação da propriedade privada da terra e transição para o capitalismo no Brasil. Brasília/São Paulo: CNPq/Brasiliense, 1990, p. 136. Sobre os fundamentos colonizadores de Wakefield, cf. MARX, K. *O capital* – Crítica à economia política. Rio de Janeiro: Civilização Brasileira, 197? [Livro I: O processo de produção do capital; vol. 1 e 2, p. 305, 394, 619, 678, 785, 884, 894 [1. ed. alemã, 1894].

A conjuntura de primeiros impactos da Revolução Industrial sobre a economia mercantil-escravista brasileira demandava reformas da ordem socioeconômica de origem colonial, que reorganizassem as relações de trabalho e reordenassem as normas de propriedade por meio de um novo código jurídico. Sob a liderança do conservador Euzébio de Queirós Mattoso, elaborou-se o Código Comercial, instituído pela Lei Imperial n°. 556, de 25 de junho de 1850. O projeto de Lei de Terras do ministério conservador, que tramitou durante sete anos no parlamento, no qual predominavam interesses latifundiários, foi aprovado quase na forma original e transformou-se na Lei Imperial n. 601, de 18 de setembro de 1850, a Lei das Terras, calcada nos fundamentos jurídico-políticos do liberalismo brasileiro, que trazia um compromisso filosófico formal, apreendido na Europa e adaptado às conveniências das oligarquias rurais brasileiras. Acreditava-se no liberalismo europeu vagamente concebido e desprovido de crítica, como uma força capaz de proporcionar a forma ideal de governo, que beneficiasse a sociedade e se aperfeiçoasse com a introdução de boas leis e instituições eficientes[44].

Analisa-se a Lei das Terras de 1850 no contexto das reformas liberais empreendidas pelos conservadores, liderados por Euzébio de Queirós Mattoso, que consolidaram o Estado Nacional no Brasil, pela ótica da estratificação social e da ordem econômica liberal. Nos debates parlamentares de 1842-1850, destacou-se um conflito entre duas concepções de propriedade da terra, de política fundiária e de trabalho, que refletiam a transição iniciada no século XVI e concluída no XX. Na primeira formulação, a tradicional, vislumbrava-se a terra como domínio do rei de Portugal, para ser doada como recompensa a serviços prestados; a sua propriedade resultaria em prestígio social. Na segunda elaboração, a moderna, a terra transformou-se em domínio público e converteu-se em mercadoria, acessível apenas aos possuidores dos meios necessários para explorá-la lucrativamente, e a sua propriedade passou a significar poder econômico[45].

Durante os debates do projeto de reforma que originaram a Lei das Terras, o governo imperial e sua burocracia formaram opiniões favoráveis ao incentivo da imigração como queriam os grandes cafeicultores e, no debate do projeto Rio Branco, que resultaria na Lei do Ventre Livre, tomaram posição contrária aos interesses do setor agrário, mas nas duas ocasiões, optaram por uma economia de mercado, que liberasse a força de trabalho e a propriedade fundiária, embora não encontrassem apoio significativo nos segmentos sociais escravistas. Em

---

44. FLORY, T. *El juez de paz y el jurado en el Brasil imperial, 1808-1871*: control social y estabilidad política en el nuevo Estado. México: Fondo de Cultura Económica, 1986, p. 17, 36.

45. COSTA, E.V. *Da monarquia à república*: momentos decisivos. 3. ed. São Paulo: brasiliense, 1987, p. 141-143.

muitas regiões a terra permaneceria objeto de prestígio social, além de fator de produção, e a força de trabalho, presa ao latifúndio, que emperrava a economia de mercado e debilitava o Estado liberal, sem viabilizar nem a preconizada modernização conservadora. A Lei das Terras demonstrou a incapacidade do governo central em aprovar ou programar medidas contrárias aos interesses dos proprietários, na ausência de pressões extraordinárias como a ameaça externa ou a coação do poder moderador[46].

Desde a resolução de 17 de julho de 1822, que suspendeu a concessão de sesmarias, à Lei das Terras de 1850 e sua regulamentação em 1854, a posse foi a única forma de acesso às terras públicas. Por estas e outras razões, os conflitos agrários generalizaram-se em todo o território imperial. Poderosos senhores apropriavam-se de glebas de pequenos lavradores, principalmente nas zonas de expansão cafeeira, que discutiam a regularização do domínio fundiário e, simultaneamente, reclamavam o reconhecimento legal das suas posses. A Lei das Terras atendeu aos interesses particulares dos conservadores, por estimular a intensificação do tráfico interno de escravos e se opor ao regime de parceria. Ao se extinguir o tráfico internacional de escravos para o Brasil em 1850, identificou-se como aspecto mais relevante do fim deste comércio escravista, a liberação dos capitais nele investidos, que se deslocaram para outras atividades comerciais e algumas produtivas, com reflexos sobre a economia de mercado. Também se vislumbrou uma relação íntima entre as políticas de terras e a de força de trabalho, sem encarar a questão da regulamentação de propriedade agrária como efeito da extinção do tráfico externo de escravos.

Entretanto, a vinculação do problema de regulamentação da propriedade fundiária à imigração expressou a forma de induzir a transição do trabalho escravo para o livre, própria do segmento de classe social dominante do Estado imperial. Os dispositivos da Lei das Terras de 1850 e da sua regulamentação de 1854 revelaram ambiguidades e esboçaram um projeto nacional que não pertencia apenas aos proprietários de grandes fazendas, mas seria capaz de ordenar e administrar o seu espaço territorial. As imprecisões e indefinições evidenciariam os limites da intervenção do Estado monárquico, numa sociedade marcada pelo arraigado poder dos senhores de grandes extensões de terras. Enfim, o projeto de nação dos conservadores atribuía ao Estado a responsabilidade e o ônus da transição capitalista no Brasil, com os deveres de transferir o capital traficante para outros setores da economia; consolidar a legislação comercial; regularizar

---

46. CARVALHO, J.M. *A construção da ordem*: a elite política imperial; *teatro de sombras*: a política imperial..., p. 341-351.

a propriedade fundiária privada e estatal para submeter a força de trabalho; e se encarregar da importação de imigrantes europeus.

Depois de sancionada a Lei Imperial n. 601, de 18 de setembro de 1850, convocou-se novamente o Conselho de Estado, em 1851, para elaborar a sua regulamentação, publicada em 1854, que instituiu a Repartição Geral das Terras Públicas, com o objetivo de executar a política fundiária brasileira, que legalizou costumes ilegítimos, ao reafirmar domínios de possuidores de qualquer extensão de terra, com título de aquisição, por posse de antecessores ou concessões de sesmarias não medidas ou não confirmadas, nem cultivadas. Juízes e delegados de polícia ficaram com a responsabilidade de informar ao governo a existência de terras devolutas nas respectivas jurisdições. O governo imperial ficou autorizado a custear, anualmente, a imigração de colonos livres da Europa, repassá-los aos estabelecimentos agrícolas e a vender as terras públicas em lotes ou quadras de 500 braças de cada lado, com pagamentos à vista e preços mínimos de meio real a dois réis por braça quadrada, conforme a qualidade do solo e a localização. Os lotes de 500 braças quadradas, equivalentes a 121 hectares, teriam preços mínimos de 250.000 réis e máximos de um conto de réis.

A extinção do tráfico africano de escravos e a Lei de Terras constituíram-se nas deliberações mais significativas da transição da propriedade agrária brasileira para o pleno capitalismo e da conciliação de interesses políticos impostos pelo Império, com a liberação do capital mercantil-escravista para as atividades produtivas e comerciais, embora persistisse o tráfico interprovincial que insistia em deslocar internamente com o escravo, o resultado do trabalho social das regiões de economias mais frágeis para as mais consolidadas e, por conseguinte, de maior volume de exportações e de arrecadação tributária[47].

O ministro britânico no Brasil, William Christie, denunciou em 1860, a escravização de africanos no Brasil, que ele considerava livres, por serem importados após um tratado com a Inglaterra, que resultou na Lei de 7 de novembro de 1831, conhecida como Lei Feijó-Barbacena, que extinguiu o tráfico de escravos no Atlântico. Acusou o governo brasileiro de conivência com a transferência de 34.688 escravos do Norte para o Sul do país, por via marítima, que configuraria um tráfico atlântico. As negociações ficaram tensas após as prisões de três cidadãos ingleses por autoridades brasileiras, no final do ano de 1862. O ministro Christie reivindicou indenizações para eles. Diante da recusa, ordenou o

---

47. SMITH, R. *Propriedade da terra e transição...*, p. 328-335. • SILVA, L.O. *Terras devolutas e latifúndio...*, p. 122-125. • MOTTA, M.M.M. Terra, nação e tradições invertidas: outra abordagem sobre a Lei de Terras de 1850. In: MENDONÇA S. & MOTTA, M. (orgs.). *Nação e poder: as dimensões da história*. Niterói: Eduff, 1998, p. 83. • NEVES, E.F. *Estrutura fundiária e dinâmica mercantil...*, p. 203-249.

bloqueio naval do Rio de Janeiro, durante o qual a frota inglesa capturou cinco navios brasileiros em águas nacionais. Após difíceis negociações, os portos foram liberados e o Brasil rompeu relações diplomáticas com a Inglaterra, somente restabelecidas em 1864, quando se iniciava a guerra contra o Paraguai. O incidente evidenciou a dificuldade de manutenção do trabalho escravo[48].

Evolução do contingente escravo da população brasileira, por província, em percentual, 1819-1887

Província	1819	1823	1872	1882	1887
Minas Gerais	15,22	18,74	24,52	22,09	30,00
Rio de Janeiro e Corte	13,19	13,12	22,60	24,11	25,47
São Paulo	7,01	1,83	10,37	10,33	16,91
Espírito Santo	1,83	5,23	1,50	1,64	2,10
Bahia	13,30	20,69	11,11	10,47	12,05
Pernambuco	8,82	13,07	5,89	6,71	6,45
Sergipe	2,37	2,79	1,50	2,07	2,65
Alagoas	6,24	3,49	2,37	2,33	2,39
Paraíba	1,51	1,74	1,42	1,65	1,48
Rio Grande do Norte	0,82	1,25	0,86	0,80	0,50
Amazonas	0,54	-	0,06	1,14	-
Pará	2,98	3,49	1,82	2,01	-
Maranhão	12,04	8,47	4,96	4,76	-
Piauí	1,12	0,87	1,58	1,43	-
Ceará	5,01	1,74	2,11	1,55	-
Paraná	0,92	-	0,70	0,61	-
Santa Catarina	0,82	0,22	0,99	0,87	-
Rio Grande do Sul	2,55	0,65	4,49	5,44	-
Goiás	2,42	2,09	0,71	0,55	-
Mato Grosso	1,28	0,52	0,44	0,44	-
Total	100,00	100,00	100,00	100,00	100,00
Brasil	1.107.389	1.147.515	1.510.806	1.262.801	637.602

FONTE: STEIN, S.J. *Vassouras*: um município brasileiro de café, 1850-1900. Rio de Janeiro: Nova Fronteira, 1990, p. 341.

---

48. ALONSO, Â. *Flores, votos e balas*: o movimento abolicionista brasileiro (1868-1888). São Paulo: Companhia das Letras, 2015, p. 26-33.

O deslocamento da densidade econômica brasileira da região que seria o Nordeste para a que se constituiu em Sudeste, refletiu no século XIX, na transferência em proporções semelhantes da força de trabalho escrava, que declinava da Bahia para o Norte e expandia desde esta província para o Sul. Na década de 1870, o trabalho escravo ainda predominava nas lavouras de exportação, geradoras da maior parte das receitas públicas. Consequentemente, o fim do tráfico transatlântico impactou, de algum modo, na economia e na sociedade brasileiras, sobretudo, nas regiões de economia mais promissoras, nas quais ocorreram elevação de preços dos escravos e escassez de força de trabalho. A lei de 28 de setembro de 1871, emancipou os filhos de escravas nascidos a partir dessa data e submeteu esses infantes mancípios à tutela dos senhores de suas mães, até que completassem oito anos de idade. A partir de então, os tutores poderiam optar por uma indenização imperial no valor de 600.000 réis ou utilizarem-se dos seus serviços dos mancebos enquanto não completassem 21 anos.

Até meados do século XIX não houve movimento abolicionista no Brasil, apenas projetos de melhoria das condições do trabalho escravo foram apresentados ao Parlamento. Desde então, cresceu a adesão à causa emancipacionista e a conciliação política ficou insustentável nas três décadas seguintes, quando fracassaram todos os projetos de extinção do trabalho escravo. A sua extinção gradual, com a proibição do tráfico (1850), a libertação dos filhos de escravas nascidos a partir de 28 de setembro de 1871 e a emancipação dos idosos com mais de 60 anos, pela Lei de 28 de setembro de 1885, materializou a fórmula encontrada pelos conservadores para responderem às reivindicações abolicionistas dos liberais ou dos liberais abolicionistas. E a extinção definitiva do trabalho escravo, em 13 de maio de 1888, significara, no seu tempo, uma vitória dos abolicionistas, um gesto de humanidade da princesa regente, uma concessão do Parlamento e, sobretudo, uma conquista dos escravos[49]. A gradual extinção do trabalho escravo evoluiu o conceito da escravidão de um comportamento legal e tolerado, para o de prática imoral e ilegítima, que passou à de ilegalidade criminalizada após a extinção definitiva.

11.6 Expansão agroexportadora e importação de trabalhadores europeus

Questiona-se a abordagem historiográfica fundamentada na trilogia monocultura, latifúndio e escravidão como modeladora da sociedade e da economia

---

49. ANDRADE, M.J.S. *A mão de obra escrava em Salvador, 1811-1860*. São Paulo/Brasília: Corrupio/CNPq, 1988, p. 65-89.

do Brasil, por se dedicar, quase exclusivamente, ao estudo do cultivo extensivo de gêneros tropicais para o comércio exterior e à organização social de senhores e escravos, na qual se desconhecem ou se apresentam os segmentos sociais intermediários como irrelevantes. Deve-se considerar que as monoculturas de exportação concentravam-se em determinadas zonas e extensos circuitos comerciais articulavam as capitanias e abasteciam núcleos urbanos; tropas de bestas de carga e boiadas interligavam feiras de todo o Brasil[50].

Sem ignorar o papel primordial da produção exportadora na economia colonial, esta nova abordagem vislumbra a formação e o desenvolvimento de grupos sociais e de economias regionais com o emprego do trabalho escravo associado ao de famílias proprietárias (campesinato), de meeiros e de diaristas e comercializavam excedentes produzidos no mercado interno, articulado com o grande comércio exterior, de modo a sustentar a monocultura canavieira litorânea e complementar a pauta de exportação com alguns produtos como couro, fumo, algodão, aguardente, produzidos no interior. As policulturas disseminaram-se em pequenas unidades produtoras, por amplos territórios, da qual se exportava também parte da produção, desde a colonização portuguesa[51].

A cafeicultura, consolidada na primeira metade do século XIX, resultou de um conjunto de fatores favoráveis: a disponibilidade de terras apropriadas para o seu cultivo; a generalização do consumo em vários países, que passaram a importar o café em volumes crescentes; a proximidade das regiões produtoras do litoral que facilitou o escoamento da produção; a persistência do tráfico africano até 1850 e a transferência de escravos, das províncias brasileiras de economias mais fracas para as mais prósperas, asseguraram o fornecimento da força de trabalho; o cultivo predatório que derrubava as florestas e a superexploração do trabalho escravo possibilitaram uma produção lucrativa; o crescimento da demanda externa e a consequente elevação dos preços do café, a partir de meados do século XIX, compensaram o aumento dos custos do trabalho escravo e dos transportes, com a interiorização das lavouras.

A expansão das lavouras de café e o consequente fortalecimento das oligarquias cafeeiras acompanharam o crescimento do jovem imperador, O cultivo desta rubiácea, do mesmo modo que o da cana-de-açúcar, resultou da expansão mercantil europeia e da colonização da América. Diferentes espécies de cana, originárias do sul e sudoeste da Ásia e da Nova Guiné, foram transferidas para a Europa e cultivadas inicialmente nas bordas do Mediterrâneo. Transportaram-nas para as ilhas do Atlântico, associadas ao trabalho escravo e, na condição de

---

50. BARICKMAN, B.J. *Um contraponto baiano...*, p. 27.

51. NEVES, E.F. *Uma comunidade sertaneja...*, p. 63-93. • NEVES, E.F. *Estrutura fundiária e dinâmica mercantil...*, p. 203-249.

grande monocultura, plantadas em amplas propriedades fundiárias, chegaram ao Brasil, para iniciar a colonização portuguesa no século XVI. Já o café, de origem etíope, inicialmente difundido e comercializado por árabes na Europa, foi transplantado para a Guiana Francesa e levado clandestinamente por Francisco de Mello Palheta para o Pará, no início do século XVIII, de onde o transferiram, entre 1760 e 1762, para as encostas da Tijuca, Gávea e Corcovado, no Rio de Janeiro. Seu cultivo, depois de estagnar-se por algum tempo, difundiu-se, rapidamente no início do século XIX, com o renascimento das atividades agrícolas após a crise mineradora, pelo vale do Paraíba, municípios de Vassouras, Valença, Barra Mansa e Resende, no Rio de Janeiro; Campinas, Limeira, São Carlos, Araraquara, Ribeirão Preto, em São Paulo; e em menor escala, no sul de Minas Gerais e do Espírito Santo.

Evolução das exportações de produtos brasileiros (em %, 1821-1890)

Produtos	1821-1830	1831-1840	1841-1850	1851-1860	1861-1870	1871-1880	1881-1890
Açúcar	30,1	24,0	26,7	21,2	12,3	11,8	9,9
Algodão	20,6	10,8	7,5	7,5	6,2	18,3	4,2
Borracha	0,1	0,3	0,4	2,3	3,1	5,5	8,0
Cacau	0,5	0,6	1,0	1,0	0,9	1,2	-
Café	18,4	43,8	41,5	48,8	45,5	56,6	61,5
Couros e peles	13,6	7,9	8,5	7,2	6,0	5,6	3,2
Erva-mate	-	0,5	0,9	1,6	1,2	1,5	-
Fumo	2,5	1,9	1,8	2,6	3,0	3,4	-
Total	85,8	89,8	88,2	92,2	78,2	103,9	86,8

Fontes: PINTO, V.N. Balanço das transformações econômicas no século XIX. In: MOTA, C.G. (org.). *Brasil em perspectivas...*, p. 126-145. • SODRÉ, N.W. *História da burguesia brasileira...*, p. 62. • MARTINS, A.L. *Império do Café:...*, p. 38.

As vastas plantações aglutinavam brancos, negros, índios e mestiços e, em pouco tempo expandiram-se em São Paulo até transformarem-se na principal atividade econômica nacional e no maior produto brasileiro de exportação, com o crescimento do consumo mundial, estimulado pela industrialização e urbanização a partir da Europa[52] e pela Guerra de Secessão, a guerra civil dos Estados Unidos da América (1861-1965), que substituíram o consumo de chá pelo da rubiácea brasileira, e cujos confederados do sul, derrotados, emigraram para ou-

---

52. LAPA, J.R.A. *A economia cafeeira*. São Paulo: Brasiliense, 1983.

tros países. O Brasil recebeu mais de 10.000 migrantes norte-americanos, que se dedicaram à agricultura em Santa Bárbara do Oeste, Americana e outros municípios paulistas.

O ingresso de estrangeiros no Brasil, restrito e controlado pela colonização portuguesa, foi estimulado no Império, quando se passou a preocupar com a baixa densidade populacional. Estabeleceram-se, então, algumas colônias alemãs, suíças, polonesas e de outros povos europeus, com maior incidência nas províncias do Sul e do Sudeste do Brasil. Além da demanda por força de trabalho para a agricultura, havia também os interesses étnico e social das elites agrárias e urbanas, em branquear e civilizar a população brasileira, que se escurecia a cor da pele em consequência da miscigenação.

O fim do tráfico transatlântico de escravos em 1850 agravou a escassez de força de trabalho para a expansionista monocultura cafeeira. Tentou-se amenizar este problema com o tráfico interno, que deslocava cativos das regiões de economias incipientes ou de menor cadência de crescimento, contudo, esta alternativa não correspondeu à demanda dos cafeicultores. O trabalho escravo revelava-se mais oneroso e menos produtivo que o colonato e o assalariado, além de o trabalho livre não manter mobilizado o trabalhador o tempo todo e o capital imobilizado no escravo tendia a desaparecer com o seu envelhecimento e se extinguia com a morte. O regime de trabalho converteu-se em um obstáculo da acumulação de capital e numa barreira para a emigração de trabalhadores europeus.

O empobrecimento de parte da população da Alemanha e da Itália, em decorrência das respectivas unificações nacionais, levava autoridades destes países a estimularem a emigração de segmentos sociais que se tronavam onerosos para as suas administrações. Fazendeiros de café das áreas mais prósperas passaram a se desinteressar pelo sistema escravista, optar pelo colonato imigrante e difundir as vantagens do colonato e do assalariamento. Liderados pelo senador Nicolau Pereira de Campos Vergueiro, tentaram importar colonos europeus remunerados pelo sistema de parceria, dos quais cobravam, em parcelas, os custos dos deslocamentos, desde as origens aos cafezais. Pioneiro da imigração de trabalhadores europeus, o senador Vergueiro importou, em 1840, cerca de 90 famílias de camponeses do Minho, norte de Portugal, para a sua fazenda Ibicaba, cujo projeto, prejudicado pela sua participação no movimento liberal de 1842, foi postergado e retomado anos depois. Os colonos deveriam pagar, em um prazo estipulado, os adiantamentos para o transporte e o sustento, com juros de 6% ao ano. Cada família se encarregaria do cultivo de determinado número de pés de café e poderia plantar lavouras de cereais da subsistência nas terras da fazenda à qual se vinculava. O café colhido seria dividido ao meio, entre colono e fazendeiro, do mesmo modo se procedia com a produção excedente de mantimentos.

Em 1847 chegou a Ibicaba 364 famílias de colonos alemães. O endividamento dos primeiros imigrantes revelou-se impagável e inviabilizou a importação de trabalhadores da Europa patrocinados pela iniciativa privada. Além das dívidas, os colonos reclamavam das condições de trabalho, de moradia e de alimentação; os fazendeiros acusavam os imigrantes de preguiçosos, viciados e desordeiros. Diante do impasse, os cafeicultores passaram a reivindicar a definição de uma política imigratória governamental. Na década de 1880, a presidência da província de São Paulo assumiu os custos da importação de imigrantes. Em seguida, o governo imperial passou a se responsabilizar por este encargo, que desenvolveu a imigração em crescentes fluxos e viabilizou a expansão ilimitada da monocultura cafeeira. Somente nos últimos quatro anos de vigência da escravização (1885 a 1888), o Brasil recebeu cerca de 260.000 imigrantes europeus, que custaram aos cofres públicos, aproximadamente, 1.600.000 libras esterlinas[53]. A partir de então, a cafeicultura passou a absorver a maior parte dos recursos públicos disponíveis, em detrimento de outros setores das atividades agrícolas.

Imigrantes entrados no Brasil, 1884-1900

Ano	Imigrantes
1884	23.574
1885	34.724
1886	32.650
1887	54.932
1888	132.070
1889	65.165
1890	106.819
1891	215.239
1892	85.906
1893	132.589
1894	60.132
1895	164.831
1896	157.423
1897	144.866
1898	76.862
1899	53.610
1900	37.807
Total	1.518.999

FONTE: IANNI, O. O processo econômico e o trabalho livre. In: HOLANDA, S.B. (dir.). *História geral da civilização brasileira* – II: O Brasil Monárquico; III: Reações e transações, p. 297-319.

---

53. HOLANDA, S.B. As colônias de parceria. In: HOLANDA, S.B. (dir.). *História geral da civilização brasileira* – Vol. II: O Brasil Monárquico; 3: Reações e transações. 6. ed. Rio de Janeiro/São Paulo: Bertrand Brasil/Difel, 1987, p. 246-260. • OLIVEIRA, F. *A economia da dependência imperfeita*. Rio de Janeiro: Graal, 1977, p. 9-38.

Desencadeou-se a campanha da abolição, em 1879, e intensificou-se a busca de alternativa do escravo no imigrante europeu. Em consequência, provocou-se uma intensa imigração estrangeira, no final do século XIX e princípio do XX, para a agricultura, sobretudo, do café. Alemães e suíços imigraram em grandes fluxos ainda na primeira metade do século XIX; italianos, nos últimos anos desse século e primeiros do seguinte, espanhóis e portugueses, nas primeiras décadas do XX; e japoneses, no período subsequente, seguidos de outros orientais. Entretanto, recrutavam-se trabalhadores de diversas origens na Europa, sem qualquer seleção de aptidões; e os fazendeiros, habituados na relação com escravos, tiveram dificuldades para se adaptarem à lida com trabalhadores livres. Como medida restritiva, o governo italiano proibiu, em 1902, a emigração subsidiada para o Brasil. Somente permitia emigrar os indivíduos que custeassem os seus deslocamentos. Outros governos europeus também reagiram com a mesma iniciativa, às acusações de maus tratos dos trabalhadores imigrantes nas fazendas brasileiras[54]. O fluxo migratório para o Brasil somente voltou a crescer com o seu deslocamento para o Oriente, com as imigrações de japoneses, chineses e coreanos.

Introduziu-se o arado ou charrua de tração animal e fabricação inglesa nas lavouras de café em 1847, na fazenda Ibicaba em Limeira, SP, todavia, a generalização do seu uso somente ocorreria na década de 1870; a carpideira e o semeador, também puxados por animal, na década de 1880. Depois de colhido, o café secava-se ao sol durante três, quatro ou cinco semanas. O despolpamento dos grãos ainda úmidos ajustava-se às pequenas lavouras de sucessivas colheitas, na proporção do amadurecimento dos grãos. O beneficiamento a seco foi uma necessidade da grande lavoura, que passou a fazer a derriçagem de todos os grãos de diferentes maturações de um galho em apenas uma raspagem. Secavam-se os grãos em um grande terreiro, revolvidos por rodos de madeira, durante os dias e amontoados às noites. O despolpador mecânico, de fabricação inglesa, para secagem a vapor, surgiu na década de 1860, na de 1880 introduziu-se o locomóvel acoplado sobre rodas e movido a vapor, que possibilitou a mecanização de todo o beneficiamento do café. Passou-se a colher, separar, classificar, brunir, ensacar e pesar automaticamente. Na mesma época, a inovação tecnológica alcançou os canaviais: aplicação de adubos e introdução de novas espécies, como a cana caiena, importada da Guiana Francesa; substituição dos antigos banguês pelos engenhos centrais e depois por usinas. Evolução semelhante ocorreu no cultivo do algodão, quando espécies híbridas mais produtivas substituíram os velhos,

---

54. BEIGUELMAN, P. *A formação do povo no complexo cafeeiro*: aspectos políticos. São Paulo: Pioneira, 1968, p. 52-53. • BERTONHA, J.F. 26 de março de 1902: imigração no Brasil. In: BITTENCOURT, C. (org.). *Dicionário de Datas Históricas do Brasil* [verbete]. São Paulo: Contexto, 2012, p. 69-72.

mocó, rim-de-boi e herbáceo e a monocultura redimensionou as lavouras, a produtividade e o volume da produção. O cultivo do cacau também se expandiu pela inovação tecnológica. Enfim, a disponibilidade de recursos naturais e de força de trabalho alternativa à escravidão e a mecanização impulsionaram a grande lavoura[55].

Em simultaneidade ao café e em menores escalas, duas espécies nativas originárias da Amazônia, o cacaueiro, de cuja semente se produz o chocolate, e a seringueira, fornecedora do látex, matéria-prima da borracha, expandiram-se, despertaram interesses nos mercados internacionais e transformaram-se em mediadoras da formação de fortunas nacionais. Originário de regiões de florestas pluviais da América Tropical, encontra-se o cacaueiro nativo desde o Peru ao México. Cultivado por povos pré-colombianos da América Central, recebeu classificação de Carlos Lineu (1707-1778) como *Theobroma cacao*. Transplantado em 1746 do Pará, desenvolveu-se em grandes plantações nas áreas de mata atlântica do litoral Sul da Bahia. Em menos de um século ocupou todos os terrenos disponíveis, apropriados para o seu plantio, assumiu a posição de principal produto exportado pela Bahia, na primeira metade do século XX e promoveu uma das mais faustosas e perdulárias oligarquias agrária brasileiras[56].

Iniciou-se a exploração econômica do látex da seringueira (*Hevea brasiliensis, L*), na ilha de Marajó e às margens do baixo rio Amazonas, na primeira metade do século XIX. Os seringais expandiram-se com o início das exportações em 1839, atraíram um povoamento desordenado, promoveram oligarquia da borracha, de grandes fortunas amazônicas e estimularam disputas territoriais entre brasileiros, peruanos e bolivianos nos vales dos rios Madeira e Purus, ocupados entre as décadas de 1850 e 1870, por emigrantes do semiárido, principalmente do Ceará e transformados em zonas beligerantes[57].

---

55. CANABRAVA, A.P. A grande lavoura. In: HOLANDA, S.B. (dir.). *História geral da civilização brasileira* – Vol. II: O Brasil Monárquico; 4: Declínio e queda do Império. 4. ed. São Paulo: Difel, 1985, p. 85-137.

56. BAIARDI, A. *Subordinação do trabalho ao capital na lavoura cacaueira da Bahia*. São Paulo: Hucitec, 1984. • FALCÓN, G. *Os coronéis do cacau*. Salvador: Ianamá/Centro Editorial e Didático da Ufba, 1995. • ROCHA, L.B. *A região cacaueira da Bahia*: dos coronéis à vassoura-de-bruxa – Saga, percepção, representação. Ilhéus: Editus, 2008.

57. CAMPOS, S.M.M. *O espaço brasileiro e o processo de produção do espaço no Acre*. São Paulo: USP, 2004, p. 49-51 [Tese de doutorado]. • BEZERRA, M.J. *Invenções do Acre*: de território a Estado – Um olhar social... São Paulo: USP, 2006, p. 22-23 [Tese de doutorado].

12 Escolarização, literatura e historiografia

12.1 Escolarização e transmissão de ideias, sentimentos e ações

A competitiva e consumista sociedade capitalista, de busca incontida por horizontes mais amplos, viagens, descobertas, inovações, limitada por nacionalismos estreitos e fanatismos mesquinhos, mas que se recusa a curvar-se a eles, desenvolveu-se no Mercantilismo e consolidou-se na Revolução Industrial. A literatura e a arte renascentistas se impuseram como ápice da realização cultural do Ocidente e as suas contradições permaneceram evidentes. Em uma pintura da Renascença, o que mais fascina não é a notável capacidade do artista de representar, com perfeição, as formas humanas e as coisas naturais, mas a aptidão de usar a arte de pintar para comunicar o indizível. Não se descreve a arte como uma expressão da civilização; os artistas usam técnicas e estilos que suas sociedades lhes disponibilizam para se comunicarem. E frequentemente comunicam as suas repulsas às circunstâncias de seus tempos. Além da literatura renascentista, evidenciou-se a noção de arte historicamente descontextualizada. Além de demonstrar méritos abstratos e teóricos do homem racional da Renascença, artistas e escritores dessa época dedicaram-se a exibir os caprichos, a depravação e os absurdos do comportamento humano, inclusive a ilusão racionalista de que se poderia tornar o mundo melhor.

Nos séculos XV e XVI, pintores, escultores e arquitetos da península Itálica celebrizaram-se internacionalmente. Nobres e burgueses lhes compravam obras para obter, por associação, alguma notabilidade. A ideia de que todo artista é um indivíduo especial caracterizou um passo adiante no desenvolvimento da civilização ocidental. Embora benéfico para o artista aplaudido e para seus clientes, cultural e socialmente poderosos, o passo teve um efeito estratificador e desagregador, por colocar o artista acima do artesão e, na esfera da vida criativa, seguiu-se a distinção entre artes maiores e menores. Em consequência, tiraram-se os painéis das igrejas, onde eram contemplados por toda a população e colocaram-nos em palácios, nos quais somente nobres e poderosos conseguem vê-los, e em museus, frequentados por pessoas cultas. O artesão foi degradado como produtor de arte de segunda categoria. Quando o artista foi subtraído da sociedade e transformado em personalidade especial, a arte começou a sucumbir[1].

No reinado de Pedro II (1840-1889) as oligarquias regionais desenvolveram a literatura, a música, o teatro, as artes plásticas e a fotografia apenas para o seu âmbito social. Educado nos padrões do liberalismo moderado das regências, que se alternava com um conservadorismo de flexibilidade controlada, o imperador teve como mestres, entre outros, o francês Félix-Émile Taunay, de Desenho, História, Literatura Antiga e Grego; o italiano Fortunato Maziotti, de Música; o austríaco Roque Schüch, de Latim e Alemão; o luso-italiano Alexandre Vandelli, de Ciências Naturais e Artes. Contatava e se correspondia com cientistas, literatos e artista de vários países. Ao redor de uma pequena elite culta e erudita, o índice de analfabetismo no seu império chegou a 85% da população, e dos 15% computados como alfabetizados, a maioria mal sabia ler, escrever e contar[2]. A leitura limitava-se à compreensão de palavras e frases; a escrita ia pouco além do assinar o próprio nome para votar, e apenas até à capacidade de expressar ideias em correspondências; e o contar, não passava de noções das quatro operações aritméticas básicas e do essencial cálculo de percentagens para os negócios da agiotagem.

Desde o início da colonização portuguesa, ministrou-se a educação letrada no Brasil através de instituições religiosas e militares em conventos, mosteiros, seminário e quartéis, com o objetivo de formar a elite política, econômica e militar. A Companhia de Jesus, fundada pelo basco Inácio de Loyola (Íñigo López, 1491-1556), ao se estabelecer no Brasil, em 1549, assumiu o ensino como catequese. Durante a colonização Portugal impediu a instalação de universidade no Brasil e limitou-se a escolarização elementar dos filhos de famílias senhoriais, a ler, escrever e contar. Ofereciam-se a alguns alunos de segmentos sociais de maior poder econômico lições de gramática, retórica e poesia, aplicadas às línguas latina e portuguesa, sempre associadas ao ensino da religião. Somente filhos

---

1. OSBORNE, R. *Civilização*: uma nova história do mundo ocidental. Rio de Janeiro: Difel, 2016, p. 227-229.
2. CARVALHO, J.M. Introdução: as marcas do período. In: SCHWARCZ, L.M. (dir.). *História do Brasil nação: 1808-2010*. Vol. II. • CARVALHO, J.M. (coord.). *A construção nacional: 1830-1889*. Rio de Janeiro: Objetiva, 2012, p. 19-35.

de famílias mais abastadas bacharelavam-se na Europa. No Brasil eram raras e reservadas as bibliotecas, não havia tipografia, a circulação de jornais era controlada e dificultada a entrada de livros.

A súbita transferência da família real para o Rio de Janeiro impactou na vida cultural brasileira, com a imediata criação de uma escola de cirurgia em Salvador, uma de comércio no Rio de Janeiro, a instalação de algumas bibliotecas públicas, que permitiram o acesso de maior número de pessoas ao mundo letrado. Na condição de sede do império português, o Brasil rompia o isolamento comercial e cultural, embora mantivesse o seu principal problema socioeconômico, o trabalho escravo, na mais degradante condição humana. O Rio de Janeiro, com uma população de aproximadamente 50.000 habitantes, transformou-se rapidamente, após a chegada de nobres, diplomatas, funcionários públicos de elevados cargos e damas da corte, que promoviam festas, concertos e rompiam com o arcaísmo colonial. Durante a colonização, os intelectuais comportavam-se como súditos e louvavam as ações dos governantes, consideradas dádivas. O movimento de emancipação nacional desenvolveu a consciência de cidadania, incentivou a participação política e maior inserção social do cidadão. O Império do Brasil não dispunha de uma proposta definida para a educação pública, principalmente para a instrução de primeiras letras. As forças armadas desenvolviam diretrizes, normas e regulamentos específicos de educação e instrução militar, para a formação de oficiais superiores em suas academias. Somente a partir de 1840, a Marinha passou a sistematizar o ensino aos oficiais inferiores e subalternos. Organizou-se a escola de alfabetização e do ensino profissional com um mestre-escola responsável por ensinar as práticas profissionais e um professor de primeiras letras para ministrar o ensino primário e a doutrina cristã, através de currículos previamente definidos. Usava-se o método de Lancaster ou o de Castilho[3].

Joseph Lancaster (1778-1838) e Andrew Bell (1726-1809) desenvolveram o método de Ensino Mútuo ou Monitorial na Inglaterra, no final do século XVIII, quando se intensificava a urbanização, em consequência da acelerada industrialização. Apoiava-se na oralidade, na repetição e na memorização, com o objetivo de atingir muitos alunos com poucos recursos, em pequeno espaço de tempo e alcançar a disciplina mental e física. O professor ensinava a lição a um grupo de alunos mais amadurecidos que a repassava aos demais, divididos em pequenos grupos. Através de monitores conduziam-se as atividades pedagógicas de organização geral da escola, limpeza, manutenção da ordem e coordenadas

---

[3]. MESQUITA, S.V. *Ensino militar naval* – Escola de Aprendizes de Marinheiros do Ceará (1864-1889). Fortaleza: Universidade Federal do Ceará, 2016, p. 17-35 [Tese de doutorado].

para que os alunos se corrigissem mutuamente[4]. Um decreto de 1º de março de 1823 criou uma escola de ensino mútuo no Rio de Janeiro, e uma ordem ministerial de 29 de abril seguinte, determinou que cada província enviasse um soldado para aprender as lições e propagá-las ao retornar à sua origem[5].

O Método Português de Castilho, de leitura repentina, baseava-se em expressões gestuais e rítmicas para a aprendizagem da leitura e da escrita. Resultou de uma adaptação do sistema de *Meios Educativos Jean Qui Rit*, da francesa Marie Brigitte Lemaire, às peculiaridades portuguesas, por António Feliciano de Castilho (1800-1875). Consistia em acentuar o som das palavras em cadência rítmica, através de cantos e palmas, em associação a uma nova ortografia. Castilho esteve no Brasil em 1855, para difundir o seu método de alfabetização, criticado em Portugal, por falta de originalidade e adotar a ortografia fônica. A crítica provocou algumas alterações, como a retirada as palmas ou do canto e adoção da ortografia etimológica[6].

Depois de formar-se em medicina na Bahia, Abílio César Borges (1824-1890) destacou-se como educador, autor de livros escolares e fundador de colégios diferenciados, para atendimento dos filhos de famílias abastadas, em Salvador, no Rio de Janeiro e em Barbacena. Antes disto, ocupou o cargo de diretor-geral de estudos na Bahia, em cujo desempenho apresentou um relatório ao presidente da província, em 1856, com a informação de não haver na sua jurisdição educacional uma só escola primária estabelecida em edificação com os requisitos essenciais. Funcionavam sempre em construções que classificou de acanhadas, escuras, desasseadas, acaçapadas, tristes e insalubres. Poucos dias antes do golpe republicano de 1889, em seu último relatório, o ministro do Império declarou que seria urgente acomodarem-se os estabelecimentos de instrução primária do Rio de Janeiro em edifícios com as indispensáveis condições pedagógicas e higiênicas[7].

Estes depoimentos de autoridades educacionais, revelam a trágica situação do ensino público que permaneceu pelos rincões do Brasil no século seguinte.

---

4. CASTANHA, A.P. A introdução do Método Lancaster no Brasil: história e historiografia – *XI Anped Sul* – Seminário de Pesquisa em Educação da Região Sul, 2012 [Disponíel em http://www.portalanpedsul.com.br/admin/uploads/2012/Historia_da_Educacao/Trabalho/04_34_32_1257-6384-1-PB.pdf – Acesso em 15/06/2017.
• DIAS, J.M.T. Castilho – Leitura repentina método original? In: *Arquipélago* – História, 2. série. Açores, IV, 2, 2000, p. 465-480.

5. ALMEIDA, J.R.P. *História da instrução pública no Brasil (1500-1889)*. Tradução de Antônio Chizzotti. Ed. crítica de Maria do Carmo Guedes. 2. ed. rev. São Paulo: Educ, 2000, p. 57 [1. ed., 1889].

6. SANTOS, L.L.S. O método mímico-gestual de Lamaire – Os "Meios educativos Jean Qui Rit" em crianças disléxicas, disgráficas ou com atraso na leitura e na escrita. Lisboa: Escola Superior de Educação João de Deus, 2015 [Dissertação de mestrado].

7. MARCÍLIO, M.L. *História da alfabetização no Brasil*. São Paulo: USP, 2016, p. 51-132.

Apesar disto, no crepúsculo do regime monárquico, publicou-se um livro em francês, no Rio de Janeiro[8], dedicado ao conde d'Eu, que ressaltava a ação do Estado e exaltava a figura do imperador, seu evidente patrocinador, com o objetivo explícito de difundir os progressos educacionais brasileiros na Europa e apresentar o Império do Brasil como um dos países neolatinos que mais despendiam com a instrução pública. Ao se instituir o regime republicano, os agentes da transição política recusaram-se a criar uma universidade em São Paulo, uma das unidades federativa mais ricas e em maior crescimento econômico promovido pela expansão cafeeira, por preferirem a reforma do ensino primário. A partir de 1890, sob a direção de Antônio Caetano de Campos, reformou-se integralmente a escola normal, com a inclusão programática das matérias correspondentes às que deveriam ser lecionadas na escola primária, para se formar um novo professor[9].

Introduziu-se o sistema público de ensino no Brasil com o objetivo de se promover a formação profissional, moral, religiosa e intelectual da população, principalmente para qualificar, força de trabalho para o comércio e a nascente a indústria, que evitavam empregar escravos[10]. Entretanto, o velho regime de classes ministradas nas residências dos professores, em precárias condições higiênicas e sanitárias, com o ensino individualizado, uso da palmatória, escassez de livros e material didático, manteve-se até, pelo menos, à primeira metade do século XX. O desenvolvimento da cultura escolar encontrou três obstáculos principais no Império do Brasil: incompatibilidade do sistema escravista com a educação popular, que nem senhores nem escravos se interessavam pela alfabetização; sistema de padroado régio, de união do Estado com a Igreja, que exercia rigoroso controle ideológico; e dispersão dos poderes estabelecidos em bases locais, num país de profundas desigualdades econômicas, que promovia a rígida estratificação e o controle social.

Rompeu-se a monolítica pedagogia católica do catecismo tridentino, a partir de 1880, com as pragmáticas escolas protestantes, de origem norte-americana, que estabeleceram cursos secundários de grades curriculares mais amplas, no Instituto Mackenzie em São Paulo, Colégios Dois de Julho em Salvador, Colégio Metodista em Porto Alegre, seguidos de outros[11] e passaram a competir com os jesuítas, beneditinos, franciscanos e de outras ordens religiosas ainda

---

8. ALMEIDA, J.R.P. *História da instrução pública no Brasil (1500-1889)...*

9. PRIMITIVO, M. *A instrução e as províncias: subsídios para a história da educação no Brasil – Vol. II, 1835-1889: Sergipe, Bahia, Rio de Janeiro e São Paulo.* São Paulo: Nacional, 1939, p. 393.

10. SAVIANI, D. *História das ideias pedagógicas no Brasil.* Campinas: Autores Associados, 2007.

11. MARCÍLIO, M.L. *História da alfabetização no Brasil...*, p. 33-36.

menos difundidas no Brasil: maristas, salesianos, dominicanos, mercedárias, sacramentinas. Tratavam-se de escolas pagas, que atendiam apenas aos filhos de famílias de rendimentos mais elevados. As crianças da maioria da população permaneciam sem escola ou frequentavam classes precariamente estabelecidas e desequipadas.

Um estudo da história das ideias pedagógicas no Brasil definiu o período de 1549 a 1759, quando a educação escolarizada esteve sob o monopólio da vertente tradicional da pedagogia religiosa e militar; iniciara-se com a chegada da Companhia de Jesus, dirigida por Manoel da Nóbrega, que instituiu colégios e seminários; dividira-se em uma fase da pedagogia brasílica ou período heroico (1549-1599), outra de institucionalização da pedagogia jesuítica ou o *Ratio Studiorum* (1599-1759); e concluíra-se com a expulsão dos jesuítas pelo marquês de Pombal. O segundo (1759-1932), marcado pela coexistência das vertentes religiosa e leiga da pedagogia tradicional; subdividia-se em uma fase da pedagogia pombalina ou das ideias pedagógicas do despotismo esclarecido (1759-1827); e outra de desenvolvimento da pedagogia leiga, de ecletismo, liberalismo e positivismo (1827-1932), no fim da qual se fundou a Associação Brasileira de Educação (1924) que divulgou o *Manifesto dos pioneiros da Educação Nova* (1932), um marco da disposição do grupo renovador em assumir a hegemonia do campo pedagógico[12].

A colonização portuguesa evitou o desenvolvimento de escolas, em particular de ensino superior. O príncipe regente João de Bragança instituiu a Escola de Cirurgia da Bahia (1808), transformada em Academia Médico-cirúrgica da Bahia (1816), e em Faculdade de Medicina da Bahia (1832). Todavia, o Brasil continuou sem uma universidade. Em 1909 criou-se a Escola Universitária Livre de Manaus, que em 1913 passou a chamar-se Universidade de Manaus e a partir de 1915, fragmentou-se em vários cursos superiores independentes; em 1911 fundou-se a Universidade de São Paulo, fechada em 1917; e em 1912, criou-se a Universidade do Paraná, que sofreu fragmentação das unidades de ensino em 1918, embora mantivesse em funcionamento.

Em 1920 Epitácio Pessoa reuniu as instituições de ensino superior da capital federal sob a denominação de Universidade do Rio de Janeiro e nomeou Pedro Calmon o seu reitor, para outorgar títulos de *doutor honoris causa*, no Centenário da Independência; contudo, a instituição não se constituiu em um corpo universitário. Somente se estruturou como universidade em 1937, com a reforma Capanema, quando, foi transformada em Universidade do Brasil. Sob a influência da concepção francesa, o governo paulista instituiu a Universidade de São Paulo em

---

12. SAVIANI, D. *História das ideias pedagógicas no Brasil...*, 2013, p. 14-21.

1934, com a articulação de escolas isoladas, de ensino acadêmico e profissionalizante, controladas pelo Estado. Na década seguinte criaram-se as universidades federais nos estados de maior arrecadação tributária. Desde então, consolidou-se e expandiu-se o ensino superior no Brasil. Os estudos pós-graduados somente se desenvolveram a partir da década de 1970 e rapidamente se desenvolveram, com o reforço de profissionais formados em diversos países.

Tipifica-se a natureza do trabalho intelectual predominante em diferentes períodos da formação social brasileira em cinco modelos: 1) clérigo colonial, caracterizado no mestre-escola jesuíta, mais empenhado na missão catequética; 2) intelectual diletante estrangeirado, saudoso da Europa, que se sentia desterrado em sua própria terra, do qual *Joaquim Nabuco* fora um exemplar; 3) intelectual engajado nas lutas sociais, do tipo Euclides da Cunha; 4) intelectual erudito, comum na área de humanidades, particularmente Filosofia e História, como os franceses Claude Lefort (1924-2010) e Gérard Lebrun (1930-1999), que lecionaram na Universidade de São Paulo; e 5) intelectual cosmopolita globalizado, que transpõe os limites locais e nacionais para alcançar virtualmente o mundo, como fizeram Marx (1818-1883), Weber (1864-1920), Foucault (1926-1984), Habermas (1929), na Europa[13].

12.2 Influências externas na formação da cultura letrada

Embora o governo colonial português restringisse a entrada de estrangeiros, alguns deles obtiveram licença e visitaram o Brasil. O corsário batavo Oliver van Noord, com quatro embarcação e uma tripulação de 248 marinheiros, fez uma viagem de circum-navegação, durante a qual tentou desembarcar no Rio de Janeiro, em 1599. Através do seu diário, soube-se que, em nome do governador, fora contatado pelo português Pedro Taques, que lhe negou ancoradouro e foi por ele capturado para que se lhe vendessem frutas e outras mercadorias. Na insistência, os portugueses receberam os mensageiros com hostilidade, inclusive aprisionaram dois deles, negociados por Taques e seus companheiros. Durante as negociações, os holandeses tiveram o marinheiro preso por indígenas que não foi resgatado. O jesuíta irlandês Ricardo Fleckno, homem de letras, permaneceu no Rio de Janeiro, durante alguns meses, em 1648, e deixou registradas as suas impressões. Outros estrangeiros aportaram-se no Rio de Janeiro e anotaram as suas experiências: em 1757, um oficial francês registrou, em um livrinho, as curiosidades das suas experiências de viajante; com uma esquadra, Lally-Tollendal passou

---

13. DOMINGUES, I. *Filosofia no Brasil: legados & perspectivas* – Ensaios metafísicos. Unesp, 1917, p. 39-51.

pelo Rio de Janeiro, em 1766; e em 1798, o inglês J. G. Semple Lisle encerrou as visitas estrangeiras ao Brasil do século XVIII[14].

Várias expedições estrangeiras empreenderam viagens de estudos pela América do Sul e particularmente pelo Brasil, durante o século XIX. O germânico Alexandre Hamboldt e o botânico francês, Aimé Bonpland, depois de percorrerem a costa pacífica (1799-1804), foram impedidos de ingressar no Brasil pelo governo colonial português. Quando as tropas francesas ocuparam Lisboa (1808), um dos objetivos dos saqueadores foi o Museu da Ajuda, em cujo acervo encontravam-se as coleções botânicas levadas do Brasil, que Geoffroy Saint-Hilaire e Pierre-Antoine Delalande transferiram para Paris, com os correspondentes manuscritos.

O barão de Heinrich von Langsdorff, cônsul da Rússia, estabelecido no Rio de Janeiro, a partir de 1813, organizou um museu particular de objetos histórico-naturais, do qual distribuía peças a instituições europeias e aos seus visitantes. Através dele, os russos Georg W. Freyreiss e Friedrich Sellow também exploraram a flora e a fauna brasileiras, cujos resultados foram remetidos para a Europa. Esses dois russos integraram, entre 1815-1817, a expedição científica do príncipe austríaco Maximilian Alexander Philipp zu Wied-Neuwied, que percorreu trechos do Rio de Janeiro, Espírito Santo, Minas Gerais e Bahia, e publicou na Alemanha, o diário dessa experiência em 1820[15]. Em 1816 o cônsul russo viajou para Minas Gerais, na companhia do botânico francês, Auguste de Saint-Hilaire. Depois de uma temporada na Europa, Langsdorff retornou ao Brasil em 1822, acompanhado pelo astrônomo Rubzoff, o zoólogo e naturalista Ménétriès e o pintor Moritz Rugendas e, em 1824, viajou por Minas Gerais e Rio de Janeiro. No ano seguinte, organizou outra expedição por São Paulo, Rio de Janeiro e partiu para a Amazônia, onde a maior parte da equipe sucumbiu. Estimulado pelo conde da Barca, d. João VI contratou uma Missão Artística Francesa, que chegou ao Brasil em 1816 para difundir e estimular os estudos das Belas Artes, aplicadas aos ofícios mecânicos, em associação com os conhecimentos de ciências naturais, físicas e exatas. O grupo de artistas constituído por: Joachim le Breton, crítico de artes; Nicolas Antoine Taunay, pintor paisagista; Jean-Baptiste Debret, pintor histórico; Auguste Henri Victor Grandjean de Montigny, arquiteto; Auguste Marie Taunay, escultor; Carlos Simão Pradier, gravador; Francisco Ovide, professor de mecânica; e três mestres de ofício. Posteriormente integraram ao grupo, Marc Ferrez,

---

14. TAUNAY, AE. *Visitantes do Brasil colonial (séculos XVI-XVIII)*. 2. ed. São Paulo: Nacional, 1938 [1. ed., 1932].

15. COSTA, C.R. *O príncipe Maximiliano de Wied-Neuwied e sua viagem ao Brasil (1815-1817)*. São Paulo: USP, 2008 [Dissertação de mestrado].

escultor e Zepherin Ferrez, gravador de medalhas[16], fundou a Escola Real das Ciências, Artes e Ofícios, transformada, na Imperial Academia e Escola de Belas-Artes, que rompeu o tradicional estilo artístico e literário Barroco e instaurou o Neoclassicismo.

O casamento do príncipe Pedro de Alcântara, em 1817, com a arquiduquesa Maria Leopoldina da Áustria, proporcionou a vários naturalistas austríacos e germânicos a oportunidade de viajarem pelo Brasil. Participaram de uma expedição patrocinada pelo Império Austro-húngaro, o botânico e mineralogista Johann Emanuel Pohl, o botânico Johann Natterer, o zoólogo H. Schott, o pintor de paisagem Thomas Ender, o desenhista de plantas Johann Buchberger, o zoólogo Johann Baptiste von Spix, e o botânico Karl Friedrich Philipp von Martius. Estes dois últimos partiram do Rio de Janeiro com uma expedição de estudos, em dezembro de 1817, percorreram territórios de São Paulo, Minas Gerais, Bahia, Pernambuco, Piauí, Maranhão, Pará, Amazonas e embarcaram para a Europa em junho 1820. Após a morte de von Spix, von Martius organizou, com uma grande equipe, uma série de significativos estudos publicados na Alemanha. As publicações mineralógicas, botânicas, zoológicas difundiram-se imediatamente na Europa e somente no século XX foram publicadas no Brasil.

Alguns naturalistas estrangeiros dos séculos XVIII e XIX contribuíram com o estudo da etnografia indígena[17]. O dinamarquês Peter Wilhem Lund notabilizou-se como precursor da paleontologia e da arqueologia brasileiras, com as descobertas de ossadas humanas e de animais em Lagoa Santa, vale do rio das Velhas, Minas Gerais, em grande parte conservadas no museu de Copenhague. O naturalista inglês Charles Robert Darwin, que desenvolveu a Teoria da Evolução das Espécies, na sua viagem de circum-navegação (1831-1836) passou duas semanas em Salvador e três meses no Rio de Janeiro de onde fez repetidas excursões pelas florestas próximas[18]. Diversos outros estrangeiros, como os norte-americanos Herbert Huntington Smith e Orville Adalbert Derby, percorreram trechos do território brasileiro durante o século XIX, em viagens de estudos[19].

---

16. BARATA, M. *As artes plásticas de 1808-1889*. In: HOLANDA, S.B. (dir.). *História geral da civilização brasileira*, 5 (t. II; vol. III; cap. V.). 6. ed. São Paulo/Rio de Janeiro: Difel/Bertrand Brasil, 1987, p. 409-424.

17. Dentre os quais, o bávaro Karl Friedrich Philipp von Martius (1817-1820); o canadense Charles Frederick Hartt (1865-1866, 1874-1878); o alemão Karl von den Steinen (1884-1887); o suíço-alemão Emílio Augusto Goeldi (Émil August Goeldi, 1880-1907); o alemão Teodor Koch-Gruenberg (1911-1914).

18. DARWIN, C. *O Beagle na América do Sul*. Rio de Janeiro: Paz e Terra, 2002. • TAYLOR, J. *A viagem do Beagle*: a extraordinária aventura de Darwin a bordo do famoso navio de pesquisa do capitão Fitz Roy. São Paulo: Edusp, 2009.

19. SAMPAIO, T. & TESCHAUER, C. *Os naturalistas viajantes dos séculos XVIII e XIX e a etnografia indígena*. Salvador: Progresso: 1955. • PINTO, O.M.O. Viajantes e naturalistas. In: HOLANDA, S.B. (dir.). *História geral da civilização brasileira*. – Vol. II: O Brasil Monárquico; 3: Reações e transações. 6. ed. São Paulo: Difel, 1987, p. 444-466.

12.3 Coordenadas de formação da literatura brasileira

A literatura consiste em um sistema de obras escritas, articuladas por denominadores comuns, que possibilitam o conhecimento de informações da respectiva língua, dos temas tratados, dos cenários de ocorrência dos fatos abordados e da época focalizada, que permitem interpretar diferentes esferas dos modos de pensar, sentir e agir de uma população, numa dimensão histórica. Forma-se o sistema literário com agentes que elaboram e registram ideias, decididos a produzi-las e conscientes do teor do que escrevem; leitores aos quais se destinam as elaborações, que buscam conhecimentos ou entretenimentos através delas; e formas de transmissão dos saberes e lazeres por meio da linguagem escrita, expressa em estilos ou modos de se comunicar[20], tanto na forma de prosa enquanto expressão natural da linguagem quanto na de poesia, com os tons e as modulações do afeto, o jogo da imaginação e o estímulo para refletir e às vezes agir[21].

Os limites entre a literatura e a história revelaram-se quase imperceptíveis na Modernidade, em consequência de os dois campos de conhecimento abordarem temas comuns sob diferentes perspectivas e utilizarem formas aproximadas de expressão, de tal modo que, em escala crescente, historiadores recorrem a fontes literárias na produção historiográfica. Os estudos históricos profissionalizaram-se na segunda metade do século XIX, com o vislumbre de que a História fosse uma disciplina aplicadora ou descobridora de leis, e seu campo de conhecimento, uma combinação de ciência e arte. Numa outra perspectiva, ao historiador, competiria ser mais científico nas investigações documentais, nos esforços para identificar o que realmente aconteceu e apresentar artisticamente o passado aos seus leitores[22]. A fronteira entre a ficção do romancista histórico e a historiografia elaborada pelo historiador foi relativamente nítida no século XIX, quando Ranke e seus seguidores se restringiam às narrativas de grandes eventos e aos feitos de celebridades, e os romancistas históricos clássicos não interfeririam em interpretações históricas e menos ainda em grandes eventos[23].

---

20. CÂNDIDO, A. *Literatura e sociedade*. Rio de Janeiro: Ouro sobre Azul, 2016, p. 25. • MELLO, J.C. *A historiografia literária e seu desejo de criar uma história da literatura: dos autores estrangeiros a Antônio Cândido* [Disponível em http://ebooks.pucrs.br/edipucrs/Ebooks/Web/978-85-397-0198-8/Trabalhos/51.pdf – Acesso em 15/06/2017].

21. BOSI, A. *Entre a literatura e a história*. 2. ed. São Paulo: Ed. 34, 2015, p. 9 [1. ed., 2013].

22. CAMILOTTI, V. & NAXARA, M.R.C. História e Literatura: fontes literárias na produção historiográfica recente no Brasil. *História: Questões & Debates*, L, jan.-jun./2009, p. 15-49. Curitiba. • WHITE, H. *Meta-história: a imaginação histórica do século XIX*. 2. ed. São Paulo: Edusp, 1995, p. 148 [1. ed., 1992].

23. BURKE, P. As fronteiras instáveis entre História e Ficção. In: AGUIAR, F.; MEIHY, J.C.S.B. & VASCONCELOS, S.G.T. (orgs). *Gêneros de fronteira: cruzamento entre o histórico e o literário*. São Paulo: Xamã, 1997, p. 107-115. Apud CAMILOTTI, V.; NAXARA, M.R.C. História e Literatura..., p 15-49.

A literatura brasileira constitui-se de obras escritas em português, no Brasil, desde o início da colonização lusitana. Ao elaborar poemas líricos e peças teatrais, fundamentadas no ideário medieval ibérico, de objetivos catequéticos, o jesuíta José de Anchieta (1534-1597) fez-se o seu precursor. Evoluiu em permanente diferenciação da peninsular, por corresponder a outras circunstâncias ambientais e necessidades sociais do ultramar. O embrião literário passou a transfigurar-se através das experiências, sentimentos e expectativas de uma população que se constituía em diferentes patamares sociais e pertencimentos espaciais novos, como uma alteridade lusitana. Evidentemente, a evolução diferenciada manteve referenciais identitários, em consequência da colonização, da língua e da religião, além do bacharelamento de filhos de famílias abastadas em Portugal, que transferiam códigos linguísticos, estereótipos de escrita e estilos literários.

Na fase embrionária a literatura brasileira, depois de um longo período documental, informativo e missivístico, quando se escreviam cartas, poemas e sermões, assimilou-se o estilo Barroco de origem europeia, caracterizado por uma profusão de detalhes, traduzidos em formalismos, rebuscamentos e ambiguidades temáticas, numa mistura de ideias religiosas e profanas, de poemas místicos e sátiras sociais, de individualismo e humanismo. O novo modo de elaborar pensamentos, expressar sentimentos e demonstrar atividades, esboçou as primeiras manifestações artísticas, arquitetônicas e literárias brasileiras. Nas letras, teve como obra inaugural o poema *Prosopopeia* (1601), de Bento Teixeira (1561-1600), natural de Porto, Portugal, de evidente inspiração camoniana, pioneiro na manifestação de nativismo. Qualifica-se o seu gênero de hesitante ou vacilante, com expressões de deliberada imprecisão, temerosa de enquadrar a obra em um cânone poético mais preciso[24], um subterfúgio dos críticos quando abordam temática e estilos de transição[25].

O Barroco literário teve como expoentes, o poeta baiano Gregório de Matos e Guerra (1636-1695), que se mirava nos espanhóis Luís de Góngora e Francisco Quevedo, e o jesuíta lisbonense Antônio Vieira (1608-1697), referenciado na Escolástica agostiniana, revisada por Tomás de Aquino, que dominou o pensamento medieval, desde o Império Carolíngio ao Renascimento e difundiu-se na península Ibérica através de jesuítas e dominicanos. Associava a razão aristotélica e a platônica à fé cristã, na tentativa de encontrar a verdade. Ao rebuscado e ambíguo estilo Barroco, seguiu-se o Neoclássico, de inspiração italiana,

---

24. LUZ, G.A. O canto de Proteu ou a corte na colônia em Prosopopeia (1601), de Bento Teixeira. *Tempo*, XIII, 25, 2008, p. 193-215, Niterói.

25. VERÍSSIMO, José. *História da literatura brasileira*. Rio de Janeiro: Record, 1998, p. 6-7.

com o bucólico Arcadismo das academias iluministas da segunda metade do século XVIII. Manifestou-se principalmente através de agentes dos movimentos sociais nativistas e anticolonialistas e manteve-se como forma de expressão até o período das regências, na década de 1830. Caracterizou-se pela forma simples, clara, de equilíbrio e busca da natureza. Entre suas representações, destacou-se Tomás Antônio Gonzaga (1744-1810), natural da cidade de Porto, Portugal, cuja principal obra, o poema *Marília de Dirceu* (1792) foi posteriormente qualificado de Rococó literário. A ele também se atribui a autoria do poema satírico *Cartas chilenas* (1862). Os mineiros, Cláudio Manoel da Costa (1729-1789) e [Manuel Inácio da Silva] Alvarenga Peixoto (1749-1814) também produziram poemas e peças teatrais na estética do Arcadismo.

Natural do Rio de Janeiro, Basílio da Gama (1740-1795), exaltou a natureza e o "bom selvagem" no poema épico *O Uruguai*, de 1769, uma abordagem do conflito pela posse territorial de Sete Povos das Missões, nos pampas do rio do Prata, em 1757, onde viviam índios administrados pelos jesuítas, cuja catequese acusou de acervo de iniquidades. O território foi atribuído aos portugueses pelo tratado de Madri (1750), e os espanhóis ficaram com a Colônia do Sacramento (Uruguai). Em réplica à obra de Gama, o frei agostiniano [José de] Santa Rita Durão (1722-1784), mineiro de Cata-Preta publicou, em 1781, o poema épico *Caramuru*, composto por 10 cantos, com as cinco partes da tradicional epopeia: proposição, invocação, dedicatória, narração e epílogo, que apresenta digressões sobre a flora, a fauna e os indígenas brasileiros. Entretanto, seu poema não foi bem recebido pelo público, por calcar-se no modelo apologético de *Os Lusíadas*, dedicar-se à defesa entusiasmada da colonização portuguesa, exaltar a natureza de modo eufórico e desmesurado, além de apresentar os indígenas em estado de pureza e perfeição[26].

O francês Ferdinand Denis (1798-1890), após uma curta temporada no Rio de Janeiro, ocupou o cargo de secretário da representação diplomática francesa em Salvador (1916-1919) e, ao retornar para a França, dedicou uma dezena de obras[27] para apresentar o Brasil aos franceses[28]. Através de *Resumo da histó-*

---

26. CÂNDIDO, A. *Literatura e sociedade...*, p. 177-179.

27. Entre os quais: *Le Brésil, ou Histoire, moeurs, usages et coutumes des habitants de ce royaume* (6 vol., em parceria com Nicolas Taunay, 1822); *Resumé de l'Histoire do Brésil, suivi du Resumé de l'Histoire da la Guyane* (1825); *Scènes de la nature sous les tropiques et leur influence sur la poésie, suivies de Camoens et Jozé Índio* (1824); *Resumé de l'histoire littéraire du Portugal, suivi du resumé de l'histoire littéraire du Brésil* (1826); *Croniques chevaleresques de l'Espagne e do Portugal* (1837); *Le Portugal* (1847).

28. BRASIL/Ministério da Cultura/Fundação Biblioteca Nacional. *Mediatheque Maison de France – A França no Brasil* [Disponível em https://bndigital.bn.gov.br/francebr /ferdinand_denis_port.htm – Acesso em 13/08/2017].

ria literária de Portugal, seguido do resumo da história literária do Brasil (1826), exerceu significativa influência para o desenvolvimento da consciência nacional da literatura brasileira[29]. Nessa obra, fez um destaque gráfico na palavra Portugal, talvez para ressaltar a posição dominante da literatura portuguesa. Entretanto, não apresentou a brasileira como seu apêndice ou extensão ultramarina. Diferente de Denis, que adotou o critério da nacionalidade, o português [João Baptista da Silva Leitão de] Almeida Garrett (1799-1854), no *Bosquejo da história da poesia e língua portuguesa*, do mesmo ano, não fez a separação, quiçá por entender as duas literaturas unidas pela língua e pelos propósitos[30], embora pareça que o poeta português vislumbrasse apenas uma literatura, para expressar o tácito desconhecimento da autonomia política do Brasil e a sua subordinação literária a Portugal, enquanto o historiador francês, reconheceu, implicitamente, a Independência brasileira e ressaltou a autossuficiência da sua literatura, expressa na língua portuguesa. Denis se fez, por conseguinte, o fundador da teoria literária brasileira nos padrões românticos que a orientaram por meio século e repercutiram na posteridade[31].

A história da literatura dá conta das circunstâncias, das condições e das repercussões sociais do fato literário, numa época específica e em determinado universo espacial, e na teoria da literatura, o objeto de estudo se restringe mais à obra, estende-se aos seus elementos formais e constitutivos do jogo literário: as formas, a rima, a métrica, a descrição, a narração, as técnicas narrativas, o código retórico, as estruturas poéticas, enfim, todos os elementos que, de alguma maneira, participam do processo de produção de uma obra literária. Entretanto, as duas formas de história complementam-se, embora haja em cada época a dominância de um destes aspectos. No tempo do Sílvio Romero, destacou-se a exterioridade social da literatura, e na contemporaneidade enfatiza-se a feição puramente literária, embora esta concepção poderá se reverter numa retomada da tendência anterior[32]. A literatura brasileira evoluiu na dialética do localismo e cosmopolitismo. Oscilou entre a afirmação nacionalista premeditada e por vezes violenta e o conformismo declarado, a imitação consciente de padrões europeus. O que

---

29. CANDIDO, A. *O Romantismo no Brasil*. São Paulo: Humanitas/FFLCH (USP), 2002, p. 16-25.

30. ZILBERMAN, R. Ferdinand Denis e os paradigmas da história e da literatura. In: *Revista do Programa de Pós-Graduação em Letras da Universidade de Passo Fundo*, II, 1, jan.-jun./2006, p. 137-147.

31. MELLO, J.C. A historiografia literária e seu desejo de criar uma história da literatura: dos autores estrangeiros a Antônio Cândido [Disponível em http://www.ebooks.pucrs.br/edipucrs/Ebooks/Web/978-85-397-0198-8/Trabalhos/51.pdf – Acesso em 31/03/2017].

32. TELES, G.M. *Vanguarda europeia e modernismo brasileiro* – Apresentação dos principais poemas metalinguísticos, manifestos, prefácios e conferências vanguardistas, de 1857 a 1972. 19. ed. Petrópolis: Vozes, 2009, p. 40 [1. ed., 1973].

se realizou de mais perfeito em obra e personalidade literária como Gonçalves Dias, Machado de Assis, Joaquim Nabuco, Mário de Andrade, representou os momentos de equilíbrio entre as duas tendências. A dialética teve dois particularismos como ocasiões decisivas: o Romantismo (1836-1870), que procurou superar as influências portuguesas, com uma postura nacionalista; e o Modernismo (1922-1945), que já ignorava Portugal, embora ambos se inspirassem em exemplos europeus. No período intermediário (1870-1922) surgiram o Realismo (1880-1890) e o Naturalismo na prosa, e o parnasianismo na poesia. Enquanto a prosa realista reagia contra a literatura romântica, o Naturalismo de Aluísio de Azevedo e Xavier Marques transformava o regionalismo de José de Alencar e Bernardo Guimarães em contos sertanejos de Afrânio Peixoto, que tratou o homem rural com falta de apreço e banalizou a estética sertaneja do modo que fizeram Catulo da Paixão Cearense e Cornélio Pires, e na versão acadêmica de Augusto dos Anjos, Euclides da Cunha e Lima Barreto, que cultivaram a euforia verbal e a regularidade que impulsionou a análise social. O parnasianismo pretendia a perfeição poética de linguagem culta e criticava o sentimentalismo do romantismo, sem muito acrescentar à poesia, apesar do talento de expressões como Raimundo Oliveira, Olavo Bilac e Raimundo Correia. O pouco difundido Simbolismo teve em Cruz e Souza o principal representante e o tardio Neoclássico manifestou-se fascinado pelos clássicos greco-latino[33].

O Romantismo desenvolveu-se no Brasil depois da Independência, como expressão nacionalista e de concepção de modelos que permitiam afirmar particularidades da identidade nacional, em oposição à antiga metrópole, identificada com a tradição clássica[34]. Constituiu um marco inicial do gênero, a obra épica, *Suspiros poéticos* (1836), de Domingos José Gonçalves de Magalhães (1811-1882), visconde de Araguaia, um livro medíocre, que alcançou um sucesso incompreensível[35], talvez explicável pela novidade estilística e consolidou-se com a poesia indianista de Antônio Gonçalves Dias (1823-1864). Difundiu-se como atitude literária e historiográfica, a partir da década 1840, e manteve-se em voga até o final do Império, sempre nos mesmos parâmetros de evasão de sentimentos, fuga da realidade, nacionalismo exacerbado, religiosidade, idealização, platonismo e fantasia. Influenciou-se pelo britânico lord Byron (1788-1824) e pelo francês Alfred de Musset (1810-1857), representativos do mal do século XIX. Entre as expressões do Romantismo destacaram-se: o paulistano Álvares de Azevedo (1831-1852), conhecido através da antologia poética póstuma, *Lyra dos vinte anos* (1853), que

---

33. CÂNDIDO, A. *Literatura e sociedade...*, p. 117-145.
34. CÂNDIDO, A. *O Romantismo no Brasil...*, p. 16-22.
35. PRADO, P. *Retrato do Brasil...*, p. 119.

despertou emoções e revelou talento poético e originalidade lírica. O cearense José Martiniano de Alencar (1829-1877) dedicou-se à dramaturgia, polêmicas literárias, escritos políticos, estudos filosóficos, poesias, crônicas, ensaios, romances e novelas de aventura e de amor, sempre preocupado em dar um caráter nacional ao que produzia. Entretanto, predominou no conjunto da sua obra o gênero ficção. Apropriou-se da temática indianista e da fórmula nacionalista da tradição indígena na ficção e tentou a nacionalização do romance brasileiro. Usou a técnica narrativa do folhetim romântica, explorou sentimentos e exaltou as paixões, com a descrição de costumes e de atitudes da vida íntima[36].

A epopeia de Gonçalves de Magalhães e o romance de José de Alencar dedicaram-se a construir a identidade nacional compatível com as instituições políticas do Império. Para manter o referente da cultura europeia, apresentou um bom colonizador português. Não sendo conveniente representar a brasilidade pelo escravo, destituído de cidadania, reinventaram o indígena como reprodução estilizada da população nativa dizimada pela colonização e o americanismo como fundamento das especificidades da nova nação. Em paralelo, inventou-se também a tradição aristocrática reafirmada no uso de nomes indígenas na composição de títulos nobiliárquicos, reforçados pela historiografia produzida no Instituto Histórico e Geográfico Brasileiro, que atribuiu às culturas indígenas desaparecidas estatuto de passado histórico[37]. Outro expoente do Romantismo, o poeta baiano [Antônio Frederico de] Castro Alves (1847-1871), consagrou-se com os poemas "Ode ao Dois de Julho", "Vozes d'África", "O navio negreiro", "A mãe do cativo" e os livros, *Espumas Flutuantes* (1870), único publicado em vida, além dos póstumos, *A cachoeira de Paulo Afonso* (1876), *Vozes d'África – Navio Negreiro* (1880) e *Os escravos* (1883). Produziu uma ampla e expressiva obra em uma curta, porém, intensa vivência social.

Castro Alves manteve-se na estética do Romantismo, embora levasse com novas ideias a poesia brasileira para o Realismo e o Parnasianismo. A sua poesia caracterizou-se, principalmente, pelo lirismo e intimismo. A formação estética literária brasileira, com *Espumas flutuantes*, consolidou o lirismo formal, estilística, temática de características próprias e uma linguagem poética típica, imagética, de ritmo característico que traduz a sensibilidade nacional. Após 1864,

---

36. Obras de Alencar: *Cartas sobre a Confederação dos Tamoios* (1856), *Cinco minutos* (1856), *O Guarani* (1857), *A viuvinha* (1860), *Lucíola* (1862), *Diva* (1864), *Iracema* (1865), *As minas de prata* (1865), *O gaúcho* (1870), *A pata da gazela* (1870), *O tronco do ipê* (1871), *Sonhos d'ouro* (1872), *Til* (1872), *Alfarrábios* (1873), *Guerra dos Mascates* (1873), *Ubirajara* (1874), *Senhora* (1875), *O sertanejo* (1875), *Encarnação* (1893). Cf. COUTINHO, A. & SOUZA, J. G. (orgs.). *Enciclopédia de Literatura Brasileira...* Vol. I, p. 173-177.

37. ALONSO, Â. Apropriação de ideias no Segundo Reinado. In: GRINBERG, K. & SALLES, R. (orgs.). *O Brasil Imperial* – Vol. III: 1870-1889. 2. ed., p. 81-118 [1. ed., 2009].

Castro Alves posicionou-se pela poesia de inspiração social, com forte inspiração em Victor Hugo, e engajou-se nas lutas abolicionistas, literárias e socializantes. A carga emocional que atribuiu a poemas como *Vozes d'África*, *O navio negreiro* e *A mãe do cativo*, exerceu edificante influência na difusão do abolicionismo e permaneceu na memória social brasileira, com ressonância posterior à motivação social que os inspirou[38]. Destaca-se no Romantismo a expressiva, original e precursora obra do maranhense Joaquim de Sousa Andrade, o Sousândrade (1833-1902), que transitou das culturas pré-colombianas à crítica do capitalismo. Natural do Rio de Janeiro, Joaquim Manoel de Macedo (1820-1882) usou a literatura como instrumento abolicionista. Em *As vítimas-algozes* (1869) expôs a deplorável condição moral que a escravidão degradava os cativos. Da sua ampla obra literária, *A moreninha* (1844) desponta como o título mais conhecido. Encontra-se entre os fundadores do romance brasileiro, com Bernardo [Joaquim da Silva] Guimarães (1825-1884), mineiro de Ouro Preto, que escreveu *O garimpeiro* (1872) e *A escrava Isaura* (1875), levados às telas cinematográficas e televisivas; e o carioca Manoel Antônio de Almeida (1830-1861), de cuja obra destaca-se pelo realismo, o romance *Memórias de um sargento de milícias* (1855). Em reação às expressões sentimentais do Romantismo surgiu o Realismo ou Naturalismo, um estilo militante, de ação social, crítica política e religiosa, que fazia análise psicológica dos personagens, explorava temas contemporâneos com objetividade, prevalecente durante a Primeira República. Entre as suas principais expressões, encontram-se: [Joaquim Maria] Machado de Assis (1839-1908), que se fez expoente das letras brasileiras e um dos mais destacados escritores da literatura de língua portuguesa[39]. Em *Memórias póstumas de Brás Cubas* (1881) usou um estilo programadamente livre, associado à representação de um tipo ou de uma situação social localizada e datada, que acrescenta nova dimensão ao trabalho narrativo, com o observador postado no lugar do psicólogo social, que discrimina certos traços de comportamento de uma determinada classe social[40]. Assis esteve entre os fundadores da Academia Brasileira de Letras no Rio de Janeiro, instituída em 20 de julho de 1897, da qual se fez primeiro presidente.

---

38. SOUZA, A.C.M. A Literatura durante o Império. In: HOLANDA, S.B. (dir.). *História geral da civilização brasileira* – Vol. II: O Brasil monárquico; Vol. III: Reações e transações. 6. ed. São Paulo: Difel, 1987, p. 343-355; COUTINHO, A. & SOUZA, J.G. (orgs.). *Enciclopédia de literatura brasileira...* Vol. I, p. 197-199.

39. Sua obra abrange todos os gêneros literários. Poesia: *Crisálidas* (1864), *Falenas* (1870), *Americanas* (1875) e *Ocidentais* (1901). Contos: *Contos fluminenses* (1870) e *Histórias da meia-noite* (1873). Romances da fase do romantismo: *Ressurreição* (1872), *A mão e a luva* (1874), *Helena* (1876) e *Iaiá Garcia* (1878). E do realismo: *Memórias póstumas de Brás Cubas* (1881), *Quincas Borba* (1891), *Dom Casmurro* (1899), *Esaú e Jacó* (1904) e *Memorial de Aires* (1908).

40. BOSI, A. *Entre a literatura e a história...*, p. 73-82.

Patronos e fundadores da Academia Brasileira de Letras

Cad.	Patrono	Fundador	Nat.
1	Adelino Fontoura Chaves (1859-1884)	Luís Norton Barreto Murat (1861-1929)	MA
2	Manuel Antônio *Álvares de Azevedo* (1831-1852)	Henrique Maximiano Coelho Netto (1864-1934)	MA
3	Artur de Oliveira (1851-1882)	Francisco Filinto de Almeida (1857-1945)	RS
4	José *Basílio da Gama* (1741-1795)	Aluísio T. Gonçalves de Azevedo (1857-1913)	MA
5	*Bernardo* Joaquim da S. *Guimarães* (1825-1884)	*Raimundo* da M. de Azevedo *Correia* (1859-1911)	MA
6	Casimiro José Marques de Abreu (1839-1860)	José Alexandre *Teixeira de Melo* (1833-1907)	RJ
7	Antônio Frederico de Castro Alves (1847-1871)	Antônio Valentim da Costa Magalhães (1859-1903)	RJ
8	Cláudio Manuel da Costa (1729-1789)	Antônio Mariano *Alberto de Oliveira* (1857-1937)	RJ
9	Domingos José Gonçalves de Magalhães (1811-1882)	Carlos Magalhães de Azeredo (1872-1963)	RJ
10	Evaristo Ferreira da Veiga e Barros (1799-1837)	Ruy Barbosa de Oliveira (1849-1923)	BA
11	Luís Nicolau *Fagundes Varela* (1841-1875)	Lúcio E. de M. e V.D.F. de Mendonça (1854-1909)	RJ
12	Joaquim José de França Júnior (1838-1890)	Urbano Duarte de (1855-1902)	BA
13	Francisco Otaviano de Almeida Rosa (1825-1889)	Alfredo M.A. d'Escragnolle Taunay (1843-1899)	RJ
14	João Franklin da Silveira Távora (1844-1888)	*Clóvis Beviláqua* (1859-1944)	CE
15	Antônio Gonçalves Dias (1823-1864)	*Olavo Brás Martins dos Guimarães Bilac* (1865-1918)	RJ
16	Gregório de Matos e Guerra (1636-1696)	Tristão de Alencar Araripe Júnior (1848-1911)	CE
17	Hipólito J. da Costa P.F. de Mendonça (1774-1823)	Sílvio Vasconcelos da S. Ramos Romero (1851-1914)	SE
18	João Francisco Lisboa (1812-1863)	José Veríssimo Dias de Matos (1857-1916)	PA
19	Joaquim Caetano Fernandes Pinheiro (1825-1876)	Alcindo Guanabara (1865-1918)	RJ
20	Joaquim Manuel de Macedo (1820-1882)	Salvador de M.D.F. de Mendonça (1841-1913)	RJ

Continua.

Continuação.

Cad.	Patrono	Fundador	Nat.
21	Joaquim Maria Serra Sobrinho (1838-1888)	José Carlos do Patrocínio (1853-1905)	RJ
22	José Bonifácio de A. e Silva, o Moço (1827-1886)	J.J de C. da C. de Medeiros e Albuquerque (1867-1934)	PE
23	José Martiniano de Alencar (1829-1877)	Joaquim Maria Machado de Assis (1839-1908)	RJ
24	Júlio César Ribeiro Vaughan (1845-1890)	Manuel Ferreira Garcia Redondo (1854-1916)	RJ
25	Luís José Junqueira Freire (1832-1855)	Franklin Américo de Meneses Dória (1836-1906)	BA
26	Laurindo José da Silva Rabelo (1826-1864)	Sebastião Cícero dos Guimarães Passos (1867-1909)	AL
27	Antônio Peregrino Maciel Monteiro (1804-1868)	Joaquim Aurélio B. Nabuco de Araújo (1849-1910)	PE
28	Manuel Antônio de Almeida (1831-1861)	Herculano Marcos Inglês de Sousa (1853-1918)	RJ
29	*Luís Carlos Martins Pena (1815-1848)*	Artur Nabantino Gonçalves de Azevedo (1855-1905)	MA
30	João Carlos de M. Pardal Mallet (1864-1894)	Pedro Carlos da Silva *Rabelo* (1868-1905)	RJ
31	Pedro Luís Pereira de Sousa (1839-1884)	Luís Caetano Pereira Guimarães Júnior (1845-1898)	RJ
32	Manuel José de Araújo Porto-Alegre (1806-1879)	Carlos Maximiliano Pimenta de Laet (1847-1927)	RJ
33	Raul d'Ávila Pompeia (1863-1895)	Domício da Gama (Domício A. Forneiro) (1862-1925)	RJ
34	Antônio Pereira Sousa Caldas (1762-1814)	Antônio Joaquim Pereira da Silva (1876-1944)	PB
35	Aureliano Cândido Tavares Bastos (1839-1875)	Rodrigo Otávio de Langgaard Meneses (1866-1944)	SP
36	Teófilo Odorico Dias de Mesquita (1854-1889)	Afonso Celso de Assis Figueiredo Júnior (1860-1938)	MG
37	Tomás Antônio Gonzaga (1744-1810)	José Júlio da Silva Ramos (1853-1930)	PE
38	Tobias Barreto de Meneses (1839-1889)	José Pereira da Graça Aranha (1868-1931)	MA
39	Francisco Adolfo de Varnhagen (1816-1878)	Manoel de Oliveira Lima (1867-1928)	PE
40	José Maria da Silva Paranhos (1819-1880)	Eduardo Paulo da Silva Prado (1860-1901)	SP

Fonte: ABL. *Fundadores e patronos* [Disponível em http://www.academia.org.br/eventos/fundadores-e-patronos].

O diplomata maranhense Aluísio de Azevedo (1857-1913), irmão do dramaturgo, poeta, contista Artur de Azevedo (1855-1908), deixou como principais obras, *O mulato* (1881), *Casa de pensão* (1884), e *O cortiço* (1880). Este último romance iniciou o Naturalismo no Brasil, embora escandalizasse pela crueza no tratamento da questão racial, alcançou grande sucesso durante a campanha abolicionista. Das obras do contista, cronista e romancista fluminense Raul Pompeia (1863-1895), sobressaiu-se *O Ateneu* (1888), que narra as próprias experiências no colégio interno de Abílio César Borges.

O Simbolismo tentou, na última década do século XIX, expressar um realismo nativista, inspirado em Charles Baudelaire (1821-1867), um dos fundadores da poesia moderna, que pretendeu desmistificar a poética do seu tempo com o entrecruzamento de impressões e associação de palavras para combinarem sensações diferentes numa mesma expressão. O negro catarinense Cruz e Sousa (1861-1898) fez-se o seu seguidor no Brasil. Do mesmo modo, o mulato baiano, nascido Pedro Militão Kuielkury (1885-1917), de pai irlandês e mãe negra baiana alforriada, depois autodenominado Pedro Kilkerry, precursor da poesia e prosa modernas.

No início do século XX surgiu o gênero literário posteriormente denominado de Pré-modernismo, de tendências conservadoras, reafirmação positivista, postura descrente, liberal e, simultaneamente, renovadora sobre a interpretação da realidade brasileira. Do grupo fizeram parte vários expoentes. O fluminense Euclides [Rodrigues Pimenta] da Cunha (1866-1909), enviado como repórter pelo jornal *O Estado de S. Paulo*, para acompanhar a guerra civil de Canudos (1896-1897), produziu *Os sertões* (1902), que transpôs os limites simplesmente literários para se constituir uma fonte histórica interpretativa de fenômenos sociais e analisar a sua historicidade. Destaca-se pela análise de aspectos geográficos, sociológicos e antropológicos, em um encadeamento narrativo, erudito e de refinamento estilístico, que revela a sua sensibilidade social. Há, contudo, avaliações precipitadas sobre o sertão e o sertanejo, consequentes de impressões momentâneas, colhidas no calor dos acontecimentos[41], em linguagem influenciada pelo determinismo científico do seu tempo. Publicou-se este clássico da literatura brasileira em três edições até 1905, que o situaram entre as obras de maior sucesso literário do Brasil, com tiragens de cerca de 6.000 exemplares.

Apareceram várias produções significativas. O paulista [José Bento Renato] Monteiro Lobato (1882-1948), escreveu livros infantis e produziu outros

---

41. GALVÃO, W.N. *No calor da hora* – A Guerra de Canudos nos jornais: 4ª expedição. São Paulo: Ática, 1974.

gêneros literários[42]. O maranhense [José Pereira da] Graça Aranha (1868-1931), escreveu relevantes obras literárias[43]. Da obra do carioca [Afonso Henriques de] Lima Barreto (1881-1922), destacam-se: *Recordações do escrivão Isaías Caminha* (1909) e *Triste fim de Policarpo Quaresma* (1915). A procura de ascensão social através da cultura letrada por jovens negros e mestiços foi um dado da realidade atestado no Império e na Primeira República por Luís Gama, Machado de Assis, André Rebouças, José do Patrocínio, Lima Barreto, que combinaram talento pessoal e apadrinhamento em momento oportuno.

A narrativa realista de Barreto, um neto de escravo e filho de alforriada, que recebeu escolaridade primorosa de um padrinho visconde, teve inspiração na própria vivência de intensa exclusão social do mulato no imediato pós-extinção do trabalho escravo e instauração do regime republicano[44]. O comportamento literário dos seus pares orbitou ressentimentos semelhantes, embora nenhum lhe igualasse na meticulosidade do realismo ao anotar, registrar, fixar, comentar e criticar os principais fatos do cotidiano político, militar, econômico, social e cultural, principalmente do meio jornalístico, dos quais foi partícipe ou testemunha. Não se faz uma revisão histórica do final do Império e início da República, sem se recorrer ao memorialista Lima Barreto, que retratou esse período na Capital da República em romances, contos, crônicas e artigos, de modo que deixa o leitor sem distinguir a realidade da ficção. Sua obra se destacou na origem do romance moderno no Brasil, que superou a literatura de passatempo

---

42. Literatura infantil: *A menina do narizinho arrebitado* (1920), *Fábulas de Narizinho* (1921), *Narizinho arrebitado* (1921), *O saci* (1921), *O marquês de Rabicó* (1922), *Fábulas* (1922), *A caçada da onça* (1924), *Jeca Tatuzinho* (1924), *O noivado de Narizinho* (1924), *As aventuras de Hans Staden* (1927), *Aventuras do príncipe* (1928), *O gato Félix* (1928), *A cara de coruja* (1928), *O irmão de Pinóquio* (1929), *O circo de escavalinho* (1929), *Peter Pan* (1930), *A pena de papagaio* (1930), *Reinações de Narizinho* (1931), *O pó de pirlimpimpim* (1931), *Viagem ao céu* (1932), *Caçadas de Pedrinho* (1933), *Novas reinações de Narizinho* (1933), *História do mundo para as crianças* (1933), *Emília no país da gramática* (1934), *Aritmética da Emília* (1935), *Geografia de Dona Benta* (1935), *História das invenções* (1935), *Dom Quixote das crianças* (1936), *Memórias de Emília* (1936), *Serões de Dona Benta* (1937), *O poço do Visconde* (1937), *História de Tia Nastácia* (1937), *O museu de Emília* (1938), *O pica-pau amarelo* (1939), *O minotauro* (1939), *A reforma da natureza* (1941), *A chave do tamanho* (1942), *Os 12 trabalhos de Hércules* (1944), *Histórias diversas* (1947). Obras de temática adulta: *O Saci Pererê: resultado de um inquérito* (1918), *Urupê* (1918), *Problema vital* (1918), *Cidades mortas* (1919), *Ideias de Jeca Tatu* (1919), *Negrinha* (1920), *A onda verde* (1921), *O macaco que se fez homem* (1923), *Mundo da lua* (1923), *Contos escolhidos* (1923), *O garimpeiro do rio das Graças* (1924), *O choque* (1926), *Mr. Slang e o Brasil* (1927), *Ferro* (1931), *América* (1932), *Na antevéspera* (1933), *Contos leves* (1935), *O escândalo do petróleo* (1936), *Contos pesados* (1940), *O espanto das gentes* (1941), *Urupês, outros contos e coisas* (1943), *A barca de Gleyre* (1944), *Zé Brasil* (1947), *Literatura minarete* (1948), *Conferências, artigos e crônicas* (1948), *Cartas escolhidas* (1948), *Críticas e outras notas* (1948), *Cartas de amor* (1948).

43. *Canaã* (1901), *Malasarte* (1911), *A estética da vida* (1920), *O espírito moderno* (1920); *A viagem maravilhosa* (1919); e *O meu próprio romance* (1931).

44. BOSI, A. Introdução. In: BARRETO, L. *Recordações do escrivão Isaías Caminha*. São Paulo: Pinguim/Companhia das Letras, 2011, p. 9-336.

com uma elaboração mais ampla, de enfoque social, de destaque do homem em relação com a sociedade, em um estilo mordaz que evidenciou perfis identitários e provocou reações dos que ele satirizava. Em um amplo painel literário, Barreto expôs o essencial da insurreição antiflorianista, da campanha contra a febre amarela da ação de Rio Branco no Itamaraty, do Governo Hermes da Fonseca, da participação do Brasil na Primeira Guerra Mundial, do advento do feminismo, das primeiras greves operárias, da Semana de Arte Moderna e do delírio do futebol e do jogo do bicho, tudo condimentado de crítica e humor sobre os comportamentos burlescos e venturosos de todos os segmentos sociais[45].

Como expressão de estilo artístico e literário, o Romantismo surgiu na França, na transição para o século XIX, como uma reação aos fundamentos burgueses da Revolução de 1798. No Brasil correspondeu a uma manifestação de liberalismo na literatura e depois na historiografia. Sua definição seria complexa e duvidosa, em consequência das variadas influências das circunstâncias ambientais e do caldeamento étnicos. Contrapôs-se ao Classicismo, representativo do sentimento de ordem, lógica, homogeneidade, abstração, razão e clareza na época em que se reagia ao domínio colonial. Teve uma perspectiva dualista, que poderia exprimir lirismo, pessimismo ou expressar, em sentido contrário, generosidade e crença na humanidade. Constituiu-se, na mais forte revelação, o mal do século XIX, caracterizado por um comportamento de desprezo pela humanidade, falta de sociabilidade, melancolia, depressão, tristeza, com exageros imagéticos e sensitivos, comportamento desregrado, de orgias às vezes imaginárias. O romântico brasileiro criou a tristeza numa terra radiosa[46]. Concebido a partir de experiências e conflitos individuais, o Romantismo pretendeu expressar o sentimento de autonomia e a identidade de uma nação que se formava, romper com os modelos literários em voga e se inserir em um plano social mais amplo[47]. Foram seus precursores: Antônio Pereira de Souza Caldas (1762-1814), que satirizou a herança clássica, criticou a educação baseada na Antiguidade e manifestou simpatias pela Revolução Francesa; frei Francisco de São Carlos (1763-1829), que misturou patriotismo e religião; Domingos Borges de Barros (1779-1855), que manifestou melancolia transfigurada de sentimento da natureza, com luar, floresta

---

45. BARBOSA, F.A. Prefácio. In: BARRETO, L. *Recordações do escrivão Isaías Caminha*. São Paulo: Pinguim/Companhia das Letras, 2011, p. 37-58. Cf. tb. BARBOSA, F.A. *A vida de Lima Barreto*. 6. ed. Rio de Janeiro/Brasília: José Olympio/INL, 1981.

46. PRADO, P. *Retrato do Brasil*: ensaio sobre a tristeza brasileira. 10. ed. São Paulo: Companhia das Letras, 2012 [1. ed., 1928].

47. CÂNDIDO, A. *Formação da literatura brasileira*: momentos decisivos (1836-1880). 10. ed. Rio de Janeiro: Ouro sobre Azul, 2006, p. 273 e 341.

e mar; frei Francisco de Monte Alverne (1784-1857), que associou patriotismo, religiosidade e experiências pessoais.

Na segunda década do século XX, quando eclodida a I Guerra Mundial, alguns jovens escritores e artistas brasileiros abandonaram a literatura e a arte tradicionalmente praticadas para procurar a identidade do Brasil como uma nação. Poucos se atreveram a trilhar os novos caminhos de uma vanguarda que constituiu o Movimento Modernista, iniciado formalmente com a Semana de Arte Moderna, realizada no Teatro Municipal de São Paulo, entre 11 e 17 de fevereiro de 1922, embora já se manifestasse antes. Este movimento catalisador da renovada literatura, agregou escritores intimistas como Manoel Bandeira (1886-1968), Guilherme de Almeida (1890-1969); conservadores como Ronald de Carvalho (1893-1935), Menotti del Picchia (1892-1988), Cassiano Ricardo (1895-1974); e de imaginação prodigiosa e desbragada fantasia como Mário de Andrade (1893-1945), Oswald de Andrade; (1890-1954), na poesia e na ficção; Sérgio Milliet (1898-1966), Sérgio Buarque de Holanda (1902-1982), Prudente de Moraes, neto (1975-1977), no ensaio.

Professor da Universidade do Distrito Federal, poeta, ficcionista, folclorista, musicista, esteta, crítico literário e de artes, Mário de Andrade destacou-se como uma das principais lideranças do Movimento Modernista. Participou da Semana de Arte Moderna de 1922, sua obra *Pauliceia desvairada* foi recebida como um manifesto estético e seu *Prefácio interessantíssimo*[48], considerado o marco inicial do Modernismo. Escreveu em diversos estilos e gêneros literários[49].

12.4 Fundamentos originais da historiografia nacional

As crônicas históricas coloniais, sobretudo, dos dois primeiros séculos da colonização, revelam pouca compreensão do espaço da América de colonização portuguesa como totalidade. Os primeiros colonizadores, perdiam-se nas

---

48. COUTINHO, A. & SOUZA, J.G. (orgs.). *Enciclopédia de literatura...* Vol. I, p. 220-222.

49. Seus livros: *Há uma gota de sangue em cada poema* (poesias, sob o pseudônimo de Mário Sobral, 1917), *Pauliceia desvairada, poesias* (escrito em 1920 e publicado em 1922), *A escrava que não é Isaura*, ensaio (escrito em 1922 e publicado em 1925), *Losango cáqui*, poesias (1926), *Primeiro andar* (contos, 1926), *Clã do Jabuti* (poesias, 1927), *Amar, verbo intransitivo* (romance, 1927), *Ensaio sobre a música brasileira* (folclore, 1928), *Macunaíma* (romance, 1928), *Modinhas imperiais* (ensaio, 1930), *Remate de males* (poesias, 1930), *Belazarte* (contos, 1934), *Música, doce música* (ensaio, 1934); *Música no Brasil* (ensaio, 1941), *O Movimento Modernista* (confissões, 1942), *Aspectos da literatura brasileira* (crítica literária, 1943), *O baile de quatro artes* (ensaio, 1943), *Obras completas* (19 vol., 1944), *Lira paulistana* (poesias, 1946), *Poesias completas* (1955), *Contos novos* (1956), *Cartas a M. Bandeira* (correspondências, 1958), *Danças dramáticas do Brasil* (ensaio em 3 vol., 1959), *Cartas a S. da Silveira* (correspondências, 1964), *Mário de Andrade escreve* (correspondências, 1968).

dimensões coloniais e alguns cronistas confundiam uma parte do território com a totalidade. Até em elaborações dos períodos de auge e declínio da colonização, encontram-se imprecisões de distâncias e dificuldades de apreensão das espacialidades[50], como revela uma das mais citadas crônicas históricas coloniais e que mais influência exerceu sobre a historiografia brasileira. Seu autor, o jesuíta João Antonio Andreoni (1650-1721), identificou-se com o pseudônimo de André João Antonil, no início do século XVIII[51], para descrever as lavouras de cana e a produção do açúcar, as plantações de tabaco do Recôncavo e os seus usos, as minas de ouro e sua exploração e a pecuária dos sertões e o seu significado econômico. Escrita em estilo Barroco, manifesta convicção do que afirma, tem elaboração rebuscada, formal e recorre a apelos retóricos. Publicada em 1711, foi imediatamente confiscada por recomendação do Conselho Ultramarino e incinerada, por ordem de d. João V, na conjuntura da Guerra de Sucessão Espanhola (1702-1713), quando a França e a Espanha se defrontavam com a Áustria, a Inglaterra e Portugal, o corsário francês Jean-François Duclerc atacou o Rio de Janeiro (1710), que sofreu também uma invasão francesa, comandada por René Duguay-Trouin (1673-1736)[52]. Os temores da monarquia portuguesa decorriam da pormenorizada descrição das vias de acesso e contatos com moradores, narrativa dos métodos de extração do ouro e informar sobre a debilidade administrativa regional[53].

Publicou-se dessa obra, em 1800, somente a parte da cana-de-açúcar, que não oferecia informações reservadas, todavia, sem indicação do autor, talvez para se contornar a proibição. Na primeira metade do século XIX, circulou em Portugal uma restrita versão manuscrita. A primeira reedição somente se fez em 1837, no Rio de Janeiro, com modificações e omissões de conteúdo do original de 1711. Em Macau, na Ásia, publicou-se a segunda reedição integral em 1898. Uma reprodução da versão com vícios, de 1837, saiu em 1899, na *Revista do Arquivo Público Mineiro*. Reeditou-se em São Paulo (1923), a edição defectiva de 1837, com um

---

50. NEVES, E.F. *Crônica, memória e história*..., p. 51-52.

51. ANDREONI, J.A. [André João Antonil]. *Cultura e opulência do Brasil*. São Paulo: Nacional, 1967 [com o estudo "João Antônio Andreoni e sua obra" e um "Vocabulário e expressões usadas em Cultura e opulência do Brasil", de Alice Piffer Canabrava]. • ANTONIL, A.J. [João Antonio Andreoni]. *Cultura e opulência do Brasil*. 3. ed. Belo Horizonte/São Paulo: Itatiaia/USP, 1982 [Texto confrontado com o da edição de 1711; com o estudo bibliográfico de Affonso E. Taunay; nota bibliográfica de Fernando Sales; vocabulário e índices antroponímico, toponímico e de assuntos de Leonardo Arroyo]. • ANTONIL, A.J. *Cultura e opulência do Brasil por suas drogas e minas*. Introdução e notas de Andrée Mansuy Diniz Silva. São Paulo: Edusp, 2007.

52. SOUZA, L.M. O ouro da discórdia. *Revista de História da Biblioteca* Nacional, LXXI, ago/2011, p. 54-57. Rio de Janeiro.

53. MAGALHÃES, J.R. *Labirintos brasileiros*..., p. 21.

estudo bibliográfico de Affonso d'Escragnolle Taunay, que apresenta o primeiro estudo da obra e informa sobre o autor. Mais duas reproduções se fizeram da edição defeituosa de 1837, uma na Bahia, em 1955 e em 1962, no Rio de Janeiro. Em 1967 publicou-se, em São Paulo, o texto original de 1711, com atualização ortográfica e um vocabulário de Alice Piffer Canabrava. Desta fez-se segunda edição em 1974 e o Institut des Hautes Etudes de l'Amérique Latine da Universidade de Paris III a publicou, em 1968, como tese de doutorado, defendida em 1965, por Andrée Mansuy-Diniz Silva, em edição crítica com ilustrações, bibliografia e índices, toponímico, onomástico e ideográfico. A edição francesa apresenta uma introdução que caracteriza a tipologia e o estilo da escrita original de 1711, estabelece comparações com os textos das reedições subsequentes, até 1965, narra as circunstâncias das edições anteriores, identifica a autoria descoberta por Capistrano de Abreu e transmitida por carta a Afonso d'Escragnolle Taunay, discute conteúdo narrativo do texto, perspectivas do autor, repercussão da obra no seu tempo, seu interesse posterior, composição do texto, fatores da secular censura e fontes arquivísticas da sua elaboração. Acrescenta em anexos, os prefácios de 1837, 1898 e alguns documentos que fundamentaram a crítica da obra. Posteriormente, surgiram outras edições, uma em Recife, de 1969, fac-similar da edição de 1711, com um estudo crítico de Antônio Gonçalves de Mello e um esclarecimento de Luís Pereira da Rosa Oiticica. Um convênio das Edições Melhoramentos com o Instituto Nacional do Livro publicou duas reedições do texto de 1711 (1976 e 1977), reproduzidas numa coedição da Itatiaia com a Editora da USP, que oferece o estudo bibliográfico de Affonso d'Escragnolle Taunay, notas bibliográficas de Fernando Sales, vocabulário e índices antroponímico, toponímico e de assuntos de Leonardo Arroyo. A primeira edição, em língua portuguesa, da tese defendida na antiga *Sorbonne* veio a público em Lisboa (2001), patrocinada pela Comissão Nacional para as Comemorações dos Descobrimentos Portugueses e a segunda, pela Editora da USP, em 2007.

O conteúdo historiográfico de *Cultura e opulência no Brasil* constitui um repositório da economia do Brasil de princípios do século XVIII[54] e a sua dimensão literária destaca-se pela originalidade, o contexto, da língua portuguesa no Brasil e o cunho da religião cristã, notadamente pela ótica da Companhia de Jesus, com advertências inspiradas na moral católica, na mesma perspectiva dos *Sermões* de Antônio Vieira e de *Economia cristã dos senhores no governo dos*

---

54. TAUNAY, A.d'E. Antonil e sua obra. In: ANTONIL, A.J. [João Antonio Andreoni]. *Cultura e opulência do Brasil*. 3. ed. Belo Horizonte/São Paulo: Itatiaia/USP, 1982, p. 23-59.

seus escravos de Jorge Benci[55]. No trato dos problemas econômicos, Andreoni se desvelou na descrição fiel e pormenorizada, com tendência para a exterioridade dos fatos, sem que nenhum cronista colonial se lhe comparasse em narrativas do quotidiano de atividades produtivas na América de colonização portuguesa[56]. Raros cronistas dedicaram alguma atenção ao trabalho escravo, durante a colonização portuguesa. Antonil/Andreoni registrou costumes, opinou sobre aspectos morais e propôs normas de conduta aos senhores de escravos. Sua abordagem narrativa teve uma abrangência nunca alcançada por outra crônica colonial. Seu estilo testemunhal, parece idealizado como um manual prático do colonizador. Descreveu a economia açucareira com senhores e escravos na condição de agentes da colonização, independentes das ações governamentais. Avaliou a escravidão como uma necessidade da colonização. Os senhores deveriam aplicar os castigos aos escravos de forma moderada, sem ímpeto de vingança, sempre com a possibilidade do perdão, para não estimularem fugas. Os folguedos negros se justificariam pela necessidade de alívio das tensões do cativeiro e descontração da melancolia[57]. Conhecem-se apenas seis exemplares da primeira edição, desta obra de Antonil/Andreoni, preservados sigilosamente, dos quais, dois encontram-se no Brasil: um na Faculdade de Direito da USP e outro na Biblioteca Nacional do Rio de Janeiro, disponibilizados na Internet[58]. Os demais encontram-se na França, na Inglaterra, nos Estados Unidos e em Portugal. Em 2001 a John Carter Brown Library, da Brown University dos Estados Unidos arrematou em leilão, um destes exemplares por 232.000 dólares[59].

Ilustrado representante da ideologia intermediária dos fundamentos revolucionários e dos que se ajustavam ao sistema colonial, o professor de grego em Salvador, Luiz dos Santos Vilhena (1744-1814) escreveu, em estilo missivista, no início do século XIX, uma obra composta por 24 cartas dirigidas a dois fictícios amigos, assinadas por um também imaginário remetente. Estas cartas expõem

---

55. SILVA, A.M.-D. Introdução. In: ANTONIL, A.J. *Cultura e opulência do Brasil por suas drogas e minas*. São Paulo: Edusp, 2007, p. 25-31.

56. CANABRAVA, A.P. "João Antônio Andreoni e sua obra": In: ANDREONI, J.A. [André João Antonil]. *Cultura e opulência do Brasil*. São Paulo: Nacional, 1967, p. 9-112.

57. SILVA, J.T. André João Antonio: Cultura e opulência do Brasil. In: MOTA, L.D. (org.). *Introdução ao Brasil*: um banquete nos trópicos. São Paulo: Senac, 1999, p. 55-73.

58. ANTONIL, A.J. *Cultura e opulência do Brasil, por suas drogas e minas*: com várias notícias curiosas do modo de fazer o assucar, plantar e beneficiar o tabaco, tirar ouro das minas, e descubrir as da prata, e dos grandes emolumentos que esta conquista da America Meridional da ao reino de Portugal com estes, e outros generos e contratos reaes. Reimpr. Rio de Janeiro: Typ. Imp. e Const. de J. Villeneuve, 1837 [Disponível em http://www2.senado.leg.br/bdsf/handle/id/222266].

59. ALMEIDA, P.M.R. *Dicionário de autores no Brasil colonial...*, p. 64-66. • BOSI, A. *Dialética da colonização...*, p. 25.

uma visão dos grupos sociais, dos acontecimentos e das suas circunstâncias; dos perigos da opressão, das indisciplinas e da indevida aplicação das leis; dos antagonismos entre militares e a população. Revelam preocupações com o perigo dos escravos; analisa a propriedade como base da nacionalidade e a interferência da propriedade nas relações humanas. Enfim, permitem entrever as principais contradições sociais que expressavam a crise do sistema colonial. Poderia ser qualificado como um reformador, jamais como um revolucionário. As ideias transformadoras e as informações de atividades revolucionárias chegavam tardiamente ao Brasil e eram imediatamente abrandadas ou adaptadas. Vilhena expressou a ótica do colonizador, e ao concluir a sua obra apresenta uma proposta de colonização para o Brasil, nos padrões liberais, sem argumentos críticos ao poder colonizador. Nos limites das possibilidades do sistema colonial, tentou explicar a depauperação econômica da população com o dialético argumento de que havia pobres porque havia ricos; revelou a percepção de que a ordem escravista estava abalada e os escravos tornavam-se incontroláveis[60].

Comerciantes e agricultores da Bahia reclamaram, em 1807, contra os rigores do controle de qualidade do que se exportava, ao príncipe regente d. João, que transferiu a queixa ao conde da Ponte, governador da Capitania da Bahia (1805-1810) e este solicitou parecer do Senado da Câmara de Salvador sobre a questão. Sem pretenderem, o príncipe regente e o conde governador, ofereceram a oportunidade para se debaterem na Bahia, os fundamentos do liberalismo, combatido pela decadente monarquia autocrática portuguesa, fundamentada na arcaica fisiocracia de François Quesnay (1696-1774). Para emissão do parecer, o Senado da Câmara recorreu a homens de notório saber: desembargador João Rodrigues de Brito, Manoel Ferreira da Câmara (1764-1835), José Diogo Ferreira Castelo Branco e Joaquim Inácio de Siqueira Bulcão (1768-1829)[61]. Depois de esboçar uma análise da evolução econômica da Bahia, o desembargador Rodrigues de Brito, embasado em postulados liberais de Montesquieu (1689-1755), Adam Smith (1723-1790), Pierre Samuel Dupont de Nemours (1739-1817), Jean-Baptiste Say (1767-1832), Leonard Simonde de Sismondi (1773-1842) e José da Silva Lisboa (1756-1835), arrolou vários fatores que dificultariam o desenvolvimento

---

60. VILHENA, L.S. *Cartas de Vilhena*...

61. As respectivas manifestações tiveram sucessivas publicações publicadas a partir de 1821, algumas com autoria atribuída apenas ao desembargador João Rodrigues de Brito. Cf. BRITO, J.R. et al. *Cartas político-econômicas sobre a agricultura e o comércio da Bahia* [Publicadas por I.A.F. Benevides]. Lisboa: Imprensa Nacional, 1821. • BRITO, J.R. *A economia brasileira no alvorecer do século XIX*..., 1923. • BRITO, J.R. *Cartas econômico-políticas sobre a agricultura e o comércio da Bahia*..., 1985. •BRITO, J.R.; CÂMARA, M.F.; BRANCO, J.D.G.F.C. • BULCÃO J.I.S. *Cartas político-econômicas sobre a agricultura e o comércio da Bahia*..., 2004.

da agricultura, e os classificou como deveres do governo: ressaltou a falta de liberdade dos agricultores no emprego do trabalho e do capital; destacou as consequências para a lavoura e o comércio causadas pela falta de estradas, pontes e embarcações nos rios, navegação costeira, a necessidade de uniformização dos pesos e medidas; e enfatizou a ausência de difusão do conhecimento técnico e científico. O intendente Câmara, senhor do engenho da Ponta, na foz do Paraguaçu, utilizou-se de conceitos liberalizantes de Say para defender o livre mercado e menor intervenção do governo nas atividades econômicas. A interferência governamental seria responsável por nivelar os preços de alguns produtos aos custos da produção. Exemplificou o caso dos produtores de farinha de Nazaré, cujos resultados dos investimentos não pagariam o transporte do que produziam. E a situação se agravaria com o peso da carga tributária e os rigores do controle da Mesa da Inspeção sobre o que se exportava. Ferrão Castelo Branco também enfatizou a opressão fiscal, preço dos fretes e o arbítrio da Mesa de Inspeção, argumento repetido de Siqueira Bulcão, que realçou a opressão à lavoura, a carestia dos gêneros de primeira necessidade e o controle, com redução de preço dos produtos fundamentais para a receita do Estado, a renda dos lavradores e o lucro do comércio[62]. Enfim, os pareceres expressaram um libelo anticolonial.

Apesar destas exceções, nessa época produziam-se conhecimentos historiográficos em forma de crônicas, com a reunião cronológica de fatos do cotidiano de grupos sociais, sem analisar as suas circunstâncias históricas de médio e longo prazo. Apenas os recursos da narrativa não permitiam o alcance analítico. Cada cronista emitia um conceito que traduzia o momento em que escrevia, sem as perspectivas que explicassem, historicamente, dimensões territoriais, organização política, condições econômicas, movimentos sociais e manifestações culturais. Para Sebastião da Rocha Pita (1660-1738), o espaço da América de colonização portuguesa constituía-se nos territórios dos Estados do Brasil e do Maranhão e Grão-Pará; em João Antonio Andreoni (André João Antonil, 1650-1721), apesar de mais amplo, concentrava-se nas plantações de cana-de-açúcar e tabaco, nas minas e na criação de gado; em José Joaquim da Cunha de Azeredo Coutinho (1742-1821), resumia-se no vice-reino, que tentava dar conta da própria totalidade, vislumbrada da metrópole e da diversidade imposta pelas múltiplas realidades regionais; em Manuel *Aires de Casal* (1754-1821), materializava-se no reino unido, que não conseguia evitar a presença e o peso das diversidades

---

62. SILVA, K.M. Os escritos de João Rodrigues de Brito (1807): um retrato das novas ideias no mundo ibero-americano. *Intellectus*, XV, 2, 2016, p. 43-45. Rio de Janeiro. • NEVES, E.F. *Crônica, memória e história*..., p. 65-67.

de toda ordem, que se relativizava em uma unidade desejada, todavia, problemática[63]. De cada registro histórico, emergia um Brasil, alcançado parcialmente em espacialidades e temporalidades fragmentadas, apresentadas como totalidades[64].

Os interesses econômicos ingleses estimularam estudos das etnias que se miscigenavam e dos valores culturais que se engendravam no Brasil em consequência do caldeamento étnico, para facilitarem as entabulações comerciais. Em 1809, um médico inglês publicou uma crônica histórica sobre as atividades mercantis britânicas no Brasil[65]. Influenciada pelo liberalismo de Adam Smith, a crônica criticou o controle português sobre o mercado colonial e considerou uma consequência do monopólio comercial, o comportamento social brasileiro, que se caracterizaria por indolência, desonestidade, vingança e excessos de toda espécie, do mesmo modo que a negligência com as ciências e a literatura no Rio de Janeiro[66]. O autor do estudo, que reproduziu o teor do diário de viagem do inglês Thomas Lindley, não conheceria o Brasil, e a emissão de comentários depreciativos sobre o Brasil, comum entre os britânicos do período final da colonização, se atribuía à expansão do mau humor de piratas e contrabandistas combatidos pelas autoridades[67]. Outro britânico publicou, na mesma época, uma história do Brasil[68], plagiada da crônica histórica de Aires de Casal[69]. Seguiu-se o conhecido estudo de outro inglês sobre a história do Brasil[70], que se reportou aos povos indígenas como selvagens tão desumanos, que pouca simpatia inspiraria os sofrimentos a que os submetiam; e os colonos, cujos triunfos pouca alegria causariam, por não serem menos cruéis que os índios com os quais guerreavam,

---

63. FALCON, F.C. Pombal e o Brasil. In: TENGARRINHA, J. (org.). *História de Portugal*. Bauru/São Paulo/Lisboa: Educ/Unesp/Instituto Camões, 2001, p. 227-239.

64. NEVES, E.F. *Crônica, memória e história...*, p. 65-67.

65. GRANT, A. *History of Brazil, comprising a geographical account of that century, together with a narrative of the most remarkable events which have occurred there since its discovery*. Londres: H. Colburn, 1809. Apud KRAAY, H. A visão estrangeira: a Independência do Brasil (1780-1850) na historiografia europeia e norte-americana. In: JANCSÓ, I. (org.). *Independência...*, p. 119-177.

66. CAMPOS, P.M. Imagens do Brasil no Velho Mundo. In: HOLANDA, S.B. (dir.). *História geral da civilização brasileira – Tomo II: O Brasil monárquico. Vol. I: O processo de emancipação*. Rio de Janeiro: Bertrand Brasil, 1993, p. 41-63.

67. PINHO, W. Prefácio. In; LINDLEY, T. *Narrativa de uma viagem ao Brasil*. São Paulo: Nacional, 1969 [1. ed., Londres, 1805].

68. HANDERSON, J. *A history of Brazil, comprising its geography, commerce, colonisation, aboriginal, inhabitants etc. etc. etc.* Londres: Longman/Hurst/Rees/Orme and Brawn, 1821. Apud KRAAY, H. A visão estrangeira... In: JANCSÓ, I. (org.). *Independência...*, p. 119-177.

69. CASAL, [Manuel] A. *Corografia brasílica*. São Paulo/Belo Horizonte: Edusp/Itatiaia, 1986 [1. ed., 1817].

70. SOUTHEY, R. *História do Brasil*. 3 vol. 6. ed. São Paulo/Belo Horizonte: Edusp/Itatiaia, 1981.

manifestarem-se tão avarentos quanto bárbaros e perpetrarem atrocidades pelos mais vis motivos. Poucos nobres alcançariam renomes que não iriam além dos limites da sua própria religião e do seu idioma[71]. Sem subjacência nenhuma, desdenhou das relações diplomáticas e mercantis entabuladas pelos portugueses com os britânicos[72]. Em consequência da intensidade e persistência da presença comercial inglesa no Brasil, que oferecia toda espécie de mercadorias, comprava algodão e outros produtos agrícolas, além de derivados da pecuária, algumas obras historiográficas de abordagens superficiais subestimaram a dimensão da Independência do Brasil com o argumento de que apenas saíra da colonização lusitana para se submeter à dependência econômica britânica.

O primeiro estudo sobre o Brasil na França[73], encomendado pelo governo brasileiro, seria também um plágio, desta vez da obra de Robert Southey. Entre os principais estudos históricos sobre o Brasil produzidos na França encontram-se os de Ferdinand Denis que, depois de considerar não haver homogeneidade entre os habitantes do Brasil, qualificou-lhes como dotados de costumes afáveis, generosos, hospitaleiros e até magníficos; os de algumas províncias se distinguiriam pela inteligência e vivacidade. Entretanto, o sistema colonial haveria mantido os brasileiros na mais profunda ignorância; o trabalho escravo os teria familiarizado com os vícios mais abjetos; e, desde a chegada da corte portuguesa ao Rio de Janeiro, a venalidade se introduzira em todas as classes sociais[74]. Uma parceria de Ferdinand Denis com Hippolite Taunay produziu uma alentada história do Brasil[75]. No início do século XIX, publicaram-se estudos sobre temas brasileiros, também nos reinos germânicos. Um deles baseara-se na obra de Denis[76]. O mais expressivo estudo em alemão, resultou de uma expedição científica bávara, entre 1817 e 1820, que coletou amostras e fez observações geofísicas, arqueológicas, zoológicas e botânicas, no Rio de Janeiro, São Paulo, Minas Gerais, Bahia, Pernambuco, Piauí, Maranhão, Pará e Amazonas. Com o

---

71. SOUTHEY, R. *History of Brazil*. Apud CAMPOS, P.M. Imagens do Brasil no Velho Mundo..., p. 40-63.

72. VARELLA, F.F. Primeiros relatos. In: PARADA, M.; RODRIGUES, H.E. (orgs.), *Os historiadores: clássicos da História do Brasil* – Vol. 4: Dos primeiros relatos a José Honório Rodrigues. Petrópolis/Rio de Janeiro: Vozes/PUC, 2018, p.9-46.

73. BECAUCHAMP, A. *Histoire du Brésil depuis sa découverte en 1500 jusqu'n 1810*. 3 vol. Paris: Eymery, 1815. Apud KRAAY, H. A visão estrangeira... In: JANCSÓ, I. (org.). *Independência*..., p. 119-177.

74. DENIS, F. *Brasil*..., p. 161-168.

75. TAUNAY, H. & DÉNIS, F. *Le Brésil ou histoire, moeurs, usages et coutumes de ce royaume*. 6 vol. Paris: Nepveu, 1822. Apud KRAAY, H. A visão estrangeira... In: JANCSÓ, I. (org.). *Independência*..., p. 119-177.

76. LEDBRECHT, E. *Geschichte von Bresilien*. Gotha: Hennings, 1827. Apud KRAAY, H. A visão estrangeira... In: JANCSÓ, I. (org.). *Independência*..., p. 119-177.

material coletado na longa excursão, produziu-se um estudo, desdobrado pelos editores Karl Friedrich Philipp von Martius, August Wilhelm, Eichler e Ignatz Urban, com a participação de 65 especialistas de vários países, entre 1840 e 1906, na monumental *Flora brasiliensis*, de 130 fascículos, organizada em 15 volumes, com 10.367 páginas, ilustrada com 3.000 estampas e tratamentos taxonômicos de 22.767 espécies, das quais, 6.000 ainda se desconheciam[77].

Nessa época surgiram estudos históricos sobre o Brasil na Europa e nos Estados Unidos da América e diversos diários de viajantes europeus que percorriam trechos do território brasileiro. Alguns dos diários de viagens científicas ou comerciais destacam-se pelos significados literário e historiográfico das narrativas. Auguste de Saint-Hilaire publicou uma série de relevantes registros de viagens a várias províncias brasileiras; o príncipe austríaco, Maximiliano de Wied-Neuwied[78] anotou o cotidiano de uma viagem de observações científicas, que percorreu o litoral brasileiro, desde o Rio de Janeiro à Bahia, com uma incursão interior no território intermediado pelos rios Pardo e de Contas. Deteve-se em longas descrições de fauna, flora e fisiografia. Discorreu sobre a pecuária, os costumes das tribos indígenas, algumas das quais (pataxós, maxacalis, imborés e outras do grupo aimoré/Guerem/botocudo), ainda pouco conhecidas. O príncipe Wied, que levou para Viena um índio pataxó, encontrou-se com alguns dos sertanistas, que na transição do século XVIII para o XIX, subjugaram estes povos e conquistaram os seus territórios. A expedição dos bávaros, Spix e Martius[79], acompanhada também por Pohl, Mikau e Raddi, percorreu territórios muito mais vastos e legou para a historiografia brasileira um diário com detalhadas informações sobre solos, climas, topografia, hidrografia, hidrologia, zoologia, fitografia, geologia, arqueologia, etnias e culturas de povos nativos, colonizadores, europeus e multimiscigenados.

Maria Graham (1785-1842) registrou em diário a sua vivência no Rio de Janeiro, desde o mercado de escravos do cais do Valongo, principal porto de entrada de escravos africanos até o palácio real, onde se fez íntima e confidente da imperatriz Leopoldina; e na Bahia, onde se maravilhou com a paisagem da baía de Todos

---

77. SPIX, J.B. & MARTIUS, K.F.P. *Reise in brasilien*. 3 vol. Munique: Gedruckt bei M. Lindauer, 1823.

78. WIED, M. [Maximiliano, príncipe de Wied-Neuwied]. *Viagem ao Brasil nos anos de 1815 a 1817*. Belo Horizonte/São Paulo: Itatiaia/USP, 1989 [1. ed., Frankfurt, 1820]. • HABSBURGO, M. *Bahia*, 1860 – Esboço de uma viagem. Rio de Janeiro: Tempo Presente, 1982.

79. SPIX, J.B. [SPIX & MARTIUS]. *Viagem pelo Brasil, 1817-1820*. Vol. 2. Belo Horizonte/São Paulo: Itatiaia/USP, 1981. Há uma versão parcial: SPIX, J. (SPIX & MARTIUS). *Através da Bahia* [Salvador: Imprensa Oficial, 1928] reeditada pela Assembleia Legislativa da Bahia, em 2016.

os Santos[80]. Representantes comerciais de outros países que compravam produtos brasileiros em Portugal transferiram-se para o Brasil após a liberação do comércio internacional, em 1808. Um francês, intermediário na aquisição de algodão em Lisboa, que negociou em Recife e Salvador, registrou, com detalhes, senso crítico e requintado estilo literário, o cotidiano sociocultural das duas cidades[81].

Há diferentes interpretações historiográficas do movimento de abrangência política, social e militar que pôs fim à colonização portuguesa e promoveu a Independência do Brasil. Alguns historiadores avaliam uma manifestação revolucionária, que rompeu a ordem política colonial e estabeleceu uma nova diretriz político-econômica; outros, apenas uma transição conservadora, promovida pelo grupo social controlador das instituições estatais e sociais, sem causar impactos nem impor descontinuidades no ordenamento socioeconômico, que manteve o regime monárquico e o trabalho escravo sob o controle das oligarquias agrárias regionais. Há também quem vislumbre a história do Império escravista e da República oligárquica marcada por frequentes movimentos sociais de contestação e reivindicação; e os que ressaltam as iniciativas reformistas dos grupos sociais no exercício do poder, de se anteciparem à radicalização dos segmentos excluídos da sociedade na distribuição dos resultados do trabalho coletivo, da condução das atividades políticas, e promoverem mudanças superficiais coordenadas por articulações da classe social mais poderosa, como ocorreram na extinção gradual do trabalho escravo, ou nos golpes de estado sucedidos na formalização da Independência pelo príncipe herdeiro da monarquia portuguesa, na instauração da República conduzida por um marechal de convicção monárquica e em outras ocasiões de pressão social.

A concepção de história do Instituto Histórico e Geográfico Brasileiro, desde a sua fundação, em 21 de outubro de 1838, inspirado no *Institut Historique* de Paris, ligava-se mais ao espaço físico que à ação humana nele realizada. Em consequência, atinava-se para o lugar das histórias provinciais na escrita da história nacional, como vê no discurso do ato inaugural da instituição, do cônego Januário da Cunha Barbosa[82], na monografia com a qual o bávaro von Martius[83] venceu o

---

80. GRAHAM, M. *Diário de uma viagem ao Brasil e de uma estada nesse país durante parte dos anos de 1821, 1822 e 1823...*

81. TOLLENARE, L.F. *Notas dominicais tomadas durante uma viagem em Portugal e no Brasil em 1816, 1817 e 1818.* Salvador: Progresso, 1956.

82. BARBOSA, J.C. Discurso. In: *Revista Trimensal de História e Geographia ou Jornal do Instituto Histórico e Geographico Brasileiro*, I, 1, 1839, p. 9-17. Rio de Janeiro.

83. MARTIUS, K.F.P. Como se deve escrever a história do Brasil. In: *Revista Trimestral de História e Geografia ou Jornal do Instituto Histórico e Geographico Brasileiro*, VI, 24, jan./1845, p. 390-411. Rio de Janeiro [Reeditado em *Ciência Hoje*, 13 (77), out.-nov./1991, p. 55-63. São Paulo].

concurso promovido pelo IHGB, na dissertação do marechal Raimundo José da Cunha Matos[84], escrita em 1838 e publicada em 1863 e num projeto de história provincial que justificou o título de sócio do IHGB ao seu autor[85]. Consolidava-se no Brasil o Estado, constituído de governo, forças armadas e funcionalismo público, que exerciam o poder e controlavam a administração, todavia, faltava formar socialmente a ideia de nação, enquanto expressão de um povo livre, que se identificasse e se reconhecesse pertencente a um território, com seu governo, instituições, leis e próprios modos de pensar, sentir e agir. O IHGB pretendia promover a formação da identidade nacional e o sentimento cívico através da divulgação da História do Brasil, com o reconhecimento das geografias e das histórias provinciais, que a dimensão territorial dificultaria recolher, somente possível com o trabalho profissionais de todas elas, em posterior condensação[86]. Concebiam a história nacional como um somatório das provinciais e estas das municipais.

A monografia de von Martius, vencedora do concurso promovido pelo IHGB, depois de ressaltar que as histórias provinciais e municipais seriam insuficientes como fontes de uma história nacional, por se constituírem crônicas descritivas de cotidianos comunitários, recomendou que se extraísse delas o essencial e particular e delineou os parâmetros etnocêntricos, referenciados nos três segmentos étnicos fundamentais da formação social brasileira, como metodologia de escrita da História do Brasil. De modo diferente de Cunha Barbosa e de von Martius, o general Cunha Matos advertiu que o conhecer e o pensar as histórias das províncias não seriam suficientes para habilitar os historiadores brasileiros a escreverem a História Geral do Império do Brasil, por lhes faltarem elementos provinciais. Tristão de Alencar Araripe (1821-1908)[87] elaborou a primeira história sistematizada do Ceará, escrita em 1850 e publicada, em 1867, que anuncia uma abrangência "dos tempos primitivos a 1850", porém, limitou-se a 1800, pelo fato de ser funcionário público, ligado diretamente ao governo imperial. Qualquer argumentação sobre os dois movimentos republicanos defendidos pelos seus familiares, poderia interferir nas suas relações funcionais. Preferiu

---

84. MATTOS, R.J.C. Dissertação acerca do sistema de escrever a história antiga e moderna do Império do Brasil. In: *Revista do Instituto Histórico Geográfico e Etnográfico do Brasil*, XXVI, 1863, p. 121-143. Rio de Janeiro.

85. ARARIPE, T.A. *História da Província do Ceará*: desde os tempos primitivos até 1850. 3ª ed. Fortaleza: Fundação Demócrito Rocha, 2002 [1. ed., 1867].

86. SILVA, L.M. A escrita da História no Brasil oitocentista: o lugar da Província do Ceará. In: *Sæculum – Revista de História*, 33, jul.-dez./2015, p. 339-356. João Pessoa.

87. Filho do coronel Tristão Gonçalves e sobrinho do senador José Martiniano de Alencar, família liderada pela matriarca Bárbara de Alencar, que participou ativamente dos movimentos republicanos de 1817 e 1824.

omitir e dedicar-se à temática indígena e ao povoamento e colonização do Ceará[88]. Nessa época, era recorrente escreverem-se memórias histórico-descritivas provinciais e corografias, com representações de áreas geográficas do país, de uma região particular, um município ou uma localidade, recurso amplamente utilizado entre os séculos XVII e XVIII e tardiamente no Brasil, durante o XIX, em descrições geográficas e histórico-cronológicas, sem circunstanciarem-se os fatos nem se inserirem os agentes nos respectivos contextos sociais[89]. Nas últimas décadas desse século e primeiras do XX, vulgarizou-se a escrita de memórias históricas e descritivas e de corografias de comarcas e municípios, publicadas principalmente pelas revistas dos institutos históricos e geográficos provinciais, depois estaduais[90].

A pioneira obra historiográfica Varnhagen[91] (1816-1878), lançada em Madrid, entre 1854 e 1857, patrocinada por d. Pedro II e aplaudida por Wilhelm von Humbolt (1767-1835), von Martius e Ferdinand Denis, apresenta predominância empírica, embora recorresse a algumas fundamentações teóricas, sem expressar reflexões sobre as especificidades do conhecimento histórico, nem suas afinidades teórico-metodológicas. Recorre eventualmente a algumas referências como autoridades, para corroborarem os seus argumentos[92]. Apoiado no referencial metodológico de von Martius, porém, sem se aludir a ele, Varnhagen elaborou o primeiro estudo da História Colonial do Brasil, fundamentado nos paradigmas

---

88. SILVA, Í.B.M. *Tristão de Alencar Araripe e a História do Ceará*. Fortaleza: Museu do Ceará/Secretaria de Cultura do Estado do Ceará, 2006, p. 102-103. • SILVA, L.M. A escrita da história no Brasil oitocentista...

89. BAEMA, A.L.M. Ensaio corographico sobre a Província do Pará. Rio de Janeiro: Typ. Imparcial de F. de P. Brito, 1843 [2. ed. Brasília: Senado Federal/Secretaria Especial de Editoração e Publicação, 2004] [Disponível em http://www2.senado.leg.br/bdsf/handle/id/1097 – Acesso em 02/06/2017]. • GAMA, J.B.F. *Memórias históricas da província de Pernambuco*. 6 vol. 2. ed. Recife: Secretaria da Justiça/Arquivo Público Estadual, 1977 [1. ed., 1844-1848]. • MATOS, R.J.C. *Corografia histórica da província de Minas Gerais*. 2 vol. 2. ed. Belo Horizonte: Imprensa Oficial, 1979 [1ª ed., 1837]. • MATTOS, R.J.C. *Corografia histórica de Goiás*. Brasília: Sudeco, 1979 [1. ed., 1824]. • SILVA, I.A.C. *Corografia paraense, ou descripção física, histórica e política da Província do Grão-Pará*. Salvador: Typografia do Diário, 1833 [Disponível em https:/ /archive.org/stre-am/ corografiaparae00silvgoog/corografiaparae00silvgoog_djvu.txt – Acesso em 02/06/2017]. • SILVA, I.A.C. *Memórias históricas e políticas da Província da Bahia*. 6 vol. Salvador: Imprensa Oficial do Estado, 1919-1940 [1. ed., *Memórias históricas da Bahia*, 1835-1852; 2. ed. anot. Braz do Amaral].

90. Cf. MACEDO, A.M.C. *As corografias e a cultura histórica oitocentista*. Rio de Janeiro: UFRJ, 2007 [Dissertação de mestrado]. • RODRIGUES, N.B. *Caminhos do Império*: a trajetória de Raimundo José da Cunha Mattos e o contexto da consolidação da independência do Brasil. Brasília: UnB, 2008 [Tese de doutorado]. • QUEIROZ, B.M. Raimundo José da Cunha Mattos (1776-1839): "A pena e a espada a serviço da pátria". Juiz de Fora: UFJF, 2009 [Dissertação de mestrado]. • GUIMARÃES, L.M.P. *Debaixo da imediata proteção imperial*: o Instituto Histórico e Geográfico Brasileiro (1838-1889). São Paulo: Annablume, 2011.

91. VARNHAGEN, F.A. *História geral do Brasil...* Ed. esp., 3 vol.

92. GUIMARÃES, L.M.P. *Francisco Adolfo de Varnhagen (1816-1878)*. In: PARADA, M. & RODRIGUES, H.E. (orgs.). *Os historiadores: clássicos da História do Brasil – Vol. 4: Dos primeiros relatos a José Honório Rodrigues*. Petrópolis/Rio de Janeiro: Vozes/PUC, 2018, p. 47-65.

teóricos do Historicismo, que concebia o homem como resultado da história e não este como um produto da ação humana. Varnhagen fundamentou-se no arquétipo romântico de Johann Gottfried von Herder (1744-1803) e Friedrich Wilhelm Joseph von Schelling (1775-1854), que supunham ter o universo deixado de ser um sistema para se transformar em História, numa transição da concepção cosmológica para a antropocêntrica. Na continuação desta perspectiva evolucionista, Georg Wilhelm Friedrich Hegel (1770-1831) vislumbrou o homem como agente de uma liberdade ideal ou social que se desenvolveria objetivamente conforme leis racionais emanadas da História. Varnhagen apresentou a sua visão historicista para desvendar a História como produtora do conhecimento humano, também num estudo sobre a emancipação brasileira de publicação póstuma[93], no qual expôs a formação do Estado Nacional no Brasil como uma continuidade, num contexto em que os componentes sociais portugueses apareceram como corifeus, os índios e os negros, quando citados, na condição de coadjuvantes. Ignorou as contribuições dos povos que considerava de etnias inferiores. Atribuiu a suposta continuidade da colonização no Estado Nacional à ação civilizadora portuguesa, à construção do Estado monárquico com a manutenção da unidade territorial e à civilização de uma população bárbara. Enfim, a nação brasileira seria uma realização apenas da colonização portuguesa. A tardia incorporação da narrativa e da interpretação dos episódios da emancipação do Brasil por Varnhagen evidencia a pouca ênfase que ele atribuía às temáticas de afinidade com a ideia de ruptura[94]. Também ignorou a miscigenação da sociedade brasileira e a formação de uma população mestiça de mulatos, mamelucos e cafuzos, com um rei louro de olhos azuis, que não lhe emprestava representação étnica.

A historiografia de Portugal dedica especial atenção à colonização do Brasil, da qual destaca aspectos econômicos, a organização política com a tessitura das redes burocráticas e o desenvolvimento do processo administrativo como atividades do império português. Entretanto, pouco se interessa pelas ocorrências que culminaram com a emancipação brasileira, por considerá-las aspectos de uma identidade vivencial e cultural, expressão de uma temporalidade. Se a independência constituiu um fenômeno que consagrou a identidade, apresentou-se igualmente como a confirmação da unidade cultural criada a partir da afirmação das diferenças. A identidade política expressa na independência e a cultural manifestada no sentimento nacional, enquanto fenômenos coletivos

---

93. VARNHAGEN, F.A. *História da Independência do Brasil*. Rio de Janeiro: Instituto Histórico e Geográfico do Brasileiro, 1916.

94. COSTA, W.P. A Independência na historiografia brasileira. In: JANCSÓ, I. (org.). *Independência*: história e historiografia. São Paulo: Hucitec/Fapesp, 2005, p. 53-118.

teriam formado duas facetas da mesma realidade e envolveram os mesmos sujeitos. A Independência de 1822 teria consagrado o Estado brasileiro como expressão da múltipla unidade política, cultural, individual, e lhe teria dado forma e conteúdo políticos. Se o Estado brasileiro surgiu da formalização da Independência, a construção do Brasil que ela consagrou resultara de uma longa identificação de sua população em uma escala temporal, marcada no espaço. No desenvolvimento da nova identidade, se ressaltaria a questão da língua falada como meio de comunicação, instrumento de domínio e expressão de identidade. O conhecimento da linguagem e o culto da religião, consequentes da ação evangelizadora da Igreja Católica caracterizariam as identidades sociais e culturais na construção do Brasil como uma nação[95].

Se Varnhagen interpretou o império brasileiro como uma herança de Portugal, outros historiadores de diversas tendências ideológicas do século XIX pensaram diferente. Paulino José Soares de Sousa (1807-1866), líder conservador e um dos principais artífices da ordem política do reinado de Pedro II, admitiu o legado colonial como a representação de um pesado fardo da construção nacional. A herança problemática se concretizara na extorsiva exploração econômica, na escravização da força de trabalho nativa e da traficada da África, na repressão aos movimentos sociais, políticos e na concentração dos poderes em todas as instâncias, fatores que marginalizaram a imensa maioria da população e centralizaram o poder no Estado Nacional monárquico[96]. Durante a organização do Partido Liberal, na década de 1860, [Aureliano Cândido] Tavares Bastos (1839-1875) associou os males brasileiros do seu tempo a instituições que vinham do passado colonial como a centralização monárquica e o trabalho escravo, persistentes na vida nacional a cadenciarem o desenvolvimento e a comprometerem o futuro do país, por insistência da oligarquia conservadora[97]. Entretanto, a tese elitista de Tavares Bastos situou-se nas origens do pensamento liberal, por esquecer-se ou deliberadamente deixar de lado a participação popular na história. Somente através dos democratas, republicanos e radicais, João Soares Lisboa, Cipriano Barata e Frei Caneca, o povo surgia como força política e expressão social. Os republicanos incorporaram os movimentos de reação e de resistência à colonização aos debates político e historiográfico. A figura de Tiradentes, idealizada pelo prisma romântico e apresentada com traços fisionômicos de Jesus Cristo, consolidou-se

---

95. CASTRO, Z.O. A Independência do Brasil na historiografia portuguesa. In: JANCSÓ, I. (org.). *Independência*: história e historiografia. São Paulo: Hucitec/Fapesp, 2005, p. 179-204.

96. COSTA, W.P. A Independência na historiografia brasileira..., p. 53-118.

97. BASTOS, A.C.T. *Os males do presente e as esperanças do futuro*. São Paulo: Nacional, 1939. Apud COSTA, W.P. A Independência na historiografia brasileira..., p. 53-118.

como ícone épico, secundada pela do frei Caneca. Entretanto, a representação dos quatro baianos executados em 1789, ignorada pela historiografia, foi evocada na Bahia, somente a partir da segunda década do século XX. Outras, como a de Filipe dos Santos Freire e do padre Roma, permaneceram quase incógnitas[98].

João Capistrano de Abreu (1853-1927)[99], apoiado no determinismo de Hyppolyte Taine (1828-1893), para quem a trilogia meio, raça e momento, ou meio, raça e instituições, seria o esquema explicativo de um condicionamento da vida social e dos fenômenos literários, embora haja quem suponha Abreu um continuador do empirismo exercitado intensamente por Varnhagen[100]. Contudo, no final do século XIX e início do seguinte, Capistrano de Abreu promoveu a principal revisão crítica da obra de Varnhagen e se firmou como referente, ao procurar sincronizar-se com a evolução do pensamento historiográfico de sua época, embora não abandonasse completamente os postulados de produção do conhecimento histórico fundamentados na experiência e apoiados nos registros documentais como parâmetros da verdade[101]. Do mesmo modo que o seu criticado, Abreu fundamentou a sua análise na lenta formação brasileira durante os três séculos de colonização portuguesa, contudo, deslocou o seu objeto de estudo do Estado, do poder monárquico e dos governantes para a população nas suas interações sociais cotidianas em relação com o ambiente e a época de ocorrência. Procurou interpretar o passado social e econômico através dos fluxos de povoamento dos sertões em estreita vinculação com as condições do meio natural. Diferente da narrativa de Varnhagen sobre o segmento social dominante, Abreu apresentou elementos da cultura material através das famílias e dos grupos sociais, nos seus cotidianos modos de viver[102]. Já Afonso d'Escragnolle Taunay (1876-1958)[103], que produziu a sua obra quando São Paulo disputava a hegemonia cultural brasileira, optou pelo enfoque da Independência e da atuação dos bandeirantes nos sertões para ressaltar o desempenho paulista, na construção do

---

98. RODRIGUES, J.H. *Independência: revolução e contrarrevolução* – Vol. IV: A liderança nacional..., p. 1-83.

99. ABREU, J.C. *Caminhos antigos e povoamento do Brasil...* • ABREU, J.C. *Capítulos de história colonial*: 1500-1800...

100. GONTIJO, R. Capistrano de Abreu (1853-1927). In: PARADA, M. & RODRIGUES, H.E. (orgs.). *Os historiadores: clássicos da História do Brasil* – Vol. 4: Dos primeiros relatos a José Honório Rodrigues. Petrópolis/Rio de Janeiro: Vozes/PUC, 2018, p. 108-138.

101. LAPA, J.R.A. *A historiografia em questão*: historiografia brasileira contemporânea. Petrópolis: Vozes, 1976, p. 69-70.

102. CANABRAVA, A.P. Varnhagen, Martius e Capistrano de Abreu. In: *História econômica*: estudos e pesquisa. São Paulo: Unesp, 2005, p. 245-270.

103. TAUNAY, A.d'E. *História geral das Bandeiras Paulistas*: escripta a vista de avultada documentação inédita dos archivos brasileiros hespanhoes e portuguezes. 11 vol. São Paulo: Typ. Ideal/H.L. Canton, 1924-1950.

Brasil. Outro erudito diplomata [João Manoel de] Oliveira Lima (1868-1928)[104], apresentou a Independência do Brasil como resultado de uma transição pacífica, sem ruptura. Descreveu o povo brasileiro como contrário às mudanças bruscas e às ações radicais, exaltou a monarquia como uma democracia coroada, cujas elites regionais seriam desprovidas de comportamentos aristocráticos e antipopulares, contudo, reconheceu o desempenho do federalismo republicano na construção do Estado Nacional. Acreditou ter faltado ao Império do Brasil uma nobreza privilegiada, um exército disciplinado e um clero defensor do direito divino dos reis. A independência teria sido uma transição política com a manutenção da ordem social. Oliveira Lima reportou-se a aspectos éticos e culturais do Brasil, ao destacar a peculiaridade da civilização forjada pela colonização portuguesa e a originalidade da sua cultura[105], entretanto, não ressaltou a mestiçagem da sociedade brasileira.

O bacharel em direito, jornalista e político, Alberto [de Seixas Martins] Torres (1865-1917) manifestou-se preocupado com a unidade nacional e a organização social brasileira, que deveriam ser tratadas com objetividade, sem abstrações e buscar-se um modelo; ressaltou a necessidade de uma consciência nacional sólida e coerente; parecia-lhe perigoso um federalismo forte, semelhante ao dos Estados Unidos. Não confundia nacionalismo com lusofobia, como ocorria em manifestações de Jackson de Figueiredo Martins (1891-1928), também advogado, jornalista e político e outros do seu tempo. Alberto Torres orgulhava-se da ascendência lusitana e enaltecia a colonização portuguesa do Brasil; defendia a centralização política e manifestava-se contra o estadualismo dos poderes excessivos das unidades federativas; manifestava-se favorável ao corporativismo, entretanto, não acreditava em superioridade de uma etnia sobre outra e reconhecia fatores físicos, sociais e culturais; vislumbrava o Brasil essencialmente agrícola[106].

Um rebelde contra as interpretações saudosistas da monarquia, pioneiro no emprego de recursos teóricos e metodológicos de análise da História do Brasil referenciada nas relações interclasses sociais no processo produtivo, Manoel Bonfim (1868-1932), ao tentar diagnosticar os males de origem da formação social brasileira, ressaltou as descontinuidades e as rupturas políticas nas lutas sociais cotidianas e nas rebeldias reprimidas pelos agentes da colonização portuguesa e situou o

---

104. LIMA, M.O. *O movimento de Independência, 1821-1822...*, p. 199.

105. COSTA, W.P. *A Independência na historiografia brasileira...*, p. 53-118.

106. TORRES, A. *O problema nacional brasileiro*: introdução a um programa de organização nacional. 4. ed. São Paulo: Nacional, 1982, p. 147 [1. ed., 1914]. • IGLÉSIAS, F. Prefácio. In: TORRES, A. *A organização Nacional* – Primeira parte: A Constituição. 3. ed. São Paulo: Nacional, 1978, p. 11-31 [1. ed., 1914]. • PINHO, S.O.C. *Alberto Torres*: uma obra, várias leituras. Belo Horizonte: UFMG, 2007 [Dissertação de mestrado~].

Brasil numa estatura continental, como América Latina[107]. Avaliou que o atraso das nações colonizadas se manifestava como dimensão instaurada pelas metrópoles nas colônias. A independência política fora insuficiente para se superar o legado da colonização, libertou-se o Brasil de Portugal sem romper com o regime monárquico, um dos seus males originais[108].

Ao iniciar o século XX, Euclides da Cunha (1866-1909) publicou a sua obra-prima[109] e concluiu a inserção da cultura sertaneja na literatura e na historiografia, iniciada por Capistrano de Abreu. Na mesma época, ainda arraigado à tradição narrativa da crônica histórica, embora tentasse exercitar a análise historiográfica, Basílio de Magalhães (1874-1957), apresentou a um congresso de história, em 1914, um estudo da expansão territorial do Brasil colonial, posteriormente transformado em livro[110], que se referenciou nas principais obras de História do Brasil do seu tempo. Apoiou-se na concepção da história como um movimento cíclico, numa adaptação do recurso usado pela economia política para explicar o desenvolvimento capitalista, que evolui de um apogeu para um estágio de declínio, deste para uma fase de crise, seguida de uma recuperação que, ao alcançar novo apogeu, reinicia outro ciclo. Esta teoria, transposta sem crítica para a História Econômica, expandiu-se inadequadamente para outras interdisciplinaridades da História e foi aplicada por Magalhães na periodização histórica brasileira, que supunha ter evoluído ciclos, correspondentes às principais atividades econômicas de cada período. Magalhães também ressaltou a denominação de "entradas" para as expedições que caçavam índios para a escravidão ou procuravam minérios, identificadas como empreendimentos "oficiais", entre 1504 e 1696, e de "bandeiras", para as de iniciativas espontâneas, de 1526 a 1700. Entretanto, tal categorização perdeu o sentido, desde que se constataram associações de interesses particulares e governamentais em todos os empreendimentos de conquista e exploração dos sertões[111]. Magalhães explicaria a expansão brasileira através de fatores ambientais, que se evidenciam pela ocupação territorial através das bacias hidrográficas e navegabilidade de alguns rios, que

---

107. BONFIM, M. *América Latina*: males de origem [Ed. online]. Rio de Janeiro: Centro Edelstein de Pesquisas Sociais, 2008 [1. ed., 1905]. • BONFIM, M. *O Brasil na América*: caracterização da formação brasileira. Rio de Janeiro: Francisco Alves, 1929.

108. BONFIM, M. *O Brasil nação*. Rio de Janeiro: Francisco Alves, 1931. • BONFIM, M. *O Brasil na história*: deturpação das tradições, degradação política. Rio de Janeiro: Francisco Alves, 1930, p. 376. Apud COSTA, W.P. A Independência na historiografia brasileira..., p. 53-118.

109. CUNHA, E. *Os sertões*...

110. MAGALHÃES, B. *Expansão geográfica do Brasil colonial*..., p. 63-95.

111. SANTOS, M.R.A. *Rios e fronteiras*..., p. 85.

teriam facilitado a ultrapassagem do meridiano de Tordesilhas; e de causas étnicas e sociais, demonstráveis em São Paulo e na Bahia, onde surgira a primeira geração mameluca, da qual se destacariam João Ramalho e Belchior Dias Moreia.

Embora já se manifestasse timidamente, a modernidade artística e literária expressou-se com amplitude no Brasil a partir da Semana de Arte Moderna de 1922. A historiográfica, ainda mais tardia, somente se impôs na década seguinte, após sucessivas eclosões de movimentos sociais, políticos e militares, de guerra civil e de um golpe de estado que impôs a diversificação da economia com o desenvolvimento de indústrias como alternativa para a exaustão do domínio cafeeiro e a ruptura do monopólio político das oligarquias regionais, através da divisão do controle das instituições do Estado e da sociedade com a nascente burguesia urbano-industrial. A transição para a modernidade historiográfica ficou mais evidente em Paulo Prado (1869-1943), um paulista de formação francesa, jornalista, historiador, negociante, empresário, um dos financiadores da Semana de Arte Moderna de 1922, da qual participou ativamente da organização. Com uma magistral capacidade de síntese, descreveu a formação histórica e cultural do Brasil (1928), em uma obra por ele definida de uma composição histórica e cronológica dos fatos como num quadro impressionista, de imprecisas tonalidades e sem nitidez nas linhas de contorno. Prado conjecturou o Brasil através das abordagens da luxúria, promovida pelo embrutecimento consequente dos controles e pressões patriarcais; da cobiça, que resultara da obsessiva exploração econômica; da tristeza, advinda da frustração social e existencial causadas pela dominação colonial; e do romantismo, que expressaria a alienação do conhecimento da realidade circundante[112]. O Brasil seria um lugar radioso de povo triste, cujo esplêndido dinamismo adviera dos impulsos da ambição mercantilista europeia pelo ouro e do livre culto à sensualidade indígena, em um paraíso bucólico de clima ardente, que excitava os aventureiros conquistadores a iniciarem o povoamento mestiço que produziria uma nova cultura de modos próprios de pensar, sentir e agir. À lasciva do colonizador, somara-se a cobiça aventureira, audaciosa e sonhadora, de tendência mística[113].

Apoiado em Antônio Vieira e Alexandre Herculano, o erudito Paulo Prado avaliou que, em consequência do enfraquecimento da economia, quando Portugal encontrou terras no Atlântico Sul, a cultura portuguesa se encontraria em dissolução de costumes, que associava a debilidade do Estado e a pobreza da

---

112. EULÁLIO, A. *Livro involuntário*. Rio de Janeiro: UERJ, 1993, p. 75.

113. PRADO, P. *Retrato do Brasil...*, p. 113-125.

sociedade, numa dissimulação de religiosidade e aparente esplendor socioeconômico. Ao iniciar a colonização das terras, engendrou uma formação cultural ultramarina, heterogênea e segmentada em diversas regiões, na qual se conjugou o verbo furtar em todos os modos. O excessivo desprendimento de energia física e ausência ou minimização da atividade mental, teriam promovido uma propensão melancólica, à qual se acrescentou intensa vida sexual de erotismo atávico. A morbidez da cobiça e a preservação de caracteres ancestrais da volúpia teria desenvolvido uma paixão insatisfeita, convertida em obsessão, seguida de decepção e na desilusão formou-se a tristeza brasileira congênita, que se revelaria na poesia, nos contos, na música, e na dança[114].

Depois do significativo precedente de Paulo Prado, três obras se fizeram referentes da transição teórico-metodológica na historiografia brasileira, iniciada por Capistrano de Abreu e, de modo meio marginalizado, por Manoel Bonfim: na impactante *Casa-grande & senzala* (1933)[115], Gilberto Freyre (1900-1987) articulou temas interdisciplinares e fez em uma vasta e densa obra de ciências sociais, de dimensões literárias, uma retrospectiva histórica através da abordagem cultural; em *Raízes do Brasil* (1936)[116] Sérgio Buarque de Holanda (1902-1982) introduziu na historiografia nacional o modelo weberiano de análise social para explicar a formação da sociedade brasileira, através da família como unidade de análise; e em *Formação do Brasil contemporâneo (Colônia)*[117], Caio Prado Júnior (1907-1990) optou pelo estudo das relações entre classes sociais como recurso de análise da formação socioeconômica brasileira, observada na longa duração e nos acontecimentos essenciais vistos em conjunto. Desde então, a História do Brasil passou a ser estudada nas alternativas, cultural, da urdidura cotidiana das ações individuais e coletivas; familiar, da articulação de vivências de clãs parentais, consanguíneos e de afinidades; e de classe social, de interesses contraditórios, que levavam os indivíduos a formarem a própria consciência e se posicionarem, até ao conflito interclasses, que pode resultar em mudança das relações de produção de bens materiais. Sempre que um modo de

---

114. Ibid., p. 90-102.

115. FREYRE, G. *Casa grande & senzala*...

116. HOLANDA, S.B. *Raízes do Brasil* – Edição comemorativa dos 70 anos da primeira edição, organizada por Ricardo Benzaquen de Araújo e Lília Moritz Schwarcz. São Paulo: Companhia das Letras, 2006 [1. ed., 1936]. Reúne prefácios e introduções de Cassiano Ricardo sobre "homem cordial", a resposta de Sérgio Buarque de Holanda, o ensaio "Corpo e alma do Brasil, pontos de partida", contribuições espaciais para essa edição, uma cronologia elaborada por Maria Amélia Buarque de Holanda e um caderno de imagens do autor.

117. PRADO JÚNIOR, C. *Formação do Brasil contemporâneo (Colônia)*...

produção substitui outro, surge uma nova sociedade, e a nova ordem se articula através de uma sucessão de formações socioeconômicas. Intensificou-se a partir dessa época, uma tendência surgida no final do século XIX, de se expressar através de manifestações culturais regionalistas e de preferência pela temática dos poderes locais. O sertão emergiu no imaginário social e historiográfico como uma produção discursiva, e saiu da condição de alteridade negativa para a de referente da cultura nacional[118].

Para elaborar um *Guia de leitura da História do Brasil*, na comemoração dos 500 anos do Descobrimento, o *Caderno Mais! – Folha de São Paulo*, consultou sete historiadores brasileiros[119] e cada um deles destacou 10 estudos para cada um dos três períodos da evolução político-administrativa brasileira. Das 210 indicações, uma pesquisa de opinião destacou as 10 mais citadas de cada período histórico para a composição de um quadro síntese das leituras indicadas. Uma enquete realizada pela revista *Veja*, em 1994, com 15 intelectuais brasileiros para se indicarem as 20 obras mais representativas da cultura brasileira de todas as épocas e em todos os setores, destacou o estudo de Cunha como a única unanimidade, seguida em escala decrescente pelas indicações de: *Casa grande & senzala* (1933), de Gilberto Freyre (1900-1987); *Grande sertão: veredas* (1956), de Guimarães Rosa (1908-1967); *Macunaíma* (1928), de Mário de Andrade; *Dom Casmurro* (1899), de Machado de Assis (1839-1908) e *Raízes do Brasil* (1936), de Sérgio Buarque de Holanda (1902-1982)[120]. Algumas obras literárias brasileiras seriam de intenção histórica e sociológica, que a interferência da literatura deu origem a um gênero misto de ensaio, construído na confluência da História com a Economia, a Filosofia ou a Arte, uma forma bem brasileira de investigação e descoberta do Brasil, como: *Um estadista do Império* (1899) de Joaquim Nabuco (1849-1910); *Os sertões* de Euclides da Cunha e *Casa grande & senzala* de Gilberto Freyre[121].

---

118. NEVES, E.F. Sertão recôndito, polissêmico e controvertido. In: KURY, L.B. (org.). *Sertões adentro...*, p. 15-57.

119. Ângela de Castro Gomes, da UFF e da FGV/Rio; Boris Fausto, da USP; Evaldo Cabral de Mello, diplomata do Instituto Rio Branco; João José Reis, da Ufba; Laura de Mello e Souza, da USP; Manolo Florentino, UFRJ; e Ronaldo Vainfas, da UFF.

120. MOREIRA, R.N.P. Cem anos sem Euclides? – A presença de um intelectual na cultura brasileira (1909-2009). In: OLIVEIRA. A.M.C.S. & REIS, I.C.F. *História regional e local*: discussões e práticas. Salvador: Quarteto, 2010, p. 13-22.

121. CÂNDIDO, A. *Literatura e sociedade...*, p. 137.

Quadro-síntese do guia de leitura da história brasileira

Títulos	Autores	Indicações
Dez títulos mais indicados sobre o Brasil Colônia		
Casa-grande & senzala... (1933)	Gilberto Freyre	4
Formação do Brasil contemporâneo (colônia) (1942)	Caio Prado Júnior	4
Visão do paraíso (1959)	Sérgio Buarque de Holanda	4
Portugal e Brasil na crise do Antigo Sistema Colonial (1777-1808) (1979)	Fernando [Antônio] Novais	3
Capítulos de história colonial (1907)	[João] Capistrano de Abreu	3
Segredos internos (1988 – 1. ed., 1985)	Stuart B. Schwartz	3
A devassa da devassa... (1973)	Kenneth Maxwell	2
Caminhos e fronteiras (1957)	Sérgio Buarque de Holanda	2
História do Brasil (1627)	Frei Vicente do Salvador	2
O diabo na terra de Santa Cruz (1986)	Laura de Mello e Souza	2
Dez títulos mais indicados sobre o Brasil Império		
Bahia, século XIX, uma província no Império (1982)	Kátia M. de Queiroz Mattoso	3
Da senzala à colônia (1966)	Emília Viotti da Costa	3
Rebelião escrava no Brasil (1985/2003)	João José Reis	3
Sobrados e mocambos (1936)	Gilberto Freyre	3
Tempo Saquarema... (1986)	Ilmar Rohloff de Mattos	3
A abolição do tráfico de escravos brasileiros (1976)	Leslie Bethel	2
A construção da ordem: a elite imperial (1980)	José Murilo de Carvalho	2
A construção da ordem... teatro de sombras... (2003)	José Murilo de Carvalho	2
As barbas do imperador (1998)	Lília Moritz Schwarcz	2
Formação da literatura brasileira (1957)	Antônio Cândido	2

Dez títulos mais indicados sobre o Brasil República

Coronelismo, enxada e voto (1949)	Victor Nunes Leal	4
Os sertões (1902)	Euclides da Cunha	4
A formação das almas (1990)	José Murilo de Carvalho	3
A invenção do trabalhismo (1988)	Ângela de Castro Gomes	2
A revolução de 1930 (1970)	Boris Fausto	2
O Brasil republicano, vol. 8-11 (1975-1886).	Boris Fausto (Org.).	2
Ordem e progresso (1957)	Gilberto Freyre	2
1930 – O silêncio dos vencidos (1981)	Edgard De Decca	1
1964 – A conquista do Estado... (1981)	René A. Dreifus	1
À margem da história da república (1981)	Vicente Licínio Cardoso	1

Fonte: *Folha de S. Paulo – Caderno Mais!*, 02/04/2000.

13 Crise monárquica, transição republicana e consolidação territorial

13.1 Expansão cafeeira, ferrovias e serviços urbanos

A primeira forma de exportação de capital, ainda mercantilista, materializou-se nos empréstimos a governos e a empreendedores particulares. No curso da Revolução Industrial, passou-se a exportar capital, através da prestação de serviços. Programaram-se obras urbanas e de pavimentação de estradas pelo sistema macadame[1], construção de ferrovias e portos, instalação e exploração de equipamentos de iluminação pública, energia elétrica, abastecimento de água, redes sanitárias e de telefones. O pleno processo de industrialização na Europa, nos Estados Unidos e no Japão ampliou a exportação de capital para os investimentos diretos na produção fabril, através do sistema posteriormente denominado de franquia, para se impedir a transferência de tecnologia aos países não industrializados. A tecnologia se impôs como principal objeto do comércio internacional, inclusive o processamento e veiculação de informações.

Os países que exercem o controle sobre o saber fazer passaram a fornecer produtos industrializados e os demais, matérias-primas e alimentos, numa relação de hegemonia e dependência. O Brasil, rico de recursos naturais, por insistir na manutenção do trabalho escravo e na suposta vocação agrícola, perdeu a oportunidade de desenvolver tecnologias e promover a industrialização. Ficou fora do restrito ciclo de nações controladoras e beneficiárias dos circuitos econômicos internacionais. O sistema de monoculturas exportadoras de origem colonial em declínio com a produção açucareira da região que seria o Nordeste

---

1. Revestimento de vias urbanas e estradas com uma mistura compactada de britas, breu e areia, ou simplesmente cascalho, desenvolvido pelo engenheiro inglês John London *Mac Adam* (1758-1836).

do Brasil e do norte do Rio de Janeiro restabeleceu-se no Império, com a expansão cafeeira, em regiões do Espírito Santo, Rio de Janeiro, Minas Gerais e São Paulo. Nas zonas semiáridas, expandiu-se o cultivo do algodão; nas bordas do recôncavo da baía de Todos os Santos e em alguns municípios de Alagoas e Sergipe, intensificou-se o cultivo do tabaco; o cacau concentrou-se no litoral-sul da Bahia e em menor escala no Pará. Criaram-se, no Brasil do século XIX, duas zonas de densidades econômicas díspares, a açucareira decadente e a cafeeira próspera, enquanto novas técnicas de financiamento, produção, beneficiamento e transporte que transformavam a agricultura da Europa, dos Estados Unidos e do Japão, apenas repercutiam nos resultados da economia brasileira de reafirmação agrária, através de equipamentos que se importava.

Favorecida pela disponibilidade de recursos naturais e condições jurídicas que facilitavam a posse da terra, a expansão cafeeira implicou na dificuldade de transporte da produção. Não se poderiam carrear dezenas de milhares, elevadas rapidamente para centenas de milhares e para milhões de sacas anuais de café das lavouras para os portos exportadores em carroças e tropas de mulas de carga. Em consequência, à expansão dos cafezais seguiu-se a das ferrovias e com elas os empréstimos financeiros externos e a importação de colonos europeus, particularmente da Alemanha e da Itália, cujas populações encontravam-se convulsionadas e as maiorias empobrecidas em consequência dos conflitos de unificação dos respectivos conjuntos de reinos, ducados e condados. Impulsionados pela produção cafeeira, aos lados dos trilhos formaram-se núcleos urbanos que se expandiam com a mesma rapidez da monocultura exportadora: as 582.066 arrobas de café colhidas em 1836, elevaram-se para 2.737.639 em 1855, com um aumento vertiginoso da população nas zonas produtoras[2].

Evolução das receitas provinciais mais pujantes, em mil-réis, 1849-1889

Províncias	1849	1889
Rio de Janeiro	885:100$000	4.399:250$000
Bahia	868:042$000	3.345:101$000
Pernambuco	714:346$000	3.577:870$000
Minas Gerais	444:027$000	3.474:000$000
São Paulo	290:848$000	4.089.318$000

Fonte: LIMA, H.F. *História político-econômica e industrial do Brasil...*, p. 232.

---

2. MILLIET, S. *Roteiro do café e outros ensaios* – Contribuição para o estudo da história econômica e social do Brasil. 4. ed. São Paulo/Brasília: Hucitec/INL, 1982, p. 24 [1. ed., 1941].

A expansão cafeeira ampliou as receitas públicas na mesma proporção do que se produzia e se exportava. Deslocou-se a concentração econômica de uma região para outra, São Paulo avançou da quinta para a segunda posição, enquanto a Bahia fez a escala inversa. Mudaram-se as espécies produzidas, de malvácea para rubiácea, embora mantivesse a produção primária. A transição da atividade agrícola substituiu a velha aristocracia do açúcar, do que seria o Nordeste, pela nova do café, do que viria a ser o Sudeste. Em conjuminância com a concentração econômica, transferiu-se o centro brasileiro de coordenação política sem alterar a estratificação social, além de se extinguir o trabalho escravo de forma lenta e gradual, nem modificar o sistema produtivo de intensiva exploração agrária para as exportações de poucos gêneros alimentícios e algumas matérias primas industriais.

A modernização da agricultura e o beneficiamento da produção exigiu a melhoria do sistema de transporte. O sistema ferroviário, iniciado pelo empresário brasileiro Irineu Evangelista de Souza, barão de Mauá, apoiado pelo capital financeiro inglês, inaugurou o primeiro trecho em 1854, entre o Porto de Mauá a Fragoso, no Rio de Janeiro, numa extensão de menos de 15km[3].

Rapidamente os trilhos ferroviários expandiram-se pelo Centro-Sul cafeeiro, em maior ímpeto pelo interior de São Paulo. Num ambicioso projeto multimodal de transporte de âmbito nacional, que não prosperou, articularam-se conexões atlânticas de comércio com a fluvial amazônica, a ferrovia Madeira-Mamoré, para fechar o circuito com o rio da Prata. Porém, alcançou sucesso secular uma rede menor, que articulou ferrovias desde o Rio de Janeiro a Pirapora, Minas Gerais, com o intercâmbio fluvial pelo São Francisco, até Juazeiro na Bahia, e outra ferrovia conectada à navegação de cabotagem em Salvador. Não foi apenas no Brasil que os conservadores exploraram as ideias liberais para tirarem vantagens da manutenção do trabalho escravo em colônias e ex-colônias que produziam alimentos e outros produtos primários. A Inglaterra manteve estas relações de produção em suas colônias até 1838; a França, até 1848; os Estados Unidos, até 1861. Importaram-se escravos africanos enquanto o tráfico transatlântico mantinha-se como o mais rendoso negócio internacional; persistiram com o trabalho escravo enquanto continuava vantajosa na produção colonial de alimentos e matérias-primas industriais. Todavia, a Inglaterra passou a condená-lo e a combater o tráfico de africanos, ainda na primeira metade do século XIX, em consequência: da competição que produtos brasileiros faziam aos similares

---

3. CALDEIRA, J. *Mauá: empresário do Império*. São Paulo: Companhia das Letras, 1995, p. 251-261.

ingleses das Antilhas, em decorrência da força de trabalho mais barata; do interesse da indústria inglesa em ampliar o mercado interno do Brasil, ao qual vendia seus produtos em maior volume que o negociado em toda a América do Sul e México juntos, e do qual pouco comprava; das vantagens proporcionadas pelas buscas e apreensões em navios negreiros, transformadas em atos de pirataria, nos quais se capturavam produtos como louças, estátuas, candelabros, conservas, doces, que não se relacionavam com o tráfico de escravos; da expansão imperialista inglesa que pretendia abolir o tráfico para afastar, da África, o Brasil e outras nações que se relacionavam com sobas e reis africanos[4].

Durante a colonização portuguesa, o Brasil fornecia produtos agropecuários e minerais ao mercado internacional, conforme as conveniências da burguesia mercantil metropolitana, que intermediava este comércio em regime de exclusividade. O incipiente mercado interno, formado na economia colonial, promoveu, lentamente, uma débil acumulação, impulsionada pelo intercâmbio externo depois da liberação do comércio internacional no Brasil (1808). Após a ruptura do sistema colonial mercantilista, passou-se a exportar gêneros alimentícios e matérias-primas, e a importar produtos industrializados, num processo de atrelamento da produção nacional à demanda externa e de crescente dependência econômica internacional. Nas circunstâncias de nova divisão internacional do trabalho, definida pela Revolução Industrial, a economia brasileira formou-se em paralelo à construção do Estado Nacional, desorganizada em consequência do retorno do aparato político-administrativo para Portugal com d. João VI e a corte portuguesa, em 1821. Para se indenizar a Portugal, conforme definiu o acordo de reconhecimento da Independência, e cobrirem os custos de manutenção do Estado, recorreu-se a empréstimos externos. O endividamento significou para uns, a afirmação da autonomia política, implícita na concessão de empréstimos financeiros; para outros, a dependência econômica, explícita na submissão ao circuito da acumulação e concentração internacional de riquezas.

No período imperial, enquanto alguns países da Europa, Estados Unidos e Japão promoviam a industrialização, o Brasil insistia na economia mercantil-escravista, que apresentava intensa movimentação, devido ao elevado volume da produção agrária, mantida na mesma organização e andamento da colonial. Exportavam-se produtos primários e importavam-se manufaturas industriais, numa relação comercial desfavorável e intermediada por financiamento de ban-

---

4. RODRIGUES, J.H. *Brasil e África* – Outros horizontes. Rio de Janeiro: Civilização Brasileira, 1961, p. 175. • COSTA, E.V. *Da senzala à colônia...*, p. 3-48. • LIMA, H.F. *História político-econômica e industrial do Brasil...*, p. 235-247.

queiros internacionais, sobretudo, ingleses, na produção, comercialização, transporte e exportação do que se produzia, de modo que comerciantes e banqueiros internacionais se beneficiavam dos resultados finais das operações financeiras e comerciais. Por assimilar pouca tecnologia, a monocultura escravista restringia a produtividade agrícola. Aumentava-se a produção com a predatória derrubada de matas para ampliação das áreas cultivadas; a apropriação da quase totalidade dos lucros pelos capitais mercantis e financeiros, bloqueava o crescimento da produção, em decorrência do limitado reinvestimento do produto final no processo produtivo; e o sistema de financiamento da produção promovia a acumulação externa[5].

O mercado interno no Brasil, formado a partir do século XVIII, desenvolveu-se no século XIX, entretanto, o sistema tributário fazia das exportações o mais expressivo setor da economia, responsável por 80% da arrecadação em 1840. No final do Império (1889), o café representava 61% das exportações brasileiras e a receita tributária, 65% da arrecadação fiscal. A produtividade das lavouras do Vale do Paraíba, de cultura mais velha e mais abastecida de escravos, não correspondia à de novas fronteiras agrícolas que se abriam, com menos força de trabalho escrava, numa movimentação em que a persistência da escravidão dependia do interesse da área de vanguarda, que passou a se opor à introdução de novos escravos e gerou o desequilíbrio escravista.

Quantidade produzida no século XIX, por decênios

Decênio	Café*	Açúcar**	Algodão em pluma**	Fumo**	Cacau**
1821-1830	3.178.000	479.851	122.173	42.409	11.362
1831-1840	9.744.000	707.264	113.844	45.454	16.558
1841-1850	17.121.000	1.004.043	111.111	46.230	28.741
1851-1860	26.253.000	1.214.698	141.248	80.126	35.192
1861-1870	28.847.000	1.112.762	288.939	126.539	33.735
1871-1880	36.336.000	1.685.488	382.436	170.535	49.967
1881-1890	53.326.000	2.021.394	227.778	198.831	73.627

*Sacas de 60kg. **Toneladas.

---

5. OLIVEIRA, F. A emergência do modo de produção de mercadorias: uma interpretação teórica da economia da República Velha no Brasil. In: *A economia da dependência imperfeita*. Rio de Janeiro: Graal, 1977, p. 9-38.
• OLIVEIRA, F. A emergência do modo de produção de mercadorias: uma interpretação teórica da economia da República Velha no Brasil. In: FAUSTO, B. (dir.). *História geral da civilização brasileira* – Vol. III: O Brasil republicano; 1: Estrutura de poder e economia (1889-1930). Rio de Janeiro: Bertrand Brasil, 1989, p. 391-414.

Fonte: Anuário estatístico do Brasil, ano V, 1939/1940. Rio de Janeiro. In: CANABRAVA, A.P. A grande lavoura..., p. 85-137.

Além de entrar em conflito com a lógica do sistema industrial que se desenvolvia e exigia expansão de mercados para a sua produção, vários fatores internos concorreram para a decadência e colapso do trabalho escravo no Brasil: a expansão cafeeira estimulou a diversificação dos investimentos; o surgimento de indústrias exigiu rotatividade e flexibilidade do capital; o crescente assalariamento ampliou o mercado interno; a remuneração do trabalho assalariado deixou de transferir os recursos para outras economias que o tráfico de escravos promovia; o trabalho assalariado, com assimilação de novas tecnologias, possibilitou maior produtividade; o emprego da força de trabalho escrava dificultava o acesso de homens livres a postos de trabalho e bloqueava a formação de mercado interno[6], além da mobilização social promovida pelos abolicionistas e das rebeliões escravas.

13.2 Exaustão escravista e colapso da monarquia

O fim do tráfico de escravos da África decorreu de pressões dos países que promoviam a Revolução Industrial, que disputavam os mercados fornecedores de matérias-primas para as suas manufaturas. Os escravistas procuraram alternativa no desenvolvimento do tráfico interno com o deslocamento da força de trabalho escrava das regiões de pequenas economias para as mais amplas e mais produtivas. A continuidade do abastecimento de força de trabalho escravizada revelou a disposição do senhoriato em manter a escravidão[7]. O tráfico interno de cativos tenderia a provocar escassez de força de trabalho e consequente elevação dos preços, todavia, não causou maior impacto nas economias regionais que exportavam seus cativos, devido à disponibilidade de trabalhadores livres e da expansão das policulturas com o trabalho familiar. A propriedade da terra vinculava o proprietário ao seu local de origem, mantinha a perspectiva de superação dos obstáculos naturais como estiagens e desestimulava a emigração. Aos pequenos proprietários também se obrigavam a venda da própria força de trabalho. Os que não possuíam bens de raiz, sentiam-se menos arraigados às suas origens e, por conseguinte, mais livres para migrarem, como se comporta-

---

6. CARVALHO, J.M. Introdução: as marcas do período. In: CARVALHO, J.M. (coord.). *A construção nacional: 1830-1889...*, p. 19-35.

7. RODRIGUES, J. O fim do tráfico transatlântico de escravos para o Brasil: paradigmas em questão. In: GRIMBERG, K. & SALLES, R. (orgs.). *O Brasil Imperial* – Vol. II: 1831-1870. 4. ed. Rio de Janeiro: Civilização Brasileira, 2017, p. 297-337. • NEVES, E.F. Tráfico interno de escravos. In: *Escravidão, pecuária e policultura: Alto Sertão da Bahia, século XIX*. Feira de Santana: Uefs, 2012, p. 195-227.

vam os traficantes internos, que transferiam com eles os resultados financeiros dos seus negócios.

O tráfico endógeno desonerou o senhoriato de uma abolição não indenizada, e também eles recorreram a outros recursos como as alforrias negociadas, condicionadas e gratuitas, de tal modo, que a Lei Imperial de 13 de maio de 1888 alcançou poucos escravos em idade economicamente ativa[8]. O imperador, com os concentrados poderes que dispunha, quando lhe convinha, viabilizava reformas contrárias aos interesses de fazendeiros, como aconteceu em 1871, ao editar a Lei do Ventre Livre, que se contrapôs à resistência dos escravistas mais recalcitrantes, vencida pela pressão da opinião pública e dos próprios escravos que se sublevavam. Fazendeiros de agriculturas mais arrojadas passaram a advogar o fim do trabalho escravo e a mobilização social se impôs ao imperador hesitante e à Câmara conservadora.

O regime monárquico alcançou o seu auge após as reformas que promoveram a centralização político-administrativa, estabeleceu uma momentânea paz social e conciliação partidária, na década de 1850. No decênio seguinte, novas gerações começaram a se mobilizar, embora sem força suficiente, contra o estilo oligárquico do governo e o imperador que praticava a cooptação de políticos através de nomeações para cargos públicos, concessão de títulos nobiliárquicos e postergação das mudanças sociais e políticas reivindicadas. Próceres do Partido Conservador, como Zacarias de Góis e Vasconcelos (1815-1877), José Tomás Nabuco de Araújo Filho (1813-1878), João Lins Vieira Cansanção de Sinimbu (1810-1906), José Antônio Saraiva (1823-1895), João Lustosa da Cunha Paranaguá (1821-1912) e outros criaram a *Liga Progressista*, em 1862, apresentada como terceira alternativa partidária. Romperam com os conservadores mais radicais, liderados por Paulino José Soares de Sousa, visconde de Uruguai (1807-1866) e Joaquim José Fernandes Rodrigues Torres, visconde de Itaboraí (1802-1872). A partir dela organizaram o Partido Progressista, resultado de uma aliança de liberais contidos e conservadores moderados[9], nem muito contra, nem totalmente favorável ao governo, para tentar tirar vantagens, tanto da situação quanto da oposição.

O manifesto progressista propugnou por: regeneração do sistema representativo e parlamentar através do desenvolvimento da convicção constitucional

---

[8]. Algo em torno de 600.000 escravos em todo o Brasil, e o censo de 1872 registrou 1.510.806.

[9]. FAORO, R. Os donos do poder..., p. 389-453.

de divisão dos poderes políticos; liberdade individual em todas as relações sociais; defesa dos direitos e interesses provinciais e municipais; economia dos recursos públicos combinada com as necessidades demonstradas do serviço pretendido; responsabilidade efetiva dos funcionários públicos; severa punição dos crimes; reforma e execução da lei eleitoral; organização judiciária; separação entre a polícia e a justiça; reforma da Guarda Nacional; organização de um código civil; reforma da educação; regeneração do clero[10]; reforma hipotecária e organização do crédito territorial; revisão do código comercial; reforma municipal, com a separação dos poderes deliberativo e executivo[11].

Para difundir as ideias liberais mais impetuosas, Francisco Rangel Pestana, José Luiz Monteiro de Souza e Henrique Limpo de Abreu, com o apoio de Teófilo Ottoni, Christiano Ottoni, Urbano Sabino, Joaquim Felício dos Santos e outros, fundaram na capital do Império, em 1866, o jornal *O Liberal*, que se posicionou ostensivamente contra o personalismo governamental e pela extinção do Poder Moderador; defesa do sufrágio direto e generalizado; ensino com liberdade escolar e do professorado; extinção da Guarda Nacional; eletividade da hierarquia policial; temporalidade do senado; eliminação lenta e gradual do trabalho escravo; e crédito para a lavoura.

Em julho de 1868, caiu o último ministério progressista, organizado pelo conselheiro Zacarias de Góis e Vasconcelos. Formou-se um novo gabinete com o dirigente do Partido Conservador, Rodrigues Torres, visconde de Itaboraí. Iniciou-se com o novo governo, a crise do regime monárquico, que o levaria ao colapso[12], talvez postergado pelo incidente externo da guerra contra o Paraguai. Pedro II passou a sustentar-se politicamente com o apoio do general Luís Alves de Lima e Silva, agraciado com o título de duque de Caxias, que reprimia com rigor todos os movimentos sociais reivindicativos. O novo diretório do Partido Liberal, composto por progressistas e liberais, numa tentativa de se elaborar um programa político para unificar a agremiação, fundou o *Clube da Reforma* e o jornal *Reforma*, no Rio de Janeiro. Em maio de 1869 aprovou o programa, complementar do manifesto liberal e em novembro seguinte começou a circu-

---

10. Em consequência da união do Estado com a Igreja, resultada do antigo padroado português que se transferiu com a colonização, a conduta do clero se incluía entre as matérias debatidas no parlamento e nos partidos políticos.

11. MELO, A.B.A. *Os programas dos partidos e o Segundo Império*. São Paulo: Jorge Seckler, 1878, p. 15-22.

12. COSTA, E.V. *Da Monarquia à República*: momentos decisivos..., p. 321-361. • HOLANDA, S.B. Crise do regime. In: HOLANDA, S.B. (dir.). *História geral da civilização brasileira* – Vol. II: O Brasil Monárquico; 5: Do Império à República. 4. ed. São Paulo: Difel, 1985, p. 7-56.

lar o jornal *Correio Nacional*, editado por Francisco Rangel Pestana e Henrique Limpo de Abreu, declarado radical. Uma nova geração de políticos fundou o *Clube Republicano* no Rio de Janeiro, com o objetivo de criarem as condições para derrubar o regime monárquico. Através dele e com a colaboração de Quintino Bocaiúva, Aristides Lobo, Salvador de Mendonça, Lafayette Rodrigues Ferreira, Luiz Barbosa da Silva e alguns outros, lançou-se o jornal *A República*, inicialmente, com pouco mais de 1.000 exemplares, publicado três vezes por semana.

No primeiro número, em 3 de dezembro de 1870, estampou-se na primeira página, o longo e erudito *Manifesto Republicano*, com 58 signatários. Imediatamente, o jornal teve a edição elevada para 3.000, depois para 7.000 e para 12.000 exemplares. Tornou-se o diário mais lido do Rio de Janeiro, até que a redação foi assaltada e depredada. Em 28 de fevereiro de 1874 interditaram a publicação.

Signatários do manifesto republicano de 3 de dezembro de 1870

Nº	Signatários	Idade (1870)	Época vivida	Nat.	Profissão/atividade
1	Alfredo Gomes Braga	-	-	-	Funcionário público
2	Alfredo Moreira Pinto	-	-	-	Professor
3	Antônio da Silva Neto	-	-	BA	Engenheiro
4	Antônio de Sousa Campos	25	1845-1918	SP	Médico
5	Antônio José de Oliveira Filho	-	-	-	Advogado
6	Antônio Nunes Galvão	-	-	-	-
7	Antônio P. Limpo de Abreu	38	1832-1904	RJ	Engenheiro militar
8	Aristides da Silveira Lobo	32	1838-1896	PB	Advogado, ex-deputado AL
9	Augusto César de M. Azevedo	19	1851-1907	SP	Médico
10	Bernardino Pamplona	-	-	-	Fazendeiro
11	Candido Luiz de Andrade	-	-	-	Negociante
12	Carlos Americano Freire	-	-	-	Engenheiro
13	Cristiano Benedito Ottoni	59	1811-1896	MG	Militar reformado, engenheiro, deputado MG
14	Eduardo Baptista R. Franco	-	-	-	-
15	Eduardo C. de Mendonça	-	-	-	-

Continua.

Continuação.

Nº	Signatários	Idade (1870)	Época vivida	Nat.	Profissão/atividade
16	Elias Antônio Freire	33	1837-1916	RJ	Negociante
17	Emilio Rangel Pestana	-	-	-	Negociante
18	Félix José da Costa e Souza	-	-	-	Advogado
19	Flávio F. da Paixão Júnior	-	-	-	Advogado e jornalista
20	Francisco Antônio C. de Faria	31	1839-1913	RJ	Funcionário público
21	Francisco Carlos de Brício	-	-	RJ	-
22	Francisco Leite de B. Sampaio	36	1834-1895	SE	Promotor, ex-deputado, ex-presidente SE
23	Francisco P.V. de Medeiros	-	-	-	Médico
24	Francisco Rangel Pestana	31	1839-1903	RJ	Advogado, jornalista, ex-deputado SP
25	Gabriel José de Freitas	-	-	-	Negociante
26	Galdino Emiliano das Neves	47	1823-1897	MG	Médico
27	Henrique Limpo de Abreu	31	1839-1881	RJ	Advogado, ex-deputado MG
28	Jerônimo Simões	-	-	-	Negociante
29	João Baptista Lupez	-	-	-	Médico
30	João de Almeida	-	-	-	Jornalista
31	João Vicente de Brito Galvão	37	1833-1892	-	-
32	Joaquim G. Pires de Almeida	-	1844-1873	RJ	Jornalista
33	Joaquim Heliodoro Gomes	-	-	-	Funcionário público
34	Joaquim Maurício de Abreu	22	1852-1913	RJ	Médico
35	Joaquim de Saldanha Marinho	54	1816-1895	PE	Promotor, ex-deputado, presidente MG
36	José Caetano de M. e Castro	-	-	-	-
37	José Jorge Paranhos da Silva	31	1839-1895	RJ	Advogado
38	José Lopes da Silva Trovão	22	1848-1925	RJ	Médico, jornalista, diplomata
39	José M. de Albuquerque Mello	21	1849-1895	PE	Advogado, ex-deputado

Continua.

Continuação.

40	José Teixeira Leitão	-	-	-	Professor
41	Júlio César de F. Coutinho	25	1845-1889	RJ	Advogado
42	Julio V. Gutierrez	-	-	-	Negociante
43	Lafayette Rodrigues Pereira	36	1834-1917	MG	Promotor, ministro, ex-presidente CE, senador
44	Luís de Sousa Araújo	-	-	RJ	Médico
45	Macedo Sodré	-	-	-	Negociante
46	Manuel Benício Fontenelli	47	1823-1895	MA	Advogado, ex-deputado MA
47	Manuel M. da S. Acauan	-	-	-	Médico
48	Manuel Marques de Freitas	-	-	-	-
49	Máximo Antônio da Silva	-	-	-	-
50	Miguel Vieira Ferreira	33	1837-1895	MA	Engenheiro, militar reformado
51	Octaviano de Castro Hudson	33	1837-1886	RJ	Jornalista
52	Paulo Emílio dos S. Lobo	-	-	RJ	-
53	Pedro Antônio Ferreira Viana	32	1838-	RJ	Advogado, jornalista
54	Pedro Bandeira de Gouveia	49	1821-1874	RJ	Médico, deputado MG
55	Pedro R.S. de Meirelles	21	1849-1882	RJ	Advogado, jornalista
56	Quintino Bocaiúva	34	1836-1912	RJ	Jornalista, redator do *Manifesto*
57	Salvador M.D.F. Mendonça	29	1841-1913	RJ	Advogado, jornalista, diplomata, deputado SP
58	Tomé Ignácio Botelho	-	-	-	Capitalista

Fontes: MELO, A.B.A. *Os programas dos partidos e o 2º Império...*, p. 7-10. • BARATA, C.E.A. *Manifesto Republicano de 1870* [Subsídios biográfico-genealógicos]. • PESSOA, R.C. *O primeiro centenário do Manifesto Republicano de 1870...*

O *Manifesto Republicano* reivindicou: descentralização política; ensino livre; polícia efetiva; extinção da Guarda Nacional, do Conselho de Estado e do Poder Moderador; Senado temporário e eletivo; eleições para presidentes de províncias; voto direto e universal[13]. Não se defendeu a extinção do trabalho escravo por não constituir uma unanimidade entre os signatários. Apenas tratou a abolição como uma necessidade para o desenvolvimento econômico.

---

13. MELO, A.B.A. *Os programas dos partidos e o Segundo Império...*, p. 15-32.

Dos 58 assinantes, sabem-se das idades de apenas metade, ou 29 deles: dois tinham menos de 21 anos; oito de 21 a 30 anos; 14 de 31 a 40 anos; três de 41 a 50 anos; e os dois últimos, 54 e 59 anos. Em síntese, dos 29 signatários com idades conhecidas, 24 tinham menos de 40 anos de idade, numa evidência de que o movimento republicano se constituiu, majoritariamente de jovens, alguns ainda estudantes, e sem a participação de militares do serviço ativo nem de clérigos, tão presentes em movimentos políticos anteriores.

No seu conteúdo ideológico, ressaltavam-se: o *liberalismo*, sem demonstrar simpatia pelo povo, influenciado pela Inglaterra[14]; o *federalismo* antiescravista, que admitia a participação popular, embora num segundo plano; e o *positivismo*, de origem francesa, que não previa papel ativo para o povo na República. Para os partidários do liberalismo econômico, a livre iniciativa resultaria na aquisição do melhor produto pelo menor preço; os federalistas defendiam o presidencialismo como um recurso de se ampliar o regime representativo; e os positivistas veriam neles próprios os protagonistas ideológicos, que receberiam o apoio financeiro de empresários, sem que ninguém tivesse qualquer direito, apenas deveres, o povo deveria trabalhar e os empresários cuidarem do Estado e do bem-estar social[15].

As rivalidades hispano-lusitanas transferiram-se para a colonização da América e os sucessivos conflitos na bacia do Prata ampliaram os ressentimentos, agravados com a incorporação temporária da Cisplatina ao Brasil. Enquanto o Império brasileiro relacionava-se preferencialmente com a Europa, a República do Paraguai, constituída em 1810, esteve governada, entre 1814 e 1840, pelo caudilho José Gaspar Rodríguez Francia (1766-1840), que numa afirmação de autossuficiência, isolou-se em restritas relações diplomáticas e comerciais com outros países. Seu sucessor, Carlos Antônio López (1792-1862) governou até 1862, com os mesmos métodos, embora abrisse as fronteiras para o comércio externo e a entrada de imigrantes. Em consequência de um enfrentamento com o caudilho argentino Juan Manuel José Domingo Ortiz de Rosas (1793-1877), sofreu bloqueio econômico de 1845 a 1852, desdobrado em confronto armado. Ortiz de Rosas negava reconhecimento à independência do Paraguai e pretendia incorporá-lo à Argentina. Após a deposição de Rosas, assumiu o governo argentino o general Justo José de Urquiza y García (1801-1870). As circuns-

---

14. O principal representante fora Joaquim de Saldanha Marinho (1816-1895), bacharel em ciências sociais e jurídicas pela Faculdade de Direito de Recife, já acumulava as experiências de promotor público, professor, secretário de Governo, deputado provincial no Ceará e deputado geral pela mesma província, depois pelo Rio de Janeiro, presidente das províncias de Minas Gerais e de São Paulo e senador pelo Ceará.

15. SOUZA, M.C.C. O processo político-partidário na Primeira República. In: MOTA, C.G. (org.). *Brasil em perspectiva*. 19. ed., 1990, p. 162-226. • CARVALHO, J.M. *Pecado original da República*: debates, personagens e eventos para compreender o Brasil. Rio de Janeiro: Bazar do Tempo, 2017, p. 13-70.

tâncias impeliram Carlos Antonio López a formar um exército bem armado e treinado. Sucedeu-lhe no governo paraguaio o seu filho Francisco Solano López (1827-1870), que intensificou a política militarista e agravou as tensas relações com os vizinhos, que responsabilizava pelas dificuldades econômicas do seu país bloqueado por fronteiras que seriam mal delimitadas. Urquiza y García tentou, em vão, apaziguar a região do rio da Prata, com o reconhecimento da independência paraguaia em 1852.

    Os conflitos armados originaram-se do aprisionamento de um barco brasileiro em Assunção, capital paraguaia, em 11 de novembro de 1864, que transportava o presidente da província de Mato Grosso, Frederico Carneiro de Campos, que morreria em uma prisão paraguaia. Após pouco mais de um mês, Francisco Solano López invadiu o sul de Mato Grosso, depois o Rio Grande do Sul e a província argentina de Corrientes. Em reação, a 1º de maio de 1865, Francisco Otaviano de Almeida Rosa, chefe da Missão Brasileira no rio da Prata, o general Bartolomé Mitre Martinez, presidente da República da Argentina e Venâncio Flores, presidente de República do Uruguai assinaram o tratado da Tríplice Aliança, para combater o expansionista ditador paraguaio, Francisco Solano López. A Tríplice Aliança não obteve somente vitórias no rio da Prata. Sofreu algumas derrotas: Curupaiti (set./1866), Laguna (08/05-11/06/1867)[16]. Os mais expressivos confrontos vencidos pelas forças brasileiras e suas aliadas do Uruguai e da Argentina, ocorreram em: Itororó (dez./1868), Riachuelo (11/06/1865), Tuiuti (24/05/1866 e 03/11/1867), Humaitá (19/02/1868), Lomas Valentinas (jul./1868), Itororó (06/12/1868), Avaí (11/12/1868), Angostura (27/12/1868). Em março 1870, na Campanha das Cordilheiras, travou-se a batalha de Cerro Corá, na qual o ditador Solano López foi morto. Morreram na guerra contra o Paraguai, em combates ou por doenças, mais de 80.000 pessoas do lado da Tríplice Aliança: cerca de 60.000 brasileiros, 3.100 uruguaios e 18.000 argentinos; e do lado paraguaio sucumbiram algo no entorno de 300.000 indivíduos.

    A guerra interferiu na ordem socioeconômica e na organização política dos países envolvidos. Derrubou a ditadura expansionista do Paraguai, neutralizou o caudilhismo do Uruguai e da Argentina e acelerou a decadência da monarquia no Brasil. Ao terminar a guerra, em 1870, as transformações econômicas levaram a reações sociais em São Paulo, contra a centralização político-administrativa imperial, que obstaculizava o desenvolvimento da economia. O anseio por auto-

---

16. A derrota sofrida em Laguna perpetuou-se na memória social brasileira, através de TAUNAY, A.d'E. A retirada da Laguna. episódios da Guerra do Paraguai. São Paulo: Companhia das Letras, 1997.

nomia, as propostas de sistema federalista e de liberalismo econômico induziu os cafeicultores a crescentes adesões ao movimento republicano. Sentiam-se sobrepujados pela centralização da monarquia e reivindicavam maior participação da província nas decisões nacionais e nas composições ministeriais, de maior presença baiana, tanto nos conservadores quanto nos liberais[17].

A fundação do Partido Republicano no Rio de Janeiro recebeu várias manifestações de apoio de São Paulo e núcleos de simpatizantes formaram-se em cidades paulistas. Em abril de 1873, na Convenção Republicana de Itu, criou-se o Partido Republicano Paulista – PRP, que se declarou pelo fim imediato do trabalho escravo[18]. Ao partido paulista, seguiram-se outros em diversas províncias. Do mesmo modo que os monarquistas, os republicanos organizaram-se em partidos regionais, articulados com as lideranças nacionais através dos dirigentes. Embora não fosse ampla a participação social, manifestavam-se com a intensa participação dos adeptos de diversos matizes ideológicos, agrupados em militaristas, que atribuíam o êxito do movimento republicano à participação de militares, e em civilistas, que julgavam pernicioso o envolvimento deles em política[19].

O desgaste político do imperador e a descontextualização continental do regime monárquico ampliavam-se na década de 1880. A cada etapa da extinção gradual do trabalho escravo, criavam-se expectativas de novas reformas que promoviam tensões sociais. Entre as principais reivindicações políticas que recebiam crescentes adesões de militares e ampliavam o movimento republicano encontravam-se: a descentralização do poder, a instituição do federalismo, o fim do Conselho de Estado e do senado vitalício e a separação entre a Igreja e o Estado. No fim da escravidão, muitos ex-escravos revelaram-se monarquistas, enquanto fazendeiros ex-senhores, que se sentiam lesados pela libertação de seus escravos, aderiam aos republicanos.

---

17. PENNA, L.A. *República brasileira...*, p. 85-110. • HOLANDA, S.B. Política e guerra. In: HOLANDA, S.B. (org.). *História geral da civilização brasileira* – Vol. II: O Brasil Republicano; 5: Do Império à República. 4. ed. Rio de Janeiro: Difel, 1985, p. 41-56. • BANDEIRA, L.A.M. *A expansão do Brasil e a formação dos estados na bacia do Prata*: Argentina, Uruguai e Paraguai..., p. 227-271.

18. COSTA, M.R. *A implosão da ordem*: a crise final do Império e o movimento republicano paulista. São Paulo: USP, 2006, p. 50-62 [Dissertação de mestado].

19. COSTA, E.V. *Da Monarquia à República...*, p. 266-320. • CARVALHO, J.M. *Os bestializados*: o Rio de Janeiro e a República que não foi. São Paulo: Companhia das Letras, 1987, p. 49. • SANTA ROSA, S.D. A crise imperial e a perspectiva republicana: alguns fatores que determinaram o fim do Império. *Outras Fronteiras*, l, 1, jun./2014, p. 128-153. Cuiabá.

Uma repreensão do governo imperial a militares por declarações à imprensa sobre conflitos disciplinares entre autoridades civis do Ministério da Guerra e oficiais do Exército resultou na exoneração do marechal Deodoro da Fonseca, que defendeu os oficiais punidos, do Comando das Armas e da presidência interina do Rio Grande do Sul. O fato gerou uma crise, conhecida como Questão Militar (1886-1887), que aproximou o marechal dos oficiais republicanos aglutinados no Clube Militar, presidido por Benjamin Constant Botelho de Magalhães (1833-1891)[20].

Os ressentimentos urdiram as conspirações de militares, articuladas com civis. Em 11 de novembro, Rui Barbosa, Benjamin Constant, Aristides Lobo, Quintino Bocaiúva, Francisco Glicério Cerqueira Leite e Frederico Sólon de Sampaio Ribeiro reuniram-se na casa do marechal Deodoro da Fonseca, para convencê-lo a aderir ao movimento de civis e militares que tramava a destituição do imperador e instauraria o regime republicano. Um boato de ordem de prisão contra Deodoro da Fonseca e Benjamin Constant levou o marechal, que se encontrava com problemas de saúde, a comandar uma parada militar e destituir o governo imperial. O general Floriano Peixoto, comandante das tropas legalistas, mais numerosas, não reagiu e o golpe de estado se consumou na manhã de 15 de novembro de 1889. O ministro da Marinha, barão de Ladário, tentou reagir, e recebeu dois tiros. Na conjuntura de expectativas por mudanças, a opinião pública do Rio de Janeiro recebeu o regime republicano como uma reforma inevitável. Os governadores provinciais que não aderiram ao novo regime foram depostos.

13.3 Instauração e impasses da República oligárquica

Denominou-se de República oligárquica à primeira fase do regime republicano, caracterizada pelo monopólio do poder por um pequeno grupo de agroexportadores, com o predomínio de cafeicultores, representados pelos governadores estaduais, em uma condução política que restringia o exercício da cidadania. Nos períodos de apogeu e de despercebida decadência do regime monárquico, estabeleceram-se no Brasil 137 empresas de capital estrangeiro, a maioria de origem inglesa, que se expandia, preferencialmente para a América do Sul. Na década de 1860, transferiram-se 27; na seguinte, 26, e na de 1880, alcançou 84, todas dos setores primário e de serviços. As principais dedicavam-se a minas (26), ferrovias (18), seguros (31), bancos (11), serviços públicos (13) e usinas

---

20. Na condição de engenheiro e de militar, Constant combateu na guerra contra o Paraguai (1865-1870), foi um dos principais articuladores do levante republicano (1889) e o autor do desenho da Bandeira Nacional. No governo provisório assumiu inicialmente o Ministério da Guerra, depois o da Instrução Pública.

centrais (8). Na primeira fase da exportação de capital, o controle tecnológico impedia que se expandissem externamente os investimentos industriais. A política liberal de investimentos estrangeiros que drenava os recursos do Brasil para as economias de origem, repercutiu na elevação do custo de vida da população, na desvalorização monetária, no endividamento externo e na crescente dependência da economia brasileira às dos países industrializados[21].

A crise e o subsequente colapso da monarquia no Brasil tiveram interveniência de diversos fatores, em diferentes intensidades. O envelhecimento do imperador provocou uma série de temores pelo que poderia advir: de um terceiro reinado com a princesa Isabel, dos conflitos ideológicos, da crise financeira, da instabilidade social e das rebeliões militares. A monarquia envelhecia com o monarca e seus ministros, que se revezavam nos gabinetes. A extinção do trabalho escravo, embora gradual, descontentou fazendeiros, em particular nas zonas de agricultura em declínio, que reivindicavam indenizações dos escravos libertos e deixaram de apoiar a debilitada monarquia, quando não aderiram aos republicanos. O imperador tentava contemporizar. Algo no entorno de um terço dos títulos nobiliárquicos distribuído pelo Império foram atribuídos a cafeicultores e comerciantes de café, porém, nas zonas agrícolas em expansão e entre as populações urbanas, em particular do centro-sul do país, cresciam as adesões ao movimento republicano[22].

Em todo o Brasil, a concentração do domínio fundiário, associada à falta de assistência técnica e financeira aos proprietários de pequenos glebas, estimulou a emigração de força de trabalho das áreas de economias mais frágeis para as mais produtivas, que ofereciam melhores oportunidades de empreendimentos e de empregos. As oligarquias agrárias regionais, embasadas nos poderes locais, controlavam as instituições estatais e sociais, fundamentadas na tese fisiocrata de vocação agrícola do país, para persistirem na manutenção do trabalho escravo, evitarem a industrialização e dificultarem a formação de uma burguesia como classe social, que disputasse com elas o poder político e o controle social.

A vitória da Tríplice Aliança, formada por um império de viscondes e barões nomeados, sem direito a transferência hereditária dos títulos, e duas repúblicas de caudilhos, na guerra contra o ditatorial e expansionista gover-

---

21. LIMA, H.F. *História político-econômica e industrial do Brasil...*, 1973, p. 248-254.
22. RIBEIRO JÚNIOR, J. O Brasil monárquico em face das repúblicas americanas. In: MOTA, C.G. (org.). *Brasil em perspectiva...*, p. 146-161. • HOLANDA, S.B. Resistência às reformas. In: HOLANDA, S.B. (dir.). *História geral da civilização brasileira* – Vol. II: O Brasil Monárquico; 5: Do Império à República..., p. 283-288.

no paraguaio, promoveu um crescente prestígio social das forças armadas, em particular do Exército, de formação corporativa. Tratada com indiferença ou desprezo pelas lideranças políticas do Império, a jovem oficialidade do Exército, depois de estabelecer contatos com colegas de repúblicas sul-americanas que ocupavam posições de destaque e constatar o tratamento diferenciado que recebiam dos políticos republicanos, passou a reivindicar direitos sociais de soldado-cidadão, de livre organização e de manifestação política. Entre as lideranças, destacou-se o tenente-coronel Benjamin Constant, que evidenciava no próprio nome a ancestral influência positivista.

A coincidência da crise política com a modernização econômica oportunizou a emergência de grupos sociais marginalizados pelas expressões políticas imperiais e exposição das tradicionais bases de legitimação do Império, representadas pelas instituições da monarquia, da escravidão e da religião do Estado. Em diferentes modalidades, os grupos de intelectuais da década de 1870 distanciaram-se dos dois centros de poder imperial: o social da corte, nuclearizado pelo imperador, e o político, que controlava as instituições e comandava o regime sob a hegemonia do Partido Conservador[23].

A articulada como uma instituição civil, a Guarda Nacional atrelava-se ao Estado, tinha uma organização paramilitar e arregimentava toda a sociedade masculina maior de 18 anos, para promover a formação do patronato político, caracterizado como um estamento burocrático e patrimonialista, mais vinculado ao Estado que à sociedade. O patronato organizado numa hierarquia social de base municipal, expandia-se por regiões e províncias e fazia-se representado no centralizado poder monárquico, embora promovesse alguma socialização que integrou chefes locais e regionais às lideranças partidárias provinciais, articuladas às de outras províncias na dimensão nacional, e perdesse credibilidade com a difusão das ideias republicanas e federalistas e o crescente prestígio social das forças armadas. Ao descontentamento de militares somou-se a intensa propagação das ideias republicanas fundamentadas no liberalismo econômico e no federalismo de fazendeiros de café, abolicionistas e positivistas, de intelectuais que combatiam a monarquia, na convicção de que através da ordem social se conquistaria o progresso econômico.

---

23. ALONSO, A. Apropriação de ideias no Segundo Reinado. In: GRINBERB, K, & SALLES, R.S. (orgs.). O Brasil Imperial. Vol. III: 1970-1889..., p. 81-118.

Imediatamente após a deposição do imperador Pedro II, os líderes civis e militares do movimento republicano organizaram um governo provisório, presidido pelo marechal Deodoro da Fonseca, com um ministério composto por Benjamin Constant (Guerra), Eduardo Wandenkolk (Marinha), Aristides Lobo (Interior), Rui Barbosa (Fazenda e interinamente Justiça, assumido depois por Manuel Ferraz de Campos Sales) e Quintino Bocaiúva (Relações Exteriores, e provisoriamente, Agricultura, Comércio e Obras Públicas, até a posse de Demétrio Ribeiro). O novo governo instituiu a República Federativa, determinou que as províncias se constituíssem nos Estados Unidos do Brasil e os estados federados fossem administrados por quem aderisse o regime republicano, ou governadores nomeados pelo governo provisório, e baniu do Brasil a família imperial, embarcada para Portugal dois dias depois para exilar-se na França.

O governo provisório definiu como eleitores todos os cidadãos brasileiros em pleno uso dos seus direitos civis e políticos, alfabetizados, e estrangeiros naturalizados. Não teriam direito ao voto os menores de 21 anos (com exceção dos casados, oficiais militares, bacharéis formados e doutores) e os clérigos de ordens sacras; vetou também o direito aos praças de pré do Exército, da Armada e dos corpos policiais. Extinguiu o sufrágio censitário e manteve a restrição ao voto feminino. Em 3 de dezembro seguinte, o novo governo nomeou uma comissão composta por Joaquim Saldanha Marinho, Américo Brasiliense de Almeida Melo, Antônio Luís dos Santos Werneck, Francisco Rangel Pestana e José Antônio Pedreira de Magalhães Castro, para elaborar um projeto de Constituição a ser submetido ao Congresso Nacional Constituinte. Em 21 de dezembro de 1889, determinou a realização de eleições para a escolha dos constituintes, em 15 de setembro de 1890. A Assembleia Nacional Constituinte iniciaria os seus trabalhos em 15 de novembro seguinte[24].

O golpe de estado republicano repercutiu nos negócios. Banqueiros e comerciantes temiam as consequências da instabilidade política e fizeram grandes remessas de ouro para o exterior. Ao assumir o Ministério da Fazenda Rui Barbosa encontrou uma movimentação comercial sem precedentes no Brasil e considerou necessária uma expansão monetária para atender aos crescentes negócios, promover a industrialização e estimular a atividade econômica brasileira. O privilégio dos bancos emissores provocou reações que levaram o ministro a admitir o credenciamento de estabelecimentos comerciais para emissões

---

24. COSTA, E.V. *Da Monarquia à República: momentos decisivos...*, p. 31-361. • MATTOS, H. A vida política. In: SCHWARCZ, L.M. (dir.). *A abertura para o mundo (1889-1930)*, p. 87-131 [Vol. 3: História do Brasil nação (1808-2010)]. • PENNA, L.A. *República brasileira...*, p. 29-83.

monetárias e bancos receberam o privilégio de emitirem notas com o lastro de bônus do governo, o que resultou em aumento extraordinário da circulação de papel-moeda, facilitou ações especulativas, desdobradas uma queda vertiginosa da Bolsa de Valores. O dinheiro abundante transformou os negócios lícitos em transações comerciais de ações vendidas sem qualquer garantia, apenas a expectativa de no futuro lastrearem empreendimentos industriais. A política econômica ministerial resultou em um dos maiores surtos inflacionários da História do Brasil. Na intensa crise monetária, Rui Barbosa foi substituído pelo barão de Lucena, que tentou expandir as atividades econômicas e encorajar os bancos emissores a ampliarem o crédito. A crise derrubou o ministro Rui Barbosa e levou o presidente provisório, Deodoro da Fonseca, à renúncia. O combate à especulação desregrada para controlar a inflação ficou conhecido como Crise do Encilhamento[25], que provocou a reação dos apostadores, transformados em conspiradores contra Floriano. Embora atribui-se a Rui Barbosa a responsabilidade pelo descontrole das finanças nacionais, em consequência da sua política monetária expansionista causar o caos financeiro, a Crise do Encilhamento iniciou-se com o seu antecessor, visconde de Ouro Preto, ainda no Império e continuou com o seu sucessor barão de Lucena[26]. A Constituição de 1891 reproduziu o modelo da norte-americana, na inspiração liberal, na organização federativa e na opção presidencialista. Traduziu-se até o nome da República. O liberalismo político e econômico, instituído no Brasil desde a Constituição de 1824, recebeu considerável reforço; o federalismo que se contrapôs à centralização política monárquica concedeu significativa margem de autonomia aos estados e municípios, cujos governantes passaram a ser eleitos; e o presidencialismo reuniu mais poderes no Executivo e limitou as atividades parlamentares[27].

Logo após a instauração do regime republicano apareceram as decepções com os líderes, que não corresponderam aos heroísmos anunciados, nem os marechais apresentaram os perfis apregoados. Os descontentamentos sociais evoluíram para manifestações militares, mobilizações civis, rebeliões regionais

---

25. Denomina-se de encilhamento ao arrocho da sela no lombo do cavalo, com a cilha, uma cinta larga em volta da sua barriga. Na História Econômica do Brasil, a palavra encilhamento designa tanto a política econômica de Rui Barbosa quanto a crise financeira de 1889-1891.

26. TANNURI, L.A. *O encilhamento*. São Paulo/Campinas: Hucitec/Funcamp, 1981, p. 21-101. • FRANCO, G.H.B. & LAGO, L.A.C. O processo econômico – A economia da Primeira República, 1889-1930. In: SCHWARCZ, L.M. (dir.). *A abertura para o mundo (1889-1930)*, p. 173-237 [Vol. 3: História do Brasil nação (1808-2010)]. • FILOMENO, F.A. A crise Baring e a crise do Encilhamento nos quadros da economia-mundo capitalista. *Economia e Sociedade*, XIX, 1 (38), abr./2010, p. 135-171. Campinas.

27. RESENDE, M.E.L. O processo político na Primeira República e o liberalismo oligárquico. In: FERREIRA, J. & DELGADO, L.A.N. (orgs.). *O tempo do liberalismo excludente*: da proclamação da República à Revolução de 1930. Rio de Janeiro: Civilização Brasileira, 2003, p. 89-120 [O Brasil Republicano, 1].

e setoriais, das quais alcançaram maiores dimensões: a Questão dos Bispos, a Revolta da Armada, a Guerra de Canudos, a Revolta da Vacina, a Revolta da Chibata e a Guerra do Contestado. A Questão dos Bispos (1889) surgiu ao se instaurar o regime republicano, em consequência da perda de privilégios políticos e prestígio social pela Igreja. O governo republicano extinguiu o padroado eclesiástico, declarou o Brasil um país laico e desobrigou-se da tutela das instituições religiosas. A reação católica manifestou-se através dos bispos Antônio de Macedo Costa (1830-1891), do Pará, que seria arcebispo da Bahia (1890-1891), e Vital Maria Gonçalves de Oliveira (1844-1878), de Olinda. Ambos formados na França, orientavam-se pelo *Regalismo*, uma doutrina francesa que defendia o padroado e o direito de interferência do chefe de Estado em assuntos internos da Igreja Católica, contrária à *Ultramontana*, defensora da posição eclesiástica italiana tradicional que sustentava a tese da infalibilidade do papa e sua política centralizadora. No enfrentamento da secularização da Igreja, do liberalismo, do positivismo e da maçonaria, os dois bispos arregimentaram intelectuais e políticos católicos para a defesa de imediata reforma eclesiástica no Brasil e orientaram os seus párocos a adotarem medidas restritivas aos maçons em irmandades e associações religiosas. A maçonaria reagiu com a suspensão de padres maçons e a interdição das atividades leigas de maçons nas irmandades e ordens católicas. O governo interpretou a reação dos bispos como uma sedição, prendeu os dois líderes e os condenou a quatro anos de reclusão e trabalhos forçados, em abril de 1884. Depois de anistiados os prelados, arrefeceram-se os ânimos, porém, os constituintes não atenderam o pedido do papa Leão XIII ao marechal Deodoro da Fonseca para que se fizesse na Constituição de 1891 uma referência à religião como componente imprescindível do novo fundamento político[28].

Na Revolta da Armada (1893) unidades da Marinha Brasileira, lideradas pelos almirantes Custódio de Melo e Luiz Filipe Saldanha da Gama, rebelaram-se no Rio de Janeiro, contra a promoção políticas de civis por Floriano Peixoto, que assumiu a Presidência da República após a renúncia de Deodoro em 23 de novembro de 1891. O novo presidente destituiu todos os governadores estaduais aliados do seu antecessor e desprestigiava a Marinha. Iniciou-se o movimento com a invasão do Rio Grande do Sul por tropas comandadas por

---

28. PINTO, J.A. A congregação da missão e a "questão religiosa" no Segundo Reinado. In: Anais Anpuh Brasil – XXVII Simpósio Nacional de História: Conhecimento histórico e diálogo social. Natal, 22-26/07/2013. • SILVA, L.F.L. *Regalismo no Brasil colonial*: a Coroa Portuguesa e a Província de Nossa Senhora do Carmo do Rio de Janeiro (1750-1808). São Paulo: USP, 2013 [Dissertação de mestrado]. • COELHO, C.M. & ROMERA, E. Reação católica e "questão religiosa" no Brasil Republicano. In: *Estudos de Religião*, XXX, 3, set.-dez./2016, p. 111-128. • NAPOLITANO, M. *História do Brasil República*: da queda da monarquia ao fim do Estado Novo. São Paulo: Contexto, 2018, p. 13-39.

federalistas exilados no Uruguai. Almirante monarquista, Saldanha da Gama acusou o Exército de aliar-se aos conservadores para promover sedições, motins e desordens. Navios de guerra bombardearam a capital da República, porém, o Exército impediu o desembarque dos rebeldes, em 13 de setembro. A demissão do Almirante Custódio de Melo do cargo de ministro da Marinha elevou as tensões político-militares. Na armada, havia oficiais monarquistas que conduziram o movimento para uma consistente oposição ao marechal Floriano Peixoto e o movimento armado recebeu adesão de civis do mesmo alinhamento ideológico. Um dos opositores, o almirante Eduardo Wandenkolk, eleito presidente do Clube Naval, encontrava-se em Buenos Aires, dirigiu-se para o Rio Grande do Sul e tomou o porto de Rio Grande. Foi preso e conduzido para a fortaleza de Santa Cruz. Durante três meses, os rebeldes promoveram alguns confrontos com as forças legalistas na baía de Guanabara. Impedidos de se desembarcarem, faltaram-lhes munições e suprimentos. Acometidos de fome, doenças e ameaçados pelas forças do governo, em março de 1894 solicitaram asilo em navios portugueses e deixaram a baía de Guanabara[29].

Na Guerra Civil de Canudos (1896-1897) confrontaram-se sertanejos messiânicos, liderados pelo cearense Antônio Vicente Mendes Maciel, o beato Conselheiro (1830-1897), na defesa da sua comunidade agrária estabelecida em 1890, nas terras da fazenda Canudos, margens do rio Vaza-Barris, no semiárido da Bahia, e sucessivos contingentes do Exército Brasileiro, que os atacaram como inimigos da República, ainda de frágil representação social, supostamente ameaçada. Os rudes campesinos recusavam-se a aceitar a liturgia do casamento civil e os registros de nascimentos, casamentos e óbitos elaborados por instituições do Estado. Insistiam na preservação dos ritos matrimoniais católicos e demais atos litúrgicos, normalizados pelo Concílio de Trento (1545-1563). Como agravante, o reformismo conservador do Conselheiro acusava a República de opressora da Igreja. Além da dimensão alcançada e do trágico desfecho, a Guerra de Canudos destacou-se na história e na memória social em consequência da descrição do sertão, do sertanejo e do conflito por Euclides da Cunha, enviado ao campo de batalha como correspondente do jornal *O Estado de S. Paulo*.

Dirigentes políticos e vigários do sertão do Itapicuru, Nordeste da Bahia, pediram ao governador Joaquim Manoel Rodrigues Lima (1892-1896), que so-

---

29. CARDOSO, F.H. Dos governos militares a Prudente – Campos Sales. In: FAUSTO, B. (org.). *História geral de civilização brasileira* – Vol. III: O Brasil Republicano; 1: Estrutura de poder e economia (1889-1930). 5. ed. Rio de Janeiro: Bertrand Brasil, 1989, p. 15-50. • FLORES, É.C. A consolidação da República: rebeliões de ordem e progresso. In: FERREIRA, J. & DELGADO, L.A.N. (orgs.). *O tempo do liberalismo excludente*: da proclamação da República à Revolução de 1930. Rio de Janeiro: Civilização Brasileira, 2003, p. 89-120 [O Brasil Republicano, 1].

licitasse forças federais para expulsarem de Canudos o beato Conselheiro e seus seguidores. Inutilmente, o arcebispo da Bahia, d. Jerônimo Tomé enviou os frades capuchinhos, João Evangelista de Monte Marciano e Caetano de São Leo, que se fizeram acompanhados do padre Vicente Sabino dos Santos, pároco de Cumbe, para tentarem persuadir o beato e a multidão que o seguia a abandonarem o arraial[30], onde construíram o arraial de Belo Monte, que rapidamente se expandiu e chegou a aglomerar, em cerca de 5.200 casebres de taipa, algo no entorno de 25.000 pessoas.

Fazendeiros da região, embora alguns o aderissem, passaram a temer o sebastianista Antônio Conselheiro e seus fanáticos milenaristas, aos quais se atribuíram a convicção monárquica por resistirem aos registros de nascimento e aos casamentos civis, como uma ameaça social ao sertão e provocação política à República. Cícero Dantas Martins, barão de Jeremoabo, fazendeiro no vale do Itapicuru, denunciou através da imprensa que a atuação do Conselheiro e seus seguidores desorganizava a agricultura e a pecuária regional. Agricultores e vaqueiros aderiam ao movimento social e passavam a se autoabastecerem em lavouras e criatórios coletivos e comercializavam em toda a região. Um boato de que conselheiristas revoltados pelo atraso na entrega de madeira para construção de nova igreja em Canudos organizavam-se para invadir Juazeiro, gerou apreensões e o juiz Arlindo Leone solicitou tropas a Luís Viana, governador do Estado, que enviou uma expedição punitiva mista de 104 soldados da Polícia Militar da Bahia e do Exército, sob o comando do tenente Manoel da Silva Pires Ferreira e dois auxiliares. Em Uauá, a 21 de novembro de 1896, a tropa atacou um cortejo que rezava pelas ruas. Os discípulos do beato Antônio Conselheiro reagiram com foices, facões, paus e pedras durante quatro horas, num confronto que resultaram na morte de 150 conselheiristas e 10 soldados.

Alardearam-se a rebeldia e o potencial beligerante dos penitentes de Canudos, que não reconheceriam o governo republicano. Prudente de Morais licenciou-se para submissão a uma cirurgia e o vice-presidente, o baiano Manoel Vitorino Pereira, assumiu interinamente o governo da República. Em janeiro de 1897, outra expedição composta por 550 homens do Exército e da Polícia Militar da Bahia, comandada pelo major Febrônio de Brito, partiu para Belo Monte, a fim de dissolver o aglomerado de supostos resistentes ao regime republicano.

---

30. Cf. MARCONDES, A. *Canudos*: memórias de frei João Evangelista de Monte Mariano. Rio de Janeiro: Best Seller, 1997.

Os conselheiristas surpreenderam os expedicionários na serra do Cambaio, em Tabuleirinho e Bendegó de Baixo. O fracasso militar, antes de chegar ao arraial de Canudos, causou alvoroço nacional. O presidente interino Manoel Vitorino organizou imediatamente uma terceira expedição, armada de canhões alemães da Krupp, com 1.200 homens, e entregou o comando ao polêmico e temido coronel Antônio Moreira César, que montou as bases de operações em Queimadas e Monte Santo. O rápido ataque a Belo Monte, sem avaliação das circunstâncias climáticas, topográficas e das formas de organização a atuação do inimigo que enfrentava, resultou na derrota militar, morte e empalação do comandante. O fato de espetar-lhe, em uma estaca revoltou os jovens oficiais do Exército.

Organizou-se a quarta expedição contra Canudos, em abril de 1897, sob o comando geral do general Artur Oscar de Andrade Guimarães. Compunha-se de duas colunas, dirigidas pelos generais João da Silva Barbosa e Cláudio do Amaral Savaget, com mais de 4.000 soldados, de várias unidades da federação, muitos dos quais veteranos da guerra contra o Paraguai, equipados com as mais modernas armas. O ministro da Guerra, marechal Carlos Machado Bittencourt, deslocou-se para Salvador, de onde acompanhou as operações. Cercaram o arraial de Canudos e o atacaram em várias frentes. Estabeleceu-se o terror extremo. O Conselheiro teria morrido em 22 de setembro e seu cadáver exumado teve a cabeça decepada. Muitos conselheiristas renderam-se, embora, poucos sobreviveram à degola. Seguiram-se um cruel massacre e a completa destruição do arraial de Belo Monte. Estimam-se que morreram na guerra civil de Canudos algo no entorno de 25.000 pessoas[31].

Euclides da Cunha recebeu do general Artur Oscar o menino Ludgero, de seis anos, originário de Cocorobó, levou-o para São Paulo e o deixou sob a guarda do dr. Gabriel Prestes, diretor da Escola Normal Caetano de Campos, que o fez professor da rede pública estadual em Amparo, interior paulista. Em 1913 Ludgero Prestes assumiu a direção do grupo escolar de Bebedouro, onde constituiu família e viveu até 1934. Na Guerra de Canudos o Exército Brasileiro perdeu numerosos combatentes e da população civil morreram cerca de 35.000 homens, mulheres e crianças, inclusive indios kiriris. As ruínas do arraial de Belo

---

31. Cf. CUNHA, E. *Os sertões* – Campanha de Canudos. Ed. crítica de Walnice Nogueira Galvão [Texto integral]. São Paulo: Ática, 1998 [1. ed., 1902]. • GALVÃO, W.N. *No calor da hora*: a Guerra de Canudos nos jornais, 4ª expedição. São Paulo: Ática, 1974. • TAVARES, L.H.D. *História da Bahia*. 10. ed. São Paulo/Salvador: Unesp/Edufba, 2001, p. 307-312. • GUERRA, S.A.D. *Canudos/Belo Monte*: imagens contando história. São Paulo: USP, 2005 [Tese de doutorado]. • DANTAS, M.D. *Fronteiras movediças*: a comarca de Itapicuru e a formação do arraial de Canudos. São Paulo: Aderaldo & Hothschild/Fapesp, 2007. • MOREIRA, R.N.P. *E Canudos era a Vendeia*. São Paulo/Salvador: Annablume/Eduneb, 2009.

Monte, constituído de 5.200 casebres, nas quais viviam algo entre 20.000 e 30.000 habitantes, submergiram-se na lâmina d'água represada pelo açude de Cocorobó, construído em 1968[32].

Euclides da Cunha descreveu o meio físico a partir do que observou durante alguns dias e o que colheu na limitada bibliografia sobre o sertão no seu tempo. O sertanejo, ele desclassificou, depois de defini-lo como antes de tudo um forte, pelas precárias condições em que vivia, adaptado a um meio tão agreste e rústico; e a guerra, inicialmente como um foco monarquista que desafiava a República, para depois apresentá-la como massacre de um povo rude.

O fim do trabalho escravo instigou o êxodo rural que aumentou o número de subempregados e desempregados nas cidades. O Rio de Janeiro recebeu um significativo contingente de ex-escravos e dobrou a sua população nos últimos 20 anos de extinção gradual da escravidão. Na década de 1890, faltavam moradias, eram precários o abastecimento de água e o saneamento e deficitários os outros serviços urbanos. Em 1891, ocorreram surtos de varíola e de febre amarela. A tuberculose, a peste bubônica e a malária disseminaram-se em incidências endêmicas.

A *belle époque*, no início do século XX, promoveu a modernização das cidades a começar pelo Rio de Janeiro. Governantes miravam-se na Europa e demoliam pardieiros e cortiços, derrubavam ou partiam templos para alargamento de ruas, num exaltado projeto de modernidade, liderado, entre outros, pelo barão do Rio Branco, ministro das Relações Exteriores, um nobiliárquico do Império escravista que pregava a necessidade de civilização da República oligárquica. O prefeito do Distrito Federal, Francisco Pereira Passos (1902-1906) esforçou-se na realização das reformas reivindicadas por aristocratas e monarquistas, embora as obras contrariassem os interesses da população de menor renda, forçada a se deslocar para morros e subúrbios, carentes de serviços públicos.

O médico sanitarista Osvaldo Cruz, diretor do Serviço de Saúde Pública, iniciou, em 1903, o combate às epidemias que infestavam a capital da República,

---

32. LÉLIS P. [Amaro]. *Histórico e relatório do Comitê Patriótico da Bahia (1897-1901)*. Apresentação, notas e projeto gráfico de Antônio Olavo. 2. ed. Salvador: Portfolium, 2002 [1. ed., 1901]. • CUNHA, E. *Os sertões – Campanha de Canudos*. • MONTEIRO, D.T. Um confronto entre Juazeiro, Canudos e Contestado. In: FAUSTO, B. (org.). *História geral da civilização brasileira* – Vol. III: O Brasil Republicano; 2: Sociedade e instituições (1889-1830). Rio de Janeiro: Bertrand Brasil, 1990, p. 39-92. • GALVÃO, W.N. *No calor da hora*: a Guerra de Canudos nos jornais, 4ª expedição. • CALAZANS, J. Quase biografias de jagunços: o séquito de Antônio Conselheiro. Salvador: Ufba, 1995. • GUERRA, S.A.D. Canudos/Belo Monte: imagens contando história. São Paulo: PUC, 2005 [Tese de doutorado]. • CALASANS, J. *O jaguncinho de Euclides* [Disponível em: www.josecalasans.com/downloads/artigos/20.pdf – Acesso em 22/01/2018]. • MONTEIRO, V.S.V. *Canudos*: as crianças do sertão como butim de guerra. Rio de Janeiro: PUC-Rio, 2007, p. 78-101 [Dissertação de mestrado].

com desinfecção e interdição de habitações que não apresentassem as exigidas condições de higiene. Para estimular a população a matar ratos, anunciou a compra de roedores mortos, todavia, suspendeu o pagamento em pouco tempo, ao saber de gente que criava ratos para vender ao governo. Em consequência da epidemia no Rio de Janeiro, internaram-se cerca de 1.800 vítimas da varíola no Hospital São Sebastião, em meados de 1904. Parte considerável da população continuava a rejeitar a inoculação da vacina, denunciada como pústula de vacas infectadas e a enriquecer o anedotário carioca com narravas hilariantes de supostas experiências de vacinados e de supostas manifestações da própria bexiga. Em junho de 1904, Oswaldo Cruz propôs ao governo enviar ao Congresso um projeto para obrigar a vacinação em todo o território nacional. Apenas os indivíduos que comprovassem ser vacinados se permitiriam contratos de trabalho, matrículas nas escolas públicas, certidões de casamento, autorização para viagens e outros serviços do governo. Quando se decretou a vacinação obrigatória, a população se rebelou, insuflada francamente pela imprensa, em particular pelos editoriais do Correio da Manhã de Edmundo Bittencourt[33]. Em novembro de 1904, os tumultos de ruas estenderam-se por vários dias, contra o governo que invadia moradias sem prévio aviso aos moradores. As depredações de prédios públicos estenderam-se para fábricas. Alguns representantes da oligarquia cafeeira uniram-se à oposição monarquistas, republicanos radicais, operários e oficiais militares que se aproveitaram das agitações para tentarem um golpe de estado contra o presidente Francisco de Paula Rodrigues Alves. Imediatamente o seu governo suspendeu a vacinação, reprimiu os rebeldes e conteve os tumultos, que oficialmente resultaram em 945 prisões, 461 deportações, 110 feridos e 30 mortos em duas semanas de conflitos. Porém, nunca se contam com exatidão os mortos e feridos de rebeliões. Muitos rebeldes morrem ou curam-se longe do local dos acontecimentos, sem deixar registros de vínculos com eles[34].

Houve um antecedente histórico de reação à vacinação em Portugal. A família real, no final do século XVIII, recusou-se a receber o pus vacínico. O príncipe herdeiro, José de Bragança contraiu a varíola e morreu. Os remorsos

---

33. LUSTOSA, I. Nota 99. In: BARRETO, [Afonso Henriques de] L. *Recordações do escrivão Isaías Caminha*. 2. ed. São Paulo: Pinguim/Companhia das Letras, 2011, p. 265 [1. ed., 1909].

34. LOPEZ, A. & MOTA, C.G. *História do Brasil*: uma interpretação. São Paulo: Senac, 2008, p. 613-616. • AGÊNCIA FIOCRUZ DE NOTÍCIAS. *Fiocruz, 105 anos*: a Revolta da Vacina [Disponível em https://portal.fiocruz.br/pt-br/node/480 – Acesso em 26/01/2018]. • SEVCENKO, N. *A Revolta da Vacina*. São Paulo: Cosac Naify, 2010, p. 6-27. • NASCIMENTO, D.R. & SILVA, M.A.D. A peste bubônica no Rio de Janeiro e as estratégias públicas no seu combate (1900-1906). In: *Revista Territórios & Fronteiras*, VI, 2, jul.-dez./2013, p. 109-124. Cuiabá.

pela proibição teriam causado o enlouquecimento da rainha Maria I, que deixou o trono para o despreparado João de Bragança.

Na Força Naval Brasileira uma elite assumia os comandos e através de recrutamentos forçados de indivíduos insubordinados como medida de correção, arregimentavam-se marinheiros e aplicavam-lhes castigos corporais, uma remanência da escravidão que causava revoltas. Em reação aos violentos açoites recebidos pelo marujo Marcelino Rodrigues de Menezes, em 1910, os embarcados do encouraçado *Minas Gerais* rebelaram-se no Rio de Janeiro e iniciaram o motim denominado de *Revolta da Chibata*, na qual enfrentaram os oficiais. Na rebelião que se estendeu para outras belonaves morreram muitos marinheiros e alguns superiores hierárquicos. O marinheiro negro, João Cândido Felisberto, veterano da Guerra do Paraguai e do confronto com bolivianos no Acre, assumiu o comando do encouraçado *Minas Gerais*, com adesão das belonaves *São Paulo*, *Deodoro* e *Bahia*. Através de telegramas, os amotinados exigiram do presidente marechal Hermes da Fonseca e do ministro da Marinha a extinção da chibata ou bombardeariam a capital da República. A ameaça levou o Senado a aprovar um projeto de revogação dos castigos corporais na Marinha e concessão de anistia aos rebeldes.

Quando depuseram as armas, 22 marinheiros foram presos e acusados de conspiração. Em 10 de dezembro de 1910, o batalhão naval da ilha das Cobras se revoltou. Por supor tratar-se de represália a eles, os rebeldes do *Minas Gerais*, do *São Paulo*, do *Bahia* e do *Deodoro*, bombardearam a ilha. João Cândido foi preso com 17 companheiros de farda em solitárias, nas quais vários morreram por asfixia e inanição. Internaram João Cândido em um hospício no qual médicos atestaram a sua sanidade mental. Em 24 de dezembro de 1910, o cargueiro *Satélite* levou para o degredo na Amazônia 250 ladrões, 180 facínoras e desordeiros, 120 caftens, 250 marinheiros rebeldes e 44 meretrizes. Fuzilaram alguns deles no navio, entregaram 200 ao capitão Cândido Rondon, que construía linhas telegráficas na região Norte e abandonaram os demais nas margens do rio Madeira, onde seringueiros demandavam força de trabalho. Em outubro de 1911 João Cândido foi condenado com 69 companheiros, porém a maioria já havia morrido. A Irmandade de N. S. do Rosário e S. Benedito contratou advogados que conseguiram a absolvição dos sobreviventes, inclusive João Cândido.

Na Guerra do Contestado (1912-1916), uma área de 28km^2, entre Santa Catarina e Paraná, com jurisdição litigiosa desde a separação da capitania do Paraná de São Paulo, em 1853, confrontaram-se madeireiros e produtores de erva-mate desalojados de suas terras e marginalizados, com os agentes da empresa norte-americana Lumber, que exploravam os pinheirais da região para exportação de tábuas. O fim da construção da ferrovia de ligação do Rio Grande do Sul a São Paulo, em 1910, gerou o desemprego de centenas de trabalhadores que se juntaram aos desalojados e integraram-se na luta armada contra as abusivas repressões da empresa e de autoridades de Santa Catarina e do Paraná.

Nos dois estados, desenvolviam-se movimentos messiânicos milenaristas, conduzidos por indivíduos que se apresentavam como monges, que condenavam o regime republicano e defendiam o retorno ao monárquico. Um deles, o monge José Maria, anunciava a volta de d. Sebastião, o jovem rei português desaparecido na batalha de Alcácer Quibir (1578), em Marrocos. Inspirado em um medieval romance de cavalaria[35], criou uma tropa de elite, denominada de *Doze Pares de França*, instituiu um *Coro de Virgens*, que profetizariam, e organizou uma comunidade denominada de Quadro Santo, que ameaçava as pessoas contrárias ou indiferentes às suas prédicas. Quando chegou uma expedição do Exército para perimi-la, José Maria evadiu-se com a sua gente sem nada sofrer. A segunda expedição militar, em outubro de 1812, molhou armas e munição ao atravessar um rio, sofreu um ataque de facões e abandonou o campo de batalha, no qual morreram o comandante João Gualberto Gomes de Sá Filho e 13 soldados. Também sucumbiram o monge José Maria e alguns fanáticos. Outra ofensiva militar não encontrou os rebeldes, que durante um ano dispersaram-se pelos vales do Timbó, das Canoinhas e do Taquaruçu, sem sofrerem repressões. Ao aproximar-se de Taquaruçu, em 1913, uma expedição perdeu três combatentes e as cargas de armas e munições. Outra expedição concentrou-se nas proximidades de Taquaruçu no início de 1914, atacou a base rebelde e a encontrou abandonada. Dividiu-se em duas colunas, para se reunirem em Perdizes Grandes. Os fanáticos trucidaram uma delas a facão e o remanescente bateu em retirada. A sétima expedição, em maio de 1914, também formada por duas colunas, tentou atacar um acampamento de fanáticos em Caraguatá e o encontrou abandonado. Em uma emboscada, perdeu as cargas de munição e retirou-se da luta.

Fanáticos atacavam cidades, executaram pessoas e incendiaram uma serraria Lumber. Outro ataque a um comando militar matou o comandante e 14 soldados. Os seguidores do monge José Maria dividiam-se em vários comandos, chefiados por Manoel Padilha, Francisco Afonso dos Santos, Antônio Tavares Júnior, Henrique Woland (Alemãozinho), Aleixo Gonçalves e Viriato Baiano, que se uniam para os ataques. Quando faltaram alimentos, liberaram mulheres e crian-

---

35. *História de Carlos Magno e dos Doze Pares de França*, uma obra francesa, de autoria desconhecida, que se supõe da autoria de Nicolás de Piemonte.

ças, que se entregaram às forças governamentais. A oitava expedição, em dezembro de 1914, sob o comando do general Fernando Setembrino de Carvalho, adotou tática de guerrilhas, com ataques de surpresa. Chefes de grupos fanáticos começaram a abandonar a luta. Antônio Tavares Júnior fugiu em janeiro de 1915, Bonifácio Papudo e Alemãozinho entregaram mapas dos acampamentos ao general Setembrino de Carvalho. O capitão Tertuliano de Albuquerque Potiguara, em sucessivos ataques, abateu 164 combatentes inimigos e incendiou 1.200 casas. Dominou os redutos rebeldes um a um, até a desarticulação total dos grupos de fanáticos. Estima-se que a Guerra do Contestado deixou cerca de 2.000 mortos e 6.000 casas destruídas[36].

Ao iniciar do século XX, o mundo passou por grandes transformações que impactaram na provinciana sociedade brasileira com impulsos de tardia Modernidade. Na literatura sobressaíam-se dois mulatos: Machado de Assis fazia a crônica da garbosa elite da capital federal, enquanto Lima Barreto registrava o cotidiano plebeu. Na retaguarda do desenvolvimento científico e tecnológico, o Brasil contribuía, em 1906, com a decolagem do 14-Bis na capital francesa, um aparelho mais pesado que o ar, pilotado pelo mineiro Alberto Santos Dumont; e em 1809, com o isolamento do *trypanosoma cruzi* por Carlos Chagas, outro mineiro; e o cotidiano político republicano e de seus agentes perpetuaram-se nos traços icnográficos do ítalo-brasileiro Ângelo Agostini.

13.4 Integração da Amazônia e territorialização brasileira

A colonização portuguesa ultrapassou os limites astronômicos sem demarcação física do tratado de Tordesilhas (1494) a partir da União Ibérica (1580-1640), e expandiu-se para além da linha divisória, sem plena ocupação do território interior, contornado de fortalezas: São José de Macapá, na foz do Amazonas; São Joaquim da Boa Vista, no rio Branco; São José de Marabitanas, no alto Rio Negro; São Gabriel do Rio Negro, na linha do Equador; Tabatinga no rio Solimões; e Príncipe da Beira, no rio Guaporé.

Orientado pelo princípio *uti possidetis* do direito internacional, que reconhece a legalidade e a legitimidade do poder estatal que de fato exerce controle

---

36. QUEIROZ, Maurício Vinhas de. *Messianismo e conflito social (a guerra sertaneja do Contestado: 1912-1916)*. 2ª ed. São Paulo: Ática, 1977; MONTEIRO, Duglas Teixeira. Um confronto entre Juazeiro, Canudos e Contestado. Em: FAUSTO, Boris. (Org.). *História geral da civilização brasileira*. III – O Brasil Republicano; 2 – Sociedade e instituições (1889-1830)..., p. 39-92; FLORES, Moacir. *Dicionário de História do Brasil*..., p. 153-154.

político e militar sobre uma região em litígio, o tratado de Madri (1750) estabeleceu que os portugueses ficariam de posse das terras da Amazônia por eles ocupadas. Porém, o acordo se desfez no tratado do Prado (1761), que restabeleceu os limites de Tordesilhas. Em outra negociação, redefiniu-se no tratado de Santo Ildefonso (1777), que os territórios conquistados pelos portugueses pertenceriam a Portugal. Entretanto, permaneceram indefinições de limites após as independências dos países da América do Sul. Sob a condição de neutralidade do governo boliviano na guerra contra o Paraguai, através do tratado de Ayacucho (1867), o Brasil cedeu à Bolívia as nascentes dos rios Acre e Purus, embora os seus seringais fossem explorados por brasileiros. A região transformou-se em zona de conflitos. Os bolivianos desejavam assumir o controle da produção e comercialização da borracha que galgava projeções nos mercados internacionais, entretanto, a Bolívia se encontrava em debilidade econômica, escassez demográfica e as condições topográficas dificultavam o acesso ao Acre, facilitado para os brasileiros[37].

A extração extensiva do látex da seringueira expandiu-se a partir de 1802, quando a indústria europeia passou a utilizar a borracha em liames de suspensórios e ligas; em 1820 fabricantes norte-americanos recorreram a esse produto para se impermeabilizarem sapatos; em 1832 o escocês Macintosh, com a dissolução da borracha em nafta e carvão, iniciou a fabricação de tecidos impermeáveis; o norte-americano Charles Goodyear e o inglês Thomas Hancock desenvolveram a técnica da vulcanização da borracha; o irlandês John Dunlop aplicou cintos elásticos nas rodas de bicicletas; e o norte-americano Henry Ford usou o invento irlandês na fabricação de pneumáticos para automóveis.

Iniciou-se a ocupação do rio Purus em 1852, e do rio Acre, em 1878, com a exploração da força de trabalho no mesmo sistema de barracão de fornecimento empregado nas agriculturas da região que seria o Nordeste do Brasil e nos cafezais do Centro-sul, depois, Sudeste. A baixa densidade demográfica amazônica recebia incrementos de emigrantes da região que seria o Nordeste do Brasil, para os seringais e lavouras de gêneros alimentícios, desde a década de 1820. Em meados do século XIX, os governos norte-americano, inglês e francês pressionaram o Império do Brasil pela livre navegação nos rios da Amazônia e elaboraram planos e projetos de estabelecimentos de colonos para o cultivo do algodão e extração da borracha. O governo imperial brasileiro encontrou na concessão do monopólio da navegação fluvial em 1853, a uma companhia de Irineu Evangelis-

---

37. BEZERRA, Maria José. *Invenções do Acre*: de Território a Estado – um olhar social...

ta de Souza, com a obrigação de estabelecer colônias agrícolas para a produção de alimentos, a alternativa nacional para ocupar a região e reduzir as pressões internacionais. As exportações de borracha da Amazônia cresceram de 93 toneladas em 1825, para 1.906, em 1856; 7.909, em 1876; 12.690, em 1886; 19.500, em 1896. A expansão das exportações e a introdução da navegação a vapor impulsionaram o desenvolvimento socioeconômico da Amazônia[38].

Quando o Brasil evoluía da centralização monárquica para a consolidação dos poderes regionais com a descentralização federativa republicana, a política de ocupação territorial estimulou os movimentos migratórios, que na Amazônia dirigiram-se para o território boliviano dos rios Acre e Purus. Nas circunstâncias da época, ocorria, por um lado, a concentração da renda, que favorecia o empoderamento de oligarquias regionais, e por outro, a expansão do mercado interno e das exportações, com o redimensionamento das atividades agrícolas e extrativistas, que oportunizavam a formação de uma burguesia mercantil que se expandia pelo setor de serviços.

O governo boliviano decidiu controlar o território acreano em 1896. Instalou um posto alfandegário e liberou a navegação fluvial aos países amigos. Para isto, atravessava rios brasileiros e instigou o debate político do fundamento jurídico da comunicação de um país interior com o mar através de rios de outro país, que repercutiu na imprensa brasileira. Na disputa pelos seringais, o governador do Estado do Amazonas, José Cardoso Ramalho Júnior (1898-1900), interveio na questão: não reconheceu o poder boliviano sobre a região, nomeou autoridades e emitiu títulos de terras. Os ânimos acirraram as negociações entabuladas para a venda ou cessão do território acreano pela Bolívia. O governador Ramalho Júnior financiou uma expedição à zona litigiosa do Acre, liderada pelo espanhol, ex--diplomata, jurista e jornalista Luís Galvez Rodrigues de Aria, em julho de 1899, que proclamou a independência do Acre, embora admitisse a anexação ao Brasil.

O governo brasileiro não reconheceu a autonomia acreana nem o governo de Galvez. Pressionado pelas autoridades da República, o governador do Amazonas manteve-se oficialmente neutro, porém negociava com o vice-presidente boliviano, a quem propôs um milhão de libras esterlinas pela posse do território do Acre e mais 300 contos de réis para quem construísse uma estrada que ligasse o rio Madeira ao Mato Grosso pecuarista. Depois de algum tempo sem incidentes, a república de Galvez passou a sofrer pressões da Bolívia e do Brasil. Por determinação do governo brasileiro, o governador Ramalho Júnior intermediou as negociações que reintegraram a posse do Acre à Bolívia, em dezembro de 1899, depuseram e deportaram Galvez para a Europa.

---

38. CAMPOS, S.M.M. *O espaço brasileiro e o processo de produção do espaço no Acre...*

Quando a questão parecia resolvida, os acreanos receberam com hostilidades, em 1901, um *batalhão liderado* pelo vice-presidente boliviano e seu ministro da Guerra. O governo da Bolívia manteve o controle da região, todavia, o novo governador amazonense, Silvério José Nery (1900-1904), financiou outra expedição à zona disputada, comandada por José Plácido de Castro, disposto a anexar o Acre ao Brasil e conflagrou os seringais acreanos. Os conflitos intensificaram-se após o arrendamento do Acre ao *Bolivian Syndicate*, um empreendimento de capital anglo-americano. O governo brasileiro interveio por considerar o contrato uma ameaça à segurança social, um desafio à soberania nacional e posicionou-se pela anexação do Acre ao Brasil. Imediatamente, proibiu a livre navegação em rios da Amazônia brasileira, para impedir o acesso e consequentemente, a posse do Acre pelo *Bolivian Syndicate*. O experiente diplomata José Maria da Silva Paranhos Júnior, barão do Rio Branco, Ministro das Relações Exteriores (1902-1912) que negociara com sucesso a fronteira do Amapá com a França, definida em 1º de dezembro de 1900, por um tribunal suíço, assumiu as negociações com a Bolívia e solicitou o envio de tropas para a zona de conflito.

Para obter o apoio do governo norte-americano ao bloqueio do contrato com o *Bolivian Syndicate*, o diplomata brasileiro recorreu ao argumento de que após a doutrina Monroe, seria uma incoerência uma empresa com participação acionária norte americana concorrer para a implantação do regime de exploração colonial europeia na América; admitiu a possibilidade de indenização ao *Bolivian Syndicate* para se abster do negócio do Acre; e iniciou negociações com a Bolívia, nas mesmas bases propostas pelo governador amazonense, Ramalho Júnior. A incorporação do Acre, última fronteira definida, consolidou a territorialização do Brasil como uma conquista do regime republicano, porém, conduzida por um diplomata remanescente da monarquia. As negociações de limites com o Peru concluíram-se através de outro tratado, assinado no Rio de Janeiro, em 8 de setembro de 1909, pelo mesmo José da Silva Paranhos Júnior, representante do Brasil e Hernán Velarde, do Peru, também baseado nos fundamentos do *uti possidetis*[39].

---

39. BARBOSA, Ruy. *A transacção do Acre no tratado de Petrópolis*. Rio de Janeiro: Typ. do "Jornal do Commercio" de Rodrigues e C., 1906. <www.scielo.br/scielo.php?script=sci_arttext&pid=S0034-73292003000100005>. Acessado 30 jan. 2018; TOCANTINS, Leandro. *Formação histórica do Acre*. 5ª impressão. Brasília: Conselho Editorial do Senado Federal, 2009, v. I, p. 297-364; v. II, p. 221-376; RICUPERO, Rubens. *Rio Branco: o Brasil no mundo*. Rio de Janeiro: Contraponto, 2000, p. 31; RICUPERO, Rubens. *A diplomacia na construção do Brasil: 1750-2016*. Rio de Janeiro: Versal, 2017, p. 233-301; CAMPOS, Simone Martinoli Madeira. *O Estado brasileiro e o processo de produção do Espaço no Acre...*, p. 42-94; BEZERRA, Maria José. *Invenções do Acre: de Território a Estado – um olhar social...*, p. 15-139.

O território possibilita o exercício da cidadania, do poder e afirmação de soberania nacional. No início do século XX, o Brasil limita-se com três possessões coloniais: Guiana Francesa, Guiana Holandesa e Guiana Inglesa; e sete repúblicas: Venezuela, Colômbia, Peru, Bolívia, Paraguai, Argentina e Uruguai. A diplomacia brasileira negociou várias questões de fronteiras, algumas tensas ou conflituosas, de maior beligerância como Paraguai (1864-1870). No período imediatamente pós-Independência, os governantes brasileiros preocupavam-se com a unidade territorial do Brasil, embora somente no final do século XIX os problemas regionais afloraram-se entre as principais preocupações de estudiosos da realidade brasileira. Ao se analisar uma regionalização deve-se avaliar as suas origens históricas e antropológicas, evidenciadas depois da globalização, que promoveu a evolução capitalista nas organizações dos estados, nas suas relações políticas e direcionamentos das classes dirigentes para a tendência mundial de defesa dos seus interesses econômicos e conveniências sociais. Compartimentada em centro e periferia, a regionalização vincula-se ao lugar de realização das ações humanas, em dimensões intermediárias de estados e municípios. Assume significados políticos e econômicos nas concentrações humanas multiétnicas e nos conflitos sociais fragmenta as fronteiras nacionais, regionais e entre unidades administrativas locais[40].

Regionalizar corresponde a demarcar e hierarquizar espaços, estabelecer diferenças, exercer poderes, produzir desigualdades. A regionalização constitui o problema central do geógrafo, do mesmo modo que a periodização, para o historiador, embora os recortes espaciais e temporais sejam associados. Toda regionalização resulta de uma construção social do espaço, que se articula historicamente. As frequentes rebeliões regionais ocorridas durante o Império e a Primeira República impeliram à necessidade do conhecimento sistematizado do território brasileiro, nos aspectos demográficos, organizativos, produtivos e fisiográficos. Estudava-se a configuração natural do espaço nacional de modo fragmentado, em cada setor governamental. As primeiras ideias de regionalização do Brasil surgiram no final do século XIX, tiveram as tentativas iniciais de consistência em 1913, baseadas nas condições do meio físico e especificidades das atividades humanas, e somente se estabeleceram depois de instauradas a burocratização e a centralização política do governo Getúlio Vargas (1930-1945), quando se instituíram conselhos, institutos, companhias, fundações e editadas leis e decretos que mudaram a história do país.

---

40. ANDRADE, Manuel Correia de. Brasil: globalização e regionalização. *Geographia. Revista do Programa de Pós-Graduação em Geografia da UFF*. Niterói, (III, 5): 2001.

Os entendimentos com a representação boliviana culminaram com o tratado de Petrópolis[41], assinado pelo ministro Rio-Branco, das Relações Exteriores e J. F. de Assis Brasil, ministro brasileiro nos Estados Unidos, representantes do Brasil; Fernando E. Guachalla e Cláudio Pinella, da Bolívia. Acre, Purus, Iaco e Javary. A Bolívia recebeu em troca: 723km^2 de terras na Baía Negra, margem direita do rio Paraguai; 116km^2, sobre a lagoa de Cárceres com 49,6km^2 de terra firme; 20,3km^2 sobre a lagoa Mandiré; 8,2km^2 na margem meridional da lagoa Guaíba. O Brasil incorporou 181.000m^2 de território brasileiro as nascentes dos rios.

O governo brasileiro comprometeu-se a construir uma ferrovia desde Santo Antônio, no rio Madeira até Guajará-Mirim, no Mamoré, com um ramal por Vila Murtinho até Vila Bela, Bolívia, nas confluências dos rios Beni e Mamoré, no prazo de quatro anos, com os mesmos direitos de trânsito, liberdades, franquias e tarifas para os dois países. Por não haver equivalência nas áreas dos territórios permutados, o Brasil assumiu o compromisso de uma indenização à Bolívia no valor de dois milhões de libras esterlinas, a ser paga a primeira metade em três meses e a segunda em 31 de março de 1905; e o pagamento ao *Bolivian Syndicate* no valor de 110.000 libras esterlinas, a título de indenização pela desistência do arrendamento do Acre.

Num esforço conjunto de alguns órgãos governamentais estabeleceu-se, em 1938, o Instituto Brasileiro de Geografia e Estatística – IBGE, que realizou a primeira divisão regional do Brasil, em 1942, com as regiões naturais, mais estáveis e de longo prazo: Norte, Nordeste, Leste, Centro-Oeste e Sul[42].

Estudiosos da Geografia tentam, desde o século XIX, formular um conceito de região amplamente aceito e uma metodologia capaz de identificar, delimitar, descrever e interpretar a sua forma e o seu conteúdo. Iniciaram-se os estudos regionais no Brasil, nos primeiros anos do século XX, com a introdução do conceito de região natural formulado por Delgado de Carvalho. Em linhas gerais, define-se região como uma espacialização destacada de um território, país ou subunidade setorial de poder, caracterizada pelas condições materiais, recursos ambientais, natureza da produção, espécies comercializadas, composição étnica, manifestações culturais, relações sociais e de trabalho. A primei-

---

41. *Tratado entre o Brazil e a Bolivia, concluido em Petrópolis aos 17 de novembro de 1903*. <Portal.iphan.gov.br/uploads/ckfinder/arquivo/BRAS-BOL_%20Tratado%20de%20dePetropolis.pdf>. Acessado 30 jan. 2018.

42. GONÇALVES, Jayci de Mattos Madeira. *IBGE*: um retrato histórico (Memória institucional, 5). Rio de Janeiro: Fundação IBGE, 1995; CONTEL, Fábio Betioli. As divisões regionais do IBGE no século XX (1942, 1970, 1990). *Terra Brasilis (nova série) – Revista Brasileira de História da Geografia e Geografia Histórica*. Rio de Janeiro, (III): IBGE: (Saberes e práticas territoriais), 1914.

ra divisão regional do Brasil (1942), com alterações na criação dos territórios federais de: Fernando de Noronha (1942) na Região Nordeste; Guaporé, Rio Branco e Amapá (1943) na Região Norte; Iguaçu (1943) na Região Sul; e Ponta Porã (1943) na região Centro-Oeste. Em 1946 extinguiram-se os territórios de Iguaçu e de Ponta Porã[43].

---

43. CONTEL, F.B. As divisões regionais do IBGE no século XX (1942, 1970 e 1990). *Terra Brasilis (Nova Série)* [Online], 3, 2014. <http://journals.openedition.org/terrabrasilis/990;DOI:10.4000/ terrabrasilis.990>. Acessado 6 fev. 2018; MAGNAGO, A.A. A divisão regional brasileira – uma revisão bibliográfica. *Revista Brasileira de Geografia*. Rio de Janeiro, (LVII, 4): 65-96, out./dez. 1995.

14 Transição tardia para a Modernidade

14.1 O moderno na ordem socioeconômica da República oligárquica

A complexa e polêmica ideia de moderno e de suas derivações, modernização, modernidade, modernismo, articula temporalidades com espacialidades historicamente construídas por atividades humanas e demarcadas pelas experiências sociais, na cotidiana produção de bens. O impulso urbano-industrial, com o desenvolvimento dos transportes e comunicações de meados do século XIX, induziu a movimentos literários, artísticos, científicos, tecnológicos, culturais, políticos e sociais, como expressões de rupturas com o passado, quando a modernização condenava tudo que seus agentes consideravam superado e apresentava novas propostas de comportamento social, distendidas em vários movimentos de vanguarda intelectual. O *Manifesto comunista*, lançado por Karl Marx e Friedrich Engels em 1848, expressou uma proclamação de modernidade por apresentar as suas características essenciais, diagnosticar a sua época, conclamar para a ruptura e propor novos modos de pensar, sentir e agir[1].

A América Latina teve um modernismo exuberante e uma modernidade deficiente. Foi colonizada pelos povos mais atrasados da Europa, submetidos à Contrarreforma e outros movimentos antimodernos. Apenas com as independências nacionais, iniciaram a atualização e passaram a viver ondas de modernização. No final do século XIX e início do XX, receberam impulsos da oligarquia progressista, da alfabetização e dos intelectuais europeizados; a partir da década de 1920, assimilaram impactos da expansão capitalista, da ascensão democrati-

---

1. TOURAINE, A. *A invenção da liberdade*. São Paulo: Edunesp, 1995. • BAUDELAIRE, C. *Sobre a modernidade*. São Paulo: Paz e Terra, 1987. • HABERMAS, J. *O discurso filosófico da modernidade*. São Paulo: Martins Fontes, 2000.

zante de segmentos sociais intermediários liberais; e absorveram contribuições de imigrantes, da difusão da escola básica, da imprensa, da radiofonia, do desenvolvimento de indústrias, da urbanização, do maior acesso à educação média e superior e de novas indústrias culturais. O século XX iniciou-se sob a égide da turbulência. As velhas organizações socioeconômicas não correspondiam às transformações da humanidade, depois da Revolução Industrial e das novas circunstâncias do desenvolvimento capitalista. As populações reagiam às novas formas de exploração econômica e estas reações repercutiam nos modos de expressão artísticas e literárias. No Brasil, o Modernismo manifestou-se como um movimento intelectual no contexto das ondas de modernização dos últimos anos do século anterior, com a participação de João Capistrano de Abreu, Tobias Barreto, Sílvio Romero, Graça Aranha, Euclides da Cunha, caracterizado pela ansiosa procura de novas formas de expressão. Na geração seguinte constituiu-se em um movimento exuberante de teorias e ideias que promoveram uma revolução de manifestos e lançou programas executados aparentemente sem ligações entre si, desde a Semana de Arte Moderna de 1922, durante uma década[2]. Consolidado na literatura, pintura, escultura, o Modernismo como estilo, não se estendeu plenamente e ao mesmo tempo por todas as formas de manifestação da sensibilidade humana. Embora a arquitetura participasse da Semana de Arte Moderna de 1922, somente passou a influenciar os espaços públicos, com Lúcio Costa na direção da Escola Nacional de Belas-Artes, a partir de 1930. Para demonstrar o progresso brasileiro, Getúlio Vargas no Estado Novo, no seu duplo jogo político, adotou a estratégia de Mussolini na Itália, e impulsionou o Modernismo nas artes e na arquitetura, entretanto, difundiu-se amplamente na década de 1950, com a construção de Brasília[3]. Simultaneamente ao Modernismo, desenvolveu-se um movimento intelectual e agitações operárias nas cidades e no meio rural, atividades messiânicas, milenaristas, coronelistas, caudilhistas, jaguncistas, que repercutiam sobre o urbano. O Brasil vivia várias épocas em um só tempo. Exercitavam-se concepções políticas e ideológicas inconciliáveis: medievais e renascentistas; mercantilista e industriais; monarquistas e republicanas; iluministas e modernas; num emaranhado de ideias que nem sempre mudavam de lugar. Na literatura, ainda se praticava poesia simbolista e parnasiana. Em tamanha complexidade social, a Modernidade não se manifestou tardiamente no Brasil por acaso. Encontrou todas as possibilidades de obstáculos no meio campestre e de impulsos, no citadino. O acesso a bens de consumo pelos segmentos sociais excluídos na distribuição da

---

2. MARTINS, W. *A ideia modernista*. Rio de Janeiro: Academia Brasileira de Letras/Topbooks, 2002, p. 26-30.
3. SADLIER, D.J. *Brasil imaginado*: de 1500 até o presente. São Paulo: Edusp, 2016, p. 217-245.

renda começou pela reciclagem criativa de latas e de outros resíduos industriais aproveitados na produção artesanal de utensílios.

Deve-se estudar a História Social brasileira a partir de particularidades espaciais, temporais e de especificidades circunstanciais de cada grupo social nos respectivos viveres cotidianos. Entretanto, cada tendência ideológica reescreve a história operária e sindical pela sua perspectiva, com adaptações de fatos às suas convicções e interpretações do passado, que refletem o debate político do tempo da sua escrita. Estas circunstâncias fazem da história um instrumento de ação política do presente, pretexto para tentar explicar práticas contemporâneas e transformam a história do movimento operário no campo mais controverso da historiografia brasileira. Historiadores desatentos para este viés perdem as condições de produzir uma avaliação adequada da historiografia. Frequentemente apresenta-se o movimento operário da República oligárquica dominado por anarquistas ou anarcossindicalistas italianos e espanhóis, perseguidos em seus países e refugiado no Brasil, como os responsáveis pelas primeiras organizações operárias e movimentos grevistas. Anarquistas destacaram-se na fundação dos primeiros sindicatos e federações de trabalhadores, articulados na Confederação Operária Brasileira, que reuniu trabalhadores de diversos ofícios dos setores industrial e de serviços, e promoveram mobilizações sociais. Algumas lideranças anarquistas dedicavam-se à formação política do operariado e à organização sindical para o enfrentamento com os patrões; outras, preocupavam-se com problemas do cotidiano obreiro. O debate entre elas revelou os conflitos entre lideranças, cujas proposições nem sempre correspondiam às expectativas operárias. Divididos em conflitos étnicos, separados por barreiras linguísticas, combatidos por outras convicções políticas do movimento operário, os anarquistas que também tiveram as suas ações mais cerceadas, talvez em consequência dos seus métodos de atuação política, que de outras tendências ideológicas, isolaram-se e sucumbiram-se perseguidos pela exclusão patronal e repressão governamental[4].

O operariado formou-se mais numeroso nos estados do Centro-sul, de economia mais robusta, em composição majoritariamente de homens brancos, imigrantes europeus, de origens agrárias e sem experiência sindical nem partidária. Entre eles, alguns advindos de atividades urbanas destacavam-se pela ideologia anarquista ou anarcossindicalista e intensa atividade política. Nas demais regiões brasileiras, havia significativa participação de negros, índios e mestiços. As primeiras organizações de trabalhadores articularam-se por ofícios, embora

---

4. COSTA, E.V. A nova face do movimento operário na Primeira República. In: *A dialética invertida e outros ensaios*. São Paulo: Edunesp, 2014, p. 135-155.

houvesse algumas de natureza étnica, em geral de imigrantes alemães e italianos. O operariado brasileiro inseriu-se na atividade política pela via do conflito social. Organizou-se em São Paulo, na década de 1890, uma associação de trabalhadores alemães, de orientação socialdemocrata; os conflitos étnicos tendiam para o acirramento entre o setor organizado e o não politizado; os militantes socialistas conflitavam-se com os anarquistas; realizou-se, no Rio de Janeiro, em 1906, o Primeiro Congresso Operário Brasileiro; em várias cidades, fundaram-se jornais operários de diversas tendências, instituiu-se o Partido Operário Brasileiro, em 1893; em 1902, o Partido Socialista Brasileiro – PSB; deflagrou-se a primeira greve geral de trabalhadores em 1917, que alcançou grande repercussão em decorrência da adesão de ferroviários, responsáveis pela paralisação do principal sistema interno de transporte; em 1922 fundou-se o Partido Comunista do Brasil, no Rio de Janeiro, com delegados também de Recife, São Paulo e Porto Alegre; em 1927 o PCB contava com cerca de 400 militantes no Rio de Janeiro, 80 em São Paulo, 60 em Recife, 60 em Porto Alegre, e grupos menores em Salvador, Vitória e em outras cidades[5].

O Brasil foi o único país sul-americano a envolver-se na Primeira Guerra Mundial (1914-1918). O Exército Brasileiro recebeu instruções do alemão, herdeiro da tradição militar prussiana e o Brasil, que mantinha boas relações diplomáticas e comerciais com a Alemanha, posicionou-se pela neutralidade. Todavia, em crescentes manifestações, a população expressava simpatia pela Tríplice Entente, formada pelo reino da Grã-Bretanha, os impérios da Rússia e do Japão e a República da França. Sob a presidência de Rui Barbosa, a vice de José Veríssimo, uma diretoria constituída por Graça Aranha, Barbosa Lima, Olavo Bilac e Manuel Bonfim, e apoio de personalidades como Medeiros e Albuquerque, José Carlos Rodrigues, Coelho Neto, Afrânio Peixoto, Pandiá Calógeras, Emílio de Meneses, Mário de Alencar, Nestor Vitor, Assis Brasil, Miguel Lemos, Tobias Monteiro, Gilberto Amado, fundou-se no Rio de Janeiro, a *Liga Brasileira pelos Aliados* (1915-1919), que desenvolveu intensa campanha contra a suposta postura favorável à Alemanha do ministro das Relações Exteriores, Lauro Müller, e pela entrada do Brasil na guerra ao lado dos Estados Unidos, em apoio aos países da Tríplice Entente. Os alemães reagiram e atacaram o navio *Paraná* em 5 de abril de 1917 e seis meses depois, o encouraçado *Macau*. A agressão acirrou o ímpeto nacionalista que emergiu a questão de identidade nacional e de construção de uma nação

---

5. BATALHA, C.H.M. Formação da classe operária e projetos de identidades coletivas. In: FERREIRA, J. & DELGADO, L. (orgs.). *O tempo do liberalismo excludente*: da proclamação da República à Revolução de 1930. Rio de Janeiro: Civilização Brasileira, 2003, p. 161-189 [O Brasil republicano, 1]. • BIONDI, L. *Greve geral de 1917* [Disponível em http://atlas.fgv/verbetes/greve-geral-de-1917 – Acesso em 08/02/2018].

brasileira. A Liga levantou fundos para a Cruz Vermelha brasileira e francesa e organizou manifestações públicas. Pressionado, em 1º de junho o presidente Venceslau Brás tomou posição favorável aos aliados da Tríplice Entente e após o afundamento de mais um navio mercante brasileiro, em outubro de 1917, declarou guerra ao Império da Alemanha, que compunha a Tríplice Aliança, com os impérios Austro-húngaro e Turco-otomano. O Brasil enviou uma unidade médica e aviadores à Europa, e cooperou com os ingleses no patrulhamento do Atlântico Sul. No tratado de Versalhes, Epitácio Pessoa, representante diplomático brasileiro, conseguiu o pagamento com juros, do café recebido pela Alemanha em 1914 e a permissão para conservar os 60 navios alemães retidos em portos nacionais[6].

Nas relações de trabalho no Brasil do início do século XX, predominavam as atividades rurais, de colonos, meeiros e diaristas, sem vínculos empregatícios e submetidos a precárias condições de trabalho. Nas zonas pecuaristas e de monoculturas agrícolas prevalecia o latifúndio; nas policultoras intermediárias de grandes fazendas, estabelecia-se o campesinato, que empreendia a agricultura e a pequena pecuária com o trabalho familiar. Também não era estável o trabalho urbano. Onde se desenvolvia uma incipiente indústria, o operariado nascente, mal remunerado, submetia-se a extensas jornadas de trabalho, sem regulamentação jurídica. As oligarquias agrárias regionais continuavam a controlar as instituições do Estado e da sociedade. A nascente burguesia financeira e industrial não reunia forças políticas suficientes para intervir no processo decisório.

Nessa época, quando ocorriam levantes militares, ameaças de golpes de estado, fraudes eleitorais e outros desvios de conduta política, saudosistas da monarquia conjecturavam um passado de idealizada paz interna e exterior, manutenção da unidade nacional, expansão da lavoura cafeeira, segurança individual, liberdade política sob uma suposta sábia condução de um imperador digno, ilustrado e generoso. Julgavam a deposição de Pedro II e a instauração do regime republicano sem mobilização social nem o conhecimento da maioria da população, apenas um levante de militares indisciplinados, instigados por republicanos desordeiros, apoiados por fazendeiros insatisfeitos com o fim do

---

6. BURNS, E.B. As relações internacionais do Brasil durante a Primeira Guerra. In: FAUSTO, B. (dir.). *História geral da civilização brasileira* – Vol. III: O Brasil Republicano; 2: Sociedade e instituições (1889-1930). 4. ed. Rio de Janeiro: Bertrand Brasil, 1990, p. 375-426. • DARÓZ, C. *O Brasil na Primeira Guerra Mundial*: a longa travessia. São Paulo: Contexto, 2016. • PIRES, L.C. A Liga Brasileira pelos Aliados e o Brasil na Primeira Guerra Mundial. Anais do XXVI Simpósio Nacional de História – Anpuh. São Paulo, jul./2011. • FAGUNDES, L. *Participação brasileira na Primeira Guerra Mundial* [Disponível em http://cpdoc.fgv.br/sites/default/files/verbetes/primeira_republica/PARTICIPA%C3%87%C3%83O%20BRASILEIRA%20NA%20PRIMEIRA%20GUERRA%20MUNDIAL.pdf – Acesso em 17/09/ 2018]. • SETEMY, A. *Liga Brasileira pelos Aliados* [Disponível em http://cpdoc.fgv.br/sites/default/files/verbetes/primeira_republica/LIGA%20BRASILEIRA%20PELOS%20ALIA-DOS.pdf – Acesso em 17/09/2018].

trabalho escravo. Esqueciam-se das guerras do rio da Prata, contra Oribe e Rosas (1851 e 1852), e Solano Lopez no Paraguai (1864-1870); das rebeliões internas: Confederação do Equador (1824), Praieira (1848-1850), Farrapos (1835-1845), Malês (1835), Sabinada (1837-1838), Cabanos (1835-1840), Balaios (1838-1841) e outras; ignoravam abusos da Guarda Nacional no exercício dos poderes locais, recrutamento militar forçado, corrupção judiciária, voto seletivo, fraude eleitoral, nepotismo, apadrinhamento político e monopólios econômicos; não se lembravam da desassistência à saúde pública, doenças epidêmicas como varíola, *cólera morbus*, malária, febre amarela, crônicas como sífilis e tuberculose, cíclicas como sarampo, coqueluche; desconheciam o analfabetismo e a precariedade do ensino público, desemprego, subnutrição, mortalidade infantil; não aludiam à dependência externa, endividamento público, postergação do fim do trabalho escravo, poder moderador discricionário, concentração da propriedade fundiária e da renda da terra, especulação financeira, política elitista de concessão de privilégios e exclusão social. Porém, o regime republicano não resolveu esta série de incomensuráveis problemas nacionais, por preservar a tradicional estratificação social pseudoestamental, das arcaicas oligarquias, que persistiam com a obsoleta organização agrária de monopólio fundiário e o antiquado sistema produtivo da meação e especulativo do barracão de fornecimento, concentrador dos resultados do trabalho social[7].

A Constituição republicana de 1891, elaborada sob lideranças de Rui Barbosa, outorgou o direito de voto a todos os cidadãos maiores de 21 anos, com a exclusão de mulheres, mendigos e analfabetos. Ampliou o número de eleitores submetidos aos coronéis da Guarda Nacional, controladores dos poderes locais e regionais, que continuaram a eleger os seus aliados para os diversos cargos do escalonamento político, inclusive o próprio Rui Barbosa. A Guarda Nacional, organização paramilitar imperial, permaneceu ativa durante a República oligárquica e transparecia na sua hierarquia funcional, a organização socioeconômica regionalizada e o coronelismo dela resultante seria uma forma específica de poder político privado. Avaliavam-se o prestígio social e a força política de um coronel pela dimensão do clã que arregimentava, do número de votos que controlava e do contingente de homens armados que seria capaz de mobilizar. Estes plenipotenciários locais exerciam domínios sobre grande número de dependentes, desde familiares consanguíneos a parentescos jurídicos, civis e religiosos, empregados, meeiros e pequenos agricultores ao seu redor. O mandonismo político local e

---

7. COSTA, E.V. O legado do Império: governo oligárquico e aspirações democráticas. In: *Brasil*: história, texto e contexto..., p. 81-87.

regional resultou da superposição de formas desenvolvidas pelo regime representativo, de uma organização socioeconômica e de um modelo de referência política, com hipertrofia e debilidade do poder público e da reciprocidade social, debilidade da organização partidária e do sistema eleitoral, forte liderança autoritária do coronel, que conduzia as instituições do Estado e da sociedade do mesmo modo que exercia o poder sobre as suas propriedades[8].

Em paralelo ao caudilhismo, ao baronato e ao coronelismo da República oligárquica, desenvolveram-se outras formas de poder privado através do messianismo de beatos com o sectarismo de fanáticos e do bandidismo rural de cangaceiros. Os fundamentos dos movimentos sociais messiânicos se assemelhavam. Os fatores ideológicos de Canudos e Contestado, os mais conhecidos, talvez pelas dimensões sociais, políticas e militares alcançadas, correspondiam aos demais: a Revolta dos Muckers no Rio Grande do Sul, com o beato Jacobina Mentz Maurer; o Movimento de Pau de Colher na Bahia, com o beato José Senhorinho; o Movimento de Caldeirão no Ceará, com o beato José Lourenço; e vários outros. Os movimentos sociais rurais de Canudos e Contestado tiveram em comum, além do messianismo, a rusticidade e origem nas reações de segmentos sociais excluídos na divisão dos resultados do trabalho social, vítimas da opressão socioeconômica. Outras agitações movidas por circunstâncias e ideologias semelhantes, associaram-se a caudilhos estancieiros no Sul, a barões cafeicultores no Sudeste, a coronéis pecuaristas no Nordeste. O beato Conselheiro articulou-se em Canudos, com o coronel Janjão, de Juazeiro; o padre Cícero Romão Batista uniu-se em Juazeiro do Norte, a Floro Bartolomeu[9]. Associavam-se messianismos milenaristas aos poderes locais, como recurso de legitimação social e suporte político. Ao padre Cícero antecedeu-lhe o juiz de direito, José Antônio Pereira Ibiapina (1806-1883), que abandonou o judiciário, ordenou-se sacerdote e como padre-mestre Ibiapina dedicou-se a prédicas missionárias pelo sertão do Ceará, fundar escolas, instituir orfanatos e construir casas de caridade, em um messianismo producente. Sucedeu-lhe o italiano frei Damião de Bozzano (1898 1997), pregador de um messianismo que apenas o fez passar por suposto

---

8. LEAL, V.N. *Coronelismo, enxada e voto*. 2. ed. São Paulo: Alfa-Ômega, 1975, p. 20 [1. ed., 1949]. • ROSA, D.L. *O mandonismo local na Chapada Diamantina*. Salvador: Ufba, 1973 [Dissertação de mestrado]. • PANG, E.-S. *Coronelismo e oligarquias, 1889-1934: a Bahia na Primeira República brasileira*. Rio de Janeiro: Civilização Brasileira, 1979, p. 19-63. • QUEIROZ, M.I.P. O coronelismo numa interpretação sociológica. In: FAUSTO, B. (dir.). *História geral da civilização brasileira* – Vol. VIII: O Brasil republicano; t. III: Sistema oligárquico nos primeiros anos da República, liv. I; cap. III, 1989, p. 153-190.

9. QUEIROZ, M.I.P. *O messianismo no Brasil e no mundo*. 2. ed. São Paulo: Alfa-ômega, 1976 [1. ed., 1965]. • FACÓ, R. *Cangaceiros e fanáticos: gênese e lutas*. Rio de Janeiro: Civilização Brasileira, 1972. • MONTEIRO, D.T. Um confronto entre Juazeiro, Canudos e Contestado. In: FAUSTO, B. (org.). *História geral da civilização brasileira* – Vol. III: O Brasil Republicano; 2: Sociedade e instituições (1889-1830)..., p. 39-92.

operador de curas milagrosas. O banditismo manifestou-se no Brasil durante todo o período colonial. Entre os meados dos séculos XIX e XX, uma especificidade de crime organizado, o *cangaceirismo*[10], alcançou dimensão aterrorizante na Região Nordeste. Em consequência das crises hídricas sazonais, da concentração dos resultados do trabalho social e de injustiças praticadas por poderosos locais, pacatos sertanejos excluídos e famintos transformavam-se em salteadores, e depois da perseguição policial, organizavam-se em bandos profissionalizados em todas as modalidades de crimes. Transferiam aos aliados parte do que roubavam e ofereciam proteção a fazendeiros em troca de abrigos temporários, armas e munições. Alguns líderes de bandos – Antônio Silvino, Virgolino Ferreira da Silva, o Lampião, Cristino Gomes da Silva Cleto, o Corisco – celebrizaram-se e permaneceram na memória social como anti-heróis, do mesmo modo que Antônio Conselheiro, padre Cícero e outros.

14.2 Mudanças de comportamento social e de expressão cultural

Nos primeiros anos do século XX, a ideia de modernidade associou-se à de velocidade, do novo, do transitório, da interioridade, da individualidade. As grandes transformações de usos e costumes tiveram o referente mais expressivo na Primeira Guerra Mundial, e ocuparam espaços no imaginário social antes dedicados às escalas de valores e crenças. Como expressão artística, o balé marcou também o início desta evolutiva história social, de respostas e desafios, que descreve tanto o leitor quanto o romance; tanto o espectador quanto o filme; tanto a plateia quanto o ator. Além de transitório, o novo conjunto de valores culturais revelou-se ambíguo, simultaneamente circunstancial e permanente, mutante e perene, a promover mudanças com transgressões estético-culturais, jurídico-políticas e socioeconômica, e a perpetuar-se, residualmente, como conhecimento da transformação ou agente de mudança em tudo que se renovava[11].

As modernas formas de comunicação social reiteraram a ênfase tecnológica sobre a ação e a velocidade através da fotografia, do cinema e dos cartazes, e privilegiaram a imagem, a luz e a visualidade, como formas de comunicação que incidem, mobilizam, demandam relações com o subconsciente e causa impressões

---

10. Denominava-se cangaço a organização confusa de utensílios domésticos, tralhas ou trastes em desordem, que se transferiu para o preparo, carrego, aviamento ou parafernália de bandidos errantes, articulados em bandos, que portavam armas, cinturões de balas, chapéus de couro típicos, bornais com suprimentos, munições, meizinhas, roupas e outros utensílios e utilitários. Ao portador do cangaço denominou-se cangaceiro, e às suas atividades, cangaceirismo (CASCUDO, L.C. *Dicionário do Folclore Brasileiro*. 5. ed. São Paulo: Melhoramentos, 1980, p. 186-187) [1. ed., 1954].

11. EKSTEINS, M. *A sagração da primavera*. Rio de Janeiro: Rocco, 1991, p. 12-13, 369.

de grandes magnitudes. A sociedade assimilou novos valores e assumiu outros comportamentos. A mudança impetuosa dos cenários, em particular nos maiores centros urbanos; e dos comportamentos sociais, sobretudo nas metrópoles; marcaram profundamente as gerações das últimas décadas do século XIX, e em maior dimensão, das iniciais do seguinte. Particularmente no Rio de Janeiro, capital da República e principal centro cultural, e em São Paulo que crescia a elevados índices, os esportes passaram a demarcar distâncias entre gerações e mentalidades. As roupas tornaram-se mais leves, mais apegadas aos contornos anatômicos, coloridas e estampadas. Rapazes rasparam barbas e bigodes, apararam os cabelos rentes e lustraram com fixador, trocaram o bastão pela gravata, o patação de bolso pelo relógio de pulso inventado por Santos Dumont, o *pince-nez* pelos óculos de aro, a casaca pelo *pollover*, o chapéu pelo boné automobilístico ou de caça.

Os homens passaram a usar nos lazeres, o *short* com meias três-quartos, o *sweater* de mangas e abandonou-se o uso do chapéu; as mudanças de hábitos e de trajes femininos causaram escândalos. Além do entusiasmo pelos esportes, com os consequentes ares de independência e voluntariedade, as jovens passaram a vestir roupas leves, transparentes e colantes; abandonaram os adereços, enchimentos, agregados de roupas brancas, perucas, armações e anquinhas; expuseram o rosto ao natural e descobriram a cabeça; encurtaram os cabelos, expuseram a nuca e abriram generosos decotes nas blusas e nas saias, na frente e atrás. Neste contexto, a Modernidade estabeleceu um ambiente de aventura e se impôs como definidora de comportamentos, tanto pessoal e social quanto político, reformador ou revolucionário, embora este domínio se expresse mais na ordem que na transgressão. Para exprimir a mudança, rejeitou o passado por se identificar com o futuro de aventuras e incertezas; contestou verdades, por trazer, em si, o passado no qual se fundamentou para apresentar novas certezas. Em tais circunstâncias, as vanguardas da Modernidade romperam, radicalmente com a continuidade, antes e durante as duas guerras mundiais, identificadas como desdobramento de conjunturas de crises econômicas e sociais que acirraram competições entre potências, causaram depressões econômicas e contestações sociais[12].

Durante as três primeiras décadas do século XX, o modernismo, como síntese das expressões culturais capitalistas, desdobrou-se nas diversas formas de manifestação artística e literária: *realismo*, para expressar os aspectos essenciais da realidade, e no plano político, cultivar civismo com exaltação de regimes e de personalidades, através de monumentos artísticos grandiosos; *futurismo*,

---

12. SEVCENKO, N. *Orfeu extático na metrópole...*, p. 49-50, 163-164. • SEVCENKO, N. A capital irradiante: técnica, ritmos e ritos do Rio. In: NOVAIS, F. (coord. geral da coleção) & SEVCENKO, N. (org. do vol.). *História da vida privada no Brasil*. Vol. III. São Paulo: Companhia das Letras, 1998, p. 513-619.

para rejeitar o passado e assumir comportamento nacionalista e antifascista; *expressionismo*, para tentar traduzir emoções e outras subjetividades suscitadas por fatos e objetos; *cubismo*, para decompor, geometrizar formas e negar a perspectiva; *dadaísmo*, para apelar ao subconsciente; *surrealismo*, para buscar expressões espontâneas e deliberadamente inconscientes, com a prevalência de sonho, instinto, desejo e propor revisão de valores morais, princípios políticos e fundamentos científicos.

Na Semana de Arte Moderna fez-se uma ampla manifestação artística e literária, patrocinada pelo erudito cafeicultor Paulo Prado, o empresário e político José de Freitas Valle e o presidente do Estado de São Paulo, Washington Luís, reveladora de nova linguagem estética, inspirada em vanguardas europeias, que marcou o tardio início da Modernidade no Brasil. Desenvolveu-se, entre 11 e 17 de fevereiro de 1922, ano do centenário da Independência do Brasil, no Teatro Municipal de São Paulo, com exposições no saguão da entrada, dos pintores Di Cavalcanti, Anita Malfatti, Vicente Rego Monteiro, Zina Aita, John Graz, Martins Ribeiro, J.F. de Almeida Prado, Ferrignac e Hildegardo Leão Veloso; esculturas de Victor Brecheret e W. Haerberg; desenhos arquitetônicos Antônio Moya e George Przyrembel. No palco apresentaram-se, alternadamente, declamações de Mário de Andrade, Oswald de Andrade, Manoel Bandeira, Guilherme de Almeida, Menotti Del Picchia, Cassiano Ricardo, Raul Bopp e Ronaldo de Carvalho; conferências de Mário de Andrade, Oswald de Andrade e Alcântara Machado; e execuções musicais de Guiomar Novaes e Heitor Villa-Lobos.

Anita Malfatti (1889-1964), antecipou-se ao Modernismo, com uma exposição em 1917, cujas obras, influenciadas pelo Cubismo, Expressionismo e Futurismo, incomodaram a sociedade e recebeu severas críticas de Monteiro Lobato. Tarsila do Amaral (1886-1973), por se encontrar na Europa, integrou-se depois ao Movimento Modernista e consagrou-se uma das suas expressões na pintura. Produziu um dos mais conhecidos quadros do Modernismo brasileiro, o *Abaporu* (*aba*, índio; *poru*, antropófago), que apresenta em cores firmes, um homem microcéfalo, de mãos e pés superdimensionados, sob um forte sol, sentado diante de um cacto, que significaria o trabalho do agricultor, de grande diligência física e pouco esforço mental ou ainda, a ausência de pensamento crítico nas atividades humanas. Tarsila do Amaral pintou o *Abapuru*, em 1928, e o presenteou a Oswald de Andrade, que nele se inspirou para escrever o *Manifesto antropófago* e lançar Movimento Antropofágico[13], com as proposições de se devorarem as

---

13. ANDRADE, O. *Manifesto Antropófago* – Revista de Antropofagia, I, 01/05/1928, p. 3-7. São Paulo. Apud TELES, G.M. *Vanguarda europeia e modernismo brasileiro..*, p. 504-511.

literaturas e as artes estrangeiros e fundamentar-se na realidade brasileira, para se produzir uma nova cultura transformada, moderna e representativa do jeito brasileiro de ser, de pensar e de agir. O argentino Eduardo Constantini o adquiriu em 1995, por 1.500.000 dólares[14].

O Modernismo brasileiro, enquanto um movimento intelectual, caracterizou-se pela conduta irreverente, polêmica, antitradicionalista, linguagem coloquial e liberdade de estética. Resultou da superação das formas de arte praticadas no Brasil, que oportunizou a transformação da cultura brasileira com a negação dos padrões ultrapassados no início do século XX e o desenvolvimento de uma linguagem diferente para expressar o seu tempo e o seu meio, em conjuminância com os interesses da nova forma de manifestação da brasilidade[15]. Teve como veículos de divulgação a revista *Klaxon* (1922-1923) e a *Revista de Antropofagia* (1928-1929), de curtas durações.

14.3 Superprodução cafeeira e colapso agroexportador

Na substituição do trabalho escravo a agricultura brasileira adotou o sistema da meação, pelo qual o meeiro recebia metade do que produzia, e do colonato, no qual o colono encarregado de cultivar determinado número de pés de café, também ficava com a metade da produção. Nas duas alternativas, o trabalhador se abastecia no barracão de fornecimento e acumulava dívidas a serem pagas na colheita. Porém, nem sempre se colhia o suficiente para quitar o débito anual e a rolagem da parte remanescente gerava dependência do colono ao fazendeiro, enquanto este se endividava e passava também a depender financeiramente de banqueiros internacionais. Reproduzia-se internamente o sistema de financiamento externo e o Tesouro Nacional absorvia-se apenas resíduos de toda a movimentação financeira e comercial da agroexportação através da arrecadação fiscal do que se exportava, com o qual se amorteciam as dívidas, contraíam-se novos empréstimos e avolumavam-se endividamentos.

O capital cafeeiro associava-se a interesses mercantis e especulativos, na constituição de empreendimentos comerciais e bancários, que intermediavam as aplicações dos empréstimos externos. Os preços do café tendiam a declinar externamente, em decorrência da expansão da oferta, porém, a generalização internacional do consumo ampliava a demanda. Até meados do século XIX,

---

14. AMARAL, A.A. *Tarsila:* sua obra e seu tempo. 4. ed. São Paulo: Ed. 34/Edusp, 2003, Encarte XI [1. ed., 1975].

15. BATISTA, M.R. *Escritos sobre arte e modernismo brasileiro.* Org. Ana Paula de Camargo Lima. São Paulo: Prata Design, 2012, p. 214.

comissários, agentes dos financiadores da agroexportação, intermediavam os negócios de financiamento, seguridade, compra e transporte da produção. Os importadores beneficiavam-se das partes asseguradas do negócio. Os riscos do segmento produtivo, sujeito a excessos ou faltas de chuvas e a geadas, ficavam com os fazendeiros. Desde então, os banqueiros internacionais eliminaram a intermediação dos comissários, muitos dos quais, também fazendeiros de café, que instituíram pequenos bancos nacionais para operarem internamente os crescentes empréstimos exteriores. Os endividamentos externos, que financiaram a construção e a consolidação do Estado e custearam as próprias dívidas, passaram a ser consumidos pela produção, transporte, comercialização e exportação da produção cafeeira e, secundariamente, pelo contido desenvolvimento do mercado interno, em obras de suporte para assegurar a rentabilidade dos investimentos.

A expansão cafeeira apoiou-se na amplidão de terras apropriadas para o seu cultivo, franca disponibilidade de empréstimos externos, abundante oferta de força de trabalho, generalização do consumo e a construção da ferrovia *São Paulo Railway* (1867), cujos trilhos conectaram a cidade de Jundiaí, na zona produtora ao porto exportador de Santos. Externamente recebeu impulsos da elevação dos preços internacionais, cujo consumo se ampliou com a substituição do chá pelo café, na Europa e nos Estados Unidos da América. O sistema de financiamento da produção e a exportação cafeeira, controlados externamente, dificultavam o crescimento econômico nacional. Reproduzia-se internamente os métodos de apropriação externa do excedente econômico e apropriava-se apenas da parte possível através da meação com o barracão de fornecimento da subsistência ao trabalhador. As dívidas, avolumavam-se a cada ano pela prorrogação de pagamentos e contratação de novos empréstimos para quitação de antigos. Sem o controle governamental do financiamento externo, as lavouras expandiram-se e a produção ultrapassou a capacidade mundial de consumo do produto.

Em um ciclo vicioso, os recursos do financiamento da produção de café originavam-se de um imposto sobre as exportações. Quando se esgotavam os limites deste recurso cambial, o governo passava a vender títulos do Tesouro Nacional, resgatáveis a longo prazo para amortizar a dívida externa e gerar créditos para novos descontrolados empréstimos, que ampliavam as plantações, e a expansão da oferta deprimia os preços da produção até que se ultrapassaram os limites da capacidade de pagamento. No impasse, a oligarquia cafeeira procurou uma solução unilateral para se conter a queda internacional da demanda e dos preços. Os governadores Jorge Tibiriçá de São Paulo, Francisco Sales de Minas Gerais e Nilo Peçanha do Rio de Janeiro, principais estados produtores, reunidos em Taubaté, no início de 1806, conveniaram-se em um plano de valorização do café. Conhecido com Convênio de Taubaté, o plano consistiu apenas na contenção dos preços. O governo da República deveria comprar e estocar a produção excedente para equilibrar oferta e demanda do café; contrair empréstimos estrangeiros para custear as operações de compra e estocagem; criar uma Caixa de Conversão para estabilizar o câmbio em nível remunerador; emitir papel-moeda para a compra do café lastreado pelos empréstimos externos; instituir um imposto de três e depois de cinco francos por saca de café exportada, para pagamento da dívida externa; e os governos dos estados produtores deveriam adotar medidas para conter a expansão dos cafezais e reduzir o excedente produzido.

A safra brasileira da rubiácea chegou a 20 milhões de sacas de 60 kg, em 1906-1907; os países concorrentes produziam algo no entorno de quatro milhões; e havia um estoque mundial do produto de quase 10 milhões. A oferta de 30 milhões de sacas saturou os mercados, que absorviam algo em volta de 16 milhões. Havia um excedente de 14 milhões de sacas, correspondentes a 840.000 toneladas de café. Estimulados pela garantia governamental de estocagem, os fazendeiros comercializavam toda a safra sem a erradicação de cafezais, a cada ano promoviam novas plantações e o governo federal comprava crescentes volumes de café. Em incessante construção de galpões para depósitos, numa operação conhecida por socialização dos prejuízos e privatização das vantagens, a irracional política financeira prejudicava toda a agricultura brasileira para preservar os lucros dos cafeicultores. Quando se chegou a limites insuportáveis, a fim de ceder lugar aos excedentes de novas safras, o governo determinou que se lançassem ao mar os estoques envelhecidos. Os custos da operação induziram para a queima do café armazenado nas fazendas e o desastrado recurso de contenção de preços expôs a inviabilidade do modelo de financiamento e levou o sistema agroexportador ao colapso[16]. Apesar da forte influência dos cafeicultores paulistas e mineiros, em consequência do poder econômico que detinham, o controle político nacional não se restringia às lideranças destes dois estados. Para exercer a coordenação política, dependiam de outros segmentos oligárquicos. A aliança liderada pelos cafeicultores de São Paulo e Minas Gerais envolvia políticos influentes em outras unidades federativas: Bahia, Pernambuco, Rio de Janeiro, Rio Grande do Sul, para lhes conferirem bases políticas nacionais, apoio militar e representatividade social. Essa conjugação de forças em âmbito nacional conteve os movimentos

---

16. OLIVEIRA, F. A emergência do modo de produção de mercadorias: uma interpretação teórica da economia da República Velha no Brasil. In: *A economia da dependência imperfeita...*, p. 9-38. • OLIVEIRA, F. A emergência do modo de produção de mercadorias: uma interpretação teórica da economia da República Velha no Brasil. In: FAUSTO, B. (dir.). *História geral da civilização brasileira – Vol. III: O Brasil republicano; 1: Estrutura de poder e economia (1889-1930)...*, p. 391-414. • NAPOLITANO, M. História do Brasil República..., p. 13-39.

sociais e as tensões políticas. A dimensão da crise sistêmica não foi suficiente para articular operariado, classe média, militares, comerciantes, industriais, e derrotar o monopolista sistema político-econômico agroexportador. As reações surgiram em manifestações setoriais, iniciadas pelo Movimento Tenentista, com os levantes do Forte de Copacabana e da Escola Militar, em 5 de julho de 1922.

O Brasil manteve-se em tensa expectativa. Outra rebelião militar em 5 de julho de 1924, contra Artur Bernardes, dominada em Sergipe e Amazonas, resistiu em São Paulo, sob o comando do general reformado Isidoro Dias Lopes, durante três semanas. Deslocou-se para Catanduva e uniu-se aos rebeldes gaúchos, do Batalhão Ferroviário de Santo Ângelo, comandado pelo capitão Luís Carlos Prestes. Formou-se a Coluna rebelde, conduzida pelo general Miguel Costa, com o estrategista capitão Prestes no comando do Estado Maior, que durante dois anos percorreu o Brasil em ameaça ao governo de Artur Bernardes, até se exilar na Bolívia em 1926[17].

Somente a divisão das oligarquias cafeeiras rompeu o domínio do grupo social na política brasileira. Durante duas décadas, alternaram-se representantes de cafeicultores mineiros e paulistas na Presidência da República. Depois de Bernardes governar em estado de sítio, a gestão de Washington Luís (1926 e 1930) não foi menos tensa. Nas eleições presidenciais de 1930, o candidato dos cafeicultores seria Antônio Carlos de Andrade, governador de Minas Gerais. Os paulistas impuseram a candidatura de Júlio Prestes, governador de São Paulo, com Vital Soares, governador da Bahia para vice-presidente. Preterido, Andrada articulou-se com a Aliança Liberal, que lançou Getúlio Dorneles Vargas, governador do Rio Grande do Sul, como alternativa para presidente e João Pessoa, governador da Paraíba, para vice-presidente. O programa de Vargas correspondia às aspirações das oligarquias regionais dissociadas do núcleo cafeeiro paulista e tentava atrair os segmentos sociais intermediários. Propunha inventivos para toda a produção agrícola nacional, combatia o projeto político centralizado nos cafeicultores, apresentava medidas de proteção aos trabalhadores, como o direito à aposentadoria, aplicação da lei de férias, regulamentação do trabalho do menor e das mulheres, a anistia para os tenentes, reforma política e eleitoral. Nas eleições de 1º de março de 1930, as duas chapas acusaram-se mutuamente de corrupção eleitoral. Júlio Prestes saiu vitorioso, sem o pleno reconhecimento dos resultados eleitorais pelos adversários, a Aliança Liberal de Vargas conspirou a tomada do poder, de março a outubro, nas circunstância de tensões militares, agitações políticas e mobilizações sociais. Lideranças gaúchas, além de Vargas,

---

17. MACAULAY, N. *A Coluna Prestes*: revolução no Brasil. 2. ed. Rio de Janeiro: Difel, 1977.

Flores da Cunha, Osvaldo Aranha, Lindolfo Collor, João Neves da Fontoura, projetaram-se nacionalmente. Em Minas surgiram Virgílio de Melo Franco, Francisco Campos e outros.

O coronel José Pereira, que apoiava Júlio Prestes, iniciou uma revolta na cidade de Princesa, Paraíba, contra o governo estadual e João Pessoa ordenou a polícia paraibana invadir escritórios e residências de suspeitos de fornecer armas aos rebeldes. Na casa de João Dantas, aliado de Pereira, a polícia encontrou cartas trocadas entre ele e a sua amante, cuja publicação pela imprensa aliada do governo estadual provocou um escândalo. Dias depois, Dantas assassinou João Pessoa com dois tiros em Recife. O assassinato provocou comoção nacional e a Aliança Liberal o explorou politicamente para favorecer ao golpe de estado, denominado por parte de historiografia de Revolução de 1930. O levante iniciou-se em 3 de outubro no Rio Grande do Sul, no dia seguinte eclodiu em vários outros estados e se consumou em 24 outubro de 1930, com a deposição de Washington Luís e obstrução da posse de Júlio Prestes. O monopólio político dos cafeicultores com a política de sustentação de preços do café resultou na crise dos anos de 1920, associado à crise econômica internacional, consequente da quebra da Bolsa de Valores de Nova York, levou ao desmoronamento do sistema político oligárquico agrário-exportador. A cisão das velhas oligarquias induziu ao confronto com as novas gerações dissidentes, aliadas aos tenentes rebeldes, cujo movimento se fortaleceu nas forças armadas, em particular no Exército. Representante de oligarquias pecuaristas gaúchas, Getúlio Vargas, ao assumir o governo, estabeleceu nova diretriz de política econômica que passou priorizar a industrialização. O Estado brasileiro assumiu a condição de agente financiador do desenvolvimento da indústria e promotor de novas condições de reposição do lucro nas fronteiras nacionais, sem, contudo, abandonar as atividades da agroexportação e o café permaneceu como principal produto enviado para o mercado exterior[18].

Embora o regime agroexportador desenvolvesse a política de prioridade absoluta para o cultivo e a exportação do café, e com ela os lucros dela advindos, o grande volume de negócios empreendidos durante a sua vigência não conseguiu impedir alguma acumulação interna de capital mercantil e financeiro nem a conversão da força de trabalho em mercadoria. Estas circunstâncias desenvolveram uma pequena, mas crescente demanda por bens de consumo, força de trabalho urbano, alternativas de investimentos para a parcela de lucros realizados

---

18. FAUSTO, B. A crise dos anos vinte e a revolução de 1930. In: *História geral da civilização brasileira – Vol. III: O Brasil republicano; 2: Sociedade e instituições (1889-1930)*. 4. ed. Rio de Janeiro: Bertrand Brasil, 1990, p. 401-426. • OLIVEIRA, F. *A economia da dependência imperfeita*. Rio de Janeiro: Graal, 1977, p. 9-38.

internamente, e este conjunto de fatores ampliou a capacidade de importação de equipamentos industriais, ainda que obsoletos.

Entre as décadas de 1870 e 1930 desenvolveu-se nos principais centros urbanos, em consequência de desdobramentos do capital empregado no financiamento, produção, beneficiamento, comercialização e transporte do café, uma incipiente indústria de bens de consumo, sobretudo têxteis, e uma rede de pequenos bancos, que se articularam lentamente. Isto permitiu que se mercantilizasse a produção de alimentos e de matérias-primas e se desenvolvesse e diversificasse a produção de bens antes importados, como aço, cimento e alguns outros. A partir da década de 1930, o desenvolvimento econômico apoiou-se na expansão industrial, em um intenso confronto entre nacionalistas defensores dos recursos financeiros e tecnológicos brasileiros para se estabelecer um setor de bens de produção capaz de ampliar a demanda e automatizar a industrialização, e os liberais, que propugnavam a liberação do mercado brasileiro para o capital externo[19].

---

19. MELLO, J.M.C. *O capitalismo tardio*. São Paulo: Brasiliense, 1982, p. 29-88.

15 | Etnicidade, pluriculturalismo e multilateralidade na formação sociopolítica brasileira

15.1 Caldeamento social e pluralidade étnica

A diversidade de sentidos linguísticos, ideológicos, psicológicos e sociais dificulta a compreensão do conceito de identidade, que se alcança através de posicionamento sobre a conotação dessas expressões da vivência cotidiana, em referência às histórias individuais, sociais e institucionais. A formação da identidade pressupõe o confronto do semelhante com o diferente, nas circunstâncias em que o agente histórico decide, conduz e elabora as suas ações e constrói a sua história. Na teorização das sociedades dicotomizadas entre tradicionais e modernas, em modelos de evolução lineares, as diferenciações étnicas surgem como resíduos condenados ao desaparecimento. Descrevem-se os processos de modernização através de tópicos nos quais se incluem teorias globais: da comunidade à sociedade; do estamento à classe; do estatuto ao contrato; das segmentações familiares, tribais e étnicas à diferenciação funcional; da solidariedade mecânica à orgânica; da racionalização à objetivação; da comercialização à industrialização; da mobilização geográfica à socialização global; dos modelos de valores particularistas afetivos aos universais neutros, especializados e orientados para o desempenho individual. As diferenças e desigualdades étnicas, nacionais e racistas surgem em tais tópicos como corpos estranhos ou regressão; ignoram-se os fundamentos estatutários dos contratos modernos; as coletivizações étnicas e nacionais; os limites da animosidade dos mercados, as divisões de classes, nacionais e racistas; as barreiras de mobilidade e o surgimento de novas formas de desigualdades étnicas, mobilização e conflito. Estuda-se o racismo de efetivo crescimento, desde meados do século XIX, com o desenvolvimento do neocolonialismo e do imperialismo, em quatro perspectivas: genético-biológica; etológica e sociobiológica; cultural-antropológica e sociológica; e psicológica[1].

A noção de raça, utilizada desde o século XV, caracteriza-se pela variação espaço-temporal de significados e indissociabilidade histórica de outros conceitos, como o de classe. Conforme a época pode significar descendência comum ou tipo, e o seu uso ideológico atribuiu-lhe o conceito de etnia ou minoria étnica. A associação do conceito de raça ao ser humano no século XVIII procurou identificar um conjunto de pessoas com tendências comuns, que tivesse uma série de características utilizadas como meio de classificação de indivíduos. Seus pressupostos biogenéticos e seus corolários pseudoculturais são criticados por não apresentarem bases científicas, apenas constroem diferenciações, hierarquizações e exercícios de poder. O conceito de etnia derivou-se do termo grego *ethnus*, para designar uma coletividade humana, definida pela origem e condição comum dos indivíduos. Antes depreciado como categoria racial, após o genocídio nazista da Segunda Guerra Mundial, extrapolou a ideia de raça, em relevância e utilização, para firmar-se com categoria nuclear e englobar especificidades socioculturais: origem, língua, território, economia, religião, composição social, consciência étnica, organização política, urbanização, sociabilidade, familiaridade, modos de agir e evolução dos costumes. Há quem evite o uso do termo etnia, por julgá-lo ainda sem conceituação precisa. Contudo, distinguem-se o *racismo paternalista* no contexto histórico pós-colonial, de sociedades agrárias pré-capitalistas, como resultado da expansão colonial mercantilista e escravista europeia; e o *racismo competitivo* na moderna conjuntura urbano-industrial de neocolonização, com as migrações para as sociedades capitalistas, em substituição à força de trabalho escrava[2].

Através de diferentes modos de refletir, escrever e interpretar a História do Brasil tenta-se identificar e expor as heranças étnicas dos três segmentos fundamentais da formação social brasileira e dos outros que a estes se incorporaram em fluxos imigratórios, principalmente europeus e asiáticos, numa heterogeneidade de modos de viver, que singularizaram o jeito de ser brasileiro e de se ver na perspectiva histórica como um povo mestiço. O trabalho compulsório e a mestiçagem biológica e cultural associaram-se na América desde a conquista territorial e

---

1. BADER, V.-M. *Racismo, etnicidade, cidadania*: reflexões sociológicas e filosóficas. Porto: Afrontamento, 2008, p. 21-44.

2. VIANA, L. *O idioma da mestiçagem*: as irmandades de pardos na América Portuguesa. Campinas: Edunicamp, 2007, p. 47-222. • SILVA, M.C. Etnicidade e racismo: uma reflexão pró-teórica. In: SILVA, M.C. & SOBRAL, J.M. (orgs.). *Etnicidade, nacionalismo e racismo*: migrações, minorias, étnicas e contextos escolares. Porto: Afrontamento, 2012, p. 21-75.

início da colonização e se transformaram em suportes recíprocos. Além de contatos efêmeros forçados ou voluntários, seriam convenientes os casamentos e relacionamentos entre conquistadores e mulheres nativas para a formação de um contingente humano cristianizado que povoasse, protegesse e explorasse o território conquistado. Em todas as zonas ocupadas, os nativos perderam gradualmente o controle sobre os territórios, e os conquistadores interiorizaram o seu domínio e ampliaram a mestiçagem da população, inclusive da negra escravizada, tanto com índios quanto com brancos[3], sempre as mulheres originárias do grupo social subjugado e os homens do dominante.

Numa definição irônica e autocrítica, o brasileiro seria um rebento mutante, ultramarino, da civilização ocidental europeia, na versão ibero-americana, descendente de soldados latinos e suas 50 gerações, transfiguradas sucessivamente, durante 1.500 anos, sob toda sorte de opressões e padecimentos, que plasmaram a forma lusitana. Seria produto da expansão ibérica sobre as Américas, que destruiu muitos povos e modelou, com o que deles restou, outros novos, multiformes, refeitos, configurados como expressões das metrópoles que regeram a colonização com a imposição de suas línguas e suas singularidades, de atávicas vinculações às origens ibéricas. A colonização das Américas promoveu a mundialização de relações sociais que fundiu diferentes culturas e caldeou diversas etnias para formar povos miscigenados, identificados como mulatos, mamelucos e cafuzos que, à procura do próprio ser dentro de uma identidade étnica, inventaram o brasileiro. Foram-no, durante séculos, sem sabê-lo. Teriam apenas uma vaga noção da sua condição humana. Como filhos da terra, a si mesmos ao ousarem ver-se como melhores que os reinóis e que os crioulos, nativos filhos de brancos. A autoidentificação dos mestiços como brasileiros, com a consciência de pertencimento ao território, se expressou pela primeira vez, de forma contundente, na Insurreição Mineira de 1789. O brasileiro surgiu tardiamente, porém, com identidade étnica, ou macroética, de um povo que levou séculos para construir-se a si mesmo, biológica e culturalmente, através de uma história conflituosa[4] e excludente, na dimensão interna pela estratificação social senhorial-escravista e na externa, por ser o mestiço brasileiro considerado branco na África e negro na Europa. Quando o Brasil se emancipou de Portugal, a imigração e a identidade nacional assumiram novos significados, embora permanecesse a ideia de hierarquia racial com a superioridade do branco europeu.

---

3. PAIVA, E.F. *Dar nome ao novo*: uma história lexical da Ibero-América entre os séculos XVI e XVIII – as dinâmicas da mestiçagem e o mundo do trabalho. Belo Horizonte: Autêntica, 2015, p. 31-48.

4. RIBEIRO, D. *O Brasil como problema*. 2. ed. São Paulo: Global, 2015, p. 19-102 [1. ed., 2005].

Em consequência da miscigenação, a elite tentou distinguir o branco do negro, do índio e do mestiço. E o imigrante europeu assimilou e reproduziu a discriminação étnica, por perceber a interferência dela sobre a própria situação socioeconômica. A elite brasileira influenciou-se pelas ideias do francês Jean-Baptiste Lamarck, de branqueamento da população e passou a recomendar casamentos interétnicos nos segmentos sociais populares, aceitos também por parte do contingente negro, como um recurso de inclusão social, e fundamentou a formulação da política de imigração, que transportou para o Brasil quase dois milhões de europeus, entre 1820 e 1920 ou mais de cinco milhões entre 1872 e 1972[5].

No final do século XIX, a categoria mestiço exprimia a realidade social do momento histórico e correspondia, no nível simbólico, a uma busca de identidade nacional, que o Romantismo tentou construir e expressou na literatura e na historiografia. Porém, faltaram-lhe condições sociais que possibilitassem discutir de modo amplo e abrangente, a problemática étnica, cujos estudos se iniciaram no início do século XX, com Nina Rodrigues[6] inspirado em teorias racialistas. Na sua continuidade, Oliveira Vianna[7] ainda elaborava, na década de 1920, ideias fundamentadas em premissas racistas que receberam acusação posterior de inconsistência teórica. A escravidão estabeleceu limites epistemológicos para o desenvolvimento social e cultural. O Modernismo se impôs como uma referência de transformação por trazer consigo uma consciência histórica ativa que se encontrava dissimulada na sociedade. As mudanças ocorriam orientadas politicamente; o Estado procurava consolidar o próprio desenvolvimento social; e se desejava outra interpretação do Brasil[8].

Os estudos étnicos somente se desenvolveram com Gilberto Freyre, na década de 1930, que romantizou a sensualidade na mestiçagem ao substituir a ideia de raça pela de etnia, associada à de cultura, embora vislumbrasse no Brasil algo como uma democracia racial, que seria resultado de uma escravidão complacente e de um senhoriato tolerante. Formou-se o conceito de etnia na transição para o século XIX, com o objetivo de se qualificarem grupos sociais, de viveres e falares próprios e com outras características ancestrais comuns, diferente da noção de raça que se associa a caracteres físicos. Com o estudo de grupos étnicos,

---

5. SÁ, E.G. *Mestiço: entre o mito, a utopia e a história* – Reflexões sobre a mestiçagem. Rio de Janeiro: Quartet/Faperj, 2013, p. 151-252. • LESSER, J. *A invenção da brasilidade: identidade nacional, etnicidade e política de imigração*. São Paulo: Unesp, 2015, p. 27-55.
6. RODRIGUES, N. *Os africanos no Brasil*. 7. ed. São Paulo/Brasília: Nacional/UnB, 1988. • RODRIGUES, N. *O animismo fetichista dos negros baianos*. Rio de Janeiro: Civilização Brasileira, 1935.
7. VIANNA, O. [Manoel de]. *Populações meridionais do Brasil...*, 1987.
8. ORTIZ, R. *Cultura brasileira & identidade nacional*. 5. ed. São Paulo: Brasiliense, 1994, p. 36-44.

desenvolveu-se a Etnologia como um campo específico da Antropologia e o etnocentrismo, para denominar a autoafirmação de um grupo social diante da sua alteridade e se impor como superior. O etnocentrismo fundamenta-se na imposição de valores e normas de uma cultura que se supõe mais desenvolvida sobre outra que julga inferiorizada. Falar-se de mestiçagem no Brasil não significa definir-se pelo mito da democracia racial. A mestiçagem não pode disfarçar o histórico racismo brasileiro, talvez mais acentuado no Sul, região na qual se empregou menos trabalho escravo, embora se manifeste com intensidade também na Bahia e no Maranhão, estados de maior incidência de população negra.

Há uma diversidade de expressões para exprimir a associação étnica, em geral de conotação pejorativa. Havia dupla classificação, uma racial, relativa à cor da pele e outra social, alusiva à situação na sociedade. O conceito de hibridismo associava-se ao social e o de crioulo aos indivíduos nativos, de ascendência africana ou europeia, ou a indivíduos nativos de ascendência mista, que falavam as línguas crioulas, consideradas patoás ou deturpadas, uma ideia que se alteraria para designar os segmentos sociais de peles escuras. Os mulatos de classes média e alta eram considerados brancos, até que as ações afirmativas pelos negros modificaram este padrão. Desde finais do século XX intensificou-se a consciência étnica e o combate à discriminação social, entretanto o racismo permaneceu, geralmente disfarçado ou negado em todo o Brasil. Fazem-se uso político da mestiçagem para dividirem grupos étnicos e conservarem a segregação. Há quem use a mestiçagem para contornar ou amenizar a herança negra, e depois da conveniência dos benefícios sociais muitos mestiços passaram a ressaltar a ascendência negra em matrículas de vestibulares e inscrições de concursos públicos.

Na complexa taxonomia étnica encontram-se termos categóricos: *mestiço*, do século XIV, descendente de união entre branco e índio; *mulato*, do XVI, filho de branco e negro; *pardo*, do XIV, híbrido de branco e preto, de pele escura; *moreno*, pessoa de tez trigueira, entre o branco e o pardo, e de cabelos escuros, entre o castanho e o preto; *cafuzo*, filho de negro e índia; *mameluco*, mestiço de branco e índio, denominação original de militares cristãos egípcios que aderiam ao islamismo, em alusão à deslealdade de caçadores de índios para a escravização pelos brancos colonizadores; *caboclos*, índios falantes da língua geral homogeneizada pelos jesuítas e gramatizada por José de Anchieta, que passou a significar o descendente de índios[9]; e muitos outros menos recorrentes.

---

9. BETHENCOURT, F. *Racismos*: das Cruzadas ao século XX. São Paulo: Companhia das Letras, 2018, p. 223-337. • SÁ, E.G. *Mestiço...*, p. 151-270.

15.2 Diversidade cultural e simbiose nacional

Na base da formação social brasileira ressaltaram-se duas exterioridades: aventura do colonizador português, preocupado fundamentalmente com um fácil e rápido resultado financeiro da colonização, sem estabelecerem vínculos de identidade nem de pertencimento à colônia; e cordialidade do mestiço, uma herança da cultura patriarcal metropolitana. Porém, a mestiçagem e o multiculturalismo não significam harmonia, mas, diferenças, discriminação, desigualdades. Se ao aventureiro lusitano faltou compromisso com a sociedade colonial, o sentimento de cordialidade do mestiço nativo o levou a agir, mais por emoção que por racionalidade, e estas exteriorizações não ofereceram contribuições significativas para o crescimento econômico nem para o desenvolvimento sociocultural da colônia. A colonização incorporou valores sociais, econômicos, políticos e culturais, que influenciaram as formações de individualidades e da nacionalidade, e promoveram a transformação da lusitanidade em brasilidade. A vida patriarcal rural produziu a cordialidade, como um sentimento que tanto se caracteriza pelo tratamento afável, hospitaleiro, generoso quanto pelo oposto, de aversão, animosidade, rancor. De qualquer modo, uma manifestação emotiva, visceral, partida do coração (*cor, cordis*). Há quem avalie que Holanda desenvolvera uma narrativa totalizadora, nos moldes religiosos, legitimadora da dominação oligárquica, com aparência de crítica social[10].

A sociedade colonial brasileira caracterizou-se como patriarcal na perspectiva sociopolítica, e patrimonial pelo prisma socioeconômico. O patriarcalismo adveio da ideia de clã rural, cujo chefe determinava a organização familiar de agregados, escravos e toda a clientela ao seu redor. A partir desta base sob o seu controle pessoal, o patriarca familiar estendia o seu poder, através de arranjos políticos ou pela violência, com o emprego de milícia paramilitar particular, para todo o seu grupo social e até para além dele. A organização social oligárquica, baseada em clãs parentais, seria uma consequência da falta ou insuficiência de instituições do Estado e da sociedade[11]. O casamento católico iniciou a formação patriarcal, com o marido que se tornaria pai e assumiria a chefia familiar como um patriarca onipotente[12]. O patriarcalismo brasileiro teve raízes nos direitos romano e canônico, que se desenvolveram em Portugal, no sistema denominado de

---

10. NICODEMO, T.L. Sérgio Buarque de Holanda. In: PERICAS, L.B. & SECCO, L. (orgs.). *Intérpretes do Brasil: clássicos, rebeldes e renegados*. São Paulo: Boitempo, 2014, p. 139-152. • SOUZA, J. *A elite do atraso: da escravidão à Lava Jato*. Rio de Janeiro: LeYa, 2017, p. 7-10.

11. VIANNA, O. *Populações meridionais do Brasil...*, 1987.

12. FREYRE, G. *Casa grande & senzala*. Ed. crítica..., 2002, p. 34-115 [1. ed., 1933].

senhorialismo, caracterizado por um feudalismo parcial, de domínio senhorial compartilhado com o de um rei, em um Estado politicamente centralizado. A ideia de família vinculava-se à de escravidão, na qual, filhos, agregados e outros dependentes formavam um amplo domínio do patriarca, com pouca ingerência da esfera pública, que se modelava pela organização familiar[13]. A noção de clã patriarcal distinguiu a formação da sociedade colonial brasileira, compactada em um sistema clientelístico, que transbordou para a esfera administrativa e demarcou o espaço público[14]. Distante e fraco, na falta de alternativas, o governo metropolitano entregou o poder colonial ao domínio patriarcal por ser o único organizado na colônia[15].

A organização social de controle oligárquico-patriarcal, quase estamental da colônia, permaneceu durante o Império e a Primeira República, com algumas modificações na tardia transição para a Modernidade. Entretanto, talvez mais que as mudanças, conservaram-se os vícios da conveniência e do arrivismo indutor dos comportamentos desviantes e da cultura de trapaças. Constituíram-se grupos sociais homogêneos, mais ou menos isolados de outros costumes. Os estudiosos preocuparam-se em registrar, documentar e colecionar canções, contos, poesias, provérbios, peças artesanais, costumes e crenças para preservarem as tradições das transformações sociais.

Cunhou-se na Inglaterra, o termo *folklore* (saber do povo), para designar o material que se coletava, como antiguidades populares, e delinear uma metodologia mais adequada para a identificação e registro do que se recolhia. No acompanhamento das abordagens, intelectuais brasileiros dedicaram-se às manifestações culturais populares, particularmente da literatura oral. Enquanto na Europa definia-se cultura popular como um saber tradicional de pessoas simples, iletradas, da área rural, associada à permanência de viveres livres de interferências estranhas e, por conseguinte, depositária de singularidade capaz de embasar uma identidade nacional, no Brasil empenhava-se em fundamentar a identidade própria na mestiçagem da população e sincretização de culturas. Estudiosos brasileiros do início do século XX procuraram caracterizar contribuições específicas das etnias originais para os contos, lendas, crenças e costumes, a fim de explicar a composição mestiça idealizada. O estudo da cultura preocupou-se em delinear os

---

13. HOLANDA S.B. *Raízes do Brasil*. Ed. comemorativa dos 70 anos da primeira edição..., 2006, p. 151-166 [1. ed., 1936].

14. PRADO JÚNIOR, C. *Formação do Brasil contemporâneo (Colônia)* [1. ed., 1942]. Apud SANTIAGO, S. (coord.). *Intérpretes do Brasil*... Vol. III, 2002, p. 1.103-1.488.

15. FARIA, S.C. Patriarcalismo. In: VAINFAS, R. (dir.). *Dicionário do Brasil Colonial, 1500-1808*. Rio de Janeiro: Objetiva, 2000, p. 470-471.

contornos de uma base conceitual e de uma categorização que acompanhassem o material coletado. Liderado por Mário de Andrade (1893-1945) e Heitor Villa-Lobos, o movimento modernista brasileiro orientou-se por estes prismas e ampliou o repertório, com a inclusão de músicas, ritmos, festejos, folguedos e rituais nas investigações empíricas em diversas regiões do país.

A consciência e os usos costumeiros seriam incisivos no século XVIII, quando o termo costume denotava parte considerável do que se passou a exprimir com a palavra cultura. O costume seria a conduta inercial, habitual e induzida dos homens que professam, protestam, competem e pronunciam grandes expressões, para depois fazer o que sempre fizeram, movidos pela rotina social cotidiana. Como diretriz humana, o costume se apresenta mais perfeito quando tem origem nos primeiros anos de vida e a educação seria um costume adquirido. As pessoas que não têm acesso à educação escolar tendem a recorrer à tradição oral com sua pesada carga de costumes[16].

O conceito de cultura pressupõe fundamentos históricos e antropológicos que relativizam experiências sociais, comparadas ou não, e desacreditam procedimentos que hierarquizam vivências culturais de diferentes sociedades, a partir de modelos ideais. Distinguir experiências, crenças, representações, discursos, conhecimentos, modos de viver, formas de se organizar, não significa estratificar diferenças conforme modelos pré-determinados, julgá-los e apresentar pretensas defasagens e deficiências do passado, nem indicar caminhos do presente para se alcançar um futuro ideal. O conceito de cultura implica em comparações, revisão de conexões entre contextos, conjuntos de ideias e de convicções, vivências sociais, formas de organização étnicas e religiosas, modos de relacionamento nos interiores dos grupos sociais e intergrupais[17].

A cultura constitui um complexo conjunto de estilos e fundamentos dos modos de pensar os outros, de se ver e de situar-se no seu tempo e no universo físico circundante, através de comportamentos, crenças, conhecimentos, enfim, usos e costumes de um grupo social, expressos por meio de: idioma, literatura, artes, arquitetura, artesanato, folguedos, cultos, comemorações, culinárias, indumentárias e todas as formas de interação social, tanto nas relações entre indivíduos quanto nas coletivas. Diferente da cultura *erudita* que se transmite metodicamente pelos sistemas educacionais e religiosos, e da *apelativa* que

---

16. THOMPSON, E.P. *Costumes em comum:* estudos sobre a cultura popular tradicional. São Paulo: Companhia das Letras, 1998, p. 13-24 [1. ed. inglesa, 1991].

17. PAIVA, E.F. Histórias comparadas, histórias conectadas: escravidão e mestiçagem no mundo ibérico. In: PAIVA, E.F. & IVO, I.P. (orgs.). *Escravidão, mestiçagem e histórias comparadas.* São Paulo/Belo Horizonte/Vitória da Conquista: Annablume/PPG em História da UFMG/Edunb, 2008, p. 13-25.

instrumentaliza interesses financeiros, a cultura *espontânea* recebe condicionamentos inconscientes, transferidos de uma geração para outra na vivência social cotidiana, que são assimilados sob a influência das condições naturais de clima, solo, vegetação, relevo, hidrografia e pluviosidade. Por conseguinte, a cultura dicotomiza-se, conforme a condição considerada, em elitista e popular, rural e urbana, geral e específica, regional e local.

No Brasil não se formou uma cultura nacional, mas vários modos de interpretar a realidade, de sentir as suas circunstâncias e de agir no cotidiano, aglutinados em certos lugares e determinados momentos históricos. A cultura constitui o resultado prático da ação criadora do ser humano em relação com a natureza, em uma pressuposta teoria consciente e uma prática ativa. O resultado do atributo do criar jamais se apresenta de forma igualitária para todos, em consequência de a ação criadora depender do uso de informações que se distribuem de modo desigual. Tanto na forma quanto na realização o processo de criação condiciona-se à quantidade e ao gênero das informações recebidas. Disto resulta uma cultura erudita, densa de informações teóricas, e em outra popular, rica de informações pragmáticas e tradicionais, ambas em permanente transformação[18]. Na condição de um conjunto de valores, costumes e manifestações, preservado por um grupo social, através da tradição oral como identidade e conhecimento, o folclore expresso em lendas, crenças, provérbios, canções, reflete as relações de produção desenvolvidas pelos homens e se modifica na proporção em que varia de formas e substâncias, em um movimento dialético, resultante das ações e reações recíprocas, simultâneas e permanentes[19].

As sociedades humanas expressam alegrias através de festas, motivadas por acontecimentos que extrapolam os limites da cotidianidade das relações sociais. No passado, tanto se celebravam fatos da vida de governantes quanto se confraternizavam nos nascimentos, casamentos, chegadas de pessoas de maior representação social, vitórias militares e comemoravam-se datas cívicas e religiosas. A festa sempre resultou de episódios carregados de conteúdos simbólicos, capazes de sensibilizar as pessoas e promoverem, momentaneamente, manifestações de júbilo. Nas tristezas, em despedidas e funerais, manifestaram-se com ritos específicos.

---

18. TINHORÃO, J.R. *Música e cultura popular*: vários escritos sobre um tema em comum. São Paulo: E. 34, 2017, p. 11-24.

19. CARNEIRO, E. *Dinâmica do folclore*. Rio de Janeiro: Civilização Brasileira, 1985, p. 56-57. Cf. tb. CARNEIRO, E. *Ladinos e crioulos*: estudos sobre o negro no Brasil. Rio de Janeiro: Civilização Brasileira, 1964. • SANTOS, J.E. *Os Nàgô e a morte*: Pàdê, Àsèsè e o culto Égum na Bahia. Petrópolis: Vozes, 1986.

Definem-se as organizações das festas e as especificidades dos ritos pelas respectivas motivações. Na Antiguidade greco-romana cultuavam-se deuses e reis divinizados; na Idade Média celebravam-se cultos à trindade cristã, a antepassados santificados e a heróis mitificados; na Modernidade conservaram-se as celebrações religiosas e ampliaram-se as comemorações cívicas, com a formação dos estados nacionais e a instituição das monarquias. As festas barrocas, proeminentes em Portugal, nos séculos XVII e XVIII, transferiram-se para o Brasil. Demonstravam dramaticidade, excessos, pompas, simulacros, êxtases, luzes, vidas e mortes. No mesmo período, transladaram-se para a colônia ultramarina as organizações religiosas assistenciais, desenvolvidas pelas ordens terceiras, que promoviam a convicção do pertencimento a elas, em regras e cerimoniais que preservavam as suas tradições[20].

O estudo da cultura envolve a caracterização dos modos de vida das comunidades e as suas relações com outros grupos sociais. Para se estudar a pluralidade cultural brasileira, há que se dedicar ao conhecimento da multiplicidade de modos de se interpretar a realidade envolvente; de se sentir emoções de afeição e indiferença, de atração e rejeição, de amor e ódio; e de agir no cotidiano político-econômico e sociocultural, nas particularidades setoriais, em simbiose nacional, que interage com viveres e saberes de outros povos.

Durante a colonização portuguesa e no período imperial, vivia-se mal no Brasil. Habitavam-se precariamente, em moradias improvisadas e em cidades de ruas estreitas e tortuosas, sem higienização, uma tradição portuguesa reforçada pelo conceito provisório do viver colonial; comia-se principalmente proteína animal, muita gordura, açúcar em demasia; e vestia-se, em um clima tropical, roupas escuras, pesadas e quentes, como se usava na Europa, embora negros e índios seguissem estéticas próprias. Escravos comiam, rotineiramente, pirão com carne seca e como luxo tinham, excepcionalmente, frango assado. Os homens livres comiam também carne com farinha, quando não se lhes servia escaldada. Na intimidade doméstica, cultivava-se o ócio, de preferência no embalo de uma rede. Indolentes senhoras deitavam-se nos colos de mucamas favoritas, que deslizavam os dedos nas suas espessas cabeleiras. Quando não lhes catavam piolhos, faziam-lhes cafuné com o coçar delicadamente a cabeça para lhes provocar sensação de prazer e letárgico cochilo. As mulheres no Brasil do século XIX seriam de uma preguiça que ultrapassaria toda imaginação; e mais cruéis que os homens; espancariam os escravos pelas menores falhas; passariam o tempo

---

20. NETO FERNANDES, C.V. Festas reais em Portugal e no Brasil colônia. *Artes & Ensaio* – Revista do PPGAV/EBA/UFRJ. Rio de Janeiro, XXIII, nov./2011, p. 51-61.

acocoradas em esteiras, de onde não se levantavam para procurar coisa alguma; porém, à medida que aumentava o número de estrangeiros no país, os costumes modificavam-se. Trabalhar seria atividade de escravos, embora alguns homens livres exercessem ofícios mecânicos de marceneiros, carpinteiros, cutileiros, alfaiates, sapateiros, ferreiros, latoeiros; funções de oficiais maiores e menores da burocracia governamental; pequenos comerciantes ocupavam-se como estalajadeiros, padeiros, taverneiros, açougueiros; mulheres desempenhavam ofícios menores de costureiras, bordadeiras, parteiras; e havia as funções liberais: advogados, médicos, professores, músicos. As pessoas de melhor poder econômico consideravam vergonhoso ou humilhante, o exercício de atividades mecânicas e carregar qualquer objeto nas mãos. Estes valores seriam efeitos de uma sociedade protoestamental, sem mobilidade, de subordinações permanentes e atribuições definitivas, tanto no âmbito familiar quanto nas relações do cotidiano profissional. Demonstravam-se ostentação de opulência e de vivência confortável, ainda que fosse em dissimulações[21].

O conceito de cultura popular, além de prestar-se a várias definições, tem um teor mutante, a depender do tempo e do lugar. Em meados do século XIX, associavam-no à ascensão do nacionalismo, como um movimento de busca e legitimação de uma identidade nacional. No curso do século XX, as Ciências Humanas e Sociais absorveram o folclore como parte da Literatura, da História, da Sociologia, da Antropologia, e o termo *folclore* adquiriu uma conotação pejorativa, associada à noção de falsa expressão de um comportamento ou manifestação de um grupo social. A adaptação às circunstâncias de cada contexto é uma característica da transmissão cultural. Como expressão sensitiva, ideal e ativa dos segmentos sociais excluídos dos poderes político e econômico, a cultura popular manteve-se em evidência durante muito tempo, no jogo dialético do erudito e do popular, do moderno e do tradicional, do dominante e do dominado, do desenvolvido e do subdesenvolvido. A cultura de massas associa o termo *popular*, tanto à noção de povo quanto à de popularidade, para referir-se ao que entra em moda e alcança elevada comercialização, impulsionado por ações promocionais da indústria cultural.

---

21. GENDRIM, V.-A. Récit historique, exact et sincère, paer mer et par terre, de quatre voyage faits au Brésil, au Chile, dans les Cordillères de Andes, à Mendonza, dans le Désert et à Buenos Aires, par Victor-Athanase Gendrim, ancient commerçant dans les mers du Sud, né a Paris le 2 mai 1793, parti de France ao 1816 et revenu dans sa patrele 25 décembre 1823. VERSALLES: M. Gendrin, 1856. In: LEITE, M.M. (org.). *A condição feminina no Rio de Janeiro, século XIX*: antologia de textos de viajantes estrangeiros. São Paulo/Brasília: Hucitec/INL, 1984, p. 42-48. • EXPILLY, C. *Mulheres e costumes do Brasil*. Belo Horizonte: Itatiaia, 2000, p. 150-181. • ARAÚJO, E. *O teatro dos vícios*..., p. 83-187.

A categoria popular, atribuída aos segmentos sociais não influenciados pelo cosmopolitismo das elites e articulado com a preservação das tradições, apoia-se sobre a permanência das expressões culturais, memória e testemunho de uma identidade, como modo de se ver e se sentir no grupo social e de se pertencer ao lugar em que vive. Já o popular, produzido pela indústria cultural, sofre rápida decadência, por cultivar preferência pelo novo. As definições de cultura popular em sentido negativo, ou não hegemônico, não oficial, não moderno, não cosmopolita, não erudita, exploram a concepção da estratificação de elite e povo, fundamentada na desigualdade social. A própria cultura popular segmenta-se em um grande conjunto produtor e preservador de usos e costumes tradicionais e em outro, pequeno, estigmatizado, de atividades permeadas pela reputação de transgressão social, alvo de repressão. Folguedos como o carnaval, a capoeira, o jongo e cultos como a umbanda, o candomblé e suas variantes jarê e jurema, sofreram repressões sociais e perseguições policiais. Estudos interdisciplinares apresentam a cultura popular como um modo de vida marcado por complexa interação de fatores socioculturais, econômicos, políticos e ecológicos, debilitado pela divisão entre o erudito e o popular, embora permanecessem as dificuldades para se arbitrarem os limites das circunscrições[22]. A Unesco definiu a cultura tradicional e popular como o conjunto de criações que emana de uma comunidade fundada na tradição, expressa por um grupo ou por indivíduos e que reconhecidamente respondem às expectativas da comunidade enquanto expressão de sua identidade sociocultural e se caracterizam por normas e valores que se transmite através da oralidade e da vivência social[23].

Quando a cultura popular se fundamenta na preservação da memória e da tradição, evidencia a questão da origem autoral ou coletiva das manifestações, já que as expressões da cultura popular se associam à ausência de estilos individuais ou de obras assinadas, ao anonimato e à pequena margem para a inovação. Diante das transformações nas concepções da cultura popular que envolvem folclore,

---

22. Cf. PARÉS, L.N. *A formação do Candomblé*: história e ritual da nação Jeje na Bahia. São Paulo: Edunicamp, 2006. • SILVEIRA, R. *O Candomblé da Barroquinha*: processo de constituição do primeiro terreiro baiano de Keto. Salvador: Maianga, 2006. • COSTA, M.E.A. Cultura popular. In: REZENDE, M.B.; GRIECO, B.; TEIXEIRA, L. & THOMPSON, A. (orgs.). *Dicionário Iphan de Patrimônio Cultural.* [verbete]. Rio de Janeiro/Brasília: Iphan/DAF/Copedoc, 2015 [Disponível em http://portal.iphan.gov.br/dicionarioPatrimonioCul-tural/detalhes/ 26/cultura-popular – Acesso em 07/08/2017]. • SENNA, R.S. *Jarê*: uma face do Candomblé – Manifestação religiosa na Chapada Diamantina. Feira de Santana: Uefs, 1998. • BRAGA, J. *Ancestralidade afro-brasileira*: o culto de Babá Egum. Salvador: Edufba/Ianamá, 1995.

23. UNESCO. *Recomendação sobre as salvaguardas da cultura tradicional e popular* – Conferência geral, 25ª reunião. Paris, 15/11/1989. In: INSTITUTO DO PATRIMÔNIO HISTÓRICO E ARQUITETÔNICO NACIONAL – IPHAN. *Recomendação Paris*. Brasília [Disponível em http://portal.iphan.gov.br/uploads/ckfinder/arquivos/Reco-mendacao%20 Paris%201989.pdf – Acesso em 07/08/2017]. Há diferenças nas traduções feitas em Portugal e no Brasil.

cultura oral, cultura tradicional e cultura de massa, recomenda-se o emprego da expressão no plural, culturas populares, que talvez consiga captá-las como vivências sociais e processos comunicativos híbridos ou sincréticos e complexos que promovem a integração de múltiplos sistemas simbólicos de diversas origens[24].

No Brasil, durante o Império, a cultura erudita da elite manteve-se isolada da popular, sendo rica de esculturas e pinturas, demonstradas nas artes religiosas. Havia grande variedade de ritmos como a modinha, e o chorinho. Nas danças, lutas e coreografias de folguedos sobressaíram o reisado, o batuque, o lundu, o maxixe, que contrastavam a valsa e a polca dos salões aristocráticos[25]. Os diversos sentidos e as variadas formas de festas do universo escravo confundiam os responsáveis pelo seu controle. Senhores, autoridades políticas, policiais e eclesiásticas discordavam sobre os modos de agir com as expressões de júbilo ou de entretenimento, nos escassos momentos de lazer. Uns vislumbravam as manifestações culturais como ensaio para a revolta, prejuízo para a produtividade, costumes bárbaros ou pagãos; outros as interpretavam como fator de alívio das tensões do cativeiro, distração saudável ao trabalho escravo, e até como direito do cativo, desde que não ultrapasse os limites da decência e dos bons costumes. Iniciou-se levante dos Malês, em janeiro de 1835, em Salvador após o final da semana de festas do Bonfim. Depois da rebelião, qualquer festa que reunissem negros constituía motivo de alarme[26].

A capoeira associa arte marcial, esporte e ritmo, em acrobacias acompanhadas por cantos e sons de berimbau, atabaque e pandeiro, a difíceis e rápidos golpes de chutes e rasteiras de ataque e imediatas gingas de defesa, em movimentos do corpo para enganar o oponente. Desenvolveu-se no Brasil por descendentes de escravos africanos, como expressão cultural afro-brasileira. Teve algum antecedente embrionário no Quilombo de Palmares, no século XVI e em outras circunstâncias coloniais, todavia, tomou a forma definitiva na transição para o século XIX, na Bahia, onde se consolidou com as variantes: *Capoeira de Angola*, tradicional, de ritmo lento, golpes jogados mais baixos e muita malícia, desenvolvida pelo Mestre Pastinha (Vicente Ferreira Pastinha, 1889-1981); e *Capoeira regional*, que associa a malícia da Capoeira de Angola ao ritmo mais acelerado

---

24. COSTA, M.E.A. Cultura popular... [verbete].

25. REGINALDO, L. Festas de confrades pretos: devoções, irmandades e reinados negros na Bahia setecentista. In: BELLINI, L.; SOUZA, E. & SAMPAIO, G.R. *Formas de crer*: ensaios de história religiosa do mundo luso-afro-brasileiro, séculos XIV-XXI. Salvador: Edufba, 2006, p. 197-225.

26. REIS, J.J. Batuque negro: repressão e permissão na Bahia oitocentista. In: JANKSÓ, I. & KANTOR, I. (orgs.). *Festa*: cultura & sociabilidade na América Portuguesa. Vol. I. São Paulo: Hucitec/Edusp/Fapesp/Imprensa Oficial, 2001, p. 339-358.

e rápido jogo acrobático, articulada pelo Mestre Bimba (Manoel dos Reis Machado, 1900-1974). Posteriormente passaram-se a associar elementos dos dois estilos. A capoeira é jogada em uma roda formada pelos pares de capoeiristas que se alternam no jogo[27].

Evidencia-se a pluralidade cultural brasileira na diversidade de cultos celebrados e multiplicidade de festas comemorativas de várias origens. A colonização portuguesa transferiu as suas festividades de abrangência social mais ampla; da África, incorporaram-se outros cultos e comemorações; de povos indígenas, conservaram-se fragmentos de ritos e festejos; nos grupos de imigrantes europeus e orientais, chegados por último, mantiveram-se, em âmbitos regionais, alguns dos seus cultos de origem. Em uma amálgama cultural, fundiram-se tradições e do sincretismo surgiu o multiculturalismo brasileiro. Os folguedos populares são atividades ritualísticas coletivas manifestadas com elementos dramáticos e coreográficos. Em todas as regiões brasileiras ocorreram manifestações culturais, religiosas e folclóricas, algumas espontâneas, outras estimuladas pelos poderes públicos: Ano-novo, reisado, carnaval, malhação de Judas, quadrilhas juninas, bumba-meu-boi e suas variantes, autos de Natal. Todas intercaladas por festas de padroeiros, outras divindades e santidades, geralmente, com associações de elementos de cultos cristãos a outros africanos ou indígenas[28]. Nem as freiras do colonial mosteiro de Santa Clara do Desterro estariam isentas de condutas sincréticas com rituais dos gentios da Guiné. Recorreriam a benzedeiras negras e seus ritos para as curas de seus males[29].

As quadrilhas juninas têm origem inglesa, com passagem pela França, onde assimilaram a *contradance* e outros passos de nomes franceses, como *avant tour*, *anarriê (an arrière* – para trás*), balancê*, que chegaram ao Brasil através de Portugal. As comemorações de casamentos reais e principescos portugueses transferiram-se para o Brasil do mesmo modo que os festejos religiosos e celebrações de

---

27. Cf. SOARES, C.E.L. *A negregada instituição*: os capoeiras na Corte imperial, 1850-1890. Rio de Janeiro: Access, 1998. • SOARES, C.E.L. *A capoeira escrava e outras tradições rebeldes no Rio de Janeiro (1808-1850)*. Campinas: Unicamp, 2001. • CAMPOS, H. *Capoeira na universidade*: uma trajetória de resistência. Salvador: Edufba, 2001. • LEAL, L.A.P. *"Deixai a política da capoeiragem gritar"* – Capoeiras e discursos de vadiagem no Pará Republicano (1888-1906). Salvador: Ufba, 2002 [Dissertação de mestrado]. • DIAS, A.A. *A malandragem da mandinga*: o cotidiano das capoeiras em Salvador na República Velha. Salvador: Ufba, 2004 [Dissertação de mestrado]. • OLIVEIRA, J.P. *Pelas ruas da Bahia*: criminalidade e poder no universo dos capoeiras na Salvador Republicana (1912-1937). Salvador: Ufba, 2004 [Dissertação de mestrado]. • CAMPOS, H. [Mestre Xaréu]. *Capoeira regional*: a escola de Mestre Bimba. Salvador: Edufba, 2009.

28. Cf. descrições em RAMOS, A. *As culturas negras no Novo Mundo*. São Paulo: Brasiliana, 1979. • QUERINO, M. *Costumes africanos no Brasil*. Recife/Massangana: Fundarj/Funarte, 1988.

29. MOTT, L. Cotidiano e vivência religiosa: entre a capela e o calundu. In: SOUZA, L.M. *História da vida privada no Brasil*: cotidiano e vida privada na América Portuguesa, p. 155-220 [História da vida privada no Brasil, 1].

funerais. Há narrativas em panegíricos fúnebres e crônicas coloniais de festas e rituais com tanta riqueza de detalhes que oferecem subsídios para a história de instrumentos musicais, do teatro, da indumentária, dos ornamentos e aparatos cênicos. Um destes textos[30] expõe um turbilhão de imagens delirantes de uma cavalhada, folguedo que encena uma cavalaria medieval em combate imaginário e torneio lendário, cujos agentes fantasiam-se de florões, sedas e veludos rutilantes, adornam-se de plumagens, capacetes, montam cavalos fantasiados, de crinas trançadas com fitas coloridas, cobertos com mantas de tafetá e levam magníficos andores[31].

Ressalta-se nas leituras sobre as cavalhadas o fato de cavaleiros trajarem-se de veludo com bordados dourados, armarem-se de lança, para representarem uma história do velho romance de cavalaria, *História de Carlos Magno e dos Doze Pares de França*[32], na guerra contra os sarracenos, ou figurarem nas encenações de combates medievais entre muçulmanos e cristãos; exibirem destrezas e valentias em espetáculos que representam exercícios militares e oportunizam galanteios. Cavalhadas, touradas, comédias e óperas constituíam partes obrigatórias das festas eclesiásticas e comemorativas de grandes eventos reais e principescos portugueses, reproduzidos na colônia, com os custos repassados para as populações locais.

Um dos folguedos mais difundidos durante a colonização, com desdobramentos posteriores, as festas de reis negros e reis de nações organizadas por grupos da mesma origem étnica, como o rei do Congo, do qual se desdobraram as *congadas*, constitui uma manifestação de componentes católicos, que evolui em forma de procissão, de acompanhamento rítmico e dança, em homenagens a São

---

30. MORAES FILHO, M. *Festas e tradições populares do Brasil*. Belo Horizonte/São Paulo: Itatiaia/Edusp, 1979. • "Súmula triunfal da nova e grande celebridade do glorioso e invicto mártir São Gonçalo Garcia". Lisboa: Pedro Ferreira, M.D.CC.LIII (1753). • "Súmula triunfal". In: CASTELLO, J.A. *O Movimento Academicista no Brasil*. Vol. III. T. II. São Paulo: Conselho Estadual de Cultura, p. 37. Apud MEYER, M. A propósito das cavalhadas. In: JANKSÓ, I. & KANTOR, I. (orgs.). *Festa: cultura & sociabilidade na América Portuguesa*. Vol. I. São Paulo: Hucitec/Edusp/Fapesp/Imprensa Oficial, 2001, p. 227-245.

31. MEYER, M. A propósito das Cavalhadas. In: JANKSÓ, I. & KANTOR, I. (orgs.). *Festa: cultura & sociabilidade na América Portuguesa*. Vol. I, p. 227-245.

32. Obra francesa, de autor incógnito, embora se atribua a autoria a Nicolás de Piemonte, foi traduzida para o português em 1863. Fez tanto sucesso em Portugal, que se desdobrou em outros romances de cavalaria, à guisa da sua continuação. A *Segunda parte da história do Imperador Carlos Magno e dos doze pares de França*, do médico militar Jerónimo de Moreira Carvalho, surgiu em 1737, com edições em 1784, 1799 e 1863; a *História nova do Imperador Carlos Magno, e dos doze pares de França*, de José Alberto Rodrigues, foi publicada em 1742. "Doze pares de França" seria a denominação atribuída à tropa de elite da guarda pessoal de Carlos Magno (742-814), formada por 12 cavaleiros liderados pelo seu sobrinho Rolando, e a paridade se referiria à habilidade deles no manejo das armas e à lealdade ao imperador franco.

Benedito e a Nossa Senhora do Rosário, e tem a principal referência histórica encenada na coroação do rei do Congo.

O cortejo com estandartes e imagens de santos católicos, termina em frente de uma igreja na qual se venera um destes santos. Elegem-se reis e capitães de modo semelhante ao que se faziam nas comunidades rebeldes, como na paradigmática Palmares. As coroações de reis de nações transformaram-se na coroação de um *rei congo*, ao acompanharem um processo de superação das diferenças étnicas e construção de uma identidade mais uniforme da sociedade escravista. Frequentes no século XVIII, deixaram, no XIX, de caracterizar um espaço de manifestação étnica particular para expressarem comunidades unificadas de uma africanidade associada ao Reino do Congo. No século XX, ao vigorarem novas relações sociais de produção e de dominação, algumas congadas passaram a exprimir a identidade de um grupo social, de poucos recursos financeiros, com crescente participação de pessoas mestiças e brancas, embora os papéis de rei e rainha permanecessem reservados a negros[33].

Tributárias da cultura material das festas barrocas do Império português, as congadas também celebram o fausto e usam símbolos litúrgicos católicos em pomposas procissões e cerimônias religiosas. Estas manifestações mantiveram-se através de artifícios e negociações conflituosas com os poderes locais, sujeitas aos arbítrios senhoriais. Adequaram-se às pressões sofridas, através de dissimulações de obediência às tutelas que se lhes impunham, como forma de preservar o núcleo central, enquanto princípio gerador, representado pela escolha e coroação do rei e da rainha, na articulação de uma rede social a partir de relações hierárquicas entre o séquito e os demais membros da festa. As ações do rei e da rainha da congada, de caráter pontual e localizado, visam alcançar interesses e valores específicos. A eficácia delas permite a rememoração e recriação de práticas religiosas ancestrais reportadas à África, que se mantêm relativamente secretas, enquanto forma restrita de conhecimento dos membros da festa.

As congadas tributam também as celebrações de vassalagem e fidelidade às realezas africanas e suas embaixadas, enquanto eficientes atuações parlamentares performáticas de envio de mensagens, presentes, solicitações e tratados aos soberanos de outras nações. Nas festas da congada, acontecem articulações da tradição política e religiosa africanas às formas portuguesas, que possibilitaram a instalação artesanal dos símbolos e, concomitantemente, promovem cultos públicos católicos e reconstroem aspectos culturais africanos em instituições de

---

33. SOUZA, M.M. História, mito e identidade nas festas de reis negros no Brasil – séculos XVIII e XIX. In: JANKSÓ, I. & KANTOR, I. (orgs.). *Festa...* Vol. 1, p. 249-260.

matrizes europeias, através dos rituais de coroação de reis e rainhas negras[34]. As celebrações de reis negros que extrapolaram para o cotidiano revivem lembranças diretas da África, porém, representam fuga da realidade cotidiana do cativeiro, através de rituais de inversão simbólica da ordem social[35]. Em uma das mais tradicionais celebrações anuais pelo Brasil afora, a Festa do Divino, no dia de Pentecostes, em data móvel no início de junho, o "império do Divino" desfila pelas ruas, acompanhado de música, fogos de artifício e séquito, numa reprodução do que fez a rainha Isabel (1271-1336), casada com o rei d. Diniz (1279-1325), na vila de Alenquer, para celebrar a Festa do Espírito Santo e coroá-lo, simbolicamente, como o rei dos reis[36]. As festas do Círio de Nazaré, em Belém, Pará; de Aparecida, em São Paulo; e do Bonfim, em Salvador, são as celebrações religiosas de maiores mobilizações populares do Brasil. Além de outras semelhantes, realizam-se anualmente romarias em várias localidades brasileiras: Aparecida, São Paulo; Bom Jesus da Lapa, Bahia; Canindé do São Francisco, Sergipe; Juazeiro do Norte, Ceará; para as quais afluem multidões de peregrinos ou romeiros. A culinária brasileira básica, além do feijão com arroz, oferece variedade de pratos típicos de cada região, em geral, caracterizados, como as populações e suas respectivas culturas regionais, pela mistura de componentes de várias origens. Encontram-se numerosos pratos que utilizam leite de coco, azeite de dendê, farinha de mandioca, fubá de milho, em associação a condimentos advindos das antigas especiarias orientais; feijoada, dobradinha, sarapatel, rabada, feijão de tropeiro, arroz de carreteiro, carne de sol com aipim ou pirão de leite, preservados naturalmente, embora novos hábitos alimentares incorporaram-se: macarrão e pizza de origens italianas, no plano mais geral e em diferentes regiões, vários outros de origem espanhola, alemã, japonesa, chinesa. Semelhante diversidade encontra-se nas comemorações e festejos populares.

Nos primórdios da colonização portuguesa, vários compositores anônimos expressaram-se através de poemas e canções: o poeta baiano Gregório de Matos e Guerra (1633-1596); o padre Lourenço Ribeiro (1648-1724); o judeu Antônio José da Silva (1705-1739), queimado na fogueira do Tribunal da Inquisição, em Lisboa; sem, contudo, deixarem registros históricos significativos de suas musicalidades. Reconhece-se o poeta, compositor e cantor mulato, nascido no Rio de Janeiro, Domingos Caldas Barbosa (1740-1800) como o primeiro a

---

34. CEZAR, L.S. Saberes contados, saberes guardados: a polissemia da congada de São Sebastião do Paraíso, Minas Gerais. In: *Horizonte Antropológico*, XVIII, 38, jul.-dez./2012. Porto Alegre.

35. REIS, J.J. *A morte é uma festa...*, p. 65-66.

36. MARTINS, W.S. Abram alas para a folia. In: FIGUEIREDO, L. (org.). *Festas e batuques no Brasil*. Rio de Janeiro: Sabin, 2009, p. 17-24.

se manifestar através da música com ideias e sentimentos que caracterizavam o Brasil. Apesar do sucesso alcançado em Lisboa e depois no Rio de Janeiro, talvez por razões étnicas, ou por suas modinhas expressarem comportamento social da colônia ultramarina, Caldas Barbosa teve a sua popularidade hostilizada por expressões da cultura lusitana, como Felinto Elísio, Nicolau Tolentino, Manoel Maria Barbosa du Bocage e Antônio Ribeiro dos Santos[37].

Caldas Barbosa difundiu a modinha do Brasil em Portugal, onde recebeu a denominação diminutiva para se diferenciar da moda metropolitana. A cantiga colonial aproximou-se das árias da metrópole e transformou-se em canção camerística e neste feitio retornou ao Brasil com a corte joanina em 1808, como expressão poético-melódica da temática amorosa. Caracterizava-se pela suavidade e romantismo, que permaneceu por todo o século XIX, composta geralmente com o predomínio do modo menor, das linhas melódicas descendentes e dos compassos, binário e quaternário, sem se prender a esquemas rígidos. Outro mestiço, Joaquim Manoel da Câmara (1780-1840), destacou-se no Rio de Janeiro, na transição para o século XIX, como compositor, violinista e cavaquinhista. Letrista e compositor, o político mineiro Cândido José de Araújo, marquês de Sapucaí (1793-1875), deixou várias composições. Cândido Inácio da Silva (1800-1838), principal autor, instrumentista e intérprete de modinhas também compôs valsas e lundus. Há vários outros compositores de modinha dessa época[38]. Entre os eruditos, o padre Maurício Nunes Garcia (1786-1838), Francisco Manoel da Silva (1795-1865), Domingos da Rocha Mussorunga (1807-1856) e outros, compuseram também modinhas e lundus.

Primeiro gênero cancioneiro afro-brasileiro, o lundu resultou da interação de melodia e harmonia de inspiração europeia com a rítmica africana, cuja evolução levou ao samba. Originalmente uma dança sensual de negros e mulatos, em rodas de batuque, o lundu tomou a forma de canção nas décadas finais do século XVIII, em compasso binário e geralmente no modo maior. Expressava alegria, sátiras e malícias, com variações formais[39]. Devido à dança e cantos considerados lascivos, proibiram as suas apresentações nas ruas e em teatros. Para acessar salões sociais, disfarçou-se a umbigada em um simples gesto, com delicadeza e

---

37. TINHORÃO, J.R. *História social da música popular brasileira*. São Paulo: Ed. 34, 1998. • SEVERIANO, J. *Uma história da música popular brasileira*: das origens à Modernidade. 3. ed. São Paulo: Ed. 34, 2013, p. 14-16 [1. ed., 2008].

38. Entre os quais: Quintiliano da Cunha Freitas, Lino José Nunes, Francisco da Luz Pinto, os padres baianos Augusto Baltazar da Silveira e Guilherme Pinto da Silveira Sales, João Francisco Leal, Gabriel Fernandes Trindade e José Joaquim Goiano.

39. SEVERIANO, J. *Uma história da música popular brasileira*..., p. 17-20.

mesura. Permaneceram vivos no Maranhão, os grupos de tambor de crioula, um folguedo perseguido e estigmatizado no passado. Desenvolve-se em uma roda de homens que batem tambores e entoam canções em louvor a santos católicos e africanos, declaram amores e provocam outros cantadores. No centro, mulheres trocam passos miúdos e rodopiam, com longas saias rodadas e coloridas. No ritmo da melodia e cadência de palmas, trocam *umbigadas* ou *pungas* e convidam outras para dançar. Originou-se do *semba* de Angola, que estaria nas genealogias rítmicas do lundu, do coco, do jongo e do samba[40].

Evoluído de uma dança no Brasil, durante o período joanino, o *fado* foi levado para Portugal já com este nome, e tornou-se uma expressão de sentimento melancólico e saudosista lusitano, através da qual se destacaram nomes como Amália Rodrigues e Maria da Fé. Em meados do século XIX, introduziram-se no Brasil canções dançantes como a polca, originária da Boêmia, de compasso binário; a mazurca polonesa, de compasso ternário; a habanera cubana, também binária; o tango, de origem espanhola, que se difundiu especialmente na Argentina; a valsa, um ritmo dançante austríaco, em compasso ternário[41]. Estas danças importadas fundiram-se com formas nativas de origem africana, conhecidas genericamente por batuque e da amálgama rítmica surgiram, no final do século XIX, o tango brasileiro, o maxixe e o choro, três ritmos binários, com a síncope afro-brasileira, quando se destacava como compositor, regente, trompetista e organista, o carioca Henrique Alves Mesquita (1830-1906).

Sem jamais ser aceito pela classe média, os maxixes compostos por Francisca Edwiges Neves Gonzaga (Chiquinha Gonzaga, 1847-1935) foram disfarçados em tangos, e os de José Barbosa da Silva (Sinhô, 1888-1930), em Samba, e nestas circunstâncias, o ritmo desapareceu na década de 1930[42]. A marcha "Ó abrem alas", composta em 1899, por Chiquinha Gonzaga, cantada em todos os carnavais, desde o início do século XX, somente foi gravada muitos anos depois. E a obra de Sinhô, uma referência da nascente canção popular brasileira, surgiu na transição da composição amadora para a elaboração profissional, articulada ao mercado fonográfico e à indústria cultural, nas décadas de 1920 e de 1930[43].

A gravação de canções em discos de 76 rotações no Brasil iniciou-se em 1902, pelo tcheco Frederico Finger, que estabeleceu a *Casa Edson* no Rio de Janeiro. A partir de 1911, instituíram-se as gravadoras Faulhaber, Colúmbia e

---

40. FERRETTI, S. A punga resiste. In: FIGUEIREDO, L. (org.). *Festas e batuques no Brasil...*, p. 57-61.
41. TINHORÃO, J.R. *Música e cultura popular...*, p. 26-27, 53-54.
42. SEVERIANO, J. *Uma história da música popular brasileira...*, p. 28-33.
43. GARDEL, A. O poeta e o sambista. In: FIGUEIREDO, L. (org.). *Festas e batuques no Brasil...*, p. 68-72.

Victor, no Rio de Janeiro e A Elétrica, em Porto Alegre. A primeira canção brasileira gravada, em 1902, foi o lundu "Isto é bom", de autoria de Xisto Bahia (1841-1894), interpretada pelo cantor Baiano (1870-1944)[44]. A primeira modinha gravada, "O gondoleiro do amor", composta por Salvador Fábregas, sobre versos de Castro Alves, interpretada por Baiano, foi apresentada como de gênero "barcarola". Em consequência, credenciou-se a modinha "Perdão, Emília", interpretada pelo mesmo Baiano, como a primeira gravação do gênero, em fins de 1901. Apesar de gravarem antes, algumas canções como se fossem sambas, a composição *Pelo telefone*, registrada por Ernesto Santos o Donga (1890-1974) e o jornalista Mauro de Almeida (1882-1956), embora fosse uma criação coletiva, realizada em uma das costumeiras festas da casa da Tia Ciata (1854-1924)[45], teve o reconhecimento de primeiro samba gravado, também por Baiano, em 1917. A toada paulista, *Tristeza do Jeca*, de Angelino de Oliveira, foi a primeira gravação do gênero sertanejo, precursora dos caipiras de Cornélio Pires[46]. Há uma ampla, embora mal difundida, historiografia da canção brasileira, desde os períodos colonial e imperial[47].

Ao iniciar o século XX o Brasil caracterizava-se como um país agrário, ainda sem plena integração nacional, cujo território não se constituía uma unidade geográfico-cultural, e se articulava socialmente como um arquipélago de comportamentos, interesses e poderes. A tiragem média de um jornal diário na capital da República não ultrapassava 3.000 exemplares, o equivalente à de Paris um século antes. Entre 1900 e 1920, publicaram-se em São Paulo, 92 romances, novelas e contos, uma média inferior a sete livros anuais de literatura. Em 1918, um *best-seller* vendia, em todo o país, menos de 10.000 exemplares. Em 1920, produziram-se em São Paulo 209 títulos de livros e folhetos, num total de 900.000 exemplares. Em toda a década de 1920 editou-se no Rio de Janeiro, algo no entorno de 780 títulos por ano, numa tiragem de dois milhões e 200.000 exemplares. A edição de um romance alcançava a média de 1.000 cópias. Escritores e artistas não poderiam dispor de um público específico no Brasil, com uma população de 84% de analfabetos em 1890, 75% em 1920 e 57% em 1940. Em décadas posteriores,

---

44. ALMEIDA, T.V. No balanço malicioso do lundu. In: FIGUEIREDO, L. *Festas e batuques no Brasil...*, p. 42-49.

45. GARDEL, A. O poeta e o sambista. In: FIGUEIREDO, L. (org.). *Festas e batuques no Brasil...*, p. 68-72. A Tia Ciata foi uma tia baiana de Sinhô, natural de Santo Amaro, que se ligou à origem do samba, levado da Bahia e consolidado como gênero musical no Rio de Janeiro.

46. TINHORÃO, J.R. *Música e cultura popular...*, p. 75-79.

47. ABREU, M. História da "música popular brasileira": uma análise da produção sobre o período colonial. In: JANKSÓ, I. & KANTOR, I. (orgs.). *Festa: cultura & sociabilidade na América Portuguesa*. Vol. II. São Paulo: Hucitec/Edusp/Fapesp/Imprensa Oficial, 2001, p. 683-701.

escritores continuaram sem condições de viver de literatura e a se sustentarem com o exercício de atividades docentes, jornalísticas e de funcionários públicos, que implicavam em relações de dependência, limitadoras do desenvolvimento literário[48].

O povo brasileiro vive na sua diversidade sociocultural sem demonstrar interesses pela história da pátria nem lhe devotar apreço com a mesma intensidade que se vê em outros países. Também não reverencia memórias de antepassados nem divulga tanto a história nacional como recurso de difusão internacional da sua diversidade cultural. Em Portugal, a história lusitana é amplamente conhecida da população, que dela se ufana e a exalta como memória coletiva, através de eventos significativos: revolução mercantil, pioneira formação do Estado nacional, expansão intercontinental do comércio, estabelecimento de um império colonial, e o significado destes acontecimentos, tanto para a população no conjunto da nacionalidade quanto para cada cidadão nas suas individualidades, como culto cívico.

De modo diferente, o brasileiro se ressente da sua formação social e manifesta pouco interesse pelo conhecimento de suas ancestralidades, do que fizeram pessoas do seu grupo social e do passado econômico, político e cultural do seu país. Talvez este comportamento exprimisse uma subjetiva rejeição a fenômenos históricos: truculência da conquista territorial, massacres de povos indígenas, colonização, escravidão, concentração da propriedade dos meios de se produzir e do resultado do trabalho coletivo, rígida estratificação da sociedade, desequilíbrios sociais e regionais, exclusão social, pouca escolaridade da maioria da população; e exprima vícios socializados: injustiça econômica, truculência policial, violência social, banalização de infrações individuais e de contravenções sociais, prevaricação de políticos e agentes governamentais. Em consequência destes subliminares ressentimentos, adotaram-se comportamentos individuais que se generalizaram: desprezo pelo social, busca de vantagens pessoais a qualquer custo e por quaisquer meios, em um arrivismo cultural, indiferença para com fatos históricos e até eventual desdém de personagens destacados da história nacional, culto a anti-heróis, alguns que tiveram existências reais (Conselheiro, Lampião), outros literários (Macunaíma, Jeca-Tatu) ou imaginários (Saci, Lobisomem).

Os díspares sentimentos coletivos em relação às suas respectivas histórias nacionais desenvolveram em Portugal uma historiografia mais narrativa e de

---

48. ORTIZ, R. Sociedade e cultura. In: SACHS, I.; WILHEIM, J. & PINHEIRO, P.S. (orgs). *Brasil*: um século de transformações. São Paulo: Companhia das Letras, 2001, p. 185-209. • FAORO, R. *A República inacabada*. São Paulo: Globo, 2007, p. 145-165. • CANCLINI, N.G. *Culturas híbridas*: estratégias para entrar e sair da Modernidade. 4. ed. 3. reimpr. São Paulo: Edusp, 2008, p. 67-97 [(1ª ed. 1997).

maior densidade de informações, apresentada eventualmente de modo ufanista; e, no Brasil, uma escrita da história caracterizada pela veemente crítica ao seu passado e enfoques mais teóricos que descritivos, com discussões de fenômenos sociais pregressos, em abordagens de escassos estímulos aos leitores e nenhuma atração para pessoas de pouca escolaridade, geralmente sem o hábito de leitura.

Na espoliação do sistema colonial e na violência do regime escravista encontram-se os principais fundamentos e as motivações da relação do brasileiro com a sua história. A formação social, forjada em conjunturas de tantas adversidades, induziu ao desenvolvimento de comportamentos individualistas, que urdiram uma cultura de alpinismo social com desvios de conduta, que procura tirar sempre vantagem pessoal, através de comportamentos invasivos e desleais: invadir-se fila; apropriar-se de objeto colocado para uso individual ou coletivo em veículos, hotéis, locais de trabalho, escolas e outros espaços públicos; ludibriar incautos com artifícios como o tristemente famoso "jeitinho brasileiro"; enfim, utilizar-se de expedientes que vulgarizam transgressões e banalizam a criminalidade em todas as esferas sociais, desde o surrupio de clipes e outras insignificâncias em ambientes de trabalho, à prevaricação de gestores públicos; da ação vulgar de ladrões de galinhas aos aprimorados crimes de "colarinhos brancos". Afinal, todo comportamento social tem base cultural e fundamento histórico.

15.3 Heterogeneidade política e diversidade ideológica

Manifestam-se culturas políticas em forma de projetos de sociedade, de Estado ou de leituras compartilhadas de um passado comum. Suas instituições-chave, família, partido, sindicatos, igrejas, escolas, legitimam regimes e criam identidades de modo eficiente e pragmático, com a articulação de ideias, valores, crenças, símbolos, ritos, vocabulário, imagens e memórias, que favorecem lutas políticas e sociais[49]. A ordem política constitui um subsistema da sociedade. Os fenômenos políticos surgem sob a forma de relações de poder, evoluem com o aparelho de Estado e distinguem-se dos fatores econômicos, sociais e culturais. O estudo da política concentra-se nos conceitos fundamentais de poder e de Estado. Somente se exerce o poder em um sistema jurídico e as suas atribuições, o seu alcance e a forma como se distribui pelas instituições do Estado diferem de uma sociedade para outra. No cotidiano, ocorrem tensões entre a ética e a política. Poderão apresentar-se associadas em uma ocasião e dissociarem-se em outras. Na con-

---

[49]. ABREU, M.; SOIHET, R. & GONTIJO, R. (orgs.). Apresentação. In: *Cultura política e leituras do passado*: historiografia e ensino da história. Rio de Janeiro: Civilização Brasileira/Faperj, 2007, p. 11-19.

temporaneidade, acorre uma separação, com a socialização assumida pela política holística de busca do entendimento integral dos fenômenos, que resulta na ocupação do lugar da ética pelas ideologias. Na transcendência de atividades sociais e políticas, a ética perde o seu referencial[50].

A organização das sociedades ibéricas modernas fundamentou-se na concepção corporativa de poder, na qual o monarca, sem suprimir a autonomia das instituições, deveria articular, com deliberações fundamentadas na justiça, a harmonia social, para alcançar o equilíbrio dos interesses, econômicos, sociais e políticos. A falta destas diretrizes ocasionaria transgressões dos costumes, para as quais as Ordenações do Reino previam penalidades em escalonamento, desde a perda do ofício, confisco de bens, degredo colonial à pena de morte. Porém, a prática de ilegalidades no serviço público seria mais a regra que uma exceção. O governo português encontrava dificuldades para coordenar a gestão de um império estendido por territórios de todos os continentes, com tamanha vastidão na América do Sul. A impunidade da maioria dos frequentes enriquecimentos ilícitos de ocupantes de cargos públicos estimulava reincidência e generalização de ilicitudes em toda a hierarquia funcional[51].

Trapaças e contravenções de gestores públicos constituíram objetos de preocupações sociais desde que se organizaram governos e se delegaram poderes. Niccolò di Bernardo dei Machiavelli (1469-1527) fez-se precursor da Ciência Política ao descrever, em 1513, as relações entre estados e governos, como realmente se desenvolviam, sem idealizações[52]. Em 1655, o padre Antônio Vieira (1608-1697) qualificou de ladrões mais apropriadamente merecedores desta denominação, os indivíduos que, ao comandarem exércitos, governarem províncias, administrarem cidades, com manha ou força, roubam o povo. Os outros ladrões roubam homens, estes, cidades e governos; os outros surrupiam com riscos, estes, sem temor nem perigo; os outros se furtarem são punidos, estes furtam e punem[53].

---

50. FERNANDES, A.T. *Os fenômenos políticos*: sociologia do poder. Porto. 2. ed. Afrontamento, 1998, p. 39-89 [1. ed., 1988].

51. SCHWARTZ, S.B. *Burocracia e sociedade no Brasil colonial...* • HESPANHA, A.M. Para uma teoria da história institucional do Antigo Regime. In: HESPANHA, A.M. (org.). *Poder e instituições na Europa do Antigo Regime* – Coletânea de textos. Lisboa: Calouste Gulbenkian, 1984, p. 7-89. • SCHIERA, P. Sociedade "de estados", "de ordens" ou "corporativa". In: HESPANHA, A.M (org.). *Poder e instituições na Europa do Antigo Regime...*, p. 143-153. • MARVAL, J.A. A função do direito privado e da propriedade como limite do poder do Estado. In: HESPANHA, A.M. (org.). *Poder e instituições na Europa do Antigo Regime...*, p. 231-247.

52. Cf. MAQUIAVEL, N. *O príncipe*. São Paulo: Martins Fontes, 1998.

53. VIEIRA, A. Sermão do Bom Ladrão. In: *Escritos históricos e políticos*. São Paulo: Martins Fontes, 1995, p. 97-139.

Durante a colonização portuguesa do Brasil, o roubo de ciganos degredados, a burla de negros escravizados, a dissimulação de índios subjugados, a fraude de brancos oprimidos caracterizaria estratégia de sobrevivência. Da miscigenação destes povos excluídos surgiram segmentos sociais novos, com valores diversos, diferentes ou contrários à ética da sociedade dominante. Associados à persistência da exclusão social, estes valores culturais arraigaram-se na conduta social e banalizaram as contravenções. Em um universo de súditos, sem o exercício da cidadania e com cerceamento de direitos, as transgressões sociais prevaleceram como tática para se alcançarem necessidades individuais e amenizarem-se tensões sociais. Os agentes da colonização não distinguiam comportamentos desviantes de condutas políticas em reação às exclusões sociais, desigualdades econômicas e arbitrariedades políticas nos diversos escalões da sociedade. Tratavam todas as transgressões, individuais e coletivas do mesmo modo, como contravenções, desordens e insubordinações.

Encontram-se referências e indícios de infrações de agentes da colonização portuguesa no Brasil, em declarações de limites de sesmarias com demarcações imprecisas, vagas ou temporais para possibilitarem expansões pelos entornos; no tráfico clandestino de minérios por todos os meios; na generalizada sonegação de tributos civis e dízimos eclesiásticos; em relatórios de execução de obras públicas; enfim, apropriavam-se de formas improcedentes e meios desonestos do que estivesse ao alcance. Magistrados coloniais aceitavam gratificações para atestarem falsas ocupações de terras doadas pelo sistema de sesmarias, a fim de que donatários recebessem, após os prazos estipulados, as cartas de confirmação das donatarias. No movimento insurrecional emancipacionista planejado em Vila Rica (1789), um dos participantes, José de Sá Bittencourt Câmara e Accioli, preso na casa dos pais em Camamu, Bahia, onde se refugiou e, interrogado no Rio de Janeiro, foi inocentado por duas arrobas de ouro pagas por sua tia Maria Isabel de Sá Bittencourt[54].

Famílias da nobreza metropolitana tinham direito a juízes privativos para julgarem as suas causas com exclusividade e favorecimento. A família do 6º conde da Ponte obteve este privilégio no Brasil sempre que o solicitou[55]. Os monarcas apoiavam, jurídica e economicamente, a categoria social que lhe emprestava

---

54. Informação de Rodolfo Garcia em "Autos da devassa da Inconfidência Mineira". Introdução do vol. 5, ed. da Biblioteca Nacional, baseado em artigo da *Revista do IGHB*, t. VI, p. 108. • *Autos da Devassa da Inconfidência Mineira*. Vol. 5. Brasília/Belo Horizonte: Câmara dos Deputados/Governo de Minas Gerais: Brasília; Belo Horizonte, 1982, p. 572, n. 1. • *Autos da Devassa da Inconfidência Mineira* – Introdução de Francisco Iglésias. Vol. 6. Brasília/Belo Horizonte: Câmara dos Deputados/Governo de Minas Gerais, 1982, p. 14-15.

55. NEVES, E.F. *Uma comunidade sertaneja...*, p. 63-81.

sustentação política. A maioria da população não merecia mais que o tratamento dispensado a súditos, com mais deveres que direitos[56].

A primeira metade do século XVIII correspondeu ao apogeu da colonização portuguesa, em consequência das sucessivas impactantes descobertas de jazidas de ouro, diamantes e outros minerais preciosos e semipreciosos, que atraíram multidões ávidas por um fácil e rápido enriquecimento. Os agentes da administração colonial não conseguiram controlar a circulação de pessoas e de mercadorias, nem arrecadarem os tributos sobre a produção mineral e o seu comércio, nos índices determinados pelo governo lusitano. A convulsionada região mineradora constituiu-se em um território de fronteiras abertas para o persistente contrabando de parte considerável do que entrava e saía, com a complacência ou a conivência de autoridades fiscais e judiciárias. A historiografia registra que no eldorado de pouco controle social, o escravo trabalhava, enquanto o senhor agilizava evasões de tributos, descaminhos de minérios, contrabandos e gatunagens de todas as modalidades, através dos negócios de trapaça. Principalmente nos portos do Rio de Janeiro, Salvador e Recife, chegavam frotas que descarregavam gêneros como o sal, escasso no mercado, sempre desviado dos seus destinos, e escravos traficados da África. Estes comboios partiam com o ouro dos quintos reais e levavam clandestinamente o precioso metal sem quintar e mais o que se conseguia desviar. O governador de Minas Gerais, Gomes Freire de Andrade, comunicou ao rei, em 25 de setembro de 1734, que homens de negócios articulados ao vigário-geral da ilha de São Tomé, na África, formaram uma pequena companhia na Costa da Mina e estavam bem-sucedidos, favorecidos pela estreita amizade com João Coelho de Souza, ouvidor daquela ilha. Encontram-se frequentes denúncias de teores semelhantes na documentação governamental. Porém, devem-se considerar as circunstâncias de cada época e relativizarem-se alguns costumes. Os conceitos do permitido e do condenável na conduta de governantes e seus agentes variavam de teor semântico e devem-se avaliá-los nas respectivas circunstâncias temporais e espaciais. A operacionalização historiográfica dos sentidos de legitimidade e ilegalidade constitui um

---

56. Tentam-se reformular a antiga denominação de absolutismo para o sistema monárquico desse período de relativa centralização política, em decorrência das autonomias institucionais como os Concelhos; e o conceito de Antigo Regime, entre outras sugestões, pelo de "monarquia pluricontinental", por entender-se que a América colonial não se constituiu apenas um espaço de produção de mercadorias por escravos, sob a administração de prepostos do capital mercantil, para o abastecimento dos mercados metropolitanos, que se conectavam com o mundo. Tenta-se ressaltar a existência de pactos ou negociações entre as elites coloniais e as burguesias mercantis metropolitanas, associada ao poder monárquico (FRAGOSO, J. La guerre est finie – Notas para investigação em História Social na América lusa entre os séculos XVI e XVIII. In: FRAGOSO, J. & GOUVÊA, M.F. (orgs.). *O Brasil colonial, 1443-1580*. Rio de Janeiro: Civilização Brasileira, 2014, p. 7-37).

vasto e complexo tema, situado na interseção de diferentes domínios do conhecimento. Enfoca problemas relativos à ética das relações sociais, ao imaginário político, à administração pública, às práticas governativas, à esfera econômicas e ao campo jurídico[57]. A venalidade de cargos públicos, praticado por reis e seus auxiliares diretos, em efetiva exploração econômica durante a intercontinental expansão comercial da Europa e o sistema colonial mercantilista da América, não se constituía desvio de conduta. Amparava-se em bases legais, embora lhe faltassem legitimidades sociais[58].

A nova historiografia sobre a colonização portuguesa do Brasil, mais referenciada em documentos e melhor fundamentada em novos recursos teóricos e metodológicos[59], manifesta maior interesse pelos desvios éticos de colonizadores e agentes administrativos governamentais. Há uma elevada incidência de acusações genéricas e específicas. Um abade do Mosteiro de São Bento, em meados do século XVII, diagnosticou o declínio do comércio do Rio de Janeiro como resultado do poder de ministros e governadores, que usufruiriam de recursos do juízo dos órfãos e da provedoria dos defuntos e ausentes e praticariam o estanco de mercadorias como refinados mercadores[60].

A historiografia portuguesa registra constituições de fortunas por governantes do além-mar, sem se conhecerem os meios pelos quais as amealhavam. Indivíduos da nobreza disputavam cargos peninsulares e ultramarinos pelas honrarias e mercês proporcionadas e, principalmente, pelo enriquecimento que oportunizavam[61]. Não se apresentam desvios de conduta na gestão pública do mesmo modo que se expõem contravenções praticadas no convívio social, geralmente dispostas em sequências históricas lineares, encadeadas cronologicamente, a revelarem fatos do passado no presente. Compete ao historiador a

---

57. ROMEIRO, A. *Corrupção e poder no Brasil*: uma história, séculos XVI a XVIII. Autêntica: Belo Horizonte, 2017, p. 12.

58. CAVALCANTE, P. *Negócios de trapaça*: caminhos e descaminhos na América portuguesa (1700-1750). São Paulo: Hucitec/Fapesp, 2006, p. 21-46.

59. Cf. ASSIS, J.C. *A dupla face da corrupção*. Rio de Janeiro: Paz e Terra, 1984. • CARVALHO, G. Da contravenção à cleptocracia. In: LEITE, C.B. (org.). *Sociologia da corrupção*. Rio de Janeiro: Zahar, 1987. • CARVALHO, J.M. O eterno retorno? – A corrupção parece prática imutável, mas adquiriu diversos sentidos na história nacional. In: *Revista de História da Biblioteca Nacional*, LXII, mar./2009. • AVRITZER, L. & FILGUEIRAS, F. (orgs.). *Corrupção e sistema político no Brasil*. Rio de Janeiro: Civilização Brasileira, 2011. • ROMEIRO, A. *Corrupção e poder no Brasil*... • RIBEIRO, A.M. *Do autoritarismo à democracia*: continuidade e mudança da corrupção política no Brasil após a redemocratização. Lisboa: Chiado, 2017.

60. AHU Rio de Janeiro. Avulsos, cx. 4, doc. 48. Carta do procurador-geral do Estado do Brasil, José Moreira de Azevedo, ao príncipe regente [d. Pedro]. Lisboa, 01/08/1669. Apud ROMEIRO, A. *Corrupção e poder no Brasil*..., p. 45.

61. RAU, V. Fortunas ultramarinas e a nobreza portuguesas no século XVIII. In: *Estudos sobre a história econômica e social do Antigo Regime*. Lisboa: Presença, 1984, p. 27-46.

tarefa de coletar, perscrutar e avaliar informações descontínuas, nem sempre comprováveis, de práticas delituosas de funcionários governamentais e apresentá-las em textos sistematizados nos padrões da comunicação escrita da sua época. Relativamente a transgressões de gestores públicos, há poucas denúncias e menos processos crimes, embora sejam abundantes os indícios de tolerância e conivência de autoridades que deveriam coibir os atos delituosos. Entre as autoridades coloniais denunciadas nominalmente de envolvimento em negócios de trapaça, encontram-se o governador-geral (1694-1702) João de Lencastre (1746-1707); Antônio Teles da Silva (1590-1650), conde de Assumar, governador-geral (1642-1647).

A tradição colonial dos métodos de gestão pública e de comportamentos individuais nas relações socioeconômicas continuou em uso após a Independência do Brasil. Há numerosos registros de fatos delituosos, tanto durante o Império quanto na Primeira República. Nos períodos subsequentes, os vícios permaneceram e as artimanhas continuaram em voga, talvez em maior dimensão, ou pelo menos mais conhecidas devido ao desenvolvimento dos meios de comunicação. Seria pleonástica a descrição de fatos, por reproduzirem experiências anteriores.

Constituiu-se o Estado Nacional moderno na Europa, com a articulação de um conjunto de instituições jurídico-políticas de domínio de classe social, para articular a reprodução das relações de poder que extrapolavam a capacidade de controle dos agentes privados[62]. A construção do Estado nacional moderno pressupôs a consolidação do domínio sobre um território e a transferência para a esfera pública de poderes antes dispersos e apropriados pela iniciativa privada[63]. A mediação, arbitragem e intervenção nos conflitos sociais possibilitaram aos monarcas concentrarem progressivamente os poderes extraídos da esfera particular. O monopólio da coerção pelo Estado autoritário resultou do desarmamento da sociedade e da dissolução de formas privadas do exercício da justiça e da violência. A consolidação da territorialidade pelos Estados nacionais decorreu de sucessivas guerras, sustentadas por uma organização política arrecadadora de tributos em interação com a força militar, que induziu a centralização do poder.

Ao se doutrinar a economia mercantilista, ressignificou-se à ideia de mercado, que desde a transição feudal referenciava-se na busca universal de riquezas e

---

62. ENGELS, F. *A origem da família, da propriedade privada e do estado*. Lisboa: Presença, 1976, p. 225. Apud COSTA, W.P. A economia mercantil escravista nacional e o processo de construção do Estado no Brasil (1808-1850). In: SZMRECSÁNYI, T. & LAPA, J.R.A (orgs.). *História econômica da Independência e do Império*. São Paulo: Hucitec/Fapesp, 1996, p. 147-159.

63. WEBER, M. *Economia y sociedad*. México: Fondo de Cultura Econômica, 1964, p. 1.047-1.117. Apud COSTA, W.P. A economia mercantil escravista nacional e o processo de construção do Estado no Brasil (1808-1850). In: SZMRECZANYI, T. & LAPA, J.R.A. (orgs.). *História econômica da Independência e do Império*..., p. 147-159.

ficou identificada com os bens materiais. Na época da Independência do Brasil, o mercado internacional significava o desdobramento acumulado de três séculos de busca de riquezas materiais. Contudo, a metrópole portuguesa, líder na formação mercantil, ficou em desvantagem na disputa pela acumulação de capital e no jogo do desenvolvimento tecnológico. No século XVI, quando portugueses e espanhóis lançaram-se nas conquistas intercontinentais, em busca da acumulação comercial de longo curso, através das disparidades entre o valor de troca do distante produtor e o valor de uso do consumidor, a Europa, impelida pela crescente cobrança de pedágios, bloqueios de vias tradicionais de comércio e necessidade da realização do lucro mercantil no mercado mais próximo, já se preparava para aproximar a produção do consumo. Em consequência destas restrições, diversificaram-se os gêneros que instrumentalizavam a acumulação de vantagens comerciais. As raridades condimentares orientais cederam espaço para produtos manuais de realização local, e as sociedades passaram a se organizar conforme as necessidades do processo de produção nuclearizada, vital para a sobrevivência dos estados nacionais. Nas nações ibéricas, sucedeu-se o contrário. A heroica e épica aventura ultramarina significou a busca do passado no mundo moderno, na contramão da história econômica. As extensas rotas que levavam aos gêneros raros consumiam partes das expedições e gastavam as finanças públicas e os capitais particulares empreendidos nas atividades mercantis de longo curso. A dedicação ao mar implicou na contrapartida de estrita manutenção da rigidez agrária ibérica, enquanto o antigo regime fundiário restabelecido reforçava-se na Era Moderna. Manteve-se a cultura medieval, fundamentada na crença, de os fins metafísicos justificariam os meios materiais[64]. No mundo moderno do mercantilismo e da colonização escravista difundiram-se ideias políticas autoritárias, centralizadoras, que reprimiam com violência qualquer manifestação em contrário.

Na configuração contemporânea, o partido político originou-se da revolução liberal do século XVIII e estabilizou-se no curso do seguinte, de modo geral, como uma associação que visava, através de ideias definidas em um programa, conquistar o poder político. O seu estudo deve ressaltar as suas relações com o Estado, a burocracia, as Forças Armadas e as funções governativas e de representação no jogo de interesses entre Estado e sociedade, que pressupõe um sistema partidário. E na avaliação de um sistema de partidos, deve-se considerar o número de agremiações em atividade, os fundamentos ideológicos de cada um, a força eleitoral relativa, número de filiados e o contingente de militantes.

---

64. GRANZIERA, R.G. Riqueza e tradição na Independência. In: SZMRECZANYI, T. & LAPA, J.R.A. (orgs.). *História econômica da Independência e do Império...*, p. 47-74.

A conquista da autonomia política do Brasil orientou-se pelos princípios liberais da Revolução Francesa e democráticos da independência dos Estados Unidos da América. Arraigada aos fundamentos conservadores, a monarquia constitucional, porém centralizada, instituiu no Brasil o liberalismo econômico, que as oligarquias agrárias mantiveram, na Primeira República, como referente ideológico do monolítico poder político. Os liberais brasileiros, sem muita convicção, quando conquistavam o poder, comportavam-se como o substrato ideológico conservador. Neste liberalismo, ajustavam-se conservadores, liberais, radicais, republicanos, aristocráticos, em uma irrestrita amálgama ideológica. A diversidade de ideias difundiu-se com o surgimento do sindicalismo de trabalhadores urbanos e outros grupos políticos que combatiam o poder oligárquico-agrário, na Primeira República, entre os quais o dos tenentes, rebelados contra o arcaísmo socioeconômico que repercutia na hierarquia militar. Ao se instaurar o regime republicano, instituiu-se no Brasil o sistema federativo, criado na independência dos Estados Unidos da América e reivindicado por algumas lideranças políticas desde a emancipação política brasileira. Esta forma de governo consiste na coexistência das soberanias da União e das unidades federadas, como um tirocínio democrático, com a capacidade de ajustar-se às circunstâncias, de forma mais ou menos descentralizada e resolver tensões regionais nos limites da legalidade política[65].

Organizaram-se, marginalizadamente, partidos políticos de lenta propagação no tecido social que, associados a outros movimentos organizados, romperam o tradicionalismo oligárquico. Os tenentes, depois de galgarem a patente de coronel, dividiram-se, depois de 1930, entre aliados e adversários de Getúlio Vargas, que extinguiu as agremiações partidárias, estabeleceu o nacionalista e despótico Estado Novo e promulgou as primeiras leis trabalhistas, inspirada na *Carta del Lavoro*, de Mussolini, na Itália, sob a condução de Lindolfo Collor, que deixara a Embaixada do Brasil na Alemanha para assumir o recém-criado Ministério do Trabalho[66]. Baseada em informações imprecisas fornecidas pelo PCB, a Internacional Comunista decidiu promover uma revolução proletária, nos moldes soviético, no Brasil. Interferências de agentes de polícias internacionais

---

65. Cf. CAMARGO, A. Federalismo e identidade nacional. In: SACHS, I.; WILHEIM, J.; PINHEIRO, P.S. (orgs.). *Brasil*: um século de transformações. São Paulo: Companhia das Letras, 2001, p. 306-347. • FAORO, R. *A República inacabada...*, p. 145-165.

66. Cf. CARONE, E. *A República Velha* – Instituições e classes sociais. 3. ed. rev. e aum. São Paulo: Difel, 1975. • CARONE, E. *O Estado Novo (1937-1945)*. São Paulo: Difel, 1977. • SOUZA, M.C.C. *Estado e partidos políticos no Brasil (1930-1964)*. São Paulo: Alfa-Ômega, 1976. • CHACON, V. *História dos partidos brasileiros*: discurso práxis dos seus programas. 2. ed. rev., e aum. Brasília. UnB, 1985. • SILVA, P.S. & SENNA JÚNIOR, C.Z.F. *O Estado Novo*: as múltiplas faces de uma experiência autoritária. Salvador: Eduneb, 2008.

e brasileiras anteciparam o movimento e o levaram ao fracasso. Os integralistas, versão nacionalizada do nazi-fascismo, também tentaram tomar o poder e foram reprimidos em duplo jogo político por Vargas, que usava um lado para combater o outro e depois eliminava o aliado[67].

As circunstâncias do combate ao nazi-fascismo na II Guerra Mundial proporcionaram um golpe militar que estabeleceu um período liberal-democrático pluripartidário[68]. Engalanados na patente de general, apoiados internamente pelos seguimentos sociais mais conservadores e externamente pelo Departamento de Estado Norte-Americano, os antigos tenentes desfecharam outro golpe militar contra o nacionalismo econômico e institucionalizaram um regime discricionário, com simulacro de bipartidarismo[69].

A liberal-democracia reconquistada mais de duas décadas depois, surgiu excessivamente pluripartidária, com agremiações políticas venais, destituídas de conteúdos ideológicos, apenas formalizadas em cartórios eleitorais, que vulgarizaram negociatas políticas, falcatruas financeiras e contravenções econômicas. E a história do Brasil continuou urdida e tecida por sucessivos golpes de estado, alternados por interregnos liberais-democráticos. Intelectuais brasileiros, ao estabelecerem comparações dos Estados Unidos com o Brasil, reproduzem a teoria da modernização e o racismo cultural norte-americano de modo invertido. A autoimagem de superioridade estadunidense seria objetiva, pragmática, moderna, universalista e produtiva e a do brasileiro, dispersiva, negligente, tradicionalista, particularista e afetiva, com o agravante de tender para o desvio de conduta, numa autoavaliação que Nelson Rodrigues denominou de complexo de vira-latas. Na expectativa de promover um sentimento de identidade nacional brasileiro que estimulasse o orgulho nacional, Gilberto Freyre destacou como características da brasilidade a sensualidade, a emoção e a hospitalidade. Através da análise de poder, identificam-se privilegiados e excluídos na divisão social dos resultados

---

67. GAMBINI, R. *O duplo jogo de Vargas*: influências americanas e alemãs no Estado Novo. São Paulo: Símbolo, 1977, p. 29-151. • BOSI, A. *Ideologia e contra-ideologia*. São Paulo: Companhia das Letras, 2010, p. 372-393. • OLIVEIRA FILHO, M. *Praxedes*: um operário no poder. São Paulo: Alfa-Ômega, 1985, p. 49-89. • CANALE, D. A Internacional Comunista e o Brasil (1920-1935). In: CANALE, D.; VIANA, F. & TAVARES, J.N. (orgs.). *Novembro de 1935, meio século depois*. Petrópolis: Vozes, 1985, p. 93-142.

68. Cf. BENEVIDES, M.V.M. *O governo Kubitschek*: desenvolvimento econômico e estabilidade política, 1956-1961. 3. ed. Rio de Janeiro: Paz e Terra, 1979.

69. Cf. DREIFUSS, R.A. *1964: a conquista do Estado* – Ação política, poder e golpe de classe. Petrópolis: Vozes, 1981. • GASPARI, H. *As ilusões armadas*: a ditadura envergonhada. 2. reimpr. São Paulo: Companhia das Letras, 2002. • GASPARI, H. *O sacerdote e o feiticeiro*: a ditadura encurralada. São Paulo: Companhia das Letras, 2004. • GASPARI, H. *O sacerdote e o feiticeiro*: a ditadura derrotada. São Paulo: Companhia das Letras, 2003; GASPARI, H. *A ditadura acabada*. Vol. 5. Rio de Janeiro: Intrínseca, 2016. • VILLA, M.A. *Ditadura à brasileira: 1964-1985 – A democracia golpeada à esquerda e à direita*. São Paulo: LeYa, 2014.

do trabalho no Brasil. Entretanto, a avaliação da sociedade brasileira sintetizada no homem cordial por Sérgio Buarque de Holanda, no patrimonialismo por Raymundo Faoro, na dependência nacional por Fernando Henrique Cardoso, no jeitinho brasileiro por Roberto da Matta, que refletiria nas interpretações posteriores, substitui os conflitos interclasses sociais pelo de Estado corrupto e o mercado equilibrado, numa relação que favorece a avidez pela privatização que aspira liquidar todo o patrimônio social estatizado. Sob o pretexto de combater desvios de conduta de gestores públicos, praticam a mais vil corrupção no subfaturamento do que se privatiza[70].

Não é possível definir-se um perfil social ou ideológico da sociedade brasileira, numerosa e distribuída por tão vasto território[71], senão por aproximação e ressalvas de traços regionais. Todavia, podem-se ressaltar valores, virtuosos e viciados que pontuam a vivência social e as atuações políticas. Entre as referências meritórias, podem-se lembrar a alegria, a generosidade, a sociabilidade; das perniciosas, o artifício de se contornarem deveres e burlarem direitos para se tirarem vantagens, uma possível herança das concessões de mercês e privilégios do Antigo Regime português. Apesar da amplitude de registros históricos de comportamentos desviantes, não se pode caracterizar a sociedade brasileira pelas anomalias de condutas pessoais ou coletivas, nas relações socioculturais e instâncias político-econômicas, por se constituírem transgressões de minorias das populações de diferentes épocas, sempre abominadas pelas maiorias. Entretanto, os procedimentos ilícitos, por se tratarem de condutas agressivas a valores éticos, repercutem tanto que obscurecerem os majoritários comportamentos dignificantes.

---

70. SOUZA, J. A elite do atraso..., p. 11-35.

71. Superfície de 8.515.759,090km². In: DOU – Diário Oficial da União. CXXIV, 30/06/2017 [Disponível em https://www.ibge.gov.br/home/geo-ciencias/cartografia/default_territ_area.shtm – Acesso em 27/02/2018].

Conclusões

Pretendeu-se, neste estudo, reunir tópicos temáticos de aspectos originais da formação étnica da sociedade brasileira, das exterioridades de sua evolução cultural e das formas como se exerceram os poderes, desde a Pré-História à República das oligarquias. Tentou-se identificar resultados do caldeamento de grupos étnicos de gêneses distintas e derivações biológicas diversas, fundamentais da estratificação social e ressaltar suas respectivas contribuições culturais para a constituição dos modos de se pensar sobre si e os outros, situados no meio em que vivem; sentir as sensações humanas; e agir na busca dos meios de produzir e consumir da população, revelados em condutas de gestores. Porém, a amplitude temporal e a diversidade temática impusessem uma abordagem panorâmica das exterioridades socioculturais e político-econômicas.

Antes da emissão de qualquer conceito sobre reflexões, sentimentos e atividades do povo brasileiro como agente da construção nacional, devem-se considerar os antecedentes pré-históricos, revelados pela arqueologia e conhecimentos afins, e a trajetória histórica dos povos indígenas aniquilados ou anulados como incapazes, dos negros escravizados importados da África como objetos de mercado, dos mouros, judeus e ciganos discriminados e desprezados como seres inferiores, que poderiam transformar os descendentes da ampla fusão étnica em uma população odiosa, vingativa e tristonha. Entretanto, o brasileiro se caracteriza pela cordialidade que pulsa ativamente, emotividade que exprime generosidade de sentimentos e musicalidade que expressa alegria de uma população que vive nas vicissitudes adversas da desigualdade social excludente.

O estudo da Pré-História estende-se na Europa, desde a gênese da espécie humana e avança até a sistematização da escrita fonética, que proporcionou a produção de registros da atividade do homem. Na América, este estudo inicia-se no período lítico, quando hordas de coletadores e caçadores nômades teriam adentrado o continente, em época imprecisa, situada entre 30.000 e 12.000 anos antes do presente, e se estende até a transição para o século XVI, quando chegaram os europeus, estabeleceram as colonizações e as atividades comerciais, que transformaram tudo em mercadoria, instituíram a escravização e eliminaram povos nativos em guerras genocidas de extermínios étnicos.

Há crônicas coloniais e correspondências de colonizadores e de memorialistas que registram vestígios materiais da presença humana e evidências de suas atividades no Brasil, através de restos de instrumentos produzidos e utilizados por estes indivíduos, além de inscrições e pinturas rupestres, em entradas de cavernas e escarpas rochosas, reveladoras de sistemas visuais de comunicação social. Colecionadores de antiguidades iniciaram o estudo da Pré-História no Brasil, com os recursos de métodos amadores, especulativos e descontínuos na investigação de achados ocasionais. As primeiras escavações e classificações de fósseis humanos e de animais realizaram-se em meados do século XIX. Após iniciativas autodidatas e circunstanciais, principiaram-se os estudos sequenciados de Arqueologia no Brasil, na primeira metade do século XX. As investigações científicas subsequentes desenvolveram-se através da colaboração de profissionais de instituições estrangeiras e, principalmente, do estabelecimento das pesquisas arqueológicas e etnológicas em várias universidades brasileiras, iniciadas em meados da década de 1960. Nos últimos decênios do século XX, consolidaram-se cursos de pós-graduação que promoveram edições de periódicos científicos.

Ao iniciar o século XXI, impulsionaram-se os estudos arqueológicos, paleontológicos, etnológicos e etnolinguísticos, que ampliaram os horizontes da Pré-História no Brasil. Pesquisadores realizaram escavações, localizaram e classificaram fósseis e artes rupestres, em maior número nos estados de Pernambuco, Piauí, Bahia, Goiás, Minas Gerais, Mato Grosso e Rio Grande do Sul. No início do século XXI já se estudavam mais de uma centena de sítios arqueológicos em todo o território brasileiro. O sambaqui, outro significativo objeto de estudos arqueológicos da Pré-História, de maior frequência no Sul, principalmente em Santa Catarina, constitui-se em amontoados de conchas de moluscos e ossos de pescados consumidos por povos de passados relativamente remotos, nos quais se encontram sepultamentos humanos, restos líticos e cerâmicos, amostras de utensílios e instrumentos de trabalho produzidos e utilizados pelos grupos sociais que ali viveram. A Arqueologia classifica em tradições culturais todos os registros pré-históricos, identificados pelas denominações dos locais onde primeiro os encontraram.

Na Europa, os reinos ibéricos entraram em competição entre si e com outras nações no campo do desenvolvimento náutico de alcance intercontinental, depois de quatro séculos de guerras por sucessões monárquicas e tentativas de conquistas territoriais e expansão de fronteiras. Para se romperem os monopólios de Gênova e Veneza sobre o comércio de especiarias asiáticas, adquiridas dos árabes no Oriente Médio e no delta do Nilo, portugueses e castelhanos lançaram-se aos mares em busca de rotas alternativas para as regiões produtoras no oceano Índico. Em finais do século XV, a cosmografia náutica portuguesa alcançou o estágio de maior desenvolvimento europeu e passou a liderar a navegação entre os continentes, como resultado da introdução da escala de latitudes, utilização de novos equipamentos astronômicos, elaboração de projetos dos empreendimentos e uma política de sigilo sobre o que empreendia. Os portugueses conquistaram Ceuta, em 1415, e iniciaram a colonização das ilhas atlânticas de Madeira e Açores, nas quais introduziram o cultivo da cana-de-açúcar, já experimentado com a força de trabalho escrava na costa mediterrânea.

A competição com genoveses e venezianos, manteve-se na alternativa oriental, enquanto os castelhanos tentavam a ocidental, através da qual Cristóvão Colombo encontrou o Novo Mundo em 1492. Este fato deixou Portugal em desvantagem e ampliou a disputa entre os dois reinos ibéricos. Em vão, tentaram definir uma linha divisória do mundo descoberto e a descobrir. Recorreram ao arbítrio do papa Alexandre VI, que fixou uma linha imaginária de demarcação entre os domínios de Portugal e de Castela, a 100 léguas a Oeste das ilhas de Açores e Cabo Verde, de modo que Portugal ficasse com o Oriente e Castela com o Ocidente. Os portugueses não aceitaram a decisão por conjecturarem ou já saberem da existência de terras ao Poente dos limites propostos, e pleitearam estender a linha divisória para 370 léguas ao Oeste das ilhas demarcadoras. Os castelhanos cederam em um acordo de 1494, firmado em Tordesilhas, proximidades de Valladolid, capital de Castela. A intermediação de Alexandre VI resultou no primeiro questionamento das pretensões universalistas do poder papal. Vários governantes europeus reclamaram ou se recusaram a reconhecer tal arbitragem. Em consequência das navegações intercontinentais com financiamentos eclesiásticos através da Ordem de Cristo, formaram-se domínios coloniais associados politicamente à Igreja, através do direito de padroado, responsável pela concessão de mercês aos padroeiros, que evoluiu para um conjunto de privilégios. Através do padroado régio estabeleceu-se o domínio monárquico sobre o poder eclesiástico. Os governos monarcas pagavam côngruas ao clero e, em contrapartida, indicavam candidatos a cargos da hierarquia eclesiástica.

Quando os portugueses desembarcaram na região que seria o Nordeste do Brasil, no início do século XVI, encontraram-na densamente povoada por diferentes grupos étnicos nativos. No litoral viviam etnias tupinambá, caeté, potiguar, tupiniquim, de tradição cultural tupiguarani, talvez chegadas da Amazônia.

Expulsos das faixas costeiras por estes povos tupi-guaranis, grupos sociais diversos, por eles identificados genericamente como "tapuias", viviam no interior. Por estabelecerem relações amistosas com alguns grupos sociais litorâneos, os portugueses avaliaram as etnias tupi-guaranis mais aptas para a interação social colonizadora que as "tapuias" do interior, mais arredias e resistentes aos contatos. Classificaram-nas de selvagens, ferozes, bárbaros, qualificativos que legitimaram a retórica dos confrontos violentos, da escravização e do extermínio. A ideia de barbárie, difundida por cronistas e missionários, fez parte da lógica construída para a justificativa moral e jurídica da genocida assimilação cultural de escravização e exclusão étnica. Haveria a necessidade de argumentos que contornassem as contradições internas, liberassem a intervenção colonizadora e sustentassem, juridicamente, as teses da "guerra justa", de escravização na conquista militar do território, e da sua ocupação econômica por um sistema produtivo capaz de fornecer mercadorias em larga escala para abastecer o comércio metropolitano e promover a acumulação mercantil de capital na Europa.

Seriam desconhecidas as remotas origens da cultura ceramista tupiguarani. Há registros de um conjunto de tribos no Brasil, Uruguai, Argentina, Paraguai, Bolívia, Peru e Equador, cujas línguas se associaram e formaram o tronco linguístico tupi. As culturas indígenas sempre despertaram interesses dos colonizadores que, através da catequese, interferiam na liberdade, nos costumes e nas crenças e cultos de povos nativos. O idioma constituiu-se no principal identificador das características socioculturais dos agrupamentos humanos. A antropofagia tornou-se uma das exterioridades culturais indígenas mais difundidas por cronistas dos séculos XVI e XVII. Crônicas de conteúdos mais ajustados à ficção literária que à narrativa histórica, reforçadas por imagens de pinturas e desenhos fantasiosos fundamentam a divulgação. A antropofagia seria uma alegoria do imaginário medieval, sem qualquer atribuição geográfica no Brasil. Antropófagos ou canibais seriam povos que se alimentariam de carne humana, costume diferente do cultivado por indígenas do Brasil, que comeriam ritualmente, partes dos corpos de inimigos, para expressarem ódio, hostilidade ou vingança e, eventualmente de familiares, para manifestarem respeito e evitarem o apodrecimento.

O conhecimento de culturas indígenas pressupõe informações sobre suas crenças e manifestações religiosas que, no caso dos povos tupis, exprimiam-se na liderança de pajés, de feiticeiros e de visionários aceitos como profetas, denominados de caraíbas. A síntese das manifestações místicas tupiguarani encontra-se na busca da terra sem mal, fenômeno que em qualquer interpretação caraíba situaria na direção Leste, referenciada no litoral atlântico. O entusiasmo mítico do paraíso tupi estimulou migrações do interior para o litoral, em busca do lugar onde não se morreria, e motivou a efervescência religiosa do século XVI, que estimulou os fluxos migratórios indígenas em sentido inverso, do litoral para o sertão, no caso da Santidade de Jaguaripe, na Bahia.

Na concepção indígena, sincretizada com valores cristãos da catequética colonizadora, afloraram-se ideias milenaristas transferidas da Europa que deram origem a manifestações socioculturais reprimidas pela Inquisição do Santo Ofício na Bahia, no século XVI. A Santidade de Jaguaripe, maior expressão do movimento místico, destacou-se como uma manifestação de pessoas oprimidas, na expectativa de um futuro de liberdade, sem a dominação colonizadora nem a opressão escravista. Desenvolveu-se como uma reação à colonização, que representava uma cultura dominadora e instrumentalizada para a dominação que causava enorme impacto nas relações sociais nativas. As atividades colonizadoras e missionárias romperam radicalmente as relações socioambientais indígenas e transformaram os seus modos de vida, num processo de desterritorialização dos povos nativos e reterritorialização de populações mestiças e de culturas híbridas, entendidas como tais, as circunstâncias em que culturas ou partes delas separavam-se dos contextos originais e integravam-se a outros para configurarem novos modos de existência social, de entendimento conjunto e de ação coletiva.

Agentes da colonização dedicaram-se ao aprendizado de línguas faladas pelos povos indígenas e ao conhecimento de usos e costumes nativos, como recurso político de pacificação de grupos étnicos, de assimilação social, de disponibilização de força de trabalho indígena e de exploração dos conhecimentos úteis das culturas autóctones. O domínio dos seus modos de pensar a realidade, de sentir as circunstâncias e de agir contra as adversidades facilitou a transmissão das suas referências socioculturais e, através delas, o exercício do pleno controle da nova organização sociocultural e político-econômica que se formava. A legislação colonizadora sobre os índios caracterizou-se como um intrincado conjunto de normas emanadas da metrópole e de elaboração colonial, com vícios, contradições e dubiedades que resultaram em uma ineficácia geral. Simultaneamente, legislavam-se a liberdade dos índios e o poder escravizador dos agentes da colonização. Algumas leis aboliam a escravização indígena, que se restabelecia ou se mantinha através de outras, em circunstâncias como a guerra justa. Havia índios aldeados aliados dos colonizadores, outros no sertão, seus inimigos, e a política indigenista permitia a aplicação de leis convenientes para cada situação. Decidiu-se que os índios amigos se transferissem de suas aldeias para formarem um cinturão de defesa de povoações de colonizadores no Recôncavo, nas quais seriam catequizados e, por conseguinte, aculturados e disponibilizados como força de trabalho.

Em decorrência das vantagens comerciais proporcionadas pelo tráfico de negros da África, extinguiu-se a escravização de aborígenes no Brasil em 1570, todavia, recorria-se, sempre que julgasse conveniente, a alternativa de exploração da sua força de trabalho, com fundamentos em leis ou sem qualquer embasamento legal nem legitimidade social. Os indígenas se constituíam a principal força de trabalho nos primeiros anos da colonização e, após a sua substituição por escravos africanos, ainda se escravizavam índios e explorava-se a força de trabalho nativa através de ínfimos salários nos engenhos, nas fazendas, nos serviços domésticos, em outras atividades econômicas e até sem remuneração alguma. Embora houvesse legislação específica sobre apresamentos e submissões de índios ao trabalho compulsório, desrespeitavam-se rotineiramente alguns preceitos legais, sobretudo, no que se relacionava à escravização, à invasão de aldeamentos e ao não pagamento de serviços prestados por aldeados contratados. Usava-se o conjunto de leis para justificarem o estabelecimento de alianças, as capturas de índios, os massacres durante as guerras declaradas justas e até as movidas pelos senhores agrários, ignoradas pelas autoridades coloniais. Agentes da colonização aproveitavam-se de aspectos específicos da organização social indígena para promoverem o acirramento de divergências entre tribos rivais e estabelecerem alianças com alguns grupos para usá-los em combates contra outros.

Os aldeamentos missionários surgiram em meados do século XVI, como recursos para substituírem a catequese nas aldeias indígenas com o intuito de se deslocar e forçar a sedentarização de diferentes povos, agrupados como se integrassem à mesma origem étnica. Reprimiam-se os povos nativos que resistiam ao avanço colonizador através da guerra justa e do resgate. A doutrina da guerra justa originou-se de fundamentos aristotélicos da escravidão, reelaborados por dominicanos escolásticos, numa tentativa de se conter os massacres e a escravização de índios. Entretanto, como uma manifestação embrionária de humanismo, demonstrou a desagregação do sistema socioeconômico feudal e desvendou os fundamentos da nova ordem social, que promovia a separação entre produtores e meios de produção, enquanto instituía a venda da força de trabalho e liberava os indivíduos das dependências familiares e dos vínculos agrários tradicionais de vassalagem.

O resgate significava comprar um escravo para salvar a sua alma, sem lhe conceder a liberdade individual. Resgatar um índio implicava comprá-lo e escravizá-lo. Como fator de escravização, o resgate apoiava-se em preceito legal herdado do direito romano, que a prática consuetudinária e a legislação indigenista colonial portuguesa assimilaram. Tratava-se de legislação que se embasava na relativização das leis às circunstâncias sociais e definia a escravização como castigo para os maus. O Regimento das Missões do Estado do Grão-Pará e Maranhão, de 1686, entregou a administração dos índios aldeados ao controle dos jesuítas e criou o cargo de procurador dos índios, para administrar o emprego da força de trabalho dos aldeados. Esse Diretório substituiu a legislação em 1757, para "civilizar" os índios e, durante a sua vigência até 1798, determinou a política de povoamento e ocupação territorial e da arregimentação e distribuição da força de trabalho indígena, conforme as demandas do Estado, dos colonizadores e da manutenção das povoações.

A historiografia brasileira, marcada por posicionamentos intelectuais, culturais e ideológicos, antes elaborada principalmente a partir de informações de cronistas coloniais reproduzidas sem a devida avaliação das circunstâncias culturais e étnicas, reportava-se aos povos indígenas como selvagens, bárbaros, antropófagos, destituídos da razão humana e, por conseguinte, alienados da própria história. Depois da década de 1930, influenciada por outras áreas das ciências humanas, a história indígena no Brasil evoluiu para uma perspectiva do índio como vítima da colonização portuguesa, embora ainda na condição de agente passivo. A partir de final do século XX, com o aporte teórico e metodológico de campos de conhecimentos afins da História, fez-se uma revisão conceitual que permitiu o vislumbre dos povos indígenas como sujeitos ativos, conscientes das suas identidades e conhecedores das suas memórias sociais. Entretanto, pouco ainda se conhece sobre a gênese, a diversidade étnica e a fragmentada história das culturas indígenas.

Muitos imigrantes do Brasil colonial, descendentes ou não de mouros, judeus e ciganos, mestiçados com remanescentes de celtas, iberos, fenícios, romanos, suevos, godos e outras etnias da composição social ibérica incorporaram-se à base da formação social brasileira a cujo caldeamento somaram-se as diversificadas heranças de povos africanos e nativos. Alguns europeus atravessaram o Atlântico na condição de condenados ao degredo perpétuo ou temporário e cumpriram suas penas em atividades e locais predeterminados, sob a vigilância de familiares do Santo Ofício. As circunstâncias da exclusão, associadas aos recursos de intensiva exploração econômica, desenvolveram em muitos deles e de seus descendentes sentimento de revolta que os induziram a desvios de conduta, a transgressões e à criminalidade, numa continuidade das antigas estratégias de sobrevivência coloniais, que forjaram uma cultura de contravenção. Também atribuem-se às consequências de tais circunstâncias, as disposições de indivíduos praticarem desatinos sociais por iniciativa própria ou de se submeterem a chefes, na condição de cangaceiro ou sequazes, servirem-lhes com fidelidade, na convicção de receberem deles apoio e proteção, em mútua troca de favores individuais, que se estendiam aos familiares e alcançavam a dimensão social. Tais injunções proporcionaram a líderes messiânicos e mandatários locais os meios necessários para a formação de exércitos particulares, que recrutavam também pessoas convictas de defenderem causas justas e interesses legítimos. Armados e comandados, convencidos de que protegiam autênticos interesses sociais ou conscientes de que praticavam transgressões, na condição de jagunços, colocavam-se à disposição dos respectivos chefes, para grandes mobilizações, prontos para audaciosos combates, para realizarem conquistas territoriais e estabelecerem poderes políticos de controle privatizado sobre amplos domínios econômicos.

Nas antiguidades persa, mesopotâmica, egípcia, grega, assíria, fenícia, romana, enfim, todas as culturas que estabeleceram domínios sobre outros povos exploraram o trabalho compulsório. Durante a Idade Média, a escravidão permaneceu, como uma relação secundária de trabalho, nas bordas dos mares Negro, Vermelho e Mediterrâneo. No século VII, ampliou-se para o norte da África, em consequência da difusão islâmica, que escravizava a todos os povos que não se submetessem às suas orientações culturais e para ampliarem os seus exércitos e haréns. Na Europa, em particular na península Ibérica, os muçulmanos do Norte da África escravizaram os cristãos, que também os submetiam à mesma relação social, quando eram capturados em combates ou sequestrados no Mediterrâneo ou no Atlântico. A conquista do Sul e da área central da península Ibérica pelos mouros, em 711, intensificou a escravização de cristãos pelos conquistadores e de muçulmanos, pelo conquistados. Em tais circunstâncias, nas bordas europeias do Mediterrâneo empregaram-se escravos nas atividades urbanas, de modo contínuo, desde o fim do Império Romano ao início do tráfico mercantil de escravos no século XV. Em Portugal, supriam-se partes dos serviços domésticos, artesanais e, em menor escala, das atividades rurais com mouros prisioneiros de guerra, embora também comprassem escravos de outras origens. No reino muçulmano de Andaluzia, havia escravos cristãos, negros sudaneses e brancos de diversas estirpes. Desde a conquista do Algarves (1249) à tomada de Ceuta (1415), a armada portuguesa praticava o corso no litoral de Marrocos e capturava mouros para abastecerem os mercados de escravos.

Entre os séculos VI e VIII, o radical catolicismo visigótico do bispo Isidoro de Sevilha recomendou rigor disciplinar, castigos e subordinação dos escravos, como necessidades para se purgarem dos seus pecados. Somente a partir do século XIV, os reinos ibéricos constituíram as classes sociais mercantis e organizaram-se as respectivas marinhas mercantes. Antes disto, mercadores genoveses, venezianos e flamengos compravam mercadorias da Ásia e abasteciam a península, que ainda escravizava parte da sua força de trabalho. A extensão do comércio europeu para outros continentes deveria se realizar com o trabalho assalariado para promover a formação de novos mercados. Entretanto, na impossibilidade de se desenvolver o comércio em ampla escala com as populações nativas da América, como se fez na África e na Ásia, desencadeou-se o tráfico de escravos africanos, que se revelou o mais lucrativo dos negócios internacionais. Correspondeu à necessidade de força de trabalho cativa para se produzirem mercadorias suplementares das transações comerciais. O trabalho compulsório no Novo Mundo, além de se autoabastecer, passou a produzir açúcar em larga escala para as transações internacionais e outras mercantis como o fumo, usado na África para aquisição de escravos. Embora o trabalho cativo restringisse o mercado colonial, o aparato administrativo para fazê-lo produzir criava margem de consumo para as mercadorias comercializadas por mercadores metropolitanos.

O sucesso de Portugal, que se fez uma potência mercantil, deveu-se às realizações de acordos comerciais, alianças políticas e tratados militares com a Inglaterra e a Santa Sé; à cultura mercantil de longa tradição; ao desenvolvimento de técnicas de navegação oceânica; à paz social, sem guerrear com nenhuma nação europeia, depois da pacificação com Castela; à alianças da nobreza com a burguesia mercantil no jogo de poderes e nas entabulações comerciais; e à promoção de uma relativa acumulação de recursos financeiros. A França, convulsionada pela reforma religiosa, cujos conflitos debilitaram as suas finanças, não conseguiu se engajar nas navegações oceânicas, simultaneamente aos reinos ibéricos. Na tentativa de acompanhar a evolução tecnológica e o desenvolvimento comercial, partiu para as investidas corsárias e, posteriormente, à invasão de territórios coloniais da Espanha e de Portugal. Empreendeu algumas colonizações nos territórios espanhóis da América e dois sucessivos projetos no Brasil: a França Antártica e a França Equinocial, que não lograram êxitos no longo prazo.

A coincidência temporal da União Ibérica e da guerra espano-flamenga obrigou Portugal a romper as relações políticas e econômicas com os Países Baixos, principais intermediários comerciais do açúcar produzido no Brasil, aos quais se encontrava endividado. Para se ressarcir dos prejuízos que a ruptura causou, os flamengos organizaram uma poderosa companhia de comércio, contratou mercenários de toda a Europa, inclusive de Portugal, para invadirem e dominarem as possessões luso-espanholas na Ásia, na África e na América. Ao conquistá-las, tomaram as fontes abastecedoras de mercadorias das duas potências mercantis e debilitaram suas economias, contra as quais se confrontavam em guerra. Os exércitos da West-Indische Compagne – WIC conquistaram a Bahia açucareira em 1624 e foram expulsos no ano seguinte. Reorganizaram-se e tomaram Pernambuco, outra capitania canavieira, na qual obtiveram apoios de indígenas, comerciantes, desertores nativos e permaneceram de 1630 a 1654. Em paralelo aos ataques franceses e flamengos, ocorriam no Brasil levantes de índios e de negros, em consequência das condições de trabalho em regime de cativeiro. Pequenas revoltas indígenas evoluíram para ofensivas generalizadas que se denominaram Guerras dos Bárbaros, desenvolvidas na Bahia, Pernambuco, Rio Grande do Norte, Piauí e Paraíba, de elevado índice de mortes, sobretudo, de índios que combatiam com armamentos primitivos.

Para evitarem o massacre ou o cativeiro, grupos indígenas submeteriam-se ao controle dos colonizadores em aldeamentos nos quais perdiam suas identidades étnico-culturais e reduziam a capacidade de resistência, ao colocarem-se à disposição de missionários e a serviço da colonização. A escravidão, mais violenta relação de trabalho, oportunizou todas as formas possíveis de resistência escrava. Generalizaram-se as fugas e a formação de quilombos, dos quais sobressaiu-se na historiografia, o de Palmares, na serra da Barriga, em Alagoas, ainda uma comarca da capitania de Pernambuco, onde ocorreu a maior resistência armada ao trabalho escravo no Brasil, de mais longa duração e tenacidade. Depois da destruição de Palmares, os quilombos se multiplicaram na proporção da expansão do trabalho escravo.

Deve-se avaliar a conquista do território indígena no Brasil como um pressuposto do estabelecimento dos poderes do Estado e da sociedade na organização de um processo produtivo capaz de assegurar ampla lucratividade e expansão do sistema mercantil, nas áreas onde as relações comerciais se revelassem impraticáveis. Para compreendê-las, deve-se considerar a dialética do poder público, exercido pelo Estado, e do privado, pelas oligarquias agrárias instrumentalizadas pelo poder público. Associaram-se a organização socioeconômica colonial à hierarquia dos postos militares, com o estrato senhorial caricaturado de feudal, mas com a utilização do trabalho escravo, na produção de mercadorias para abastecer o comércio metropolitano, numa complexa interação de fatores socioeconômicos da Antiguidade e da Idade Média com elementos da Modernidade que se formava.

Para abastecer o empreendimento mercante, os agentes da montagem do aparato produtivo promoveram a guerra de conquista, a ocupação e a exploração do território em tensas e conflituosas relações, num investimento, simultaneamente, estatal e mercantil, no qual o sistema de distribuição das terras pelo regime de sesmarias desempenhou a maior eficácia. Na ocupação dos sertões, os conquistadores se impuseram na condição de militares comissionados ou de combatentes que exerciam funções militares. Embora caracterizasse um empreendimento privado, sua execução permaneceu sob o controle do poder público, que remunerava os agentes das conquistas com vantagens pessoais e os apoiava com tropas e equipamentos para assegurar a lucratividade comercial. Depois de dois séculos de exploração agrícola e comercial da faixa litorânea, os agentes colonizadores ocuparam os sertões. Nos trânsitos de boiadas e tropas estabeleceram núcleos populacionais, onde fosse possível o abastecimento permanente de água. A pecuária se constituiu no primeiro e em um dos principais fatores intervenientes, tanto da conquista dos territórios indígenas quanto da ocupação econômica, da organização das atividades produtivas e da formação social nos sertões. A ela seguiu-se a mineração, que completou o processo de apropriação, ocupação e exploração do território e de estabelecimento de um complexo produtivo, que se estendeu na formação de consumidores. Os descobrimentos e as explorações de metais raros e pedras preciosas, transformaram a economia colonial brasileira. Promoveram a expansão demográfica, consolidaram a ocupação do interior, impulsionaram a lenta formação de mercado colonial e deslocaram o centro do poder político da Bahia para o Rio de Janeiro. O tesouro lusitano passou a receber anualmente toneladas de ouro, que se esvaíam em esbanjamentos, ostentações e nas desvantagens do comércio externo mal entabulado.

Desde o início, as atividades escravistas colonizadoras caracterizaram-se pela violência praticada contra o índio, o negro e outros segmentos sociais fornecedores de força de trabalho. Estabeleceram-se as instituições do Estado e da sociedade em todo o território colonial povoado para manter a ordem socioeconômica e assegurar a lucratividade do empreendimento colonizador, com atribuições específicas: as circunscrições eclesiásticas, através da catequese e da escolarização, reproduziram o arcabouço ideológico metropolitano que instrumentalizou a assimilação do que restava de povos indígenas, como força de trabalho; as instâncias político-administrativas executaram e controlaram a construção social dos territórios por meio do exercício dos poderes locais, vinculados a interesses provinciais, coloniais e metropolitanos; as alçadas judiciárias preservaram os privilégios nobiliárquicos originários da metrópole e os oligárquicos instituídos na colônia, salvaguardaram o direito de propriedade e mantiveram a ordem socioeconômica; as jurisdições militares, organizadas nos fundamentos de hierarquia e disciplina, asseguraram a defesa externa, a segurança interna e reprimiram as transgressões sociais. Coordenadas e harmonizadas, estas instituições estabeleceram a ordem social, sustentaram o desenvolvimento econômico, a evolução política e preservaram os fundamentos da cultura colonizadora.

Principiou-se a colonização portuguesa no Brasil através da monocultura açucareira, seguida pela pecuária bovina, que se expandiu e induziu à ocupação econômica dos sertões, consolidada com as atividades mineradoras a partir da transição do século XVII. Diferente das fortunas acumuladas na agricultura e na pecuária, que se caracterizaram pela excessiva concentração, em consequência das especificidades de empreendimentos pessoais, sem constituição de empresas, reforçados pelo emprego intensivo do trabalho escravo, na mineração, durante o século XVIII, produziram-se riquezas mais difusas. Fez surgir maior número de afortunados e mais ampla extensão dos resultados do trabalho social pelos diversos segmentos sociais livres, apesar da pouca associação de investimentos e da persistência do trabalho compulsório. A economia mineradora interiorizou a colonização, promoveu a urbanização, e o desenvolvimento da produção interna de bens para o abastecimento colonial transformou-se em outra significativa ocupação geradora de renda e formadora de redes de intercâmbios que se articularam em sistemas viários, paralelamente ao encadeamento de mercados regionais, que se interligaram na dimensão colonial e conectaram-se externamente.

Antes da interiorização do empreendimento colonizador, em fluxos e refluxos no confronto com povos nativos, expedições armadas expulsaram invasores estrangeiros que tentavam fundar colônias ao longo do litoral, conquistaram os territórios indígenas dos sertões e submeteram os seus habitantes ao sistema colonial mercantilista. A exploração mineral no interior provocou impactos sociais na colônia, com a retração da economia açucareira, base das exportações, e na metrópole, onde já escasseava força de trabalho, com a intensa emigração para as minas. Em consequência da rápida ocupação das zonas mineradoras, formou-se um caótico povoamento nos sertões, num processo descontínuo, em todas as direções. Consolidavam-se núcleos urbanos por um lado e abandonavam-se povoados por outro, quando se exauriam as jazidas ou suas explorações revelavam-se antieconômicas. O auge da exploração mineral levou consigo o apogeu da colonização e estimulou a formação dos sentimentos nativista e autonomista, em decorrência do abusivo sistema tributário metropolitano, opressiva fiscalização dos seus agentes e repressivo combate aos movimentos sociais.

As descobertas minerais mobilizaram exércitos provisórios de aventureiros de significado especial para alguns historiadores paulistas da primeira metade do século XX, quando São Paulo assumia a hegemonia econômica da federação brasileira, que se empenhavam na construção de uma história apoteótica, de projeção heroica da ideia das bandeiras, para promover também a supremacia política e historiográfica. A perspectiva apologética perdeu a relevância depois do desenvolvimento da pesquisa histórica pelos estudos pós-graduados de fundamentação metodológica e consistência teórica. Todavia, a colonização portuguesa no Brasil caracterizou-se pelas atividades de aventureiros em busca de fortuna fácil e por um Estado tributário que procurava tirar o máximo de cada indivíduo, enquanto, na metrópole, a nobreza tudo dilapidava com o esbanjar de um consumo desregrado e a recorrente incompetência administrativa governamental.

As bases das forças política, social e econômica do movimento autonomista brasileiro encontravam-se nas oligarquias agrárias e mineradores e nos comerciantes que reagiram ao abusivo sistema fiscal e à opressão colonizadora, enquanto os fundamentos ideológicos, de origens exógenas, foram difundidos por intelectuais inspirados nas ideias iluministas que embasaram a independência dos Estados Unidos da América e a Revolução Francesa. Os movimentos libertários nacionais instigaram a mobilização emancipacionista brasileira, tentada inicialmente em Minas Gerais, na Bahia e em Pernambuco. Apoiados em fundamentos racionais, os emancipacionistas propuseram a independência política, a liberdade individual e a soberania nacional, inspirados em ideias de: desenvolvimento humano através da difusão do conhecimento; governo republicano e democrático de poder tripartite, com uma base legislativa, outra executiva e a terceira judiciária; tolerância religiosa e liberdade de pensamento; garantia de igualdade de direitos para todos os cidadãos como dever do Estado.

Os movimentos democráticos que promoveram o fim ao Antigo Regime na Europa e a formação dos Estados Unidos da América impulsionaram as independências das colônias espanholas nas Américas, Central e do Sul, que adotaram o sistema político republicano. No Brasil, conservou-se a monarquia centralizadora portuguesa e, diferente dos Estados Unidos, não se fez uma revolução empresarial que interferisse na estratificação social, nem promoveu empreendimentos capazes de integrar os mercados regionais e promover a emancipação econômica nacional. A assimilação de ideias liberais, sem programa de modernização social, limitou-se a uma minoria intelectualizada, com participação de ínfimas parcelas da população, que assumiu a reforma política e administrativa do país sem interferir na organização socioeconômica tradicional.

Fez-se a Independência do Brasil na conformidade dos cânones conservadores, nas circunstâncias em que o herdeiro da monarquia portuguesa se antecipou aos movimentos sociais e promoveu a emancipação política antes que o povo a fizesse. A revolução liberal exauriu os fundamentos do Antigo Regime português e o movimento emancipacionista brasileiro rompeu com as bases do antigo sistema colonial. Estabeleceram-se juntas provisórias de governo no Brasil, apoiadas pelos constitucionalistas portugueses. Enquanto as Cortes Constituintes de Lisboa enviavam reforços para seus aliados colonialistas, o governo do príncipe regente Pedro de Alcântara contratava mercenários estrangeiros para combatê-los. O general, francês Pierre Labatut, assumiu a organização das tropas terrestres e o almirante inglês, Thomas Cochrane, o comando naval. Improvisaram-se batalhões, com a mobilização de voluntários. Faltavam armas, munição, gêneros alimentícios e grassavam epidemias em consequência das precárias condições de higiene nos acampamentos. Durante onze meses, resistiram-se aos ataques colonialistas e as capitanias unidas ao governo do Rio de Janeiro enviaram reforços militares para combater os recalcitrantes agentes da colonização. A Guerra da Independência do Brasil, fragmentada em focos regionais, caracterizou-se por permanentes tensões causadas por longos bloqueios militares, como os de Salvador e Montevidéu, constantes fustigações mútuas e esparsos confrontos significativos, sem grandes batalhas. O isolamento e o desabastecimento derrotaram o exército português em todos os confrontos.

As ideologias dos agentes dos movimentos emancipacionistas e construtores da ordem político-administrativa do Brasil pouco se diferenciavam e até se identificavam na exploração do trabalho escravo, no cultivo de monoculturas e na opção pelas grandes propriedades fundiárias. A Constituinte, convocada a fim de elaborar uma Carta Magna para o Império do Brasil, redigiu um projeto de Constituição que previa a participação social na definição das leis, através de representações legislativas, foi violentamente fechada pela cavalaria, por ordem do imperador Pedro I, em um golpe de estado que lhe possibilitou outorgar uma Constituição e instituir o Poder Moderador sem dissimular os laivos de autoritarismo e centralização monárquica e o Conselho de Estado que a produziu.

O reinado de Pedro I caracterizou-se por instabilidades políticas e conflitos sociais. As suas oscilações de ânimo induziam a supor que, ao se antecipar ao movimento emancipacionista e contemporizar-se com ele, na condição de príncipe herdeiro do Reino de Portugal, premeditava um golpe de unificação das duas monarquias. Entretanto, um povo que conquista a sua independência não a devolve ao antigo dominador. Ao imperador que aspirava chegar ao poder português, negou-se legitimidade social e representação política. Restou-lhe a alternativa de devolver a coroa e o cetro, e antecipar a transferência da hereditariedade monárquica ao seu primogênito de cinco anos. Interinamente substituíram-lhe regentes eleitos, que promoveram uma cautelosa descentralização política. Os conservadores reagiram, tomaram o poder regencial e, articulados depois com os liberais moderados, uniram-se na implícita defesa dos interesses oligárquicos. Através do golpe da maioridade antecipada, coroaram o imberbe adolescente monarca, com os argumentos de preservação da unidade nacional, apaziguamento político e estabilidade social. Os dirigentes partidários contrapuseram-se às circunstâncias econômicas, políticas e sociais e mantiveram a monarquia escravista, sem nobreza, apoiada no baronato artificial, em um continente republicano, quando se desenvolvia na Europa, nos Estados Unidos e no Japão a produção industrial de mercadorias e o pleno monopólio das tecnologias, convertidas em instrumentos de acumulação capitalista.

Sucessivas rebeliões separatistas ocorreram em várias províncias, unidades administrativas que substituíram as antigas capitanias. Numa tentativa de se estabilizarem as relações políticas, antecipou-se a maioridade do adolescente príncipe que governou simbolicamente sob tutela. Ao atingir a maioridade cronológica, assumiu o controle político e promoveu uma série de reformas centralizadoras do poder monárquico que neutralizaram as tendências federalistas fortalecidas durante o período regencial e consolidaram a monarquia simultaneamente, oligárquica e liberal.

Quando as guerras regionais sustentadas por separatistas, federalistas ou republicanos ameaçaram a unidade nacional durante o período regencial, o café transformou-se no principal produto de exportação brasileira e a sua expansão induziu a uma vultosa importação de escravos africanos. As pressões internacionais pelo fim do tráfico da África, desde quando se iniciou o desenvolvimento das manufaturas, intensificou-se com a expansão industrial. Na execução do projeto de abolição lenta e gradual da escravidão, o Brasil importou, durante a primeira metade do século XIX, cerca de um 1.500.000 africanos. Em 1845, o parlamento britânico aprovou a lei *bill Aberdeen*, que concedeu ao almirantado inglês o direito de aprisionar navios traficantes de escravos no Atlântico. Imediatamente a *Royal Navy* capturou dezenas de barcos da marinha mercante brasileira, sob a suspeita de traficarem escravos. Enquanto o ministro da Justiça, Euzébio de Queirós Mattoso, elaborava a lei que proibiria o tráfico, o embaixador britânico no Brasil autorizou ataques a portos brasileiros, na mais covarde declaração de guerra da maior potência econômica e naval do mundo contra um país em formação.

Dias depois, navios ingleses invadiram vários portos, apreenderam, incendiaram e bombardearam embarcações nacionais, sem escravos a bordo. Revoltada, a população linchou marinheiros ingleses nas ruas do Rio de Janeiro. O Conselho de Estado recomendou ao imperador não reagir. Em reunião secreta na Câmara dos Deputados, Queirós Mattoso conseguiu a aprovação do projeto de extinção do tráfico escravista em primeira votação, enquanto Paulino Soares de Souza, ministro de Negócios Exteriores negociava uma trégua com o embaixador inglês. Após a submissão, o ministro participou de uma sessão da Câmara, na qual protestou contra os atos da esquadra inglesa, a acomodação dos parlamentares com o tráfico; declarou que a extinção do trabalho escravo seria uma decisão brasileira, não uma questão internacional e que ordenaria às forças navais brasileiras a dispararem contra navios ingleses que atacassem embarcações nacionais. Em dois dias a

Câmara aprovou o projeto de Queirós Mattoso, em duas semanas o Senado confirmou a aprovação e promulgou-se a lei em 4 de setembro de 1850.

A política escravista do Império do Brasil passou por ampla discussão social e parlamentar e debateu-se a agrária apenas nos gabinetes ministeriais e no parlamento composto por maioria latifundiária. As doações de sesmarias encontravam-se suspensas desde julho de 1822, com ratificação do Desembargo do Paço, embora, na Assembleia Geral Constituinte de 1823, não se tenha cogitado a matéria. Em 1835, tentou-se uma intervenção parlamentar na questão fundiária e logo se arquivou o processo. Por iniciativa do primeiro gabinete conservador, tentou-se a primeira iniciativa jurídica no campo agrário em 1842, com um projeto de lei para regularizar a propriedade, posse e uso da terra e a colonização por imigrantes estrangeiros, como alternativa para o trabalho escravo. Pretendeu-se promover a imigração de trabalhadores europeus pobres, moços e robustos, para que a extinção do tráfico de escravos não resultasse em escassez de força de trabalho agrária e a facilidade de acesso à terra não dificultasse a obtenção de trabalhadores livres. Reproduziu-se o modelo da colonização da Austrália pela Inglaterra e propuseram que as terras fossem comercializadas, não mais doadas pelo regime de sesmarias, e que se coibisse a sua ocupação por quem não dispusesse do título de propriedade ou de arrendamento, a fim de se elevar o preço, dificultar a aquisição e forçar o imigrante pobre a vender a força de trabalho. Para se adequarem as relações de trabalho e as normas de propriedade da economia mercantil-escravista brasileira ao contexto da Revolução Industrial, sob a conservadora liderança de Euzébio de Queirós Mattoso, elaborou-se o Código Comercial, instituído em 25 de junho de 1850. O projeto de Lei de Terras do ministério conservador, depois de tramitar durante sete anos no parlamento, transformou-se, quase na forma original, na Lei de Terras de setembro de 1850, calcada nos fundamentos jurídico-políticos do liberalismo das oligarquias rurais brasileiras.

No reinado de Pedro II, desenvolveram-se, no âmbito das oligarquias regionais, literatura, música, teatro, artes plásticas e fotografia. Educado nos padrões do liberalismo moderado que se alternava com um conservadorismo de flexibilidade controlada, o imperador teve na sua formação mestres europeus. Rodeava-se de uma pequena elite culta e erudita, em um país de apenas 15% de alfabetizados, e a maioria destes apenas lia, escrevia e contava. A leitura, limitada à compreensão de palavras e frases; a escrita, restrita ao assinar o próprio nome para votar e expressar ideias em mal traçadas linhas; e o contar, mantido nos estreitos limites das quatro operações aritméticas básicas e do essencial cálculo de percentagens para os negócios da agiotagem.

O crescimento da economia colonial proporcionou uma acumulação residual de capital que oportunizou a formação de academias iluministas e o desenvolvimento literário e artístico, expresso através do estilo barroco. Embora o desencadear destes movimentos intelectuais na colônia tivesse, nas origens, a pretensão de consolidar a ordem social e a gestão administrativa dos agentes da monarquia portuguesa, através da difusão dos modos de raciocinar, perceber e movimentar de políticos, artistas e intelectuais lusitanos estimularam a reflexão sobre as condições político-econômicas da colonização. Esta compreensão interferiu na formação sociocultural e no comportamento luso-colonial que se transformou em luso-brasileiro, com a gênese da consciência de pertencimento ao território e da convicção de brasilidade em gestação, que substituiria a lusitanidade.

A arte colonial evoluiu em três fases: *maneirismo*, no final século XVI e início do seguinte; *barroco*, nos últimos anos do XVII e durante o XVIII; e *rococó*, no final desse século e início do XIX. Seguiu-se o *neoclassicismo*, um movimento cultural surgido na Europa, em meados do século XVIII, que influenciou a arte e a cultura do Ocidente até meados do século XIX, fundamentado no Iluminismo retomado com traços culturais da Antiguidade clássica. A expressão neoclássica cultivou a moderação, o equilíbrio e o idealismo, em contraposição aos excessos de exuberância, ostentação e persuasão do barroco. Na Arquitetura, nas Artes e na Literatura, tanto se cultivou a tradição barroca quanto se tentou exprimir perspectivas iluministas, com fundamentos racionalistas, individualistas, relativistas e naturalistas, em contraposição aos princípios corporativos, de perspectivas estáticas e tradicionais da Idade Média e do Antigo Regime europeu, que se estendeu ao Brasil. A movimentação artística e literária tanto subsidiou o despertar de uma consciência de autoafirmação quanto o esboçar de um comportamento social expresso na postura senhorial de culto ao ócio e jactância de riquezas, de pouca comprovação nos arrolamentos de bens dos inventários pós-morte.

Iniciou-se a formação do intelectual brasileiro na escola jesuítica colonial que evoluiu, no final da colonização e no pós-Independência, para um tipo diletante, de cultura acadêmica europeia; no final do século XIX, com a transição republicana, surgiu o intelectual engajado nas lutas sociais; nas primeiras décadas do século XX, desenvolveu-se na Modernidade o intelectual erudito, mais frequente nas áreas de Filosofia e de História; e finalmente, o intelectual cosmopolita globalizado, a partir de 1930 e, mais acentuadamente, após a Segunda Guerra Mundial.

Formada durante a colonização, a literatura brasileira desenvolveu-se em permanente diferenciação da portuguesa, para corresponder às circunstâncias ambientais e às necessidades sociais da população que se constituía em diferentes patamares sociais e pertencimentos espaciais novos, como uma alteridade lusitana, embora conservassem referenciais identitários. Evoluiu, de uma fase documental, informativa e missivista, para o rebuscado e ambíguo estilo Barroco, de origem europeia. Seguiu-se o Neoclássico, de inspiração italiana, com o bucólico Arcadismo das academias iluminista, com oscilações dialéticas entre a afirmação nacionalista e o conformismo. O Romantismo (1836-1870) procurou superar as influências portuguesas, com uma postura nacionalista; e o Modernismo (1922-1945) ignorou Portugal, embora os dois estilos de afirmação nacional se inspirassem em modelos europeus. Em paralelo, surgiram o Realismo, o Naturalismo na prosa e o Simbolismo na poesia. O Romantismo correspondeu, no Brasil, a uma manifestação de liberalismo na literatura e depois na historiografia. Em reação às manifestações sentimentais do Romantismo, o Realismo e o Naturalismo apresentaram propostas de ação social, crítica política e religiosa, análise psicológica de personagens e exploração de temas contemporâneos. Seguiu-se uma transição conservadora, positivista, descrente, liberal, depois denominada de Pré-Modernismo, sucedido pelo vanguardista Movimento Modernista, que estabeleceu novos padrões de comunicação e expressão.

A guerra movida contra o ditatorial e expansionista governo de Solano López no Paraguai pela Tríplice Aliança, formada por um império de viscondes e barões honorários e duas repúblicas de caudilhos, modificou a ordem política dos países beligerantes. No Brasil, promoveu um crescente prestígio social das forças armadas. As lideranças políticas do Império tratavam os militares com menosprezo, diferentes dos políticos das repúblicas aliadas. Ao regressarem, os jovens oficiais, muitos dos quais adeptos da doutrina positivista, passaram a reivindicar direitos sociais, liberdade de organização e de manifestação política. O Brasil vivia a expansão cafeeira, que oportunizava a emergência de grupos sociais marginalizados e a exposição do arcaísmo das bases de legitimação do Império, representadas pelas instituições monárquicas, o trabalho escravo e o medieval regime de padroado, que definia o catolicismo romano como religião do Estado. Em diferentes modalidades, os grupos de intelectuais da década de 1870 distanciaram-se tanto do poder imperial, que articulava as relações sociais, quanto do político, que controlava as instituições do Estado e da sociedade.

A paramilitar Guarda Nacional, milícia organizada como instituição civil, arregimentava a população masculina para a formação do patronato político como um estamento burocrático e patrimonialista, mais vinculada ao Estado que à sociedade. Em uma hierarquia de base municipal, formava a pirâmide social com expansões regionais e provinciais, que se articulavam nacionalmente para a sustentação do poder monárquico. Esta arcaica instituição perdeu credibilidade social com a difusão das ideias republicanas e federalistas e o crescente prestígio das forças armadas. A crise monárquica ampliou-se com a intensa difusão das ideias republicanas fundamentadas no liberalismo econômico das oligarquias regionais, no federalismo de fazendeiros de café, na mobilização abolicionistas, e nas prédicas positivistas de ordem social para se conquistar o progresso econômico. O isolamento político do imperador e a descontextualização continental do regime monárquico ampliavam-se a cada etapa da extinção gradual do trabalho escravo, com tensões sociais e expectativas de reformas. As crescentes adesões de militares ampliavam o movimento republicano, que reivindicava a descentralização do poder, a instituição do federalismo, o fim do Conselho de Estado e do senado vitalício e a separação entre a Igreja e o Estado.

Criou-se uma conjuntura de irreversível tendência mutante de regime político. Uma punição do governo imperial a oficiais que fizeram declarações à imprensa sobre conflitos disciplinares resultou na exoneração do marechal Manuel Deodoro da Fonseca do Comando das Armas e da Presidência interina do Rio Grande do Sul, por defender os oficiais punidos. A solidariedade da jovem oficialidade aproximou o marechal do Clube Militar, que aglutinava republicanos, liderados por Benjamin Constant. Intensificaram-se as conspirações de militares e de civis. Faltava apenas convencer o marechal, de formação monárquica, a aderir ao movimento republicano. Ressentimentos políticos e boatos de prisões se encarregaram disto e o levaram a comandar uma parada militar que deu o golpe final na debilitada monarquia, a instaurar o regime republicano e a assumir a direção do país. Depois de estabilizado o novo sistema de governo, e com a saúde debilitada, Deodoro da Fonseca renunciou à Presidência da República, transferida ao vice-presidente, marechal Floriano Vieira Peixoto, que, no final do mandato constitucional, promoveu eleições e entregou o poder ao candidato eleito, Prudente de Morais, representante das oligarquias agrárias recicladas pelos barões do café.

As coordenadas fundamentais da formação historiográfica brasileira desenvolveram-se em concomitância à literatura. Iniciaram-se com as crônicas históricas coloniais, de pouca apreensão do espaço da América de colonização portuguesa como uma totalidade. Da fase inicial destacam-se: Gabriel Soares de Souza (1587) e Frei Vicente do Salvador (1627 e publicada em 1889); e da final, as de Sebastião da Rocha Pita (1730), José Joaquim da Cunha de Azeredo Coutinho (1798/1804) e Manuel Aires de Casal (1817). Porém nenhuma exerceu tanta influência na construção historiográfica nacional quanto à crônica de João Antonio Andreoni (1711), identificado como André João Antonil, que narrou as principais atividades econômicas brasileiras. Cada cronista colonial descreveu um Brasil em parcialidade espaciais e temporais fragmentadas.

No final da colonização, empreendimentos econômicos britânicos encomendaram estudos sobre as etnias que se miscigenavam, engendravam valores culturais novos no Brasil e promoveram várias crônicas históricas, nem sempre originais e diários de viagens. Na França destacaram-se os estudos de Ferdinand Denis, um pioneiro da historiografia brasileira. Na Alemanha, o mais expressivo estudo resultou de uma expedição científica dos bávaros von Spix e von Martius, entre 1817 e 1820, que coletaram amostras animais, vegetais e minerais, fizeram observações condensadas na obra *Flora brasiliensis*, a maior elaboração geofísica, arqueológica, zoológica e botânica já produzida.

A concepção de história do Instituto Histórico e Geográfico Brasileiro dedicava mais atenção ao espaço físico que à atividade humana, e vislumbrava o Brasil como um Estado constituído de governo, forças armadas e funcionalismo público, que exerciam o poder e controlavam a administração, sem maiores preocupações com a formação da sociedade e a ideia de nação. Não reconhecia a expressão de uma população que se identificava e se reconhecia pertencente a um território, com instituições, leis e governo próprio. Promovia a formação da identidade nacional e o sentimento cívico através do reconhecimento das geografias e histórias fragmentadas, que seriam recolhidas para posterior condensação, numa concepção de somatório de crônicas municipais, que formariam as provinciais, para se unificarem em uma história nacional, sem a perspectiva da totalidade. A monografia de von Martius, vencedora do concurso promovido pelo IHGB, evidenciou a insuficiência das crônicas provinciais e municipais, como fontes de uma história nacional, por se constituírem descrições de cotidianos comunitários e delineou os parâmetros etnocêntricos como metodologia de escrita da História do Brasil.

Empregaram-se amplamente na Europa os recursos metodológicos das memórias histórico-descritivas provinciais e corografias com representações de áreas geográficas de um país, de uma região particular, de um município ou localidade, nos séculos XVII e XVIII, e tardiamente no Brasil, durante o XIX, em descrições geográficas e histórico-cronológicas, sem circunstanciarem os fatos nem situarem os agentes históricos nos respectivos contextos sociais. Nas últimas décadas desse século e primeiras do XX, vulgarizou-se a escrita de memórias históricas e descritivas e de corografias de comarcas e municípios, publicadas principalmente pelas revistas dos institutos históricos e geográficos regionais.

Apoiado no referencial metodológico de von Martius, sem citá-lo, Varnhagen elaborou o primeiro estudo da História Colonial do Brasil, fundamentado nos parâmetros do Historicismo, que não concebia o homem como agente da história, mas como produto dela. Fundamentado nesta perspectiva da História como produtora do conhecimento humano, Varnhagen expôs a formação do Estado Nacional no Brasil como uma continuidade natural, na qual os componentes sociais portugueses apareceram como dirigentes e os brasileiros como dirigidos. Ignorou as contribuições dos grupos sociais que considerava de etnias inferiores. A continuidade de componentes coloniais no Estado Nacional teria resultado de suposta ação civilizadora portuguesa, na construção do Estado monárquico com a manutenção da unidade territorial e a civilização de uma população bárbara. Enfim, a nação brasileira seria uma realização apenas da colonização portuguesa. Ignorou a miscigenação brasileira, a formação de uma população mestiça e a presença de um rei louro de olhos azuis, sem representação étnica nem cultural.

Capistrano de Abreu promoveu a principal revisão crítica da obra de Varnhagen e procurou orientar-se pela evolução do pensamento historiográfico, porém, não se desvinculou plenamente dos postulados de produção empírica do conhecimento histórico. Manteve-se fundamentado na experiência e apoiado em registros documentais como comprovação da verdade. De modo semelhante a Varnhagen, Abreu fundamentou a sua análise na colonização portuguesa, embora deslocasse o objeto de estudo do Estado, do poder monárquico e dos governantes, para a população em atividades cotidianas, situada na sua época e relacionado com o ambiente circundante. Isto o fez pensador da transição historiográfica brasileira. Coetaneamente, Afonso Taunay, preocupado em apresentar uma hegemonia cultural paulista que correspondesse à econômica, vislumbrou a atuação dos bandeirantes nos sertões como um aspecto fundamental da construção do Brasil, sem considerar quem os contratava como matadores de índios.

Oliveira Lima apresentou a Independência do Brasil como uma transição pacífica, sem ruptura, e o brasileiro como um povo avesso às ações radicais e mudanças bruscas. Ignorou, talvez como forma de legitimá-los, os golpes de estado. Acreditou ter faltado ao Brasil uma nobreza privilegiada, um exército disciplinado e um clero defensor do direito divino dos reis, embora reconhecesse o desempenho do federalismo republicano na construção do Estado Nacional e aspectos éticos e culturais da sociedade brasileira. Alberto Torres defendeu tratamento mais objetivo para a unidade nacional e a organização social; ressaltou a necessidade de maior consciência nativa; temeu um federalismo forte como o norte-americano; orgulhou-se da sua ascendência lusitana e enalteceu a colonização portuguesa; avaliou o Brasil essencialmente agrícola; defendeu a centralização política e combateu a autonomia das unidades federativas; manifestou-se favorável ao corporativismo, embora não defendesse uma superioridade étnica.

Combatente do saudosismo monárquico, Manoel Bonfim empregou pioneiramente os recursos socioeconômicos na análise da História do Brasil; ressaltou as descontinuidades e as rupturas políticas nas lutas sociais e situou o Brasil na dimensão continental; avaliou a colonização como fator de atraso. Euclides da Cunha concluiu a inserção da cultura sertaneja na literatura e na historiografia, iniciada por Capistrano de Abreu. Basílio de Magalhães, ainda arraigado à tradição narrativa da crônica histórica, embora tentasse exercitar a análise historiográfica, apoiou-se na concepção da história como um movimento cíclico, que resultaria num eterno recomeçar; ressaltou a denominação de entradas para as expedições que caçavam índios para a escravidão ou procuravam minérios, identificadas como empreendimentos oficiais, e de bandeiras, para as de iniciativas espontâneas, sem perceber as associações de interesses particulares e governamentais em todos os empreendimentos de conquista e exploração dos sertões.

A tardia Modernidade artística e literária expressou-se no Brasil a partir da Semana de Arte Moderna de 1922, embora já se manifestasse timidamente. Mais tardia, a modernização historiográfica somente se impôs na década seguinte. A transição iniciou-se com Paulo Prado que, em descrição panorâmica, apresentou a formação histórica e cultural brasileira, através da luxúria, da cobiça, da tristeza, e do romantismo. O Brasil seria um país radioso, de povo triste, cujo dinamismo resultara de impulsos da ambição mercantilista europeia e do livre culto à sensualidade indígena. Na sequência de *Retrato do Brasil*, de Paulo Prado, surgiram as impactantes obras: *Casa-grande & senzala*, de Gilberto Freyre; *Raízes do Brasil*, de Sérgio Buarque de Holanda; e *Formação do Brasil contemporâneo (Colônia)*, de Caio Prado Júnior, que induziram metodologias de estudo da História do Brasil nas alternativas, étnico-cultural, familiar e de classe social, respectivamente. Intensificou-se uma tendência surgida no final do século XIX, de se expressar através de manifestações regionalistas e de temática dos poderes locais, que emergiu o sertão no imaginário social e historiográfico.

Os multimiscigenados portugueses colonizadores introduziram, no Brasil, através do trabalho escravo, a exclusão social pela lógica econômica de apropriação do excedente, que já praticavam na península Ibérica pelo nexo étnico contra mouros, judeus e ciganos. Através da escravidão colonial, redimensionaram a discriminação étnica com a categoria jurídica do escravizado. A estratificação social tem origem econômica, com o objetivo subjacente ou explícito de proporcionar a diferenciação necessária para a dominação, a submissão e a espoliação; a escravidão colonial maximizou esse artifício de tal modo que seu estigma se estendeu para a dimensão étnica. No Brasil, o negro escravo sofria dupla exclusão, pelo estigma da origem e pela relação de trabalho, circunstâncias que se estenderam ao mulato, descendente do negro, e ao moreno, de ancestralidade moura. Em menor escala, atingiu o índio e até a outros povos não europeus, posteriormente incorporados à sociedade brasileira.

Durante a colonização também se excluíam os mulatos duplamente: os negros os consideravam descendentes de europeus, e os brancos, de africanos. A relativa possibilidade de ascensão social do mulato, através de postos intermediários das milícias coloniais, significava uma concorrência com os brancos; e, por serem geralmente empregados como feitores e capitães-do-mato na repressão a escravos, provocavam ressentimentos entre os negros. Talvez isto fizesse o mulato se impor como brasileiro e estas circunstâncias resultassem na intensa participação de pardos, mulatos ou outros mestiços nos movimentos sociais nativistas e emancipacionistas do Brasil, de finais do século XIX e inícios do seguinte. Se esta hipótese for verdadeira, as discriminações étnica e jurídica teriam contribuído para a formação do sentimento de pertencimento territorial do brasileiro e para o desenvolvimento da brasilidade. Enfim, o brasileiro é um produto da fusão étnica e se identifica com a mestiçagem, que extrapola a dimensão de cor da pele, tipo de cabelo, estatura. Constitui um fenômeno cultural, que se manifesta em todos os aspectos do cotidiano social, através da música multirrítmica, na culinária de misturas, do mesmo modo que a claridade tropical se manifesta no colorido modo de se vestir.

A pluralidade cultural brasileira evidencia-se na diversidade de cultos celebrados e multiplicidade de festas comemorativas de origens diversas. No Brasil, não se formou uma cultura nacional, porém, vários modos de se pensar os outros, de se vê e de se situar em certos lugares e em determinados momentos, através de comportamentos, crenças e conhecimentos. O cristianismo da colonização portuguesa herdeiro do judaísmo, que tanto reprimiu outras crenças, não conseguiu, após a Independência, e sobretudo, depois de República, sufocar manifestações de matrizes africanas e indígenas. O candomblé, a umbanda, o jarê, a jurema, firmaram-se regionalmente, na proporção das respectivas presenças étnicas. Islamismo, budismo, bramanismo, difundiram-se menos e na mesma condição e regionalidade. Elementos da cultura budista incorporaram-se a substratos de outros cultos, em simbioses esotéricas. As repressões religiosas criaram sincretismos, santidades, ocultismos e herméticas crenças, que induziram ao desenvolvimento de um misticismo fragmentado, multicultural, sem consistência teórica, embora de ampla difusão social.

A colonização portuguesa legou ao Império do Brasil uma série de vícios, debilidades e carências, que em grande parte transferiram-se à República. A tardia transição para a Modernidade deveu-se a estas circunstâncias, que lentamente se transformaram sem, contudo, eliminarem deficiências significativas, em um contexto de pluralidade étnica, diversidade cultural e heterogeneidade social, sob a hegemonia econômica do capital urbano-industrial e preeminência política do confronto ideológico entre o nacionalismo e o liberalismo. A economia brasileira persistiu no desequilíbrio de se comprarem tecnologias e venderem produtos primários, rotulados de *commodities*; a população permaneceu carente de serviços básicos nas áreas de educação, saúde e segurança; e as funções públicas continuaram exercidas como se fossem privadas, nas quais se mantiveram as condutas políticas do nepotismo e do vício histórico de se locupletarem nas suas funções. Na impossibilidade de se definir um perfil cultural da sociedade brasileira, pode-se traçar como linhas gerais de comportamento, por um lado, as manifestações de alegria, sociabilidade e generosidade; por outro, o jeito manhoso, chistoso e burlesco. Entretanto, as persistentes astúcias, vadiagens e ilicitudes não caracterizam a feição sociocultural brasileira por representarem atividades de minoria da população.

Fontes e referências bibliográficas

Fontes manuscritas

AHU (Arquivo Histórico Ultramarino)-ACL-CU-005-Bahia. Cx. 213, doc. 15.016. Lisboa, 18/05/1799. *Memória sobre a viagem do terreno nitroso*, de José de Sá Bittencourt e Accyoli. Acompanha ofício que a oferece a Rodrigo de Souza Coutinho e discorre sobre os meios econômicos de realizar a exportação de salitre dos Montes Altos.

_____. Cx. 47, doc. 8.745-8.752. Ofício do governador Manoel da Cunha Menezes para Martinho de Mello e Castro. Bahia, 03/03/1775. Com seis anexos. Anexo cinco: Mapa de todas as freguesias que pertencem ao Arcebispado da Bahia..., 13/01/1775.

_____. Cx. 158, doc. 12.059. Ofício do governador e capitão general da Bahia ao secretário de Estado da Marinha e Ultramar. Bahia, 26/03/1767.

_____. Cx. 136, doc. 10.580. Consulta do Conselho Ultramarino sobre a informação da Câmara da Bahia a respeito do mau procedimento dos ciganos. Lisboa, 15/07/1758.

_____. Cx. 20, doc. 3.757. Relatório do desembargador Thomáz Ruby de Barros Barreto para o vice-rei Conde dos Arcos, 14/12/1758.

_____. Cx. 126, doc. 9.821. Ofício ao vice-rei do Brasil que comunica o envio pela nau N.S. da Natividade de 11 casais de ciganos para serem remetidos ao Reino de Angola. Lisboa, 11/09/1755.

_____. Cx. 125, doc. 9.761. Carta dos oficiais da Câmara da Cidade da Bahia ao rei [d. José I], que comunica os procedimentos dos ciganos que são enviados do Reino em degredo. Bahia, 05/07/1755.

_____. Cx. 67, doc. 5.649. Requerimento de Manoel de Saldanha ao rei [dom João V], que solicitou alvará de fiança para uma vez solto, provar a sua inocência da acusação de homicídio do cigano João de Sacramento. Bahia [ant. 23/01/1740].

_____. Cx. 52, doc. 4.535. Correspondência do tesoureiro do geral do Estado do Brasil ao tesoureiro do Conselho Ultramarino, 24/07/1735.

_____. Cx. 16, doc. 1.378. Carta do vice-rei do Brasil a d. João V, 04/12/1722.

_____. Cx. 16, doc. 1.365. Carta do vice-rei do Brasil a d. João V, 20/10/1722.

_____. Cx. 23, doc. 2.740. Memória das pessoas que possuem grandes sesmarias nas capitanias do Brasil.

AHU (Arquivo Histórico Ultramarino) Lisboa. ACL-CU-005-Bahia. Cx. 8, D. 664. Carta do governador-geral Pedro de Vasconcelos ao rei de Portugal, 15/06/1712, com dois anexos.

AHU (Arquivo Histórico Ultramarino) Rio de Janeiro. Avulsos. Cx. 4, doc. 48. Carta do procurador-geral do Estado do Brasil, José Moreira de Azevedo, ao príncipe regente [d. Pedro]. Lisboa, 01/08/1669. Apud ROMEIRO, A. *Corrupção e poder no Brasil*: uma história, séculos XVI a XVIII. Autêntica: Belo Horizonte, 2017.

ANTT/Ministério do Reino. M. 315, cx. 422, 1762. Requerimento dos oficiais da Câmara de Jacobina, que pedem a conservação da casa de fundição naquela vila. Lisboa, 27/11/1762.

APB (Arquivo Público da Bahia). Colonial e Provincial. Livro n. 4.792, Reg. 2, p. 2v-4. Registro das Terras da freguesia de Santa Isabel do Paraguaçu, 08/02/1857.

_____. M. 1.274, 05/06/1823; 14/10/1824. M. 1.234, de [s. d.] 1823. Correspondências da Câmara de Caetité, emitidas por Manoel Francisco Rebordões. Anexa. Cópia da lista da primeira subscrição que deram os habitantes desta vila [de Caetité] e seu termo para o exército de Cachoeira.

APB (Arquivo Público da Bahia). Ordens Régias, 1; 19, p. ilegível, doc. 107. Cópia de carta do vice-rei do Brasil ao rei de Portugal, 10/05/1725.

_____. Ordens Régias, M. 96, Cx. 37. Carta régia, 09/02/1725.

APEB (Arquivo Público do Estado da Bahia). *Autos da Devassa da Conspiração dos Alfaiates*. 2 vol. Salvador: Secretaria de Cultura e Turismo/Apeb, 1998.

IGHB (Instituto Histórico e Geográfico do Brasil). Índex de várias notícias. Manuscrito n. 346. Rio de Janeiro.

Fontes de divulgação eletrônica

ABL – Academia Brasileira de Letras. *Fundadores e patronos* [Disponível em http://www.academia. org.br/eventos/fundadores-e-patronos – Acesso em 25/01/2018].

BNL – Biblioteca Nacional de Lisboa. *Reservados* [Disponível em https://www.infopedia.pt/marilia-de-dirceu – Acesso em 21/06/2017].

AGÊNCIA FIOCRUZ DE NOTÍCIAS. *Fiocruz, 105 anos*: a Revolta da Vacina [Disponível em https:// portal.fiocruz.br/pt-br/node/480 – Acesso em 26/01/2018].

ALMEIDA, M.C.P. *Relatório dos trabalhos do Conselho Interino de Governo da Província da Bahia*: Salvador: Nacional, 1823 [Disponível em https://archive.org/details/rpebahia1823 – Acesso em 25/01/2018].

ANTONIL, A.J. *Cultura e opulência do Brasil, por suas drogas e minas*: com várias notícias curiosas do modo de fazer o assucar, plantar e beneficiar o tabaco, tirar ouro das minas, e descubrir as da prata, e dos grandes emolumentos que esta conquista da America Meridional dá ao reino de Portugal com estes, e outros generos e contratos reaes. Reimpr. Rio de Janeiro: J. Villeneuve, 1837 [Disponível em http://www2.senado.leg.br/bdsf/handle/id/222266 – Acesso em 25/01/2018].

BAEMA, A.L.M. *Ensaio corographico sobre a Província do Pará*. Rio de Janeiro: P. Brito, 1843. 2. ed. Brasília: Senado Federal/Secretaria Especial de Editoração e Publicação, 2004 [Disponível em http://www2.senado.leg.br/bdsf/ handle/id/1097 – Acesso em 02/06/2017].

BLAKE, A.V.A.S. *Diccionário Bibliographigo Brazileiro*. 7 vol. Rio de Janeiro: Imprensa Nacional, 1900 [Disponível em http://www2.senado.leg.br/bdsf/item/id/ 221681 – Acesso em 02/04/2017].

BLUTEAU, R. *Diccionario da Língua Portuguesa*. 2 vol. [Reformado e acrescentado por Antônio de Morais Silva]. Lisboa: Oficina de Simão Thaddeo Ferreira, M.DCC.LXXXIX (1789) [Disponível em file:///C:/Users/PC/Searches/Downloads/Dicionários/ Dicionário%20Raphael%20Bluteau%20COMPLETO.pdf – Acesso em 02/04/2017].

_____. *Vocabulário Portuguez & Latino*: aulico, anatomico, architectonico... [8 vol. e mais dois suplementares que acrescentam verbetes e informações adicionais]. Coimbra: Collegio das Artes da Companhia de Jesus, 1712-1728 [Disponível em http://dicionarios.bbm.usp.br/pt-br/dicionario/edicao/1 – Acesso em 07/05/2016].

BRASIL/Câmara dos Deputados/Coordenação de Arquivos. *Inventário analítico do Arquivo da Assembleia Geral Constituinte Legislativa do Império do Brasil, 1823*. 2. ed. rev. e reform. Brasília: Câmara dos Deputados, 2015 [Disponível em http://www.camara.leg.br/editora – Acesso em 02/04/2017] [1. ed., 1987].

BRASIL/Congresso Nacional/Câmara dos Deputados. Anais do Parlamento Brasileiro – Câmara dos Deputados, Seção de 1840. T. I. Rio de Janeiro, 1884, p. 28 e 209. In: BRASIL/Congresso Nacional/Câmara dos Deputados/Coordenação de Arquivos. *Inventário analítico do Arquivo da Assembleia Geral Constituinte Legislativa do Império do Brasil, 1823*, p. 57-58 [Disponível em http://livraria.camara.leg.br/legis lativo/inventario-analitico-do-arquivo-da-assembleia-geral-constituinte-e-legislativa-do-imperio-do-brasil-1823.html – Acesso em 02/04/2017].

BRASIL/Congresso Nacional/Câmara dos Deputados/Centro de Documentação e Informação/Coordenação de Bibliotecas. *Constituição Política do Império do Brasil* – Biblioteca Digital [Disponível em http://bd.camara.gov.br – Acesso em 02/04/2017].

BRASIL. Constituição (1824), art. 98 e 101. Apud CABRAL, D. Poder Moderador. In: BRASIL/Ministério da Justiça/Arquivo Nacional. *Cadernos Mapa* – Memória da Administração Pública Brasileira, 29/05/2014. Rio de Janeiro [Disponível em http://linux.an.gov.br/mapa/?p=5691 – Acesso em 11/04/2017].

BRASIL/Ministério da Cultura. *Dicionário da Administração Brasileira no Império*. Rio de Janeiro: Arquivo Nacional, 2011 [Disponível em http://linux.an.gov.br/mapa/ – Acesso em 13/08/2017].

BRASIL/Ministério da Cultura/Fundação Biblioteca Nacional. *Mediatheque Maison de France* – A França no Brasil [Disponível em https://bndigital.bn.gov.br/francebr/ferdinand_denis_ port.htm – Acesso em 13/08/2017].

BRASIL/Ministério da Cultura & PORTUGAL/Ministério da Ciência e da Tecnologia/ Instituto de Investigação Científica Tropical/Projeto Resgate Barão do Rio Branco. *Catálogo dos Códices do Fundo do Conselho Ultramarino Relativos ao Brasil, Existentes no Arquivo Histórico Ultramarino*. Brasília/Lisboa, out./2000 [CD-rom].

BRASIL/Ministério das Relações Exteriores. *Brasil-Estados Unidos, 1824-1829*. 2 vol. Rio de Janeiro/Brasília: Centro de História e Documentação Diplomática/Fundação Alexandre de Gusmão, 2009 [1. ed., 1938] [Disponível em unag.gov.br/loja/download/592-Brasil_-_Estados_ Unidos_1824-1829_v.1.pdf – Acesso em 13/08/2017].

BRASIL/Ministério das Relações Exteriores/Sistema Consular Integrado/Atos Internacionais Bilaterais, 1825. *Convenção Adicional ao Tratado de Paz, Amizade e Aliança entre El-Rei e Senhor D. João VI e D. Pedro I, Imperador do Brasil, feito por mediação de Sua Majestade Britânica, assinado no Rio de Janeiro a 29 de agosto de 1825, e ratificado por parte de Portugal em 15 de novembro e pela do Brasil, 30 de agosto do dito ano* [Disponível em http://daimre.serpro.gov.br/atos-internacionais/bilaterais/1825/b_ 2/ – Acesso em 02/04/2017].

BRASIL/Ministério do Planejamento, Orçamento e Gestão/Instituto Brasileiro de Geografia e Estatística/Diretoria de Geociências, Coordenação de Recursos Naturais e Estudos Ambientais. In: *Vocabulário Básico de Recursos Naturais e Meio Ambiente*. 2. ed. Rio de Janeiro: IBGE, 2004 [Disponível em http://www.ibge.gov.br/home/presidencia/noticis/vocabu-lario.pdf – Acesso em 07/07/ 2016 • FBN Brasil Digital: http://objdigital.bn.br/acervo_ digital/div_manuscritos/mss1157496/mss1157496.html#page/1/mode/1up – Acesso em 10/01/2017].

BRASIL/Presidência da República/Casa Civil/Subchefia para Assuntos Jurídicos. *Constituição Política do Império do Brasil de 25 de março de 1824* [Disponível em http://www.pla-nalto.gov.br/ccivil_www.3/constituicao/constituicao24.htm – Acesso em 02/04/2017].

CABRAL, D. Ato Adicional. Dicionário da Administração Pública Brasileira do Período Imperial. In: *Cadernos Mapa – Memória da Administração Pública Brasileira*, 05/05/2014. Rio de Janeiro [Disponível em http://linux.an.gov.br/mapa/?p=5401 – Acesso em 26/04/2017].

_____. Dicionário da Administração Pública Brasileira do Período Imperial. In: *Cadernos Mapa – Memória da Administração Pública Brasileira*, 05/05/2014. Rio de Janeiro [Disponível em http://www.linux.an.gov.br/mapa/?p=5401 – Acesso em 26/04/2017].

Cartaz e capa o catálogo da Semana de Arte Moderna de 1922 – Criações de Di Cavalcanti [Disponível em http://www.revistaprosaversoearte.com/95anos-da-semana-de-arte-moderna-de-1922/ – Acesso em 17/02/2018].

COSTA, M.E.A. Cultura popular. In: REZENDE, M.B.; GRIECO, B.; TEIXEIRA, L. & THOMPSON, A. (orgs.). *Dicionário Iphan de Patrimônio Cultural* [verbete]. Rio de Janeiro/Brasília: Iphan/DAF/Cope-doc, 2015 [Disponível em http://portal.iphan.gov.br/dicionarioPatrimonioCultural/detalhes/ 26/cultura-popular – Acesso em 07/08/2017].

DOU – Diário Oficial da União, CXXIV, 30/06/2017. Brasília: IBGE [Disponível em https://www.ibge.gov.br/home/geociencias/cartografia/default_territ_area.shtm – Acesso em 27/02/2018].

FBN. *Dicionário da Administração Brasileira no Império*. Rio de Janeiro, 2011 [Disponível em http://linux.an.gov.br/mapa/ – Acesso em 13/08/2016].

FBN Brasil Digital [Disponível em http://objdigital.bn.br/acervo_digital/div_manuscritos/mss 1157496/mss1157496.html#page/1/mode/1up – Acesso em 10/01/2017].

FRANCO, Á.C. Apresentação. In: BRASIL/Ministério das Relações Exteriores. *Brasil-Estados Unidos, 1824-1829*. Vol. I. Rio de Janeiro/Brasília: Centro de História e Documentação Diplomática/Fundação Alexandre de Gusmão [Disponível em file://C:/Users/PC/Searches/Downloads/Estudos/Hist%C3%B3ria/Brasil/Temas/Independ %C3%AAncia/592-Brasil_-_Estados_Unidos_1824-1829_v. 1. pdf].

FREZIER, A.F. (1682-1773). *Relation du Voyage de la Mer du Sud aux côtes du Chily et du Perou, fait pendant les années 1712, 1713 & 1714 / par M. Frezier, Ingenieur Ordinaire du Roy*. Paris: Jean-Geoffroy Nyon/Etienne Ganeau/Jacque Quillau, 1716, planche XXXIV [entre p. 272-273] [Disponível em http://purl.pt/103/1/ catalogo-digital/registro/193/193/html – Acesso em 10/06/2016].

GONNERVILLE, B.P. *Campagne du navire l'Espoir de Honfleur, 1503-1505: relation authentique du voyage du capitaine de Gonneville ès nouvelles terres des indes publiée intégralement pour la première fois; avec une introduction et des éclaircissements par M. D'Avesac, Membre de L'Institue*. Paris, 1869 [Disponível em https://archive.org/details/campagnedunavir02gonngoog – Acessado em 04/04/2016].

Guia Geográfico – História da Bahia. Série de Mapas de J.T. Albernaz [Disponível em http://www. historia-bahia.com/mapas-historicos/baia-todos-santos.htm – Acesso em 30/08/2016].

História do Imperador Carlos Magno e dos Doze Pares de França [Disponível em http://www.caminhosdoromance.iel.unicamp.br/biblioteca/0045/ – Acesso em 12/06/2017].

MATOS, R.J.C. *Corografia histórica da província de Minas Gerais*. 2 vol. 2. ed. Belo Horizonte: Imprensa Oficial, 1979 [1. ed. 1837].

_____. *Corografia histórica de Goiás*. Brasília: Sudeco, 1979 [1. ed., 1824].

PORTUGAL/Ministério de Negócios Estrangeiros/Camões Instituto de Cooperação e da Língua/Centro Virtual Camões. *Planisfério anônimo de 1502 (dito "de Cantino")* [Disponível em http://cvc.instituto-camoes.pt/cartografia-e-cartografos/planisferio-anonimo-de-1502-dito-lde-cantinor.html#.Vx9sKvkrLcs – Acesso em 26/04/2016].

PORTUGAL/Ministério da Ciência e da Tecnologia & BRASIL/Ministério da Cultura. *Catálogo dos Códices do Fundo do Conselho Ultramarino Relativos ao Brasil, Existentes no Arquivo Histórico Ultramarino*. Lisboa/Brasília: Projeto Resgate Barão do Rio Branco, 2000.

REAL ACADEMIA ESPAÑOLA. *Diccionario de la Lengua Española*. Madri: Ed. del Tricentenario. 2016 [Disponível em http://dle.rae.es/?id=a6E5gDA – Acesso em 10/02/2016]

REPRESENTAÇÃO DA TERRA BRASILIS, 1519. *Lopo Homem-Reinéis e Antonio de Holanda* – Paris: Bibliothèque Nationale de France [Disponível em http://gallica.bnf.fr/ark:/12148/btv1b 55002607s • http://terrabrasilis.revues.org/docannexe/image/1209/img-5.jpg – Acesso em 25/04/2016].

ROCHA, D.N.G.J.P. Américo Vespúcio. In: *Navegações portuguesas* – Biografias: lista de artigos [Disponível em http://cvc.instituto-camoes.pt/navegaport/g63.html – Acesso em 10/05/2016].

SILVA, I.A.C. *Corografia Paraense, ou descripção física, histórica e política da Província do Grão-Pará*. Salvador: Diário, 1833 [Disponível em http://www.historia-bahia.com/bibliografia/imagens/gram-para.pdf – Acesso em 13/08/2017].

PORTUGAL/Academia Real da História Portuguesa. *Dicionário Histórico* [Disponível em http:// www. arqnet.pt/dicionario/academia_historia.html – Acesso em 10/08/2016].

SILVA, I.F. *Diccionario Bibliographico Portuguez*. Lisboa: Imprensa Nacional, 1810-1876 [Disponível em http//www2.senado.leg.br/bdsf/item/id/242735 – Acesso em 16/11/2016].

Tratado entre o Brazil e a Bolivia, concluído em Petrópolis aos 17 de novembro de 1903 [Disponível em Portal.iphan.gov.br/uploads/ckfinder/arquivo/BRAS_BOL_%20Tratado%20 de %0dePetro polis.pdf – Acesso em 30/01/2018].

UNESCO. Recomendação sobre as salvaguardas da cultura tradicional e popular – Conferência geral, 25ª reunião. Paris, 15/11/1989. In: INSTITUTO DO PATRIMÔNIO HISTÓRICO E ARQUITETÔNICO NACIONAL – IPHAN. *Recomendação Paris*. Brasília [Disponível em http://portal.iphan.gov.br/uploads/ckfinder/arquivos/Reco-mendacao%20 Paris%201989.pdf – Acesso em 07/08/2017] [Há diferenças nas traduções feitas em Portugal e no Brasil].

Fontes impressas

ABBAGNANO, N. *Dicionário de Filosofia*. São Paulo: Martins Fontes, 2000.

ALMEIDA, A. *A reforma dos vínculos*. Lisboa: Imprensa Nacional, 1857.

_____. *Breves considerações sobre os vínculos*. Lisboa: Imprensa Nacional, 1856.

_____. *Os vínculos em Portugal*. Lisboa: Imprensa Nacional, 1852.

_____. *Reflexões sobre os vínculos*. Lisboa: Imprensa Nacional, 1854.

ALMEIDA, P.M.R. *Dicionário de Autores no Brasil Colonial*. Lisboa, Colibri, 2003.

ALVAR EZUERRA, J. (dir.). *Historia de España y América*. Madri: Espasa Calpe, 2002.

ANASTASIA, C.M.J. Sedição de Vila Rica. In: ROMEIRO, A. & BOTELHO, Â.V. *Dicionário Histórico de Minas Gerais:* período colonial. 3. ed. Belo Horizonte: Autêntica, 2013, p. 374-376.

ANCHIETA, J. *Arte da gramática da língua mais falada no Brasil*. Apresentação de Fernando Peres. 5. ed. Salvador: Edufba, 2014 [1. ed., 1595].

ANDRÄ, H. & FALCÃO, E.C. *Americae praeterita eventa*. São Paulo: USP, MCMLXVI.

ANDREONI, J.A. [André João Antonil]. *Cultura e opulência do Brasil*. São Paulo: Nacional, 1967 [Com o estudo "João Antônio Andreoni e sua obra" e um "Vocabulário e expressões usados em Cultura e opulência do Brasil", de Alice Piffer Canabrava].

ANTONIL, A.J. [João Antonio Andreoni]. *Cultura e opulência do Brasil por suas drogas e minas*. Introdução e notas de Andrée Mansuy Diniz Silva. São Paulo: Edusp, 2007.

_____. *Cultura e opulência do Brasil*. 3. ed. Belo Horizonte/São Paulo: Itatiaia/USP, 1982 [Texto confrontado com o da 1. ed. de 1711; com o estudo bibliográfico de Affonso E. Taunay; nota bibliográfica de Fernando Sales; vocabulário e índices antroponímico, toponímico e de assuntos de Leonardo Arroyo].

ARARIPE, T.A. *História da província do Ceará*: desde os tempos primitivos até 1850. 3. ed. Fortaleza: Demócrito Rocha, 2002 [1. ed., 1867].

AZEVEDO, A.C.A. *Dicionário de Nomes, Termos e Conceitos Históricos*. Rio de Janeiro: Nova Fronteira, 1999.

BARATA, C. *Sentinela da liberdade e outros escritos (1821-1835)*. Organização e edição Marco Morel. São Paulo: Edusp, 2008.

BARBOSA, R. Discursos parlamentares. In: *Obras completas*. Vol. XLI. T. III. Rio de Janeiro: Ministério da Educação e Cultura/Casa de Rui Barbosa, 1914.

BARBOSA, W.A. *Dicionário Histórico-geográfico de Minas Gerais*. Belo Horizonte/Rio de Janeiro: Itatiaia 1995.

BARLÉU, G. *História dos fatos recentemente praticados durante oito anos no Brasil*. Belo Horizonte/São Paulo: Itatiaia/USP, 1974.

BARROS, H.G. *História da administração pública em Portugal nos séculos XII a XV*. 12 vol. 2. ed. dirigida por Torquato de Souza Soares. Lisboa: Sá da Costa, 1945-1950, 12 v. [1. ed., 1885-1922].

BERTONHA, J.F. 26 de março de 1902: imigração no Brasil. In: BITTENCOURT, C. (org.). *Dicionário de Datas Históricas do Brasil* [verbete]. São Paulo: Contexto, 2012, p. 69-72.

BITTENCOURT, C. (org.). *Dicionário de Datas históricas do Brasil*. São Paulo: Contexto, 2012.

BLACKBURN, S. *Dicionário Oxford de filosofia*. Rio de Janeiro: Zahar, 1997.

BOBBIO, N.; MATTRUCCI, N. & PASQUINO, G. *Dicionário de Política*. 2 vol. 5. ed. Brasília/São Paulo: UnB/Imprensa Oficial do Estado, 2000.

BOTELHO, Â.V. & REIS, L.M. *Dicionário Histórico Brasil*: Colônia e Império. Belo Horizonte: [s.e.], 2001.

BRANDÃO, A.F. [atribuído a]. *Diálogo das grandezas do Brasil*. 2. ed. integral, segundo o apócrifo de Leiden; aumentada, por José Antônio Gonçalves Mello. Recife: Imprensa Universitária, 1966.

BRASIL/Câmara dos Deputados & GOVERNO DO ESTADO DE MINAS GERAIS. *Autos da devassa da Inconfidência Mineira*. 10 vol. 2. ed. Brasília/Belo Horizonte: Câmara dos Deputados; Governo de Minas Gerais/Imprensa Oficial, 1976-1983.

BURGUIÈRE, A. (org.). *Dicionário das Ciências Históricas*. Rio de Janeiro: Imago, 1993.

CALADO, M. *O Valeroso Lucideno e triunfo da liberdade*. 2 vol. 5. ed. Recife: Cepe, 2004 [1. ed., Lisboa, 1648].

CALMON, P. *Introdução e notas ao catálogo genealógico das principais famílias de Frei Jaboatão*. 2 vol. Salvador: Egba, 1985.

CALÓGERAS, P. *As minas do Brasil e sua legislação*. São Paulo: Nacional, 1939.

CARVALHO, P.H.H. *Primeiras linhas do direito agrário deste reino*. Lisboa: Impressão Régia, 1815.

CARVALHO, V.A.E. *Observações históricas e críticas sobre a nossa legislação agrária, chamada commumente das Sesmarias*. Lisboa: Impressão Régia, 1815.

CASAL, [Manuel] A. *Corografia brasílica*. São Paulo/Belo Horizonte: USP/Itatiaia, 1986 [1. ed., 1817].

CASCUDO, L.C. *Dicionário do Folclore Brasileiro*. 5. ed. [s.n.t.] [1. ed., 1954].

CASTRO, P.F. Tombo da Casa da Ponte, 1919 [Tombamento dos prédios arrendados situados no Sertão e Distrito da Villa de Santo Antônio do Urubu, Comarca da Jacobina]. In: *Anais do Apeb*, n. 34, 1957, p. 9-83. Salvador [Originais de 1819 no *Apeb* – Colonial e Provincial, 4.638].

_____. Tombamento dos prédios arrendados ou devolutos, situados no Sertão do Rio Pardo, pertencentes à Casa da Ponte. In: *Revista do IGHB*, LV, 1929, p. 431-485. Salvador [Originais de 1819 no IHGMG].

Catálogo de documentos sobre a Bahia, existentes na Biblioteca Nacional, doc. n. 783, p. 137, códice: II – 34, 5, 97. In: *Anais da Biblioteca Nacional*, vol. 68, 1949. Rio de Janeiro.

CHORDÁ, F.; MARTÍN, T. & RIVERO, I. *Diccionario de Términos históricos y afines*. Madri: Istmo, 2000.

COSTA, M.P. Relatório apresentado ao vice-rei Vasco Fernandes César, pelo mestre-de-campo-de-engenheiros Miguel Pereira da Costa, quando voltou da comissão em que fora ao Distrito das Minas do Rio das Contas, 15/02/1721. In: *Revista Trimestral de História e Geographia* ou *Jornal do Instituto Histórico e Geographico Brasileiro*, XVII, 17, abr./1843, p. 37-59. Rio de Janeiro [Cf. edição com introdução e notas em: NEVES, E.F. & MIGUEL, A. (orgs.). *Caminhos do Sertão*: ocupação territorial, sistema viário, e intercâmbios coloniais dos sertões da Bahia. Salvador: Arcádia, 2007, p. 25-58].

COUTINHO, A. & SOUZA, J.G. (orgs.). *Enciclopédia de Literatura Brasileira*. 2 vol. Rio de Janeiro: FAE, 1899.

COUTINHO, J.J.C.A. *Analyse sobre a justiça do resgate dos escravos da costa da África*. Lisboa: João Rodrigues Neves, M.DCCC.VIII [1808].

_____. *Ensaios económicos sobre o Commercio de Portugal e suas colônias*. Lisboa: Academia Real das Sciencia, M.DCCC.XVI [1816].

CUNHA, A.G. *Dicionário Etimológico Nova Fronteira da Língua Portuguesa*. Rio de Janeiro: Nova Fronteira, 1997.

D'ABBEVILLE, C. *História da missão dos padres capuchinhos na Ilha do Maranhão e terras circunvizinhas*. Belo Horizonte/São Paulo: Itatiaia/USP, 1975 [1. ed., 1612].

DEBRET, J.-B. *Viagem pitoresca e histórica ao Brasil*. 3 vol. Belo Horizonte/São Paulo: Itatiaia/Edusp, 1989.

DELGADO, J.Q. Roteiro de Quaresma. In: FREIRE, F. *História territorial do Brasil* – Edição fac-similar. Salvador: Secretaria da Cultura e Turismo/Instituto Geográfico e Histórico da Bahia, 1998. In: VIANNA, U. *Bandeiras e sertanistas baianos*. São Paulo: Nacional, 1935, p. 169-207. Apud NEVES, E.F. & MIGUEL, A. (Orgs.). *Caminhos do sertão*: ocupação territorial, sistema viário e intercâmbios coloniais dos sertões da Bahia. Salvador: Arcádia, 2007, p. 59-125.

DENIS, [Jean] F. *Brasil*. Belo Horizonte/São Paulo: Itatiaia/USP, 1980 [1. ed. francesa, 1838].

D'EVREUX, Y. *Continuação da história das coisas mais memoráveis do Maranhão nos anos de 1613 e 1614*. Brasília: Senado Federal, 2008.

Documentos históricos da Biblioteca Nacional. V. XIII, série XI. Rio de Janeiro: Biblioteca Nacional, 1929, p. 68-179.

Documentos para história do açúcar. V. 1 – Legislação (1534-1596). Rio de Janeiro: Serviço Especial de Documentação Histórica/Instituto do Açúcar e do Álcool, 1954.

ENGEL, M.G. Praieira [verbete]. In: VAINFAS, R. (org.). *Dicionário do Brasil Imperial (1822-1889)*. Rio de Janeiro: Objetiva, 2002, p. 588-590.

ETCHEVARNE, C. (org.). *Inventário de locais com vestígios arqueológicos do município de Morro do Chapéu, Bahia*. Salvador: Ipac/Fundo de Cultura, 2015.

EXPILLY, C. *Mulheres e costumes do Brasil*. Belo Horizonte: Itatiaia, 2000 [1. ed. francesa, 1863].

FAIGUENBOIM, G.; VALADARES, P. & CAMPAGNANO, A. *Dicionário Sefaradi de sobrenomes*. São Paulo: Fraiha, 2003.

FARIA, S.C. Patriarcalismo. In: VAINFAS, R. (dir.). *Dicionário do Brasil Colonial, 1500-1808*. Rio de Janeiro: Objetiva, 2000, p. 470-471.

FLORES, M. *Dicionário do Tropeirismo*. Porto Alegre: Est, 2006.

_____. *Dicionário de História do Brasil*. 3. ed. Porto Alegre. EDIPUCRS, 2004.

FRANÇA, J.M.C. & RAMINELLI, R. *Andanças pelo Brasil colonial*: catálogo comentado (1503-1808). São Paulo: Unesp, 2009.

FRANCO, F.A.C. *Dicionário de Bandeirantes e Sertanistas do Brasil*: século XVI, XVII, XVIII. Belo Horizonte/São Paulo: Itatiaia/Edusp, 1989.

FREIRE, F. *História territorial do Brasil* (Bahia, Sergipe e Espírito Santo). Rio de Janeiro: Jornal do Commercio, 1906 [Edição fac-similar. Salvador: Secretaria da Cultura e Turismo/Instituto Geográfico e Histórico da Bahia, 1998].

GAMA, J.B.F. *Memórias históricas da Província de Pernambuco*. 6 vol. 2. ed. fac-similar da 1. ed., 1844-1848. Recife: Secretaria da Justiça/Arquivo Público Estadual, 1977.

GÂNDAVO, P.M. *A primeira história do Brasil – História da Província de Santa Cruz a que vulgarmente chamamos de Brasil*. Modernização do texto original de 1576 e notas, Sheila Moura Hue, Ronaldo Menegaz; revisão das notas botânicas e zoológicas, Ângelo Augusto dos Santos; prefácio, Cleonice Berardinelli. Rio de Janeiro: Zahar, 2004.

GONZÁLES MARTÍNEZ, E.E. *Guia de fontes manuscritas para a história do Brasil conservadas em Espanha*. Madri: Fundación Mapfre Tavera, 2002.

GOUVÊA, M.F.S. Governo Geral. In: VAINFAS, R. (dir.). *Dicionário do Brasil Colonial (1500-1808)*. Rio de Janeiro: Objetiva, 2000, p. 265-267.

GOUVEIA, M.F.S. Guerra dos Emboabas. In: VAINFAS, R. (dir.). *Dicionário do Brasil Colonial (1500-1508)*. Rio de Janeiro: Objetiva, 2000, p. 270-272.

GRAHAM, M. *Escorço biográfico de dom Pedro I*. Rio de Janeiro: Cadernos da Biblioteca Nacional, 2010.

_____. *Diário de uma viagem ao Brasil*. Belo Horizonte/São Paulo: Itatiaia/USP, 1990.

GUIMARÃES, L. Pedro de Araújo Lima (Marquês de Olinda). In: VAINFAS, R. (Org.). *Dicionário do Brasil Imperial (1822-1889)* [verbete]. Rio de Janeiro: Objetiva, 2002, p. 572-573.

HABSBURGO, M. *Bahia, 1860*: esboço de uma viagem. Rio de Janeiro: Tempo Presente, 1982.

HOUAISS, A. & VILAR, M.S. *Dicionário Houaiss da Língua Portuguesa*. Rio de Janeiro: Objetiva, 2009.

IBGE (Instituto Brasileiro de Geografia e Estatística). *Mapa etno-histórico de Curt Nimuendaju*. Rio de Janeiro: Instituto Brasileiro de Geografia e Estatística/Fundação Nacional Pró-Memória, 1987/2002.

IHGB (Instituto Histórico e Geográfico Brasileiro). *Dicionário Histórico, Geographico e Etnographico do Brasil* – Vol. I: Introdução Geral [Brasil]; Vol. II: Estados. Rio de Janeiro: Imprensa Nacional, 1922.

LEITE, J.R.T. *Dicionário Crítico da Pintura no Brasil*. Rio de Janeiro: Artelivre, 1988.

LEME, P.T.A.P. *História da capitania de São Vicente.* Brasília: Senado Federal, 2004 [Manuscrito de 1772, com um escorço biográfico do autor por Afonso de E. Taunay].

_____. *Nobiliarquia paulistana histórica e genealógica.* 3 vol. 5. ed. Belo Horizonte: Itatiaia/São Paulo: Edusp, 1980 [1. ed., *Nobiliarchia paulistana: genealogia das principais famílias de S. Paulo (Manuscrito de 1742).* In: *Revista Trimestral do IGHB, t. XXXII, p. 175-200 e 209-226. T. XXXIII, 1ª parte, p. 5-112, 157-240; 2ª parte, p. 27-185, 249-335. T. XXXIV, 1ª parte, p. 5-15, 141-253; 2ª parte, p. 5-46, 129-194. T. XXXV, 1ª parte, p. 5-132, 243-384; 2ª parte, p. 5-79. Rio de Janeiro, 1869-1872].*

_____. *Informação sobre as Minas de S. Paulo* – A expulsão dos jesuítas do collegio de S. Paulo. São Paulo: Melhoramentos, [editado entre 1929 e 1934] [1. ed., *Informação sobre as minas de S. Paulo e dos sertões da sua capitania, desde o ano de 1587...* (manuscrito de 1772)] [Notícia histórica da expulsão dos jesuítas do Colégio de São Paulo em 1640 (Manuscrito de 1768)]. In: *Revista Trimestral do IGHB, t. XII, 1850, p. 5-40, 1850.* Rio de Janeiro].

LEMOS, M.M. *Dicionário de História Universal.* Mira-Sintra/Mem Martins: Inquérito, 2001.

LÉRY, J. *Viagem à terra do Brasil* (1576). Belo Horizonte: Itatiaia, 2007.

LIMA JÚNIOR, A. *A Capitania de Minas Gerais.* Belo Horizonte/São Paulo: Itatiaia/Edusp, 1978.

LINDLEY, T. *Narrativa de uma viagem ao Brasil.* São Paulo: Nacional, 1969 [1. ed., Londres, 1805].

LISBOA, J.F. *Crônica do Brasil colonial*: apontamentos para a história do Maranhão. Introdução de Peregrino Júnior e Graça Aranha. Petrópolis/Brasília: Vozes/INL, 1976.

LOBÃO, M.A.S. *Tratado prático de morgados.* Lisboa: Impressão Régia, 1814.

LOPES, N. *Dicionário Banto do Brasil.* Rio de Janeiro: Secretaria Municipal de Cultura, 1996.

_____. *Crónica do Senhor rei dom Fernando, nono rei destes regnos.* 4. ed. integral. Porto: Civilização, 19?? [Reprodução da 1. ed., de 1436-1443].

MACEDO, J.R. *Fazendas de gado no Vale do São Francisco.* Rio de Janeiro: Serviço de Informação Agrícola do Ministério da Agricultura, 1952.

MACHADO FILHO, A.V.L. *Dicionário Etimológico do Português Arcaico.* Salvador: Edufba, 2013.

MADRE DE DEUS, Frei G. *Memórias para a história da Capitania de S. Vicente.* Brasília: Senado Federal, 2010 [1. ed., 1797].

MAGALHÃES, B. *Expansão geográfica do Brasil colonial.* 4. ed. São Paulo/Brasília: Nacional/INL, 1978 [1. ed., 1914].

MATTOS, R.J.C. *Corografia histórica da província de Minas Gerais.* 2 vol. 2. ed. Belo Horizonte: Imprensa Oficial, 1979 [1. ed. 1837].

_____. *Corografia histórica de Goiás.* Brasília: Sudeco, 1979 [1. ed., 1824].

MORAES, A.J.M. *História da transladação da corte portuguesa para o Brasil em 1807.* Rio de Janeiro: Casa Imperial de E. Dupont, 1872, p. 67.

MORENO, D.C. [Autor presumível]. *Livro que dá razão do Estado do Brasil.* Ed. crítica de Hélio Vianna, (1908-1972). Recife: Comissão Organizadora e Executiva das Comemorações do Tricentenário da Restauração Pernambucana/Arquivo Público Estadual, 1955.

MOURA, C. *Dicionário da escravidão negra no Brasil.* São Paulo: Edusp, 2004.

MOURA, W.T. *História da formação e vida de Palmas de Monte Alto.* Palmas de Monte Alto: [Ed. do autor], 1996.

NANTES, M. *Relação de uma missão no São Francisco.* 2. ed. São Paulo: Nacional, 1979 [1. ed., 1706].

NEVES, G.P. Barroco. In: VAINFAS, R. (dir.). *Dicionário do Brasil Imperial (1822-1889).* Rio de Janeiro: Objetiva, 2000, p. 68-70.

NEVES, L.B.P. Francisco Gomes da Silva [Chalaça]. In: VAINFAS, R. [org.]. *Dicionário do Brasil Imperial (1822-1889)* [verbete]. Rio de Janeiro: Objetiva, 2002, p. 292-293.

PADRON, F.M. *Atlas Histórico Cultural de América* – Las Palmas de Gran-Canarias: Comisión de Canarias para la Conmemoración del V Centenario del Descubrimiento de América. 2 vol. Consejería de Cultura y Deportes/Gobierno de Canarias, 1988.

PERRONE-MOISÉS, B.R. Apud SILVA, M.B. (coord.). *Dicionário da História da Colonização Portuguesa no Brasil.* Lisboa/São Paulo: Verbo, 1994, p. 698-699.

PIEDADE, [Amaro] L. *Histórico e relatório do Comitê Patriótico da Bahia (1897-1901).* 2ª ed. Apresentação, notas e projeto gráfico Antônio Olavo. Salvador: Portfolium, 2002 [1. ed., 1901].

PIRES, S.R. *Raízes de Minas.* Montes Claros: [Ed. do autor], 1979.

PITA, S.R. *Tratado político (1715).* Estudo introdutório, transcrição, índices, notas e esclarecimento de Eduardo Sinkevisque. São Paulo: Edusp, 2014.

_____. *História da América Portuguesa.* Apresentação de Mário Guimarães, Ferri; apresentação e notas de Pedro Calmon. Belo Horizonte/São Paulo: Itatiaia/USP, 1996 [1. ed., 1730].

PORTUGAL/Ordenações do Reino. *Ordenações del-Rei Dom Duarte* – Reprodução do Cód. 9.164 dos Reservados da BNL. 2 vol. Lisboa: Fundação Calouste Gulbenkian, 1988.

_____. *Leis Extravagantes e Repertório das Ordenações de Duarte Nunes Leão* – Reprodução fac-similar da edição "princeps", de 1569. Lisboa: Fundação Calouste Gulbenkian, 1987.

_____. *Ordenações Filipinas* – Reprodução fac-similar da edição de Cândido Mendes de Almeida, Rio de Janeiro, 1870. 3 vol. Lisboa: Fundação Calouste Gulbenkian, 1985.

_____. *Ordenações Afonsinas* – Nota de apresentação de Mário Júlio de Almeida Costa. Lisboa: Fundação Calouste Gulbenkian, 1984.

_____. *Ordenações Manuelinas* – Reprodução fac-similar da edição da Real Imprensa da Universidade de Coimbra, 1797. 5 vol. Lisboa: Fundação Calouste Gulbenkian, 1984.

_____. *Auxiliar jurídico. Apêndice às Ordenações Filipinas*. Lisboa: Fundação Calouste Gulbenkian, 1985 [Reprodução fac-similar da 14. ed. Cândido Mendes de Almeida. 2 vol. Rio de Janeiro: Instituto Philomathico, 1869].

PREFEITURA MUNICIPAL DE SALVADOR. *Album-lembrança da Exposição Icnográfica e Bibliográfica Baiana* (Realizada entre 05/02/1946 e 05/01/1950 nos salões do paço do Saldanha). Salvador: Prefeitura Municipal do Salvador, 1951.

RAMINELLI. R. Invasões Francesas. In: VAINFAS, R. (dir.). *Dicionário do Brasil Colonial (1500-1808)*. Rio de Janeiro: Objetiva, 2000, p. 112-114.

RAU, V. & SILVA, M.F.G. *Os manuscritos do Arquivo da Casa de Cadaval respeitantes ao Brasil*. 2 vol. Coimbra: Acta Universitatis Conimbrigensis, 1955.

REZENDE, M.B.; GRIECO, B.; TEIXEIRA, L. & THOMPSON, A. (orgs.). *Dicionário Iphan de Patrimônio Cultural* [verbete]. Rio de Janeiro/Brasília: Iphan/DAF/Copedoc, 2015.

ROCHA, J.J. *Geografia histórica da Capitania de Minas Gerais* – Descrição geográfica topográfica, histórica e política da Capitania de Minas Gerais; Memória da Capitania de Minas Gerais; Estudo crítico de Maria Efigênia Lage de Resende. Belo Horizonte: Fundação João Pinheiro/CEHC, 1995.

ROMEIRO, A. Guerra dos Emboabas. In: ROMEIRO, A. & BOTELHO, Â.V. *Dicionário Histórico das Minas Gerais*: período colonial. 3. ed. rev. e ampl. Belo Horizonte: Autêntica, 2013.

RUGENDAS, J.M. [Johann Moritz Rugendas]. *Viagem pitoresca através do Brasil*. 5. ed. São Paulo: Martins, 1954, p. 85-87.

SALGADO, G. (coord.). *Fiscais e meirinhos*: a administração no Brasil colonial. Rio de Janeiro: Arquivo Nacional/Nova Fronteira, 1985.

SAMPAIO, T. *O tupi na geografia nacional*. 5. ed. São Paulo/Brasília: Nacional/INL, 1987 [1. ed. 1901].

SANTOS, J.F. *Memórias do Distrito Diamantino da comarca do Serro Frio*. 4. ed. Belo Horizonte/São Paulo: Itatiaia/Edusp, 1976 [1. ed., 1868].

SANTOS, M. *Monarchia lusitana*. Lisboa, 1727. l. 22, cap. 19, tom. 8. BNL. RES. 1.277 v.

SCISÍNIO, A.E. *Dicionário da Escravidão*. Rio de Janeiro: Léo Christiano, 1997.

SILVA, F.G. [O Chalaça]. *Memórias*. Rio de Janeiro: Souza, 1959.

SILVA, I.A.C. *Memórias históricas e políticas da Província da Bahia*. 6 vol. 2. ed. anot., Brás do Amaral. Salvador: Imprensa Oficial do Estado, 1919-1940 [1. ed., *Memórias históricas da Bahia*, 1835-1852].

_____. *Corografia paraense, ou descripção física, histórica e política da Província do Grão-Pará*. Salvador: Diário, 1833 [Disponível em https://archive.org/stream/corografiaparae00silvgoog/corografiaparae00silvgoog_djvu.txt – Acesso em 02/06/2017].

SILVA, K. & SILVA, M.H. Judaísmo. In: *Dicionário de Conceitos Históricos*. São Paulo: Contexto, 2005.

SILVA, M.B.N. (coord.). *Dicionário da História da Colonização Portuguesa no Brasil*. Lisboa/São Paulo: Verbo, 1994.

SOUTHEY, R. *História do Brasil*. 3 vol. 6. ed. bras. São Paulo/Belo Horizonte: USP/Itatiaia, 1981.

SOUZA, G.S. *Notícias do Brasil (1587)*. 2 vol. São Paulo: Martins, [s.d.].

SPIX, J.B. [SPIX & MARTIUS]. *Através da Bahia*. Salvador: Imprensa Oficial, 1928 [reeditada pela Assembleia Legislativa da Bahia em 2016].

_____. *Viagem pelo Brasil, 1817-1820*. 3 vol. Belo Horizonte/São Paulo: Itatiaia/Edusp, 1981.

STADEN, H. *Duas viagens ao Brasil*: arrojadas aventuras no século XVI entre antropófagos do Novo Mundo. São Paulo: Sociedade Hans Staden, 1941.

STOPPINO, M. Poder. In: BOBBIO, N.; MATTRUCCI, N. & PASQUINO, G. *Dicionário de Política*. Vol. II. 5. ed. Brasília/São Paulo: UnB/Imprensa Oficial do Estado, 2000, p. 933-943.

TAUNAY, C.A. *Manual do agricultor brasileiro*. Organização de Rafael Bivar Marquese. São Paulo: Companhia das Letras, 2001.

_____. *Manual do agricultor brasileiro*. Rio de Janeiro: J. Valleneuve, 1838.

TEDIM, J.M. Barroco. In: SILVA, M.B.N. (coord.). *Dicionário da História da Colonização Portuguesa no Brasil*. Lisboa/São Paulo: Verbo, 1994.

TEIXEIRA, L. [suposto autor]. *Roteiro de todos os sinais na costa do Brasil* – Edição comemorativa do V centenário de Pedro Álvares Cabral. Rio de Janeiro: Instituto Nacional do Livro, 1968 [Reprodução fac-similar do ms. 51-V-38 da Biblioteca da Ajuda; leitura diplomática; comentários e índice de vocábulos. Edição preparada por Max Justo Guedes].

THEVET, A. *Singularidades da França Antártica a que outros chamam de América*. São Paulo: Nacional, 1944 [1. ed., Paris, 1557].

TOLLENARE, L.F. *Notas dominicais tomadas durante uma viagem em Portugal e no Brasil em 1816, 1817 e 1818*. Salvador: Progresso, 1956.

VAINFAS, R. *Dicionário do Brasil Colonial*. Rio de Janeiro: Objetiva, 2000.

VALLADARES, C.P. & MELLO FILHO, L.E. *Albert Eckhout* – Pintor de Maurício de Nassau no Brasil, 1634-1644. Rio de Janeiro/Recife: Livroarte, 1981.

VIANNA, U. *Bandeiras e sertanistas baianos.* São Paulo: Nacional, 1935.

VIDE, S.M. *Constituições Primeiras do Arcebispado da Bahia.* 3. ed. Brasília: Senado Federal, 2007 [1. ed., 1707] [Reprodução fac-similar da 2. ed., de 1853] [Recomenda-se a edição com estudo introdutório de Bruno Fleitler e Evergton Sales Souza; edição de István Jankśo e Pedro Puntoni. São Paulo: USP, 2010, tít. II, n. 3, p. 126-127].

VILHENA, L.S. *Cartas de Vilhena* – Notícias soteropolitanas e brasílicas. 2. ed. Rio de Janeiro: Arquivo Nacional, 1987 [Original de 1802. 1. ed. *Recopilação de notícias soteropolitanas e brasílicas contidas em 20 cartas, que da cidade de Salvador, Bahia de Todos os Santos escreve um a outro amigo em Lisboa.* 2 vol. Bahia: Imprensa Oficial do Estado, 1921].

VITERBO, J.S.R. *Elucidário das palavras, termos e frases que em Portugal antigamente se usaram e que hoje regularmente se ignoram.* 2 vol. Ed. crítica de Mário Fiúza. Porto/Lisboa: Civilização, 1966 [1. ed., 1789 e 1799].

VITERBO, S. *Dicionário histórico e documental dos arquitectos, engenheiros e construtores portugueses.* 2 vol. Lisboa: Imprensa Nacional/Casa da Moeda, 1988 [Reprodução em fac-símile da edição de 1904, da Biblioteca da INCM].

WEHLING, A. Repartição Sul. In: SILVA, M.B.N. (coord.). *Dicionário da História da Colonização Portuguesa no Brasil.* Lisboa/São Paulo: Verbo, 1994, p. 698.

WIED, M. [Maximiliano, príncipe de Wied-Neuwied]. *Viagem ao Brasil nos anos de 1815 a 1817.* São Paulo/Belo Horizonte: USP/Itatiaia, 1989 [1. ed., Frankfurt, 1820].

WRIGHT, E. & LAW, J. *Dicionário de História do Mundo.* Belo Horizonte: Autêntica, 2013.

ZURARA, G.E. *Crónica dos feitos da Guiné* (1453). Lisboa: Alfa, 1989.

Monografias, dissertações e teses inéditas

ABUD, K.M. *O sangue intimorato e as nobilíssimas tradições*: a construção de um símbolo paulista: o bandeirante. São Paulo: USP, 1985 [Tese de doutorado].

ADAN, C.F.F. *Colonial comarca dos Ilhéus*: soberania e territorialidade na América Portuguesa (1763-1808). Salvador: Ufba, 2009 [Dissertação de mestrado].

ANDRADE, M.C.O. *A pecuária no agreste pernambucano.* Recife: Ufpe, 1961 [Tese de doutorado].

BARROS, M.R.M. "*Germes de grandeza*": Antônio Ladislau Monteiro Baena e a descrição de uma província do Norte durante a formação do Império brasileiro (1823-1850). Belém: Ufpa, 2006 [Dissertação de mestrado].

BATISTA, F.A. *Os tratados de Methuen de 1703*: guerra, portos, panos e vinho. Rio de Janeiro: UFRJ, 2014 [Dissertação de mestrado].

BEHRENS, R.H. *A capital colonial e a presença holandesa de 1624-1625*. Salvador: Ufba, 2004 [Dissertação de mestrado].

BEZERRA, M.J. *Invenções do Acre*: de Território a Estado – Um olhar social... São Paulo: USP, 2006 [Tese de doutorado].

CAMPOS, S.M.M. *O espaço brasileiro e o processo de produção do espaço no Acre*. São Paulo: USP, 2004 [Tese de doutorado].

CARDOSO, A.P. *Havia alguma sombra da forma antiga das minas*: memória e rebelião no sertão do rio São Francisco, Minas Gerais, 1736. Franca: Unesp, 2013 [Dissertação de mestrado].

COELHO, H.B. "Authoridades" e "anarchistas" no "império da desordem": conflitos e reconfigurações do poder dominante na Bahia da guerra à consolidação da Independência. Salvador: Ufba, 2004 [Dissertação de mestrado].

COSTA, A.S. *Os secretários e o estado do rei*: luta de corte e poder político, séculos XVI-XVII. Lisboa: Universidade Nova de Lisboa [Dissertação de mestrado].

COSTA, C.R. *O príncipe Maximiliano de Wied-Neuwied e sua viagem ao Brasil (1815-1817)*. São Paulo: USP, 2008 [Dissertação de mestrado].

COSTA, M.R. *A implosão da ordem*: a crise final do Império e o Movimento Republicano Paulista. São Paulo: USP, 2006 [Dissertação de mestrado].

DIAS, A.A. *A malandragem da mandinga*: o cotidiano das capoeiras em Salvador na República Velha. Salvador: Ufba, 2004 [Dissertação de mestrado].

DIAS, C.M.M. *O outro lado da história*: o processo de Independência do Brasil visto do Piauí, 1789-1859. Rio de Janeiro: UFRJ, 1999 [Tese de doutorado].

FIGUEIREDO, L.R.A. *Revoltas, fiscalidade e identidade colonial na América portuguesa*: Rio de Janeiro, Bahia e Minas Gerais, 1640-1761. São Paulo: USP, 1996 [Tese de doutorado].

GALINDO, M. O governo das almas: a expansão colonial no país dos tapuias, 1651-1798. Leiden University, 2004 [Tese de doutorado]. In: MONTE, E. & SILVA, E. *Índios no Nordeste*: informações sobre os povos indígenas, 2012, p. 31-40 [Disponível em http://www.indiosnonordeste.com.br – Acesso em 24/02/2016].

GUERRA, S.A.D. *Canudos/Belo Monte*: imagens contando história. São Paulo: PUC, 2005 [Tese de doutorado].

GUERRA FILHO, S.A.D. *O povo e a guerra*: participação das camadas populares nas lutas pela Independência do Brasil na Bahia. Salvador: Ufba, 2004 [Dissertação de mestrado].

HENRIQUE, J.S. *A feira de Capoame*: pecuária, territorialização e abastecimento. São Paulo: USP, 2014 [Dissertação de mestrado].

JANCSÓ, I. *Contradições, tensões, conflitos*: a inconfidência baiana de 1798´. Niterói: UFF, 1975 [Livre docência].

LARA, S.H. *Palmares & Cucaú*: o aprendizado da dominação. Campinas: Unicamp, 2009 [Tese de doutorado].

LEAL, L.A.P. *"Deixai a política da capoeiragem gritar"* – Capoeiras e discursos de vadiagem no Pará Republicano (1888-1906). Salvador: Ufba, 2002 [Dissertação de mestrado].

LIMA, L.D.B. *Os motins políticos de um ilustrado liberal*: história, memória e narrativa na Amazônia em fins do século XIX. Belém: Ufpa, 2010 [Dissertação de mestrado].

LOPES, F.M. *Em nome da liberdade*: as vilas de índios do Rio Grande do Norte sob o diretório pombalino no século XVIII. Recife: Ufpe, 2005 [Tese de doutorado].

LOPES, R.F. *Nos currais do matadouro público*: o abastecimento de carne verde em Salvador no século no século XIX (1830-1873). Salvador: Ufba, 2009 [Dissertação de mestrado].

LUNA FILHO, P.E. *Peter Wilhelm Lund*: o auge das suas investigações e a razão para o término das suas pesquisas. São Paulo: USP, 2007 [Tese de doutorado].

LUSO, D.L. Registros rupestrees da área arqueológica de Sobradinho, Ba: estudo cenográfico do Boqueirão do Brejo de Dentro. Recife: Ufpe, 2005 [Dissertação de mestrado].

MACEDO, A.M.C. *As corografias e a cultura histórica oitocentista*. Rio de Janeiro: UFRJ, 2007 [Dissertação de mestrado].

MEDRADO, J. *Do pastoreio à pecuária*: a invenção da modernização rural nos sertões do Brasil Central. Niterói: UFF, 2013 [Tese de doutorado].

MENDES, L.P. *O serviço de armas nas guerras contra Palmares*: expedições, soldados e mercês (Pernambuco, segunda metade do século XVII). Campinas: Unicamp, 2013 [Dissertação de mestrado].

MESQUITA, S.V. *Ensino militar naval*: Escola de Aprendizes de Marinheiros do Ceará (1864-1889). Fortaleza: Ufce, 2016 [Tese de doutorado].

MONTEIRO, V.S.V. *Canudos*: as crianças do sertão como butim de guerra. Rio de Janeiro: PUC, 2007, p. 78-101 [Dissertação de mestrado].

NEVES, E.F. *Posseiros, rendeiros e proprietários*: estrutura e dinâmica agromercantil no Alto Sertão da Bahia (1750-1850). Recife: Ufpe, 2003 [Tese de doutorado].

NEVES, J.B.B. *Colonização e resistência no Paraguaçu – Bahia, 1530-1678*. Salvador: Ufba, 2008 [Dissertação de mestrado].

OLIVEIRA, J.P. *Pelas ruas da Bahia*: criminalidade e poder no universo dos capoeiras na Salvador Republicana (1912-1937). Salvador: Ufba, 2004 [Dissertação de mestrado].

PEREIRA, A.P. *Domínios e Império*: o Tratado de Amizade e Aliança de 29 de agosto de 1825 e a Guerra da Cisplatina na construção do Estado no Brasil. Niterói: UFF, 2007 [Dissertação de mestrado].

PESSOA, Â.E.S. *As ruínas da tradição: a Casa da Torre de Garcia d'Ávila* – Família e prosperidade no Nordeste colonial. São Paulo: USP, 2003 [Tese de doutorado].

PINHO, S.O.C. *Alberto Torres*: uma obra, várias leituras. Belo Horizonte: UFMG, 2007 [Dissertação de mestrado].

PIRES, M.I.C. *Resistência indígena nos sertões nordestinos no pós-conquista territorial*: legislação, conflito e negociação nas vilas pombalinas, 1774-1823. Recife: Ufpe, 2004 [Tese de doutorado].

QUEIROZ, B.M. Raimundo José da Cunha Mattos (1776-1839): "A pena e a espada a serviço da pátria". Juiz de Fora: UFJF, 2009 [Dissertação de mestrado em História].

RIBEIRO, E.S. *O Conselho de Estado de D. Pedro I*: um estudo da política e da sociedade do Primeiro Reinado (1826-1831). Niterói: UFF [Dissertação de mestrado].

RODRIGUES, N.B. *Caminhos do Império*: a trajetória de Raimundo José da Cunha Mattos e o contexto da consolidação da independência do Brasil. Brasília: UnB, 2008 [Tese de doutorado].

ROSA, D.L. *O mandonismo local na Chapada Diamantina*. Salvador: Ufba, 1973 [Dissertação de mestrado].

SANTOS, F.L.M. *Entre honras, heróis e covardes*: invasões francesas e disputas político-familiares (Rio de Janeiro, século XVIII). Niterói: UFF, 2012 [Dissertação de mestrado].

SANTOS, J.M. *Cultura e etnicidade dos povos indígenas do São Francisco afetados por barragens*: um estudo de caso dos Tuxá de Rodelas, Bahia. Salvador: Ufba, 2008 [Tese de doutorado].

SANTOS, L.L.S. *O método mímico-gestual de Lamaire*: os "Meios Educativos *Jean Qui Rit*" em crianças disléxicas, disgráficas ou com atraso na leitura e na escrita. Lisboa: Escola Superior de Educação João de Deus, 2015 [Dissertação de mestrado].

SANTOS, L.M. *Resistência indígena e escrava em Camamu no século XVII*. Salvador: Ufba, 2004 [Dissertação de mestrado].

SANTOS, P.V.P. *Trabalhar, defender e viver em Salvador no século XVI*. Salvador: Ufba, 2004 [Dissertação de mestrado].

SANTOS, S.N.A. *Conquista e resistência dos Payayá no sertão das Jacobinas*: Tapuias, Tupi, colonos e missionários (1651-1706). Salvador: Ufba, 2011 [Dissertação de mestrado].

SIERING, F.C. *Conquista e dominação dos povos indígenas*: resistência nos sertões dos maracás, 1650-1701. Salvador: Ufba, 2008 [Dissertação de mestrado].

SILVA, L.F.L. *Regalismo no Brasil colonial*: a Coroa Portuguesa e a Província de Nossa Senhora do Carmo do Rio de Janeiro (1750-1808). São Paulo: USP, 2013 [Dissertação de mestrado].

SILVA, M.R.S. *Independência ou morte em Salvador*: o cotidiano da capital da Bahia no contexto do processo de independência brasileiro (1821-1822). Salvador: Ufba, 2012 [Dissertação de mestrado].

SIMÕES FILHO, A.M. *Política de abastecimento da economia mercantil*: o Celeiro Público da Bahia (1785-1866). Salvador: Ufba, 2011 [Tese de doutorado].

SLEMIAN, A. *Sob o império das leis*: constituição e unidade nacional na formação do Brasil (1822-1834). São Paulo: USP, 2008 [Tese de doutorado].

SOUSA, M.A.S. *Bahia*: de capitania a província, 1808-1823. São Paulo: USP, 2008 [Tese de doutorado].

SOUZA FILHO, A.R. *A guerra de Independência da Bahia*: manifestações políticas e violência na formação do Estado Nacional (Rio de Contas e Caetité). Salvador: Ufba, 2003 [Dissertação de mestrado].

STELLING, L.F.P. *"Raças humanas" e raças biológicas em livros didáticos de Biologia de Ensino Médio*. Niterói: UFF, 2007 [Dissertação de mestrado].

TOLEDO, M.F.M. *Desolado sertão*: a colonização portuguesa do sertão da Bahia (1654-1702). São Paulo: USP, 2006 [Tese de doutorado].

VIEIRA, A.R.A. *Família escrava e pecuária*: revisão historiográfica e perspectivas de pesquisa. São Paulo: USP [Dissertação de mestrado].

Estudos de divulgação eletrônica

AFONSO, G. B. & NADAL, C.A. Arqueoastronomia no Brasil. In: MATSUURA, O.T. (org.). *História da astronomia no Brasil* – Vol. I: Brasil holandês. Recife: Mast/MCTI/Cape/Secretaria de Ciência e Tecnologia de Pernambuco, 2014 [Disponível em http://www.mast.br/pdf_volume_1/-Arqueoastrono mia_no_Brasil_Germano_Afonso.pdf – Acesso em 28/04/2016].

ALENCAR, J. *Cartas sobre a Confederação dos Tamoyos*. São Paulo: Biblioteca Brasiliana Guita/José Mindlin [Disponível em http://www.brasiliana.usp.br/handle/1918/00175800# page/9/mode/1up – Acesso em 27/06/2017].

BACELAR, J. *Guerra de Canudos* [Disponível em http://www.historia-bahia.com/canudos. htm – Acesso em 22/01/2018].

BARATA, C.E.A. *Manifesto Republicano de 1870* – Subsídios biográfico-genealógicos [Disponível em http://www.cbg.org.br/novo/wp-content/uploads/2012/07/-manifesto-republicano.pdf – Acesso em 02/04/2017].

BARBOSA, R. *A transacção do Acre no Tratado de Petrópolis*. Rio de Janeiro: Jornal do Commercio, 1906 [Disponível em www.scielo.br/scielo.php?script= sci_arttext&pid=S0034-73292003000100005 – Acesso em 30/01/2018].

BIONDI, L. *Greve geral de 1917* [Disponível em http://atlas.fgv/verbetes/greve-geral-de-1917 – Acesso em 08/02/2018].

BONAFÉ, L. *Do Corolário Roosevelt à Doutrina Monroe* [Disponível em http://cpdoc.fgv.br/ sites/default/files/verbetes/primeira-republica/COROL%C3%81R – Acesso em 02/04/2017].

CALASANS, J. *O jaguncinho de Euclides* [Disponível em josecalasans.com/downloads/artigos/ 20.pdf – Acesso em 22/01/2018].

CASTANHA, A.P. A Introdução do Método Lancaster no Brasil: história e historiografia. In: *XI Anped Sul* – Seminário de Pesquisa em Educação da Região Sul, 2012 [Disponível em http://www.portalanpesul.com.br/admin/uploads/2012/Historia_ da_Educacao/Trabalho/04_34_ 32_1257-6384-1-PB.pdf – Acesso em 15/06/2017].

CINTRA, J.P.; COSTA, A.G. & OLIVEIRA, R.H. *O mapa do padre Cocleo*: uma análise cartográfica [Disponível em http://www.cartografia.org.br/ vslbch/trabalhos/73/87/o--mapa-do-padre-cocleo-16-09-2013_1379350586.pdf – Acesso em 28/05/2016].

CONTEL, F.B. As divisões regionais do IBGE no século XX (1942, 1970 e 1990). In: *Terra Brasilis (Nova Série)*, 3, 2014 [Disponível em http://journals.openedition.org/terrabrasilis/990 – Acesso em 06/02/2018].

ELTIS, D.; BEHRENDT, S.; RICHARDSON, D. & KLEIN, H. *The transatlantic slave trade, 1527-1867*: a database on CD-ROM. Nova York: Cambridge University Press, 1999 [Disponível em http://www.slavevoyages.org – Acesso em 28/05/2016].

ELTIS, D.; RICHARDSON, D.; KLEIN, H.S. et al. *The transatlantic slave trade*: a database on CD-ROM. Nova York: Cambridge University Press, 1999. Apud SILVA, D.B. Brasil e Portugal no comércio atlântico de escravos: um balanço histórico e estatístico. In: GUEDES, R. *África*: brasileiros e portugueses, séculos XVI-XIX. Rio de Janeiro: Mauad X, 2013, p. 49-66 [Disponível em www.slavevoyages.org – Acesso em 28/05/2016].

ELTIS, D. & RICHARDSON, D. (orgs.). *Extending the frontiers*: ensays on the New Transatlantic Slave Trade Datebase. New Haven/Londres: Yale University Press, 2008. Apud LOPES, G.A. Combates na história atlântica: a historiografia de Joseph E. Inikori. In: *História e Historiografia*, XII, ago./2013, p. 176-196. Ouro Preto [Disponível em doi:10.15848/hh.v0i12.494 – Acesso em 28/05/2016].

ESTÊVÃO, C. O ossuário da Gruta do Padre em Itaparica e algumas notícias sobre remanescentes indígenas do Nordeste. *Boletim do Museu Nacional*, XIV/XVII, 1938/1941, p. 151-240. Rio de Janeiro: Imprensa Nacional [1942, Biblioteca Digital Curt Nimuendaju] [Disponível em http://biblio.etnolinguistica.org/estevao_1942_ossuario / http://etnolinguistica.wdfiles.com/local-files/biblio%3Aestevao-1942-ossuario/estevao_1942_ossuario.pdf – Acesso em 23/12/2015].

FAGUNDES, L. *Participação brasileira na Primeira Guerra Mundial* [Disponível em http://cpoc.fgv.br/sites/default/files/verbetes/primeira_republica/PARTICIPA%C3%87%C3% 83O%20BRASILEIRA%20NA%20PRIMEIRA%20GUERRA%20MUNDIAL. Pdf – Acesso em 17/02/2018].

GOLA, W. *A bandeira em sua origem vocabular* [Disponível em file:///C:/Users/PC/Searches/ Downloads/66233-87619-1-PB.pdf – Acesso em 24/09/2016].

KERN, D.P.M. *Hanna Levy e sua crítica aos conceitos fundamentais de Wölfflin*. Porto Alegre: Universidade Federal do Rio Grande do Sul/Comitê de História, Teoria, Crítica de Arte [Disponível em http://anpap.org.br/anais/2015/comites/chtca/dani-ela_kern.pdf – Acesso em 11/08/2016].

KUHN, B. & ARÉVALO, R. *A Doutrina Monroe e suas influências*: impactos nas Américas [Disponível em http://www.repositorio.uniceub.br/bitstream/235/8848/1/01_A%20 Dou-tri na% 20M... – Acesso em 02/04/2017].

LOPES, F.M. *Índios, colonos e missionários na colonização do Rio Grande do Norte*. Natal: IGH/RN, 2004 [Ed. esp. para o Acervo Virtual Oswaldo Lamartine de Faria [Disponível em www.colecaomossoroense.org.br • file:///C:/Users/PC/Searches /Downloads/Estudos/Índios/LOPES,%20F,%20M.%20Indios-Colonos-e-Missionarios.pdf – Acesso em 10/02/2016].

LUVIZOTTO, C.K. *Cultura gaúcha e separatismo no Rio Grande do Sul*. São Paulo: Cultura Acadêmica/Programa de Publicações Digitais da Unesp, 2009 [Disponível em http://books.scielo.org/id/kkf5v/pdf/luvizotto-9788579830082.pdf – Acesso em 25/04/2016].

MATOS, O.N. *Algumas considerações sobre a Revolução Praieira* [Disponível em http://www.revistas.usp.br/revhistoria/article/viewFile/34822/37560 –. Acesso em 02/09/2017].

MATSUURA, O.T. Um observatório de ponta no Novo Mundo. In: MATSUURA, O.T. (org.). *História da astronomia no Brasil* – Vol. I: Brasil holandês. Recife: Mast/MCTI/Cape/Secretaria de Ciência e Tecnologia de Pernambuco, 2014, p. 151-196 [Disponível em http://www.mast.br/pdf_volu-me_1/um_observatorio_ponta_novo_mun-do.pdf – Acesso em 16/11/2016].

MELLO, J.C. *A historiografia literária e seu desejo de criar uma história da literatura*: dos autores estrangeiros a Antônio Cândido [Disponível em http://www.ebooks.pucrs. br/edipucrs/Ebooks/Web/978-85-397-0198-8/Trabalhos/51.pdf – Acesso em 31/03/2017].

NOVAES, A.R. *A Terra Brasilis* como terra incógnita [Disponível em http://revistacarbono. com/artigos/01a-terra-brasilis-como-terra-incognita/#sthash.4BwpRqbf.dpuf – Acesso em 25/04/2016].

OLIVEIRA, J.P. El nacimiento del Brasil: revisión de un paradigma historiográfico. In: *Corpus* – Archivos Virtuales de la Alteridad Americana, III, 1, jan.-jun./2013 [Disponível em URL: https://corpusarchivos.revues.org/192:DOI:10.4000/corpusarchivos.192 – Acesso em 29/06/2016].

PEREIRA, L. & CINTRA, J.P. *A precisão e a longitude de origem do mapa* Brasilia qua parte paret belgis, de George Marcgrave [Disponível em http://www.cartografia. org.br/vslbch/trabalhos/73/88a preci sao-c-a-longitude-de-origem-do-mapa-brasilia-qua-parte-paret-belgis-de-georg-marcgrave-re_1380223-318.pdf – Acesso em 10/11/2016].

PINA, M.G.G. *Cabanagem: "o vulcão da anarquia"?* [Disponível em http://www. 1uefs.br/hep/labirintos/edicor/01_2008/07_artigo_maria_da_graça_gomes_de_pina... – Acesso em 13/08/2017].

REIS, N.R.B. Motins políticos, de Domingos Antonio Raiol: memória e historiografia. In: *Intellectus* – Revista Acadêmica Digital, IV, 1, 2005, p. 1-10. Rio de Janeiro [Disponível em http://www2.uerj.br/~intellectus • http://www.e-publicacoes.uerj.br/index.php/intellectus/article/view/27593/19786 – Acesso em 13/08/2017].

RODYCZ, W.C. *O Juiz de Paz Imperial*: uma experiência de magistratura leiga e eletiva no Brasil [Disponível em https://www.tjrs.jus.br/export/poder_judiciario/historia/memorial_do_poder_judiciario/memorial_judiciario_gaucho/revista_justica_e_historia/issn _1676-5834/v3n5/doc/02-Wilson_Rodycz.pdf – Acesso em 11/08/2015].

SETEMY, A. *Liga Brasileira pelos Aliados* [Disponível em http://cpdoc.fgv.br/sites/default/fi les/verbetes/primeira_republica/LIGA%20BRASILEIRA%20PELOS%20ALIADO. pdf – Acesso em 17/09/2018].

SHCOLNIK, F. O lugar do "barroco" na historiografia literária brasileira. In: *Cadernos do CNLF*, X, 11: A estilística na obra literária [Disponível em http://www.filologia. org. br/xcnlf/11/13.htm –. Acessado em 30/08/2016].

SILVA, M.R.B. (coord.). *Viajando com Eckhout*: roteiros para viajantes-professores. Recife: Instituto Ricardo Brennand, 2002 [Disponível em http://www.artenaes-cola.org.br/eckhout/viajando-com-eckhout – Acesso em 11/02/2016].

VILAR, E.B. *Os olhos da história*: a cartografia, dos seus inícios às decisivas contribuições do português Planisfério Cantino (1502) [Disponível em http://bvg.udc.es/indice_ paginas.jsp... – Acesso em 25/04/2016].

WEHLING, A. Ocupação foi lenta nos dois primeiros séculos. In: *Folha de S. Paulo* – Folha On Line Brasil 1500 [Disponível em http://www1.folha.uol.com.br/fol/brasil500/imagens6 – Acesso em 11/08/2015].

Artigos de periódicos e textos de anais de eventos científicos

ABREU, M.A. In: *Geografia Histórica do Rio de Janeiro (1502-1700)*, vol. 1, 2010. Rio de Janeiro: Andrea Jakobsson Estúdio/Prefeitura do Município do Rio de Janeiro, 2010.

AGUIAR, A. A Tradição Agreste: estudo sobre arte rupestre em Pernambuco. In: *Clio Arqueológica*, III, 1986, p. 7-98. Recife.

ALBERTO, E. Longe de casa. In: *Revista de História da Biblioteca Nacional*, XIII, out./2006, p. 52-56. Rio de Janeiro.

ALCIDES, S. In: *Escritos Três* – Revista da Fundação Casa de Rui Barbosa, III, 3, 2009, p. 39-53. Rio de Janeiro.

ALMEIDA, R.B. Traços da economia da Bahia no último século e meio. In: *Planejamento*, vol. V, 4, out.-dez/1977, p. 19-54. Salvador.

A Malagueta, fev./1922 [não há indicação da data nem número do semanário baiano}. Apud RODRIGUES, J.H. *Independência*: revolução e contrarrevolução – Vol. IV: A liderança nacional. São Paulo/Rio de Janeiro: USP/Francisco Alves, 1975, p. 128.

_____, 05/06/1823. Apud: RODRIGUES, J.H. *Independência*: revolução e contrarrevolução – Vol. IV: A liderança nacional. São Paulo/Rio de Janeiro: USP/Francisco Alves, 1975, p. 127-128.

ANASTASIA, C. Extraordinário potentado: Manoel Nunes Viana e o motim de Barra do Rio das Velhas. In: *Locus* – Revista de História, III, 1, 1997, p. 98-107. Juiz de Fora.

ANDRADE, M.C. Brasil: globalização e regionalização. In: *Geographia* – Revista do Programa de Pós-Graduação em Geografia da UFF, III, 5, 2001. Niterói.

ANDRADE, O. Manifesto Antropófago. In: *Revista de Antropofagia*, I, 01/05/1928. São Paulo.

ARANTES, J.T. No rastro do povo de Luzia – Entrevista com Walter Neves. In: *Le Monde Diplomatique Brasil*, 13/11-20/12/2015.

ARAÚJO, J.S. O Piauí no processo de Independência: contribuições para a construção do 1823. In: *Clio* – Revista de Pesquisa Histórica, XXXIII, 2, dez./2015, p. 29-48. Recife.

ARAÚJO, R.B. Ronda noturna: narrativa, crítica e verdade em Capistrano de Abreu. In: *Estudos Históricos* 1, 1988, p. 28-54. Rio de Janeiro.

AZEVEDO, T.O.G. A economia baiana em torno de 1850. In: *Planejamento*, V, 4, out.-dez./1977, p. 7-18. Salvador.

BARBOSA, A.S. Projeto Serra Geral – Anais do I Simpósio de Pré-História do Nordeste. In: *Clio Arqueológica*, IV, 1987, p. 35-38. Recife.

BARBOSA, J.C. Discurso. In: *Revista Trimensal de História e Geographia ou Jornal do Instituto Histórico e Geographico Brasileiro*, I, 1, 1839, p. 9-17. Rio de Janeiro.

BAUMGARTEN, J. & TAVARES, A. O barroco colonizador: a produção historiográrico-artística no Brasil e suas principais orientações teóricas. In: *Perspective* – Actualité en histoire de l'art, Brasil, 2, 2013.

BELTRÃO, M. & LIMA, T.A. O Projeto Central Bahia: os Zoomorfos da Serra Azul e da Serra de Santo Inácio. In: *Revista do Patrimônio Histórico e Artístico Nacional*, XXI, 1986, p. 146-157. Rio de Janeiro.

BELTRÃO, M.C. & ZARONI, L. A região arqueológica de Central, Bahia – 1: Abrigo da Lesma, os artefatos líticos. In: *Clio Arqueológica*, I, 8, 1992, p. 7-33. Recife.

BELTRÃO, M.C. et al. Perspectivas arqueogeológicas do Projeto Central – Nota prévia. In: *Clio Arqueológica*, VI, 1, 1984, p. 15-26.

BERNARDES, N. As catingas. In: *Estudos Avançados*, XIII, 36, mai.-ago/1999, p. 69-78. São Paulo.

BONFIM, A.G. Donatarias na América Portuguesa pós-governos gerais: um estudo comparativo (c. 1556-c. 1565). In: *Anais do XXVIII Simpósio Nacional de história – Lugares dos historiadores: velhos e novos desafios*. Florianópolis, 27-31 jul. 2015.

BONFIM, A.G. & ADAN, C.F.F. As capitanias de Itaparica e Tamarandiva e do Paraguaçu e a ocupação territorial do Recôncavo baiano no século XVI. In: *Tempo, Espaço e Representações:* abordagens geográficas e históricas, 14-16/10/2013. Vitória da Conquista.

BRANDÃO, C.R. Os Guarani: índios do sul, religião, resistência e adaptação. In: *Estudos Avançados*, IV, 10, set.-dez./1990, p. 54-90. São Paulo.

BROCHADO, J.P. A tradição cerâmica Tupiguarani na América do Sul. In: *Clio*, III, 1980, p. 47-60. Recife.

BUENO, L. & DIAS, A. Povoamento inicial da América do Sul: contribuições do contexto brasileiro. In: *Estudos Avançados*, XXIX, jan.-abr./2015, p. 83. São Paulo.

CALDERÓN, V. Nota prévia sobre três fases da arte rupestre no Estado da Bahia. In: *Estudos de Arqueologia e Etologia*, I, 1983, p. 5-23. Salvador: Ufba.

_____. Breve notícia sobre a arqueologia de duas regiões do Estado da Bahia. In: *Pronapa*, vol. 5, 1969-1970. Apud *Publicações Avulsas do Museu Paraense Emílio Goeldi*, XXIV, 1974, p. 163-168. Belém.

_____. Contribuições para o conhecimento da arqueologia do recôncavo sul do Estado da Bahia. In: *Pronapa*, vol. 5, 1969-1970. Apud *Publicações Avulsas do Museu Paraense Emílio Goeldi*, XXVI, 1974, p. 141-156. Belém.

_____. A pesquisa arqueológica nos Estados da Bahia e Rio Grande do Norte. In: *Dédalo*, XVII/XVIII, 1973, p. 25-32. São Paulo.

_____. O sambaqui da Pedra Oca – Relatório de pesquisa. Salvador: Instituto de Ciências Sociais/Ufba, 1964. Apud CALDERÓN, V. A pesquisa arqueológica nos Estados da Bahia e Rio Grande do Norte. In: *Dédalo*, XVII/XVIII, 1973, p. 25-32. São Paulo.

_____. Breve notícia sobre a arqueologia de duas regiões do Estado da Bahia. In: *Pronapa*, vol. 4, 1968-1969. Apud *Publicações Avulsas do Museu Paraense Emílio Goeldi*, XV, 1871, p. 163-178. Belém.

_____. Investigações sobre a arte rupestre no planalto da Bahia: as pinturas da Chapada Diamantina. In: *Universitas*, VI/VII, 1971, p. 217-227. Salvador.

_____. Nota prévia sobre arqueologia das regiões Central e Sudoeste do Estado da Bahia. In: *Pronapa*, vol. 2, 1966-1967. Apud *Publicações Avulsas do Museu Paraense Emílio Goeldi*, X, 1969, p. 135-152. Belém.

_____. A fase Aratu no recôncavo e litoral norte do Estado da Bahia. In: *Pronapa*, vol. 3, 1967-1968. Apud *Publicações Avulsas do Museu Paraense Emílio Goeldi*, XIII, 1968, p. 161-162. Belém.

_____. Notícias preliminares sobre as sequências arqueológicas do Médio São Francisco e da Chapada Diamantina, Estado da Bahia. In: *Pronapa*, v. 1, 1965-1966. Apud *Publicações Avulsas do Museu Paraense Emílio Goeldi* VI, [s.d.], p. 107-120. Belém.

CAMILOTTI, V. & NAXARA, M.R.C. História e Literatura: fontes literárias na produção historiográfica recente no Brasil. In: *História: Questões & Debates*, L, jan.-jun./2009, p. 15-49. Curitiba: UFPR.

CANCELA, F. A presença de não-índios nas vilas de índios de Porto Seguro: relações interétnicas, territórios multiculturais e reconfiguração de identidade: reflexões iniciais. *Espaço Ameríndio*, I, 1, jul.-dez./2007, p. 42-61. Porto Alegre.

CARVALHO, J.M. O eterno retorno? – A corrupção parece prática imutável, mas adquiriu diversos sentidos na história nacional. In: *Revista de História da Biblioteca Nacional*, LXII, mar./2009.

CASTANHA, A.P. A Introdução do Método Lancaster no Brasil: história e historiografia. In: Anais do *XI Anped Sul* – Seminário de Pesquisa em Educação da Região Sul, 2012.

CEZAR, L.S. Saberes contados, saberes guardados: a polissemia da congada de São Sebastião do Paraíso, Minas Gerais. In: *Horizonte Antropológico*, XVIII, jul.-dez./2012, p. 38. Porto Alegre.

CHICANGANA-BAYONA, Y.A. Os Tupis e os Tapuias de ECKHPUT: o declínio da imagem renascentista no índio – Varia História, XXIV, 40, jul.-dez./2008, p. 591-612. Belo Horizonte.

CINTRA, J.P. As capitanias hereditárias no mapa de Luís Teixeira. In: *Anais do Museu Paulista*: história e cultura material, XXIII, 2, jul.-dez./2015. São Paulo.

COELHO, C.M. & ROMERA, E. Reação católica e "questão religiosa" no Brasil Republicano. In: *Estudos de Religião*, XXX, 3, set.-dez./2016, p. 111-128.

COELHO, M.C. & SANTOS, R.R.N. "Monstruoso systema [...] intrusa e abusiva jurisdição": O Diretório dos Índios no discurso dos agentes administrativos coloniais (1777-1798). In: *Revista de História*, 168, jan.-jul./2013, p. 100-130. São Paulo.

Cópia do inventário do conde da Ponte, João de Saldanha da Gama Mello Torres Guedes de Brito, falecido 24/05/1809, com testamento. In: *Anais do Arquivo Público do Estado da Bahia*, n. 28, 1945, p. 41-75. Salvador.

CORTESÃO, A. Espionagem dos descobrimentos. In: *Vida Contemporânea*, XVIII, 1935. Lisboa [separata].

COSTA, A. Guedes de Brito, o povoador (história de Jacobina). In: *Anais do* Apeb, XXXII, 1952, p. 318-381. Salvador.

COSTA, A.G. Do "Roteiro de todos os sinais da costa" até a "Carta Geral": os mapas sínteses para o território da América Portuguesa e do Brasil Império. In: *Revista Brasileira de Cartografia*, LXVII, 4, jul.-ago./2015, p. 887-903. Rio de Janeiro.

COSTA, C. Sítios de representação rupestre da Bahia (1950-1990): levantamento dos sítios primários dos acervos icnográficos das coleções arqueológicas do Museu de Arqueologia e Etnologia da Universidade Federal da Bahia (MAE/Ufba). In: *Ohun* – Revista Eletrônica do Programa de Pós-Graduação em Artes Visuais da Escola de Belas Artes da Ufba, II, 2, 2005, p. 51-70.

COSTA FILHO, M. *Dois séculos de um latifúndio*. Rio de Janeiro: São José/Departamento de Imprensa Nacional, 1958 [Separata da *Revista do IHGB*, vol. 241].

COUTO, J. A expedição cabralina: casualidade verso intencionalidade. In: *Oceanos*, XXX, jul.-set./1999, p. 18-31. Lisboa.

CUNHA, M.C. Imagens de índios do Brasil: o século XVI. In: *Estudos Avançados*, IV, 10, set.-dez./1990. São Paulo.

DELVAUX, M.M. Fontes de mitos. In: *Revista de História*, 01/04/2014. Rio de Janeiro.

_____. Cartografia imaginária do sertão. In: *Revista do Arquivo Público Mineiro*, dossiê n. 76, 2010, p. 75-87: Mapeando a Conquista. Belo Horizonte.

DIAS, A.S. Diversificar para poblar: el contexto arqueológico brasileño en la transición Pleistoceno-Holoceno. In: *Rupestreweb*: arte rupestre en America Latina, III, 2015.

DIAS, C.A. O indígena e o invasor: a confrontação dos povos indígenas do Brasil com o invasor europeu nos séculos XVI e XVII. In: *Clio – Revista de Pesquisa Histórica*, X, 1987, p. 71-109. Recife.

DIAS, J.M.T. Castilho: leitura repentina, método original? In: *Arquipélago – História*, 2ª série, IV, 2, 2000, p. 465-480. Açores.

DIAS, L.G.V. A guerra dos bárbaros: manifestação das forças colonizadoras e da resistência nativa na América Portuguesa. In: *Revista Eletrônica de História do Brasil*, vol. V, 1, set./2000, p. 5-15. Juiz de Fora.

DIAZ, N.M. La migración Mbya (Guarany). In: *Dédalo*, XXIV, 1985, p. 147-169. São Paulo.

DOMINGUES, F.C. Colombo e a política de sigilo na historiografia portuguesa. In: *Mare Liberum*, I, 1990, p. 105-116. Lisboa [separata].

_____. Os navios de Cabral. In: *Oceanos*, XXXIX, jun.-set./1999, p. 70-80. Lisboa.

EDELWEISS, F. *A antroponímia patriótica da Independência*. Salvador, Ufba/CEB, 1981.

ELLIS, M. A capitania da Bahia nos meados do século XVIII: a propósito da publicação recente de uma obra de grande valor documental. In: *Revista de História*, VI, 13, 1953, p. 197-209. São Paulo.

ETCHEVARNE, C. As particularidades das expressões gráficas rupestres da tradição Nordeste, em Morro do Chapéu, Bahia. In: *Clio Arqueologia*, XXIV, 1, 2009, p. 41-59. Recife.

_____. Ambiente e ocupação humana em uma região do submédio São Francisco, Bahia. In: *Clio Arqueológica*, XV, 2002, p. 61-88 Recife.

_____. A ocupação humana do Nordeste brasileiro antes da colonização portuguesa. In: *Revista da USP*, XLIV, dez./1999-fev./2000, p. 112-141: Dossiê antes de Cabral; arqueologia brasileira, 1.

FARINHA, A.D. A viagem de Pedro Álvares Cabral ao Brasil e à Índia. In: *Oceanos*, XXXIX, jul.-set./1999, p. 54-68. Lisboa.

FERNANDES, L.A. Uma revisão da tradição Aratu na Bahia. In: *Clio Arqueologia*, XXVII, 1, 2012. Recife.

FILOMENO, F.A. A crise Baring e a crise do Encilhamento nos quadros da economia-mundo capitalista. In: *Economia e Sociedade*, XIX, 1 (38), abr./2010, p. 135-171. Campinas.

Folha de S. Paulo – Caderno Mais!, 02/04/2000: Guia de leitura da história brasileira. São Paulo.

FONSECA, J. Os escravos no sul de Portugal (séculos XVI-XVII). In: *História*, XVI, jul./1999, p. 38-45. Lisboa.

FURTADO, J.F. Um cartógrafo rebelde? – José Joaquim da Rocha e a cartografia de Minas Gerais. In: *Anais do Museu Paulista*, XVII, 2, jul.-dez./2009, p. 155-187. São Paulo.

GODWIN, P. Ciganos: uma sina à parte. In: *National Geographic* – Portugal, I, abr./2001, p. 4-31. Lisboa.

GÓES, S.S. Navegantes do Brasil. In: *Oceanos*, XXXIX, jul.-set./1999, p. 40-53. Lisboa.

GUEDES, M.J. O descobrimento do Brasil. In: *Oceanos*, XXX, jul.-set./1999, p. 8-16. Lisboa.

GUIDON, N. Interior: arqueologia da região do Parque Nacional da Serra da Capivara, Piauí. In: *Clio Arqueológica*, XXI, 2, 2006, p. 228-235. Recife.

_____. O Pleistoceno no Sudeste do Piauí. – Anais do I Simpósio de Pré-História do Nordeste. In: *Clio* – Série Arqueológica, IV, 1991, p. 17-18. Recife.

_____. A arte pré-histórica da área arqueológica de São Raimundo Nonato: síntese de dez anos de pesquisas. In: *Clio Arqueológica*, II, 1985, p. 3-80. Recife.

GUIDON, N.; PESSIS, A.-M. & MARTÍN, G. Linha de pesquisa: o povoamento pré-histórico do Nordeste do Brasil. *Clio Arqueológica*, I, 6, 1990, p. 123-125. Recife.

GUIMARÃES, M.L.S. Nação e civilização nos trópicos – O Instituto Histórico e Geográfico Brasileiro e o projeto de uma história nacional. In: *Estudos Históricos*, I, 1988, p. 5-27. Rio de Janeiro.

GUTIÉRREZ, H. A pecuária no Brasil colonial e imperial: uma bibliografia. In: *Revista do IHGB*, 171 (448), jul.-set./2010, p. 263-281. Rio de Janeiro.

HANSEN, J.A. Barroco, neobarroco e outras ruínas. In: *Destiempos.com*, I, 14, mar.-abr. 2008. México.

_____. Letras coloniais e historiografia literária. In: *Matraga*, XVIII, 1), jan.-jun./2006, p. 13-44. Rio de Janeiro.

HENRIQUE, J.S. Os "Livros de Registro de Entrada de Gado" da feira de Capoame (1784-1811). In: *IV Conferência Internacional de História & VI Encontro de Pós-graduação em história econômica* [Disponível em http://www. docslide.com.br/documents/os-livros-de-registro-de-entrada-de-gado-da-feira-de-capoa-me-1784-html – Acesso em 02/09/2016].

HERCKMAN, E. Descripção geral da capitania da Parahyba. In: *Revista do Instituto Archeologico e Geographico Pernambucano*, V, 31, 1886, p. 239-288. Recife [Disponível em http://www.etnolinguistica.org/biblio:herckman-1886-parahyba -. Acesso em 11/08/2016].

HERÉDIA, V. A imigração europeia no século passado: o programa de colonização no Rio Grande do Sul. In: *Scripta Nova* – Revista Electrónica de Geografía y Ciencias Sociales, 94 (10), 01/08/2001. Barcelona.

IGLÉSIAS, F. Raízes ideológicas da Inconfidência Mineira. In: *Acervo*, IV, 1, jan-jun./1989, p. 7-13. Rio de Janeiro.

INIKORI, J.E. & ENGERMAN, S.L. *The Atlantic slave trade*: effects on economies, societies and peoples in Africa, the Americas, and Europe. Durham/Londres: Duke University Press, 1992, p. 5-6. Apud LOPES, G.A. Combates na história atlântica: a historiografia de Joseph E. Inikori. In: *História e Historiografia*, XII, ago./2013, p. 176-196. Ouro Preto.

IHGB. Memória Estatística do Império do Brasil. In: *Revista do Instituto Histórico e Geográfico do Brasil*, t. 58, 1895, 1ª parte, p. 91-99. Rio de Janeiro. Apud RODRIGUES, J.H. *Independência*: revolução e contrarrevolução – Vol. II: Economia e sociedade. São Paulo/Rio de Janeiro: USP/Francisco Alves, 1975, p. 87.

JUSTAMAND, M. As pinturas rupestres do Brasil: memória e identidade ancestral. In: *Revista Memorare*, I, 2, jan.-abr./2014, p. 118-141. Tubarão.

KALIL, L.G.A. Os espanhóis canibais: análise das gravuras do sétimo volume das *Grands Voyages* de Theodore de Bry. In: *Tempo*, XVII, 31, 2011, p. 261-283. Campinas.

KANTOR, Í. O uso diplomático da ilha-Brasil: polêmicas cartográficas e histórico-gráficas. In: *Varia Historia*, XXIII, 37, jan-jun./2007, p. 70-80. Belo Horizonte.

KESTERING, C. Registros rupestrees da área arqueológica de Sobradinho, BA. In: *Clio Arqueológica*, XV, 2002, p. 131-156. Recife.

KRAAY, H. "Em outra coisa não falavam os pardos, cabras e crioulos" – O recrutamento de escravos na guerra da independência na Bahia. In: *Revista Brasileira de História*, XXII, 43, 2002, p. 109-126. São Paulo.

LARA, S.H. O domínio colonial e as populações no mundo. In: CAMBOULEYRON, R. & ARENZ, K.-H. (orgs.). *Anais do IV Encontro Internacional de História Colonial*. Vol. I. Belém: Açaí, 2014, p. 1-14.

LEITE, J.R.T. Viajantes do imaginário: a América vista da Europa, séculos XV-XVII. In: *Revista USP*, 30, 1996, p. 32-44. São Paulo.

LIMA, T.A. Nos mares do Sul: a Pré-História do litoral Centro-meridional brasileiro – Arqueologia pré-histórica do Brasil: textos de divulgação científica. In: *Clio Arqueológica*. XXI, 2, 2006, p. 217-227. Recife.

LOPES, G.A. Combates na história atlântica: a historiografia de Joseph E. Inikori. In: *História e Historiografia*, XII, ago./2013, p. 176-196. Ouro Preto.

LOVEJOY, P.E. *Jihad* na África Ocidental durante a "Era das Revoluções": em direção a um diálogo com Eric Hobsbawm e Eugene Genovese. In: *Topoi*, XV, 28, jan.-jun./2014, p. 22-67. Rio de Janeiro.

LUNA, F.V. & COSTA, I.D.N. A presença do elemento forro no conjunto de proprietários de escravos. In: *Ciência e Cultura*, XXXII, 1980, p. 836-841. São Paulo.

LUNA, S. & NASCIMENTO, A. Salvamento arqueológico na área da refinaria do Nordeste, Ipojuca, PE. In: *Clio Arqueológica*, XXIV, 1, 2009, p. 177-187. Recife.

LUZ, G.A. O canto de Proteu ou a corte na colônia em Prosopopeia (1601), de Bento Teixeira. In: *Tempo*, XIII, 25, 2008, p. 193-215. Niterói.

LYNCH, C.E.C. O discurso político monarquiano e a recepção do conceito de Poder Moderador no Brasil. In: *Dados* – Revista de Ciências Sociais, XLVIII, 3), 2005, p. 611-654. Rio de Janeiro.

MACHADO, M.H.P.T. Em torno da autonomia escrava: uma nova direção para a história social da escravidão. In: *Revista Brasileira de História*, VII, 16, mar.-ago./1988, p. 143-160. São Paulo.

MAGNAGO, A.A. A divisão regional brasileira – Uma revisão bibliográfica. In: *Revista Brasileira de Geografia*, LVII, 4, out.-dez./1995, p. 65-96. Rio de Janeiro.

MARANHO, M.F. Retratos da colonização: os mapas dos Teixeira Albernaz e a construção dos sentidos da América portuguesa seiscentista. In: *III Simpósio Ibero-americano da História da Cartografia* – Agendas para a História da Cartografia Ibero-americana, abr./2010. São Paulo.

MARGARIDO, A. Teoria e prática da escravatura: o "direito" a fazer e a vender escravos. In: *História*. Lisboa, XVI, jul./1999, p. 28-37. Lisboa.

MARQUES, D.B. Os prêmios gerados pela guerra contra Palmares. In: *Gazeta de Alagoas*, 03/05/2014. Maceió.

MARQUES, G. O Estado do Brasil na União Ibérica: dinâmicas políticas do Brasil no tempo de Felipe II de Portugal. In: *Penélope*, XXVI, 2002, p. 7-35.

MARQUES, M. & HILDBERG, K. A tradição (arqueológica) Itaparica: a materialidade textual e a semantização dos objetos. In: *Revista Trajetos*, VII, 2009, p. 131. Fortaleza.

MARTÍN, G. Amazônia: de nômades a sedentários na floresta tropical. In: *Clio Arqueológica*, XXI, 2, 2006, p. 250-259, 2006. Recife.

_____. Identidades no sertão do Seridó. In: *Clio Arqueológica*, XXI, 2, 2006, p. 236-238. Recife.

_____. O litoral: os povos do litoral nordeste na pré-história. In: Arqueologia pré-histórica do Brasil: textos de divulgação científica. In: *Clio Arqueologia*, XXI, 2, 2006, p. 204-216. Recife.

_____. O povoamento pré-histórico do vale do São Francisco. In: *Clio Arqueológica*, XIII, 1998, p. 9-40. Recife.

MARTÍN, G. & ASÓN, I. A Tradição Nordeste na arte rupestre do Brasil. In: *Clio Série Arqueológica*, XIV, 2000, p. 99-109. Recife.

MARTIUS, K.F.P. Como se deve escrever a história do Brasil. In: *Revista Trimestral de História e Geografia* ou *Jornal do Instituto Histórico e Geographico* Brasileiro, VI, 24, jan./1845, p. 390-411. Rio de Janeiro [Reed. Em *Ciência Hoje*, 13 (77), out.-nov./1991, p. 55-63. São Paulo].

MATOS, J.S. A navegação atlântica dos portugueses em 1500. In: *Oceanos*, XXXIX, jul.-set./1999, p. 82-89. Lisboa.

MATTOS, R.J.C. Dissertação acerca do sistema de escrever a história antiga e moderna do Império do Brasil. In: *Revista do Instituto Histórico Geográfico e Etnográfico do Brasil*, XXVI, 1863, p. 121-143. Rio de Janeiro.

MORATO, F.M.T.d'A. Memória sobre a Lei das Sesmarias. In: *História e Memórias da Academia Real das Sciencias de Lisboa*, 1823, t. VIII, parte I, p. 222-234. Lisboa.

MOTT, L. Cristãos-novos na Bahia. In: *A Tarde*, 29/04/2017, p. A2. Salvador.

MOTT, L.R.B. Fazendas de gado do Piauí: 1697-1762. In: *Anais do VIII Simpósio Nacional de Professores Universitários de História* – Anpuh, set. 1975. Aracajú.

NASCIMENTO, D.R. & SILVA, M.A.D. A peste bubônica no Rio de Janeiro e as estratégias públicas no seu combate (1900-1906). In: *Revista Territórios & Fronteiras*. VI, 2, jul.-dez./2013, p. 109-124. Cuiabá.

NASCIMENTO, L.P.M. O que houve em Palmares? – Versão dos vencedores não dá conta da organização política de uma sociedade que se manteve por mais de meio século. In: *Revista de História*, 01/12/2015. Rio de Janeiro.

NETO FERNANDES, C.V. Festas reais em Portugal e no Brasil colônia. In: *Artes & Ensaio* – Revista do PPGAV/EBA/UFRJ, XXIII, nov./2011, p. 51-61. Rio de Janeiro.

NEVES, E.F. O barroco: substrato cultural da colonização. In: *Politeia*: Hist. e Soc., VII, 1, 2007, p. 71-84. Vitória da Conquista.

_____. Almocafre, bateias e gente de pequena esfera – O ouro no povoamento e ocupação econômica dos sertões da Bahia. In: *Revista do IGHB*, CI, 2006, p. 125-147. Salvador.

_____. Sampauleiros traficantes: comércio de escravos do Alto Sertão da Bahia para o Oeste Cafeeiro Paulista. In: *Afro-Ásia*, XXIV, 2000, p. 97-128. Salvador.

NEVES, W. No rastro do povo de Luzia – Entrevista concedida a José Tadeu Arantes. In: *Le Monde Diplomatique Brasil*, 13/11-20/12/2015.

NEVES, W.; ZANINI, M.C.; MUNFORD, D. & PUCCIANELLI, H.M. O povoamento da América á luz da morfologia craniana. In: *Revista USP*, XXXIV, jun.-ago./1997, p. 96-105: Dossiê do surgimento do homem na América. São Paulo.

NICOLAZZI, F. Entre "letras & armas", a história como disputa – Considerações sobre a historiografia luso-brasileira no século XVIII. In: *Almanack Brasiliense*, XI, mai./2010, p. 40-51. São Paulo.

NOVAES, A.R. In: *Carbono* – Natureza, cultura e arte; I, 2012: Dossiê Terra Brasilis como terra incógnita.

NOVELLI, F.S. & BROCHADO, J.P. O cauim e as bebidas dos Guarani e Tupinambá: equipamentos, técnicas, preparação e consumo. In: *Revista do Museu de Arqueologia e Etnologia*, 8, 1998, p. 117-128. São Paulo.

OLIVAL, F. Mercado de hábitos e serviços em Portugal (séculos XVII-XVIII). In: *Análise Social*, XXXVIII, 168, out./2003, p. 743-769. Lisboa.

_____. A Ordem de Cristo e a sociedade portuguesa dos séculos XVI-XVIII. In: CN-CDP/Câmara Municipal de Soure. *Actas do Ciclo de Conferências Complementares da Exposição Dom Manuel I, a Ordem de Cristo e a Comenda de Soure*, mai.-jun./1996. Câmara Municipal de Soure, 1997.

OLIVEIRA, C.M.S. O Brasil seiscentista nas pinturas de Albert Eckhout e Frans Janszoon Post: documento ou invenção do Novo Mundo? In: *Atas do Congresso Internacional do Espaço Atlântico do Antigo Regime*: poderes e sociedades. Lisboa, 2005.

OLIVEIRA, J.P. El nacimiento del Brasil: revisión de un paradigma historiográfico. In: *Corpus – Archivos Virtuales de la Alteridad Americana*, III, 1, jan.-jun/2013. Mendoza, Arg.

OLIVEIRA, L.L. A conquista do espaço: sertão e fronteira no pensamento brasileiro. In: *História, Ciência, Saúde – Manguinhos*, V, jul./1998, p. 195-215. Rio de Janeiro [suplemento].

OLIVEIRA, M.I.C. Quem eram os "negros da Guiné"? – A origem dos africanos na Bahia. In: *Afro-Ásia*, IXX, XX, 1997, p. 37-73. Salvador.

OLIVEIRA, M.L. A primeira relação do último assalto a Palmares. In: *Afro-Ásia*, XXXIII, 2005, p. 151-324. Salvador.

OTT, C. A procedência étnica dos escravos baianos no século XVIII. In: *Clio – Série História do Nordeste*, XI, 1988, p. 33-59. Recife.

_____. Os Maratoás. In: *Anais do I Congresso de História da Bahia*, III, 1950, p. 277-290. Salvador.

_____. Contribuição à arqueologia baiana. In: *Boletim do Museu Nacional*, V, 1944. Rio de Janeiro.

PEDREIRA, P.T. Os quilombos baianos. In: *Revista Brasileira de Geografia*, XXIV, 4, out.-dez/1962, p. 79-93. Rio de Janeiro.

PEIXINHO, L. A guerra que orgulha os baianos. In: *Desafios do Desenvolvimento*, XII, 85, 20/01/1916. Brasília.

PERRONE MOISÉS, L. Alegres trópicos: Gonnnerville, Thevet e Léry In: *Revista USP*, 30, jun.-ago./1996, p. 84-93. São Paulo.

PESSIS, A.-M. A transição do saber na arte rupestre do Brasil. In: *Clio Arqueológica*, XXI, 2, 2006, p. 239-249. Recife.

_____. Tecnologia: inovação técnica e sobrevivência na pré-história. In: *Clio Arqueológica*, XXI, 2, 2006, p. 270-281. Recife.

_____. Um mergulho no passado: a renovação de um pacto – Arqueologia pré-histórica do Brasil: textos de divulgação científica. In: *Clio Antropológica*, XXI, 2, 2006, p. 196-204. Recife.

_____. Identidade e classificação dos registros gráficos pré-históricos do Nordeste do Brasil. In: *Clio Arqueológica*, I, 8, 1992, p. 35-68. Recife.

_____. Apresentação gráfica e apresentação social na tradição nordeste da pintura rupestre no Brasil. In: *Clio Arqueológica*, V, 1989, p. 11-18. Recife.

_____. Registros rupestres, perfil gráfico e grupo social. In: *Clio Arqueológica*, IX, 1983, p. 7-14. Recife.

PESSOA, R.C. O primeiro centenário do Manifesto Republicano de 1870. In: *Revista de História*, XLI, 84, 1970, p. 401-437. São Paulo.

PIMENTA, J.P.G. A independência do Brasil como revolução: história e atualidade de um tema clássico. In: *História da Historiografia*, III, set./2009, p. 53-82. Ouro Preto.

PINTO, J.A. A congregação da missão e a "Questão Religiosa" no Segundo Reinado. In: *Anais Anpuh Brasil – XXVII Simpósio Nacional de História – Conhecimento histórico e diálogo social*, jul./2013, p. 22-26. 2013. Natal.

PIRES, L.C. A Liga Brasileira pelos Aliados e o Brasil na Primeira Guerra Mundial. In: *Anais do XXVI Simpósio Nacional de História – Anpuh*, jul./2011. São Paulo [Disponível em http://www.snh2011.anpuh.org/resources/anais/14/1308163763_ARQUIVO_apresentacao.pdf – Acesso em 17/02/2018].

POMPEU SOBRINHO, T. As origens dos índios Cariris. In: *Revista do Instituto do Ceará*, LXIV, 1950, p. 314-334.

_____. Os Tapuias do Nordeste e a Monografia de Elias Herckman. In: *Revista do Instituto do Ceará*, XLVII, 1934, p. 7-28.

PROUS, A. O povoamento da América visto do Brasil: uma perspectiva crítica. In: *Revista USP*, XXXIV, jun.-ago./1997, p. 8-21. São Paulo.

RAMINELLI, R.J. Escritos, imagens e artefatos: ou a viagem de Thevet à França Antártica. In: *História*, XXVII, 1, 2008, p.195-212. São Paulo.

REIS, J.J. Povo negro: quilombos e revoltas escravas no Brasil – "Nos achamos em campo a tratar da liberdade". In: *Revista USP*, 28, dez.-fev./1995-1996, p. 14-39. São Paulo.

_____. A elite de cor face os movimentos: Bahia 1824-1840. In: *Revista de História*, LIV, 108, out.-dez./1976, p. 373-374. São Paulo.

REVIGLIO, L. Frans Post: o primeiro paisagista do Brasil. In: *Revista do IEB*, 13, 1972, p. 7-34. São Paulo.

Revista de Escultura Pública [Disponível em http://www.esculturaurbana.com/ paginas/bare001.htm – Acesso em 12/08/2016].

RIBEIRO, A.P.G. A imprensa da Independência e do Primeiro Reinado: engajamento e mercado. Intercom – Sociedade Brasileira de Estudos Interdisciplinares da Comunicação. In: *V Congresso Nacional de História da Mídia*, 31/05-02/06/2007. São Paulo.

ROBRAHN-GONZÁLEZ, E.M. Arqueologia em perspectiva: 150 anos de prática e reflexão no estudo de nosso passado. In: *Revista USP*, XLIV, dez./1999-fev./2000, p. 10-31. São Paulo.

RODRIGUES, J.E. Livro de Tombo da Casa da Ponte. In: *Revista do IHGMG*, XI, 1964, p. 95-100. Belo Horizonte.

RUSSELL-WOOD, A.J.R. Identidade, etnia e autoridade nas Minas Gerais do século XVIII: leituras do *Códice Costa Matos*. In: *Varia Historia*, XXI, jul./1999, p. 100-118. Belo Horizonte.

SALVI, R.F. Movimento Pós-Moderno e Cultura: periodizando e discutindo suas fases. In: *Semina*: Ciências Humanas e Sociais, XXII, set./2002, p. 79-92. Londrina.

SAMPAIO, T. O rio São Francisco: trechos de um diário de viagem. In: *Revista do IGHB*, n. 167, 1936, p. 286-469. Rio de Janeiro.

_____. Inscrições lapidares indígenas no vale do Paraguaçu. In: *Anais do V Congresso Brasileiro de Geografia*, XI, 1918, p. 6-32. Salvador.

_____. Dois artefatos indígenas do Museu Arqueológico do Instituto Geográfico e Histórico da Bahia. In: *Revista do IGHB*, XLIII, 1916, p. 27-31. Salvador.

_____. Os Kraôs do rio Preto, no Estado da Bahia. In: *Revista do IHGB*, LXXV, 1, 1912, p. 125, 145-205. Rio de Janeiro.

_____. O sertão antes da Conquista (século XVII). In: *Revista do Instituto Histórico e Geográfico de São Paulo*, V, 1899-1900, p. 79-94. São Paulo.

SANTA ROSA, S.D. A crise imperial e a perspectiva republicana: alguns fatores que determinaram o fim do Império. In: *Outras Fronteiras*, I, 1, jun./2014, p. 128-153. Cuiabá.

SANTOS, A.F. & FERRAZ, M.H.M. Saúde Pública na Bahia: um dilema para a Faculdade de Medicina da Bahia no Segundo Império do Brasil. In: *História da Ciência e Ensino*: construindo interfaces, VIII, 2013, p. 20-38. São Paulo.

SILVA, A.C.L. & GOMES, F. A Lei 10.639 e a patrimonialização da cultura – Quilombos, serra da Barriga e Palmares: primeiros percursos. In: *Revista Teias*, XIV, 34, 2013, p. 92-191. Rio de Janeiro.

SILVA, I.B.P. A santidade de Jaguaripe: catolicismo popular ou religião indígena? In: *Revista de Ciências Sociais*, XXVI, ½, 1995, p. 65-70. Fortaleza [Disponível em www.repositorio.ufc/handle/riufc/10398 – Acesso em 23/02/2016].

SILVA, K.M. Os escritos de João Rodrigues de Brito (1807): um retrato das novas ideias no mundo ibero-americano. In: *Intellèctus*, XV, 2, 2016, p. 43-45. Rio de Janeiro.

SILVA, L.M. A escrita da história no Brasil oitocentista: o lugar da Província do Ceará. In: *Sæculum* – Revista de História, 33, jul.-dez./2015, p. 339-356. João Pessoa.

SILVA, M.B.N. Herança no Brasil colonial: os bens vinculados. In: *Revista de Ciências Históricas*, vol. 5, 1990, p. 291-319. Porto.

SILVA, M.C.; BOAVENTURA, V.M. & FIORAVANTI, M.C.S. História do povoamento bovino no Brasil Central. In: *Revista UFG*, XIII, dez./2012, p. 13, 34-41. Goiânia.

SILVA, V.A.C. Lei e ordem nas Minas Gerais: formas de adaptação e de transgressão na esfera fiscal, 1700-1733. In: *Varia Historia*, XXIV, 40, jul.-dez./2008. Belo Horizonte.

SODRÉ, E.L.V. A Assembleia Constituinte de 1823: um ensaio para o constitucionalismo brasileiro. In: *Anais eletrônicos – XIII Encontro Estadual de História da Anpuh RS: Ensino, Direito e Democracia*, 18-21/07/2016. Santa Cruz do Sul.

SOUZA, L.M. O ouro da discórdia. In: *Revista de História da Biblioteca Nacional*, LXXI, ago./2011, p. 54-57. Rio de Janeiro.

SOUZA, R.L. A mitologia bandeirante: construção e sentidos. In: *História Social*, 13, 2007, p. 151-171. Campinas.

TEICH, D.H. A primeira brasileira. In: *Veja*, 25/08/1999. São Paulo.

TEIXEIRA, D.M. Todas as criaturas do mundo: a arte dos mapas como elemento de orientação cartográfica. In: *Anais do Museu Paulista*: História e Cultura Material, XVII, 1, jan.-jun./2009. São Paulo.

VENÂNCIO, R.P. Caminho Novo: a longa duração. In: *Varia História*, XXI, jul./1999, p. 181-189. Belo Horizonte.

VENTURA, R. Leituras de Raynal e a ilustração na América Latina. In: *Estudos Avançados*, II, 3, set.-dez./1988, p. 40-51. São Paulo.

VIEIRA FERREIRA. Juízes e tribunais do Primeiro Império e da Regência. In: *Boletim do Instituto Histórico e Geográfico Brasileiro*. Rio de Janeiro: Imprensa Nacional, 1937.

VILARDAGA, J.C. As controvertidas minas de São Paulo (1550-1650). In: *Varia História*, XXIX, 51, set.-dez./2013, p. 795-815. Belo Horizonte.

ZILBERMAN, R. Ferdinand Denis e os paradigmas da história e da literatura. In: *Revista do Programa de Pós-Graduação em Letras da Universidade de Passo Fundo*, II, 1, jan.-jun./2006, p. 137-147. 2006. Passo Fundo.

Capítulos de coletâneas e partes de livros

ABREU, J.C. O sertão. In: *Capítulos de história colonial*: 1500-1800. 6. ed. revista, anotada e prefaciada por José Honório Rodrigues. Rio de Janeiro/Brasília: Civilização Brasileira/INL, 1976, p. 98-172 [1. ed., 1906].

ABREU, M. História da "música popular brasileira": uma análise da produção sobre o período colonial. In: JANKSÓ, I. & KANTOR, I. (orgs.). *Festa*: cultura & sociabilidade na América Portuguesa. Vol. II. São Paulo: Hucitec/Edusp/Fapesp/Imprensa Oficial, 2001, p. 683-701.

ABREU, M.; SOIHET, R. & GONTIJO, R. (orgs.). Apresentação. In: *Cultura política e leituras do passado*: historiografia e ensino da história. Rio de Janeiro: Civilização Brasileira/Faperj, 2007, p. 11-19.

ADAN, C.F.F. Soberania e territorialidade na América Portuguesa: (Bahia, 1763-1808): a *comarca dos Ilhéus e seus ouvidores*. In: ARAÚJO, D.O. & MASCARENHAS, M.J.R. (orgs.). *Sociedade e relações de poder na Bahia, séculos XVII-XX*. Salvador: Edufba, 2014, p. 51-70.

ALMEIDA, T.V. No balanço malicioso do lundu. In: FIGUEIREDO, L. (org.). *Festas e batuques no Brasil*. Rio de Janeiro: Sabin, 2009, p. 42-49.

ALONSO, Â. Apropriação de ideias no Segundo Reinado. In: GRINBERG, K. & SALLES, R. (orgs.). *O Brasil Imperial*. Vol. III: 1870-1889. 2. ed., p. 81-118 [1. ed., 2009].

AMARAL, B. Transcrições de representações à Câmara de salvador. In: SILVA, I.A.C. *Memórias históricas e políticas da província da Bahia*. Vol. III. Salvador: Imprensa Oficial do Estado, 1931, nota 27, p. 296-299 e nota 40, p. 327-329.

ANDRADE, M.C. A pecuária e a produção de alimentos no período colonial. In: SZMRECSÁNYI, Tamás (Org.). *História Econômica do Período Colonial*. São Paulo: Hucitec/Fapesp; Associação Brasileira de Pesquisadores em História Econômica, 1996, p. 99-108.

ANDRADE, O. Manifesto Antropófago – Revista de Antropofagia, I, 01/05/1928. In: TELES, G.M. *Vanguarda europeia e modernismo brasileiro* – Apresentação dos principais poemas metalinguísticos, manifestos, prefácios e conferências vanguardistas, de 1857 a 1972. 19. ed. Petrópolis: Vozes, 2009, p. 504-511 [1. ed., 1973].

Anuário Estatístico do Brasil, ano V, 1939/1940. Rio de Janeiro. In: CANABRAVA, A.P. A grande lavoura..., p. 85-137.

ARAÚJO, L.A.S. Contratos, comércio e fiscalidade na América Portuguesa. In: ARAÚJO, D.O. & MASCARENHAS, M.J.R. (orgs.). *Sociedade e relações de poder na Bahia, séculos XVII-XX*. Salvador: Edufba, 2014, p. 17-35.

AZEVEDO, T.O.G. A economia Baiana em torno de 1850. In: AZEVEDO, T. & LINS, E.Q.V. *História do Banco da Bahia, 1858-1968*. Rio de Janeiro: José Olympio, 1969, p. 5-18.

BARATA, M. *As artes plásticas de 1808-1889*. Apud HOLANDA, S.B. (dir.). Vol. II: O Brasil Monárquico; 3: Reações e transações. 6. ed. São Paulo/Rio de Janeiro: Difel/Bertrand Brasil, 1987, p. 409-424 [História geral da civilização brasileira, 5].

BARBOSA, F.A. Prefácio. In: BARRETO, L. *Recordações do escrivão Isaías Caminha*. São Paulo: Pinguim/Companhia das Letras 2011, p. 37-58.

BATALHA, C.H.M. Formação da classe operária e projetos de identidades coletivas. In: FERREIRA, J. & DELGADO, L.A.N. (orgs.). *O tempo do liberalismo excludente*: da proclamação da República à Revolução de 1930. Rio de Janeiro: Civilização Brasileira, 2003, p. 161-189 [O Brasil Republicano, 1].

BERTONHA, J.F. 26 de março de 1902: imigração no Brasil. In: BITTENCOURT, C. (org.). *Dicionário de Datas Históricas do Brasil* [verbete]. São Paulo: Contexto, 2012, p. 69-72.

577

BETHENCOURT, F. *Racismos*: das Cruzadas ao século XX. São Paulo: Companhia das Letras, 2018, p. 223-337.

BICALHO, M.F. Invasão francesa: a espetacular tomada do Rio de Janeiro a mando de Luís XIV saqueou a cidade, humilhou Portugal e deixou a população atônita. In: FIGUEIREDO, L. (org.). *História do Brasil para ocupa*dos. Rio de Janeiro: Casa da Palavra, 2013, p. 41-45.

_____. Da Colônia ao Império: um percurso historiográfico. In: SOUZA, L.M.; FURTADO, J.F. & BICALHO, M.F. (orgs.). *O governo dos povos*. São Paulo: Alameda, 2009, p. 91-105.

BOSI, A. Cultura. In: SCHWARCZ, L.M. (dir.) & CARVALHO, J.M. (coord.). *História do Brasil Nação*: 1810-2010 – Vol. II: A construção nacional, 1830-1889. Madri/Rio de Janeiro: Fundación Mapfre/Objetiva, 2012, p. 225-279.

_____. Introdução. In: BARRETO, L. *Recordações do escrivão Isaías Caminha*. São Paulo/Pinguim & Companhia das Letras, 2011, p. 9-336.

BOXER, C.R. Conselheiros municipais e irmãos de caridade. In: *O império marítimo português*: 1415-1825. Lisboa: Ed. 70/Comissão Nacional para as Comemorações dos Descobrimentos Portugueses, 1992, p. 267-286 [1. ed., 1969].

_____. O padroado da coroa e as missões católicas. In: *O império marítimo português*: 1415-1825. Lisboa: Ed. 70/Comissão Nacional para as Comemorações dos Descobrimentos Portugueses, 1992, p. 227-244 [1. ed., 1969].

BURKE, P. As fronteiras instáveis entre história e ficção. In: AGUIAR, F.; MEIHY, J.C.S.B. & VASCONCELOS, S.G.T. (orgs.). *Gêneros de fronteira*: cruzamento entre o histórico e o literário. São Paulo: Xamã, 1997, p. 107-115.

BURNS, E.B. As relações internacionais do Brasil durante a Primeira Guerra. In: FAUSTO, B. (dir.). *História geral da Civilização Brasileira* – Vol. III: O Brasil Republicano; 2: Sociedade e instituições (1889-1930). 4. ed. Rio de Janeiro: Bertrand Brasil, 1990, p. 375-426.

CÂMARA, E.P. Caatinga. In: IBGE. *Tipos e aspectos do Brasil*. 10. ed. atual. e ampl. Rio de Janeiro: Departamento de Documentação e Divulgação, 1975, p. 115-116.

CAMARGO, A. Federalismo e identidade nacional. In: SACHS, I.; WILHEIM, J. & PINHEIRO, P.S. (orgs.). *Brasil*: um século de transformações. São Paulo: Companhia das Letras, 2001, p. 306-347.

CAMPOS, P.M. Imagens do Brasil no Velho Mundo. In: HOLANDA, S.B. (dir.). *História geral da civilização brasileira* – Vol. II: Brasil Monárquico; 1: O processo de emancipação. Rio de Janeiro: Bertrand Brasil, 1993, p. 40-63.

CANABRAVA, A.P. Varnhagen, Martius e Capistrano de Abreu. In: *História econômica*: estudos e pesquisa. São Paulo: Unep/Unesp, 2005, p. 245-270.

_____. A grande lavoura. In: HOLANDA, S.B. (dir.). *História geral da civilização brasileira* – Vol. II: O Brasil Monárquico; 4: Declínio e queda do Império. 4. ed. São Paulo: Difel, 1985, p. 85-137.

_____. João Antônio Andreoni e sua obra: In: ANDREONI, J.A. [André João Antonil]. *Cultura e opulência do Brasil*. São Paulo: Nacional, 1967, p. 9-112.

CANALE, D. A Internacional Comunista e o Brasil (1920-1935. In: CANALE, D.; VIANA, F. & TAVARES, J.N. (orgs.). *Novembro de 1935, meio século depois*. Petrópolis: Vozes, 1985, p. 93-142.

CARDOSO, C.F.S. A crise do colonialismo luso na América Portuguesa, 1750-1822. In: LINHARES, M.Y.L. (org.). *História Geral do Brasil*. 9. ed. Rio de Janeiro: Campus, 1990, p. 111-128.

_____. As concepções acerca do "sistema econômico mundial" e do "antigo sistema colonial"; a preocupação obsessiva com a "extração de excedente". In: LAPA, J.R.A. (ORG.). *Modos de produção e realidade brasileira*. Petrópolis: Vozes, 1980, p. 109-132.

CARDOSO, F.H. Dos governos militares a Prudente – Campos Sales. In: FAUSTO, B. (Org.). *História geral de civilização brasileira*. Vol. III: O Brasil Republicano; 1: Estrutura de poder e economia (1889-1930). 5. ed. Rio de Janeiro: Bertrand Brasil, 1989, p. 15-50.

CARVALHO, F.N. Do descobrimento à União Ibérica. In: JOHNSON, H. & SILVA, M.B.N. (coords.). *O Império Luso-brasileiro*: 1500-1620. Lisboa: Estampa, 1992 [Nova História da Expansão Portuguesa, vol. 1].

CARVALHO, G. Da contravenção à cleptocracia. In: LEITE, C.B. (org.). *Sociologia da corrupção*. Rio de Janeiro: Zahar, 1987.

CARVALHO, J.M. Introdução: as marcas do período. In: SCHWARCZ, L.M. (dir.). *História do Brasil Nação: 1808-2010* – Vol. II: CARVALHO, J.M. (coord.). A construção nacional: 1830-1889. Rio de Janeiro: Objetiva, 2012, p. 19-35.

CARVALHO, M.J.M. Movimentos sociais: Pernambuco (1831-1848). In: GRIMBERG, K. & SALLES, R (orgs.). *O Brasil Imperial* – Vol. II: 1831-1870. 4. ed. Rio de Janeiro: Civilização Brasileira, 2017, p. 123-183.

_____. Um exército de índios, quilombolas e senhores de engenho contra os "jacubinos": a Cabanada, 1832-1835. In: DANTAS, M.D. (org.). *Revoltas, motins, revoluções*: homens livres pobres e libertos no Brasil do século XIX. São Paulo: Alameda, 2011, p. 167-200.

CASTELLO, J.A. Academia Brasílica dos Esquecidos: notícia da fundação. In: *O movimento academicista no Brasil, 1641-1820/1822*. Vol. 1. T. 1. São Paulo: Conselho Estadual de Cultura, Esportes e Turismo, 1969, p. 1-4.

_____. *O movimento academicista no Brasil*: 1641 1821/1822. São Paulo: Conselho Estadual de Cultura/Comissão de Literatura, 1969 [Coleção de Textos e Documentos 10, 14 e 15].

CASTRO, P.P. A "experiência republicana", 1831-1840. In: HOLANDA, S.B. (dir.). *História geral da civilização brasileira* – Vol. II: O Brasil Monárquico; 2: Dispersão e unidade. 5. ed. São Paulo: Difel, 1985, p. 9-67.

CASTRO, Z.O. A Independência do Brasil na historiografia portuguesa. In: JANCSÓ, I. (org.). *Independência*: história e historiografia. São Paulo: Hucitec/Fapesp, 2005, p. 179-204.

CHALHOUB, S. População e sociedade. In: SCHWARCZ, L.M. (dir.) & CARVALHO, J.M. (coord.). *História do Brasil nação: 1810-2010* – Vol. II: A construção nacional, 1830-1889. Madri/Rio de Janeiro: Fundación Mapfre/Objetiva, 2012, p. 37-81.

CHIARAMONTE, J.C. Metamorfoses do conceito de nação durante os séculos XVII e XVIII. In: ISTVÁN, J. (org.). *Brasil*: formação do Estado e da Nação. São Paulo/Ijuí: Hucitec/Fapesp/Unijuí, 2003, p. 61-91.

COELHO, M.H.C. O campo na crise do século XIV. In: MEDINA, J. (dir.). *História de Portugal*: dos tempos pré-históricos aos nossos dias. Vol. 3. Barcelona: Centro Internacional do Livro, 1975, p. 233-248.

COSENTINO, F.C. Construindo o Estado do Brasil: instituições, poderes locais e poderes centrais. In: FRAGOSO, J. & GOUVÊA, M.F. (orgs.). *O Brasil colonial, 1443-1580*. Vol. I. Rio de Janeiro: Civilização Brasileira, 2014, p. 521-586.

COSTA, E.V. A política e a sociedade na Independência do Brasil. In: *Brasil*: história, texto e contexto. São Paulo: Unesp, 2015, 9-24.

_____. O legado do Império: governo oligárquico e aspirações democráticas. In: *Brasil*: história, texto e contexto. São Paulo: Unesp, 2015, p. 81-87.

_____. A nova face do movimento operário na Primeira República. In: *A dialética invertida e outros ensaios*. São Paulo: Edunesp, 2014, p. 135-155.

COSTA, W.P. A Independência na historiografia brasileira. In: JANCSÓ, I. (org.). *Independência*: história e historiografia. São Paulo: Hucitec/Fapesp, 2005, p. 53-118.

_____. A economia mercantil escravista nacional e o processo de construção do Estado no Brasil (1808-1850). In: SZMRECZANYI, T. & LAPA, J.R.A. (orgs.). *História econômica da Independência e do Império*. São Paulo: Hucitec/Fapesp, 1996, p. 147-159.

COURTIADE, M. Prefácio. In: AUZIAR, C. *Os ciganos*: ou o destino selvagem dos roms do Leste. Lisboa: Antígona, 2001, p. 9-33.

CUNHA, M.C. Introdução a uma história indígena. In: *História dos índios no Brasil*. São Paulo: Companhia das Letras, 1992, p. 9-24.

CURTO, D.R. Cultura letrada no século Barroco (1580-1720). In: FRAGOSO, J. & GOUVÊA, M.F. (orgs.). *O Brasil colonial, 1580-1720*. Vol. II. Rio de Janeiro: Civilização Brasileira, 2014, p. 419-500.

DAHER, A. O primeiro Brasil francês: a França Antártica. In: *O Brasil francês*: as singularidades da França Equinocial, 1612-1615. Rio de Janeiro: Civilização Brasileira, 2007, p. 33-43.

DIAS, M.O.S. A interiorização da metrópole (1808-1853). In: MOTA, C.G. (org.). *1822*: dimensões. São Paulo: Perspectiva, 1972, p. 160-184.

DOLHNIKOFF, M. Elites regionais e construção do Estado Nacional. In: JANCSÓ, I. (org.). *Brasil*: formação do Estado e da Nação. São Paulo/Ijuí: Hucitec/Fapesp/Unijuí, 2003, p. 431-468.

FALCON, F.C. Pombal e o Brasil. In: TENGARRINHA, J. (org.). *História de Portugal*. Bauru/São Paulo/Lisboa: Educ/Unesp/Instituto Camões, 2001, p. 227-239.

FAUSTO, B. A crise dos anos vinte e a revolução de 1930. In: *História geral da civilização brasileira* – Vol. III: O Brasil republicano; 2: Sociedade e instituições (1889-1930). 4. ed. Rio de Janeiro: Bertrand Brasil, 1990, p. 401-426.

FAUSTO, C. Fragmentos de história e cultura tupinambá. In: CUNHA, M.C. *História dos índios no Brasil*. São Paulo: Companhia das Letras/Secretaria Municipal de Cultura/Fapesp, 1992, p. 381-398.

FELICIANO, M. & LEITE, A. A Cerca Fernandina na Colina de Santana: presença, memória e ressignificação como estratégia de reabilitação para a contemporaneidade. In: *Seminário Património Hospitalar de Lisboa*: Que futuro? 02-03/12/2010. Lisboa: FAUTL/Ciaud/Icomos/CHLC [Disponível em http://icomos. fautl.Acessadopt/documentos/2010/hospitalar/MFeliciaALeite%20Estrategia%20-de%20Reabilitacao.pdf – Acesso em 23/06/2016].

FERREIRA NETO, E. História e etnia. In: CARDOSO, C.F. & VAINFAS, R. (orgs.). *Domínios da história*: ensaios de teoria e metodologia. Rio de Janeiro: Elsevier, 1997, p. 313-328.

FERRETTI, S. A punga resiste. In: FIGUEIREDO, L. (org.). *Festas e batuques no Brasil*. Rio de Janeiro: Sabin, 2009, p. 57-61.

FLORES, É.C. A consolidação da República: rebeliões de ordem e progresso. In: FERREIRA, J. & DELGADO, L.A.N. (orgs.). *O tempo do liberalismo excludente*: da proclamação da República à Revolução de 1930. Rio de Janeiro: Civilização Brasileira, 2003, p. 89-120 [O Brasil republicano, 1].

FLORESCANO, E. Los fundamentos de la propiedad: los títulos originarios de la propiedad de la tierra en la Nueva España. In: CÁRDENAS, E. (comp.). *História económica de México*. México: Fondo de Cultura Económica, 1989 p. 329-375.

FRAGOSO, J.L. La guerre est finie: notas para investigação em *História Social na América lusa entre os séculos XVI e XVIII*. In: FRAGOSO, J. & GOUVÊA, M.F. (orgs.). *O Brasil Colonial, 1443-1580*. Vol. 1. Rio de Janeiro: Civilização Brasileira, 2014, p. 7-37.

_____. Novas perspectivas acerca da escravidão no Brasil. In: CARDOSO, C.F. (org.). *Escravidão e abolição no Brasil*: novas perspectivas. Rio de Janeiro: Zahar, 1988.

FRANCO, F.A.C. Introdução. In: STADEN, H. *Duas viagens ao Brasil*: arrojadas aventuras no século XVI entre antropófagos do Novo Mundo. São Paulo: Sociedade Hans Staden, 1941, p. 5-24.

FRANCO, G.H.B. & LAGO, L.A.C. O processo econômico – A economia da Primeira República, 1889-1930. In: SCHWARCZ, L.M. (dir.). *História do Brasil Nação: 1808-2010* – Vol. III: A abertura para o Mundo: 1889-1930. Rio de Janeiro: Objetiva, 2012, p. 173-237.

FUNARI, P.P.A. A arqueologia de Palmares: sua contribuição para o conhecimento da história da cultura afro-americana. In: REIS, J.J. & GOMES, F.S. (orgs.). *Liberdade por um fio*: história dos quilombos no Brasil. São Paulo: Companhia das Letras, 1996, p. 26-51.

GARCIA, J.M. Prólogo e Adenda documental. In: RAU, V. *Sesmarias medievais portuguesas*. 3. ed. Lisboa: Presença, 1982, p. 15-17, 257-259 [1. ed., 1946].

GARDEL, A. O poeta e o sambista. In: FIGUEIREDO, L. (org.). *Festas e batuques no Brasil*. Rio de Janeiro: Sabin, 2009, p. 68-72.

GENDRIM, V.-A. *Récit historique, exact et sincère, paer mer et par terre, de quatre voyage faits au Brésil, au Chile, dans les Cordillères de Andes, à Mendonza, dans le Désert et à Buenos Aires, par Victor-Athanase Gendrim, ancient commerçant dans les mers du Sud, né a Paris le 2 mai 1793, parti de France ao 1816 et revenu dans sa patre le 25 décembre 1823*. Versalles: M. Gendrin, 1856. In: LEITE, M.M. (org.). *A condição feminina no Rio de Janeiro, século XIX*: antologia de textos de viajantes estrangeiros. São Paulo/Brasília: Hucitec/INL, 1984, p. 42-48.

GODECHOT, J. A Independência do Brasil e a Revolução do Ocidente. In: MOTA, C.G. (org.). *1822*: Dimensões. São Paulo: Perspectiva, 1986, p. 27-37.

GONTIJO, R. Capistrano de Abreu (1853-1827). In: PARADA, M. & RODRIGUES, H.E. (orgs.). *Os historiadores: clássicos da História do Brasil* – Vol. 4: Dos primeiros relatos a José Honório Rodrigues. Petrópolis/Rio de Janeiro: Vozes/PUC, 2018, p. 108-138.

GOUVÊA, M.F.S. Poder político e administrativo na formação do complexo atlântico português (1645-1808). In: FRAGOSO, J.; BICALHO, M.F.B. & GOUVÊA, M.F.S. (orgs.). *O Antigo Regime nos trópicos*: a dinâmica imperial portuguesa (séculos XVI-XVIII). Rio de Janeiro: Civilização Brasileira, 2001, p. 285-315.

GRANZIERA, R.G. Riqueza e tradição na Independência. In: SZMRECZANYI, T. & LAPA, J.R.A. (orgs.). *História econômica da Independência e do Império*. São Paulo: Hucitec/Fapesp, 1996, p. 47-74.

GRIMBERG, K. A Sabinada e a politização da cor na década de 1830. In: GRIMBERG, K. & SALLES, R. (orgs.). *O Brasil Imperial* – V. II: 1831-1870. 4. ed. Rio de Janeiro: Civilização Brasileira, 2017, p. 269-296.

GUAZZELLI, C.A.B. Libertos, gaúchos peões livres e a Guerra dos Farrapos. In: DUARTE, M. (org.). *Revoltas, motins, revoluções*: homens livres pobres e libertos no Brasil do século XIX. São Paulo: Alameda, 2011, p. 231-261.

GUERRA, F.-X. A nação moderna: nova legitimidade e velhas identidades. In: ISTVÁN, J. (org.). *Brasil*: formação do Estado e da Nação. São Paulo/Ijuí: Hucitec/Fapesp/Unijuí, 2003, p. 33-60.

GUIDON, N. As ocupações pré-históricas do Brasil (excetuando a Amazônia). In: CUNHA, M.C. (org.). *História dos índios no Brasil*. São Paulo: Companhia das Letras, 1992, p. 37-52.

GUIMARÃES, L.M.P. Francisco Adolfo de Varnhagen (1816-1878). In: PARADA, M. & RODRIGUES, H.E. (orgs.). *Os historiadores: clássicos da História do Brasil* – Vol. 4: Dos primeiros relatos a José Honório Rodrigues. Petrópolis/Rio de Janeiro: Vozes/PUC, 2018, p. 47-65.

HESPANHA, A.M. A constituição do Império português: revisão de alguns enviesamentos correntes. In: FRAGOSO, J.; BICALHO, M.F. & GOUVÊA, M.F. (orgs.). *O Antigo Regime nos trópicos*: a dinâmica imperial portuguesa (séculos XVI-XVIII). Rio de Janeiro: Civilização Brasileira, 2001, p. 163-188.

_____. As estruturas políticas em Portugal: a época moderna. In: TENGARRINHA, J. (Org.). *História de Portugal*. 2. ed. rev. e ampl. Bauru/São Paulo/Lisboa: Edusc/Unesp/Instituto Camões, 2001, p. 117-181.

_____. Para uma teoria da história institucional do Antigo Regime. In: HESPANHA, A.M. (org.). *Poder e instituições na Europa do Antigo Regime* – Coletânea de textos. Lisboa: Fundação Calouste Gulbenkian, 1984, p. 7-89.

HOLANDA, A.B. A mineração: antecedentes luso-brasileiros. In: HOLANDA, A.B. (dir.). *História geral da civilização brasileira* – Vol. I: A época colonial; 2: Administração, economia, sociedade. 7. ed. Rio de Janeiro: Bertrand Brasil, 1993, p. 228-258.

_____. Metais e pedras preciosas. In: HOLANDA, A.B. (dir.). *História geral da civilização brasileira* – Vol. I: A época colonial; 2: Administração, economia, sociedade. 7. ed. Rio de Janeiro: Bertrand Brasil, 1993, p. 259-310.

HOLANDA, S.B. A herança colonial – sua desagregação. In: HOLANDA, S.B. (dir.). *História geral da civilização brasileira* – Vol. I: A época colonial; 2: Administração, economia, sociedade. 7. ed. Rio de Janeiro: Bertrand Brasil, 1993, p. 9-39.

_____. As colônias de parceria. In: HOLANDA, S.B. (dir.). *História geral da civilização brasileira* – Vol. II: O Brasil Monárquico; 3: Reações e transações. 6. ed. Rio de Janeiro/São Paulo: Bertrand Brasil/Difel, 1987, p. 245-260.

_____. Crise do regime. In: HOLANDA, S.B. (dir.). *História geral da civilização brasileira* – Vol. II: O Brasil Monárquico; 5: Do Império à República. 4. ed. São Paulo: Difel, 1985, p. 7-56.

_____. Política e guerra. In: HOLANDA, S.B. (org.). *História geral da civilização brasileira* – Vol. II: O Brasil Republicano; 5: Do Império à República. 4. ed. São Paulo: Difel, 1985, p. 41-56.

_____. Resistência às reformas. In: HOLANDA, S.B. (dir.). *História geral da civilização brasileira* – Vol. II: O Brasil Monárquico; 5: Do Império à República. 4. ed. São Paulo: Difel, 1985, p. 283-288.

HOLANDA, S.B. & PANTALEÃO, O. A França Antártica. In: HOLANDA, S.B. (org.). *História geral da civilização brasileira* – Vol. I: A época colonial; 1: Do descobrimento à expansão territorial. 8. ed. Rio de Janeiro: Bertrand Brasil, 1993, p. 147-162.

_____. O domínio holandês na Bahia e no Nordeste. In: HOLANDA, S.B. (org.). *História geral da civilização brasileira* – Vol. I: A época colonial; 1: Do descobrimento à expansão territorial. 8. ed. Rio de Janeiro: Bertrand Brasil, 1993, p. 235-253.

_____. Os franceses no Maranhão. In: HOLANDA, S.B. (dir.). *História geral da civilização brasileira* – Vol. I: A época colonial; 1: Do descobrimento à expansão territorial. 8. ed. Rio de Janeiro: Bertrand Brasil, 1993, p. 204-234.

IANNI, O. O progresso econômico e o trabalhador livre. In: HOLANDA, S.B. (dir.). *História geral da civilização brasileira* – Vol. II: O Brasil Monárquico; 5: Do Império à República. 6. ed. Rio de Janeiro/São Paulo: Bertrand Brasil/Difel, 1987, p. 297-319.

IGLÉSIAS, F. Prefácio. In: TORRES, A. *A organização nacional* – Primeira parte: A Constituição. 3. ed. São Paulo: Nacional, 1978, p. 11-31.

IZECKSOHN, V. A Guerra do Paraguai. In: GRIMBERG, K. & SALLES, R. (orgs.). *O Brasil Imperial* – Vol. II: 1831-1870. 4. ed. Rio de Janeiro: Civilização Brasileira, 2017, p. 385-424.

JANCSÓ, I. A construção dos estados nacionais na América Latina – Apontamentos para o estudo do Império como projeto. In: SZMRECSÁNYI, T. & LAPA, J.R.A. (orgs.). *História econômica da Independência e do Império*. São Paulo: Hucitec/Fapesp, 1996, p. 3-26.

JANOTTI, M.L.M. O diálogo convergente: políticos e historiadores no início da República. In: FREITAS, M.C. (org.). *Historiografia brasileira em perspectiva*. São Paulo: Contexto, 1998, p. 119-143.

KANTOR, Í. A Academia Brasílica dos Renascidos e o governo político da América portuguesa (1759): contradições do cosmopolitismo acadêmico luso-americano. In: JANCSÓ, I. (org.) *Brasil*: formação do Estado e da Nação. São Paulo/Ijuí: Fapesp/Hucitec/Unijuí, 2003, p. 321-343.

KRAAY, H. "Tão avassaladora quanto inesperada": a Sabinada baiana, 1837-1838. In: DANTAS, M.D. (org.). *Revoltas, motins, revoluções*: homens livres pobres e libertos no Brasil do século XIX. São Paulo: Alameda, 2011, p. 263-294.

KRAAY, H. A visão estrangeira: a Independência do Brasil (1780-1850) na historiografia europeia e norte-americana. In: JANCSÓ, I. (org.). *Independência*: história e historiografia. São Paulo: Hucitec/Fapesp, 2005, p. 119-177.

KURY, L.B. *Manuel Arruda da Câmara* – A república das letras nos sertões. In: KURY, L.B. (org.). *Sertões adentro*: viagens nas caatingas, séculos XVI-XIX. Ed. bilíngue. Rio de Janeiro: Andrea Jacobson, 2012, p. 161-203 [Versão para o inglês: Chris Hieatt].

LAGO, B.C. & LAGO, P.C. A obra de Frans Post. In: VIEIRA, H.C.; GALVÃO, N.N.P. & SILVA, L.D. (orgs.). *Brasil holandês*: história, memória e patrimônio compartilhado. São Paulo: Alameda, 2012, p. 67-73.

LAMING-EMPERAIRE, A. & BAUDEZ, C. América. In: LEROI-GOURHAN, A. et al. *La pré-história*. Barcelona: Labor, 1974, p. 126-146.

LANGE, F.C. A música barroca. In: HOLANDA, S.B. (dir.). *História geral da civilização brasileira* – Vol. I: A época colonial; 2: Administração, economia e sociedade. 7. ed. Rio de Janeiro: Bertrand Brasil, 1993, p. 121-144.

LARA, S.H. Do singular ao plural: Palmares, capitães do mato e o governo dos escravos. In: REIS, J.J. & GOMES, F.S. (orgs.). *Liberdade por um fio*: história dos quilombos no Brasil. São Paulo: Companhia das Letras, 1996, p. 81-109.

LIMA, T.A. O povoamento inicial do continente americano: migrações, contextos, datações. In: SILVA, H.P. & RODRIGUES-CARVALHO, C. (orgs.). *Nossa origem* – O povoamento das Américas: visões multidisciplinares. Rio de Janeiro: Vieira & Lent, 2006, p. 77-103.

LINHARES, M.Y.L. A pecuária e a produção de alimentos na colônia. In: SZMRECSÁNYI, T. (org.). *História econômica do Período Colonial*. São Paulo: Hucitec/Fapesp/Associação Brasileira de Pesquisadores em História Econômica, 1996, p. 109-121.

LOPES, J.R.L. Iluminismo e jusnaturalismo no ideário dos juristas da primeira metade do século XIX. In: JANCSÓ, I. (org.). *Brasil*: formação do Estado e da Nação. São Paulo/Ijuí: Hucitec/Fapesp/Unijuí, 2003, p. 195-218.

LUSTOSA, I. Nota 99. In: BARRETO, [Afonso Henriques de] L. *Recordações do escrivão Isaías Caminha*. 2. ed. São Paulo: Pinguim/Companhia das Letras, 2011, p. 265 [1. ed., 1909].

MACHADO, L.G. Arquitetura e artes plásticas. In: HOLANDA, S.B. (dir.). *História geral da civilização brasileira* – Vol. I: A época colonial; 2: Administração, economia, sociedade. 7. ed. Rio de Janeiro: Bertrand Brasil, 1993, p. 106-120.

MALUF, M. & MOTT, M.L. Recônditos do mundo feminino. In: NOVAIS, F.A. (coord.). *História da vida privada no Brasil* – Vol. III [SEVCENKO, N. (org.)]: República: da Belle Époque à Era do Rádio. São Paulo: Companhia das Letras, 1998, p. 367-421.

MARQUES, A.H.O. Sesmarias. In: SERRÃO, J. (dir.). *O império oriental:* 1660-1820. Lisboa: Estampa, 1986, p. 542-543 [Nova história da Expansão Portuguesa, vol. 5].

MARTINS, M.F.V. Conduzindo a barca do Estado em mares revoltos: 1808 e a transmigração da família real portuguesa. In: FRAGOSO, J.L.R. & GOUVEIA, M.F. (orgs.). *O Brasil Colonial*. Vol. III (ca. 1720-ca. 1821). Rio de Janeiro: Civilização Brasileira, 2014, p. 685-727.

MARTINS, P.C.G. Habitação e vizinhança: limites da privacidade no surgimento das metrópoles brasileiras. In: NOVAIS, F.A. (coord.). *História da vida privada no Brasil* – Vol. III [SEVCENKO, N. (org.)]: República: da Belle Époque à Era do Rádio. São Paulo: Companhia das Letras, 1998, p. 367-421.

MARTINS, W.S. Abra malas para a folia. In: FIGUEIREDO, L. (org). *Festas e batuques no Brasil*. Rio de Janeiro: Sabin, 2009, p. 17-24.

MARVAL, J.A. A função do direito privado e da propriedade como limite do poder do Estado. In: HESPANHA, A.M. (org.). *Poder e instituições na Europa do Antigo Regime* – Coletânea de textos. Lisboa: Fundação Calouste Gulbenkian, 1984, p. 231-247.

MATHISON, G.F. *Narrative of a visit to Brazil, Chile, Peru, and the Sandwich Islands, during the years 1821 and 1822*. Londres, 1825, p. 151. Apud RODRIGUES, J.H. *Indepen-*

dência: revolução e contrarrevolução – Vol. II: Economia e sociedade. São Paulo/Rio de Janeiro: USP/Francisco Alves, 1975, p. 87.

MATTOS, H. A vida política. In: SCHWARCZ, L.M. (dir.). *História do Brasil Nação: 1808-2010* – Vol. III: A abertura para o Mundo: 1889-1930. Rio de Janeiro: Objetiva, 2012, p. 87-131.

MATTOS, H.M. A escravidão moderna nos quadros do Império português: o Antigo Regime em perspectiva atlântica. In: FRAGOSO, J.; BICALHO, M.F. & GOUVÊA, M.F. (orgs.). *O Antigo Regime nos trópicos*: a dinâmica imperial portuguesa (séculos XVI-XVIII). Rio de Janeiro: Civilização Brasileira, 2001, p. 141-162.

MATTOSO, K.M.Q. Conjuntura e sociedade no Brasil no final do século XVIII: preços e salários às vésperas da Revolução dos Alfaiates, Bahia, 1798. In: *Da Revolução dos Alfaiates à riqueza dos baianos no século XIX*: itinerário de uma historiadora. Salvador: Corrupio, 2004, p. 33-56.

_____. Sociedade e conjuntura na Bahia nos anos da luta pela Independência. In: *Da Revolução dos Alfaiates à riqueza dos baianos no século XIX*: itinerário de uma historiadora. Salvador: Corrupio, 2004, p. 105-134.

MAXWELL, K. Condicionalismos da independência do Brasil. In: SILVA, B.N. *O Império Luso-brasileiro*: 1750-1822. Lisboa: Estampa, 1986, p. 333-395 [Nova história da Expansão Portuguesa, vol. 8].

MENDES, A.A. "Brancos" da Guiné, "contrabandistas" de fronteiras (séculos XVI-XVII). In: GUEDES, R. *África*: brasileiros e portugueses, séculos XVI-XIX. Rio de Janeiro: Mauad X, 2013, p. 19-47.

MENDES, C. Anotações. In: PORTUGAL. *Ordenações Filipinas*. Lisboa: Fundação Calouste Gulbenkian, 1985, liv. 4, tit. 43, p. 822, nota 3.

MENDONÇA, M. Os neossenhorialismos tardos medievais em Portugal. In: NOGUEIRA, C. (org.). *O Portugal medieval*: monarquia e sociedade. São Paulo: Alameda, 2010, p. 41-54.

METCALF, A. Escravos milenaristas? – A santidade de Jaguaripe e a resistência escravista nas Américas. In: GOMES, F. *Mocambos de Palmares*: histórias e fontes (séc. XVI-XIX). Rio de Janeiro: Faperj/7 Letras, 2010, p. 21-31.

MEYER, M. A propósito das Cavalhadas. Em: JANKSÓ, I. & KANTOR, I. (ORGS.). *Festa*: cultura & sociabilidade na América Portuguesa. Vol. I. São Paulo: Hucitec/Edusp/Fapesp/Imprensa Oficial, 2001, p. 227-245.

MILLIET, S.J.L. Apud LÉRY, J. *Viagem à terra do Brasil*. Belo Horizonte: Itatiaia, 2007, p. 15-18.

MONTEIRO, D.T. Um confronto entre Juazeiro, Canudos e Contestado. In: FAUSTO, B. (dir.). *História geral da civilização brasileira* – III: O Brasil Republicano; 2: Sociedade e instituições (1889-1930). 4. ed. Rio de Janeiro: Bertrand Brasil, 1990, p. 39-92.

MONTEIRO, H.M. Da Independência à vitória da ordem. In: LINHARES, M.Y. (org.). *História geral do Brasil*. 9. ed. 1990. Rio de Janeiro: Campus, 2000, p. 129-143 [1. ed., 1990].

MOREIRA, R.N.P. Cem anos sem Euclides? – A presença de um intelectual na cultura brasileira (1909-2009). In: OLIVEIRA, A.M.C.S. & REIS, I.C.F. *História regional e local*: discussões e práticas. Salvador: Quarteto, 2010, p. 13-22.

MOTT, L. Cotidiano e vivência religiosa: entre a capela e o calundu. In: NOVAIS, F.A. (coord.) & SOUZA, L.M. (org.). *História da vida privada no Brasil*: cotidiano e vida privada na América Portuguesa. Vol. 1. São Paulo: Companhia das Letras, 1997, p. 155-220.

MOTT, L.R.B. Terror na Casa da Torre: tortura de escravos na Bahia colonial. In: REIS, J.J. (org.). *Escravidão e invenção da liberdade*. São Paulo: Brasiliense, 1988, p. 17-32.

MOTTA, M.M.M. Terra, nação e tradições inventadas: uma outra abordagem sobre a Lei de Terras de 1850. In: MENDONÇA, S. & MOTTA, M. (org.). *Nação e poder*: as dimensões da história. Niterói: Eduff, 1998, p. 81-92.

NEVES, E.F. Sampauleiros traficantes: comércio de escravos do Alto Sertão da Bahia para o Oeste Cafeeiro Paulista. In: REIS, J.J. & SILVA JÚNIOR, C. *Atlântico da dor*: faces do tráfico de escravos. Cruz das Almas/Belo Horizonte: EUFRB/Traço Fino, 2016, p. 377-402.

_____. Historiografia da escravidão na pecuária na policultura e alhures. In: *Escravidão, pecuária e policultura*: Alto Sertão da Bahia, século XIX. Feira de Santana: Uefs, 2012, p. 23-74.

_____. Modos de pensar sentir e agir: expressões culturais da Chapada Diamantina. In: BAHIA/Secretaria do Planejamento/Superintendência de Estudos Econômicos e Sociais da Bahia/Secretaria da Cultura. *Panorama cultural da Bahia contemporânea*. Salvador: SEI, 2012, p. 167-189.

_____. Sertão recôndito, polissêmico e controvertido. In: KURY, L.B. (org.). *Sertões adentro*: viagens nas caatingas, séculos XVI-XIX. Rio de Janeiro: Andrea Jacobsson Estúdio, 2012, p. 15-57 [Versão para o inglês: Chris Hieatt].

_____. Tráfico interno de escravos. In: *Escravidão, pecuária e policultura*: Alto Sertão da Bahia, século XIX. Feira de Santana: Uefs, 2012, p. 195-227.

_____. Almocafre, bateias e gente de pequena esfera: o ouro como fator das instituições políticas e sociais nos sertões da Bahia. In: NEVES, E.F. (org.). *Sertões da Bahia*: formação social, desenvolvimento econômico, evolução política e diversidade cultural. Salvador: Arcádia, 2011, p. 445-466.

_____. Sertão como categoria espacial, alteridade sociocultural e interação político-econômica. In: NEVES, E.F. (org.). *Sertões da Bahia*: formação social, desenvolvimento econômico, evolução política e diversidade cultural. Salvador: Arcádia, 2011, p. 51-60.

_____. Curraleiro. crioulo pé-duro: a pecuária com o fator da ocupação econômica no semiárido. In: NEVES, E.F. (orgs.). *Sertões da Bahia*: formação social, desenvolvimento econômico, evolução política e diversidade social. Salvador: Arcádia, 2011.

_____. Apresentação e notas: o caminho do salitre. In: NEVES, E.F. & MIGUEL, A. (orgs.). Caminhos do sertão: ocupação territorial, sistema viário e intercâmbios coloniais dos sertões da Bahia. Salvador: Arcádia, 2007, p. 127-136.

_____. Introdução. In: NEVES E.F. & MIGUEL, A. (orgs.). *Caminhos do sertão*: ocupação territorial, sistema viário e intercâmbios coloniais dos sertões da Bahia. Salvador: Arcádia, 2007, p. 9-24.

_____. Ofício ao Secretário de Estado da Marinha e Ultramar sobre o salitre dos Montes Altos. In: NEVES, E.F. & MIGUEL, A. (orgs.). *Caminhos do sertão*: ocupação territorial, sistema viário e intercâmbios coloniais dos sertões da Bahia. Salvador: Arcádia, 2007, p. 127-146.

_____. Origens do homem nas Américas: fósseis *versus* moléculas? In: RODRIGUES-CARVALHO, C. *Nossa origem*: o povoamento das Américas: visões multidisciplinares. Rio de Janeiro: Vieira & Lent, 2006, p. 45-76.

NICODEMO, T.L. Sérgio Buarque de Holanda. In: PERICAS, L.B. & SECCO, L. (orgs.). *Intérpretes do Brasil*: clássicos, rebeldes e renegados. São Paulo: Boitempo, 2014, p. 139-152.

OLIVEIRA, C.M.S. Virtudes e martírios por meio da alegoria barroca: icnografia franciscana e modelos tridentinos nas capitanias de Pernambuco e Paraíba (América Portuguesa, século XVIII). In: MELLO, M.M. (org.). *A arquitetura do engano*: perspectiva e percepção visual no tempo do barroco entre a Europa e o Brasil. Belo Horizonte: Fino Traço, 2013, p. 35-48.

OLIVEIRA, F. A emergência do modo de produção de mercadorias: uma interpretação teórica da economia da República Velha no Brasil. In: FAUSTO, B. (dir.). *História geral da civilização brasileira* – Vol. III: Estrutura de poder e economia (1889-1930); 2: Economia e finanças nos primeiros anos da República. Rio de Janeiro: Bertrand Brasil, 1989, p. 391-414.

_____. A emergência do modo de produção de mercadorias: uma interpretação teórica da economia da República Velha no Brasil. In: *A economia da dependência imperfeita*. Rio de Janeiro: Graal, 1977, p. 9-38.

OLIVEIRA, J.P. Os indígenas na fundação da colônia: uma abordagem crítica. In: FRAGOSO, J. & GOUVÊA, M.F. (orgs.). *O Brasil colonial*: 1443-1580. Vol. I. Rio de Janeiro: Civilização Brasileira, 2014, p. 167-228.

OLIVEIRA, W.F. Cartas econômico-políticas sobre a agricultura e o comércio da Bahia – um documento precioso. In: BRITO, J.R.; CÂMARA, M.F. & BRANCO, J.D.G.F.C. & BULCÃO, J.I.S. *Cartas político-econômicas sobre a agricultura e o comércio da Bahia*. Salvador: Fieb, 2004, p. 12-46 [1. ed., 1821].

ORTIZ, R. Sociedade e cultura. In: SACHS, I.; WILHEIM, J. & PINHEIRO, P.S. (orgs). *Brasil*: um século de transformações. São Paulo: Companhia das Letras, 2001, p. 185-209.

PAIVA, E.F. Histórias comparadas, histórias conectadas: escravidão e mestiçagem no mundo ibérico. In: PAIVA, E.F. & IVO, I.P. (orgs.). *Escravidão, mestiçagem e histórias comparadas*. São Paulo/Belo Horizonte/Vitória da Conquista: Annablume/PPG em História da UFMG/Edunb, 2008, p. 13-25.

PARAÍSO, M.H.B. Os botocudos e sua trajetória histórica. In: CUNHA, M.C. *História dos índios no Brasil*. São Paulo: Companhia das Letras/Secretaria Municipal de Cultura/Fapesp, 1992, p. 413-420.

PAULA, J.A. A mineração de ouro em Minas Gerais no século XVIII. In: RESENDE, M.E.L. & VILLALTA, L.C. (orgs.). *História de Minas Gerais* – Vol. 1: As Minas Seiscentistas. Belo Horizonte: Autêntica/Companhia do Tempo, 2007, p. 279-320.

PERRONE-MOISÉS, B. Índios livres e índios escravos: os princípios da legislação indigenista do período colonial (séculos XVI a XVIII). In: CUNHA, M.C. *História dos índios no Brasil*. São Paulo: Companhia das Letras/Secretaria Municipal de Cultura/Fapesp, 1992, p. 115-132.

PESSIS, A.-M. & MARTÍN, G. Arte pré-histórica do Brasil: da técnica ao objeto. In: BARCINSKI, F.W. (org.). *Sobre a arte brasileira nos anos 1960*. São Paulo: WMF Martins Fontes/Sesc, 2014, p. 22-61.

PINHEIRO, L.B.S.P. Cabanagem: percursos históricos e historiográficos. In: DANTAS, M.D. (org.). *Revoltas, motins, revoluções*: homens livres pobres e libertos no Brasil do século XIX. São Paulo: Alameda, 2011, p. 301-231.

PINHO, W. O Nordeste e a Bahia. In: HOLANDA, S.B. (dir.). *História geral da civilização brasileira* – Vol. II: O Brasil Monárquico; 2: Dispersão e unidade. 5. ed. São Paulo: Difel, 1985, p. 242-311.

_____. Prefácio. In: LINDLEY, T. *Narrativa de uma viagem ao Brasil*. São Paulo: Nacional, 1969, p. 7-13 [1. ed., Londres, 1805].

PINTO, O.M.O. Viajantes e naturalistas. In: HOLANDA, S.B. (dir.). *História geral da civilização brasileira* – Vol. II: O Brasil monárquico; 3: Reações e transações. 6. ed. São Paulo: Difel, 1987, p. 425-466.

POSNANSKY, M. Introdução ao fim da Pré-história na África Subsaariana. In: MOKHTAR, G. (coord.). *História geral da África* – Vol. II: A África antiga. São Paulo/Paris: Ática/Unesco, 1983, p. 548-564.

PROUS, A. Arqueologia, Pré-História e História. In: TENÓRIO, M.C. (org.). *Pré-História da Terra Brasilis*. Rio de Janeiro: UFRJ, 1999, p. 19-32.

QUEIROZ, M.I.P. O coronelismo numa interpretação sociológica. In: FAUSTO, B. (dir.). *História geral da civilização brasileira* – Vol. III: O Brasil republicano; I: Estrutura de poder e economia (1889-1930). 5. ed. Rio de Janeiro: Bertrand Brasil, 1989, p. 153-190.

QUINTAS. A. O Nordeste, 1825-1850. In: HOLANDA, S.B. (dir.). *História geral da civilização brasileira* – Vol. II: O Brasil monárquico; 2: Dispersão e unidade; l3: O Nordeste e a Bahia. 5. ed. São Paulo: Difel, 1985, p. 193-241.

RAU, V. Fortunas ultramarinas e a nobreza portuguesa no século XVIII. In: *Estudos sobre a história econômica e social do Antigo Regime*. Lisboa: Presença, 1984, p. 27-46.

REGINALDO, L. Festas dos confrades pretos: devoções, irmandades e reinados negros na Bahia setecentista. In: BELLINI, L.; SOUZA, E. & SAMPAIO, G.R. (orgs.). *Formas de crer* – Ensaios de história religiosa do mundo luso-afro-brasileiro: séculos XIV-XXI. Salvador: Edufba, 2006, p. 197-225.

REIS, J.J. Batuque negro: repressão e permissão na Bahia oitocentista. In: JANKSÓ, I. & KANTOR, I. (orgs.). *Festa*: cultura & sociabilidade na América Portuguesa. Vol. I. São Paulo: Hucitec/Edusp/Fapesp/Imprensa Oficial, 2001, p. 339-358.

_____. Escravos e coiteiros no quilombo de Oitizeiro. In: REIS, J.J. & GOMES, F.S. (orgs.). *Liberdade por um fio*: história dos quilombos no Brasil. São Paulo: Companhia das Letras, 1996, p. 332-372.

_____. Um balanço dos estudos sobre as revoltas escravas da Bahia. In: reis, J.J. (org.). *Escravidão e invenção da liberdade*: estudos sobre o negro no Brasil. São Paulo: Brasiliense, 1988, p. 87-140.

REIS, J.J. & GOMES, F.S. Introdução: uma história da liberdade. In: REIS, J.J. & GOMES, F.S. (orgs.). *Liberdade por um fio*: história dos quilombos no Brasil. São Paulo: Companhia das Letras, 1996, p. 9-25.

RESENDE, M.E.L. O processo político na Primeira República e o liberalismo oligárquico. In: FERREIRA, J. & DELGADO, L.A.N. (orgs.). Rio de Janeiro: Civilização Brasileira, 2003, p. 89-120 [O Brasil republicano, 1].

RIBEIRO, A.V. O comércio de escravos e a elite baiana no período colonial. Em: In: FRAGOSO, J.L.R.; ALMEIDA, C.M.C. & SAMPAIO, A.C.J. (orgs.). *Conquistadores e negociantes: histórias de elites no Antigo Regime nos trópicos* – América Lusa, séculos XVI a XVIII. Rio de Janeiro: Civilização Brasileira, 2007, p. 311-335.

RIBEIRO JÚNIOR, J. O Brasil monárquico em face das repúblicas americanas. In: MOTA, C.G. (org.). *Brasil em perspectivas*. 19. ed. Rio de Janeiro: Bertrand Brasil, 1990, p. 146-161 [1. ed., 1968].

RICCI, M. Cabanos, patriotismo e identidades: outras histórias de uma revolução. In: GRIMBERG, K.& SALLES, R. (orgs.). *O Brasil Imperial* – Vol. II: 1831-1870. 4. ed. Rio de Janeiro: Civilização Brasileira, 2017, p. 185-231.

_____. O fim do Grão-Pará e o nascimento do Brasil: movimentos sociais, levantes e deserções no alvorecer do novo império (1808-1840). In: DEL PRIORE, M. & GOMES, F. (orgs.). *Os senhores dos rios*: Amazônia, margens e história. Vol. I. Rio de Janeiro: Campus, 2003, p. 165-193;

RODRIGUES, J. O fim do tráfico transatlântico de escravos para o Brasil: paradigmas em questão. In: GRIMBERG, K. & SALLES, R. (orgs.). *O Brasil Imperial* – Vol. II: 1831-1870. 4. ed. Rio de Janeiro: Civilização Brasileira, 2017, p. 297-337.

ROMEIRO, A. A Guerra dos Emboabas: novas abordagens e interpretações. In: RESENDE, M.E.L. & VILALTA, L.C. (orgs.). *História de Minas Gerais*. Vol. I. Belo Horizonte: Autêntica/Companhia do Tempo, 2007, p. 529-548.

RUSSELL-WOOD, A.J.R. Africanos e europeus: historiografia e percepções da realidade, In: *Escravos e libertos no Brasil colonial*. Rio de Janeiro: Civilização Brasileira, 2005, p. 17-50.

SALAMA, P. O Saara durante a Antiguidade clássica. In: MOKHTAR, G. (coord.). *História geral da África* – Vol. II: A África antiga. São Paulo/Paris: Ática/Unesco, 1983, p. 525-545.

SALLUR JÚNIOR, B. *Sérgio Buarque de Holanda* – Raízes do Brasil. In: MOTA, L.D. (org.). *Introdução ao Brasil*: um banquete no trópico. 2 vol. São Paulo: Senac, 1999.

SANCHES, A.L. & BERNARDES, E.S. Aspectos geológicos preliminares da Unidade de Conservação da Serra de Monte Alto. In: SILVA, J.P. (org.). *Territórios e ambientes da serra de Monte Alto, Região Sudoeste da Bahia*. Vitória da Conquista: Uesb, 2012, p. 71-77.

SCHAPOCHNIK, N. Cartões-postais, álbuns de família e ícones da intimidade. In: NOVAIS, F.A. (coord.). *História da vida privada no Brasil* – Vol. III [SEVCENKO, N. (org.)]: República: da Belle Époque à Era do Rádio. São Paulo: Companhia das Letras, 1998, p. 423-512.

SCHIERA, P. Sociedade "de estados", "de ordens" ou "corporativa". In: HESPANHA, A.M. (org.). *Poder e instituições na Europa do Antigo Regime* – Coletânea de textos. Lisboa: Fundação Calouste Gulbenkian, 1984, p. 143-153.

SEVCENKO, N. A capital irradiante: técnica, ritmos e ritos do Rio. In: NOVAIS, F.A. (coord.). *História da vida privada no Brasil* – Vol. III [SEVCENKO, N. (org.)]: República: da Belle Époque à Era do Rádio. São Paulo: Companhia das Letras, 1998, p. 513-619.

SEVILLA ARROYO, F. Introducción. In: CERVANTES, M. *Don Quijote de la Mancha*. Madri: Castalia, 2000, p. 27-53.

SIERRA, J.L. Vida ou panegírico fúnebre. Ao Senhor Afonso Furtado de Castro do Rio Mendonça, Visconde de Barbacena..., p. 32-34. In: SCHWARTZ, S.B. & PÉCORA, A. (orgs.). *As excelências do governador*: o panegírico fúnebre de d. Afonso Furtado, de Juan Lopes Sierra (Bahia, 1676). São Paulo: Companhia das Letras, 2002, p. 102-104.

SILVA, A.C. As marcas do período. In: SILVA, A.C. (coord.). *História do Brasil Nação: 1808-2010* – Vol. I: Crise colonial e independência: 1808-1830. Rio de Janeiro: Objetiva, 2011, p. 23-73.

SILVA, A.M.-D. Introdução. In: ANTONIL, A.J. *Cultura e opulência do Brasil por suas drogas e minas* – Ed. crítica. Introdução e notas de Andrée Mansuy Diniz Silva. São Paulo: Edusp, 2007, p. 25-31.

SILVA, F.C.T. Conquista e colonização da América Portuguesa: o Brasil Colônia (1500-1750). In: LINHARES, M.Y.L. (org.). *História geral do Brasil*. 9. ed. Rio de Janeiro: Campus, 1990.

SILVA, H.P. & RODRIGUES-CARVALHO, C. A busca pelos primeiros americanos. In: SILVA, H.P. & RODRIGUES-CARVALHO, C. *Nossa origem* – O povoamento das Américas: visões multidisciplinares. Rio de Janeiro: Vieira & Lent, 2006, p. 11-17.

SILVA, J.T. André João Antonio: cultura e opulência do Brasil. In: MOTA, L.D. (org.). *Introdução ao Brasil*: um banquete nos trópicos. São Paulo: Senac, 1999, p. 55-73.

_____. O barroco como conceito. In: SCHUMM, P. (ed.). *Barrocos y modernos*: nuevos caminos de la investigación del barroco iberoamericano. [s. l.]: Vervet, 1998, p. 289-304.

SILVA, M.B.N. Sociedade, instituições e cultura. In: JOHNSON, H. & SILVA, M.B.N. (coord.). *O Império Luso-brasileiro*: 1500-1620. Lisboa: Estampa, 1992, p. 376-384 [Nova História da Expansão Portuguesa, vol. 6].

SILVA, M.C. Etnicidade e racismo: uma reflexão pró-teórica. In: SILVA, M.C. & SOBRAL, J.M. (orgs.). *Etnicidade, nacionalismo e racismo*: migrações, minorias, étnicas e contextos escolares. Porto: Afrontamento, 2012, p. 21-75.

SOARES, T.B.S. A lei das sesmarias. In: BAIÃO, A.; CIDADE, H. & MÚRIAS, M. (dirs.). *História da expansão portuguesa no mundo*. Vol. I. Lisboa: Ática, 1937, p. 91.

SOUSA, M.A.S. Independência e soberania nacional na América luso-espanhola (apontamentos sobre as experiências dos governos de Santiago do Chile e da Bahia, nas lutas da independência). In: COSTA, W.P. & OLIVEIRA, C.H.S. (orgs.). *De um império a outro* – Formação do Brasil: séculos XVIII e XIX. São Paulo: Hucitec/Fapesp, 2007, p. 25-50.

SOUZA, A.C.M. Letras e ideias no Brasil Colonial. In: HOLANDA, S.B.. (dir.) *História geral da civilização brasileira* – Vol. I: A época colonial; 2: Administração, economia, sociedade. 7. ed. Rio de Janeiro: Bertrand Brasil, 1993, p. 91-105.

_____. A literatura durante o Império. In: HOLANDA, S.B. (dir.). *História geral da civilização brasileira*. – Vol. II: O Brasil monárquico; 3: Reações e transações. 6. ed. São Paulo: Difel, 1987, p. 343-355.

SOUZA, J.C. O pensamento brasileiro sob o Império. In: HOLANDA, S.B. (dir.). *História geral da civilização brasileira* – Vol. II: O Brasil Monárquico; 3: Reações e transações. 6. ed. São Paulo: Difel, 1987, p. 323-342.

SOUZA, M. Prefácio – Um dicionário para refrescar a memória brasileira. In: FAIGUENBOIM, G.; VALADARES, P. & CAMPAGNANO, A.R. *Dicionário Sefaradi de Sobrenomes*. São Paulo: Fraiha, 2003, p. 11-19.

SOUZA, M.C.C. O processo político-partidário na Primeira República. In: MOTA, C.G. (org.). *Brasil em perspectivas*. 19. ed. 1990, p. 162-226.

SOUZA, M.M. História, mito e identidade nas festas de reis negros no Brasil: séculos XVIII e XIX. In: JANKSÓ, I. & KANTOR, I. (orgs.). *Festa*: cultura & sociabilidade na América Portuguesa. Vol. 1. São Paulo: Hucitec/Edusp/Fapesp/Imprensa Oficial, 2001, p. 249-260.

SOUZA FILHO, A.R. Autonomia política e centralização: a província da Bahia no Primeiro Reinado. In: COSTA, W.P. & OLIVEIRA, C.H.S. (orgs.). *De um império a outro*: formação do Brasil, séculos XVIII e XIX. São Paulo: Hucitec/Fapesp, 2007, p. 297-312.

TAUNAY, A.d'E. Antonil e sua obra. In: ANTONIL, A.J. [João Antonio Andreoni]. *Cultura e opulência do Brasil*. 3. ed. Belo Horizonte/São Paulo: Itatiaia/USP, 1982, p. 23-59.

TAYLOR, C. Da escravidão à falta de liberdade na Europa Ocidental durante a Alta Idade Média. In: LIBBY, D.C. & FURTADO, J.F. (orgs.). *Trabalho livre, trabalho escravo*: Brasil e Europa, séculos XVIII e XIX. São Paulo: Annablume, 2006, p. 21-55.

URBAN, G. A história da cultura brasileira segundo as línguas nativas. In: CUNHA, M.C. *História dos índios no Brasil*. São Paulo: Companhia das Letras/Secretaria Municipal de Cultura/Fapesp, 1992, p. 87-102.

VAINFAS, R. & HERMANN, J. Judeus e conversos na Ibéria do século XV: sefardismo, heresia, messianismo. In: GRINBERG, K. (org.). *Os judeus no Brasil*: inquisição, imigração e identidade. Rio de Janeiro: Civilização brasileira: 2005, p. 15-41.

VARELLA, F.F. Primeiros relatos. In: PARADA, M. & RODRIGUES, H.E. (orgs.). *Os historiadores: clássicos da História do Brasil* – Vol. 4: Dos primeiros relatos a José Honório Rodrigues. Petrópolis/Rio de Janeiro: Vozes/PUC, 2018, p. 9-46.

VIEIRA, A. Sermão do bom ladrão. In: *Escritos históricos e políticos*. São Paulo: Martins Fontes, 1995, p. 97-139.

WAR, B.H. O período cartaginês. In: MOKHTAR, G. (coord.). *História geral da África* – Vol. II: A África antiga. São Paulo/Paris: Ática/Unesco, 1983, p. 449-472.

WISSENBACH, M.C.C. Da escravidão à liberdade: dimensões de uma privacidade possível. In: NOVAIS, F.A. (coord.). *História da vida privada no Brasil* – Vol. III [SEVCENKO, N. (org.)]: República: da Belle Époque à Era do Rádio. São Paulo: Companhia das Letras, 1998, p. 49-129.

Livros

ABECASSIS, F. *Cristóvan Colón*: uma biografia crítica. Lisboa: Prefácio, 2010.

ABREU, J.C. *Caminhos antigos e povoamento do Brasil*. Belo Horizonte/São Paulo: Itatiaia/USP, 1988 [1. ed. 1899].

_____. *Capítulos de história colonial*: 1500-1800. 6. ed. rev., anotada e prefaciada por José Honório Rodrigues. Rio de Janeiro/Brasília: Civilização Brasileira/INL, 1976 [1. ed., 1906].

ABREU, M.; SOIHET, R. & GONTIJO, R. (Orgs.). *Cultura política e leituras do passado*: historiografia e ensino da história. Rio de Janeiro: Civilização Brasileira/Faperj, 2007.

ACCIOLY. H. *O reconhecimento da Independência*. Rio de Janeiro: Impressa Nacional, 1945.

ALENCASTRO, L.F. *O tratado dos viventes*: formação do Brasil no Atlântico Sul. São Paulo: Companhia das Letras, 2000.

ALEXANDRE, V. *Os sentidos do Império*: questão nacional e questão colonial na crise do antigo regime português. Porto: Afrontamento, 1993.

ALGRANTI, L.M. & MEGIANI, A.P. (orgs.). *O Império por escrito*: formas de transmissão da cultura letrada no mundo ibérico, séculos XVI-XIX. São Paulo: Alameda, 2009.

ALMEIDA, A. *Vida e morte do tropeiro*. São Paulo: Martins/Edusp, 1981.

ALMEIDA, J.R.P. *História da instrução pública no Brasil (1500-1889)*. Trad. de Antônio Chizzotti. Ed. crítica de Maria do Carmo Guedes. 2. ed. rev. São Paulo: Educ, 2000 [1. ed., 1889].

ALMEIDA, K.L.N. *Escravos e libertos nas minas de Rio de Contas*: Bahia, século XVIII. Salvador: Edufba, 2018.

ALMEIDA, M.R.C. *Metamorfoses indígenas*: identidade e cultura nas aldeias coloniais do Rio de Janeiro. 2. ed. Rio de Janeiro: FGV, 2013 [1. ed., 2003].

ALONSO, Â. *Flores, votos e balas*: o movimento abolicionista brasileiro (1868-1888). São Paulo: Companhia das Letras, 2015.

ALVES FILHO, I. *Memorial de Palmares*. Rio de Janeiro: Xenon, 1988 [2. ed., Brasília: Astrogildo Pereira/Abaré, 2008].

AMARAL, A.A. *Tarsila:* sua obra e seu tempo. 4. ed. São Paulo: Ed. 34/Edusp, 2003 [1. ed. 1975].

AMARAL, B. *História da Independência da Bahia*. Salvador: Progresso, 1957.

ANDRADE, M. *Pauliceia desvairada*. São Paulo: Mayença, 1922.

ANDRADE, M.J.S. *A mão de obra escrava em Salvador, 1811-1860*. São Paulo/Brasília: Corrupio/CNPq, 1988.

ANTONIL, A.J. *Cultura e opulência do Brasil por suas drogas e minas*. Ed. crítica. Intr. e notas de Andrée Mansuy Diniz Silva. São Paulo: Edusp, 2007.

ARAÚJO, E. *O teatro dos vícios*: transgressões e transigências na sociedade urbana colonial. Rio de Janeiro: José Olympio, 1993.

ARAÚJO, N. *1591*: a Santa Inquisição na Bahia e outras histórias. Rio de Janeiro: Nova Fronteira: 1991.

ARAÚJO, U.C. *A Guerra da Bahia*. Salvador: Ufba/Ceao, 2001.

ARGAN, G.C. *Imagem e persuasão*: ensaios sobre o barroco. São Paulo: Companhia das Letras, 2004.

ARRUDA, J.J.A. *Uma colônia entre dois impérios* – A abertura dos portos brasileiros, 1800-1808. Bauru: Edusc, 2008.

_____. *O Brasil no comércio colonial*. São Paulo: Ática, 1980.

ARRUDA, J.J. & TENGARRINHA, J.M. *Historiografia luso-brasileira contemporânea*. Bauru: Edusc, 1999.

ASSIS, J.C. *A dupla face da corrupção*. Rio de Janeiro, Paz e Terra, 1984.

AVRITZER, L. & FILGUEIRAS, F. (orgs.). *Corrupção e sistema político no Brasil*. Rio de Janeiro: Civilização Brasileira, 2011.

AZEVEDO, F. *A cultura brasileira*. 7. ed. São Paulo: Edusp, 2010 [1. ed., 1943].

AZEVEDO, T. *O povoamento da Cidade do Salvador*. Salvador: Itapuã, 1969.

BADER, V.-M. *Racismo, etnicidade, cidadania*: reflexões sociológicas e filosóficas. Porto: Afrontamento, 2008.

BAETA, R.E. *Teoria do Barroco*. Salvador: Edufba, 2012.

BAIARDI, A. *Subordinação do trabalho ao capital na lavoura cacaueira da Bahia*. São Paulo: Hucitec, 1984.

BANDEIRA, L.A.M. *A expansão do Brasil e a formação dos estados na bacia do Prata*: Argentina, Uruguai e Paraguai. 4. ed. Rio de Janeiro: Civilização Brasileira, 2012.

_____. *O feudo* – a Casa da Torre de Garcia d'Ávila: da conquista dos sertões à independência do Brasil. Rio de Janeiro: Civilização Brasileira, 2000.

BARBOSA, F.A. *A vida de Lima Barreto*. 6. ed. Rio de Janeiro/Brasília: José Olympio/INL, 1981.

BARCINSKI, F.W. (org.). *Sobre a arte brasileira*: da Pré-história aos anos 1960. São Paulo: WMF Martins Fontes/Sesc, 2014.

BARICKMAN, B.J. *Um contraponto baiano*: açúcar, fumo, mandioca e escravidão no recôncavo, 1780-1860. Rio de Janeiro: Civilização Brasileira, 2003.

BARROS, H.G. *História da administração pública em Portugal nos séculos XII a XV*. 2. ed. dirigida por Torquato de Souza Soares. 11. vol. Lisboa: Sá da Costa, 1945 [1. ed., 1885-1922].

BASTOS, A.C.T. *Os males do presente e as esperanças do futuro*. São Paulo: Nacional, 1939.

BATH, B.H.S. *História agrária da Europa Ocidental (500-1850)*. Lisboa: Presença, 1984.

BATISTA, M.R. *Escritos sobre arte e modernismo brasileiro*. Org. de Ana Paula de Camargo Lima. São Paulo: Prata Design, 2012.

BAUDELAIRE, C. *Sobre a Modernidade*. São Paulo: Paz e Terra, 1987.

BAZIM, G. *Barroco e Rococó*. 2. ed. São Paulo: WMF Martins Fontes, 2010.

_____. *A arquitetura religiosa barroca no Brasil*. 2 vol. Rio de Janeiro: Record, 1956.

BEIGUELMAN, P. *A formação do povo no complexo cafeeiro*: aspectos políticos. São Paulo: Pioneira, 1968.

BELLINI, L.; SOUZA, E. & SAMPAIO, G.R. (orgs.). *Formas de crer*: ensaios de história religiosa do mundo luso-afro-brasileiro, séculos XIV-XXI. Salvador: Edufba, 2006.

BELLUZZO, A.M.M. *O Brasil dos viajantes*. 3. ed. Rio de Janeiro/São Paulo: Objetiva/Metalivros/Fundação Odebrecht, 2000 [1. ed., 1994].

BELTRÃO, M. *O Alto Sertão*: anotações. Rio de Janeiro: Casa da Palavra, 2010.

BELTRÃO, M.C.M.C. *Ensaio de Arqueologia*: uma abordagem transdisciplinar. Rio de Janeiro: M.C.M. Beltrão, 2000.

BENEVIDES, M.V.M. *O governo Kubitschek*: desenvolvimento econômico e estabilidade política, 1956-1961. 3. ed. Rio de Janeiro: Paz e Terra, 1979.

BENJAMIN, W. *Origem do drama barroco alemão*. São Paulo: Brasiliense, 1984.

BENNASSAR, B. & MARIN, R. *História do Brasil, 1500-2000*. Lisboa: Teorema, 2000.

BERBEL, M. & OLIVEIRA, C.H.S. (orgs.). *A experiência constitucional de Cádis*: Espanha, Portugal e Brasil. São Paulo: Palmela, 2012.

BERBEL, M.R. *A nação como artefato*: deputados do Brasil nas cortes portuguesas (1821-1822). São Paulo: Hucitec, 1999.

BETHENCOURT, F. *Racismos*: das Cruzadas ao século XX. São Paulo: Companhia das Letras, 1018.

BICHO, N. *Manual de arqueologia pré-histórica*. Lisboa: Ed. 70, 2012.

BITTENCOURT, A.R.G. *Longos serões do campo* – Vol. I: Infância e juventude. Rio de Janeiro: Nova Fronteira, 1992.

_____. *Longos serões do campo* – Vol. II: O major Pedro Ribeiro. Rio de Janeiro: Nova Fronteira, 1992.

BLACKBURN, R. *A construção do escravismo no Novo Mundo, 1492-1800*. Rio de Janeiro: Record, 2003.

BOAVENTURA, E.M. (org.). *Maria Beltrão e a arqueologia na Bahia* – O Projeto Central. Salvador: Quarteto, 2014.

BONFIM, M. *América Latina*: males de origem. Rio de Janeiro: Centro Edelstein de Pesquisas Sociais, 2008 [Ed. online] [1. ed., 1905].

_____. *O Brasil nação*. Rio de Janeiro: Francisco Alves, 1931.

_____. *O Brasil na história*: deturpação das tradições, degradação política. Rio de Janeiro: Francisco Alves, 1930.

_____. *O Brasil na América*: caracterização da formação brasileira. Rio de Janeiro: Francisco Alves, 1929.

BOSI, A. *Entre a literatura e a história*. 2. ed. São Paulo: Ed. 34, 2015 [1. ed., 2013].

_____. *Ideologia e contraideologia*. São Paulo: Companhia das Letras, 2010.

_____. *História concisa da literatura brasileira*. 41. ed. São Paulo: Cultrix, 2003.

_____. *Dialética da colonização*. São Paulo: Companhia das Letras, 1992.

BOXER, C.R. *A Igreja militante e a expansão ibérica, 1440-1770*. São Paulo: Companhia das Letras, 2007.

_____. *O império marítimo português, 1415-1825*. Lisboa: Ed. 70/Comissão Nacional para as Comemorações dos Descobrimentos Portugueses, 1992 [1. ed., 1969].

_____. *A idade de ouro do Brasil* – Dores de crescimento de uma sociedade colonial. São Paulo: Nacional, 1963.

BRAGA, J. *Ancestralidade afro-brasileira*: o culto de Babá Egum. Salvador: Edufba; Ianamá, 1995.

BRANDÃO, W.A. *História da Independência do Piauí*. Teresina: Fundapi, 2006.

BRAUDEL, F. *Civilização material, economia e capitalismo*: séculos XVI-XVIII. 3 vol. São Paulo: Martins Fontes, 1995.

_____. *O Mediterrâneo e o mundo mediterrânico*. 2 vol. São Paulo: Martins Fontes, 1983.

BRITO, J.G.L. *Pontos de partida para a história econômica do Brasil*. 3. ed. São Paulo/Brasília: Nacional/INL, 1980 [1. ed., 1923].

BRITO, J.R. *Cartas econômico-políticas sobre a agricultura e o comércio da Bahia*. Intr. de Anna Amélia Vieira Nascimento e notas de Góis Calmon. Salvador: Apeb, 1985.

_____. *A economia brasileira no alvorecer do século XIX*. Salvador: Progresso, 1923.

BRITO, J.R. et al. *Cartas econômico-políticas sobre a agricultura e o comércio da Bahia*. Apres. de Jorge Lins Freire e textos de Waldir Freitas Oliveira et al. Salvador: Fieb, 2004.

_____. *Cartas político-econômicas sobre a agricultura e o comércio da Bahia*. Publicadas por I.A.F. Benevides. Lisboa: Imprensa Nacional, 1821.

BROTTON, J. *Uma história do mundo em doze mapas*. Rio de Janeiro: Zahar, 1014.

BUCO, C.A. *Sítios arqueológicos brasileiros*. Santos: Ed. Brasileira de Arte e Cultura, 2014.

BURCKHARDT, J. *A cultura do renascimento na Itália*: um ensaio. São Paulo: Companhia das Letras, 2009.

CABRAL, M.S.C. *Caminhos do gado*: conquista e ocupação do sul do Maranhão. São Luís: Sioge, 1992.

CALABRESSE, O. *A idade neobarroca*. São Paulo: Martins Fontes, 1988.

CALAINHO, D.B. *Agentes da fé*: familiares da Inquisição Portuguesa no Brasil Colonial. Bauru: Edusc, 2006.

CALASANS, J. *Fernão Cabral de Ataíde e a santidade de Jaguaripe*. Salvador: Eduneb, 2012.

_____. *Quase biografias de jagunços*: o séquito de Antônio Conselheiro. Salvador: Ufba, 1995.

CALDEIRA, J. *Mauá: empresário do Império*. São Paulo: Companhia das Letras, 1995.

CALDEIRA, J.L.P. *O morgadio e a expansão do Brasil*. Lisboa: Tribuna da História, 2007.

CALDERÓN, V; ATAÍDE, Y.D. & DOREA, I. *Relatório das atividades de campo realizadas pelo* Projeto Sobradinho de Salvamento Arqueológico. Salvador: Chesf, 1977 [reprodução].

CALMON, P. *História Social do Brasil* – Vol. III.: Época republicana. São Paulo: Martins Fontes, 2002.

_____. *História Social do Brasil* – Vol. 1: Espírito da sociedade colonial. São Paulo: Martins Fontes, 2002.

_____. *História da Casa da Torre*: uma dinastia de pioneiros. 3. ed. Salvador: Fundação Cultural do Estado da Bahia, 1983.

_____. *A insurreição da senzala*. Petrópolis: Pro Luce, 1933.

_____. *A conquista*: história das bandeiras baianas. Rio de Janeiro: Imprensa Nacional, 1929.

CAMARINHAS, N. *Juízes e administração da justiça no Antigo Regime*: Portugal e o império colonial, séculos XVII e XVIII. Lisboa: Fundação Caloutre Gulbenkian/Fundação para a Ciência e a Tecnologia, 2010.

CAMPOS, H. [Mestre Xaréu]. *Capoeira regional*: a escola de Mestre Bimba. Salvador: Ufba, 2009.

_____. *Capoeira na universidade*: uma trajetória de resistência. Salvador: Edufba, 2001.

CANALE, D.; VIANA, F. & TAVARES, J.N. (orgs.). *Novembro de 1935, meio século depois*. Petrópolis: Vozes, 1985

CANCLINI, N.G. *Culturas híbridas*: estratégias para entrar e sair da Modernidade. 4. ed. 3. reimpr. São Paulo: Edusp, 2008 [1. ed., 1997].

CÂNDIDO, A. *Literatura e sociedade*. 13. ed. Rio de Janeiro: Ouro sobre Azul, 2014 [1. ed. 1965].

_____. *Formação da literatura brasileira*: momentos decisivos (1836-1880). 10. ed. Rio de Janeiro: Ouro sobre Azul, 2006.

_____. *O Romantismo no Brasil*. São Paulo: Humanitas/FFLCH (USP), 2002.

CARBONELL, C.-O. *Historiografia*. Lisboa: Teorema, 1992.

CARDOSO, C.F.S. *Escravidão e abolição no Brasil*: novas perspectivas. Rio de Janeiro: Zahar, 1988.

_____. *Escravo ou camponês?* – O protocampesinato negro nas Américas. São Paulo: Brasiliense, 1987.

_____. *Agricultura, escravidão e capitalismo*. Petrópolis: Vozes, 1979.

CARDOSO, C.F.S. & BRIGNOLI, H.P. *História económica de América Latina* – Vol. 1. Sistemas agrários y historia colonial. 3. ed. Barcelona: Crítica, 1984 [1. ed., 1879].

CARDOSO, F.H. *Capitalismo e escravidão no Brasil meridional*: o negro na sociedade escravocrata do Rio Grande do Sul. São Paulo: Difusão Europeia, 1977.

CARNEIRO, E. *O quilombo dos Palmares*. 4. ed. São Paulo: Nacional, 1988 [1. ed., 1946].

_____. *Dinâmica do folclore*. Rio de Janeiro: Civilização Brasileira,1985.

_____. *Ladinos e crioulos*: estudos sobre o negro no Brasil. Rio de Janeiro: Civilização Brasileira, 1964.

CARNEIRO, P. *Caminhos cruzados*: a vitoriosa saga dos judeus do Recife no século XVII, da expulsão da Espanha à fundação de Nova York. Rio de Janeiro: Autografia, 2015.

CARONE, E. *O Estado Novo (1937-1945)*. São Paulo: Difel, 1977.

_____. *A República Velha* – Instituições e classes sociais. 3. ed. rev. e aum. São Paulo: Difel, 1975.

CARRARA, Â.A. *Minas e currais*: produção rural e mercado interno de Minas Gerais, 1674-1807. Juiz de Fora: UFJF, 2007.

CARVALHO, J.M. *Pecado original da República*: debates, personagens e eventos para compreender o Brasil. Rio de Janeiro: Bazar do Tempo, 2017.

_____. *A construção da ordem: a elite política imperial* – Teatro de sombras: a política imperial. 2. vol. 4. ed. Rio de Janeiro: Civilização Brasileira, 2003 [1. ed., 1980; 2. ed., 1988].

_____. *Os bestializados*: o Rio de Janeiro e a República que não foi. São Paulo: Companhia das Letras, 1987.

CASTELLO, J.A. *A literatura brasileira*: origens e unidade (1500-1960). 2 vol. São Paulo: USP, 2004.

CASTELLO, J.A. *O Movimento Academicista no Brasil*. Vol. III. T. II. São Paulo: Conselho Estadual de Cultura, 1969, p. 37.

CASTRO, A. *História econômica de Portugal*. 3 vol. Lisboa: Caminho, 1985.

CASTRO, J.B. *A milícia cidadã*: a Guarda Nacional de 1831 a 1850. São Paulo/Brasília: Nacional/INL, 1977

CASTRO, J.F.M. *História da cartografia e cartografia sistemática*. Belo Horizonte: PUC Minas, 2012.

CAVALCANTE, P. *Negócios e trapaças*: caminhos e descaminhos na América Portuguesa (1700-1750). São Paulo: Hucitec, 2006.

CÉSAR, G. *Origens da economia gaúcha (o boi e o poder)*. Porto Alegre: IEL/Corag, 2005.

CHACON, V. *História dos partidos brasileiros:* discurso e práxis dos seus programas. 2. ed. rev. e aum. Brasília: UnB, 1985.

CHAVES, J. *O Piauí nas lutas da Independência do Brasil*. Teresina: Alínea, 2005.

COELHO, M.H. & MAGALHÃES, J.R. *O Poder Concelhio*: das origens às cortes constituintes. Coimbra, 1986.

CONRAD, R.E. *Tumbeiros*: o tráfico escravista para o Brasil. São Paulo: Brasiliense, 1985.

CORTESÃO, A. *Cartografia portuguesa antiga*. Lisboa: Comissão Executiva das Comemorações do V Centenário da Morte do Infante dom Henrique, 1960.

CORTESÃO, J. *A política de sigilo nos descobrimentos*. Lisboa: Imprensa Nacional/Casa da Moeda, 1996.

_____. *Raposo Tavares e a formação territorial do Brasil*. Rio de Janeiro: Ministério da Educação e Cultura/Departamento de Imprensa Nacional, 1958.

COSTA, E.V. *Brasil*: história, texto e contexto. São Paulo: Unesp, 2015.

_____. *A dialética invertida e outros ensaios*. São Paulo: Edunesp, 2014.

_____. *Da Monarquia à República*: momentos decisivos. 3. ed. São Paulo: Brasiliense, 1985.

_____. *Da senzala à colônia*. 2. ed. São Paulo: Ciências Humanas, 1982 [1. ed., 1966].

COSTA, L.F.; LAINS, P. & MIRANDA, S.M. *História econômica de Portugal, 1143-2010*. 3. ed. Lisboa: A Esfera dos Livros, 2014 [1. ed., 2011].

COSTA, M.A.A. *Ciganos*: histórias de vida. Coimbra: Minerva, 2006.

COSTA, W.P. & OLIVEIRA, C.H.S. (orgs.). *De um império a outro*: formação do Brasil, séculos XVIII e XIX. São Paulo: Hucitec/Fapesp, 2007.

CUNHA, E. *Os sertões* – Campanha de Canudos. Ed. crítica de Walnice Nogueira Galvão. Texto integral. São Paulo: Ática, 1998 [1. ed., 1902].

CURTIN, P.D. *The atlantic slave trade*: a census. Madison, Wis.: University of Wisconsin, 1969.

DAHER, A. *O Brasil francês: as singularidades da França Equinocial, 1612-1615*. Rio de Janeiro: Civilização Brasileira, 2007.

DANTAS, M.D. (org.). *Revoltas, motins, revoluções*: homens livres pobres e libertos no Brasil do século XIX. São Paulo: Alameda, 2011.

DARÓZ, C. *O Brasil na Primeira Guerra Mundial*: a longa travessia. São Paulo: Contexto, 2016.

DARWIN, C. *O Beagle na América do Sul*. Rio de Janeiro: Paz e Terra, 2002.

DEL PRIORE, M. *História da gente brasileira* – Vol. III: República. São Paulo: LeYa, 2017.

_____. *História da gente brasileira* – Vol. I: Colônia. São Paulo: LeYa, 2016.

_____. *História da gente brasileira* – V. II: Império. São Paulo: LeYa, 2016.

DEL PRIORE, M. & GOMES, F. (orgs.). *Os senhores dos rios*: Amazônia, margens e história. Rio de Janeiro: Campus, 2003.

DENIS, F. *Brasil*. Belo Horizonte/São Paulo: Itatiaia/Edusp, 1980, p. 161-168.

DIAS, C.M.; VASCONCELOS, E. & ROQUE, G. (dir.). *A história da colonização portuguesa do Brasil*. Ed. monumental comemorativa do primeiro centenário da Independência do Brasil. 3 vol. Porto: Litografia Nacional, 1924.

DIAS, J.C. *500 anos do leite no Brasil*. São Paulo: Calandra, 2006.

DIAS, J.S.S. *Os descobrimentos e a problemática cultural do século XVI*. Lisboa: Presença, 1982.

DIAS, M.N. *Fomento e mercantilismo*: a Companhia Geral do Grão-Pará e Maranhão (1755-1778). 2 vol. Belém: Universidade Federal do Pará, 1970.

DIAS, M.O.L.S. *A interiorização da metrópole e outros estudos*. São Paulo: Alameda, 2005.

DIÉGUES JÚNIOR, M. *Etnias e culturas no Brasil*. Rio de Janeiro: Biblioteca do Exército, 1980.

DIEHL, A.A. *A cultura historiográfica*: memória, identidade e representação. Bauru: Edusc, 2002.

_____. *A cultura historiográfica brasileira*: década de 1930 aos anos 1970. Passo Fundo: UPF, 1999.

_____. *A cultura historiográfica brasileira*: do IHGB aos anos 1930. Passo Fundo: UPF, 1998.

DOLHNIKOFF, M. *O pacto imperial*: origem do federalismo no Brasil. São Paulo: Globo, 2005.

_____. *História do Brasil Império*. São Paulo: Contexto, 2017.

DOMINGUES, Â. *Quando os índios eram vassalos* – Colonização e relações de poder no Norte do Brasil na segunda metade do século XVIII. Lisboa: Comissão Nacional para as Comemorações dos Descobrimentos Portugueses, 2000.

DOMINGUES, I. *Filosofia no Brasil: legados & perspectivas* – Ensaios metafísicos. São Paulo: Unesp, 2017.

DREIFUSS, R.A. *1964: a conquista do Estado* – Ação política, poder e golpe de classe. Petrópolis: Vozes, 1981.

DUNNELL, R.C. *Classificação em arqueologia*. São Paulo: USP, 2006.

EDELWEISS, F. *A antroponímia patriótica da Independência*. Salvador, Ufba/CEB, 1981.

EKSTEINS, M. *A sagração da primavera*. Rio de Janeiro: Rocco, 1991.

ELLIS JÚNIOR, A. *O bandeirismo paulista e o recuo do meridiano* – Pesquisas nos documentos quinhentistas e setecentistas publicados pelos governos estadual e municipal. São Paulo Nacional, 1934.

ENGELS, F. *A origem da família, da propriedade privada e do Estado*. Lisboa: Presença, 1976.

ENNES, E. *As guerras nos Palmares*. São Paulo: Nacional, 1938.

ETCHEVARNE, C. *Escrito na pedra*: cor, forma e movimento nos grafismos rupestres da Bahia. Org. Odebrecht. Rio de Janeiro: Versal, 2007.

EULÁLIO, A. *Livro involuntário*. Rio de Janeiro: Uerj, 1993.

EXPILLY, C. *Mulheres e costumes do Brasil*. Belo Horizonte: Itatiaia, 2000, p. 150-181.

FACÓ, R. *Cangaceiros e fanáticos*: gênese e lutas. Rio de Janeiro: Civilização Brasileira, 1972.

FALBEL, N. *Judeus no Brasil*: estudos e notas. São Paulo: Humanitas/Edusp, 2008.

FALCÓN, G. *Os coronéis do cacau*. Salvador: Ianamá/Ufba, 1995.

FAORO, R. *A República inacabada*. São Paulo: Globo, 2007.

_____. *Os donos do poder*: formação do patronato político brasileiro. 3. ed. rev. Porto Alegre: Globo, 2001 [1. ed., 1958].

FAUSTO, B. *Trabalho urbano e conflito social*. 2. ed. São Paulo: Companhia das Letras, 2016 [1. ed., 1976].

FAUSTO, B. (dir.). *História geral da civilização brasileira* – Vol. III: O Brasil Republicano; 3: Sociedade e política (1930-1964). 6. ed. Rio de Janeiro: Bertrand Brasil, 1996.

_____. *História geral da civilização brasileira* – Vol. III: O Brasil Republicano; 4: Economia e cultura (1930-1964). 2. ed. Rio de Janeiro: Bertrand Brasil, 1996.

_____. *História geral da civilização brasileira* – III: O Brasil Republicano; 2: Sociedade e instituições (1889-1930). 4. ed. Rio de Janeiro: Bertrand Brasil, 1990.

FAUSTO, C. *Os índios antes do Brasil*. Rio de Janeiro: Zahar, 2000.

FERNANDES, A.T. *Os fenômenos políticos*: sociologia do poder. 2. ed. Porto: Afrontamento, 1998 [1. ed., 1988].

FERNANDES, F. *A função social da guerra na sociedade tupinambá*. 3. ed. São Paulo: Globo, 2006.

_____. *O negro no mundo dos brancos*. São Paulo: Difusão Europeia, 1972.

FERRO, M. *História das colonizações*: das conquistas às independências, séculos XII a XX. São Paulo: Companhia das Letras, 1996.

FIGUEIREDO, L. (org.). *Festas e batuques no Brasil*. Rio de Janeiro: Sabin, 2009.

FINLEY, M.I. *A economia antiga*. 2. ed. rev. e ampl. Porto: Afrontamento, 1986.

FLORENTINO, M.G. *Em costas negras*: uma história do tráfico atlântico de escravos entre a África e o Rio de Janeiro (séculos XVIII e XIX). Rio de Janeiro: Arquivo Nacional, 1995.

FLORY, T. *El juez de paz y el jurado en el Brasil imperial, 1808-1871*: control social y estabilidad política en el nuevo Estado. México: Fondo de Cultura Económica, 1986.

FONSECA, I. *Enterrem-me de pé* – Os ciganos e a sua jornada. Lisboa: Teorema, 2003.

FONSECA, J. *Escravos e senhores na Lisboa quinhentista*. Lisboa: Colibri, 2010.

_____. *Escravos em Évora no século XVI*. Évora: Câmara Municipal, 1997.

FONTANA, J. *La crisis del Antiguo régimen, 1808-1833*. 4. ed. Barcelona: Crítica, 1992 [1. ed., 1979].

FRAGOSO, J.; BICALHO, M.F. & GOUVEIA, M.F. (orgs.). *O Antigo Regime nos trópicos*: a dinâmica imperial portuguesa (séculos XVI-XVIII). Rio de Janeiro: Civilização Brasileira, 2001.

FRAGOSO, J. & FLORENTINO, M. *O arcaísmo como projeto*: mercado atlântico, sociedade agrária e elite mercantil em uma economia colonial tardia, Rio de Janeiro: Diadorim, 1993.

FRAGOSO, J. & GOUVEIA, M.F. (orgs.). *O Brasil Colonial* – Vol. I, 1443-1880; Vol. II, 1480-1720; Vol. III, 1720-1821. Rio de Janeiro: Civilização Brasileira, 2014.

_____. Na trama das redes: política e negócios no Império Português, séculos XVI-XVIII. Rio de Janeiro: Civilização Brasileira, 2010.

FRAGOSO, J.L.R. *Homens de grossa aventura*: acumulação e hierarquia na praça mercantil do Rio de Janeiro (1790-1930). Rio de Janeiro: Arquivo Nacional, 1992.

FRAGOSO, J.L.R. & GOUVEIA, M.F. (orgs.). *O Brasil Colonial* – Vol. III (ca. 1720-ca. 1821). Rio de Janeiro: Civilização Brasileira, 2014.

FRANÇA, J.M.C. & HUR, S. *Piratas no Brasil*: as incríveis histórias dos ladrões dos mares que pilharam nosso litoral. São Paulo: Globo, 2014.

FREIRE, L.A.R. *A talha neoclássica na Bahia*. Rio de Janeiro: Versal, 2006.

FREITAS, D. *Os guerrilheiros do imperador*. Rio de Janeiro: Graal, 1978.

_____. *Palmares*: a guerra dos escravos. 2. ed. Rio de Janeiro: Graal, 1978.

FREYRE, G. *Casa-grande & senzala*. Madri/Barcelona/Havana/Lisboa/Paris/México/Buenos Aires/São Paulo/Lima/Guatemala/São José: Allca XX, 2002 [1. ed., 1933] [Ed. crítica coordenada por Guillermo Giucci, Enrique Rodríguez Larreta e Edson Nery da Fonseca].

FUENTES, C. *O espelho enterrado*: reflexões sobre a Espanha e o Novo Mundo. Rio de Janeiro: Rocco, 2001.

FUNARI, P.P. *Arqueologia*. 3. ed. São Paulo: Contexto, 2015.

FUNARI, P.P. & CARVALHO, A.V. *Palmares*: ontem e hoje. Rio de Janeiro: Zahar, 2005.

FUNARI, P.P. & NOELI, F.S. *Pré-história do Brasil*. São Paulo: Contexto, 1012.

FURTADO, C. *Formação econômica do Brasil*. 14. ed. São Paulo: Nacional, 1976 [1. ed., 1959].

FURTADO, J.F. *O livro da capa verde* – O regimento diamantino de 1771 e a vida no distrito diamantino no período da Real Extração. Belo Horizonte: Annablume/PPGH/UFMG, 2008.

FURTADO, J.P. *O manto de Penélope* – História, mito e memória da Inconfidência Mineira de 1788-1789. São Paulo: Companhia das Letras, 2002.

GALVÃO, W.N. *No calor da hora* – A Guerra de Canudos nos jornais, 4ª expedição. São Paulo: Ática, 1974.

GAMBINI, R. *O duplo jogo de Vargas*: influências americanas e alemãs no Estado Novo. São Paulo: Símbolo, 1977.

GARCIA, R.A.A. *Ensaio sobre a história política e administrativa do Brasil*: 1500-1810. 2. ed. Rio de Janeiro/Brasília: José Olympio/INL, 1975.

GASPAR, M. *Sambaqui*: arqueologia do litoral brasileiro. Rio de Janeiro: Zahar, 2000.

GASPARI, H. *A ditadura acabada*. Vol. 5. Rio de Janeiro: Intrínseca, 2016.

_____. *O sacerdote e o feiticeiro*: a ditadura encurralada. São Paulo: Companhia das Letras, 2004.

_____. *O sacerdote e o feiticeiro*: a ditadura derrotada. São Paulo: Companhia das Letras, 2003.

_____. *As ilusões armadas*: a ditadura envergonhada. 2. reimpr. São Paulo: Companhia das Letras, 2002.

GIMÉNEZ, C.B. & COELHO, R.S. *Bahia indígena: encontro de dois mundos* – Verdade do descobrimento do Brasil. Rio de Janeiro: Topbooks, 2005.

GOMES, F. *Escravidão e liberdade no Atlântico Sul*. São Paulo: Contexto, 2005.

GOMES, F.S. *Histórias de quilombo*: mocambos e comunidades de senzalas no Rio de Janeiro, século XIX. Rio de Janeiro: Arquivo Nacional, 1995.

GOMES, R.C. *Reis de Portugal*: dom Fernando. Lisboa: Tema e Debates, 2008.

GONÇALVES, J.M.M. *IBGE*: um retrato histórico. Rio de Janeiro: Fundação IBGE, 1995 [Memória Institucional, 5].

GOULART, J.A. *Da fuga ao suicídio* – Aspectos da rebeldia do escravo no Brasil. Rio de Janeiro: Conquista, 1972.

_____. *Brasil do boi e do couro* – Vol. I: O boi. Rio de Janeiro: GRD, 1965-1966.

_____. *Tropas e tropeiros na formação do Brasil*. Rio de Janeiro: Conquista, 1961.

_____. *Meios e instrumentos de transporte no interior do Brasil*. Rio de Janeiro: Ministério da Educação e Cultura/Serviço de Documentação, 1959.

GRIMBERG, K. & SALLES, R. (orgs.). *O Brasil Imperial* – Vol. II: 1831-1870. 4. ed. Rio de Janeiro: Civilização Brasileira, 2017.

_____. *O Brasil Imperial*. 3 vol. 3. ed. Rio de Janeiro: Civilização Brasileira, 2014.

GUEDES, M.J. *A cartografia impressa do Brasil: 1506-1922* – Os 100 mapas mais influentes. Rio de Janeiro: Capivara, 2012.

GUIMARÃES, F.M.S. *Divisão Regional do Brasil*. Rio de Janeiro: IBGE, 1942.

GUIMARÃES, L.M.P. *Debaixo da imediata proteção imperial* – O Instituto Histórico e Geográfico Brasileiro (1838-1889). São Paulo: Annablume, 2011.

HABERAMAS, J. *O discurso filosófico da Modernidade*. São Paulo: Martins Fontes, 2000.

HANOTIN, G. (dir.). *A península Ibérica e o mundo*: dos anos 1470 aos anos 1640. Lisboa: Texto & Grafia, 2015.

HAYWOOD, J. *Os celtas*: da idade do bronze aos nossos dias. Lisboa: Ed. 70, 2009.

HESPANHA, A.M. (org.). *Poder e instituições na Europa do Antigo Regime* – Coletânea de textos. Lisboa: Fundação Calouste Gulbenkian, 1984.

HOLANDA, A.B. (dir.). *História geral da civilização brasileira* – Vol. I: *A época colonial*; 2: Administração, economia, sociedade. 7. ed. São Paulo: Bertrand Brasil, 1993.

_____. *História geral da civilização brasileira* – Vol. I: *A época colonial*; 1: Do descobrimento à expansão territorial. 8. ed. São Paulo: Bertrand Brasil, 1989.

HOLANDA, S.B. *Caminhos e fronteiras*. 3. ed. São Paulo: Companhia das Letras, 1994 [1. ed., 1956].

_____. *Raízes do Brasil*, 1936 [Recomenda-se a edição comemorativa dos 70 anos da primeira edição, organizada por Ricardo Benzaquen de Araújo e Lília Moritz Schwarcz. São Paulo: Companhia das Letras, 2006, que reúne prefácios e introduções de Cassiano Ricardo sobre "homem cordial", a resposta de Sérgio Buarque de Holanda, o ensaio "Corpo e alma do Brasil, pontos de partida", contribuições espaciais para essa edição, uma cronologia elaborada por Maria Amélia Buarque de Holanda e um caderno de imagens do autor].

HOLANDA, S.B. (dir.). *História geral da civilização brasileira* – Vol. II: Brasil Monárquico; 1: O processo de emancipação. Rio de Janeiro: Bertrand Brasil, 1993.

_____. *História geral da civilização brasileira* – Vol. III: Brasil Republicano; 1: Estruturas de poder e economia (1889-1930). 5. ed. Rio de Janeiro: Bertrand Brasil, 1989.

_____. *História geral da civilização brasileira* – Vol. II: Brasil Monárquico; 3: Reações e transição. 4. ed. Rio de Janeiro: Bertrand Brasil, 1987.

_____. *História geral da civilização brasileira* – Vol. II: Brasil Monárquico; 2: Dispersão e unidade. 5. ed. Rio de Janeiro: Bertrand Brasil, 1985.

_____. *História geral da civilização brasileira* – Vol. II: Brasil Monárquico; 4: Declínio e queda do Império. Rio de Janeiro: Bertrand Brasil, 1985.

_____. *História geral da civilização brasileira* – Vol. II: Brasil Monárquico; 5: Do Império à República. 4. ed. Rio de Janeiro: Bertrand Brasil, 1985.

IANNI, O. *Metamorfoses do escravo*: apogeu e crise da escravatura no Brasil Meridional. São Paulo: Difusão Europeia, 1962.

IKOFF, M. *História do Brasil Império*. São Paulo: Contexto, 2017.

IVO, I.P. *Homens de caminho*: trânsitos culturais, comércio e cores nos sertões da América Portuguesa, século XVIII. Vitória da Conquista: Uesb, 2012.

JANKSÓ, I. *Na Bahia contra o Império*: história do ensaio de sedição de 1798. São Paulo/Salvador: Hucitec/Edufba, 1996.

JANKSÓ, I. (org.). *Independência:* história e historiografia. São Paulo: Hucitec/Fapesp, 2005.

_____. *Brasil*: formação do Estado e da Nação. São Paulo/Ijuí: Hucitec/Fapesp/Imprensa Oficial/Inijuí, 2001.

JANKSÓ, I. & KANTOR, I. (orgs.). *Festa*: cultura & sociabilidade na América Portuguesa. 2 vol. São Paulo: Hucitec/Edusp/Fapesp/Imprensa Oficial, 2001.

JOHNSON, H. & SILVA, M.B.N. (coords.). *O Império Luso-brasileiro:* 1500-1620. Lisboa: Estampa, 1992 [Nova História da Expansão Portuguesa, vol. 6].

JOSAPHAT, C. *Las Casas*: todos os direitos para todos. São Paulo: Loyola, 2000.

JUCÁ NETO, C.R. & MOURA FILHA, M.B. (orgs.). *Vilas, cidades e território*: o Brasil do século XVIII. João Pessoa: UFPB/PPGAU, 2012.

KANTOR, Í. *Esquecidos e renascidos*: historiografia acadêmica luso-americana (1724-1759). São Paulo/Salvador: Hucitec/CEB/Ufba, 2004.

KELLER, F. *História de la esclavitud*. Barcelona: Ferma, 1962.

KI-ZERBO, J. *História da África negra*. 2 vol. 2ª ed. rev., e atual. Mira-Sintra/Mem Martins: Europa-América, 1990.

KLEIN, H.S. *O tráfico de escravos no Atlântico*. Ribeirão Preto: Funpec, 2004.

KRAAY, H. *Política racial, Estado e Forças Armadas na época da Independência:* Bahia, 1790-1850. São Paulo: Hucitec, 2011.

KRUTA, V. *Os celtas*. São Paulo: Martins Fontes, 1989.

KURY, L.B. (org.). *Sertões adentro*: viagens nas caatingas, séculos XVI-XIX. Ed. bilíngue. Rio de Janeiro: Andrea Jacobson Estúdio, 2012, p. 161-203 [Versão para o inglês: Chris Hieatt].

LAHON, D. *O negro no coração do Império*: uma memória a resgatar (séculos XV-XIX). Lisboa: Secretariado Coordenador dos Programas de Educação Multicultural/Ministério da Educação, 1999.

LAPA, J.R.A. *A economia cafeeira*. São Paulo: Brasiliense, 1983.

_____. *O antigo sistema colonial*. São Paulo: Brasiliense, 1982.

_____. *A historiografia em questão*: historiografia brasileira contemporânea. Petrópolis: Vozes, 1976.

_____. *Economia colonial*. São Paulo: Perspectiva, 1973.

_____. *A Bahia na carreira das Índias*. São Paulo: Nacional, 1968.

LARA, S.H. *Fragmentos setecentistas*: escravidão, cultura e poder na América Portuguesa. São Paulo: Companhia das Letras, 2007.

_____. *Campos da violência*: escravos e senhores na Capitania do Rio de Janeiro, 1750-1808. Rio de Janeiro: Paz e Terra, 1988.

LEAL, V.N. *Coronelismo, enxada e voto*. 2. ed. São Paulo: Alfa-Ômega, 1975 [1. ed., 1949].

LEITE, C.B. (org.). *Sociologia da corrupção*. Rio de Janeiro: Zahar, 1987.

LEITE, M.M. (org.). *A condição feminina no Rio de Janeiro, século XIX*: antologia de textos de viajantes estrangeiros. São Paulo/Brasília: Hucitec/USP/INL, 1984.

LENK, W. *Guerra e pacto colonial*: a Bahia contra o Brasil holandês (1624-1654). São Paulo: Alameda, 2013.

LESSER, J. *A invenção da brasilidade*: identidade nacional, etnicidade e política de imigração. São Paulo: Unesp, 2015.

LESTRINGANT, F. *O canibal*: grandeza e decadência. Brasília: UnB, 1997.

LEWIS, B. *Os árabes na história*. Lisboa: Estampa, 1994.

LIMA, H.F. *História político-econômica e industrial do Brasil*. São Paulo: Brasiliana: 1973.

LIMA, M.O. *O movimento da Independência*: 1821-1822. 2. ed. Belo Horizonte/São Paulo: Itatiaia/USP, 1989 [1. ed., 1922].

LIMA, R.C. *Pequena história territorial do Brasil*: sesmarias e terras devolutas. 5. ed. São Paulo: Secretaria do Estado da Cultura, 1990 [1. ed., 1935].

LINHARES, M.Y.L. (org.). *História geral do Brasil*. 9. ed. Rio de Janeiro: Campus, 1990.

LINHARES, M.Y.L. & SILVA, F.C.T. *História da agricultura brasileira*: combates e controvérsias. São Paulo: Brasiliense, 1981.

_____. *História política do abastecimento*. Brasília: Binagri, 1979.

LOBO, E.M.L. *História político-administrativa da agricultura brasileira, 1898-1889*. Brasília: Ministério da Agricultura, 1979.

_____. *Processo administrativo ibero-americano* – Aspectos socioeconômicos: período colonial. Rio de Janeiro: Biblioteca do Exército, 1962.

LOPES, N. *Bantos, malês e identidade negra*. Belo Horizonte: Autêntica, 2006.

LOPEZ, A. & MOTA, C.G. *História do Brasil*: uma interpretação. São Paulo: Senac, 2008.

LOVEJOY, P.E. *A escravidão na África*: uma história de suas transformações. Rio de Janeiro: Civilização Brasileira, 2002.

LUCA, T.R. *A revista do Brasil*: um diagnóstico para a (n)ação. São Paulo: Unesp, 1999.

LUÍS, W. *Capitania de São Paulo*. São Paulo: Nacional, 1938.

MacAULAY, N. *A Coluna Prestes*: revolução no Brasil. 2. ed. Rio de Janeiro: Difel, 1977.

MACHADO, I.P. *Cultura historiográfica e identidade*: uma possibilidade de análise. Passo Fundo: UPF, 2001.

MACHADO, J.A. *Vida e morte do bandeirante*. São Paulo: Revista dos Tribunais, 1929.

MAGALHÃES, B. *Expansão geográfica do Brasil colonial*. 4. ed. São Paulo/Brasília: Nacional/INL, 1978 [1. ed., 1914].

MAGALHÃES, J.R. *Labirintos brasileiros*. São Paulo: Alameda, 2011.

MAGALHÃES, M.P. *Arqueologia de Carajás* – A presença pré-histórica do homem na Amazônia. Rio de Janeiro: Companhia Vale do Rio Doce, 1994.

MALERBA, J. & ROJAS, C.A. (org.). *Historiografia contemporânea em perspectiva crítica*. Bauru: Edusc, 2007.

MAMIGONIAN, B.G. *Africanos livres* – A abolição do tráfico de escravos no Brasil. São Paulo: Companhia das Letras, 2017.

MAQUIAVEL, N. *O príncipe*. São Paulo: Martins Fontes, 1998.

MARCÍLIO, M.L. *História da alfabetização no Brasil*. São Paulo: USP, 2016.

MARCONDES, A. *Canudos*: memórias de frei João Evangelista de Monte Mariano. Rio de Janeiro: Best Seller, 1997.

MARIANI, B. *Colonização linguística*: língua, política e religião no Brasil (séculos XVI a XVIII) e nos Estados Unidos da América (século XVIII). Campinas: Ponte, 2004.

MARIZ, V. *Pelos caminhos da História*: nos bastidores do Brasil Colônia, Império e República. Rio de Janeiro: Civilização Brasileira, 2015.

MARIZ, V. & PROVENÇAL, L. *Os franceses na Guanabara*: Villegagnon e a França Antártica, 1555-1567. 3. ed. Rio de Janeiro: Nova Fronteira, 2015.

_____. *La Ravardière e a França Equinocial*: os franceses no Maranhão (1612-1615). Rio de Janeiro: Topbooks, 2007.

_____. *Villegagnon e a França Antártica*: uma reavaliação. Rio de Janeiro: Nova Fronteira/Biblioteca do Exército, 2000.

MARQUES, A.H.O. *Introdução à história da agricultura em Portugal*: a questão cerealífera durante Idade Média. 3. ed. Lisboa: Cosmos, 1978.

MARTÍN, G. *Pré-História do Nordeste do Brasil*. 5. ed. Recife: Ufpe, 2013.

MARTINS, A.H.O. *História da civilização ibérica*. 13. ed. Lisboa: Guimarães, 2007.

MARTINS, A.L. *Império do café*: a grande lavoura no Brasil, 1850-1890. 12. ed. São Paulo: Atual, 1990.

MARTINS, M.G. De Ourique Aljubarrota à guerra na Idade Média. Lisboa: A Esfera dos Livros, 2001, p. 37-193.

MARTINS, W. *A ideia modernista*. Rio de Janeiro: Academia Brasileira de Letras/Topbooks, 2002.

MARVALL, J.A. *A cultura barroca*: análise de uma estrutura histórica. São Paulo: Edusp, 1997.

MARX, K. *O capital: crítica à economia política* – Livro I: O processo de produção do capital. 2 vol. Rio de Janeiro: Civilização Brasileira, 197? [1. ed. alemã, 1894].

MATHIAS, C.L.K. *As múltiplas faces da escravidão*: o espaço econômico do ouro e a sua elite pluriocupacional na formação da sociedade mineira setecentista, c. 1711-c. 1756. Rio de Janeiro: Mauad X/Faperj, 2012.

MATTOS, I.R. *O tempo saquarema*: a formação do Estado imperial. São Paulo/Brasília: Hucitec/INL, 1987.

MATTOSO, J. *Identificação de um país*: ensaios sobre as origens de Portugal, 1090-1325. 5. ed. rev. e atual. 2 vol. Lisboa: Estampa, 1995 [1. ed., 1985].

MATTOSO, K.M.Q. *Bahia, século XIX*: uma província no Império. Rio de Janeiro: Nova Fronteira, 1992.

MAURO, F. (coord.). *O império luso-brasileiro*: 1620-1750. Lisboa: Estampa, 1991 [Nova História da Expansão Portuguesa, vol. 7].

MAXWELL, K. *A devassa da devassa* – A Inconfidência Mineira: Brasil e Portugal, 1750-1808. 3. ed. Rio de Janeiro: Paz e Terra, 1985.

MEGGERS, B.J. *A América pré-histórica*. Rio de Janeiro: Paz e Terra, 1979.

MELLO, E.C. *O Brasil holandês (1630-1654)*. Seleção, introdução e notas de Evaldo Cabral de Mello. São Paulo: Penguin Classics, 2010.

_____. *Nassau*: governador do Brasil holandês. São Paulo: Companhia das Letras, 2006.

_____. *O negócio do Brasil*: Portugal, os Países Baixos e o Nordeste, 1641-1669. 3. ed. rev. Rio de Janeiro: Topbooks, 2003 [1 ed., 1998].

_____. *Olinda restaurada*: guerra e açúcar no Nordeste, 1630-1654. 2. ed. Rio de Janeiro: Topbooks, 1998 [1. ed., 1975].

_____. *Rubro veio*: o imaginário da restauração pernambucana. 2. ed. Rio de Janeiro: Topbooks, 1997 [1. ed., 1986].

MELLO, J.A.G. *Fontes para a história do Brasil holandês*. Recife: Parque Histórico Nacional dos Guararapes, 1981.

_____. *Tempos flamengos*: influência da ocupação holandesa na vida e na cultura do Norte do Brasil. Recife: J. Olympio, 1947.

MELLO, J.M.C. *O capitalismo tardio*. São Paulo: Brasiliense, 1982.

MELO, A.B.A. *Os programas dos partidos e o Segundo Império*. São Paulo: Jorge Seckler, 1878.

MENDONÇA S. & MOTTA, M. (orgs.). *Nação e poder*: as dimensões da história. Niterói: Eduff, 1998.

MESGRAVIS, L. *História do Brasil Colônia*. São Paulo: Contexto, 2015.

MÉTRAUX, A. *A religião dos tupinambás*. 2. ed. São Paulo: Nacional, 1979.

MICELI, P (texto e curadoria). *O tesouro dos mapas* – A cartografia na formação do Brasil. São Paulo: Instituto Cultural Banco de Santos, 2002.

MILLIET, S. *Roteiro do café e outros ensaios* – Contribuição para o estudo da história econômica e social do Brasil. 4. ed. São Paulo/Brasília: Hucitec/INL, 1982 [1. ed., 1941].

MOKHTAR, G. (coord.). *História geral da África* – Vol. II: A África antiga. São Paulo/Paris: Ática/Unesco, 1983.

MONTEIRO, J.M. *Negros da terra*: índios e bandeirantes nas origens de São Paulo. São Paulo: Companhia das Letras, 1994.

MONTEIRO, R.B. *O rei no espelho*: a monarquia portuguesa e a colonização da América, 1640-1720. São Paulo: Hucitec/Fapesp, 2002.

MONTEIRO, T. *História do Império:* a elaboração da Independência. 2. ed. 2 vol. São Paulo/Belo Horizonte: USP/Itatiaia, 1982 [1. ed., 1927].

MONTEIRO, T. *História do Império*: o Primeiro Reinado. 2 vol. 2. ed. Belo Horizonte/São Paulo: Itatiaia/USP, 1982, [1. ed., 1939-1946].

MORAES, A.C.R. *Bases da formação territorial do Brasil*: o território colonial brasileiro no "longo" século XVI. São Paulo: Hucitec, 2000.

MORAES FILHO, M. *Festas e tradições populares do Brasil*. Belo Horizonte/São Paulo: Itatiaia/Edusp, 1979

MORALES, W.F. *Brasil Central*: 12.000 anos de ocupação humana no médio curso do Tocantins, TO. São Paulo/Porto Seguro: Annablume/Acervo/Centro de Referência em Patrimônio e Pesquisa, 2008.

MORENO, D.C. *Livro que dá razão ao Estado do Brasil:* 1612. Ed. crítica de Luís Ferrand de Almeida e Hélio Viana. Recife: Arquivo Público Estadual, 1955.

MOTA, Á.V.-B. (org.). *Ciganos*: antologia de ensaios. Brasília: Thesaurus, 2004.

MOTA, C.G. *Ideia de revolução no Brasil, 1789-1801* – Estudo das formas de pensamento. Petrópolis: Vozes, 1979.

MOTA, C.G. (org.). *Brasil em perspectivas*. 19. ed. Rio de Janeiro: Bertrand Brasil, 1990 [1. ed., 1968].

MOTA, I. *A Academia Real de História*: os intelectuais, o poder cultural e o poder monárquico no século XVIII. Coimbra: Minerva, 2003.

MOTT, L. *Bahia*: inquisição e sociedade. Salvador: Edufba, 2010.

MOTTA, M.M.M. *Nas fronteiras do poder*: conflito e direito à terra no Brasil do século XIX. Rio de Janeiro: Vício de Leitura/Arquivo Público do Estado do Rio de Janeiro, 1998.

MOURA, C. *Rebeliões da senzala*: quilombos, insurreições, guerrilhas. Rio de Janeiro: Conquista, 1972.

MUÑOS, M.P. *Viriato*: o herói lusitano que lutou pela liberdade do seu povo: Lisboa: Esfera dos Livros, 2006.

NAKAMUTA, A.S. (org.). *Hanna Levy no Sphan*: história da arte e patrimônio. Rio de Janeiro: Iphan/DAF/Copedoc, 2010.

NAPOLITANO, M. *História do Brasil República*: da queda da monarquia ao fim do Estado Novo. São Paulo: Contexto, 2018.

NARDI, J.B. *Sistema colonial e tráfico negreiro*: novas interpretações da história brasileira. Campinas: Pontes, 2002.

_____. *O fumo brasileiro no período colonial*: lavoura, comércio e administração. São Paulo: Brasiliense, 1996.

NASCIMENTO, A. *O quilombismo*. Petrópolis: Vozes, 1980.

NEVES, E.F. *Crônica, memória e história*: formação historiográfica dos sertões da Bahia. Feira de Santana: Uefs, 2016.

_____. *Escravidão, pecuária e policultura*: Alto Sertão da Bahia, século XIX. Feira de Santana: Uefs, 2012.

_____. *Uma comunidade sertaneja*: da sesmaria ao minifúndio (um estudo de história regional e local). 2. ed. rev. e ampl. Salvador/Feira de Santana: Edufba/Uefs, 2008 [1. ed., 1998].

_____. *Estrutura fundiária e dinâmica mercantil*: Alto Sertão da Bahia, séculos XVIII e XIX. Salvador/Feira de Santana: Edufba/Uefs, 2005.

NEVES, E.F. & MIGUEL, A. (orgs.). *Caminhos do sertão*: ocupação territorial, sistema viário e intercâmbios coloniais dos sertões da Bahia. Salvador: Arcádia, 2007.

NIMUENDAJU, U.K. *As lendas da criação e destruição do mundo como fundamento da religião dos Apapocuva Guarani*. São Paulo: Hucitec/USP, 1987.

NOGUEIRA, C. *O Portugal medieval*: monarquia e sociedade. São Paulo: Alameda, 2010.

NOTÁRIO, R. *As grandes batalhas da história de Portugal*. Lisboa: Marcador. 2013.

NOVAES, A. (org.). *A descoberta do homem e do mundo*. São Paulo: Companhia das Letras, 1998.

NOVAIS, F.A. *Portugal e o Brasil na crise do antigo sistema colonial (1777-1808)*. São Paulo: Hucitec, 1989.

NOVAIS, F.A. (coord.). *História da vida privada no Brasil* – Vol. IV [SCHWARCZ, L.M. (org.)]: Contrastes da intimidade contemporânea. São Paulo: Companhia das Letras, 1998.

_____. *História da Vida privada no Brasil* – Vol. I: [SOUZA, L.M. (org.)]:. Cotidiano e vida privada na América Portuguesa. São Paulo: Companhia das Letras, 1997.

_____. *História da Vida privada no Brasil* – Vol. II [ALENCASTRO, L.F. (org.)]: A corte e a Modernidade nacional. São Paulo: Companhia das Letras, 1997.

_____. *História da vida privada no Brasil* – Vol. III [SEVCENKO, N. (org.)]: República: da Belle Époque à Era do Rádio. São Paulo: Companhia das Letras, 1998.

NOVAIS, F.A. & MOTA, C.G. *A independência política do Brasil*. 2. ed. São Paulo: Hucitec, 1996.

NOVINSKY, A. *Cristãos Novos na Bahia*. São Paulo: Perspectiva, 1972.

NOVINSKY, A.; LEVY, D.; RIBEIRO, E, & GORENSTEIN, L. *Os judeus que construíram o Brasil*: fontes inéditas para uma nova visão da história. São Paulo: Planeta do Brasil, 2015.

NUNES, A.d'A. *Conhecendo a história da Bahia*: da pré-história a 1815. Salvador: Quarteto, 2013.

ODÁLIA, N. *As formas do mesmo*: ensaios sobre o pensamento historiográfico de Varnhagen e Oliveira Vianna. São Paulo: Unesp, 1997.

OLIVAL, F. *As ordens militares e o Estado Moderno*: honra, mercê e venalidade em Portugal, 1641-1789. Lisboa: Estar, 2001.

OLIVEIRA, C.H.S. & MATTOS, C.V. (orgs.). *O Brado do Ipiranga*. São Paulo: Edusp/Museu Paulista da USP, 1999.

OLIVEIRA, F. *A economia da dependência imperfeita*. Rio de Janeiro: Graal, 1977.

OLIVEIRA, M.L. *A História do Brasil de* Frei Vicente do Salvador: história e política no Império português do século XVII. 2 vol. Rio de Janeiro/São Paulo: Versal/Odebrecht, 2008.

OLIVEIRA FILHO, M. *Praxedes*: um operário no poder. São Paulo: Alfa-Ômega, 1985.

ORLANDI, E.P. *Terra à vista* – Discurso do confronto: velho e novo mundo. São Paulo/Campinas: Cortez/Unicamp, 1990.

ORTIZ, R. *Cultura brasileira & identidade nacional*. 5. ed. São Paulo: Brasiliense, 1994.

OSBORNE, R. *Civilização*: uma nova história do mundo ocidental. Rio de Janeiro: Difel, 2016.

OTT, C. *As culturas pré-históricas da Bahia* – Vol. I: A cultura material. Salvador: Bigraf, 1993.

_____. *Pré-História da Bahia*. Salvador: Progresso, 1958.

_____. *Vestígios de cultura indígena no sertão da Bahia*. Salvador: Secretaria de Educação e Saúde/Museu da Bahia, 1945.

PAIVA, E.F. *Dar nome ao novo*: uma história lexical da Ibero-América entre os séculos XVI e XVIII – As dinâmicas da mestiçagem e o mundo do trabalho. Belo Horizonte: Autêntica, 2015.

_____. *Escravidão e universo cultural na colônia*: Minas Gerais, 1716-1789. Belo Horizonte: UFMG, 2006.

_____. *Escravos e libertos nas Minas Gerais do século XIX*: estratégias de resistência através dos testamentos. 2. ed. São Paulo: Annablume, 2000.

PANG, E.-S. *Coronelismo e oligarquias, 1889-1934*: a Bahia na Primeira República brasileira. Rio de Janeiro: Civilização Brasileira, 1979, p. 19-63.

PARAÍSO, M.H.B. *O tempo da dor e do trabalho*: a conquista dos territórios indígenas nos sertões do leste. Salvador: Edufba, 2014.

PARÉS, L.N. *O rei, o pai e a morte*: a religião vodum na antiga Costa dos Escravos na África Ocidental. São Paulo: Companhia das Letras, 2016.

_____. *A formação do Candomblé*: história e ritual da nação Jeje na Bahia. São Paulo: Edunicamp, 2006.

PEDREIRA, J.M.V. *Estrutura industrial e mercado colonial*: Portugal e Brasil (1780-1830). Linda-a-Velha, Port. [s.e.], 1994.

PENNA, L.A. *República brasileira*. Rio de Janeiro: Nova Fronteira, 1999.

PEREIRA, P.R. *Os três únicos testemunhos do descobrimento do Brasil*. Rio de Janeiro: Lacerda, 1999.

PERICAS, L.B. & SECCO, L. (orgs.). *Intérpretes do Brasil*: clássicos, rebeldes e renegados. São Paulo: Boitempo, 2014.

PESAVENTO, S.J. *Pecuária e indústria*: formas de realização do capitalismo na sociedade gaúcha no século XIX. Porto Alegre: Movimento, 1986.

PESSIS, A.-M. *Imagens da Pré-História*: Parque Nacional Serra da Capivara. São Raimundo Nonato/Rio de Janeiro: FUPMDHAM/Petrobras, 2003.

PIERONI, G. *Vadios e ciganos, hereges e bruxas*: os degredados no Brasil Colônia. 2. ed. Rio de Janeiro, Bertrand Brasil, 2002.

PILO, L.B. & NEVES, W.A. *O povo de Luzia*: em busca dos primeiros americanos. São Paulo: Globo, 2008.

PINHO, W. *A Abertura dos Portos na Bahia*: Cairu, os ingleses, a Independência. 2. ed. Salvador: Egba, 2008 [1. ed., 1961].

PINHO, W. *História de um engenho no Recôncavo*: Matoim, Novo Caboto, Freguesia. [s.l.], [s.e.], 1552-1944.

PINTO, V.N. *O ouro brasileiro e o comércio anglo-português*: uma contribuição aos estudos da economia atlântica no século XVIII. São Paulo: Nacional, 1979.

PIRES, S.R. *Raízes de Minas*. Montes Claros: [s.e.], 1979.

POMPA, C. *Religião como tradução*: missionários, tupi e "tapuia" no Brasil colonial. Bauru: Edusc, 2003.

PORTO, C. *O sistema sesmarial no Brasil*. Brasília: UnB, 197?

_____. *Estudo sobre o sistema sesmarial*. Recife: Imprensa Universitária, 1965.

PRADO, P. *Retrato do Brasil*: ensaio sobre a tristeza brasileira. 10. ed. São Paulo: Companhia das Letras, 2012 [1. ed., 1928].

PRADO JÚNIOR, C. *Formação do Brasil contemporâneo*: colônia [1. ed., 1942] [Recomenda-se a edição com um texto introdutório de Fernando Novais. In: SANTIAGO, S. (coord.). *Intérpretes do Brasil*. Vol. III. Rio de Janeiro: Nova Aguilar, 2002, p. 1.103-1.488.

PRIMITIVO, M. *A instrução e as províncias*: subsídios para a história da educação no Brasil – Vol. I, 1834-1889: das Amazonas às Alagoas. São Paulo: Nacional, 1939.

_____. *A instrução e as províncias: subsídios para a história da educação no Brasil* – Vol. II, 1835-1889: Sergipe, Bahia, Rio de Janeiro e São Paulo. São Paulo: Nacional, 1939.

_____. *A instrução e as províncias: subsídios para a história da educação no Brasil* – Vol. III, 1834-1889: Espírito Santo, Minas Gerais, Paraná, Santa Catarina, Rio Grande do Sul e Goiás. São Paulo: Nacional, 1939.

PROUS, A. *Arqueologia brasileira*. Brasília: UnB, 1992.

PROUS, A. *Arte pré-histórica do Brasil*. Belo Horizonte: C / Arte, 2007.

PUNTONI, P. *A Guerra dos Bárbaros*: povos indígenas e a colonização do Sertão Nordeste do Brasil, 1650-1720. São Paulo: USP/Fapesp/Hucitec, 2002.

QUEIROZ, M.I.P. *O messianismo no Brasil e no mundo*. 2. ed. São Paulo: Alfa-ômega, 1976 [1. ed., 1965].

QUEIROZ, M.V. *Messianismo e conflito social* – A guerra sertaneja do Contestado: 1912-1916. 2. ed. São Paulo: Ática, 1977.

QUERINO, M. *Costumes africanos no Brasil*. Recife/Massangana: Fundarj/Funarte, 1988.

RAIOL, D.A. *Motins políticos ou história dos principais acontecimentos políticos na Província do Pará desde o ano de 1821 até 1835*. 5. vol. 2. ed. Belém: Universidade Federal do Pará, 1970 [1. ed., 1865-1890].

RAMINELLI, R. *Viagens ultramarinas*: monarcas, vassalos e governos a distância. São Paulo: Alameda, 2008.

_____. *Imagens da colonização*: a representação do índio de Caminha a Vieira. Rio de Janeiro: Zahar, 1996.

RAMOS, A. & RAU, V. Fortunas ultramarinas e a nobreza portuguesa no século XVIII. In: *Estudos sobre a história econômica e social do Antigo Regime*. Lisboa: Presença, 1984.

RAMOS, F.P. *No tempo das especiarias*: o império da pimenta e do açúcar. São Paulo: Contexto, 2004.

RAU, V. *Estudos sobre a história econômica e social do Antigo Regime*. Lisboa: Presença, 1984.

_____. *Sesmarias medievais portuguesas*. 3. ed. Lisboa: Presença, 1982 [1. ed., 1946].

REGINALDO, L. *Os rosários dos angolas*: irmandades de africanos e crioulos na Bahia setecentista. São Paulo: Alameda, 2011.

REIS, A.C. *Nova história de Portugal*. Lisboa: Notícias, 1990.

REIS, J.J. *Rebelião escrava no Brasil*: a história do levante dos malês em 1835. 2. ed. rev. e ampl. São Paulo: Companhia das Letras, 2003 [1. ed., 1986].

_____. *A morte é uma festa*: ritos fúnebres e revolta popular no Brasil do século XIX. São Paulo: Companhia das letras, 1991.

REIS, J.J. & GOMES, F.S. (orgs.). *Uma história de liberdade* – Liberdade por um fio: história dos quilombos no Brasil. São Paulo: Companhia das Letras, 1996.

REIS, J.J. & SILVA, E. *Negociação e conflito*: a resistência negra do Brasil escravista. São Paulo: Companhia das Letras, 1989.

REIS, N.G. *As minas de ouro e a formação das capitanias do Sul*. São Paulo: Via das Artes, 2013.

REZZUTTI, P. *D. Pedro*: a história não contada. São Paulo: LeYa, 2015.

RIBEIRO, A.M. *Do autoritarismo à democracia*: continuidade e mudança da corrupção política no Brasil após a redemocratização. Lisboa: Chiado, 2017.

RIBEIRO, D. *O Brasil como problema*. 2. ed. São Paulo: Global, 2015 [1. ed., 1995].

_____. *O povo brasileiro* – A formação e sentido do Brasil. São Paulo: Companhia das Letras, 1995.

RICUPERO, R. *A diplomacia na construção do Brasil*: 1750-2016. Rio de Janeiro: Versal, 2017, p. 233-301.

_____. *O Romantismo e a ideia de nação no Brasil (1830-1870)*. São Paulo: Martins Fontes, 2004.

_____. *Rio Branco*: o Brasil no mundo. Rio de Janeiro: Contraponto, 2000.

RISÉRIO, A. *Uma história da cidade da Bahia*. 2. ed. Rio de Janeiro: Versal, 2004.

ROCHA, L.B. *A região cacaueira da Bahia*: dos coronéis à vassoura-de-bruxa: saga, percepção, representação. Ilhéus: Editus, 2008.

RODRIGUES, J.H. *Independência*: revolução e contrarrevolução – Vol. I: A evolução política. Rio de Janeiro: Francisco Alves, 1975.

_____. *Independência*: revolução e contrarrevolução – Vol. II: Economia e sociedade. São Paulo/Rio de Janeiro: USP/Francisco Alves, 1975.

_____. *Independência*: revolução e contrarrevolução – Vol. III: As Forças Armadas. São Paulo/Rio de Janeiro: USP/Francisco Alves, 1975.

_____. *Independência*: revolução e contrarrevolução – Vol. IV: A liderança nacional. São Paulo/Rio de Janeiro: USP/Francisco Alves, 1975.

_____. *Independência*: revolução e contrarrevolução – Vol. V: A política internacional. Rio de Janeiro: Francisco Alves, 1975.

_____. *A Assembleia Constituinte de 1823*. Petrópolis: Vozes, 1974.

_____. *História e historiografia*. Petrópolis: Vozes, 1970.

_____. *Historiografia e bibliografia do domínio holandês no Brasil*. 2. ed. Rio de Janeiro: INL, 1969 [1. ed., 1949].

_____. *As aspirações nacionais*: interpretação histórico-política. 3. ed. rev. e atual. São Paulo: Fulgor, 1965.

_____. *Brasil e África*: outros horizontes. Rio de Janeiro: Civilização Brasileira: 1961.

RODRIGUES, N. *Os africanos no Brasil*. 7. ed. São Paulo/Brasília: Nacional/UnB, 1988 [1. ed., 1906].

_____. *O animismo fetichista dos negros baianos*. Rio de Janeiro: Civilização Brasileira, 1935.

ROMEIRO, A. *Corrupção e poder no Brasil*: uma história, séculos XVI a XVIII. Belo Horizonte: Autêntica, 2017.

_____. *Paulistas e Emboabas no coração das Minas*: ideias, práticas e imaginário político no século XVIII. Belo Horizonte: UFMG, 2008.

ROSA, M.L. *O morgadio em Portugal, séculos XIV-XV*: modelos e práticas de comportamento linhagístico. Lisboa: Estampa, 1995.

RUCQUOI, A. *História medieval da Península Ibérica*. Lisboa: Estampa, 1995, p. 215-309.

RUSSELL-WOOD, A.J.R. *História do Atlântico português*. São Paulo: Unesp, 2014.

_____. *Um mundo em movimento*: os portugueses na África, na Ásia e na América (1415-1808). Lisboa: Difel, 1998.

RUY, A. *História política e administrativa da cidade do Salvador*. Salvador: Beneditina, 1949.

SÁ, E.G. *Mestiço: entre o mito, a utopia e a história* – Reflexões sobre a mestiçagem. Rio de Janeiro: Quartet/Faperj, 2013.

SACHS, I.; WILHEIM, J. & PINHEIRO, P.S. (orgs.). *Brasil*: um século de transformações. São Paulo: Companhia das Letras, 2001.

SADLIER, D.J. *Brasil imaginado*: de 1500 até o presente. São Paulo: Edusp, 2016.

SALDANHA, A.V. *As capitanias do Brasil*: antecedentes, desenvolvimento e extinção de um fenômeno atlântico. 2. ed. Lisboa: Comissão Nacional para as Comemorações dos Descobrimentos Portugueses, 2001 [1. ed., 1992].

SALVADO, J. & MIRANDA, S.M. (eds.). *Cartas para Álvaro de Sousa e Gaspar de Sousa*. Lisboa: CNCDP, 2001.

SAMPAIO, T. *Os naturalistas viajantes e a etnografia indígena*. Salvador: Progresso, 1955.

_____. *História da fundação da cidade do Salvador*. Salvador: Beneditina, 1949.

SAMPAIO, T. & TESCHAUER, C. *Os naturalistas viajantes dos séculos XVIII e XIX e a etnografia indígena*. Salvador: Progresso: 1955.

SAMPAIO, Y. *Livro de vínculos de Morgados da Casa da Torre, contendo a das fazendas vinculada, valor pago pelos rendeiros, limites fundiários e logradouros*: 1778-1779. Recife: Companhia Ed. de Pernambuco/Centro de Estudos de História Municipal, 2012.

SANTIAGO, S. (coord.). *Intérpretes do Brasil*. 3 vol. Rio de Janeiro: Nova Aguilar, 2002.

SANTOS, J.E. *Os Nàgô e a morte*: Pàdê, Àsèsè e o culto Égum na Bahia. Petrópolis: Vozes, 1986.

SANTOS, J.S. *Estudos da Tradição Itacoatiara na Paraíba*: subtradição Ingá? Campina Grande: Cópias & Papéis, 2014.

SANTOS, M. [Roberto Alves dos]. *Rios e fronteiras*: conquista e ocupação do Sertão Baiano. São Paulo: Edusp, 2017.

_____. *Bandeirantes paulistas no sertão do São Francisco*: povoamento e expansão da pecuária de 1688 a 1734. São Paulo: Edusp, 2009.

_____. *Estradas reais* – Introdução ao estudo dos caminhos do ouro e do diamante no Brasil. Belo Horizonte: Estrada Real, 2001.

SANTOS FILHO, L. *Uma comunidade rural do Brasil antigo* (aspectos da vida patriarcal no sertão da Bahia nos séculos XVIII e XIX). São Paulo: Nacional, 1956 [Há duas edições fac-similares: Salvador/Feira de Santana: Pedro Calmon/Uefs Editora, 2012. • Prefeitura Municipal de Brumado, 2012].

SAUNDERS, A.C.C.M. *História social dos escravos e libertos negros em Portugal (1441-1555)*. Lisboa: Imprensa Nacional/Casa da Moeda, 1994.

SAVIANI, D. *História das ideias pedagógicas no Brasil*. 4. ed. Campinas: Autores Associados, 2013 [1. ed., 2007].

SCHMITZ, P.I.; BARBOSA, M.O. & RIBEIRO, M.B. *Projeto Serra Geral*. São Leopoldo: Instituto Schimitz Anchietano de Pesquisas, 1997.

SCHWARCZ, L.M. *Brasil*: uma biografia. São Paulo: Companhia das Letras, 2015.

_____. *As barbas do imperador*: dom Pedro II, um monarca nos trópicos. 2. ed. São Paulo: Companhia das Letras, 1998.

_____. *O espetáculo das raças* – Cientistas, instituições e questão racial no Brasil: 1870-1930. São Paulo: Companhia das Letras, 1993.

SCHWARCZ, L.M. [com AZEVEDO, P.C. & COSTA, Â.M.]. *A longa viagem da biblioteca dos reis*: do terremoto de Lisboa à Independência do Brasil. São Paulo: Companhia das Letras, 2002.

SCHWARCZ, L.M. (coord.). *A abertura para o mundo, 1889-1930*. São Paulo: Objetiva/Fundación Mapfre, 2012.

SCHWARCZ, L.M. (dir.). *História do Brasil Nação. 1808-2010* – Vol. V: REIS, D.A. (coord.). Modernização, ditadura e democracia: 1964-2010. Rio de Janeiro: Objetiva, 2014.

_____. *História do Brasil Nação: 1808-2010* – Vol. IV: GOMES, Â.C. (coord.). Olhando para dentro: 1930-1964. Rio de Janeiro: Objetiva, 2013.

_____. *História do Brasil Nação: 1808-2010* – Vol. II: CARVALHO, J.M. (coord.). A construção nacional: 1830-1889. Rio de Janeiro: Objetiva, 2012.

_____. *História do Brasil Nação: 1808-2010* – Vol. III: SCHWARCZ, L.M. (coord.). A abertura para o Mundo: 1889-1930. Rio de Janeiro: Objetiva, 2012.

_____. *História do Brasil Nação: 1808-2010* – Vol. I: SILVA, A.C. (coord.). Crise colonial e independência: 1808-1830. Rio de Janeiro: Objetiva, 2011.

SCHWARCZ, L.M. & STARLING, H.M. *Brasil:* uma biografia. São Paulo: Companhia das Letras, 2015.

SCHWARTZ, S.B. *Burocracia e sociedade no Brasil colonial:* o Tribunal Superior da Bahia e seus desembargadores, 1609-1751. 2. ed. São Paulo: Companhia das Letras, 2011 [1. ed., 1979].

_____. *Segredos internos:* engenhos e escravos na sociedade colonial. São Paulo: Companhia das Letras, 1988.

SCHWARTZ, S.B. & LOCKHART, J. *A América Latina na época colonial.* Rio de Janeiro: Civilização Brasileira, 2002.

SCHWARTZ, S.B. & PÉCORA, A. (orgs.). *As excelências do governador:* o panegírico fúnebre de d. Afonso Furtado, de Juan Lopes Sierra (Bahia, 1676). São Paulo: Companhia das Letras, 2002.

SEBRIAN, R.N.N. (org.). *Perspectivas historiográficas:* Campinas: Pontes, 2010.

SENNA, R.S. *Jarê: uma face do Candomblé* – Manifestação religiosa na Chapada Diamantina. Feira de Santana: Uefs, 1998.

_____. *Lençóis:* um estudo diagnóstico. Feira de Santana/Lençóis: Uefs/Prefeitura Municipal de Lençóis, 1996.

SEREBRENICK, S. & LIPINER, E. *Breve história dos judeus no Brasil.* Rio de Janeiro: Biblos, 1962.

SERRÃO, J.V. *História de Portugal.* 12 vol. Lisboa: Verbo, 1977.

SERRÃO, V. *História da arte em Portugal:* o Barroco. Lisboa: Presença, 2003.

SEVCENKO, N. *A Revolta da Vacina.* São Paulo: Cosac Naify, 2010.

_____. *Orfeu extático na metrópole:* São Paulo, sociedade e cultura nos frementes anos 20. São Paulo: Companhia das Letras, 1992.

SEVERIANO, J. *Uma história da música popular brasileira:* das origens à Modernidade. 3. ed. São Paulo: Ed. 34, 2013 [1. ed. 2008].

SILVA, Â.M.D. *Logística:* uma história dos caminhos brasileiros. Rio de Janeiro: Andrea Jakobson Estúdio, 2011.

SILVA, A.C. *A enxada e a lança* – A África antes dos portugueses. 3. ed. rev. Rio de Janeiro: Nova Fronteira, 2006 [1. ed., 1990].

_____. *A manilha e o libambo:* a África e a escravidão, de 1500 a 1700. Rio de Janeiro: Nova Fronteira, 2002.

SILVA, Í.B.M. *Tristão de Alencar Araripe e a história do Ceará.* Fortaleza: Museu do Ceará/Secretaria de Cultura do Estado do Ceará, 2006.

SILVA, J.P. (org.). *Territórios e ambientes da serra de Monte Alto*: região Sudoeste da Bahia. Vitória da Conquista: Uesb, 2012.

SILVA, J.V. *Histórico da pecuária no Brasil*. Cuiabá: LCM, 2005.

SILVA, K.V. *Nas solidões vastas e assustadoras*: a conquista do sertão de Pernambuco pelas vilas açucareiras nos séculos XVII e XVIII. Recife: Cepe, 2010.

SILVA, L.O. *Terras devolutas e latifúndio*: efeitos da lei de 1850. Campinas: Unicamp, 1996.

SILVA, M.B.N. *Cultura letrada e cultura oral no Rio de Janeiro dos vice-reis*. São Paulo: Unesp, 2013.

_____. *Bahia, corte da América*. São Paulo: Nacional, 2010.

SILVA, M.B.N. (coord.). *O Império Luso-brasileiro*: 1500-1620. Lisboa: Estampa, 1992 [Nova História da Expansão Portuguesa, vol. 8].

SILVA, M.C. & SOBRAL, J.M. (orgs.). *Etnicidade, nacionalismo e racismo*: migrações, minorias, étnicas e contextos escolares. Porto: Afrontamento, 2012.

SILVA, P.S. & SENNA JÚNIOR, C.Z.F. *O Estado Novo*: as múltiplas faces de uma experiência autoritária. Salvador: Eduneb, 2008.

SILVA, R.F. *História da historiografia*: capítulos para história das histórias da historiografia. Bauru: Esusc, 2001.

SILVA, T.M. *Apontamentos para a história da Marinha de Guerra Brasileira*. Vol. II [s.n.t.].

SILVEIRA, R. *O Candomblé da Barroquinha*: processo de constituição do primeiro terreiro baiano de keto. Salvador: Maianga, 2006.

SIMONSEN, R.C. *História econômica do Brasil*. 8. ed. São Paulo: Nacional, 1978 [1. ed., 1937].

SIQUEIRA, S. *A Inquisição portuguesa e a sociedade colonial*. São Paulo: Ática, 1878.

SLEMIAN, A. & PIMENTA, J.P. *O "nascimento político" do Brasil*: as origens do Estado e da nação (1808-1825). Rio de Janeiro: DP&A, 2013.

SMITH, R. *Propriedade da terra e transição* – Estudo da formação da propriedade privada da terra e transição para o capitalismo no Brasil. Brasília/São Paulo CNPq/Brasiliense, 1990.

SOARES, C.E.L. *A capoeira escrava e outras tradições rebeldes no Rio de Janeiro (1808-1850)*. Campinas: Unicamp, 2001.

_____. *A negregada instituição*: os capoeiras na Corte Imperial, 1850-1890. Rio de Janeiro: Access, 1998.

SODRÉ, N.W. *A história militar do Brasil*. 3. ed. Rio de Janeiro: Civilização Brasileira, 1979.

_____. *História da burguesia brasileira*. 3. ed. Rio de Janeiro: Civilização Brasileira, 1976.

SOUZA, G.F.C. *Tratos & mofatras*: o grupo mercantil do Recife colonial (c. 1634-c. 1759). Recife: Ufpe, 2012.

SOUZA, J. *A elite do atraso*: da escravidão à Lava Jato. Rio de Janeiro, LeYa, 2017.

SOUZA, L.M. *O sol e a sombra*: política e administração na América portuguesa do século XVIII. São Paulo: Companhia das Letras, 2006.

_____. *Desclassificados do ouro*: a pobreza mineira no século XVIII. 3. ed. Rio de Janeiro: Graal, 1986.

SOUZA, M.C.C. *Estado e partidos políticos no Brasil (1930-1964)*. São Paulo: Alfa-Ômega, 1976.

SOUZA, P.C. *A Sabinada*: a revolta separatista da Bahia (1837). São Paulo: Brasiliense, 1987.

STEIN, S. *The Brazilian Cotton Manufacture* – Textile Enterprise in an Underdeveloped Area, 1850-1950. Massachusetts, 1957.

STEIN, S.J. *Vassouras*: um município brasileiro de café, 1850-1900. Rio de Janeiro: Nova Fronteira, 1990.

SUESS, P. (org.). *A conquista espiritual da América Espanhola*: duzentos anos de documentos do século XVI. Petrópolis: Vozes; 1992.

SZMRECZANYI, T. & LAPA, J.R.A. (orgs.). *História econômica da Independência e do Império*. São Paulo: Hucitec/Fapesp, 1996.

TANNURI, L.A. *O encilhamento*. São Paulo: Hucitec, 1981.

TAPIE, V.L. *Barroco y classicismo*. 3. ed. Madri: Cátedra, 1986.

TAUNAY, A.d'E. *A retirada da Laguna*: episódios da Guerra do Paraguai. São Paulo: Companhia das Letras, 1997.

_____. *A missão artística de 1816*. Brasília: EdUnb, 1983.

_____. *Visitantes do Brasil Colonial (séculos XVI-XVIII)*. 2. ed. (1ª ed. 1932). São Paulo: Nacional, 1938 [1. ed., 1932].

_____. *História geral das bandeiras paulistas*: escripta a vista de avultada documentação inédita dos archivos brasileiros hespanhoes e portuguezes. 11 vol. São Paulo: Ideal/H.L. Canton, 1924-1950.

TAVARES, L.H.D. *Da sedição de 1798 à Revolta de 1824 na Bahia*. Salvador/Campinas: Edufba/Unesp, 2003.

_____. *História da Bahia*. 10. ed. rev. e ampl. São Paulo/Salvador: Unesp/Edufba, 2001 [1. ed., 1959].

_____. *História da sedição intentada na Bahia em 1798* – A Conspiração dos Alfaiates. São Paulo: Pioneira; 1975.

_____. *A Conjuração Baiana*. São Paulo: Ática, 1974.

TAYLOR, C. Da escravidão à falta de liberdade na Europa Ocidental durante a Alta Idade Média. In: LIBBY, D.C. & FURTADO, J.F. (org.). *Trabalho livre, trabalho escravo*: Brasil e Europa, séculos XVIII e XIX. São Paulo: Annablume, 2006.

TAYLOR, J. *A viagem do Beagle*: a extraordinária aventura de Darwin a bordo do famoso navio de pesquisa do capitão Fitz Roy. São Paulo: Edusp, 2009.

TELLES, G.M. *Vanguarda europeia e modernismo brasileiro* – Apresentação dos principais poemas metalinguísticos, manifestos, prefácios e conferências vanguardistas, de 1857 a 1972. 19. ed. Petrópolis: Vozes, 2009 [1. ed., 1973].

TENGARRINHA, J. (org.). *Historia de Portugal*. São Paulo: Edunesp/Edusc, 2001.

TENÓRIO, M.C. (org.). *Pré-História da Terra Brasilis*. Rio de Janeiro: UFRJ, 1999.

THEODORO, J. *América barroca*: tema e variações. São Paulo: Edusp/Nova Fronteira, 1992.

THOMPSON, E.P. *Costumes em comum* – Estudos sobre a cultura popular tradicional. São Paulo: Companhia das Letras, 1998 [1. ed. inglesa, 1991].

THORNTON, J.K. *A África e os africanos na formação do mundo atlântico, 1400-1800*. Rio de Janeiro: Elsevier, 2004.

TINHORÃO, J.R. *Música e cultura popular*: vários escritos sobre um tema em comum. São Paulo: Ed. 34, 2017.

_____. *História social da música popular brasileira*. São Paulo: Ed. 34, 1998.

_____. *Os negros em Portugal*: uma presença silenciosa. Lisboa: Caminho, 1988.

TOCANTINS, L. *Formação histórica do Acre*. 2 vol. 5. impr. Brasília: Conselho Editorial do Senado Federal, 2001.

TORRES, A. *O problema nacional brasileiro*: introdução a um programa de organização nacional. 4. ed. São Paulo: Nacional, 1982 [1. ed., 1914].

_____. *A organização Nacional* – Primeira parte: A Constituição. 3. ed. São Paulo: Nacional, 1978 [1. ed., 1914].

TOURAINE, A. *A invenção da liberdade*. São Paulo: Edunesp, 1995.

VAINFAS, R. *Jerusalém colonial*: judeus portugueses no Brasil holandês. Rio de Janeiro: Civilização Brasileira, 2010.

_____. *Traição*: um jesuíta a serviço do Brasil holandês, processado pelo Tribunal da Inquisição. São Paulo: Companhia das Letras, 2008.

_____. *A heresia dos índios*: catolicismo e rebeldia no Brasil colonial. São Paulo: Companhia das Letras, 1995.

VAINFAS, R. (org.). *Confissões da Bahia*: Santo Ofício da Inquisição de Lisboa. São Paulo: Companhia das Letras, 1997.

VALENSI, L. *Fábulas da memória*: a batalha de Alcácer Quibir e o mito do sebastianismo. Rio de Janeiro: Nova Fronteira, 1994.

VARNHAGEN, F.A. *História geral do Brasil*: antes da sua separação e independência de Portugal. Ed. rev. e anotada por Capistrano de Abreu e Rodolfo Garcia. 3 vol. 10. ed. esp. São Paulo/Belo Horizonte: Edusp/Itatiaia, 1981, edição especial.

_____. *História da Independência do Brasil*. Rio de Janeiro: Instituto Histórico e Geográfico do Brasileiro, 1916.

VER HUELL, Q.M.R. *Minha primeira viagem marítima*: 1807-1810. Salvador: Edufba, 2007.

VERGER, P. *Fluxo e refluxo do tráfico de escravos entre o Golfo de Benin e a Bahia de Todos os Santos*. São Paulo: Corrupio, 1987.

_____. *O fumo da Bahia e o tráfico de escravos do Golfo de Benim*. Salvador: Ufba, 1966 [Estudos Ceao, 6].

VERÍSSIMO, J. *História da literatura brasileira*. Rio de Janeiro: Record, 1998.

VIANA, F.H. *A paisagem sonora de Vila Rica e a música barroca das Minas Gerais (1711-1822)*. Belo Horizonte: C / Arte, 2012.

VIANNA, O. [Manoel de]. *Populações meridionais do Brasil*. 7. ed. Belo Horizonte/Niterói: Itatiaia/Eduff, 1987 [1. ed., 1920].

VIANNA FILHO, L. *A Sabinada* (a república baiana de 1837). 2. ed. Salvador: Edufba/ Gregório de Mattos, 2008 [1. ed., 1938].

_____. *O negro na Bahia*. 3. ed. Rio de Janeiro: Nova Fronteira, 1988.

VIEIRA, A. *Escritos históricos e políticos*. São Paulo: Martins Fontes, 1995.

VIEIRA, H.C.; GALVÃO, N.N.P. & SILVA, L.D. *Brasil holandês*: história, memória e patrimônio compartilhado. São Paulo: Palmela, 2012.

VILAR, P. *Desenvolvimento econômico e análise histórica*. Lisboa: Presença, 1982.

VILLA, M.A. *Ditadura à brasileira: 1964-1985 – A democracia golpeada à esquerda e à direita*. São Paulo: LeYa, 2014.

WALLERSTEIN, I. *Capitalismo histórico e civilização capitalista*. Rio de Janeiro: Contraponto, 2001.

WEBER, M. *Economia y sociedad*. México: Fondo de Cultura Econômica, 1964.

WEHLING, A. & WEHLING, M.J.C.M. *Formação do Brasil colonial*. Rio de Janeiro: Nova Fronteira, 1994.

WHITE, H. *Meta-história*: a imaginação histórica do século XIX. 2. ed. São Paulo: Edusp, 1995 [1. ed., 1992].

WILLIAMS, E. *Capitalismo & escravidão*. São Paulo: Companhia das Letras, 2012.

WÖLFFLIN, H. *Renascença e barroco*: estudo sobre a essência do estilo barroco e sua origem na Itália. 2. ed. bras. São Paulo: Perspectiva, 2014 [1. ed. suíça, 1888].

_____. *Conceitos fundamentais da História da Arte*. 2. ed. bras. São Paulo: Martins Fontes, 1989 [1. ed. alemã, 1899].

ZAIDAN, A. *Letras e história*: mil palavras árabes na língua portuguesa. São Paulo: Edusp/Escrituras, 2010.

ZAMOYSKI, A. *Ritos de paz* – A queda de Napoleão e o Congresso de Viena. Rio de Janeiro: Record, 2012.

ZEMELLA, M. *O abastecimento da capitania das Minas Gerais no século XVIII*. 2. ed. São Paulo: Hucitec/Edusp, 1990.

ZIEBELL, Z. *Terra de canibais*. Brasília: UnB, 2002.

Índice

Sumário, 7

Introdução, 9

1 Itaocas, itaquatiaras, sambaquis – Registros de horizontes culturais pré-históricos do Brasil, 23
    1.1 Arqueologia e Pré-História, 23
    1.2 Aspectos da Pré-História da América, 26
    1.3 Fundamentos de Pré-História do Brasil, 31
    1.4 Tradições culturais pré-históricas identificadas no Brasil, 40
    1.5 Sistemas visuais pré-históricos de comunicação social, 47
    1.6 Depósitos de resíduos culturais pré-históricos, 55
    1.7 Principais sítios arqueológicos conhecidos no Brasil, 57

2 Origens dos portugueses e formação de Portugal, 61
    2.1 Referentes sociais da península Ibérica, 61
    2.2 Formação do Reino de Portugal, 63
    2.3 Judeus em diáspora, 70
    2.4 Ágrafos e errantes ciganos, 75
    2.5 Mouros islamizados, 84
    2.6 Desenvolvimento das navegações e evolução cartográfica, 88
    2.7 Perspectivas portuguesas ao se acharem terras no Atlântico Sul, 97

3 Tupis, guaranis, jês – Culturas indígenas e impactos da colonização portuguesa no Brasil, 101
    3.1 A invasão portuguesa dos territórios indígenas, 101
    3.2 Panorama étnico do Brasil no século XVI, 103
    3.3 Fundamentos da legislação indigenista colonial, 111
    3.4 Exterioridades das culturas indígenas no Brasil, 120

4 Guineanos, iorubás, bantos – Escravismo antigo, escravidão mercantil e resistência cultural negra, 135
    4.1 Feudalismo, senhorialismo e escravismo, 135
    4.2 Antecedentes europeus da escravidão mercantil, 139
    4.3 Antecedentes africanos da escravidão mercantil, 144
    4.4 Escravidão mercantil e tráfico de escravos da África, 152
    4.5 Etnias e culturas traficadas da África para o Brasil, 160

5 Franceses e flamengos, tapuias e negros – Impasses da colonização do Brasil nos séculos XVI e XVII, 163
    5.1 Pacto colonial-mercantil, 163
    5.2 França Antártica (1555-1660), 166
    5.3 França Equinocial (1612-1615), 169
    5.4 Invasões holandesas (1624-1654), 172
    5.5 Resistências indígenas à colonização (1650-1720), 178
    5.6 Quilombo de Palmares (1605-1694), 188

6 Burocratas, missionários, militares – Dispositivos jurídico-políticos e socioculturais da colonização, 197
    6.1 Antecedentes portugueses, 197
    6.2 Aparato administrativo da colonização do Brasil, 202
    6.3 Instâncias judiciárias, 206
    6.4 Aparelho militar, 207

7 Exuberância, ostentação, persuasão – Expressões culturais da Contrarreforma e manifestações intelectuais da colonização, 211
    7.1 Categoria estética e estilo literário, 211
    7.2 Origens e fundamentos basilares do estilo Barroco, 214
    7.3 Estilo barroco como substrato cultural da colonização portuguesa, 218
    7.4 Academias literárias barrocas e ilustração colonial, 225

8 Engenhos, fazendas e minas – Economias exportadoras, abastecimento interno e mercado colonial, 233
    8.1 Institucionalização do aparato produtivo colonial, 233
    8.2 Monoculturas exportadoras e mercado colonial, 238
    8.3 Pecuária como atividade econômica da ocupação dos sertões, 246
    8.4 Mineração e interiorização das atividades econômicas, 256
    8.5 Delineamento e desconstrução do mito bandeirante, 268

9 Rebeldes conservadores e revolucionários liberais – Colonizados e colonizadores em conflito, 273
    9.1 Acumulação colonial, nativismo e manifestações libertárias, 273
    9.2 Despotismo metropolitano e autonomismo colonial, 277
    9.3 Manifestações libertárias e repressão colonizadora, 281
    9.4 Transferência da sede da monarquia portuguesa para o Brasil, 289

10 Poderes oligárquicos regionais e formação do Estado Nacional Monárquico, 297
    10.1 Circunstâncias da Independência do Brasil, 297
    10.2 Reação portuguesa e guerras regionais, 304
    10.3 Fundamentos ideológicos da monarquia e das oligarquias, 323
    10.4 Formação das Forças Armadas, 331
    10.5 Constituinte de 1823 e Constituição de 1824, 335
    10.6 Reconhecimentos internacionais da Independência, 345
    10.7 Pedro I do Império do Brasil fez-se Pedro IV do Reino de Portugal, 352

11 Menoridade imperial e regências eletivas; golpe da maioridade e estabilidade monárquica, 357
    11.1 Menoridade imperial e regências eletivas, 357
    11.2 Instabilidade política, conflitos sociais e rebeliões federalistas, 362
    11.3 Golpe da maioridade e reformas institucionais, 369
    11.4 Crescimento demográfico e extinção gradual do trabalho escravo, 372
    11.5 Formação da força de trabalho e mercantilização fundiária, 379
    11.6 Expansão agroexportadora e importação de trabalhadores europeus, 385

12 Escolarização, literatura e historiografia, 393
    12.1 Escolarização e transmissão de ideias, sentimentos e ações, 393
    12.2 Influências externas na formação da cultura letrada, 399
    12.3 Coordenadas de formação da literatura brasileira, 402
    12.4 Fundamentos originais da historiografia nacional, 414

13 Crise monárquica, transição republicana e consolidação territorial, 437
    13.1 Expansão cafeeira, ferrovias e serviços urbanos, 437
    13.2 Exaustão escravista e colapso da monarquia, 442
    13.3 Instauração e impasses da República oligárquica, 451
    13.4 Integração da Amazônia e territorialização brasileira, 464

14 Transição tardia para a Modernidade, 471
    14.1 O moderno na ordem socioeconômica da República oligárquica, 471
    14.2 Mudanças de comportamento social e de expressão cultural, 478
    14.3 Superprodução cafeeira e colapso agroexportador, 481

15 Etnicidade, pluriculturalismo e multilateralidade na formação sociopolítica brasileira, 487
    15.1 Caldeamento social e pluralidade étnica, 487
    15.2 Diversidade cultural e simbiose nacional, 492
    15.3 Heterogeneidade política e diversidade ideológica, 508

Conclusões, 519

Fontes e referências bibliográficas, 543
    Fontes manuscritas, 543
    Fontes de divulgação eletrônica, 544
    Fontes impressas, 548
    Monografias, dissertações e teses inéditas, 557
    Estudos de divulgação eletrônica, 561
    Artigos de periódicos e textos de anais de eventos científicos, 564
    Capítulos de coletâneas e partes de livros, 576
    Livros, 593

CULTURAL

Administração
Antropologia
Biografias
Comunicação
Dinâmicas e Jogos
Ecologia e Meio Ambiente
Educação e Pedagogia
Filosofia
História
Letras e Literatura
Obras de referência
Política
Psicologia
Saúde e Nutrição
Serviço Social e Trabalho
Sociologia

CATEQUÉTICO PASTORAL

Catequese
Geral
Crisma
Primeira Eucaristia

Pastoral
Geral
Sacramental
Familiar
Social
Ensino Religioso Escolar

TEOLÓGICO ESPIRITUAL

Biografias
Devocionários
Espiritualidade e Mística
Espiritualidade Mariana
Franciscanismo
Autoconhecimento
Liturgia
Obras de referência
Sagrada Escritura e Livros Apócrifos

Teologia
Bíblica
Histórica
Prática
Sistemática

REVISTAS

Concilium
Estudos Bíblicos
Grande Sinal
REB (Revista Eclesiástica Brasileira)

VOZES NOBILIS

Uma linha editorial especial, com importantes autores, alto valor agregado e qualidade superior.

PRODUTOS SAZONAIS

Folhinha do Sagrado Coração de Jesus
Calendário de mesa do Sagrado Coração de Jesus
Agenda do Sagrado Coração de Jesus
Almanaque Santo Antônio
Agendinha
Diário Vozes
Meditações para o dia a dia
Encontro diário com Deus
Guia Litúrgico

VOZES DE BOLSO

Obras clássicas de Ciências Humanas em formato de bolso.

CADASTRE-SE
www.vozes.com.br

EDITORA VOZES LTDA.
Rua Frei Luís, 100 – Centro – Cep 25689-900 – Petrópolis, RJ
Tel.: (24) 2233-9000 – Fax: (24) 2231-4676 – E-mail: vendas@vozes.com.br

UNIDADES NO BRASIL: Belo Horizonte, MG – Brasília, DF – Campinas, SP – Cuiabá, MT
Curitiba, PR – Fortaleza, CE – Goiânia, GO – Juiz de Fora, MG
Manaus, AM – Petrópolis, RJ – Porto Alegre, RS – Recife, PE – Rio de Janeiro, RJ
Salvador, BA – São Paulo, SP